Belas Letras

Este livro foi finalizado em fevereiro de 2023. Se estivesse vivo, Kurt Cobain completaria 56 anos nesse mesmo mês. Ele, que nos deixou prematuramente há 29 anos, realmente vai deixar saudades. Em 2023, também comemoram-se 30 anos do lançamento de *In Utero,* 30 anos do maior show que o Nirvana fez em sua carreira (adivinha onde? No Brasil!) e 32 anos do lançamento do seminal *Nevermind,* disco que marcou o mundo da música e até hoje é reconhecido como um dos melhores álbuns de rock de todos os tempos. A história do Nirvana foi curta, mas foi intensa – e, nas páginas a seguir, você se aprofundará nela como nunca.

EVERETT TRUE

NIRVANA

A VERDADEIRA HISTÓRIA

Tradução
Clarice Yamasaki, Maíra Meyer e Alyne Azuma

Belas Letras

Esta tradução de *Nirvana: The True Story*, lançada originalmente em 2006, foi publicada mediante acordo com a Omnibus Press, 14-15 Berners Street, Londres, W1T 3LJ, Inglaterra

Design de capa: adaptado do projeto gráfico original de J. Lebouve
Fotos de capa e contracapa: Jay Blakesberg

Este livro é o resultado de um trabalho feito com muito amor, diversão e gente finice pelas seguintes pessoas:

Gustavo Guertler (*publisher*), Clarice Yamasaki, Maíra Meyer e Alyne Azuma (tradução), Tatiana Vieira Allegro (edição), Tanara Araújo (preparação), Vivian Miwa Matsushita (revisão) e Celso Orlandin Jr. (projeto gráfico, diagramação e adaptação de projeto de capa).
Obrigado, amigos.

2023
Todos os direitos desta edição reservados à
Editora Belas Letras Ltda.
Rua Antônio Corsetti, 221 – Bairro Cinquentenário
CEP 95012-080 – Caxias do Sul – RS
www.belasletras.com.br

Dados Internacionais de Catalogação na Fonte (CIP)
Biblioteca Pública Municipal Dr. Demetrio Niederauer
Caxias do Sul, RS

T866n True, Everett
Nirvana: a verdadeira história / Everett True; tradutores: Clarice Yamasaki, Maíra Meyer e Alyne Azuma. - Caxias do Sul, RS: Belas Letras, 2023.
704 p.

Título original: Nirvana: the true story
ISBN 978-65-5537-223-6 (capa dura)
ISBN 978-65-5537-222-9 (brochura)

1. Rock (Música). 2. Músicos de rock - Estados Unidos – Biografia. 3. Nirvana (Conjunto musical). I. Yamasaki, Clarice. II. Meyer, Maíra. III. Azuma, Alyne. IV. Título.

22/82 CDU 784.4(73)

Catalogação elaborada por Vanessa Pinent, CRB-10/1297

Para Charlotte e Isaac

SUMÁRIO

INTRODUÇÃO

Você já reparou como todo o *establishment* do rock usa camisetas dos Ramones hoje em dia?

De Eddie Vedder, Jessica Simpson e Chili Peppers até a geração *Baby Gap*, todos usam a marca de uma banda morta como se fosse um brasão de aprovação, agora que todo mundo sabe que os Ramones aceitaram seu status de *outsiders* do rock com verdadeiro estoicismo. É como se todos esperassem que usar a camiseta pudesse de alguma forma ajudar a transferir o talento natural dos Ramones para suas músicas. Sem chance. Se você não sabe disso agora, nunca saberá.

Nenhuma dessas pessoas usa uma camiseta do Nirvana. Nenhuma.

Isso é coisa para os jovens – crianças de 8 anos que ainda não tinham nascido quando Kurt Cobain estava vivo; adolescentes de 12 anos desesperados pela aprovação dos colegas e de saco cheio das bajulações da grande mídia; jovens góticos de 15 anos vagando pelo centro das cidades, impecavelmente entediados, com medo da inevitável chegada da vida adulta. Eles conhecem a sensação de ser rejeitados, confundidos, incompreendidos, traídos por autoridades que sempre dizem que querem ajudar. Os jovens entendem.

As histórias precisam começar por algum ponto.

A minha história é uma bagunça, uma confusão de boates e trotes que deram errado; nomes e rostos que entravam por um lado e saíam pelo outro; noites que começavam com bebedeira e terminavam em amnésia; rastejando de quatro por aeroportos; socando paredes com as mãos nuas; cabeça raspada no terraço de um prédio, sob a lua vermelha; risadas, gritos e – bem no meio disso tudo – música; alta e farta, espontânea e rude, bonita e emocionante. Eu preciso sempre lembrar. Este é um livro sobre o Nirvana. Não é sobre Kurt Cobain. As fofocas e as teorias da conspiração já foram todas retratadas detalhadamente por pessoas muito mais qualificadas para falar sobre esses assuntos do que eu – gente com interesse em história, em hits de sucesso e em manter o mito vivo. Foi o mordomo. Todo fã de Agatha Christie sabe disso. O mordomo é o culpado. Se não foi ele, então deve ter sido a babá. Acesso fácil, oras. As drogas cobraram seu preço. Era hereditário. Deve ter sido a babá. Talvez a esposa seja a responsável. Palavras são jogadas até que toda a percepção de realidade desapareça, sufocada por textos cínicos repetidos e piadas inocentes do passado.

"[...] os Melvins estavam saindo em turnê, e Kurt me convidou para ir até lá. Ele disse: 'Ei, eles nos deixaram morar nesses apartamentos, venha quando quiser passar o fim de semana, Shelli está aqui com Krist'. Eles me ligavam e falavam: 'Quando você vem, quando você vem?'. Finalmente, decidi ir passar um fim de semana. Combinamos de nos encontrar num show do Butthole Surfers e do L7 no Hollywood Palladium, e de lá seguiríamos para os apartamentos. Nós pegamos um avião, alugamos um carro, nos perdemos, e aí conseguimos achar o clube. Chegamos lá muito tarde. Encontramos Kurt, e Krist estava superbêbado. Ou ele levou uma multa (por dirigir embriagado) ou atropelou alguém no estacionamento naquela noite. Então me lembro da Courtney – sobre quem tinha lido e ouvido falar por anos, através de outras pessoas que a conheciam ou tinham sido casadas com ela. Ela estava por perto [...]"

Este é um livro sobre o Nirvana. Eu tenho que ficar me lembrando. Nirvana. Os amigos de escola Kurt Cobain e Krist Novoselic formaram a banda em Aberdeen, Washington, em meados dos anos 1980, levados por uma mistura de tédio e amor pela música. Não havia muito mais acontecendo. A rotina em casa era uma droga; nada para fazer além de assistir à TV – *Saturday Night Live*, *The Monkees* e filmes de ficção científica tarde da noite. A indústria madeireira que ajudara a erguer sua cidade natal havia muito tinha se mudado para outro lugar atrás de mão de obra barata. A vida era uma sucessão de empregos sem futuro, limpando quartos de hotel e servindo mesas. O punk rock os chamava – o punk rock e a cidade de Olympia, Washington. Formem uma banda. Por que não? Se é disso que vocês gostam, vão em frente.

"Morando em Olympia aos 20 anos, eu vivia em uma cidade onde as bandas não tinham baixista ou eram formadas por um teclado e um cantor, ou então alguém cantando junto com uma fita gravada ou com apenas um guitarrista. Tudo o que ouvíamos do resto do mundo era: 'Vocês não são legítimos, isto não é rock de verdade', principalmente vindo da cidade grande vizinha, Seattle. Eles riam da nossa cara, com piadas como: 'Vocês não sabem tocar esses instrumentos, vocês não sabem o que estão fazendo, isto não é rock 'n' roll'. Nos dias do hardcore, se você não fosse o Black Flag, ou não soasse como o Black Flag, as pessoas ririam de você por dizer que fazia punk rock. Hoje, os jovens vivem num mundo onde os duos são como The White Stripes e Lightning Bolt – bandas grandes e pequenas, duplas e artistas de laptop como RJD2 são a norma do mundo pós-Pitchfork.* Nossa luta fez com que isso se tornasse possível. Eu ria dos velhos quando eu tinha 20 anos, quando eles diziam que haviam aberto o caminho para nós, e realmente não posso esperar que os jovens de 20 anos entendam que o Godheadsilo possibilitou o surgimento dessas bandas atuais, ou o Beat Happening ou o Mecca Normal. Eles passaram por toda a degradação, todo o trabalho duro sem retorno e todos os anos de chacota para que outras bandas pudessem fazer sucesso [...]"

O Nirvana alterou sua formação e seu nome muitas vezes, trocando de baterista e mudando de cidade conforme as circunstâncias – antes de passar para o lado errado da cultura de celebridades. Eles eram ingênuos, acreditavam no poder da espontaneidade. Lançaram três álbuns durante sua trajetória e mudaram, naquele momento, a vida de alguns milhões de pessoas. Eles se apresentaram muito na MTV e ajudaram a sustentar e a reinventar uma decadente indústria patriarcal da música que professavam desprezar, assim como os punk rockers haviam feito duas décadas antes. O show no palco principal do Reading Festival foi memorável. A apresentação beneficente para ajudar vítimas de estupro da Bósnia, no Cow Palace, em São Francisco, foi outro ponto alto. As diversas turnês menores que fizeram em clubes nos Estados Unidos, no Reino Unido e na Europa ajudaram a afiar ainda mais suas tendências destrutivas. Kurt, Krist e Dave. Kurdt, Chris e Chad. Pat e Lori; e Earnie Bailey, o técnico de guitarra sorridente; e Alex MacLeod, o sarcástico agente de turnê escocês; e Craig, Monte, Anton e Nils; e Susie, Charles, Jackie, John, Janet e Danny; e Jon e Bruce, da gravadora independente Sub Pop... Muitos nomes, com certeza, mas não tantos quanto na maioria das grandes corporações que movimentam milhões no mundo inteiro. Nirvana: que grande banda ao vivo!

---

* Conhecido site de música americano lançado em 1996. [N. T.]

"Começamos a liberar muita raiva e a destruir instrumentos, mas não foi logo de cara. Acho que foi lá pelo terceiro show. E não foi de propósito, nem nada. Eu me deixei levar pelo que já estava rolando. Mas foi divertido. Não foi como se alguém dissesse: 'OK, Krist, você pula bem alto e joga seu baixo para cima e deixa cair na sua cabeça; e Kurt, você se joga no chão e faz uma dança estilo *worm*'. Na verdade, estávamos cansados daquele rock grandioso. Aquele rock de arena cheio de efeitos especiais e tudo o que resultava daquilo não tinham nada a ver com a gente."

As histórias precisam começar por algum ponto, mas nem sempre é assim que acontece.

Este é um livro sobre o Nirvana. O Nirvana entendia a regra principal do rock 'n' roll: que a espontaneidade está no cerne de toda grande música de rock, que você só precisa ser capaz de reagir instantaneamente às circunstâncias e ao contexto, que os programas e gravações de TV idiotas entorpecem nossos sentidos. A arte muda constantemente. Por isso é arte. Não está lá para ser documentada e examinada em galerias e bibliotecas abafadas. Mas todo mundo precisa de uma vocação. Todo mundo precisa de um pouco de história para entender melhor suas próprias circunstâncias. E alguém com certeza merecia ganhar muito mais *royalties* por ter desenhado todas essas camisetas!

"Acho que ele suspeitava que ela o traía com Evan Dando e Billy Corgan. Ela traía? Acho que sim. Quero dizer, defina traição. Se eles ficaram loucos e deram uns amassos numa noite? Isso conta muito para um marido com dúvidas. Foi um caso de verdade? Não, provavelmente não. O único momento intenso, me adiantando aqui, foi quando ele me ligou da Itália e eu estava em Londres com Courtney. Estávamos atrasados para vê-lo. Três semanas atrasados. Ele estava muito sério e calmo, tipo: 'Eu sei que você não se mete nos nossos assuntos e que não toma partido, mas posso te perguntar uma coisa como amigo?'. Eu só respondi: 'Sim'. E ele: 'Ela está me traindo?'. Foi sério, não era besteira. Lembro-me de pensar: 'Acho que sim', mas não falei nada. Eu não tinha certeza. Se eu tivesse dito: 'Pode ser, talvez?', não creio que eu o teria salvado de porcaria nenhuma.

"Estávamos adiando a ida para a Europa. Fomos para Los Angeles por alguns dias porque Courtney tinha alguma coisa para resolver. Ela imediatamente reservou dois bangalôs no Chateau [Marmont, hotel superpretensioso em Hollywood] – eu fiquei em um com a Frances, ela ficou no outro. No segundo dia, ela alugou um carro para mim e tudo o mais. Depois de algumas semanas, parei de perguntar constantemente quando iríamos embora. Ela continuava adiando, e eu falava, tipo: 'Bem, quando quiser ir, me avise'. Não sei exatamente quanto tempo ficamos lá, mas me lembro de ele telefonar perguntando: 'Vocês vêm ou não?'. E eu dizia: 'Ei, eu vou. Quando a Courtney estiver pronta, nós vamos'. Não lembro quanto tempo ficamos lá, o que sei é que vi a conta do hotel quando saímos: 37 mil dólares."

Eu tenho que ficar me lembrando. Este livro é sobre o Nirvana.

Eu escorrego e tem suor pingando pela minha camisa, uma perna bate na lateral do meu rosto enquanto outro fã sobe no palco para pular, perseguido por cinco seguranças furiosos, a luz do sol batendo em olhos e têmporas que ainda doem muito da noitada anterior, o corpo cheio de cortes e contusões. O que você entende da sua breve vida? Você emocionou os outros? Influenciou as pessoas ao seu redor? Como? Por quê? Foi a música, o estilo de vida, as projeções que outros indivíduos que nunca te conheceram ou te viram decidiram jogar em ações e interações aleatórias? Os poderosos não têm nenhuma chance de entender o Nirvana: a maioria de nós não é composta de vencedores, não explora os demais até tirar tudo o que eles têm. A maioria de nós luta para sobreviver, alcançar algo que nem sabemos se realmente existe, a vida se revelando um monte de decepções e humilhações. Será que é mesmo tão difícil entender o apelo do Nirvana? Eles pegaram o *zeitgeist*: o desafeto daquela geração. Como o Kurt se matou, eles se mantiveram fiéis a esse espírito, identificando-se, assim, com todos os adolescentes excluídos. Kurt Cobain nunca passou do estágio de ser um jovem raivoso e traído.

"Morra jovem, deixe um belo cadáver", dizia o ditado quando eu era criança. Kurt Cobain deixou um dos cadáveres mais bonitos do mundo.

"Fui um viciado por dez anos. A heroína faz você esquecer tudo o que acontece no mundo. Você esquece que sua banda não está fazendo tanto sucesso quanto alguma outra, ou que você tem que ir trabalhar carregando peixe no Pike Place Market. É puro conforto. É bom pra caralho. Mas ela se volta contra você mais tarde. E sim, você surrupia a coleção *Sub Pop 45* do seu amigo, pega as bolsas das velhinhas e rouba dos lugares onde trabalha. Claro que você vende suas próprias coisas primeiro – você não se joga direto em atividades criminosas. Nós perdemos grandes amigos e grandes músicos para o vício. Eu tive sorte: sobrevivi. E, em algum momento, eu parei. O apelo é estranho, e o perigo envolvido também. Não é como se a gente não soubesse o que pode acontecer, mas, quando você começa, acha que não vai te afetar. Nós somos uns imbecis egoístas e arrogantes. Achamos que não vai acontecer conosco."

Este é um livro sobre o Nirvana. Punk rock. É um livro sobre a traição de Olympia, de como – justamente quando você começa a achar que há luz no fim do túnel, que pode ser possível mudar o mundo, para que as vozes mais fracas sejam ouvidas – o mundo se levanta e bate na sua cara. As corporações ganham. Portanto, ignore-as. Não se envolva. Fuja do mainstream, do dia a dia convencional, e crie suas próprias comunidades, suas próprias alternativas que não precisam nem buscam a aprovação dos adultos ou do mundo exterior. O mais triste sobre os Ramones foi como eles nunca se sentiram validados até entrarem no Rock and Roll Hall of Fame. Depois de duas décadas tendo sua visão, som e carreira ignorados, os Ramones se sentiram vingados quando o bando de babacas responsáveis dignou-se a reconhecer seu talento, *muito depois de eles perderem a relevância.* O mais triste sobre o Nirvana foi que a indústria os abraçou de coração enquanto fazia piadas e insinuações maliciosas pelas costas: Kurt Cobain queria se sentir um *outsider*, mas isso é possível com vendas de 8 milhões de discos?

"Kurt tinha uma daquelas vozes que podiam cantar a lista telefônica e fazê-la soar real e convincente. O Nirvana me frustrou muito quando ficou famoso: como aquela banda conseguiu cometer tantos erros? Assim que eles começaram a fazer algum sucesso, foi, tipo: 'Meu Deus, vocês estão fazendo tudo errado!'. Eu nunca gostei da produção do *Nevermind*, ficou parecendo rock dos anos 1980. Eu não gosto nem um pouco da bateria do David Grohl. Ele tem a mão muito pesada, martela a bateria. Eu gosto das coisas com mais *finesse*. Gostava da bateria do Chad para o Nirvana, um pouco mais desleixada e solta. Tinha mais ritmo."

Este é um livro sobre o Nirvana. Esqueça melodias ou virtuosismo ou imagem ou marketing ou qualquer item padrão desse tipo. É importante, mas qualquer um pode falar sobre isso. É apenas pesquisa. Se você não consegue reagir à situação em que se encontra – seja pular nas costas de um segurança que está dando uma surra num fã, parar de cantar só porque a multidão está cantando junto ou detonar a introdução de um hit até ele ficar irreconhecível – talvez seu lugar não seja o palco. Toque para você e para a sua mãe na sala de estar, passe anos aprimorando seu ofício num estúdio de gravação com luzes suaves e painéis de madeira, mas não finja ser uma banda que toca rock ao vivo. É a linha tênue que separa o medíocre do ótimo, The Vines de The White Stripes, Coldplay de Oasis, grunge de passarela (Offspring, Muse, Alice in Chains) de Nirvana. CDs e vídeos enganam: é impossível capturar a sensação que se experimenta num show ao vivo, sangue pulsando nas têmporas, cabelo emaranhado e grudento. São apenas registros, imagens desbotadas de momentos que fogem rapidamente da memória, preservados apenas em celuloide, som digital e especiais de TV...

"Não tínhamos contratos na época. A etiqueta padrão era um aperto de mão, mas, na verdade, não tínhamos dinheiro para contratar um advogado. Quando penso no contrato com o Nirvana, às vezes parece que foi orquestrado divinamente. Primeiro, eu não estava em casa quando Krist apareceu naquela noite. Estava na casa do meu vizinho e, por algum motivo, decidi: 'Preciso sair um pouco'. Assim que pisei na rua, Krist apareceu. Se eu tivesse saído um minuto depois, não teríamos nos encontrado, ele teria acordado sóbrio no dia seguinte e provavelmente não ia querer me bater por causa do contrato. Pequenas coisas somadas viram grandes coisas. Mas ele exigiu um contrato e me intimidou. Ele estava bêbado, era grande e muito agressivo. Então liguei para o Jon e disse: 'Você precisa assinar com esse cara, porque ele está puto. Não vai ter jeito'. Krist estava na sala enquanto eu dizia ao telefone: 'Arrume um contrato. Esse cara vai me dar porrada, entendeu?'. Então, Jon foi até a biblioteca e xerocou um contrato de algum livro, passou corretivo e escreveu alguns nomes. Era um contrato de dez centavos, sem advogado. Quando eles assinaram no escritório, lembro-me de pensar: 'Este pode ser um momento importante'. Foi a primeira vez que a Sub Pop assinou contrato com um grupo."

Quando eles perderam seu quarto membro temporário, os shows do Nirvana ficaram estridentes, geniais, uma confusão de emoções obscuras e cordas quebradas – Chad Channing batendo firme no surdo quase abria um buraco no chão, como se fosse o próprio Dale Crover; Krist estava sempre embriagado e quebrando coisas; Kurt convidava amigos bêbados para cantar no palco enquanto sentava-se à bateria e martelava por cima dos xingamentos da plateia até que todos se calassem. Eles recusavam pedidos de bis ou, então, voltavam a tocar sem cordas ou guitarras, pois todos os instrumentos estavam destruídos, apresentando terríveis e abstratas experiências sonoras. As gravações do Nirvana eram a menor das preocupações [...] como uma banda tão divertida ao vivo se tornou tão gigante?

"Ah, sempre rolava guerra de comida. Era inevitável. Eles pareciam crianças. Arremesso de ovos, guerrinha de comida, CDs no micro-ondas, era simplesmente ridículo. Quando fomos expulsos da festa de lançamento do *Nevermind*, fomos todos para a casa da Susie, colocamos vestidos e maquiagem nos caras do Nirvana e dançamos pela casa. Acho que foi naquela noite que Kurt ficou brincando de estilingue com ovos na varanda da Susie, atirando nos carros dos vizinhos. Kurt Bloch empilhou um monte de CDs na sala e as pessoas começaram a correr para derrubar. Kurt e eu vimos um frasco de analgésicos em cima da geladeira e pensamos: 'Ei! Estas são das boas!'. Tomamos o resto do frasco e achamos que seria divertido pular da janela do quarto para o telhado da garagem vizinha. Lembro-me de ficar sentada naquela janela apenas rindo e rindo, então Susie ou outra pessoa nos impediu de pular, e ficamos com raiva, chateados por não nos deixarem fazer algo tão besta. No dia seguinte, Dylan veio buscar Kurt para atirar. Eles compravam grandes nacos de carne na loja, presuntos imensos, iam à floresta e [...]"

CALE A BOCA! CALE A BOCA! Este é um livro sobre o Nirvana. Ninguém quer anedotas nem boatos. Diários devem ser secretos. Você já parou para pensar que pode haver um ser humano no meio disso tudo? Que nem tudo precisa ser divulgado? Pense antes de começar todo esse papo sobre conspirações, drogas, discussões e exploração. O Nirvana era uma banda. Uma puta banda ao vivo que também se beneficiou de uma produção criteriosa feita para tocar em rádios mais comerciais e, claro, do fato de seu vocalista ter olhos azul-bebê. O resto é irrelevante. Ouça a música. Ouça a música. Por que você precisa saber mais?

Você se lembra se o Kurt disse algo sobre a Courtney naquela noite?

"Ele estava meio que resmungando algumas coisas sobre ela. Falou sobre ela tentar convencê-lo a acompanhá-la, mas ele não queria. Minha amiga Alex tinha um diário na época e, recentemente, ela me enviou um e-mail com algo que o Kurt disse naquela noite e que poderia ser sobre Courtney: 'Quero conhecer uma mulher com o dobro da minha inteligência e metade da minha apatia'. Voltamos para os apartamentos e tudo ficou calmo por um tempo, mas, de repente, o caos começou. Tinha um inglês bêbado lá, e ele ficava andando entre os arbustos. Não me lembro por que estávamos lá fora, só me lembro desse inglês muito bêbado gritando: 'Eu amo a Courtney Love. Eu amo a Courtney Love'. Aí ele caía no mato, e tínhamos que levantá-lo. 'Eu amo a Courtney Love. Eu quero me casar com a Courtney Love.'"

Vocês ficaram acordados durante boa parte dessa noite?

"Bem, Krist começou a jogar móveis pela janela. Atirou um cinzeiro que atingiu Alex na cabeça quando ela estava saindo. Ela começou a chorar, e ele pediu desculpas. Lembro-me do apartamento sendo destruído. Como o Krist era o maior, ele conseguia carregar móveis maiores: as mesas de centro e os sofás. No dia seguinte, Alex e eu fomos para Hollywood. Eu comprei uma guitarra. Cobri uma tatuagem antiga que fazia tempo que eu queria ocultar. A Jennifer, do L7, deu uma festona, mas Kurt não quis ir, então ficamos em casa assistindo à TV. Ele queria terminar algumas letras, e vimos uma animação muito legal que nos surpreendeu – *Night Flight*. Depois, ele compôs alguma coisa."

CALE A BOCA! CALE A BOCA! Este é um livro sobre o Nirvana.

"Vestuário não era uma grande preocupação em Seattle. Ainda não é. Há uma foto de uma plateia logo no começo, em 1983, que eu chamo de 'vira-latas da cidade'. Lá não se vê nenhum padrão de estilo. Há um pouco de hippie e um pouco de glam, sobretudos e camisas de flanela. Um cara usava jaqueta de couro com um *bottom* do Sid Vicious, meio punk. Nós adorávamos roupas de brechós. Era um amálgama de peças. Grupos diferentes foram surgindo. Quem estava mais alinhado com o estilo do Mudhoney curtia calças com pregas e camisas de manga curta retrô. Meio garage rock."

CALE A BOCA! CALE A BOCA! Este é um livro sobre o Nirvana.

"Enquanto gravávamos as demos, chegaram alguns policiais. Foi a única queixa de barulho que tivemos naquele estúdio em cinco anos. É um prédio antigo, com paredes triplas. À prova de som. Mas as batidas do Dave eram tão pesadas que chegou uma reclamação de barulho de uma casa a três portas de distância. Eu estava na calçada, conversando com os policiais. Eles disseram: 'Vocês precisam baixar o volume'. Eu respondi: 'Vocês não conhecem o Nirvana?'. Fiquei tentando explicar aos policiais que o Nirvana estava lá dentro, e tentando explicar ao Nirvana que a polícia estava lá fora. E eu só pensava: 'Que hora para a polícia aparecer – justo quando estou gravando demos para o Nirvana. Jesus, vou ficar louco desse jeito!'. O que eu poderia dizer à banda? Que tínhamos que parar? Aquilo era um estúdio! Um estúdio que estava lá desde os anos 1970."

Nada disso aconteceu, e Kurt ainda está por aí, aninhado debaixo de uma ponte da América operária, rindo de todos nós.

"Beleza, vamos começar aqui: página 185. Ele diz que eu falei: 'Kurt me disse: "Olha! Dá para ver os bracinhos e os pedaços flutuando no tanque"'. Estava falando dos girinos que tínhamos trazido da pedreira e que estavam no aquário do apartamento. E ele diz: 'Um jovem que costumava salvar pássaros com asas quebradas agora curte ver girinos sendo devorados por tartarugas'. Kurt não jogou os girinos no aquário achando que seriam mortos pelas tartarugas. Ele queria que crescessem e virassem sapos. Foi uma falha de raciocínio da parte dele, pois dava para imaginar que eles seriam devorados pelas tartarugas. E, é verdade, ele apontou os pedaços deles para mim, mas eu não diria que ele estava se deliciando com isso, acho que ficou horrorizado. Depois, jogou tudo no quintal e, sim, ele foi irresponsável, mas eu não diria... Quero dizer, isso faria dele um tipo de sádico. E isso está completamente errado."

Já chega.

Este é um livro sobre o Nirvana. Um cara usou drogas e se matou. Um cara queria se sentir realizado fora da arena do rock e foi para a política. Um cara se apaixonou pelo rock e continua nesse caminho. Um cara nunca saiu da cidade natal e ainda vive em uma ilha com a esposa e filho, construindo estúdios no ar.

Bem-vindo ao mundo do Nirvana.

PARTE I

PARA O ALTO

CAPÍTULO 1

Bem-vindo a Aberdeen

Oi, Everett.

Grande parte da minha experiência em Aberdeen foi passar por ela de carro, a caminho ou voltando de um bom fim de semana na costa. Eu comi em alguns restaurantes e lanchonetes de fast food lá, mas acho que isso não conta para me transformar num especialista. É impressionante que, saindo de Aberdeen e chegando a Hoquiam, as casas e as ruas ficam mais bonitas. Não é nada extravagante, as casas são parecidas, mas não estão em ruínas, e os quintais parecem mais bem cuidados. As cidades se fundem, e, não fossem as placas de "Bem-vindo a Hoquiam" (ou Aberdeen), ninguém saberia dizer se está em uma cidade ou na outra.

Aberdeen é uma pequena (e tacanha) cidade *white trash** com altas taxas de desemprego e, como tal, não é muito diferente de milhares de outras pequenas cidades pobres com muita gente desempregada nos Estados Unidos. Se o ambiente de Aberdeen criou Kurt Cobain, então deveria haver milhares de Kurt Cobains por ali. Mas não há. Acho que não há nada de diferente, ou especialmente ruim, em Aberdeen. Existem lugares piores com climas mais pesados – como Butte, em Montana, por exemplo. Butte não produziu uma alma torturada – ou nenhuma que tenha saído de lá, a não ser que seja isso que tenha levado Evel Knievel a pular do Snake River Canyon.

Com amor, Mark Arm[1]

A HISTÓRIA do Nirvana começa em Aberdeen, no estado americano de Washington.

Vou ser honesto com você.

* *White trash* ("lixo branco", em tradução literal) é um termo pejorativo nos EUA, geralmente associado a pessoas brancas, de baixo poder aquisitivo e de conduta questionável. [N. P.]

Sei muito pouco sobre o passado pessoal de cada membro do Nirvana. Posso falar alguma coisa a respeito disso neste livro, mas outros títulos contam muito mais. Eu não sou bom em história ou nessas merdas. Não sou bom em contar os episódios rigidamente até eles perderem todo o significado. Sempre preferi a experiência em primeira mão, as lembranças pessoais, mesmo que isso necessariamente leve a contradições e confusões, porque duas pessoas não vivem o mesmo evento da mesma maneira, elas juntam um emaranhado de percepções variadas e dão importância às mais célebres.

Os principais fatos sobre o integrante mais famoso do Nirvana já são bem conhecidos: Kurt Donald Cobain nasceu em 20 de fevereiro de 1967, no hospital comunitário Grays Harbor. Seu pai, Don, com 21 anos na época, trabalhava como mecânico na garagem da Chevron, em Hoquiam; sua mãe adolescente, Wendy, engravidou logo após se formar no ensino médio. A família mudou-se de Hoquiam para o centro de Aberdeen seis meses depois do nascimento de Kurt. Ele tinha um amigo de infância imaginário, Boddah, que criou aos 2 anos de idade e que, mais tarde, acreditaria ser real, ouvindo o eco de sua própria voz no gravador de sua tia Mari.[2] Ele era o centro das atenções em uma família que o adorava; eram sete tias e tios, apenas por parte de mãe. Sua irmã, Kimberley (Kim), nasceu quando ele tinha 3 anos. Seus parentes estimularam suas inclinações musicais e seu crescente talento artístico, presenteando-o com um conjunto de pincéis e uma bateria do Mickey Mouse. Tio Chuck tocava em uma banda e tinha alto-falantes enormes em um estúdio no porão.

Quando criança, Kurt desenhava personagens de desenhos animados (*Aquaman, O monstro da lagoa negra*) e cantava "Motorcycle Song", de Arlo Guthrie. Brincava em tobogãs com a família. Mais tarde, foi diagnosticado como hiperativo e contou que, já aos 6 anos, jogava latas de 7-Up cheias de pedrinhas em carros de polícia que passavam.

O cantor morreu aos 27 anos, com um tiro de espingarda autoinfligido.

Alguns insistem em questionar este último fato porque gostam de ver conspirações em tudo: acham injusto que a vida recompense os mesquinhos e violentos, ou que mantenha no topo aqueles já poderosos, por serem inescrupulosos e dispostos a passar por cima de quem for preciso. Ou talvez apenas gostem de uma boa história, independentemente de fazerem sentido ou não. Algumas delas podem estar erradas. Mas, ei, vamos tentar manter a mente aberta... Talvez Kurt não tenha nascido no hospital Grays

Harbor, em Aberdeen... Ah, não. Isso pode ser comprovado. Outras pessoas estavam presentes.

Diferente de suicídio.

> Leg,
>
> Oi. Só estive uma vez em Aberdeen. Remoto, desolado [...] classe operária. Cidade madeireira? É fascinante para mim: quais são as chances de alguém sair, de fato, do meio do nada [...] para formar a maior banda do mundo em [...] quatro anos?
>
> Bruce[3]

Aberdeen é uma comunidade isolada situada ao sul do estado mais a noroeste dos Estados Unidos,[4] uma hora a oeste da capital do estado, Olympia, e ao sul da Península Olímpica, lar da mais formidável cordilheira da Costa do Pacífico. É uma área que as revistas de viagem gostam de descrever com o clichê "impressionante beleza natural". No caso do estado de Washington, o epíteto se justifica: montanhas (Olímpicas, Cascades), rios, canais oceânicos e árvores se misturam, entrelaçando-se e nos tirando o fôlego em um dia ensolarado – o que raramente acontece. Por outro lado, essa beleza não é vista quando se nasce em Aberdeen: a cidade é dominada por serrarias, serralherias e, principalmente, pela imponente usina Rayonier Mill, que solta muita fumaça branca a 45 metros de altura.

Aberdeen é um nome escocês, que significa "confluência de dois rios": a cidade está localizada às margens dos rios Chehalis e Wishkah. Por cem anos, Aberdeen permaneceu como uma cidade madeireira na baía de Grays Harbour, ao pé das montanhas. No final dos anos 1970, não havia mais árvores para cortar na região, e todos os negócios, tanto os mais abastados quanto os mais simples, foram fechados. Grandes lojas de departamento do centro da cidade livraram-se de seus estoques e renasceram como mercados de pulgas, vendendo livros antigos, revistas e roupas de segunda mão por quilo. Quando estava no auge, no início do século 20, Aberdeen contava com mais de 50 mil habitantes. Agora, possui menos de um terço disso. É uma cidade moribunda. A Aberdeen de 2006 é praticamente a mesma de quando um Kurt Cobain adolescente pintava grafites incompreensíveis em seus becos.

A taxa de desemprego é alta em Aberdeen, assim como o alcoolismo e o índice de suicídio.[5] Não há muito mais para os jovens fazerem, além de correr bêbados e acender pequenas fogueiras em ferros-velhos abandonados, ou colher os cogumelos psicodélicos que crescem nos campos em volta da cidade. Inicialmente, Aberdeen prosperou porque sua indústria madeireira era servida por um terminal ferroviário e um porto marítimo que atraía muitos homens, cujos salários eram gastos em seus bares e bordéis. Mas os sucessivos governos americanos dos anos 1960 e 1970 golpearam sistematicamente as ferrovias; a indústria madeireira ficou descentralizada, e os marinheiros passaram a procurar prazer em outros lugares após a repressão à prostituição nos anos 1950. Parece cruel, mas Aberdeen não é diferente de qualquer outra pequena cidade americana – se não fosse a extração de madeira, seria a mineração a céu aberto ou a perfuração petrolífera, embora atualmente seja a entrada de cadeias corporativas como o Walmart, sugando o coração das pequenas comunidades e as abandonando assim que secam.

"Aberdeen era apocalíptica, assim como ficam aquelas velhas cidades industriais quando a economia morre e não existe mais dinheiro nem empregos", explica Tobi Vail, musicista de Olympia.

Quando alguém diz que 25% da população dos Estados Unidos está perto ou abaixo da linha da pobreza,[6] está falando de Aberdeen. A diferença entre essa cidade e a igualmente deprimente Olympia é que a segunda tem algum dinheiro para atrair uma comunidade sem-teto. Os mendigos simplesmente nem cogitam viver em Aberdeen – eles sabem que não há nada para eles lá. É a simples economia dos Estados Unidos: o lado do país que os políticos nunca mencionam. Você não tem muitos direitos, apenas o de existir. Ninguém o conhece porque você não é rico nem poderoso o suficiente para fazer parte de uma agenda política. Você não vota, então você não conta. Por outro lado, não é que não exista nenhuma beleza em Aberdeen. Você pode encontrar verdadeiros tesouros vasculhando seus brechós e bazares de igreja – mas você precisa de foco, como aquela câmera filmando uma sacola vazia no final de *Beleza americana*.

Esse é um ponto de vista.

Outros acham que há muito a apreciar na cidade.

"Não acho justo dizer que os habitantes de Aberdeen não apreciam a beleza da cidade", comenta Rich Jensen, da antiga gravadora K. "A natureza selvagem e bruta de Aberdeen – sua falta de estrutura – é um dos fatores que mantêm as pessoas lá; a liberdade de mijar da varanda ao luar; o prazer de empurrar um carro abandonado em uma ravina e atirar nele de vez em quando durante um ou dois verões. Acho que os moradores e trabalhadores das cidades rurais apreciam o sossego – as águias que descansam nos pinheiros, o cheiro da maresia ao amanhecer – e sentem uma certa satisfação em acreditar que merecem os encantos de sua paisagem acidentada porque trabalham lá, nasceram lá, conhecem o lugar de verdade, o trabalho duro, e não a imagem vazia de uma tarde ensolarada, que é tudo o que os artistas afetados das cidades enxergam."

Imagine uma tarde chuvosa e cinza no Noroeste do Pacífico.*

Ao sairmos de Olympia para Aberdeen, seguindo pela estrada que serpenteia em meio ao terreno montanhoso de vegetação densa, colocamos a obrigatória trilha sonora com Nirvana e o tema de *Twin Peaks*.[7] Há raras paradas ao longo do caminho, e os únicos sinais de vida são poucas fazendas espalhadas, celeiros em ruínas e, ocasionalmente, prédios abandonados, muitos semiconstruídos, com blocos aparentes e finalidade ambígua. Antes de chegar a Aberdeen, há uma pequena cidade chamada Montesano. Kurt viveu ali com seu pai por um tempo. O homem que trabalha no posto da Chevron imediatamente nos chama de "gente da cidade grande". Ele sabe que não somos da região porque conhece todo mundo na cidade. Diz que a maioria das pessoas passa por ali a caminho dos cassinos de Ocean Shores. Se não fosse a garoa constante e as rajadas de vento, seria possível atravessar a cidade a pé, de ponta a ponta, em cerca de uma hora.

A antiga casa do pai de Kurt fica na Fleet Street, não muito longe da rodovia (mas nada fica muito longe da rodovia). O lugar é modesto e bem conservado, a poucas casas do final da rua – sem saída – que leva a uma oficina de caminhões de cimento e equipamentos de construção. As ferrovias próximas parecem abandonadas. A um passeio de bicicleta está a escola onde Kurt cursou o ensino médio. Há um pequeno campo de beisebol do outro lado da rua e um estacionamento para uns 20 carros ou SUVs.

Ao dirigir em Aberdeen, é difícil dizer se o que está no céu é neblina, nuvens ou fumaça das chaminés. A floresta densa parece cercar a rodovia e o rio, mas, se você prestar atenção, a região atrás da primeira camada de ár-

---

* Região do noroeste dos Estados Unidos, que inclui os estados de Washington, Oregon, Idaho e partes da Califórnia, Montana, Wyoming e Alasca. [N. E.]

vores é bem seca. Há uma fábrica de madeira logo à esquerda, na outra margem. As toras empilhadas se estendem por vários hectares. O pouco tráfego existente é formado por caminhões de madeira, trailers e vans. Ao cruzarmos os limites da cidade, surge a placa de Aberdeen, nova e melhorada. Em abril de 2005, o Comitê Memorial Kurt Cobain construiu um novo letreiro com as palavras "Come as You Are"[8] logo depois de "Bem-vindo a Aberdeen". Não há ali nenhum lugar para estacionar o carro e tirar fotos, então fazemos o mesmo que outros já fizeram (pelas marcas de pneus) e paramos no acostamento estreito.

Perto da ponte há um mirante panorâmico com uma vista sombria para madeireiras e chaminés. Há um Walmart com bandeiras americanas adornando sua fachada, um McDonald's com seus infames arcos amarelos, um Taco Bell, uma Ross e uma Pizza Hut – imagens corporativas de tantos shoppings americanos que criam a ilusão temporária de uma área comercial de sucesso. Após mais ou menos um quilômetro e meio, no entanto, atravessando outra ponte, o cenário é totalmente outro. Muitas casas com tapumes e comércios fechados. Uma mistura equilibrada de lojas familiares e populares se espalha pela principal área comercial da cidade, e os bairros são compostos por pequenas casas próximas umas das outras, decoradas com as cores pastel populares nos anos 1970, já desbotadas. A chuva, a nuvem constante, a fumaça e o ruído distante da Rodovia 12 servem como uma mortalha tépida. A cidade parece desgastada.

Se fizesse sol, seria possível imaginar crianças reunidas no parque para brincar entre as estátuas de leões-marinhos que soltam água pela boca.

Nossa primeira parada está sob a ponte de North Aberdeen, um pequeno trecho de estrada que atravessa o rio Wishkah, onde, segundo a lenda, Kurt Cobain teria dormido no inverno de 1985, depois de fugir de casa. Estacionamos na rua sem saída onde morava a família de Kurt (First Street), andamos por um quarteirão até o topo da ponte, subimos passando em meio a arbustos e ervas daninhas e descemos um barranco até a parte de baixo. Não existe um monumento oficial: em vez disso, há latas de cerveja vazias e grafites desbotados (*I ♥ Kurt, cobaincase.com, Kurt Descansa no Paraíso, 20 horas de carro para ver sua ponte – nós te amamos, Kurt, Kurdt:*[9] *eu sou um imbecil por escrever nesta parede hoje, ou ainda é OK? Sua música é um presente para todos nós*), pilhas de bitucas de cigarro e um pouco de lixo espalhado. É quase aconchegante aqui embaixo, e surpreendentemente há espaço para se abrigar da chuva. Como tantos nomes de rios americanos, Wishkah soa exótico, lembrando os tempos dos nativos americanos que teriam se banhado nessas águas, ou bebido dessas águas – mas este é um Wishkah marrom e escuro, cheio de madeira quebrada e estacas aparecendo na superfície. A floresta chega até as margens do rio.

A residência da First Street está com a pintura lascada e cercada por roseiras malcuidadas. Não está abandonada, mas a casa e a vizinhança estão estranhamente quietas. Onde está todo mundo? Um garoto obeso vestindo uma camiseta do Grateful Dead surge da casa do outro lado da rua. Ele nos olha desconfiado de sua varanda. Decidimos seguir em frente enquanto sua mãe terrivelmente obesa sai da casa, o mesmo olhar desconfiado em seu rosto pesado.

Descendo a rua, uma vendedora dentro de uma ampla loja Thriftway explica a um cliente que pessoas acima dos 60 anos têm desconto apenas às terças-feiras. A loja vende de tudo, de cabides usados a tecidos, troféus antigos, pastas e fichários, roupas, cestas, latas e decorações baratas de Halloween. Há uma estante com romances antigos, manuais de autoajuda e uma grande variedade de obras religiosas. A balconista percebe que estamos tomando notas e nos pergunta, ríspida, o que estamos fazendo. Explicamos que estamos apenas andando por aí, pesquisando sobre o Nirvana. Ela diz: "Ah, sim, Nir-vâ-na. É aquele cara que morreu?".

Viramos a esquina e seguimos até "o barraco", casa onde moraram Kurt e Matt Lukin: está completamente inabitável (talvez sempre tenha sido), as janelas estão fechadas com tábuas e o telhado desmoronou. A pintura descascou e há pregos saindo de várias superfícies. O grafite ao lado diz "Os Cripts detonam". Podiam ter escrito o nome da banda direito. Outras habitações abandonadas e decadentes cercam o local, como se uma casa doente tivesse infectado as outras. Há uma bem conservada, decorada com adesivos nos quais está escrito "Apoie nossas tropas" e "Juntos somos mais fortes",[10] mas, no geral, esta rua está desabitada – largada para apodrecer na beira da estrada.

A escola de ensino médio de Kurt e Krist, Aberdeen High – lar dos Aberdeen Bobcats –, fica num prédio surpreendentemente pequeno; dois, talvez três andares. A ala histórica foi incendiada há pouco tempo, aparentemente por estudantes que tentavam queimar registros escolares. O setor ausente foi substituído por um estacionamento de cascalho, com vagas de carros marcadas a tinta spray nas rochas. O edifício parece um grande bloco de concreto, como uma prisão – qualquer um que o visse pela primeira vez ficaria tentado a desistir, como Kurt. Uma grande rocha pintada de amarelo e azul repousa sobre uma plataforma. É difícil saber o que significa – talvez Aberdeen acredite ser arte abstrata?

Visitamos o Judy's, um sebo de livros e discos ao lado do antigo salão de cabeleireiro da mãe de Krist, que fica em frente ao que costumava ser a YMCA onde Kurt trabalhava. O lugar parecia fechado, as portas e janelas estavam totalmente bloqueadas por livros, mas Judy nos viu e nos deixou entrar, explicando que não costuma abrir às quartas-feiras. Ela lembra que os caras do Nirvana apareciam com bastante frequência, principalmente para comprar discos. Judy disse que Shelli (ex-mulher de Krist) às vezes comprava jogos, e a mãe de Krist fazia o cabelo dela.

Aberdeen transmite uma sensação de letargia. Os objetos dos antiquários resumem bem o lugar: muito usados, sujos e abandonados. *Outdoors* e marquises exibem versos bíblicos e propaganda religiosa, esse tipo de cidade. Há até um pastor na calçada, acenando para os carros que se aproximam como se os chamasse para sua igreja, como aqueles caras que usam placas penduradas sobre o corpo ou fantasias de frango para anunciar os especiais do dia.

Foi em meio a essa realidade que nasceram Kurt Cobain e seu amigo de infância Krist Novoselic (descendente de croatas e também produto de um lar desfeito). Um lugar que já existiu, teve anteriormente um coração e uma alma inquieta, mas hoje é só mais um estacionamento de trailers de *white trash* ao lado da rodovia, um lugar que você não visitaria em um milhão de anos sem um bom motivo.

"Aberdeen era muito assustadora: caipira, cidade infernal, rústica, como um vilarejo ou um reduto de lenhadores", Krist me disse na primeira entrevista do Nirvana em fevereiro de 1989. "Lembra o Jack Nicholson falando sobre caipiras em *Sem destino*? Quando eles se deparam com algo diferente, não fogem de medo, eles ficam perigosos. Aberdeen é assim. Eles eram muito teimosos; por que iríamos querer ser como eles?"

"Aberdeen era bem estranha", comenta o ex-baterista do Nirvana, Chad Channing, sentado na relativa segurança de sua atual casa na ilha de Bainbridge, a uma viagem de balsa de Seattle. "Era uma cidade totalmente madeireira ou algo do tipo, sabe? Não consigo me imaginar morando num lugar desses. Parecia que as pessoas trabalhavam o dia todo e bebiam toda noite. Parecia muito precária. Quase não dá mais para considerar como uma cidade. Por que você foi lá e por que esse lugar – como ele ainda existe? Do que eles vivem?"

Há muitas cidades assim nos Estados Unidos.

"Bom, isso nos faz pensar", ele mesmo responde. "Em toda cidade pequena, geralmente existem aquelas pessoas que passaram a vida inteira lá. Não dá para se imaginar fazendo isso em uma cidade como Aberdeen. Como as pessoas conseguem? Daqui a alguns anos, você vai estar na casa dos 70 ou 80 anos. 'Passei minha vida inteira aqui.' 'Nossa, me desculpa – tem certeza de que você ainda não está morto?'"

Kurt Cobain tinha 8 anos quando seus pais se divorciaram, pelas mesmas razões de tantos outros casais na mesma situação. Depois de terem se casado muito jovens, as duras pressões econômicas para manter sua pequena casa os separaram. Don Cobain mudou de função em 1974, conseguindo um emprego básico na indústria madeireira – trabalho administrativo na Mayr Brothers –, mas a 4,10 dólares por hora, menos do que recebia como mecânico. Os Cobain costumavam pedir dinheiro emprestado aos pais de Don, Leland e Iris. Kurt estava ficando cada vez mais desobediente, e seu pai tentava mantê-lo na linha com castigos psicológicos quase diários – batendo em seu peito com dois dedos – e, claro, com o mito do famoso presente de Natal, um "pedaço de carvão" com o qual Don e Wendy ameaçavam Kurt, dizendo que, se ele continuasse brigando com a irmã, só receberia isso na meia de Natal. Nunca chegou a acontecer – era uma brincadeira –, mas marcou o jovem Kurt o suficiente para ele afirmar mais tarde que, sim, numa manhã de Natal, ele encontrou um pedaço de carvão ao lado de sua cama,[11] em vez de uma arma de cinco dólares do *Starsky and Hutch*.

"Minha história é exatamente igual à de 90% dos caras da minha idade", disse ele à revista *Guitar World*. "Os pais de todo mundo se divorciaram. Os filhos fumaram maconha durante o ensino médio, cresceram na época da ameaça comunista e pensavam que iam morrer numa guerra nuclear. E as personalidades de todos são praticamente as mesmas."

O ano que antecedeu ao divórcio foi, segundo consta, agradável para os Cobain – viajaram para a Disneylândia ao sul de Los Angeles e fizeram uma visita ao hospital, onde engessaram o braço de Kurt, quebrado durante uma briga violenta com Gary, o irmão de Don, que tinha ido longe demais; e houve ainda a imagem improvável de Kurt como jogador de beisebol em seu time local. Alguém indicou que sua hiperatividade poderia estar relacionada a um transtorno de déficit de atenção. Corantes alimentares e açúcar foram removidos de sua dieta. Não adiantou. Ele continuava marchando pela casa e martelando um tambor enquanto gritava a plenos pulmões,[12] até ser medicado com Ritalina por três meses.

Foi o divórcio que de fato mudou a perspectiva de vida de Kurt. Praticamente da noite para o dia, ele se fechou. Sua mãe Wendy contou ao biógrafo do Nirvana, Michael Azerrad, que Kurt tornou-se "muito rabugento, impaciente e constantemente sarcástico e debochado". Meses após o divórcio, em junho de 1976, ele rabiscou na parede de seu quarto: "Odeio a mamãe, odeio o papai, papai odeia a mamãe, mamãe odeia o papai, por isso quero estar sempre triste", com caricaturas de seus pais ao lado. O divórcio foi amargo. Wendy queria se separar de Don porque achava que ele era ausente; Don contestou a separação e permaneceu em estado de negação por um bom tempo. Ambos admitiram que usaram as crianças na guerra entre eles. Wendy ficou com a casa, os filhos e o Camaro 1968; Don recebeu a picape Ford 1965 e foi instruído a pagar 150 dólares de pensão alimentícia mensal.

Don mudou-se para o trailer de seus pais em Montesano. Kurt odiava o novo namorado de sua mãe, que era propenso a ataques violentos e a quem chamava de "maldito agressor de esposas" (uma vez, ele quebrou o braço de Wendy). Logo depois do divórcio, ele pediu para morar com o pai. Don recebeu a custódia em junho de 1979. Em seus anos seguintes de formação, a criança-problema foi jogada de casa em casa, entre pais e parentes. Kurt então começou a desenvolver problemas estomacais, causados por desnutrição. No início, ele ficou animado com o relacionamento de conveniência com o pai, embora a ideia de Don de vínculo paterno fosse levar o filho ao trabalho. Mais tarde, ele se sentiu traído quando Don se casou novamente – com Jenny Westby, que tinha dois filhos, de quem Kurt sentia profundo ciúme.

De garoto feliz e extrovertido, Kurt tornou-se terrivelmente inseguro.

NOTAS

1 Mark Arm: vocalista do Mudhoney, arquetípica banda de Seattle do final dos anos 1980 e para quem o termo "grunge" foi cunhado. Arm foi uma grande influência para Kurt Cobain.

2 Mari – irmã de Wendy – afirma ter sido a primeira pessoa a colocar um violão nas mãos de Kurt, quando ele tinha 2 anos. Mari tinha 15 anos e também tocava o instrumento. "Ele girou o violão e mudou a posição, por ser canhoto", disse ela ao jornalista Gillian G. Gaar, de Seattle.

3 Bruce Pavitt, fundador da gravadora Sub Pop Records. Leg é uma referência ao meu nome artístico, The Legend! Fui apresentado dessa forma a muitos nesta história.

4 A rigor, Washington é o estado mais a noroeste dos 48 estados contíguos. Não se esqueça do Alasca.

5 A taxa de suicídio de Aberdeen era o dobro da média nacional em 1991, com 27 pessoas em 100 mil. Em julho de 1979, um dos tios-avôs de Kurt, Burle Cobain, cometeu suicídio (com um tiro no abdome). Cinco anos depois, o irmão de Burle, Kenneth, deu um tiro na cabeça. Ao usar uma arma, Kurt – consciente ou inconscientemente – escolheu a morte clássica de Aberdeen.

6 Revista *Financial Times*, 18 maio 2005.

7 Kurt descreveu sua cidade natal como "Twin Peaks [...] sem a emoção". Na verdade, a série *Twin Peaks* foi filmada a 260 quilômetros de distância, no pitoresco resort de férias Snoqualmie Falls.

8 "Come as You Are" foi o segundo single de *Nevermind.*

9 Kurdt foi a primeira maneira como Kurt grafou seu nome no Nirvana. Ele também escreveu seu sobrenome como Kobain por pouco tempo.

10 O vizinho mais próximo de Olympia é a base do exército Fort Lewis.

11 O "Bean" no nome de sua filha, Frances Bean Cobain, é uma referência ao pedaço de carvão – a reviravolta de Kurt com seu presente imaginário de infância.

12 Imagens de desenhos animados vêm à mente. Primeiro, Charlie Brown em *Snoopy*, perdido na base de lançador de beisebol, um eterno otimista apesar de todas as evidências em contrário. E depois Calvin, insaciável garoto hiperativo com seu amigo imaginário, o tigre de brinquedo Haroldo, na brilhante tirinha de Bill Watterson, *Calvin e Haroldo*, um *Snoopy* dos anos 1990. Em uma tirinha de quatro quadros, Calvin está martelando pregos na mesa da sala de jantar. Sua mãe grita com ele: "O QUE VOCÊ ESTÁ FAZENDO?". Calvin para e pensa por um minuto, olha para ela e diz, com olhar inocente: "Isso é uma pegadinha?".

CAPÍTULO 2

Don't Want To Be Confused

1. Os Melvins não são uma banda de heavy metal.
2. Eles são artistas conceituais com uma veia pop.
3. Fazem lembrar Boredoms, Sonic Youth, Captain Beefheart.[1]
4. Não existe banda melhor. Tão boa quanto, sim, mas melhor, não.
5. Eles são totalmente incompreendidos pelos fãs e pelos críticos.
6. Eles são hilários.
7. Eles são sádicos.
8. Eles são extremamente inteligentes.
9. Eles são punk, não hardcore. Fazem lembrar Sex Pistols e Dead Kennedys, não Fugazi ou Bikini Kill.[2]
10. Eles foram influenciados pelos Wipers.[3] Essa é a semelhança deles com o Beat Happening.[4] Os Wipers e os Melvins foram influenciados por Hendrix.[5] Essa é a diferença entre eles e o Beat Happening.
11. Se a música do Noroeste do Pacífico fosse dividida em um gráfico de influências, a maioria das bandas seria ligada a The Wipers, The Melvins, Jimi Hendrix ou Beat Happening. O Nirvana foi influenciado por todos os quatro. Os outros dois ingredientes eram o desespero e os Beatles.

(Retirado de www.bumpidee.com)

A VIDA de Kurt Cobain depois do divórcio dos pais não era muito divertida.

Kurt se recusava a fazer as refeições com sua nova família; entrou para o time de luta livre da escola por insistência de Don, mas se recusou a lutar no dia do grande torneio, sentando-se no tatame com os braços cruzados; não queria caçar; usava cabelo de tigela, calça jeans boca de sino e ficava desenhando na sala de aula. Ele assistiu a *Contatos imediatos do terceiro grau* e recontou os diálogos inteiros para seu meio-irmão James; filmou seu próprio filme *snuff* com uma câmera super-8 aos 11 anos; e falava que queria se tornar uma grande estrela do rock e partir apoteoticamente como Jimi Hendrix... Não parecia grande coisa, muitas crianças se preocupam com a morte e querem chamar atenção. Ele era canhoto, artístico em uma cidade que via a arte como algo gay (sua mãe chegou a proibi-lo de sair com um amigo gay) e fumava a maconha cultivada em Montesano.

Musicalmente falando, o gosto de Kurt não estava melhorando: para algumas pessoas, gostar do disco estranho dos Beatles e depois passar a defender o hediondo álbum do Journey do início dos anos 1980, *Evolution*, pode ser um retrocesso. Ironicamente, ele mais tarde compararia os rivais Pearl Jam à mesma banda de rock de arena para dizer que a música deles não tinha credibilidade alguma. Talvez os adolescentes devessem ser proibidos de ouvir rock – assim, certamente, haveria menos carreiras de delinquentes juvenis predispostos a envelhecer mal, como os integrantes do Velvet Revolver e qualquer um que ainda se impressione com o biquinho de Mick Jagger. Em 1981, Kurt entrou na Montesano High School, para cursar o primeiro ano do ensino médio. Em uma tentativa – fadada ao fracasso – de agradar seu pai e se misturar com os colegas, ele se juntou às equipes de futebol americano e atletismo.[6]

Em fevereiro, o tio Chuck decidiu que era hora de comprar um presente de aniversário adequado para o Kurt adolescente. Foi um momento decisivo. "Um dia, me pediram para escolher entre uma guitarra e uma bicicleta no meu aniversário", ele me disse, oito anos depois, antes de acrescentar, debochado: "Então peguei a bicicleta.[7] Por que comecei a tocar? Tédio, eu acho. Eu queria saber tocar bateria", mencionou, referindo-se ao seu antigo brinquedo de infância. "E ainda quero."

Era uma guitarra barata e usada, da marca japonesa Lindell, mas era mais do que suficiente para Kurt. Ele ligou para sua tia Mari e perguntou se as cordas deveriam ser colocadas em ordem alfabética. Ele carregava o instrumento com orgulho para todos os lugares, embora não conseguisse tocar direito com o pequeno amplificador de dez watts que também havia ganhado de Chuck. Em março de 1982 – depois de ser transferido para o porão –, Kurt decidiu deixar a casa de seu pai. Primeiro, foi para o trailer de seus avós paternos, depois para a casa de seu tio Jim, ao sul de Aberdeen. Ele achou Aberdeen mais hostil que Montesano.

"Na verdade, existem umas cem cidades *muito* pequenas na região Sudoeste de Washington", explica Tobi Vail. "Eu morava em Naselle, que fica a uma hora ao sul, e, para nós, Aberdeen era uma cidade grande – tinha ônibus urbanos, biblioteca, correio, meia dúzia de restaurantes e algumas lojas; coisas que lugares rurais não possuem."

Tio Jim fumava maconha e tinha uma coleção de discos mais descolada que a de seu irmão Don: The Grateful Dead,[8] Led Zeppelin e The Beatles; influências musicais maconheiras que Kurt absorveu, incentivado por colegas de escola mais velhos que usavam camisetas *tie-dye* e cabelo repicado e apareciam para assaltar a geladeira de Jim. "Eu achava que eles eram mais legais que meus amigos nerds da quarta série, que assistiam à série *Happy Days*", contou Kurt ao biógrafo Azerrad.

Kurt saiu da casa de Jim e foi passando de parente para parente, incluindo o tio Chuck. Foi quando o jovem Cobain começou a ter aulas de guitarra com um dos colegas de banda de Chuck, Warren Mason, que lhe conseguiu um instrumento melhor – uma Ibanez de 125 dólares. As aulas então ficaram sérias: clássicos do rock como "Stairway to Heaven",[9] "Louie Louie"[10] e "Back in Black", do AC/DC, foram as primeiras músicas que aprendeu.

Em 1982, Kurt voltou a morar com a mãe na East First Street, 1210, e foi transferido para a antiga escola de seus pais, Weatherwax High (ou Aberdeen High), em Aberdeen. Mais uma vez, ele se sentia excluído, situação provavelmente agravada pelas aulas que escolhia – arte comercial e básica, onde desenhava caricaturas grosseiras de Michael Jackson, de espermatozoides e de Ronald Reagan, além de fazer filmes rudimentares de *stop motion*.

"Eu era um bode expiatório", disse Kurt ao jornalista musical Jon Savage, "mas não que as pessoas me perseguissem o tempo todo. Eles nunca me bateram, até porque eu já era retraído demais. Eu era tão antissocial que beirava a loucura. Não ficaria surpreso se votassem em mim como o 'mais propenso a matar todo mundo no baile de formatura'."

Wendy namorava homens mais jovens e adorava tomar sol de biquíni. Kurt sentia vergonha da atenção que sua mãe recebia e batia em qualquer amigo que fizesse piadas sobre aquilo – e muitos deles faziam, principalmente porque sua mãe lhes comprava cerveja e deixava que ficassem em sua casa. Em fevereiro de 1983, Kurt completou 16 anos e passou no teste de direção. Algumas semanas depois, assistiu ao seu primeiro show de rock: Sammy Hagar[11] no Seattle Center Coliseum.[12] Impressionado com a teatralidade da apresentação, no dia seguinte, ele apareceu na escola vestindo uma camiseta de Sammy Hagar. Mais tarde, ele teria vergonha de sua propensão adolescente, mas nunca negou seu passado, como já insinuaram. Para mim, descreveu o evento da seguinte forma:

"Todo mundo estava passando maconha, eu fiquei muito chapado e acabei pondo fogo em mim mesmo. Tinha um isqueiro Bic no bolso do meu moletom, e eu estava assistindo ao Sammy, balançando de cabeça para baixo nas vigas e zombando de todas as pessoas que seguravam os isqueiros para cima. Olhei para baixo e vi que o fluido tinha vazado, e minha blusa estava pegando fogo. Combinava com minhas calças sujas de urina. Elas já estavam daquele jeito antes do show, quando bebemos uma caixa de cerveja e ficamos presos num engarrafamento. Eu não tinha como sair, então mijei nas calças, no banco de trás.

"Um aluno do sétimo ano estava bêbado e desmaiado no banheiro, jogado em cima de uma poça de urina. As pessoas se aliviaram nele durante todo o show, ninguém deu a mínima. Duas garotas estavam esticando carreiras de pó em um espelhinho quando, de repente, um bêbado caiu atrás das cadeiras onde elas estavam e vomitou no colo delas. As duas chamaram seus namorados para bater no bêbado destruidor de cocaína."

Os jornalistas posteriormente tentaram entender o fato de Kurt Cobain – assim como 99% de pessoas como ele em pequenas cidades americanas – ter visto bandas de hard rock bem ruins em seus primeiros shows; entre elas, os britânicos do hard rock/heavy metal Judas Priest, no Tacoma Dome, no mesmo ano. Kurt também teve um álbum do REO Speedwagon. E daí? Nada daquilo era um chamado: ele só não sabia onde procurar. Somente em meados de 1983, Kurt encontrou o que ele – sem saber – estava procurando.

Naquele verão, Kurt Cobain descobriu os Melvins – e, com eles, o mundo do punk rock. "Lembro-me de estar em Montesano, no mercado Thriftway", escreveu em seu diário,[13] "quando um funcionário de cabelo curto, que parecia o cara do Air Supply, me entregou um panfleto: 'Festival *Them*, amanhã à noite, no estacionamento atrás da Thriftway. Rock ao vivo grátis'". O funcionário em questão era o cantor dos Melvins, Buzz Osborne, um estudante mais velho da Montesano High. Os Melvins haviam se formado no ano anterior,[14] tocando o hardcore acelerado que fazia sucesso na época com bandas americanas como Dead Kennedys e Minutemen.[15]

"Fui ao show com uns amigos maconheiros numa van [...]", Kurt continuou. "Nunca imaginei que uma banda pudesse tocar tão rápido, com mais energia do que todos os meus discos do Iron Maiden juntos. Era o que eu estava procurando. Ah, o punk rock."

Os biógrafos do Nirvana não chegam a um consenso sobre o que ocorreu a seguir: um deles alega que Buzz teria passado exemplares da revista de rock americana *Creem* para Kurt. Em outros relatos, Kurt afirma que, aos 12 anos, já assinava a *Creem* para ler notícias dos Sex Pistols quando eles se desintegraram na calamitosa turnê americana de janeiro de 1978. Empolgado, ele pegou uma cópia do único disco "punk" à disposição na biblioteca de Aberdeen, o extenso e medíocre álbum triplo do The Clash, *Sandinista.*

"Aquele disco foi culpado por atrasar minha entrada no punk rock", ele me falou mais tarde. "Quando ouvi, eu pensei: 'Se isto é punk rock, não quero nada disso'."

Seja qual for a verdade, não há como negar que os Melvins – Buzz Osborne com seu afro chocante; o baterista fortão e sósia de Neil Young, Dale Crover; e o baixista beberrão, Matt Lukin – mudariam definitivamente a vida de Kurt. Buzz lhe deu uma mixtape de bandas punk underground americanas, a maioria hardcore californiano, como Flipper, MDC[16] e Black Flag.

A primeira era uma banda punk psicodélica seminal e dissonante de São Francisco, mais para a arte conceitual do que para o rock. A influência de seu provocativo single de estreia, "Love Canal/Ha Ha Ha", de 1981, é claramente percebida nos Melvins – que desaceleraram suas batidas e aumentaram ainda mais a esquisitice. Já os segundos tinham fama mais pela polêmica feroz – a antipolícia "I Remember" e a anticapitalista "Corporate Death Burger" – do que pela música em si. O Black Flag, por sua vez, carregado de testosterona, pegou a franqueza crua dos Ramones, fundiu com mudanças rítmicas e completou com letras duras sobre alienação, solidão e paranoia. "Damaged", de 1981, é um marco do punk rock americano – a agressividade de seus grooves frequentemente instigava brigas nos shows.

Reza a lenda que a primeira música na fita de Buzz teria sido a apócrifa "Damaged II", do Black Flag, com Henry Rollins[17] gritando: "*I'm confused/ I'm confused/ Don't want to be confused*".*

"Com os Melvins, contexto era tudo", explica Dawn Anderson, ex-editora do fanzine *Backlash*, de Seattle. "Os anos 1980 foram muito anti-rock, então,

* "Estou confuso/ Estou confuso/ Não quero ficar confuso." [N. T.]

para muitos de nós, era ótimo que esses caras quisessem perder a cabeça e arrasar sem o menor constrangimento. Nos primeiros shows, algum hipster reclamão sempre aparecia do meu lado dizendo: 'Não dá pra saber se isso é sério ou não!'. Eles deixavam as pessoas muito irritadas.

"Saí com eles uma ou duas vezes", ela continua. "Eu me dei bem com Buzz por causa de luta livre. Eu era uma garota heavy metal dos subúrbios e não conhecia muitas pessoas com quem pudesse falar sobre coisas assim. Lembro-me de uma festa na qual Matt Lukin quase explodiu minha casa. 'Ah, isto é dinamite *de verdade*? Me desculpe.' Mais tarde, ele jogou suco de laranja no chão, ficou de quatro e lambeu meu tapete. Ele cantava todas as garotas que entravam na sala, dizendo: 'Isto é sua cabeça ou alguém cagou no seu pescoço?'. Eu achava ele muito engraçado."

"Os Melvins eram garotos de Aberdeen que assistiam a shows de hardcore na cidade [Seattle]", explica o guitarrista do Mudhoney, Steve Turner. "Eles se destacaram porque não havia ninguém igual, mas tinham uma aparência comum: cabelos curtos, Converse, Vans. Matt tinha os cabelos tingidos. The Accused era a melhor banda de hardcore, mas o som dos Melvins era mais rápido e firme. Então todos começaram a tentar evoluir suas músicas [...] e eles foram ainda mais longe. Foram influenciados pelo Black Flag, que era simplesmente o maior."

O Black Flag desacelerou seu som – principalmente em *My War*, de 1984 –, e os Melvins fizeram o mesmo. Mas levaram isso ao extremo: um *grind* assombrosamente denso e lamacento, que, no estrondoso álbum *Gluey Porch Treatments*, de 1987, ajudou a inspirar uma nova forma musical, o grunge.

A melhor música pop é descartável. Existe para ouvir e depois jogar fora. Entendo que os músicos não gostem que eu diga isso, mas os críticos os mimaram muito nesse ponto, por bastante tempo. Muitas bandas têm só uma grande ideia, a maioria nem isso. Passam o resto da carreira numa busca desesperada pelo sucesso inicial. Por que tantos músicos se jogam em bebida e drogas após alguns anos? É a única forma de *sentir* algo.

Eu amo os Melvins porque eles são barulhentos, básicos e primitivos. É isso. Tiveram sua única ideia e não abriram mão dela. Querem fazer rock, e eles fazem exatamente isso, sem levar em consideração gosto, vendas ou um lugar na história. Grunge de verdade. Juntos, os Melvins têm o dom de desacelerar o tempo até cada nota parecer durar uma eternidade. Isso é maravilhoso, mesmo porque a vida é muito curta.

Os Melvins receberam atenção porque os caras do Nirvana eram fãs, mas mesmo sem esse apadrinhamento teriam alcançado o status de cult. Bandas tão focadas sempre conseguem. Mesmo seus inimigos ferozes têm que admirar a singularidade de seu propósito. Com muito trabalho, os Melvins proporcionaram um senso de comunidade aos amigos de Aberdeen que se sentiam excluídos. Todo mundo precisa se sentir especial, e, se isso significa apoiar uma banda que poucos entendem, melhor ainda.

Nos anos 1980, com Lukin ainda na banda, os Melvins assustaram e confundiram os punks raiz ao tocar sequências de acordes ainda mais pesadas que as do Flipper. Não soava como anúncio de loja de guitarra, e sim como James Brown ou Ted Nugent quando todos executavam a mesma coisa: a música inteira era um enorme *power riff*. Dale Crover tocava com tanta força que usava luvas de jardinagem, cuecas e mais nada no palco.

"Eram algo que ninguém tinha visto antes", explica o baterista do Mudhoney, Dan Peters. "Eles eram ótimos artistas – Matt dava tudo de si, Buzz estava arrasando, e Dale tocava numa bateria remendada que parecia ter sido amarrada com arame farpado. Eles usavam coletes Levi's com gola de pele. Eu curtia essa *vibe* deles. Quando Matt veio para o Mudhoney, eu estava me cagando. Mark e Steve estavam no Green River,[18] e eu fiz uma pose de 'beleza, pode ser', mas, por dentro, fiquei tipo: 'O cara dos Melvins e eu vamos tocar na mesma banda!'.

"Nosso primeiro ensaio com Matt foi incrível", segue Peters. "Eu só tinha 20 anos, não podia comprar cerveja. Matt apareceu com um amigo dele e pensamos: 'Vamos comprar uma cerveja antes do ensaio'. Matt concordou: 'Vamos, boa ideia', então pegou meia caixa de cerveja e disse: 'Aqui, já tenho a minha!'. E eu fiquei tipo: 'Bem, não sou maior de idade, mas aceito uma dessas!'."

Nos Estados Unidos, você é considerado maduro o suficiente para dirigir e lutar por seu país muito antes de poder beber álcool em público. Identidades falsas são muito comuns. E essa restrição afeta diretamente os shows de rock – muitas apresentações ocorrem em bares onde menores de 21 anos não podem entrar. Daí o surgimento dos shows para todas as idades, que bandas como Fugazi e Beat Happening defendem.

"A primeira vez que vi os Melvins foi sensacional", diz Tom Hazelmyer, chefe da Amphetamine Reptile Records. A gravadora de Minneapolis foi um picadeiro de malucos durante os anos 1990, onde cantores apunhalavam os próprios traseiros com grandes crucifixos enquanto cantavam sobre salvação e assassinato em série – ser um *showman* era tão importante quanto fazer rock. As bandas mais conhecidas na AmRep eram Helmet,[19] Cows[20] e o libidinoso Nashville Pussy.

"Foi em Seattle em 1984", continua Haze. "Alguns amigos da cidade iam tocar – Hüsker Dü.[21] De repente, a banda de abertura começa, os Melvins. Puta merda! Eles faziam o que ainda fazem hoje em dia, mas em velocidade hardcore. Foi uma loucura."

Os Melvins tiveram um papel importante na carreira do Nirvana. Influenciaram até mesmo os últimos bis improvisados, como "Endless, Nameless", no qual o trio pegava um riff e segurava pelo tempo que fosse preciso. Mais relevante: foi através dos Melvins que Kurt conheceu seu futuro baixista, o magricela de Aberdeen, Krist Novoselic.

"Uma das primeiras vezes que vi o Krist foi na cabana de Bob Whittaker,[22] na área costeira de Washington", lembra Charles Peterson, fotógrafo de Seattle. "Estávamos fazendo uma fogueira na praia, e Krist bebeu uma garrafa de uísque quase inteira. Conforme a bebida descia, peças de roupa também caíam. No final da noite, ele estava nu na praia, correndo para cima e para baixo. Nós estávamos todos agasalhados. Eu estava congelando, e ele tipo 'uhuu', correndo e cantando."

Como você descreveria o Krist?

"Um pateta", responde Kelly Canary, ex-vocalista da banda só de garotas Dickless, de Seattle. "Naquela época, ele era apenas um cara muito alto que caía nas coisas. Ele era o Chevy Chase do grunge."

Krist Anthony Novoselic nasceu em Compton, Califórnia, em 16 de maio de 1965. Era o primogênito dos imigrantes croatas Krist e Maria.

O pai de Krist fugiu de Veli Iz, sua aldeia de infância, em 1955,[23] para escapar do regime comunista do marechal Tito. O jovem de 17 anos caminhou 120 quilômetros com outros três homens para o Norte, ao longo da Costa do Adriático. Depois de quatro dias, chegaram a Trieste, Itália, onde foram presos por três meses. Mais tarde, ele foi mantido num campo de refugiados por seis meses, até se inscrever para trabalhar em um rebocador no rio Reno – chegando à América seis anos depois. Passado algum tempo na Costa Leste, começou a pescar atum, cavalinha, salmão e lula. Logo depois, mudou-se para Gardena, na Califórnia, onde conseguiu um emprego de motorista de caminhão da marca de água potável Sparklets. Maria juntou-se a ele um ano depois.

Após Krist, vieram mais duas crianças: Robert e sua irmã mais nova, Diana. Durante a pré-adolescência, os irmãos não tinham nenhuma afinidade com seus colegas e logo começaram a cometer atos de vandalismo. "Robert e eu éramos grandes e nos metíamos em muitos problemas", contou Krist a Michael Azerrad. "Furávamos pneus, essas coisas. Meu pai nos batia, porque era tudo o que ele sabia fazer. Tínhamos medo dele. Mas não podemos dizer que era um abusador. Era ação e reação."

A mudança para Aberdeen em 1979 – provocada pela alta dos preços das propriedades na Califórnia e por uma promessa de trabalho imediato para Novoselic pai, como maquinista numa das serrarias da cidade – não foi bem recebida pela família. Aberdeen tinha uma comunidade croata considerável, mas, para Krist, se comparada com Gardena, mais parecia uma cidade do Leste europeu: as pessoas julgavam; as roupas eram datadas – calças flare, em contraste com as Levi's retas de Krist e Robert. Os alunos da Aberdeen High School ouviam o Top 40, mas Krist preferia Black Sabbath, Led Zeppelin e Devo.[24] Os Novoselic foram para uma casa na colina Think of Me, assim chamada porque, décadas antes, havia uma placa promovendo o tabaco "Think of Me" no local.

O jovem Krist – 1,90 metro de altura e desengonçado como um Joey Ramone mais novo – ficaria deslocado até mesmo na mais liberal das cidades. Em Aberdeen, ele se destacava como uma balada num disco do Black Flag. Kurt se lembra dele sabotando as assembleias da Aberdeen High. Ele o descreveu como "alguém muito inteligente, engraçado e falastrão de quem todos riam, embora ele fosse mais esperto do que os outros".

Krist cresceu deprimido nos bairros provincianos pequenos e chuvosos de Aberdeen. "Eu não conseguia me dar bem com os outros garotos", ele reclamou. "Eles eram uns idiotas. Me tratavam muito mal."

Em junho de 1980, preocupados com sua saúde mental, seus pais enviaram Krist para morar com parentes na Croácia, que ainda fazia parte da Iugoslávia. Lá, ele tornou-se fluente em croata e ouviu um pouco de punk rock – The Sex Pistols, Ramones e bandas locais. Mas, na época, não ficou muito impressionado.

"Os sons polidos e enlatados do heavy metal mainstream não me atraíam", escreveu ele em sua autobiografia, *Of Grunge and Government, Let's Fix This Broken Democracy*, de 2004. "A cena local da Iugoslávia era boa e diversificada. Mas, quando voltei para os Estados Unidos, descobri que o punk dificilmente chegaria a Aberdeen, por causa de seu isolamento geográfico."

Ao retornar, frustrado com a estupidez dos garotos de Aberdeen, que o tratavam como uma espécie de aberração, Krist tornou-se alcoólatra e começou a fumar maconha. Ninguém o conhecia por seu nome nativo em Aberdeen – ele o soletrava como Chris, tentando desesperadamente se encaixar. Retomou sua grafia original para demonstrar solidariedade com sua Croácia natal em 1992, época que a Iugoslávia se dissolveu na luta mais terrível e sangrenta vista na Europa desde a Segunda Guerra Mundial. De fato, pode-se relacionar a atual defesa de Krist dos direitos dos eleitores e pessoas discriminadas à turbulenta história da pátria de seus pais.

Após ficar de bobeira por muitos meses, Krist conseguiu um emprego na Taco Bell, passando a economizar até ter o suficiente para um carro, uma guitarra e um par de alto-falantes estéreo. Então começou, com seu irmão Robert, a ter aulas de guitarra com Warren Mason,[25] mas logo desistiu, e então passava os dias no quarto, tirando riffs de B.B. King.

Mais adiante conheceu Buzz e Matt dos Melvins. Há uma ótima história em *Come as You Are*, de Azerrad, sobre quando Lukin viu Krist pela primeira vez no Taco Bell. "Tinha um cara grande, alto e meio pateta lá atrás", lembrou Lukin, "cantarolando canções de Natal que tocavam no sistema de som da loja". Através dos Melvins, Krist descobriu a Bíblia/fanzine punk *Maximumrocknroll*. Suas páginas o apresentaram ao ativismo de grupos de hardcore muito politizados, como o Minor Threat.

"Como símbolo da minha independência, eu me vestia de forma diferente do *status quo* e, ao contrário de alguns punks, não tentava parecer perigoso", explicou ele em sua autobiografia. "Eu não usava moicano nem jaqueta de couro com tachas. Também não joguei fora meus discos do Aerosmith ou do Led Zeppelin."

Foi nessa época que Kurt tomou conhecimento da existência de Krist – por meio de Robert, que o levou à casa dos Novoselic. Kurt perguntou que barulho era aquele no andar de cima. "Ah, é o meu irmão", respondeu Robert. "Ele ouve punk rock."

Conte como foi a primeira vez que você ouviu falar do Nirvana.

"Quando eu era um adolescente em Seattle, nos anos 1980, eu ia a todos os shows", conta Slim Moon, fundador do selo kill rock stars[26] (do movimento Riot Grrrl) e ex-vizinho de Kurt Cobain. "Boa ou ruim, essa era a minha vida. Um amigo me levava às apresentações, mesmo em Bellingham, Anacortes, Bremerton, Olympia, Tacoma ou Ellensburg. O Green River era o maior grupo da cidade, mas os Melvins eram os preferidos de jovens descolados, como nós. Em 1986, percebi que a cena musical de Tacoma e Olympia era muito mais legal. Eu me lembro da Girl Trouble [a resposta de Tacoma ao The Cramps[27] – uma banda despojada de garage rock, da classe operária, que tocava numa lanchonete construída em forma de bule], do Beat Happening e de um monte de outras bandas...

"O hardcore tinha tomado Seattle", continua ele. "Eram as bandas do início do grunge: pessoas tocando hard rock, glam ou metal, influenciadas por uma onda infinita de punk da Califórnia e do Texas. Todo fim de semana havia quatro shows de hardcore. A cena de Seattle, que permitia a entrada de menores, sempre tinha *moshs* violentos e muita ação na área que ficava na frente do palco. Para mim, era cada vez mais difícil encontrar amigos que gostassem de músicas além do hardcore. Em Olympia, tinha muita dança e contato, mas era um contato amigável. Em vez de cotoveladas, hematomas e cortes, as pessoas pulavam umas nas outras e rolavam no chão, era um grande senso de comunidade.

"Começamos a receber bandas como os Melvins numa arena comunitária chamada GESCCO.[28] Enquanto isso, passei a frequentar muitas festas. Os Melvins eram deuses, e se estivessem tocando todo mundo sabia. Então fui a uma festa no Dude Ranch com alguns amigos: Dylan Carlson, Kurt Flansberg e sua namorada, Tracy Marander, que morava em Tacoma. Krist Novoselic estava lá. Nós conhecíamos Krist porque ele sempre levava os Melvins, era como um roadie deles. Ele tinha uma van VW de zebra, então todos sabiam quando os Melvins estavam lá. Sempre havia muitos desses caras de Aberdeen – malnascidos, sinistros, *losers*, esquisitões – que seguiam os Melvins por toda a parte.

"Dylan e eu estávamos caminhando animados pela calçada, conversando sobre o Big Black,[29] quando vi um cara vindo em nossa direção. Eu sabia quem era: estava sempre na cola dos Melvins, com o mesmo casaco cinza. Ele começou com um papo: 'Eu gosto de Big Black' e seguiu. Falou de um jeito autoconsciente, e parecia saber que o achávamos só um parasita dos Melvins. Ele queria dizer: 'Sou melhor que isso, conheço o Big Black'.

"Essa foi a primeira coisa que Kurt me disse.

"A segunda lembrança com ele foi na GESCCO. Os Melvins estavam tocando e precisavam de uma banda de abertura. Buzz perguntou: 'Posso tocar com minha banda projeto?'.[30] Nós não conseguimos entender direito o nome deles pelo telefone, então fizemos uns panfletos com Brown Cow [vaca marrom] e outros com Brown Towel [toalha marrom]. Na época, um comercial de TV mostrava uma mulher segurando uma toalha e dizendo: 'Como saber se uma toalha marrom está limpa?'. Mas o nome também pode ter sido inspirado naquela música infantil "How Now Brown Cow?". Acho que ninguém sabia – e eles só tocaram aquela vez. Buzz estava na guitarra e Kurt no vocal, mas não tocava guitarra. Acho que Dale era o baterista... era só o Buzz tocando com um daqueles malucos de Aberdeen.

"Os caras dos Melvins também tinham uma banda chamada The Meltors, na qual tocavam *covers* dos Mentors.[31] Krist Novoselic seria o vocalista deles. Os Melvins estavam sempre fazendo coisas bobas desse jeito; abrindo os próprios shows ou deixando os amigos cantarem.

"Queria poder dizer que a primeira vez que vi Kurt cantar foi uma performance brilhante. Não posso. Mas posso dizer que eu vi. Tenho uma lembrança visual. Kurt com um sobretudo num grande salão vazio, um tablado emprestado da faculdade; Buzz com sua pequena Les Paul e um daqueles tapetinhos de borracha antiderrapante de banheira, em formato de flor, preso na guitarra, mas não me lembro da música. Naquela época, tinha começado uma banda com Dylan, Mike Nelson (também conhecido como Mikey Dees, cantor da banda punk de Olympia Fitz Of Depression) e Kurt Flansberg, chamada Nisqually Delta Podunk Nightmare.

"Eu me lembro do primeiro show do Nirvana, que eu não assisti. Tracy fazia parte do nosso grupo de amigos. E tinha uma nova garota que trabalhava no café que todos frequentavam, Tam Orhmund. Tracy e Tam viraram melhores amigas. Um dia, ouvi que as duas estavam muito a fim de um daqueles caras de Aberdeen que andavam com os Melvins, Kurt Cobain. Elas decidiram que queriam namorá-lo e foram a Aberdeen para fazer uma visita a ele e ao Krist.

"Sabia havia anos que o Krist era o cara legal amigo dos Melvins, mas não conhecia Kurt naquela época. Fui com elas para Aberdeen ver a nova banda de Dale Crover – era assim que nós falávamos. Dale iria tocar numa festa porque seus pais estavam fora da cidade. A casa estava cheia das pessoas bizarras de Aberdeen, a maioria era aquela galera do heavy metal. Mais cedo, tínhamos passado na casa em que Kurt morava – era uma ocupação. Achei muito nojento, e olha que ficamos lá apenas por alguns minutos. Eu vi tartarugas na banheira e fiquei tipo: 'Mas onde eles tomam banho?'. Depois fomos fazer compras de segunda mão. O show em si era chato e medonho, e nada acontecia. Não era nada além de uma banda paralela. Eu já tinha ido a muitas festas com esse tipo de atração. Era algo como: 'OK, Dale Crover vai tocar bateria muito bem, e esses outros dois fracassados vão fazer merda e tocar umas escalas de blues.

"Eu logo de cara percebi: 'Isso nem parece uma banda, isso é um monte de gente bêbada fazendo uma *jam session*'. Após três horas, me cansei daquilo, saímos e fomos tomar café numa tabacaria. Então a banda que depois viraria o Nirvana tocou. Tenho certeza de que foi o primeiro show deles, mas não vi porque cansei de esperar. Duas semanas depois, eles tocaram no Tacoma Community Theatre. Acho que eles se apresentaram conosco, e usaram o nome Skid Row[32] naquele show."

Como era o Krist naquela época?

"Alto e bêbado."

Alguma mania em particular?

"Sim, subir na mesa e dançar em cima dela até quebrar, ou usar o extintor de incêndio num apartamento lotado até ninguém mais conseguir respirar, acabando com a festa. Ele xingava as pessoas bêbadas e achava divertido, mas todos ficavam putos. Ficava tão embriagado que sempre acabava fazendo algo inapropriado. Os caras dos Melvins adoravam ter pessoas assim por perto – gente que inevitavelmente passaria vergonha."

NOTAS

1 Três artistas muito específicos e idiossincráticos. Os Boredoms tocavam um noise-skronk-thrash japonês hilário, mas sempre mortal, e muitas vezes parecia que seriam derrubados pelo peso da própria ingenuidade. O Sonic Youth é a definição do rock independente americano (OK: Sonic Youth, Beat Happening e Ian MacKaye). E o Captain Beefheart era conhecido por fundir ritmos de dança frenéticos, distorcidos e estranhos ao blues-rock de uma época (anos 1970) na qual usar bigode praticamente condenaria um cara a uma vida afetada e medíocre.

2 Por meio do Fugazi e de sua gravadora Dischord, em Washington, D.C., Ian MacKaye deu voz a milhares de emos thrash numa época que desprezava a

juventude. MacKaye recusou-se a ser cooptado e, com sua primeira banda Minor Threat, quase por acaso, inventou o *straight edge*: atitude que afirma que a música é suficiente para o corpo (e, certamente, não as drogas ou o álcool, invenções capitalistas para manter o trabalhador conformado). Dois anos depois, o Dead Kennedys foi a resposta dos EUA à acidez raivosa do Sex Pistols, atacando a política de frente com singles como "Holiday In Cambodia". O Bikini Kill eram três meninas e um menino de Olympia, Washington, inspirados pela cultura do "faça você mesmo" e pela necessidade de corrigir a hegemonia patriarcal do rock.

3 "Os Wipers deram origem ao rock grunge de Seattle, em Portland, em 1977", Kurt afirmou. "Seus dois primeiros álbuns eram verdadeiros clássicos e influenciaram os Melvins e todas as outras bandas de punk rock. Escrevo letras muito parecidas com as do [vocalista] Greg Sage, um típico cara romântico, quieto e visionário."

4 De Olympia. A música do Beat Happening era uma mistura de aconchego, hostilidade e alegria, um *Huckleberry Finn* para maiores. Comovente e direto, ilusoriamente infantil, o trio misturou metáforas sombrias com *fuzz*. Boa parte dos sons descritos nestas páginas vem diretamente de seus dois acordes combativos e sem baixo.

5 Jimi Hendrix era natural de Seattle. Uma estátua em sua homenagem ainda se encontra, incongruente, em uma ponta do Capitólio.

6 Tudo indica que Kurt era um velocista de curta distância.

7 Ou talvez eu mesmo tenha alterado a frase, como uma piada. Fazíamos muito isso naquela época.

8 Dois motivos pelos quais o Reino Unido nunca entenderá os EUA: The Grateful Dead e The Dave Matthews Band.

9 Durante quase duas décadas, "Stairway to Heaven" foi o riff básico para testar guitarras nas lojas de todo o mundo ocidental – algumas delas chegavam a cobrar uma multa de cinco libras de quem a tocasse. Em uma bizarra reviravolta do destino, "Smells Like Teen Spirit" a substituiu por pouco tempo no início dos anos 1990.

10 Muito apropriado: a versão demo de 1963 do clássico de garagem "Louie Louie", do Kingsmen, é uma das canções de rock mais famosas associadas ao estado de Washington (mesmo que os próprios Kingsmen fossem de Portland, Oregon).

11 Sammy Hagar era um astro do soft rock dos anos 1980, conhecido pelo penteado *poodle*. Mais tarde, ele se juntaria ao Van Halen.

12 O próprio Kurt afirmou ter visto Hagar tocando quando estava no sétimo ano. Sendo assim, Kurt teria 12 anos, e o ano seria 1979.

13 Após sua morte, os diários de Kurt foram tornados públicos por sua esposa, contra sua vontade expressa.

14 O nome Melvins veio do crachá de um vendedor do mercado Thriftway de Aberdeen.

15 Banda de art punk de San Pedro, Califórnia, com participação do baixista Mike Watt, fortemente influenciada pelo Captain Beefheart – as primeiras músicas do Minutemen eram tiros angulares e frenéticos de um minuto de agressão e humor.

16 Abreviação de Millions of Dead Cops [Milhões de policiais mortos], Millions of Dead Children [Milhões de crianças mortas], ou talvez Millions of Damn Christians [Milhões de malditos cristãos].

17 Rollins era conhecido por suas tatuagens e declarações extremamente misóginas. Talentoso poeta e comediante de *stand-up*, virou apresentador da MTV e depois fez apresentações para as tropas americanas no Iraque e no Afeganistão.

18 O Green River era a banda de Seattle de Mark Arm e Steve Turner anterior ao Mudhoney, famosa por contar com futuros membros do Pearl Jam, lançar o primeiro disco da região pela Sub Pop Records (o EP *Dry as a Bone*) e por ser *a banda* protogrunge dos anos 1980.

19 O Helmet foi uma banda de metal de Nova York criada no início dos anos 1990 – muitas vezes confundida com grunge. Anteriormente, o cantor Page Hamilton tocava no Band of Susans, grupo muito mais interessante, sonoramente dissonante e cheio de retorno.

20 O vocalista, Shannon, gostava de tocar trompete vestindo nada além de um grande chapéu e um sorriso. O Cows era quase vanguarda com sua explosão feroz e vibrante de barulho, combinada com estruturas pop admiravelmente melódicas.

21 O triunvirato Hüsker Dü, Replacements e R.E.M. ajudou a inventar o "rock alternativo" nos anos 1980, acrescentando um toque melódico e cheio de soul a influências punk abrasivas. O álbum *Zen Arcade*, do Hüsker Dü, de 1984, e seu cover alucinante de "Eight Miles High", do The Byrds (também de 1984), são realmente incríveis. Os Replacements tocavam um rock exuberante e tingido de blues, que causou grande furor em seu álbum de estreia, *Sorry Ma, Forgot to Take Out the Trash*, de 1981. Até o R.E.M. já foi bom, num reino distante...

22 Bob Whittaker foi empresário do Mudhoney durante anos, e depois virou gerente de turnês do R.E.M.: qualquer um que o conheça pôde ver sua influência ébria no ataque de fúria de Peter Buck, em 2004, durante um voo da British Airways.

23 Ele fugiu pela segunda vez meses depois de se aposentar na Croácia, em 1991, quando a artilharia sérvia começou a atacar a cidade vizinha, Zadar. Retornou em 1994.

24 Ótima banda e, surpreendentemente, mainstream. O Devo, de Akron, Ohio, lançou um groove espasmódico de staccato com letras satíricas e mordazes, parecidas com as de David Byrne e seus punks de escola de arte, o Talking Heads. Seu álbum de estreia, *Q: Are We Not Men? A: We Are Devo!*, de 1978, é pura genialidade com distorção.

25 Warren também foi professor de guitarra de Kurt.

26 As letras minúsculas no início do nome são propositais: refletem o desdém das estrelas do rock pelas conspirações da indústria fonográfica.

27 The Cramps foi uma das grandes bandas do início do punk nos Estados Unidos: usava figurinos fetichistas e chafurdava no mesmo lodo primitivo que abasteceu o estilo sessentista de garage rock de grupos como The Rats e The Sonics.

28 A GESCCO era dirigida por Bret Lunsford, do Beat Happening, e pela artista de Olympia, Lois Maffeo, entre outros. De acordo com Slim, GESCCO era

"apenas um acrônimo idiota para impressionar a faculdade e nos render algum financiamento. Na verdade", ele acrescenta, "significa Organização Comunitária da Greater Evergreen State College – ninguém sabia disso, eu sou um grande nerd".

29 A incansável e soberba banda de noise com bateria eletrônica do produtor Steve Albini, nos anos 1980. Quando o Big Black se separou, ele formou o igualmente descomprometido Rapeman, com David Wm Sims, do Scratch Acid. As duas bandas eram brutais em suas batidas minimalistas e quase industriais e suas letras sórdidas – e davam vazão à paranoia da vida urbana, com explosões de raiva focadas: incessantes, desagradáveis e singularmente metálicas.

30 Banda projeto – como um projeto especial ou paralelo.

31 The Mentors era uma banda zoada de hardcore dos anos 1980 que fazia músicas (de merda) sobre sexo e assuntos afins. O vocalista, El Duce, afirmou no "documentário" *Kurt & Courtney* que recebeu 30 mil dólares de Courtney Love para "apagar Kurt Cobain". El Duce estava claramente provocando o cineasta, o inocente Nick Broomfield, e chega a ser doloroso assistir.

32 Skid Row foi um nome originalmente pensado em homenagem a Yesler Way, rua íngreme que leva à enseada de Puget, em Seattle. Os lenhadores a usavam como rampa para levar madeira a uma serraria. Tornou-se sinônimo de pé-rapado durante os anos 1930.

CAPÍTULO 3

Turma de 86

ESTE é o problema de escrever uma biografia do Nirvana: Kurt construía mitos em torno de si mesmo. Era parte de seu apelo. Lembro-me de seu biógrafo, Michael Azerrad, ligar algumas vezes quando eu estava na casa dos Cobain; Kurt gritava escada acima para Courtney e para mim, perguntando se tínhamos alguma história para contar. Ele exagerava em certos aspectos de sua infância, ignorava outras partes e, às vezes, mentia descaradamente. Fazia muito disso para dar peso às músicas: falava sobre morar debaixo de uma ponte em Aberdeen para justificar a letra de "Something in the Way". Fato ou não, é uma ótima imagem.[1]

Há um relato duvidoso sobre Kurt ter comprado sua primeira guitarra com lucros de armas recuperadas. O detalhe é que ele nunca afirmou isso – mas essa falácia levou um jornalista a questionar as habilidades de Kurt para contar histórias. E agora, como muita gente escreveu que Kurt realmente disse aquilo, a suposição de que ele mentiu sobre aquele momento passou a fazer parte do mito. São camadas de confusão. Na verdade, ele penhorou as armas e gastou o dinheiro num amplificador. Elas foram pescadas no rio Wishkah quando sua mãe as jogou lá, depois de uma briga particularmente intensa com seu segundo marido, Pat O'Connor. Wendy estava com medo de acabar matando Pat se as armas dele permanecessem na casa. Então será que Kurt comprou uma guitarra ou um amplificador com os lucros?

Será que isso importa?

O segundo problema é – obviamente – que Kurt está morto. Todos temos liberdade de manipular a história de acordo com as memórias que preferimos escolher. Ele não pode mais negá-las. Uma biografia retrata sua mãe como promíscua e indiferente. Mas Wendy se recusou a falar com o autor: estaria o escritor se vingando? Kurt dizia que sua mãe não era tão ruim. Será que ele realmente matou um gato, como espalharam por aí, ou isso é apenas um exemplo da obsessão que o cantor desenvolveu posteriormente por Sid Vicious, baixista do Sex Pistols? Há uma frase famosa na versão de Sid de "My Way" que diz: "*To think... I killed a cat*".* Matar animais não parece algo que Kurt faria, mas ele não está por perto para refutar a acusação. E será que ele molestou uma garota "meio retardada" (palavras dele) quando tinha 16 anos (a escola chamou a polícia após uma denúncia do pai dela) ou ele teria sido culpado por aumentar um certo incidente em seu próprio diário? É possível mentir no próprio diário.

Astros do rock e atores – ou aqueles que os gerenciam e promovem – sempre criaram mitos para melhorar suas imagens, seja reduzindo um ou dois anos de suas idades ou romantizando uma infância mundana. Kurt não foi o primeiro a inventar um passado. Bob Dylan, Jim Morrison, Keith Moon... todos eles fizeram isso. É uma tradição comum.

Nunca deixe que a verdade atrapalhe uma boa história.

Em dezembro de 1982, Kurt levou uma guitarra para a casa de sua tia Mari em Seattle, onde ela foi morar após o casamento – e com o baixo dela, algumas colheres e uma mala[2] fez suas primeiras gravações musicais.[3] O som era rústico. "Eu me lembro de muita distorção na guitarra, do peso do baixo e do som seco das colheres de pau", contou ela à redatora da revista *Goldmine*, Gillian G. Gaar. "Sua voz soava como se ele estivesse murmurando debaixo de um grande edredom, com alguns gritos apaixonados de vez em quando. Era muito repetitivo." Mari revelou posteriormente ter dito a Kurt que ele poderia usar sua bateria eletrônica, se quisesse. "Eu quero um som puro", respondeu ele.

Kurt chamou aquela gravação de "Organized Confusion" – nome que ele usaria depois numa de suas camisetas customizadas em casa.

Como artista de casa noturna, Mari Earl deixava seu equipamento montado em um canto da sala de jantar. "Kurt devia ter uns dez anos quando começou a perguntar se podia tocar minha guitarra e cantar no microfone", disse ela. "Eu não tenho nenhuma memória vívida do som que ele fazia, mas ele tomava cuidado para não danificar o equipamento."

* "E pensar... que eu matei um gato." [N. T.]

Kurt logo desenvolveria o forte desejo de formar uma banda, um pouco alimentado por fantasias de vingança.

"Quando eu tinha uns 12 anos", ele me disse em 1992, "eu queria ser um astro do rock. Achava que seria a minha vingança contra os atletas que sempre tinham namoradas. As garotas nem olhavam para mim quando eu era criança, ou pelo menos até os 15 anos. Eu tinha essa ideia de que ainda seria astro do rock e teria várias namoradas. Mas muito antes de me tornar um astro do rock, quando eu era um punk rocker, percebi que isso era uma idiotice. Eu só falava aquilo porque era um nerd".

Levou algum tempo para ele descobrir onde usaria seus talentos. Primeiro, Kurt tentou entrar para os Melvins, mas foi reprovado. Nesse meio-tempo, começou a escrever suas próprias músicas – "Wattage in the Cottage", "Ode to Beau" (música que fazia piada com um colega de classe que se matou) e "Diamond Dave".

Em agosto de 1984, Kurt foi até Seattle com Buzz Osborne e Matt Lukin para assistir ao Black Flag. Em um livro sobre o Nirvana, está escrito que Kurt afirmava em "todas as entrevistas" que esse foi o primeiro show que ele viu. Isto é mais um mito, talvez alimentado pelo desejo do jornalista de fazer Kurt Cobain parecer menos legal. Kurt nunca falou nada do tipo: mas escrever que ele dizia coisas assim demonstrava que ele estaria realmente preocupado em querer ser mais descolado do que realmente era.

Em abril de 1984, Kurt perdeu a virgindade da mesma forma que tantos outros adolescentes. Irritado com seu padrasto, que o provocava dizendo que já era sexualmente ativo na mesma idade e que ele era um "viado", Kurt pegou duas garotas numa festa e as levou para casa. Uma delas estava tão bêbada que desmaiou. A outra, Jackie Hagara (cujo namorado estava na cadeia), tirou a roupa e se deitou na cama com Kurt. Sua mãe entrou bem naquele momento e, sem cerimônia, jogou os jovens para fora, em meio a uma forte tempestade. O trio caminhou até a casa de um amigo de Jackie, chegando junto com o namorado dela. (Parece improvável? Não questione o mito!) Kurt então acabou dormindo com a amiga de Jackie.

Wendy não permitiu que ele voltasse para casa.

Após seus pertences serem empacotados em sacos de lixo, Kurt passou os quatro meses seguintes revezando-se entre casas de amigos – numa caixa de papelão na varanda de Dale Crover (onde os Melvins também ensaiavam) – e corredores de prédios de Aberdeen. Ele chegou até a voltar a seu local de nascimento, o hospital comunitário Grays Harbor, onde dormia no saguão de espera com um amigo. Voltou, então, para a casa de seu pai, em Montesano. Don o convenceu a falar com um oficial de recrutamento da Marinha, pois teria, ao menos, abrigo e comida. Kurt conversou com o oficial uma vez e depois se recusou a encontrá-lo novamente.

Dizem que Kurt flertava com a religião, incentivado por seu amigo Jesse Reed, cujos pais Dave e Ethel eram renascidos em Cristo.[4] Seja qual for a verdade, Kurt se mudou naquele outono para a espaçosa casa dos Reed em North River.

Dave não era o típico conselheiro de jovens cristãos. Ele tocava rock havia duas décadas; era saxofonista da banda de garagem cult dos anos 1960 The Beachcombers[5] e possuía muitos instrumentos musicais. No entanto, logo as coisas começaram a dar errado – Kurt cabulava aulas para fumar maconha e, em maio de 1985, abandonou completamente o ensino médio, rejeitando a ideia de uma possível bolsa de estudos de arte. Kurt foi uma má influência para Jesse que, impressionável, também começou a faltar às aulas. Dave Reed chegou a conseguir um emprego para Kurt como lavador de pratos, que também não durou.

Foi na residência dos Reed que Kurt tocou pela primeira vez com Krist. Não foi nada auspicioso, apenas batidas de heavy metal ruins e alguns sons autorais nada artísticos de Kurt, tocados com Krist e Jesse...[6]

Krist Novoselic formou-se no ensino médio em 1983, alguns meses após conhecer sua futura esposa Shelli Dilly. Os dois se conheceram quando ele a ouviu elogiar o álbum *Never Mind the Bollocks*, do Sex Pistols – e ela o reconheceu como o "piadista meio palhaço da classe, sempre brincando". Em seguida, Shelli deixou os estudos para trabalhar no McDonald's, e Krist conseguiu um emprego na Foster Painting Company.

Logo depois da formatura, os pais de Krist se divorciaram. Na mesma época, ele teve de operar sua mandíbula, fechada por seis semanas para corrigir sua mordida. Lukin lembra-se de ter visitado Krist no dia da cirurgia. "Sua cabeça estava completamente inchada", disse ele a Michael Azerrad, "parecia um bebê oriental gordo. Era como ver o homem elefante".

"Seus filhos da puta", Krist gritou assim que acordou da anestesia. Em março de 1985, quando Krist e Shelli estavam namorando, ele foi demitido, e gradualmente se mudou para o apartamento dela: sem telefone, sem TV e com móveis e decoração de segunda mão. Em dezembro, foram para uma casa maior e mais precária e, em março seguinte, partiram para Phoenix, Arizona, para uma breve temporada, atrás de trabalho, até se estabelecerem de vez em um apartamento acima de uma garagem em Hoquiam, onde decidiram virar vegetarianos.

Nesse meio-tempo, Kurt foi expulso da residência dos Reed quando esqueceu sua chave e quebrou uma janela ou chutou a porta para entrar. Mais uma vez, ele estava sem-teto. Em 1º de junho de 1985, Kurt se mudou com Jesse Reed para um apartamento em Aberdeen, onde continuou a escrever músicas ("Spam", "The Class of '85"). Num apartamento minúsculo, alguns dos elementos para levar alegria ao lar eram paredes cor-de-rosa e uma boneca inflável mutilada e decorada com espuma de barbear pendurada na janela. Também não faltavam pratos sujos empilhados na pia, guerras de creme de barbear, rabiscos nas paredes e móveis de jardim roubados.

O Nirvana posteriormente se aproveitaria dessa prévia reputação de *freaks*.

"[Jesse e eu] fomos rotulados como adoradores de Satanás na nossa cidade", Kurt me falou em 1990. "Uma garota chegou a bater à nossa porta procurando uma carteira e comentou: 'Você sabe o que os outros me disseram na vizinhança? Não vá até lá, eles adoram o diabo'. É por isso que ninguém nunca nos incomodou na terra dos caipiras. Nunca confirmamos nem negamos afiliações satânicas.

"Talvez fossem as lápides profanadas que roubamos do cemitério e enterramos no jardim da frente", acrescentou o cantor – em tom de brincadeira – na mesma entrevista. "Mas não precisava de muito para te considerarem extremo naquela época. Era só tomar muito ácido."

O xerife local pediu a Jesse e Kurt que removessem a boneca da janela; e um problema mais grave com a lei ocorreu no mesmo verão, quando Kurt foi pego grafitando o muro do banco SeaFirst com as palavras "Ain't got no how watchamacallit"* com uma caneta permanente. Tiraram suas impressões digitais e lhe aplicaram uma multa de 180 dólares, além de lhe darem uma pena suspensa de 30 dias – ou seja, se ele cometesse outro crime dentro desse prazo, poderia ser preso.

* A frase poderia ser traduzida como "Não tenho aquilo que... qual é o nome mesmo?". [N. P.]

"Kurt tinha uma personalidade totalmente criativa – um verdadeiro artista", escreveu Krist em sua autobiografia. "Quando o conheci, ele tinha acabado de conseguir um emprego e descolado um lugar para morar. Era um antro de arte/insanidade. Ele tentou produzir sua própria *lava lamp* com cera e óleo vegetal (não funcionou). Fazia desenhos muito obscenos do Scooby Doo nos corredores do prédio. Criava montagens selvagens de discos obscuros. Esculpia em argila espíritos bizarros se contorcendo em agonia. Tocava guitarra, cantava e compunha músicas ótimas em ordens aleatórias. Kurt tinha uma perspectiva cética do mundo. Ele fazia edições de vídeo que eram testemunhos contundentes sobre a cultura popular, compiladas a partir de muitas horas gravadas de TV."

Kurt tinha dois empregos temporários de meio período: zelador na escola Aberdeen High, onde vestia um macacão marrom, e instrutor de natação para crianças na ACM local.[7] O trabalho não durou muito, assim como o apartamento – após três meses, Jesse se mudou e entrou para a Marinha. Kurt ficou até o final do outono. Desempregado e sem-teto, ele convenceu a família Shillinger a acolhê-lo. O pai, Lamont, era professor de inglês na Aberdeen High, e o filho, Steve, era um cara do heavy metal que gostava de sair, e ele havia reparado em Kurt porque o nome Motörhead[8] estava rabiscado em sua pasta. Ele se mudou durante o inverno de 1985 e dormiu no sofá deles por oito meses.

Os Shillinger tinham seis filhos e estavam acostumados a receber pessoas desabrigadas. Normalmente, pais preocupados ligavam para ter notícias dos filhos: Wendy e Don, não. "Kurt guardava seu saco de dormir atrás do sofá", disse Lamont Shillinger a um entrevistador, "e passou a ser responsável também por algumas tarefas de casa. Acho que sua mãe e o padrasto não tentaram entrar em contato conosco nenhuma vez durante o tempo em que ele esteve lá". O irmão de Steve, Eric, tinha uma guitarra, e Kurt tocava músicas do Iron Maiden[9] com ele pelo estéreo da família.

Em dezembro de 1985, Kurt formou uma banda chamada Fecal Matter, com o baterista dos Melvins, Dale Crover, no baixo e Greg Hokanson na bateria. Eles tocavam material de autoria própria e, dependendo da história em que você acredita, fizeram ou não um show, abrindo para os Melvins, num bar de praia em Moclips. Tanto faz. Hokanson ficou pouco tempo, e Cobain e Crover, conduzidos por Lukin em seu Impala azul, foram a Seattle gravar uma demo no aparelho TEAC de quatro canais da tia Mari.

Crover assumiu a bateria numa sessão que durou alguns dias. Gravaram as primeiras versões de "Spank Thru" e "Downer", assim como "Sound of Dentage", "Laminated Effect", "Bambi Slaughter", "Class of '86", "Blathers Log Dinstramental" e várias outras músicas sem título – ao contrário do que dizem, não gravaram "Suicide Samurai". "Havia uma música entre suas letras que ele não gravou naquela fita, em particular", disse tia Mari no documentário *Kurt & Courtney*. "Chamava-se "Seaside Suicide" [sic], e me deixou com a impressão de que ele já havia tentado se matar."

"A bateria era forte e violenta", comentou Mari a Gillian G. Gaar, "e Kurt já estava tocando baixo muito bem. Os riffs de guitarra eram rápidos e furiosos, com um gancho poderoso. O conteúdo lírico era rebelde e raivoso. Cantavam principalmente contra a sociedade. Kurt detestava a escala social na escola. Jovens se achando legais porque usavam as roupas 'certas', eram bonitos, atraentes ou tinham dinheiro".

Eles fizeram cópias em fitas cassete e a demo recebeu o nome de *Illiteracy Will Prevail*. A capa exibia uma imagem desenhada por Kurt, com moscas zumbindo em volta de um monte de merda, ilustrando um trecho de "Class of '86": "*We are all the same/ Just flies on a turd*".* O Fecal Matter se separou logo em seguida, apesar de uma segunda encarnação, com Osborne no baixo e o baterista original dos Melvins, Mike Dillard.

Enquanto isso, Kurt – entediado com a vida em Aberdeen – intensificou seus pequenos atos de vandalismo, incentivado pelo álbum *Rock for Light*, do Bad Brains, e pelas muitas viagens de ácido.

"Que inferno", escrevi no *Melody Maker* em 1991, referindo-me a uma série de conversas que tive com Kurt enquanto pulávamos entrevistas de rádio na Filadélfia, "você até me contou algo sobre seu passado em Aberdeen, que não aguentava o tédio e invadia as casas das pessoas, não para roubar, queria apenas destruí-las, pichar as paredes, quebrar os móveis, detonar a decoração – qualquer coisa para sentir alguma emoção. Para mim, isso era muito James Dean.[10] Você mencionou a sensação causada pelos efeitos desse vandalismo, a vontade de ser confrontado por um caminhão de policiais furiosos.

Com Steve Shillinger a tiracolo, Kurt alterou um mural do Pink Floyd, trocando o nome para Black Flag, além de fazer pichações em muitos becos

* "Somos todos iguais/ Apenas moscas na merda." [N. T.]

de Aberdeen. Ele se gabava para Steve de que montaria uma banda "maior que o U2 ou o R.E.M.", e continuava fazendo filmes mudos de super-8.[11] Kurt adorava o pop distorcido e melancólico do R.E.M. de Michael Stipe, mas, como todos os punks, desprezava a presunção hipócrita do U2, tão bombástica e irrisória quanto Bruce Springsteen. Em 18 de maio de 1986, quando flagrado vagando no topo de um prédio abandonado, Kurt foi acusado de invasão de propriedade e de portar bebida alcoólica sendo menor de idade: foi preso e, assim que descobriram que a multa de sua condenação anterior não estava quitada, teve de ficar na cadeia por oito dias, incapaz de pagar a fiança.

Kurt declarou ter usado heroína pela primeira vez no verão de 1986, depois de tentar o opiáceo Percodan. "Foi muito assustador", disse ele a Azerrad. "Eu sempre quis fazer aquilo – sempre soube que faria." Outras versões da história dizem que ele começou a usar heroína por volta de 1990.[12] Kurt foi atraído pela droga por causa de sua natureza proibida; porque queria uma chapadeira eufórica e estava procurando novas drogas; mas, principalmente, pelo glamour decadente e sua associação com astros do rock, como Iggy Pop. Ele afirmou que não tinha problema usar heroína porque ela estava em falta em Aberdeen e, portanto, seria impossível ficar viciado.

Que tipo de dano a heroína causa às pessoas?

James Burdyshaw [da extinta banda grunge de Seattle, Cat Butt[13]] descreveu: "Meu Deus... Tem um trecho de uma música do Jon Spencer[14] que diz: 'Você parece um vampiro', falando sobre alguém próximo, com um vício bem forte. É mais ou menos assim. Como se você tivesse sido picado e pegado uma doença de sangue estranha, que te transforma numa criatura noturna, enquanto injetar heroína vira sua prioridade número um. Aquilo está sempre na sua cabeça, não importa o que você faça ou diga, seu objetivo é conseguir mais e continuar usando. E, quando você está sob efeito, não dá a mínima para nada nem ninguém, só quer ficar louco".

Você já usou heroína?

"Já."

Consegue descrever a sensação de estar chapado?

"Não é como um alucinógeno, quando sua mente cria coisas estranhas e você começa a lembrar que seu pai batia em você ou a achar todo mundo bonito. É uma sensação estranha de entorpecimento, como uma overdose de quatro ou cinco analgésicos. Imagine isso em forma intravenosa. Você sente um calor no cérebro e na pele, fica bem maluco e letárgico. É um analgésico – é como a morfina, só que morfina de rua."

A reputação da heroína é de fato muito ruim – por que as pessoas começam a usar?

"A reputação faz parte. A excitação do perigo, do desconhecido... No começo, era assustador, todo o conceito de enfiar uma agulha no próprio braço e injetar um líquido. Mas, quando se é jovem e não tem medo de drogas, já gosta delas, a pessoa pensa: 'Nossa, que coice!'. Você fica obcecado com a ideia de usar os mesmos químicos que seus heróis. Alguns viciados negam isso, mas é mentira. Quando você é jovem e idiota, quer seguir seus ídolos, e acho que ouvir Lou Reed, John Lennon, Stones e John Coltrane... a lista é imensa, Johnny Thunders, Sid Vicious, Ray Charles... é quase como um rito de passagem, parece que, se não fizer aquilo, você não é um músico sofredor de verdade."

Por que Seattle tem uma relação tão forte com essa droga?

"Antes de a heroína se tornar popular e de as pessoas que gravavam com a Sub Pop começarem a usá-la, as drogas preferidas eram MDMA, psicodélicos e ecstasy. Era o que os jovens curtiam, mas os caras mais intensos usavam heroína, então todo mundo se interessou por aquilo. Jovens que nunca haviam pensado em usar heroína em 1986 passaram a achar legal no ano seguinte. Amigos influenciam amigos. Kurt foi uma das últimas pessoas a usar. Todo mundo fazia antes dele. Quando eu o conheci, ele era um cara que bebia e fumava maconha. Acho que ele só se apaixonou tanto pela heroína por causa do passado dele em Aberdeen. Ele precisava daquele entorpecimento. E, se você se apaixona pelo torpor... está em apuros."

As drogas aumentaram o senso de paranoia e a raiva de Kurt. Ele desenvolveu tiques nervosos: estalava os dedos, coçava o rosto compulsivamente. Passou a imaginar que todo mundo que ele conhecia estava contra ele – fosse verdade ou não. Foi ficando cada vez mais desconfiado com "estranhos" (ironicamente, era a mesma atitude geral de sua cidade em relação ao resto do mundo) e se retraiu ainda mais em sua música e nos opiáceos.

A briga do cantor com os Shillinger em agosto de 1986 tinha um ar de inevitabilidade. Tudo veio à tona após uma luta particularmente sangrenta envolvendo Eric e Steve. Na manhã seguinte, Kurt pagou a Steve dez dólares para transportar seus pertences para a casa de Dale Crover. Mais uma vez, ele não tinha onde morar. Kurt sobreviveu no mês seguinte dormindo na biblioteca durante o dia e na casa de amigos à noite. Às vezes, ele dormia na van de Krist e Shelli; às vezes, dormia na casa da mãe, sem que ela soubesse, enquanto ela estava no trabalho; outras vezes, ia para o apartamento acima do salão de cabeleireiro da mãe de Krist.

Em setembro daquele ano, Kurt convenceu sua mãe a lhe emprestar 200 dólares para que ele pudesse pagar o depósito e um mês de aluguel de uma casa na East Second Street, 1000 1/2, em Aberdeen ("o barraco"). A casa era decrépita – e, depois que Kurt se mudou para lá com o novo companheiro de lar Matt Lukin, sentia-se o cheiro de comida estragada e cerveja velha por toda parte. Felizmente, Lukin era um carpinteiro habilidoso. Cavou um buraco no chão para drenar a água podre, debaixo da banheira de tartarugas de Kurt, que ficava no meio da sala. Mas a reforma não foi tão bem-sucedida: a água começou a se acumular em poças estagnadas embaixo da casa.

Viver com um Melvin significava que Kurt podia sair e tocar regularmente com a banda e com os parasitas de sempre. O barraco logo virou sinônimo de festa.

Ele arrumou um emprego como zelador no hotel Polynesian em Ocean Shores – não era o funcionário do mês, volta e meia simplesmente se deitava em um dos quartos de hóspedes e sonhava com o dia que teria sua própria banda de rock e poderia se vingar de todas as pessoas que o trataram como lixo.

"Aberdeen é um lugar horrível e nojento que cheira a baunilha", diz a ex-sócia da K Records, Candice Pedersen. "Nós passávamos de carro em Montesano, onde Dale e Buzz trabalhavam, e seguíamos para a casa de Kurt e Matt. O estranho é que não havia garotas. Eles namoravam garotas, mas não saíam com elas. Naquelas festas que não eram exatamente festas, os caras sentavam e bebiam cerveja. Nós éramos as únicas garotas lá. E só a Shelli era uma namorada. Muita gente em Aberdeen nos achava estranhos."

Que lugares vocês frequentavam?

"Basicamente, nenhum. Ficávamos na casa", responde Candice. "As pessoas da vizinhança eram os junkies do ensino médio. Em uma cidade muito pequena, te identificam logo no começo como um junkie, uma piranha ou um atleta. O Kurt trabalhava em um hotel imundo, e assim descobri as nojeiras que acontecem lá: quartos destruídos ou preservativos espalhados pelos cômodos."

Vamos falar do Skid Row, a banda que Kurt formou com Krist...

"O Skid Row era muito legal", conta Slim Moon. "Eu curtia as músicas deles. O som era pesado. Kurt estava totalmente glam – usava sapatos de plataforma, parecia uma paródia de uma fantasia de glam rock. Não vamos nos esquecer de que era 1987, auge do Guns N' Roses[15] e do Poison.[16] As músicas eram riffs, basicamente. Eles tocavam um riff interminável, com Kurt gritando no microfone. Então ele largava a guitarra, deixava o delay digital rolando e fazia sons loucos em vez de um solo, depois levantava a guitarra de novo para tocar mais riffs e gritar mais. Ali, ele virou um showman.

"Como Dale Crover era o baterista deles – e Dale Crover era o baterista mais pesado do universo –, eles eram ótimos tocando um riff, depois um solo, depois outro riff e fim. As músicas não eram verso, refrão, verso; eram riffs – pedaços inacabados.

"Logo depois, a GESCCO recebeu uma notificação da Evergreen,[17] que alegava ter percebido que seu seguro não cobria atividades fora do campus, e que portanto teriam que cortar o financiamento. Tínhamos apenas quatro dias de aviso prévio, então organizei um show às pressas e chamei um grupo de Tacoma, a minha banda Nisqually Delta Podunk Nightmare e o Skid Row para tocar. Krist estava tão bêbado e agindo de um jeito tão estúpido que não queriam dar permissão para o Skid Row subir ao palco. Apelamos contra a decisão em três níveis: esta banda é realmente ótima, nós vamos conseguir acalmá-lo e... quem liga? É o último show. O que eles podem fazer, nos fechar? Eles tocaram, e foi exatamente como eu descrevi. Depois vieram tantos shows do Nirvana que não consigo me lembrar de todos."

Adendo: A bunda de Matt Lukin

Você já contou quantas vezes viu a bunda de Matt Lukin?

"Meu Deus...", ri a ex-namorada de Mark Arm, Carrie Montgomery. "Meu filho e um amigo conversavam sobre tentar pegar uma nota de um dólar com as nádegas, e eu me lembrei do Matt na hora. Quantas vezes eu o vi andando pela sala com uma moeda de 25 centavos na bunda? Ele também era uma má influência. Mas não era totalmente destrutivo; nem ele nem o Krist Novoselic. Esses caras de Aberdeen eram simplesmente loucos, como bichos – quase hippies, mas loucos. Olympia também era assim. Aberdeen era hippie caipira, enquanto Olympia era hippie-hippie mesmo."

"Mark mantinha um diário de turnê e me escrevia muitas cartas [...] Uma coisa que descobri sobre Matt Lukin que eu queria esquecer é: quando ele caga, ele tem medo de que a água da privada respingue nele, então ele forra a água com tiras de papel higiênico. Sim. O mesmo cara que anda pelado na frente de quem quer que seja e carrega uma moeda entre as nádegas não quer que a água da privada espirre na bunda dele. De onde saiu essa pessoa? Em que ambiente ele foi criado? Mas é um cara tão sensacional, tão legal, que nunca teve maldade."

NOTAS

1 "Eu estive lá", diz Candice Pedersen, moradora de Seattle. "Há os trilhos de trem para Olympia e é possível passar a noite ali. Esse mito pode ser real."

2 Kurt tocava bateria na banda da escola.

3 É possível. *Come as You Are* também menciona uma tentativa frustrada com dois amigos de escola num armazém de carne abandonado na floresta, com Kurt tocando uma guitarra destra emprestada.

4 Krist também teria frequentado a mesma igreja, Central Park Baptist, mas apenas "por causa das garotas".

5 Os Beachcombers lançaram vários 45s, como "Purple Peanuts", "Chinese Bagpiper" (1963), "Tossin' and Turnin'" (1964) e "All to Pieces" (1965). O tio de Kurt, Chuck, tocou com eles por um tempo. A banda também apresentou uma versão muito digna de "Louie Louie", que consta em seu álbum de reunião de 1997, *The Legendary Beachcombers, Live in the Great Northwest.*

6 Krist chegou a tocar em algumas bandas satélites dos Melvins – como The Stiff Woodies, da qual era o líder. Os Woodies tinham formação rotativa, com Kurt na bateria.

7 Kurt citou que seu trabalho com crianças foi o melhor emprego que já teve.

8 O Motörhead talvez tenha sido a maior banda de heavy metal de todos os tempos: contemporâneos britânicos dos Ramones. Uma vez, eu vi o vocalista, Lemmy, arrebentar todas as quatro cordas de seu baixo no acorde de abertura de "Ace of Spades". Sem perder o ritmo, ele jogou o instrumento fora, um roadie colocou outro baixo pela cabeça dele e a banda continuou. O Metallica não existiria sem a influência do Motörhead.

9 Iron Maiden é uma banda inglesa de heavy metal, mais conhecida por músicas com nomes como "Bring Your Daughter to the Slaughter" e pelo mascote Eddie.

10 James Dean: o astro jovem de jaqueta de couro do filme iconográfico dos anos 1950, *Rebelde sem causa.*

11 Um típico filme de super-8 foi desenterrado nos últimos anos: um curta de dez minutos, filmado por Kurt, Krist e Dale Crover nas ruas de Aberdeen, em 1984,

conhecido como *Filmes de terror*. A câmera alterna entre uma tartaruga, uma mão ensanguentada, Kurt vestido com uma máscara do Mr. T, uma estátua feminina assustadora, *stop-motion* feito por Kurt, ele cortando a própria garganta com uma faca de mentira, uma foto de alguém se masturbando para as pessoas que passam, vários cães... tudo com trilha sonora dos Melvins.

12 Essa data confere com o que James Burdyshaw disse posteriormente no capítulo, quando menciona que Kurt foi "uma das últimas pessoas a usar". Mais uma vez, é impossível ter certeza.

13 "A banda mais zoada de Seattle", lembra o produtor Jack Endino. "Uma vez, o Cat Butt gravou uma sessão inteira comigo, e eles estavam tão bêbados que tiveram de voltar e regravar tudo."

14 Jon Spencer era líder da selvagem banda noise dos anos 1980 Pussy Galore, de Nova York, e também dos atuais missionários do blues The Blues Explosion. O Pussy Galore inspirou ainda o STP (banda só de garotas) e o Royal Trux, entre outros.

15 O extenso *Appetite for Destruction* foi lançado em 1987, vendeu 20 milhões de cópias e gerou o hit monstruoso das plateias com isqueiros acesos, "Sweet Child O' Mine".

16 Ironicamente, o hair metal pesado de Sebastian Bach, Skid Row, soava como um cruzamento desses dois grupos. Sua fama veio em 1991, com o álbum número um nos Estados Unidos *Slave to the Grind*, logo antes de serem ofuscados pelas bandas grunge.

17 Evergreen é a faculdade hippie de Olympia, um oásis de pensamento liberal e de ensino em uma vizinhança caipira.

CAPÍTULO 4

Som suave, cidade inacabada

"Gentle sound/ Half-finished town [...] drinking water from wells/ Watching shows, kiss and tell/ Walk down the railroad tracks/ Never look back"*

– "Olympia", The Legend!, 2000

Ali, com as luzes apagadas, todos estão sentados no chão batendo garrafas de água ao som do canto de Al, Tobi e Amy no palco, e eu, agachado no meio da plateia, canto alguns dos versos do velho evangelho espiritual, a sala inteira em silêncio e – gradualmente – mais e mais vozes se juntam. "*There's a man going round taking names/ There's a man going round taking names/ He's taken my father's name/ And he's left me crying in vain/ There's a man going round taking names.*"**

As vozes de Tobi e Amy se destacam e somem na torrente de emoção, minha voz falha, meus olhos estão baixos, pessoas entram pelo fundo da sala procurando pela fonte daquela música. Eu penso em me deitar no chão, mas desisto da ideia. Minha voz sobe mais uma vez através da onda desarmônica de emoção quando começo o verso: "*Death is the name of that man/ Death is the name of that man...*"***

(Blog de Everett True, 12 set. 2004, www.planbmag.com)

* "Som suave/ Cidade inacabada [...] bebendo água de poços/ Assistindo a shows, sendo indiscreto/ Caminhe pelos trilhos da rodovia/ Nunca olhe para trás." [N. T.]

** "Há um homem por aí adotando nomes/ Há um homem por aí adotando nomes/ Ele adotou o nome do meu pai/ E me deixou chorando em vão/ Há um homem por aí adotando nomes." [N. T.]

*** "Morte é o nome daquele homem/ Morte é o nome daquele homem." [N. T.]

À primeira vista, Olympia, Washington, não é o lugar mais bonito.

Claro, há o capitólio no alto da colina, muito imponente com sua cúpula e seus pilares brancos; os antigos trilhos da ferrovia, que levam à bela floresta do parque Priest Point; muitas casas de madeira sem calçadas ou cercas, seus jardins rebeldes se fundindo uns aos outros; o calçadão e os barcos ancorados perto do mercado de orgânicos; apartamentos ocupados por bibliotecários punk rock que, em vez de usarem álcool como desculpa para dar uma festa, usam apenas boa música (álcool também vai bem); o pequeno parque com seu coreto deserto, vizinho da Starbucks; o Capitol Theater em ruínas; as docas; as margens lamacentas dos rios; recortes de papel emoldurados nas paredes dos cafés; fontes com esculturas de água; bares com cerveja e drinques baratos; cooperativas aconchegantes com lojas de roupas retrô, de fanzines e de quadrinhos, aninhadas umas nas outras; templos abandonados que abrigam gravadoras independentes; a Evergreen State College na colina, com sua arquitetura de concreto austera e seus gramados bem cuidados, lar da rádio KAOS.

Claro que lá tem tudo isso.

Mas você precisa conhecer a cidade para apreciá-la – encontrar as festas espontâneas nas casas, onde artistas solo, talentosos e envolventes, ainda se apresentam; as bombas de água secretas; os clubes de trabalhadores que realizam festivais de rock underground; os bares hipster e os estabelecimentos de bebida caipira abertos até tarde; a inexplicável variedade de música e arte alternativas.

Descendo do ônibus Greyhound – duas horas pela Interestadual 5 de Seattle, depois do Monte Rainier, da parada de Tacoma e da de Fort Lewis – você se verá em uma pequena construção apertada, cheia de pessoas deprimidas e cabisbaixas. A economia de Olympia não é boa: só há trabalho em Seattle ou na fábrica de aviões da Boeing, e não existem atrativos suficientes para ficar na cidade se você não for estudante ou músico. O clima também não é exatamente turístico, pois os dias são chuvosos ou nublados. Todas as lojas já foram melhores, e, nos últimos anos, o centro da cidade foi tomado pelo fluxo de moradores de rua – Tacoma e Aberdeen são pobres demais para eles, enquanto Seattle é rica demais. Além dos quatro quarteirões que compõem o centro da cidade, é tudo deserto. Às vezes, Olympia parece a cidade de *De volta para o futuro.*

Em frente ao depósito da Greyhound fica o hotel Ramada – dizem que foi onde Madonna se hospedou quando tocou no Tacoma Dome. (Como ninguém pensou em procurar por ela lá?) Seguimos em busca dos escritórios da K, passando pelo edifício The Martin, que já foi casa do fundador da K Records e vocalista do Beat Happening, Calvin Johnson, e de outros músicos e artistas de Olympia, como Tobi Vail, Al Larsen, Nikki McClure, Lois Maffeo, Stella Marrs, Kathleen Hanna, Candice Pedersen... na verdade, de quase todo o movimento Riot Grrrl que teve início no festival International Pop Underground de Olympia, em 1991. Tobi foi uma das últimas a partir, depois que um terremoto danificou as fundações do prédio, em 2001.

Descemos a pé pela State Street, das antigas linhas de trem até o amplo armazém que abriga a K. No andar de baixo há uma grande sala repleta de prateleiras de CDs independentes, vinis e camisetas. No andar de cima estão alguns escritórios, com móveis espaçados, e um enorme salão que funciona como o estúdio de gravação Dub Narcotic – onde Calvin gravou praticamente todo mundo, de Jon Spencer Blues Explosion a The Gossip[1] e... bem, se o White Stripes não gravou aqui, foi um descuido da parte de Jack White.

De volta ao centro da cidade, no selo kill rock stars, Tobi Vail está pesando os pacotes das mercadorias que vai enviar. Seu escritório é amplo e aberto, com vista para uma área repleta de CDs e vinis. Tubos circulares de metal cruzam o teto. A irmã de Tobi, Maggie, está ao computador, ouvindo Ramones no iTunes com seu cachorro alsaciano Jackson, enquanto o dono da gravadora, Slim Moon, está sentado em outra mesa, chamando um amigo para assistir a um jogo de basquete. Músicos e estagiários, bem-humorados, insultam uns aos outros. Alguém menciona algo sobre ir tomar uma cerveja – nós gememos, com as mãos na testa.

A noite passada foi uma confusão de bebida e dança, com direito a um cara correndo pelos muros na 4th Street e Maggie agitando a multidão no Brotherhood. Corpos balançando e rebolando. A parada seguinte foi o bar gay, onde tomamos mais algumas, até que o gravador de Tobi assumiu o controle e jogamos "Mystery 45". Eu segurava um disco, diminuía a luz e perguntava: "Que disco é este na minha mão?". Em resposta, um frenesi de cantos e percussão explodia pela sala inteira. Então, no auge dessa animação, Chris O'Kane levantava outro disco – Rachel Sweet, Black Flag, Patrik Fitzgerald, Judy Nylon, Bangs.[2]

Esta é a cidade onde Kurt Cobain se formou em punk rock *cool* no comecinho dos anos 1990. Realmente, não mudou muito.

"Eu me mudei de Kirkland para Olympia em 1987 para estudar política e filosofia", explica Ian Dickson, ex-consultor de TI da Sub Pop. "A Evergreen não tem diplomas. Você se forma quando atinge uma certa quantidade de créditos. Eu era um grande fã de música e um ávido leitor do *The Rocket*, principalmente da coluna de Bruce Pavitt sobre bandas locais."

The Rocket era um jornal musical de Seattle que começou em 1979 como parte do *Seattle Sun*. Sua dedicação era claramente voltada à cena do Noroeste do Pacífico, tendo ficado conhecido por priorizar capas com artistas de fora da cidade, como Bruce Springsteen, no auge da primeira explosão do grunge.

"Minha namorada Nikki [McClure] já tinha se mudado para lá", Ian continua. "Assim como eu, ela estava muito envolvida com a cena do rock. Éramos muito fãs de U-Men.[3] Eu gostava muito dos Melvins e do Sonic Youth, de toda a cena *hard noise*. Foi Bruce quem nos chamou a atenção para o Beat Happening, e começamos a nos corresponder com Calvin no ensino médio. Foi assim que descobrimos [a banda de Calvin e Tobi] The Go Team, além de compilações como *Let's Together* e *Let's Kiss* [...]"[4]

Você trocava cartas com o Calvin?

"Ah, sim, e ele nos respondia – ou a Candice escrevia em seu nome", Ian ri. "Na época, eles sempre respondiam em um pequeno papel de carta timbrado com um K."

Do que você gostava na K?

"O conceito do 'faça você mesmo' era o que mais nos atraía. A cena do rock de Olympia era muito mais atraente do que a cena de Seattle. Mesmo o Earth, geralmente confundido como sendo um grupo de Seattle, na verdade era de Olympia. O Earth foi a destilação final da estética de Olympia, mais que o Nirvana. Na verdade, o Nirvana, o Earth e o Beat Happening são como a mesma banda; não há talento técnico propriamente dito. É uma expressão crua de emoção."

Vários amigos acham que o Earth é uma das maiores bandas de todos os tempos. O som deles é primitivo, extremo, minimalista e ALTO. Arrepiante. Denso. O Earth foi ao Reino Unido para um show nos anos 1990. Eram Dylan Carlson e Ian Dickson. Cinco minutos antes de começar, Dylan foi até o amplificador, conectou sua guitarra e a deixou apoiada ali – causando ruídos de interferência no retorno. Ele voltou e sentou-se na plateia. Uns 45 minutos depois, desligou o amplificador e foi isso, fim de show.

A cena de Seattle tinha muito mais testosterona...

"É quase classe trabalhadora *versus* classe média", diz Ian. "Seattle era muito mais do proletariado. Tudo girava em torno de beber cerveja e usar drogas e tocar... heavy metal. O U-Men preencheu esse buraco, influenciados por Scratch Acid[5] e Live Skull[6] e todo esse lance de arte. Mas a maioria das bandas de Seattle era de hardcore ou metal. Em Olympia, as pessoas tinham projetos experimentais. Até as bandas ruins eram interessantes. Você via um show e ficava: 'Meu Deus, o que esses caras tão fazendo?'. Calvin foi uma grande influência. Ninguém queria estar na cena central de Olympia sem seguir aquela estética."

Qual era a estética?

"Era a estética do Go Team", diz Ian. "Tocar uma música e trocar de instrumento para tocar outra. Todo mundo fazia isso. Ou todo mundo deveria. É o que você deveria estar fazendo agora. Não importa se é bom ou não. Expresse sua natureza, seja qual for."

"The Go Team eram quatro pessoas querendo ficar no fundo do palco", diz Al Larsen,[7] músico de Olympia, rindo.

"Meu ponto de vista sobre música é sempre ser inclusivo", explicou Calvin na revista cult britânica *Careless Talk Costs Lives.* "Deixar as coisas acessíveis e abertas. Não quero dizer: 'Toque seu instrumento de qualquer jeito', como fui interpretado. Nunca disse isso. Eu só falei que a ênfase deve estar na expressão, e não na habilidade técnica."

A voz de Heather foi o que me atraiu no Beat Happening, em 1985. A voz dela e os traços simples na capa do álbum de estreia: aquele gato na nave espacial! A banda era composta por Heather, Calvin e Bret – sem baixo, sem instrumento especificado e sem sobrenomes. A produção de Greg Sage era simples. Eu me identifico com aquilo. Sempre odiei barulhos aleatórios, sobretudo exageros desnecessários na bateria. Em meados dos anos 1980, eu me apresentava ou *a cappella* ou com um grupo mínimo e me sentia uma aberração por isso.[8] Foi muito bom ver pessoas do outro lado do mundo fazendo o mesmo.

A voz profunda de Calvin e a guitarra minimalista de Bret me faziam lembrar do início do The Cramps. A música do Beat Happening tinha uma estrutura rígida, bem assertiva e formal. Muitas pessoas confundem as imagens de pátio escolar e seu humor seco estilo Richard Brautigan[9] com ingenuidade:

Kurt Cobain afirmou ter tatuado o logotipo K (a letra K dentro de um escudo redondo) para "tentar não deixar de ser criança". Mas não havia nada de ingênuo na capacidade que Calvin tinha de manipular multidões. O talento do Beat Happening era inverter convenções. Sua banda era realmente subversiva, pois na superfície tinha uma imagem inocente, mas era tudo menos isso. Os sonhos infantis sempre têm um lado sombrio.

Calvin é um dos três performers mais poderosos que já vi.[10] Ele me lembra Johnny Rotten – tem o mesmo olhar maníaco e intenso, aquele jeito de intimidar a plateia ao se aproximar dela. Por isso, chegou a ser nocauteado por um cinzeiro arremessado contra ele durante um show de abertura para o Fugazi.

"Sabe a primeira vez que você ouve jazz experimental?", pergunta Slim Moon. "Seu cérebro fica: 'Isto não é música'. Foi o que aconteceu quando ouvi o Beat Happening pela primeira vez. Por mais minimalistas que fossem, eu pensei: 'Essas pessoas parecem ter 12 anos, elas não têm a menor ideia do que estão fazendo, devem ter acabado de escrever essas músicas hoje'. Aquilo me afrontou. Mas o primeiro disco independente que comprei foi o sete polegadas deles *Our Secret*. Entrei na Fallout Records [Olympia] e pedi: 'Me diga o que comprar'. Bruce Pavitt [futuro dono da Sub Pop], que trabalhava lá na época, me indicou aquele single. Gostei muito da música do Calvin. Eu ouvia aquele som o tempo todo. Soava como música. De alguma forma, não parecia que esta banda e aquela outra banda horrível eram a mesma. Quando vi o Beat Happening de novo, percebi que não tinha baixista. Aí comecei a ganhar o vocabulário necessário para entendê-los."

"O Beat Happening tinha duas caras", diz Mark Arm. "O lado de Heather e o de Calvin. Os shows eram engraçados, ótimos e, às vezes, irritantes, dependendo de quem assistia. Eles conseguiam irritar muita gente."

Você acha que Calvin foi uma grande influência para Kurt?

"Tenho certeza", responde o vocalista do Mudhoney.

Como ela se manifestava?

"Por aquela tatuagem 'K' e interesses como Daniel Johnston[11] e The Raincoats."

Você acha que Calvin influenciou as atitudes de Kurt?

"Não sei. Kurt era bastante reservado. Quando saíamos juntos, eram dois introvertidos em uma sala."

"Acho que esse conceito de ser um estranho tornou-se a base da minha vida e da minha ideia de inclusão, independente de qual for seu 'defeito'", explica Calvin. "Não uso esse confronto para mostrar que sou mais legal do que as outras pessoas, mas para afrontar o ponto de vista privilegiado delas, a ideia de que teriam o direito de me excluir. Não tem a ver com: 'Eu sou tão legal. Eu consigo te tirar do sério'. É tipo: 'Estou fazendo o que eu tenho vontade. Mas por que isso te irrita?'."

A influência de Olympia sobre Kurt começou quando ele morava no barraco. Ele viajou para a cidade como roadie não remunerado dos Melvins, carregando o amplificador de Buzz quando tocaram num dos pequenos clubes punk da capital do estado.

A cena underground de Aberdeen era minúscula. Quando Krist enfim concordou em começar a ensaiar com Kurt, um ano após receber a fita do Fecal Matter, praticamente todo mundo que tinha um penteado diferente aparecia para visitar a sala de ensaio (um apartamento vazio acima do salão de beleza da mãe de Krist). Era o único lugar para ir. Como equipamento, a dupla – junto com "o fortinho" Bob McFadden na bateria – usou um microfone barato e um amplificador de guitarra surrado; Krist tinha dado o seu antigo para Matt Lukin quando ele o tirou da cadeia após um incidente envolvendo alguns caipiras raivosos num estacionamento. Krist e Kurt não gostavam de seus novos parasitas; eles os chamavam depreciativamente de "clubinho Haircut 100", em referência ao grupo new wave britânico de mesmo nome.

Kurt também não simpatizava com as pessoas que frequentavam o barraco: muitos eram menores de idade beberrões que não respeitavam o lugar. Kurt gostava mais de ácido e maconha. "Ele estava sempre chapado, a qualquer hora do dia", lembra Krist. "Ele era um caos."

No início da primavera de 1987, Matt Lukin deixou os Melvins quando Buzz decidiu dar um tempo na bebida e resolveu que eles deveriam virar uma banda "seca". A resposta de Matt foi: "Sem chance". Buzz usou como desculpa uma mudança para a Califórnia e anunciou que o grupo estava se separando. (Não estava.)

Kurt também começou a brigar com seu colega de quarto. O auge foi colar uma fita adesiva no centro da casa e proibir Matt Lukin de cruzar a linha. A questão é que o banheiro ficava no lado de Kurt, então Lukin foi embora, e quem se mudou para o barraco foi Dylan Carlson. Ele era um gênio autodidata descabelado que tinha uma barba bagunçada e opiniões fortes sobre a vida. Kurt tentou encontrar um emprego de instalador de carpetes para ele – não deu certo, o chefe de Kurt no hotel Ocean Shores estava bêbado demais para abrir a porta para eles. Os dois se tornaram melhores amigos.

"Conheci Dylan em 1985", relembra Rich Jensen. "Ele devia ter uns 13 ou 14 anos. Era um menino sombrio. Se William S. Burroughs é um ícone da escuridão, ele seria um jovem William S. Burroughs. Tive a sensação de que ele vinha de uma família rural, dessas que têm armas em casa. Ele era até divertido, mas tinha um caráter muito sombrio. No ensino médio, eu conhecia garotos que curtiam carros, carburadores, amplificadores, computadores, essas coisas. Já Dylan curtia armas, heavy metal e religiões obscuras."

"Dylan era maluco, Deus o abençoe", comenta carinhosamente o músico Kelly Canary, de Seattle. "Uma vez, perguntei o que ele andava fazendo. Ele disse: 'Ah, percebi que não sabia nada sobre dentes, então fui à biblioteca ler sobre dentes'. Esse era o Dylan. Não sabia nada sobre dentes, então passou cinco horas na biblioteca estudando dentes."

"Um dia, Dylan desmaiou", Slim Moon – também ex-membro do Earth – recorda, "e não tinha mais ninguém em casa. O Krist bateu na porta, mas estava trancada. Então ele escalou a parede dos fundos até uma janela do segundo andar e, de repente, viu uma espingarda de cano duplo apontada para a cara dele. O Dylan sempre deixava uma arma debaixo da cama. Costumava falar que queria matar pessoas e que, se ele não virasse um astro do rock, teria que virar um *serial killer.* Ele tinha um cachorro queimado que encontrou na praia. Colocou o cachorro do lado da cama, como se estivesse num altar. Um altar com o cachorro queimado, velas, rosários e mais alguma iconografia pseudorreligiosa."

Kurt conheceu Tracy Marander enquanto morava no barraco.

"A Tracy era incrível", diz Tobi Vail. "Era uma daquelas garotas punk que existe em toda cena, a que sabe mais sobre música do que a maioria dos caras e protege totalmente a cena, mas não recebe crédito por isso porque ninguém sabe valorizar o ato de cuidar, mesmo que todo mundo precise desse tipo de amor e apoio. Ela gostava muito de bandas de mulheres – naquela época não eram muitas. Acho que descobri Frightwig[12] por meio dela. Traci fotografou shows punk do Noroeste do Pacífico por anos. Ela deveria lançar um livro com tudo isso. Seu senso de estilo e sua coragem eram imensos. Ela era mais velha do que eu, e eu tinha total admiração por ela. Era durona. Realmente cuidou muito dele..."

Tracy e sua amiga Tam Orhmund eram diferentes das garotas de Aberdeen. Tracy usava um casaco listrado de zebra e tinha cabelos ruivos brilhantes. Mas ela sempre mudava a cor deles: de rosa-choque estilo punk para castanho-escuro ondulado com franja, para depois se parecer com uma típica garota indie de Olympia, com meia-calça, sapatos tratorados, saia florida e um cardigã com longas mangas cobrindo as mãos. Traci era mais encorpada que Kurt, que usava camadas de roupas, no estilo do Noroeste do Pacífico (porque é possível remover as peças à medida que o frio ou a chuva diminuem). Os dois haviam se conhecido um ano antes, na porta de um clube punk em Seattle onde era permitida a entrada de menores, cenário de uma das prisões de Kurt por portar bebida alcoólica. Tracy levou um tempo para convencer Kurt de que queria namorar com ele. Os dois começaram a conversar por causa de seus ratos de estimação: Kurt tinha um macho chamado Kitty, que ele criou desde o nascimento e acabou deixando que fugisse do barraco.

"O visual de Tam e de Tracy era completamente punk – e Aberdeen é um mar de camisas xadrez e bonés de beisebol", lembra Candice Pedersen. "Todos nós íamos para Aberdeen juntos para ouvir música – Black Sabbath, Kiss. Ficávamos acordados ouvindo música a noite toda e então voltávamos para casa. Era bem inocente."

"Tracy era muito doce", diz Ian Dickson. "Ela trabalhava na praça de alimentação da Boeing e cuidou *muito* do Kurt."

Kurt continuou no barraco por dois meses após a saída de Lukin. Então, no outono de 1987, Tracy mudou-se de Tacoma para um novo apartamento na North Pear Street, 114 1/2, em Olympia, e Kurt foi morar com ela. Tracy deixava listas de tarefas para Kurt em todos os lugares – na porta da geladeira, em armários e paredes, para que ele fizesse tudo aquilo enquanto ela estava no trabalho. Coisas como: "Lavar roupa, tirar o pó, aspirar o chão, limpar gaiolas, fazer compras". O básico.

"Conheci Kurt quando batemos na porta dele para conversar com Tracy sobre a possibilidade de nos mudarmos para o apartamento", conta Ian. "Eu tinha 19 anos, era um pouco mais novo que ele. Kurt me deixou uma impressão muito forte, pois era tão gentil! Estávamos sentados na escada, e ele nos trouxe café. Ninguém fazia isso em casa. Parece uma coisa normal, mas ele perguntou: 'Vocês querem um café?', e eu fiquei tipo: 'Meu Deus! É o Kurt Cobain! Do Nirvana!'. Mas, claro, eles nem se chamavam Nirvana ainda [...].

"A porta de entrada dava para uma cozinha e uma sala espaçosa", continua ele. "Eles tinham uma gaiola enorme de ratos com vários andares e um rato gigante chamado Sweetleaf [provavelmente por causa da música do Black Sabbath]. O apartamento era abarrotado de coisas que ele ia juntando. Eles tinham TV a cabo, o que era estranho – ninguém tinha TV a cabo naquela época. E ele passava os dias surfando pelos canais. Jerry Springer tinha acabado de lançar seu programa de TV e havia todos aqueles canais cristãos. Tinha um chamado The Power TV, uns marombeiros cristãos que gritavam 'Em nome de Jesus!' e quebravam tijolos com os cotovelos. Kurt os gravava em fitas, intercalando-os com cenas bizarras que encontrava em outros canais aleatórios. Nós ficávamos tipo: 'Meu Deus. Você tomou ácido demais e tem muito tempo livre'."

Kurt ficava na casa de Nikki McClure quando ela não estava. Ele era um bom hóspede – mantinha o lugar limpo e arrumado, por incrível que pareça. "Provavelmente porque ele era muito tímido e não cozinhava", explica ela.

"Um dia, fui à casa de Kurt e ele estava na cozinha", continua ela. "Quando ele me viu, disse: 'Oi, que bom que você chegou! Estou cozinhando! Você quer um pouco?'. Ele estava fazendo um arroz, desses de caixinha, com ingredientes aleatórios misturados." Nikki não ficou tentada com a oferta – além da comida nada atraente, o lugar estava uma bagunça, e Kurt mantinha um coelho em uma gaiola em cima da geladeira.

"Kurt era um eremita. Os horários dele eram estranhos", conta ela. "Por outro lado, eles eram a sensação das festas, principalmente o Krist. Ele só ficava lá sentado com duas canecas de vinho – uma em cada mão – e ele era tão grande!"

A decoração do apartamento de Tracy incluía um pôster de Paul McCartney desfigurado, bonecas mutiladas de Kurt e pinturas – modelos anatômicos, artefatos religiosos. "Ele fazia esculturas incrivelmente detalhadas com coisas que encontrava em brechós", diz Slim. "Uma estranha mistura de efemeridades da cultura pop e esculturas em argila."

"Eu não queria que as bonecas ficassem com um ar maligno", Kurt me disse em 1992, "mas elas sempre acabavam ficando assim. Eu gostava muito de Goya."[13] O cantor pintou o banheiro de vermelho-sangue e escreveu RED RUM[14] em uma das paredes. Do lado de fora, no quintal, o casal colocou cordões de luzes baratas. Na porta da geladeira, havia uma montagem particularmente horrível de imagens de pedaços de carne misturados com vaginas infectas. "Ele era fascinado por coisas nojentas", explicou Tracy a um jornalista. Um dos autorretratos esqueléticos de Kurt estava pendurado na parede. O apartamento era pequeno, apertado, fedorento e infestado de moscas por causa de tantos animais de estimação... mas era um lar.

"Ele tinha o rato, uma coelha e um gato", lembra Dickson. "O gato fazia sexo com a coelha e isso fazia com que a vagina dela se invertesse. Kurt precisava pegar um lápis e empurrar a vagina da coelha de volta. Um dia eu cheguei e perguntei: 'E aí, o que você está fazendo?'. E ele disse: 'Meu Deus, que bom que você chegou! Eu vou empurrar a vagina da coelhinha de volta!'. Eu fiquei, tipo: 'Do que você está falando?'. Ele respondeu: 'Isso mesmo! Olha só!'. Ele tinha um aquário legal que ocupava praticamente um lado inteiro do apartamento, com algumas tartarugas. Elas se arrastavam para fora do tanque [...]"

Eles penduravam pôsteres nas paredes?

"Eles tinham muito lixo", diz ele. "Não dava para dizer o que era lixo e o que não era. Arrancavam páginas de revistas e colavam com fita adesiva. Ele lia *NME* e *Melody Maker*, comprados na seção de importados da Positively Fourth Street."

"Kurt fazia colagens de áudio com tudo quanto é disco que se podia comprar por um dólar em lojas de garagem", diz Slim, "tudo, de atores de TV fazendo covers idiotas até materiais educativos ou barulhos de cachorros e discos de Halloween. No lado B da primeira demo do Nirvana havia uma gravação de meia hora de uma dessas colagens de áudio, chamada 'Montage of Heck'".[15]

Kurt conseguiu um emprego como faxineiro e, com o pouco dinheiro que ganhava, comprou um carro Datsun de segunda mão. Ele praticava guitarra, assistia à TV, escrevia diários e criava arte. Mas, geralmente, ele estava desempregado.

"Candice me contou sobre um cara de Olympia que todo mundo achava um gênio", lembra Rich Jensen, ex-artista da K, "e que ficava em seu quarto ouvindo música dos anos 1970 o dia inteiro – rock bundão mesmo".

Se for esse o caso, como surgiram The Vaselines[16] e todos os outros?

"Kurt admirava o Calvin", responde Rich. "Calvin estuda muito a cultura jovem – uma pesquisa séria, sobre filmes e músicas desde a Segunda Guerra Mundial em diante, abordando toda a ascensão de uma indústria centrada em adolescentes. Calvin poderia ter vários doutorados nessa área. Minha impressão é de que Kurt descobriu essas bandas através de *mixtapes*, provavelmente passadas para ele por Calvin via Tobi."

"Olympia é uma cidade pequena com recursos incríveis, principalmente a rádio KAOS", afirma Bruce Pavitt. Em 1979, Pavitt mudou-se de Chicago para estudar em Olympia. Lá, escrevia uma coluna sobre rock independente americano para a *Op* e, em 1980, fundou o fanzine *Subterranean Pop*, dedicado ao estilo. Durou alguns anos e foi seguido por compilações de fitas. Em 1983, mudou-se para Seattle e iniciou uma coluna mensal no *The Rocket* e um programa de rádio quinzenal, ambos chamados *Sub Pop*.

"A KAOS tinha a mais ampla coleção de música independente entre todas as estações de rádio nos Estados Unidos", continua ele. "Isso porque John Foster, o diretor musical, criou um sistema de prioridade para gravadoras independentes, o que significava que, se você estivesse lançando seu próprio disco, teria a garantia de tocar na KAOS. Junto com essa coleção de faixas, ele lançou a revista *Op*,[17] especializada em música independente. Assim, a partir do final dos anos 1970, Olympia virou um ímã para discos produzidos fora de grandes gravadoras. A KAOS tinha a biblioteca matriz do universo de discos punk independentes. Por causa dela, algumas pessoas tinham acesso a muitas informações: Calvin Johnson, alguns outros e eu. Se você estivesse envolvido na cena musical de Olympia, provavelmente conhecia discos que as pessoas em Seattle não conheciam.

"Olympia tinha um grau mais alto de sofisticação, uma abordagem quase acadêmica do punk rock. Foi isso que estudei na Evergreen State College. Eu frequentava a biblioteca da KAOS e estudava seus registros, o que me gerou créditos na faculdade. Qualquer um que passasse por Olympia naquela época provavelmente trombaria com Calvin Johnson ou daria entrevistas na KAOS – ou, como no caso de Kurt Cobain, seria entrevistado por Calvin na KAOS. Mesmo que Kurt fosse de Aberdeen, frequentar a biblioteca de discos da KAOS certamente era algo que influenciaria sua relação com a música.

"Também havia uma pureza visionária real na cena de Olympia, um alto nível de integridade, enquanto a cena de Seattle era mais voltada aos negócios. Kurt foi treinado musicalmente em Olympia. Kurt ganhou dinheiro em Seattle. Eu definiria assim. E Kurt provavelmente se divertiu em Tacoma. Mas, quando se fala sobre Olympia, é fundamental mencionar a *homenagem ao feminino*. Bandas punk femininas como The Slits, The Raincoats[18] e, claro,

The Marine Girls[19] eram muito valorizadas, e isso levou ao Riot Grrrl. Essa é uma verdadeira chave para a personalidade de Kurt, sua homenagem ao feminino. Enquanto em Aberdeen tudo era hard rock, fosse metal ou punk, muito do clima de Olympia era: 'Vamos vasculhar as caixas e encontrar coisas punk femininas menos populares'."

Eu costumava classificar Olympia como uma cidade do mod e Seattle como uma cidade do rock. Outra definição é que Olympia é hardcore, na linha de Ian MacKaye e as bandas de L.A. do início dos anos 1980, e Seattle é mais punk, como Sex Pistols e os grupos britânicos do final dos anos 1970. Por mais disruptivo que o punk fosse, ele sempre tentou trabalhar dentro do mainstream; já o hardcore não via sentido em se envolver com o mainstream. Punk é uma atitude. Hardcore é um estilo de vida. O primeiro busca subverter a sociedade. O segundo, viver fora dela.

"Exatamente", concorda Bruce. "Calvin e eu somos muito das antigas. Ele foi a única outra pessoa a trabalhar no fanzine *Sub Pop*. Eu queria que a Sub Pop fosse como uma ferramenta de rede. Minha intenção era unir diferentes cenas regionais, isoladas por falta de meios para conectá-las. Sempre me interessei pela sinergia que acontece quando pessoas ou cenas se juntam. A revista *Sub Pop* foi criada para que todos os discos fossem analisados numa perspectiva regional. E então comecei a lançar cassetes – e a compilação *Sub Pop 100* – com artistas de diferentes cenas de todo o país.

"A K começou como um veículo para as gravações do Beat Happening e cresceu a partir daí. Em ambos os casos, a personalidade e os interesses, tanto do Calvin quanto meus, transpareciam no que estávamos fazendo. A visão da K era estabelecer Olympia como uma vibrante cena alternativa. Mesmo que a revista *Sub Pop* tenha começado em Olympia e se mudado para Seattle, o foco era criar uma visão nacional para facilitar o compartilhamento de música entre as cenas. A *Sub Pop* transformou-se numa gravadora que promovia o que rolava em Seattle. Depois houve outra expansão, o Singles Club, quando passou a trabalhar com bandas de todo o país.

"Kurt foi muito influenciado por Calvin e por Thurston Moore [guitarrista do Sonic Youth], pelo fato de eles apadrinharem artistas independentes desconhecidos. Lembro-me de visitar Kurt em Olympia, na tentativa de convencê-lo a assinar um contrato de longo prazo com a Sub Pop. Passei oito horas na casa dele. Num gesto diplomático, levei cópias do álbum do The Shaggs[20] e um disco do Daniel Johnston, como um lembrete simbólico de que a Sub Pop apoiava a música alternativa. Alguns anos depois, eu o vi na *Rolling Stone* com uma camiseta do Daniel Johnston."

Minha camiseta!

"Sua camiseta!", Bruce exclama, surpreso. "Bem, eu o conectei ao Daniel Johnston. Então admirei o fato de ele ter usado sua fama para promover alguns dos sons mais obscuros e independentes que existem. Mesmo que sua música nem sempre refletisse isso. Quero dizer, vestir a camiseta do Daniel Johnston foi um gesto gigante!"

Sim, depois disso, o Daniel assinou com a Atlantic.

"Sim, mas aquilo significava: 'Mesmo sendo o maior astro do rock do mundo, vou defender o artista mais subvalorizado no planeta'."

Na última turnê pelos Estados Unidos, o Nirvana levou o Half Japanese[21] como banda de abertura.

"Que ótimo", diz Bruce, sorrindo. "Isso prova a verdadeira influência de Olympia. O Half Japanese foi uma grande referência para o Calvin e para mim. Seattle não ouvia Half Japanese. Olympia, sim. É algo importante: o conflito de Kurt entre querer ser o maior astro do rock do mundo e, ao mesmo tempo, querer ser um artista totalmente independente no controle da própria carreira. É como a relação entre Olympia e Seattle. Olympia valorizava a integridade. Seattle, o sucesso. A Sub Pop também refletiu essas tensões: cresceu em Olympia, ficou grande demais para a cidade e foi parar em Seattle."

No início de 1987, Krist e Kurt começaram a ensaiar com Aaron Burckhard.

Aaron era uma "figura": era um dos parasitas dos Melvins, trabalhava no Burger King, ostentava um bigode e vivia com uma mãe divorciada e dos benefícios dela, além de já ter sofrido alguns acidentes – uma vez como passageiro num veículo que atravessou a vitrine de uma loja local e outra quando o carro onde estava pegou fogo após capotar, matando o motorista. Mas ele tocava bateria – em um kit composto por algumas peças que já eram dele, outras que vieram de Dale Crover e um suporte de partitura. Burckhard era um daqueles jovens heterossexuais do metal, que passava mais tempo bêbado do que ensaiando, o que irritava Kurt imensamente. Sua motivação aumentava a cada ensaio: "Não havia muito o que fazer", disse Burckhard, "além de beber cerveja, fumar maconha e ensaiar. Todas as noites, tocávamos nosso set três ou quatro vezes".

A essa altura, Krist curtia incenso, camisetas tie-dye e rock psicodélico dos anos 1960: música de hippie. Um de seus álbuns favoritos era o *Shocking Blue at Home*, de 1969, um disco de heavy rock do grupo holandês Shocking Blue.[22] Kurt concordou em fazer um cover da música "Love Buzz", e essa versão foi influenciada por suas bandas favoritas na época, como Butthole Surfers e The Meat Puppets.[23] Não foi o primeiro cover da dupla: no início, Krist e Kurt tocaram várias versões, incluindo "Heartbreaker", do Led Zeppelin, e a épica "Bad Moon Rising", do Creedence Clearwater Revival[24] – na verdade, eles chegaram a formar uma banda cover do Creedence chamada The Sellouts, que se desfez quando perceberam que aquilo não daria dinheiro.

As festas em casa estavam na moda. Como era de se esperar, o trio fez seu primeiro show em uma delas.

Em março de 1987, Kurt, Krist e Aaron foram para Raymond, uma pequena comunidade isolada a 30 minutos de carro de Aberdeen. A banda estava determinada a impressionar um público que considerava caipira (exceto Burckhard, que descreveu as pessoas como "yuppies", talvez refletindo sua própria visão de mundo), e os jovens de Raymond, com suas camisetas do Def Leppard,[25] camisas de lenhador e mullets, foram arrebatados pelo visual da banda. Para o pessoal de Raymond, os caras de Aberdeen pareciam "moradores da cidade grande". "Nós assustamos todo mundo", conta Burckhard, rindo. "Kurt subiu em todos os móveis e jogou cerveja no sofá."

Krist se sujou de sangue falso e pulou de uma janela enquanto tocava baixo, bêbado de cerveja Michelob; Shelli e Tracy fingiam dar uns amassos no baixista enquanto Kurt apresentava "Spank Thru" como "Breaking the Law" (cujo refrão se tornaria uma das frases favoritas dos críticos mais notórios da MTV, *Beavis & Butt-Head*). Outras canções apresentadas foram "Downer", "Pen Cap Chew" e "Hairspray Queen", além de "Heartbreaker". Mesmo com algumas intercorrências – Krist subiu na sua van e mijou nos outros carros, e Shelli saiu na porrada com uma das garotas locais por causa de um colar quebrado –, a banda até que se saiu bem.

Músicas tão extremas sempre atraem algum tipo de apoio.

Em abril de 1987, o Nirvana participou de sua primeira sessão de rádio – uma apresentação ao vivo na KAOS de Olympia, à meia-noite, com o produtor John Goodmanson. Ele apresentava o programa de rock das noites de segunda-feira (geralmente bandas da SST),[26] um bloco de quatro horas seguidas, que dividia com Donna Dresch. John tinha visto Kurt tocar na semana anterior, abrindo para a banda dele e de Donna, a Danger Mouse,[27] na noite de encerramento da GESCCO.

"Achei o Nirvana incrível", diz Goodmanson. "Eles se pareciam com uma banda de Olympia. Eram obviamente o melhor grupo de rock do noroeste – transcendiam aquela coisa sexista de rock machão de Seattle nos anos 1970. Então nós os convidamos para o programa.

"Não teve muita conversa", continua ele. "Eles ficavam perguntando: 'Ainda estamos no ar?', depois de cada música. Kurt tinha um pequeno amplificador Fender, que parecia um presente que seu tio compraria em uma loja de guitarras. E ele tinha o mesmo pedal Boss de delay que eu – nada punk rock. Foi muito minimalista, umas 11 músicas. Eu mal podia pagar a fita para gravar, então providenciamos alguns cortes enquanto faziam perguntas como 'onde comprar refrigerante'."

No início, o Nirvana costumava tocar no Community World Theatre, na região sudeste de Tacoma. O CWT era uma espécie de empório de pornô convertido, que ficava em um bairro *white trash* e era mantido pelo entusiasmo dos roqueiros punk locais. Na maioria das vezes, as bandas tocavam sem ganhar nada.

"Assisti aos primeiros shows do Nirvana no Community World", lembra Aaron Stauffer, ex-vocalista do Seaweed.[28] "Eles pareciam um Scratch Acid com um estilo mais heavy metal. Kurt me contou que gostava de assistir a *Faces da morte* sob o efeito de cogumelos. Esses cogumelos, chamados Liberty Caps, cresciam em vários lugares no outono, então qualquer punk que se preze ficava chapado de graça durante o mês de outubro.

"Foi de longe a casa de shows de rock mais legal que já vi", continua Stauffer. "Fiz minhas primeiras apresentações lá, recitando poesia, até que o irmão do dono me disse que eu nunca arranjaria uma namorada se não aprendesse alguns acordes. Eu e muitos outros punks locais nos apresentávamos e trabalhávamos de graça, lixando e pintando, fazendo a casa acontecer! Em um show dos Melvins, o Krist se levantou e cantou um monte de clássicos do rock (Kiss, Judas Priest) no bis. Subindo no palco, ele gritou: 'O punk rock está morto e enterrado, mas o rock 'n' roll ainda vive!'."

No palco, Kurt usava calças boca de sino amassadas de veludo, camisa havaiana e sapatos plataforma. E, às vezes, tentava alguns saltos coordenados semelhantes aos do Danger Mouse.

"Vi o Nirvana pela primeira vez no Community World", lembra Ian Dickson. "Fui com Slim e Dylan. Havia oito pessoas na plateia. Mas, cara, assim que eles chegaram e começaram a tocar – acho que era 'School' –, nossos queixos caíram. Todos estávamos: 'Meu Deus! É isso!'. Nós já tínhamos visto os Melvins, o Green River e o The U-Men, mas a nota de abertura do primeiro set do Nirvana que vi na vida foi tipo: 'Puta merda, é isso!'."

Em 1987, Kurt começou a sentir fortes dores de estômago – muito provavelmente exacerbadas pelo uso de medicamentos como Vicodin (um analgésico) e codeína. "Sinto queimação e enjoo, parece a pior gastroenterite do mundo", disse ele a Azerrad em *Come as You Are*. "Lateja tanto que parece que eu tenho um coração batendo no estômago. Dói principalmente quando eu como."

Essa condição assombraria Kurt até o fim de sua vida.

Kurt e Tracy se mudaram para Olympia na mesma época que Krist e Shelli foram para Tacoma, onde o baixista conseguiu um emprego como pintor industrial, trabalhando em fábricas de aeronaves e de papel. A banda se desfez brevemente – até que Kurt enviou uma carta a Krist, pedindo para que não desperdiçasse todo o trabalho que fizeram juntos. Krist se lembra da nota, bastante formal. "Foi tipo: 'Venha se juntar à banda'", disse ele a um jornalista local. "'Sem compromisso. Nenhuma obrigação (na verdade, algumas).'"

Tacoma é uma cidade operária localizada entre Seattle e Olympia, parecida com Aberdeen, mas "mais violenta" (segundo Kurt). Embora Tacoma tenha suas belezas – o passeio de trem ao lado da plácida enseada de Puget, por exemplo –, é localmente notória sobretudo pelo "aroma de Tacoma", um cheiro pungente de borracha queimada que já ataca as narinas das pessoas assim que a cidade surge no horizonte. É também o lar da baía mais poluída da Costa Oeste – a Commencement Bay.

"É a serraria", Candice ri. "Olympia também era muito ruim, dava para ver fezes na água. Tacoma tinha um ar de perigo ou depravação que você não via em Olympia, embora certamente existisse um tanto de coisas nada saudáveis acontecendo lá na época. Eu teria morado em Tacoma, mas não havia bons empregos. Era um lugar muito punk, classe média baixa. Girl Trouble era uma banda atípica. Éramos muito pobres quando crianças e adolescentes, mas era um tipo diferente de pobreza, não era pobreza da cidade. Isso influenciou o tipo de música e as festas de lá. Era um punk muito mais tradicional."

"Os moradores de Tacoma tinham o respeito de Olympia em meados dos anos 1980", diz Steve Fisk, do Pigeonhed.[29] "Se Seattle é Nova York, Tacoma é Nova Jersey. Nova Jersey não precisa de Nova York. As pessoas falam de outras coisas e têm outras prioridades e menos preocupações com aluguel. Talvez por isso os moradores de Olympia tivessem mais afinidade com o Girl Trouble do que com o Soundgarden."

As duas bandas eram contemporâneas. "O Girl Trouble é Tacoma", explica James Burdyshaw, músico de Seattle. "Vem do garage dos anos 1960. Eles amam The Cramps, The Sonics, The Wailers e programas bobos de TV, como *The Banana Splits*." O Soundgarden, por sua vez, começou em meados dos anos 1980, depois que o guitarrista Kim Thayil mudou-se para Olympia, querendo fazer parte da cena KAOS/*Op*. Estranho, considerando a forte influência que o Led Zeppelin exercia no Soundgarden. Não tão estranho, considerando as atitudes inesperadamente legais do Soundgarden – principalmente em relação às mulheres – para uma banda de heavy metal.

"Mas o Kurt também ia para Tacoma", diz Candice, "porque Tracy morava lá. E ela foi para Olympia porque era uma cidade menos cara. As escolhas dele eram feitas pela localização de suas namoradas. Não acho que foi uma decisão filosófica. Era uma realidade".

"Tacoma é um pouco mais parada e mais sombria que Seattle. É uma 'quasi-cidade'", diz Burdyshaw. "Minhas lembranças de Tacoma são as festas de cerveja de barril com caras do heavy metal, punks e jovens normais bebendo juntos."

Então Kurt se mudou para um apartamento com Tracy. Você tinha ido morar no apartamento ao lado, junto com Dylan, não?

"Era uma casa convertida em três apartamentos", corrige Slim. "Primeiro morei com Dylan num lugar chamado Alamo. Eu vivia em um alpendre, depois tive meu próprio apartamento, que arranjei especialmente para Jean Smith,[30] e depois que ela me largou voltei a morar com outras pessoas. O Nisqually Delta Podunk Nightmare tinha acabado porque Dylan ouviu o primeiro álbum dos Melvins e disse que nunca mais tocaria guitarra. Ele se desesperou e voltou para Seattle. Depois disso, comecei uma nova banda, o Lush. Dylan voltou e foi morar conosco, pois tínhamos um quarto vazio em casa.

"Eu era o esquisito que ficava sóbrio enquanto todo mundo estava chapado. Tracy e Shelli quase nunca saíam, pois trabalhavam no turno da noite na Boeing [Shelli depois conseguiu um emprego na cafeteria onde Tracy trabalhava]. Elas saíam do trabalho às seis da manhã e iam para o happy hour dos estivadores no recife de King Solomon, ficavam bêbadas e iam para casa dormir. Quando elas estavam de folga, e se o Kurt não estivesse em surto de autopiedade, ou ensaiando com a banda, nós íamos a festas. Éramos jovens, era o social da época."

Por que ele tinha crises de autopiedade?

"Ele era um cara melancólico. Quando ele não estava fazendo o que nasceu para fazer, ou chapado e hilário, ele ficava deprimido, quieto ou sendo introvertido. Escutávamos toneladas de discos. Dylan e eu ouvíamos muito jazz maluco, King Crimson, Uriah Heep e algum heavy metal, tipo Metallica. Rolava muito rock clássico, como Led Zeppelin e AC/DC. Eu gostava de Beat Happening, The Vaselines, Talulah Gosh.[31] Mas eu não ficava só nisso. Nós adorávamos o X[32] e as bandas que estão no *Forced Exposure*.[33] Esse mundo, sim, encantava o Kurt: Big Black e Killdozer,[34] Scratch Acid e Sonic Youth."

Adendo 1: Olympia *versus* Seattle

Boa parte da literatura sobre o Nirvana diz que eles eram uma banda de Seattle. Você concorda?

"Bom... eles não eram de Seattle", pondera Steve Fisk. "Algumas bandas mudaram seu som quando chegaram a Seattle. O que quer que fossem, o Nirvana não mudou quando chegou aqui. Era um grupo sério, obscuro e, como eles andavam com os Melvins, lembrava um pouco o metal. Você acha que os Melvins têm mais a ver com Olympia do que com Seattle?

Sim, com certeza.

"Aí está sua resposta. Você deveria ter visto quanta merda eu falei para os caras que estavam montando aquele programa de TV.[35] Eu dizia: 'O que, você está vindo para Seattle para falar sobre o *Nevermind*? Por quê? Ninguém quer falar com vocês em Olympia, onde Kurt tinha amigos de verdade? Ou vocês ainda não perceberam?'. Nos anos 1980, as mesmas cem pessoas viajavam uma hora para ver um show em Washington. O Calvin organizava turnês de fim de semana que duravam um mês: Girl Trouble, Beat Happening e Danger Mouse. Todo mundo se reunia nos finais de semana para se apresentar nas cidades natais uns dos outros. Tocavam em Eugene num fim de semana; no outro, em Olympia; e no outro, em Bremerton. Eles não tocavam em cidades grandes porque não eram de cidades grandes. Para mim, o mundo se dividia em dois: de Seattle ou de fora de Seattle. Tacoma tinha aquele lance de garage rock; Boise tinha guitarras estridentes. Em Olympia, realmente não havia bandas que soassem como Seattle. Você tinha de ir até Portland para encontrar um grupo que tivesse um som parecido com o de Seattle."

O que diferenciava Olympia de Seattle e das outras regiões?

"Ninguém fazia solos em Olympia – nunca. Mesmo se rolasse algo entre o segundo refrão e o terceiro verso, era um lance mais rítmico. Talvez tocassem alguma coisa em uma corda só da guitarra, mas não era um solo. Além disso, o fato de as bandas não terem baixista significava que não eram bandas convencionais."

Tradicionalmente, o baixo não fornece o elemento sexual no rock?

"O bumbo é um pouco mais sexual do que o baixo."

Obviamente, é mais fácil formar um grupo se tiver menos instrumentos para tocar.

"Olympia se resume a Tobi Vail jogando sua bebida do outro lado da sala e dizendo: 'Que se dane, vamos gravar um disco'. Todo mundo começava a pensar no disco ali mesmo. Um baixo é pesado. Não é pesado só para tocar, mas o equipamento no qual você precisa plugar o baixo também é caro e pesado, enquanto amplificadores de guitarra podem ser baratos, pequenos e ruins. Quanto menor o amplificador de guitarra, melhor ele vai soar com volume baixo. Aí está a estética de Olympia. Sem baixo, sem complicações, e com uma guitarra que soa muito bem quando você aumenta o volume e que ainda pode ser tocada em seu apartamento, sem incomodar muita gente."

Como você definiria a estética da K Records?

"Um amigo me contou que, um dia, estava sem camisa jogando frisbee no pátio da Evergreen State College. Outro cara da Evergreen apareceu e disse, como quem não quer nada: 'Está sol hoje. Estou vendo que você tirou a camisa'. E continuou: 'Há muitas mulheres aqui. Elas também devem sentir vontade de tirar suas blusas. Talvez seja legal você vestir sua camisa. O que você acha?'. Olympia era um lugar onde um homem dizia a outro homem para vestir sua camisa em apoio às mulheres, que não podem tirar as blusas em qualquer lugar. Sabe, subjugar o próprio ego: 'O mundo só vai melhorar quando os homens se unirem e derem uma chance às mulheres'. Isso é tão condescendente, estúpido e antifeminista, mas essa é a mentalidade de um aluno da Evergreen. O Kurt, tentando ser legal e se encaixar, querendo ser honesto e moral, conseguiu achar uma versão de terceira via sobre como ser um cara desses."

Como você e o Calvin se conheceram?

"Era 1978. Eu tinha acabado de me mudar para Olympia. Meus amigos, que dirigiam a KAOS e a revista *Op*, estavam me contando que era como se tivessem filhos com seus próprios programas de rádio. Calvin era um deles. Já o descreveram como um cara muito malvado do punk rock: 'Ele vai entrar num mau humor tão grande que nem vai apresentar as notícias. Vai só entrar no ar com aquela voz mal-humorada e tocar uns discos. É um escroto'. Quando nos encontramos pela primeira vez, parecia que ele estava decidindo se podia ou não confiar em mim, por causa dos cabelos compridos. Ele usava óculos escuros e ostentava um cabelo muito espetado. Foi em 1980.

"Depois fiz uma gravação dele com The Cool Rays, que tocava covers e originais. Como no Beat Happening, um guitarrista de fala mansa era o cérebro por trás de tudo, o cara que realmente fazia música. O Calvin sempre precisou de um guru de seis cordas."

Por que você acha que o Calvin exerce tanta influência?

"Ele escolheu algo no qual era bom e investiu naquilo. E fez aquilo muito bem, o tempo todo, e teve sorte. Os adultos faziam toda a papelada. O Calvin era um cara muito jovem, cercado por seis pessoas mais velhas que realmente sabiam o que estavam fazendo. Quando o Calvin fez 30 anos, essas pessoas tinham outras vidas, mas ele ainda seguia a filosofia e os ideais da época. A KAOS foi muito importante, a *Op* também. Então, por que o Calvin? Ele é carismático e ótimo dançarino. Não sei como ele convenceu o mundo a ouvir essas bandas e a cantar sobre coelhinhos e piqueniques."

O Nirvana era uma banda de Olympia. Você acredita nisso?

Al Larsen: "Não sei. Olympia nunca foi muito unificada, ao que parece".

Rich Jensen: "Pessoalmente, achava que eles fossem uma banda de Aberdeen que queria ser uma banda de Olympia".

Al: "Calma aí. Black Flag, Screaming Trees, Beat Happening, The Vaselines, The Pastels... Eu trabalhei com algumas dessas peças no Some Velvet Sidewalk e consegui juntá-las. O Nirvana trabalhou com algumas dessas mesmas peças e foram muito bem".

O Screaming Trees era uma banda de noise psicodélico tempestuoso cujos membros se conheceram em um centro de detenção de Ellensburg. Os irmãos Conner (guitarra e baixo) pesavam 130 quilos cada um, e o pai deles era o diretor da escola local – então eles eram alvos fáceis para o humor caipira. O vocalista, Mark Lanegan, tem uma daquelas grandes vozes cheias de nicotina do Noroeste do Pacífico e uma propensão para problemas. Kurt Cobain, por exemplo, foi fortemente influenciado pela visão de mundo lacônica de Lanegan, pelo uso de drogas e por suas preferências musicais.

Rich: "'Swap Meet' é uma das minhas músicas favoritas do Nirvana porque é uma música de Olympia, e não do Black Sabbath".

Al: "Acho que a argumentação central do seu livro parece ser muito boa, mas Rich e eu não temos como concordar com você. Não quer dizer que você não esteja certo. Significa apenas que você não pode nos fazer concordar".

Rich: "Eu discordo. São uma banda rural de Washington, cuja imagem de Valhalla cultural e artística era Olympia, mas eles nunca conseguiram se encaixar com seu som porque cresceram cercados por merda".

Adendo 2: Sonic Youth

A primeira vez que vi o quarteto de Nova York foi em 1983, no lançamento do álbum *Confusion Is Sex*, quando eles lotaram o The Venue, em Victoria, Londres, com um turbilhão cacofônico de sons lacerados, que ainda reverbera, mais de duas décadas depois. Nos anos 1980, eu os adorava porque ninguém fazia um som assim (1986 – *Evol*, 1987 – *Sister*, 1988 – o incrível *Daydream Nation*; e, claro, a arrepiante colaboração com a artista performática Lydia Lunch, de Nova York, em "Death Valley '69"). Lembro-me de ver um show deles em 1985 em Woolwich, sul de Londres, no qual o engenheiro de som decidiu que precisava sair mais cedo e começou a desmontar o sistema de PA com a banda ainda no palco. Eles não se incomodaram nem um pouco. Sem microfones, continuaram a tocar um dos instrumentais de guitarras mais emocionantes e assustadores que já ouvi.

No início dos anos 1990, o Sonic Youth trocou a marcha. Se ouvidos hoje, álbuns como *Goo*, de 1990, e *Dirty*, de 1992, e seu sensível pop chiclete não soam tão fora da linha dos álbuns anteriores, mas, na época, parecia uma pequena revolução. Não tanto pela música, mas por sua fonte: a Geffen Records. Se o Sonic Youth havia conseguido se infiltrar no coração da fera, será que outros também conseguiriam?

Parece que sim. Antes de eles assinarem com a Geffen, o "rock alternativo" e o grunge da MTV não existiam. Chequem em seus livros de história.

"Toda a nossa cena existia à sombra deles", diz Slim Moon. "Eles serão 'a banda' para sempre. São a realeza. Se o Sonic Youth tivesse gravado apenas três ou quatro discos, já fariam parte dessas listas das maiores bandas americanas. Considerando que passaram 20 anos criando ótimos álbuns, basicamente fizeram todo mundo comer poeira."

"*Sister* [o álbum de 1987 do Sonic Youth] é como uma *bad trip* de ácido que eu nunca tive", disse Courtney Love para mim em 1992, "além de física ou médiuns, Philip K. Dick, astronomia, a melhor mistura de inglês e futebol, nada de namorados, nada de namoradas também, muitos cigarros e drogas ruins, uma primavera fria trancada no quarto por seis meses sem falar com ninguém exceto frequentadores de inferninhos. Vinho ruim, a mesma camisola velha e fedorenta de sempre com sobretudo, andando por Nova York com buracos tão grandes nos meus sapatos que fizeram bolhas nos meus pés, e eu tinha esse disco, e antidepressivos não funcionam mais. A Times Square é doentia, eu preciso voltar para Los Angeles, talvez eu pare de ouvir essa coisa sombria de Nova York, essa maldita luz brilhante, aveludada e sombria de Josephine Wiggs [baixista do The Breeders]. Não consigo tirar os ratos do meu cabelo, os anjos estão sonhando com você".

É fácil subestimar o Sonic Youth: enquanto vários colegas que se separaram há muito tempo estão se unindo novamente para continuar ganhando dinheiro, o Sonic Youth manteve um padrão musical incrivelmente alto – nunca foi mais do mesmo, sempre foi fluido, e só trouxe seu segundo novo membro (Jim O'Rourke, de Chicago) após 15 anos, no disco *Murray Street*, de 2002. Se o Sonic Youth tivesse se separado depois de *Dirty* e voltado em 2005, eles também estariam ganhando 1 milhão de dólares por ano.

Tive uma pequena epifania em Portland, no inverno de 2004, quando eu e M. Ward assistíamos ao vídeo da compilação do Sonic Youth. O compositor virou-se para mim e disse: "Acho que são tão bons quanto o Nirvana". Na concepção dele, aquilo era o maior elogio.

Olhei para ele, estupefato.

Como ele achou possível comparar as duas bandas?

> Então Thurston Moore está inclinado na frente do palco, esbelto, seu instrumento uivando com a distorção; em um momento ele está tocando diante da borda de um amplificador e jogando sua guitarra na galera; no outro, com um alto-falante pelo palco, cria um som dilacerante. Steve

Shelley desaba sobre sua bateria, exausto, martelando um ocasional rufar distante; Lee Ranaldo corre para as laterais e pega outra Fender para mutilar; o saxofonista Mats Gustafson sopra profundas rajadas de demência. Kim Gordon deixa o palco, entediada com a indulgência dos caras. Do outro lado, Jim O'Rourke se embala para a frente e para trás como um Nick Cave bêbado, crepitando seu solo de guitarra (que também poderia ser uma fita métrica de aço) como um chicote, estalando camadas de som estrondoso com cada movimento de seu braço.

De repente, um tumulto confuso, e as pessoas percebem que Thurston foi jogado no chão e levanta os braços tarde demais para se proteger, enquanto um membro dos donos do noise de Detroit, Wolf Eyes, se joga em suas costas. Por um momento, ele cavalga Thurston, pegando uma onda de euforia; no instante seguinte, tudo acabou, as pessoas chacoalham a cabeça, atônitas com a imprevisibilidade da performance. Como a música deles não envelhece? Já fazíamos piadas sobre o nome – Sonic "Youth" – há mais de uma década; Kim Gordon ainda é a pessoa mais descolada do rock desde aquela época; e, mesmo assim, o som continua mudando, desafiando e inspirando onda após onda de artistas diferentes. Não é exagero afirmar que, sem o Sonic Youth, a revista *Plan B* e a comunidade que a alimenta não existiriam. Wolf Eyes. Lightning Bolt. Nirvana. Part Chimp. Pussy Galore. Huggy Bear. Liars. Afrirampo. Pavement. Sonic Youth é a principal fonte de todas essas bandas.

O álbum *Sonic Nurse*, de 2005, está tão carregado de emoção quanto *Bad Moon Rising*, gravado em 1984. A tensão ainda sobe. A energia cresce.

(*Plan B*, n. 7, 2005)

NOTAS

1 The Gossip é uma banda de Olympia realocada: a vocalista, Beth Ditto, tem uma voz de blues vibrante, comparável à de Etta James.
2 Bangs é o trio de Maggie, de Olympia, inspirado em Ramones/Joan Jett.
3 A resposta de Seattle para a versão suburbana distorcida de Iggy Pop feita pela banda The Birthday Party. O U-Men tinha elementos de garage rock, The Sonics, The Fall, The Cramps, vodu, misticismo, art rock, boogie-woogie. O guitarrista Tom Price ainda se juntaria ao Cat Butt e, depois, ao Gas Huffer.
4 *Let's Together* e *Let's Kiss* eram fitas com compilações de bandas do noroeste americano, reunidas por Calvin e vendidas na rede de distribuição da K.

5 Scratch Acid era de Austin, Texas, contemporâneo do Butthole Surfers e do Big Black – guinchos obscuros de noise abrasivo e riffs agitados.

6 Live Skull foi o primeiro contemporâneo do Sonic Youth na Costa Leste. Sua vocalista, Thalia Zedek, lideraria posteriormente o Come, poderosa banda narcoléptica da Sub Pop.

7 Al Larsen: vocalista do Some Velvet Sidewalk – eles tocavam um grind pesado e primitivo, não muito diferente do Nirvana, com conteúdo mais pessoal. "O Some Velvet Sidewalk era uma mistura de declamação de William Blake com aulas de teoria crítica", explica Al. "História é foda."

8 Dylan me disse que se inspirou para formar o Earth depois de assistir a The Legend! ao vivo – espremido entre Nirvana, Tad e Screaming Trees no Pine St Theatre de Portland, 1990. "Bem, se *aquele cara* consegue tocar aqui..."

9 Richard Brautigan foi um escritor americano, mais conhecido por *Pescar truta na América*, livro recheado de encantos e metáforas infantis. Nasceu em Tacoma, Washington. Suicidou-se aos 49 anos, em 1984.

10 Os outros dois performers mais poderosos, se você estiver curioso, são Courtney Love no início dos anos 1990 e Nick Cave em seus dias de The Birthday Party.

11 Daniel Johnston é um cantor e compositor problemático que vendia suas fitas cassete caseiras nas ruas de Austin, Texas. Em sua vida adulta, passou por muitas instituições psiquiátricas: uma vez, foi internado por empurrar uma mulher da janela do segundo andar, acreditando que ela estivesse possuída pelo diabo. Suas músicas são profundamente pessoais e muito comoventes.

12 Frightwig: banda punk feminina de São Francisco, parecida com o Flipper.

13 Goya foi um artista espanhol clássico de pinturas a óleo, que trabalhava a luz de forma magistral e era conhecido pelas "Pinturas Negras", criadas no final de sua vida e que ainda são algumas das imagens mais perturbadoras e intensas já colocadas em tela.

14 *Murder* (assassinato) soletrado de trás para a frente – uma referência ao livro *O iluminado,* de Stephen King.

15 Há trechos de "Montage of Heck" em *Bleach* e *Incesticide.*

16 The Vaselines era uma dupla escocesa dos anos 1980, minimalista e sedutora, fortemente influenciada por The Pastels e The Velvet Underground – tinha forte carga sexual numa época em que a maioria de seus contemporâneos da cena C86 desfilava sua falta de libido como um troféu. O Nirvana fez covers famosos de algumas de suas músicas.

17 A Lost Music Network (LMN) publicava a *Op* de forma independente. Daí surgiu a K Records, seguindo a ordem alfabética: K – LMN – OP.

18 Duas brilhantes bandas britânicas de punk feminino interligadas: a The Slits abriu para o The Clash em sua turnê *White Riot,* de 1976, e fazia experimentos com sons pesados de dub e reggae, embora alguns puristas prefiram os ataques sônicos do início do grupo. The Raincoats combinava o som arranhado de seu violino com letras feministas frágeis e confusas e sons irregulares e estridentes. As duas bandas compartilhavam a baterista, Palmolive – e a desconfiança mútua do público turrão inglês da época.

19 The Marine Girls: projeto escolar do início dos anos 1980 que gerou dois álbuns pop femininos minimalistas, melódicos e encantadores, além de ter impulsionado a carreira de Tracey Thorn na música soporífica. Elas se separaram, como a vocalista Alice Fox disse, porque "Tracey queria escrever baladas para agentes imobiliários, e [a compositora] Jane [Fox] queria jogar bolas de pingue-pongue em xilofones".

20 The Shaggs: uma trupe americana do início dos anos 1970, muitas vezes considerada a principal expoente da Outsider Music, com suas tentativas ingênuas, desajeitadas e bastante charmosas de música pop. "Eram todas irmãs", Kurt me disse em 1992, "e o tio malvado tinha planos para elas. Eu ouvi uma gravação delas ao vivo, pareciam estar tocando em uma creche, e os gritos ao fundo eram mais altos que a música. The Shaggs é uma arquetípica banda da K".

21 Se você quer descobrir um grupo que quase captura o coração secreto do som do Nirvana, ouça o Half Japanese, de Nova York.

22 O Shocking Blue se formou em 1967, e sua música "Venus" liderou as paradas de singles dos EUA em fevereiro de 1970, alcançando o número oito no Reino Unido. Eles se separaram em 1974.

23 Tanto o Butthole Surfers quanto o Meat Puppets disseminaram a cultura americana com uma visão psicodélica do blues, distorcida, tensa e explosiva. Nos anos 1980, o Butthole Surfers era bem excêntrico: a demência alimentada por ácido borbulhava – com esquizofrenia, loops reversos de fitas cassete e muito heavy metal. O vocalista Gibby Haynes parecia o pior pesadelo da região central dos EUA. Recomendo fortemente o álbum *Locust Abortion Technician*, de 1987.

24 O Creedence Clearwater Revival foi uma banda de pop/rock sediada em São Francisco, que misturava rockabilly, R&B e influências Creole nos oito singles que entraram no Top 10 dos EUA entre 1969 e 1971.

25 Def Leppard: a verdadeira definição de poodle rock.

26 A SST foi uma das principais gravadoras independentes americanas dos anos 1980. Dirigida por Greg Ginn, do Black Flag, foi lar de Dinosaur Jr., Minutemen, Black Flag, Screaming Trees, Hüsker Dü, The Meat Puppets, Sonic Youth... Calvin e Tobi apresentavam o programa de rock das noites de terça. Tocavam fitas cassete.

27 "O Danger Mouse tinha letras inteligentes e controversas e um vocalista selvagem [Kurt Flansberg]", lembra o colega Steve Fisk. Donna também tocou baixo com o Screaming Trees, o Dinosaur Jr. e o Team Dresch. Uma das Riot Grrrls originais de Olympia, ela iniciou seu próprio fanzine, *Chainsaw*, em 1989.

28 O Seaweed era uma banda stoner de Tacoma e da Sub Pop. Fazia sucesso com jovens skatistas e com o público do início do emo. Quando conheci Aaron, o vocalista, ele estava pulando para cima e para baixo no joelho de Calvin Johnson. Stauffer, assim como Spook, do Spook and the Zombies, fazia parte da mesma galera de Eugene, Oregon, de onde saíram Tobi Vail, Al Larsen e o baixista dos Melvins/Earth, Joe Preston.

29 Pigeonhed era uma sensível dupla de Seattle, também da Sub Pop, que gravou um estranho hit de *crossover* grunge-dance no início dos anos 1990. Steve também

produziu algumas sessões do Nirvana e era o homem por trás de muitos discos do Beat Happening e do Screaming Trees. Antes disso, Fisk fazia parte do psicodélico Pell Mell, da SST.

30 Jean Smith: cantora da inspiradora dupla menino/menina Mecca Normal – uma das bandas originais do Riot Grrrl.

31 Talulah Gosh: outra grande banda inglesa dos anos 1980 – abençoada pela batida animada típica de um grupo feminino dos anos 1960 e por músicas infantis como "The Day I Lost My Pastels Badge". O próprio Pastels surgiu no início dos anos 1980 e ainda está em atividade. A banda escocesa foi fundamental para o nascimento de grupos muito diversos, como Jesus & Mary Chain, Belle and Sebastian e The Vaselines. O vocalista Stephen Pastel trabalha em uma loja de discos: um clássico bibliotecário do punk rock.

32 O X foi uma banda punk de Los Angeles do início dos anos 1980 – Courtney tem uma dívida considerável com a voz eletrizante de sua vocalista Exene Cervenka. Seu álbum de estreia, *Los Angeles*, de 1980, é altamente recomendável.

33 *Forced Exposure* era o excelente fanzine americano de Byron Coley, que defendia todas as formas de música obscura de modo também obscuro: um precursor do *The Wire*, do Reino Unido.

34 Killdozer era uma banda brutal do Meio-Oeste americano, precursora direta do grunge: conhecida por seus acordes ferozes e pesados, pelo rosnado de Michael Gerald e por letras inexpressivas e hilárias. O *cover* de "American Pie", do álbum *For Ladies Only*, de 1989, é muito bom.

35 Ele se refere ao documentário *Nevermind: Classic Albums*, BBC, 2005.

CAPÍTULO 5

Here Comes Sickness

"Here comes sickness walking down my street/ Shaking her hips like she's some kind of treat/ All the neighbourhood dogs licking at her feet/ Here comes sickness/ Here comes sickness/ Here comes sickness walking down my street."*

– "Here Comes Sickness", Mudhoney, 1988

FOI ali que tudo começou.

As pessoas me perguntam qual era o atrativo de Seattle. A energia, a quantidade insana de energia subindo pelos letreiros dos clubes daquela cidade, músicos com cabelos longos e oleosos e doses de humor doentio, a emoção da música alta. Corpos caindo em cima de outros corpos, rostos sorrindo e lambendo feridas, bandas grunge se fundindo em um glorioso todo, encharcado de suor. Festas em que eu era empurrado banheiro adentro por modelos drogadas querendo transar, para mais tarde sair pelas ruas em carros cheios de álcool e delírio, e a emoção do ar gelado da noite. Os arranha-céus surgindo na noite como uma sinfonia de néon e promessas, cercados pelo círculo quase mítico de montanhas, algumas delas já esquecidas depois de anos escondidas por névoa e chuva. A cerveja mexicana barata e o suprimento infinito de café. O último andar do Terminal Sales Building, onde ficavam os escritórios da Sub Pop, a promessa ridícula de dominação global feita

* "Lá vem a doença descendo a minha rua/ Balançando os quadris como se fosse um deleite/ Todos os cães da vizinhança lambendo seus pés/ Lá vem a doença/ Lá vem a doença/ Lá vem a doença descendo a minha rua." [N. T.]

por escrito e por telefone, vistas gloriosas da enseada de Puget e da cidade em todas as janelas. O depósito, deleite de todo colecionador de vinis coloridos, de onde era possível pegar tudo o que você quisesse, com a certeza de que iria gostar de tudo que levasse.

O que havia de tão excitante? Ah, tantas coisas...

Os inúmeros telefonemas transatlânticos de madrugada, empolgados com tudo, sem checar fatos – nunca checando os fatos – apenas em busca de mentiras ultrajantes e histórias de glória. Shows ao vivo cheios de barulho e de surpresas e o zumbido do retorno dos amplificadores, do baixo alto demais, multidões que pareciam colmeias libertinas. Passeios noturnos que terminavam em conversas com dominatrizes simpáticas, clubes de strip-tease que também eram discotecas com globos de luz girando e o Tad tocando, bares sujos que o jogavam na rua quando você começava a beber pouco. Trajetos de trem que duravam dias e se encerravam comigo levando até as calças dos donos da Sub Pop no pôquer. O Soundgarden se gabando de seus peidos inflamáveis; o Mudhoney falando de escrituras antigas; o Walkabouts[1] e seu balanço gracioso e gentil; o Nirvana, sempre imaturo e mordaz.

Qual era o atrativo de Seattle? Era a cadência no sorriso de Mark Arm, aquele sorriso malicioso no momento em que ele golpeava o pedestal do microfone. Era a quantidade absurda de rostos amigáveis querendo apenas que todos se divertissem; garotas estabanadas que te arrastavam para lugares ridículos e inventavam músicas quando a privação de sono passava do limite; as conversas que duravam anos.

"Em novembro de 1987, voltei de uma turnê de um mês com o Skin Yard e descobri que os Melvins tinham terminado", diz Jack Endino, produtor de Seattle. "Ou foi o que pensamos. O Green River havia se separado. O Feast também. Aquelas eram três das maiores bandas do Noroeste do Pacífico. Naquele momento, ficamos: 'Nossa, agora somos nós, o Soundgarden e... quem mais?'. Tinha o Bundle of Hiss. O Tad ainda não tinha engrenado."

O Skin Yard se formou em 1985 e tocava um grind psicodélico que ainda ficaria conhecido como grunge. Eles apareceram na compilação da C/Z, *Deep Six*, de meados dos anos 1980, com Melvins, Soundgarden, Malfunkshun e Green River. Jack tocava guitarra, e o gerente de vendas da Sub Pop, Daniel House (que depois seria dono da C/Z), tocava baixo. Matt Cameron – que mais tarde se juntaria ao Soundgarden e ao Pearl Jam – era o baterista original.

Dan Peters, futuro baterista do Mudhoney, tinha apenas 15 anos quando se juntou ao Bundle of Hiss em 1984. A banda também contava com dois futuros membros do Tad – o guitarrista Kurt Danielson e o vocalista Tad Doyle (na verdade, ele chegou a ser segundo guitarrista, mas apenas nos últimos meses). O Bundle of Hiss foi outro protótipo de banda grunge, com uma mistura de atitude pós-punk e riffs clássicos do Black Sabbath. O Tad tocava um hard rock feroz e implacável, alimentado pelo fascínio por *serial killers*, assim como o Killdozer e outros grupos do Centro-Oeste. "Wood Goblins" é um clássico absoluto do gênero.

"Depois, em janeiro", Jack continua, "fui para o estúdio com o Mother Love Bone (para gravar suas primeiras demos), com o Mudhoney *e* com o Nirvana, todos em questão de poucos dias. Além disso, eu tinha conhecido minha futura esposa um mês antes daquilo tudo. Então, janeiro de 1988 foi uma época muito interessante para mim. Minha banda estava começando a subir, a Sub Pop estava se organizando e nós tínhamos gravado o *Screaming Life*, EP do Soundgarden, alguns meses antes".

O Mother Love Bone foi o grupo de glam metal de Stone Gossard e Jeff Ament após a separação do Green River – todos tinham grandes expectativas de que seria a primeira banda de Seattle a cruzar as fronteiras do mainstream, até que seu frontman, o extravagante Andrew Wood (ex-Malfunkshun), sofreu uma overdose de heroína em 16 de março de 1990. Gossard e Ament formaram brevemente o Temple of the Dog com alguns integrantes do Soundgarden (Chris Cornell e Matt Cameron), antes de se reunirem novamente no Pearl Jam. As seções mais descoladas do público da Sub Pop sempre – e com razão – ridicularizavam essas bandas.

Você diria que esses três grupos (Mother Love Bone, Mudhoney e Nirvana) tinham algo em comum?

"*Não*", afirma o produtor, enfaticamente. "Eles não tinham *nada* em comum."

Eles tinham Jack Endino em comum.

"... e o fato de serem todos daqui, terem tocado nos mesmos clubes e ido aos mesmos shows do Black Flag..."

Faziam parte da mesma turma, certo?

"Exatamente. Era uma estética semelhante. Não tocavam o mesmo estilo de música, mas não havia ninguém da cena das bandas de bar. Eles vieram de um éthos de 'escrever as próprias músicas'. Nos anos 1980, as maiores bandas locais faziam covers e blues – a cena da Pioneer Square na parte turística/estudantil da cidade. Os grupos que compunham seu próprio material não tinham muito apoio. Os únicos caras que se livraram dessa abordagem foram o Queensryche e as bandas de metal do lado leste. A cena era muito, muito pequena.

"Tínhamos a The Vogue às terças e quartas-feiras, e a [estação de rádio da Universidade de Washington] KCMU patrocinava uns shows indie bizarros nas terças à noite no The Rainbow, promovidos por Jonathan Poneman. [A futura empresária do Soundgarden] Susan Silver também organizava alguns. Eu tenho um pôster que tipifica aquele momento. Está escrito: 'Green River + Room 9 + Soundgarden + Skin Yard + Bundle of Hiss', tudo por um dólar, em uma única terça-feira no The Rainbow.

"Aquelas três bandas tinham as mesmas origens, mas seguiram direções diferentes. Tudo era menos óbvio naquela época. Eles eram caras com guitarras barulhentas, e não exatamente conhecidos por terem habilidade musical de sobra. Não eram grandes músicos. O foco era ser bruto e louco e exalar emoção e barulho. Eu gostava desse tipo de banda. Tenho admiração por aquelas capazes de criar enormes ondas de ruído. Não tenho paciência para gente que usa a guitarra como máquina de escrever. A música tem que ser boa *apesar* da técnica.

"Músicos bons demais eram vistos com desconfiança naquele período. Algumas pessoas dizem que pode ter havido um viés anti-intelectual na cena, e eu jogo a culpa em Bruce Pavitt. Ele é um intelectual anti-intelectual. Para Bruce, quanto mais sem sentido a música, melhor. Talvez aquilo preenchesse algo que faltava em sua própria personalidade. Na época, porém, essa análise não acontecia. Nós só queríamos produzir discos [...]"

De volta à casa de Krist em Tacoma, Kurt Cobain intensificou os ensaios: uma maldição para Burckhard, que comparecia mais pela cerveja. "Eles queriam praticar todas as noites", reclamou ele a Michael Azerrad. "Toda noite. Eu ficava tipo: 'dá um tempo'." Aaron ainda morava em Grays Harbor e não queria se comprometer com a banda. Ele achava que tinha chances de se tornar um gerente sênior no Burger King.

Frustrado com a atitude de seu baterista, Kurt colocou um anúncio no *The Rocket* em outubro de 1987: "PROCURA-SE BATERISTA SÉRIO. Atitude underground, Black Flag, Melvins, Zeppelin, Scratch Acid, Ethel Merman. Versátil pra caramba. Kurdt 351-0992". De imediato, não surgiram candidatos, e Kurt e Krist ensaiaram com Dale Crover por três finais de semana para fazer uma demo. Kurt escolheu o Reciprocal Studios, em Seattle, porque adorava o som de *Screaming Life*.

"Eles estavam empolgados com Jack porque ele havia trabalhado com o Soundgarden e o Green River", lembra Slim. "Era barato, e ele concordou em cobrar ainda menos do que o habitual."

O estúdio, no nada moderno bairro de Ballard, em Seattle, ficava num prédio de arenito dos anos 1930, anteriormente conhecido como Triangle Grocery [Mercearia Triângulo]. A partir de meados dos anos 1970, passou a ser chamado de Triangle Recording [Gravadora Triângulo] – o estúdio onde os LPs punk/new wave *Seattle Syndrome* foram gravados.[2] O Reciprocal havia aberto suas portas em 1º de julho de 1986; um triângulo em forma de cunha com uma sala de controle no ângulo estreito, um banheiro na outra ponta, e a porta de entrada na terceira. Ao redor do banheiro havia uma pequena sala de isolamento, como um armário, com espaço para um amplificador. E era isso. Os batentes das portas estavam soltos e cheiravam a cerveja velha e a bateristas. Não tinha ar-condicionado; quando esquentava, as bandas tinham que deixar a porta aberta e respirar a fumaça do escapamento dos caminhões que passavam.

"O estúdio é horrível!" exclama Jack. "É um espaço ridículo, completamente morto, de carpete e gesso, a sala de controle é péssima, não sei como consegui fazer discos bons lá. Hoje em dia, quando volto àquele lugar, logo que entro, meu corpo se arrepia, tipo: 'Não acredito que eu passei *ciiiiiinco aaaaaanos* neste *préééééédio*!'."

Jack é um ex-engenheiro da Marinha descontraído e despretensioso – cabelos longos, mãos grandes e expressivas, braços cheios de braceletes. "Naquela época, só se podia gravar com uma pessoa", diz Dan Peters. "Jack Endino. Para ganhar a simpatia dele, levávamos doces, caixas de cereal açucarado como Cap'n Crunch."

"Nós o chamávamos de 'Michael *Grung*elo', porque o nome completo dele é Michael Jack Endino", diz rindo Joe Newton, baterista do Gas Huffer.[3] "Ele tem esses braços longos e aracnídeos e os cabelos escorridos. Mixava os discos tão alto que íamos para a sala de controle e dizíamos: 'Vamos esperar lá fora'. Ninguém mais mixa tão alto. Isso muda totalmente o som do disco."

Em 23 de janeiro, Dwight Covey, amigo de Krist, levou o Nirvana e seus equipamentos para Seattle em seu trailer Chevy com aquecimento à lenha.

O grupo gravou e mixou nove músicas e meia em seis horas: os vocais foram registrados em um *take*, enquanto Krist saía com Covey para ficar chapado. A fita acabou durante "Pen Cap Chew", e como a banda não queria gastar 40 dólares em outro rolo, Jack reduziu o tamanho da música. A sessão inteira custou 152,44 dólares, que Kurt pagou com seu salário de zelador. As músicas eram "If You Must", "Downer", "Floyd the Barber", "Paper Cuts", "Spank Thru", "Hairspray Queen", "Aero Zeppelin", "Beeswax", "Mexican Seafood" e "Pen Cap Chew"[4] – e foram apresentadas exatamente na mesma ordem naquela noite, no Community World Theatre, sob o nome Ted Ed Fred.[5]

"Eu tenho uma grade queda por rock com riffs", diz Jack. "Cresci ouvindo Deep Purple e Zeppelin e todo esse heavy metal inglês. O som que eu curtia quando estava no ensino médio – Blue Cheer, Cream e Hendrix – era o mais próximo possível do indie rock por aqui em 1971, material 'assustador e pesado' que não tocava nas rádios. Essa demo era um riff rock dos anos 1970 com uma estranha angularidade pós-punk; Dale era basicamente um baterista de heavy metal, e Kurt escrevia as músicas com riffs de guitarra interessantes. A parte que os tornava diferentes das outras bandas era o vocal. A voz de Kurt tinha muita personalidade, e ele tinha um ouvido estranho para melodia, não seguia os riffs de guitarra como um típico rock idiota. A primeira coisa que pensei foi que Kurt gritava de um jeito legal. Acho que foi isso que também chamou a atenção do Jonathan [Poneman]."

Por que você passou a fita para a Sub Pop?

"Achei o som ótimo."

Você tinha o hábito de passar fitas para a Sub Pop?

"Bem, a Sub Pop ainda era nova naquela época, e eu conversava com eles quase todo dia. A gravação aconteceu literalmente dias depois que eu gravei [o single do Mudhoney] 'Touch Me I'm Sick' [...]"

O Dale tem mesmo uma bateria mais forte do que qualquer outro?

"Não, não mais forte do que qualquer outro", Jack sorri. "Ele é um músico único e tem um estilo autodidata ótimo e excêntrico. É como se ele tivesse crescido com as baquetas no lugar das mãos. Bom, a banda se levantou para sair, e eu disse: 'Gostei mesmo disso, posso fazer uma cópia?'. Então, enquanto eles dirigiam de volta para casa, fiz uma cópia daquele mix. Eles tinham chegado ao meio-dia, saíram às seis da tarde, dirigiram até Tacoma, fizeram um show, e Dale ainda saiu de lá para encontrar o Buzz em São Francisco e juntar os Melvins mais uma vez."

"Seattle, como outros cantos extremos nos Estados Unidos, é um ímã para nômades e pessoas de poucas posses", diz Jonathan Poneman. "Muitos deles se mudam para cá e se tornam *serial killers* ou extremistas de milícias de direita. A cidade é muito progressista, com uma tradição de ativismo socialista e acadêmico, mas há muitos radicais loucos no interior. Isso cria um ambiente único e inflamável."

Originalmente de Toledo, Ohio, o ex-músico Poneman mudou-se para Seattle em meados dos anos 1980. Ele conseguiu um emprego como DJ no programa local da KCMU. Em 1986, Jonathan se juntou a Bruce Pavitt para começar a gravadora Sub Pop quando um amigo em comum, Kim Thayil, do Soundgarden, os apresentou.

"Ouvi falar de Bruce pela primeira vez quando comprei uma de suas fitas", lembra Jon. "Foi fantástico. Ele tinha uma maneira elegante e brilhante de contextualizar o rock independente americano de cidades pequenas – bandas como o The Embarrassment, de Lawrence, no Kansas, ou o Pylon, de Athens, na Georgia... sem contar o U-Men. Mais tarde, ficamos amigos. Éramos diferentes em vários aspectos, mas compartilhávamos um humor sombrio bem parecido."

A Seattle de 1988 tinha poucas características que a distinguiam do resto do mundo: chuva, bom café, a Boeing, um mercado de peixe e um bonito horizonte, de onde se via a Space Needle, construída para a Feira Mundial de 1962. Era uma cidade grande e remota com atitude de cidade pequena, abrigada pela Península Olímpica e pelo Oceano Pacífico, pela enseada de Puget e pelo Canadá, isolada do resto dos Estados Unidos pelas montanhas Cascades e por mais de 3 mil quilômetros de terras ermas, campos de milho e as Montanhas Rochosas.

Como qualquer metrópole, tinha seus incômodos e alguns lugares legais: Capitol Hill, o distrito da luz vermelha da 1ª Avenida, lar do OK Hotel e da Vogue, onde Pavitt tocava rock pesado contra sets de DJs de hip hop. O primeiro lançamento de vinil da Sub Pop foi a compilação de 1986 *Sub Pop 100*. Ela trazia apenas alguns artistas do Noroeste do Pacífico (Wipers, The U-Men, Steve Fisk). Só no verão seguinte, com o lançamento do EP do Green River, *Dry as a Bone*, Bruce de fato se empolgou com o potencial das bandas locais.

Como Bruce Pavitt ficou tão rico?

"Ele tem muita sorte", diz Fisk, suspirando. "Realmente, muita sorte. Ele não é tão inteligente. Não é burro, mas também não é tão inteligente."

Quem tinha o tino para negócios?

"Ninguém", responde o músico/produtor. "Bruce teve ótimas ideias. Estava disposto a se arriscar, mas ele é uma porra dum Tony Wilson.[6] O Bruce queria criar um monstro gigante sem papelada nenhuma. A Sub Pop era um clone da Factory Records. Bruce é um empreendedor, mas não é esperto nível Donald Trump. Bruce é comunista. Naquela época, éramos uma família de roqueiros realmente ferrados."

O fator que diferenciava Seattle de tantas outras cidades americanas era sua autoconfiança. Tão distantes do resto dos Estados Unidos, os músicos do Noroeste do Pacífico não sentiam tanta necessidade de seguir as modas de Los Angeles ou Nova York, sendo livres para se desenvolver em seus próprios termos. Eles realmente achavam que, além de seus colegas próximos, ninguém estava prestando atenção – sensação exacerbada pela atitude desdenhosa em relação à música local, propagada por editores como Charles Cross, do *The Rocket*. Os grupos de Seattle ouviam os mesmos discos: Iggy Pop, The Sonics,[7] The Wipers, Led Zeppelin, Black Sabbath e Flipper. Poucos desses artistas tinham tempo para a efemeridade do punk ou para seus elitismos moralistas.

"Esses músicos, em sua maioria, inicialmente faziam parte de bandas de hardcore punk irônicas", explica Rich Jensen. "Depois de alguns anos, eles reagiram contra a pose pseudorrebelde preguiçosa de seus colegas – muitos moicanos e muitas jaquetas de couro cobertas com slogans políticos rasos, sem solos de guitarra – e começaram a fazer riffs, usando cabelos compridos e agindo como deuses do rock pré-punk."

Ao contrário do metal, que havia se degenerado em uma paródia descabelada de si mesmo em Los Angeles, essa música tinha uma urgência apaixonada. Os músicos de Seattle aprenderam bem as lições dos pioneiros do punk americano, como Black Flag, Minutemen e a banda feminina The Avengers, de São Francisco. O Noroeste do Pacífico já tinha um som próprio. "Música pesada tocada em ritmo lento", foi a descrição que Kurt Cobain me apresentou em fevereiro de 1989. Era um som influenciado igualmente por hard rock, punk rock e rock psicodélico, infundido com um frescor que o tornou único. Faltava uma palavra para descrever aquilo tudo – autodepreciativo, impregnado da tradição de garagem, descartável. Não era necessário ir muito longe para encontrar algo que combinasse com o som sujo e abrasivo do Mudhoney: grunge.

Quer descobrir quem inventou essa palavra? O crítico de rock Lester Bangs descreveu The Groundhogs como "grunge sujo, pesado e ordinário" na edição de abril de 1972 da *Rolling Stone*. O guitarrista do Mudhoney, Steve Turner, diz que já tinha visto o termo muito antes disso: no verso de um álbum lançado por Johnny Burnette, pioneiro do rockabilly, e também para descrever Link Wray.[8] Em *Dry as a Bone*, a Sub Pop já promovia o som de sua gravadora como: "Vocais ousados, amplificadores Marshall barulhentos, GRUNGE ultradespojado que destruiu a moral de uma geração".

"Sim, a palavra 'grunge' já era usada em 1988", confirma Dawn Anderson. "Mas quando as pessoas de fora de Seattle passaram a usá-la, o termo virou uma piada."

"O grunge aconteceu porque Seattle tinha uma confluência perfeita de boas bandas, bom marketing indie, camaradagem e pessoas fazendo boas gravações e fotos, tudo por pouquíssimo dinheiro", confirma Endino. "Era a hora certa. O rock comercial estava ficando patético e estereotipado."

"Geralmente, um movimento como o de Seattle surge porque há muitas influências convergindo", explica Tom Hazelmyer, dono da Amphetamine Reptile e ex-fuzileiro naval. "Seattle tinha uma boa mistura de pessoas do hardcore e *metalheads*, além de um folk indie mais voltado para Gang of Four[9] e The Birthday Party.[10] Seattle era uma cidade pequena, não como Los Angeles ou Nova York, onde os jovens iam a seus clubes favoritos específicos. Eles tinham que convergir. O Jeff [Ament], do Green River, era um cara clássico do metal. O Steve Turner era um cara do hardcore. Além disso, ninguém tinha ouvido falar de Seattle. Não sou completamente ignorante e tive de procurar a cidade num mapa para ver onde ficava quando soube que iria servir em uma base lá.

"Seattle não era conhecida no circuito turístico", continua ele. "Era muito fora de mão. A própria cidade era uma mistura estranha. Grande o suficiente para ter características metropolitanas – antiquários, casas de móveis bacanas, as melhores lojas de discos que já vi na vida –, mas também era o contrário, proletária e caipira: uma convergência de tipos mais cultos com a antiga região portuária. Desde então, se transformou em uma grande cidade yuppie. Naquela época, muitos membros das bandas trabalhavam em navios mercantes, faziam aquela viagem de três meses até o Alasca e ganhavam o suficiente para viver o resto do ano."

"Os caras que vão a centros como Londres, Los Angeles ou Nova York para ficar famosos querem entrar no jogo", explica Mark Arm. "Eles querem uma carreira como músico de rock. Ninguém no final dos anos 1980, com exceção talvez dos caras do Mother Love Bone, achava que iria longe estando em Seattle. O foco não era ser um astro do rock – era estar em uma banda e se divertir."

"Estávamos determinados a não nos levar muito a sério", concorda o fotógrafo Charles Peterson. "Caso contrário, a música vira um esporte."

Antes de voltar para a Califórnia, Dale recomendou a Kurt e Krist que tentassem com outro garoto de Aberdeen, Dave Foster: ele era um tipo do heavy metal, com um bigode e uma caminhonete, outro sujeito da classe trabalhadora que gostava de beber, mas que tinha estudado bateria de jazz no ensino médio. Kurt lhe disse para esquecer aquelas aulas e só tocar a bateria. Com força.

Kurt também insistiu para que Dave reduzisse seu kit, de 12 peças para 6 peças.

"Dave tinha mais a ver com o que eles queriam", disse Slim, "porque ele era um aspirante a Dale Crover. Mas sua bateria era ridiculamente grande, e ele usava dois bumbos ao invés de um pedal duplo. A gente tirava sarro de bateristas que usavam dois bumbos diferentes, porque o segundo só serve para o público ver. Todos os amigos dele usavam roupas da Coca-Cola. Eles eram muito burgueses, típicos vizinhos brancos de classe média. Nós os achávamos simplesmente horríveis. Eu e Dylan nos referíamos a ele como 'Dave Raivoso', porque ele explodia e gritava com Kurt, Krist ou a plateia, ou te agarrava e te empurrava contra a parede. Ele inclusive teve algum tipo de problema com a lei e precisou participar de um programa de controle de raiva."

O primeiro show com a nova formação foi em uma festa na casa Caddyshack de Olympia: o lugar estava lotado de alunos da Evergreen. Kurt vestia uma jaqueta jeans rasgada com a imagem de um macaco de plástico de brinquedo (Chim-Chim, por causa do desenho *Speed Racer*) em um ombro, e um pedaço de tecido com *A última ceia de Woolworth* costurado nas costas. Foster usava trajes típicos do metal: jeans desbotados e uma regata. Antes mesmo de o set começar, um "punk" com penteado moicano[11] de Olympia pegou o microfone e gritou: "Cara, os bateristas de Aberdeen são muito estranhos".

Nikki McClure os viu tocar na biblioteca da Evergreen: "Quando assisti a um show deles pela primeira vez", diz ela, "na hora imaginei o King Dome[12] e os isqueiros acesos. Eles tinham algo diferente. Eu sabia que eles seriam um sucesso".

Logo depois, o trio fez outro show no Community World Theatre – pela primeira vez anunciado como "Nirvana: também conhecidos como Skid Row, Ted Ed Fred, Pen Cap Chew e Bliss". Kurt escolheu o nome. Ele contou a Dave Foster que se baseou nos princípios do budismo para decidir. "Significa atingir a perfeição", disse Kurt quando Foster viu um panfleto do show na casa de Kurt. Mais tarde, ele explicou a Azerrad: "Eu queria um nome que fosse bonito ou agradável, em vez de um nome punk maldoso e atrevido como The Angry Samoans".[13]

"Sempre achei um nome idiota", diz Slim Moon. "Não se encaixava no som deles. Acho que era por isso que o Kurt gostava. Na época, eles estavam pedindo dicas de nome a todos os amigos e testando ideias. Se a Sub Pop não tivesse lhes oferecido um disco de sete polegadas, eles provavelmente teriam um nome diferente na semana seguinte."

A atitude agressiva e os trajes de Foster viraram um problema: ele achava que os outros dois não gostavam dele e que consideravam ele e seus amigos uns caipiras grosseiros – e não gostavam do jeito como ele arrumava brigas. Uma vez, alguém cuspiu no caminhão dele, então Foster chutou a cabeça do cara; e foi pior ainda quando Foster descobriu que a namorada o traía, o que o levou a dar uma surra no amante dela, que era filho do prefeito da cidade vizinha, Cosmopolis. Foster passou duas semanas preso e teve sua carteira de motorista cassada: consequentemente, não podia mais dirigir até Tacoma para os ensaios.

Fartos do "Raivoso", Krist e Kurt começaram a trabalhar com Burckhard novamente. Mas não durou muito. A gota d'água foi quando Aaron e Kurt estavam bebendo juntos depois do ensaio. Aaron pegou emprestado o carro de Kurt para buscar mais cerveja e, em vez disso, foi para um bar. Um policial negro chamado Springsteen o deteve por dirigir alcoolizado; Aaron zombou do nome do policial e supostamente o chamou de "preto desgraçado". O carro de Kurt foi apreendido, e Krist, envergonhado, teve que pagar a fiança de Aaron.

No dia seguinte, Burckhard foi expulso da banda, após se recusar a ensaiar porque estava de ressaca.

"O Aaron era terrível", diz Slim, com uma careta. "Foi expulso porque acabou na cadeia em um fim de semana de show. Lembro-me de Kurt ficar muito aborrecido com aquilo, mas Aaron sempre se sentiu como um substituto. Parecia que eles estavam constantemente falando sobre como Aaron era péssimo, mas tinha um carro. E isso era importante porque Aaron podia carregar equipamentos e levar tudo aos ensaios."

Vamos fazer uma breve digressão.

O Mudhoney falha em praticamente todos os critérios da Regra dos Ramones. Manter as músicas curtas. Manter o mínimo de solos. Não se deleitar em exibicionismo. Ater-se aos instrumentos que conhece. Basear o som nos grupos femininos dos anos 1960. Imagem é vital. Imagem é tudo. Não ultrapassar a marca de 1,15 minutos. Não ultrapassar a marca de 2,15 minutos. Não ultrapassar a marca de 3,15 minutos. Manter o mesmo corte de cabelo. Quando os membros fundadores saírem, substituí-los por fãs. Discutir uns com os outros constantemente por 23 anos e ignorar qualquer um que questionar esse fato. Fugir com os parceiros dos outros membros. Não ter um papel de protagonista nos próprios discos. Nunca maltratar uma guitarra. Nunca recorrer à espontaneidade. Pontualidade é irmã da higiene.

Matt Lukin se aposentou do Mudhoney em 2000, após 12 anos de serviço – você não ganha relógios de ouro no rock, só a ilusão de uma casa agradável nos subúrbios. Os lemas do Mudhoney sempre foram indulgência, carisma, espontaneidade e um ótimo rock 'n' roll. Estranhamente, nunca deram a mínima para o mais motivador dos fatores quando se escolhe viver e respirar e fazer fila diante do "pote de ouro" em Seattle – a fama.

Steve Turner é o equivalente americano do guitarrista do Blur, Graham Coxon. Isso não quer dizer que ele cai bêbado nos shows de Billy Childish[14] enquanto tenta fugir das integrantes do Huggy Bear.[15] Acontece que, ao longo da carreira do Mudhoney, ele tinha um desejo de experimentar que ia muito além dos limites esperados de sua música. Fora isso, é notório por cair bêbado diante dos shows de Billy Childish. Mark Arm, por sua vez, tem um diploma de inglês e trabalha no galpão da Fantagraphics Comics.

Kurt idolatrava Mark Arm. Antes de Courtney Love conhecer Kurt Cobain em 1991 – não em 1990, como muitos relataram erroneamente[16] –, ela tentou algo com Mark. Naquela época, o vocalista do Mudhoney era a estrela de Seattle, sem dúvida. O que é que ele não tinha? Presença de palco assustadora, músicas incríveis, energia, humor cáustico ousado, conhecimento enciclopédico do rock, vício em drogas, um nariz enorme... Ele era a personificação de Seattle. Courtney chegou a me dizer que nomeou sua banda Hole em homenagem a Mark Arm – "O vazio [hole] no centro do seu ser" ou algo assim.

"Quando Mark e eu terminamos, Kurt ficou arrasado", diz a ex-namorada de Mark Arm, Carrie Montgomery. "Eu encontrei com ele uma noite, e ele ficava dizendo: 'Mas vocês vão voltar, né?'. Achei interessante aquela reação tão sensível. Ele apostou um quinto de tequila comigo que eu voltaria com o Mark. Nós morávamos juntos, então eu tinha algumas caixas com as coisas do Mark, alguns cadernos onde ele escrevia músicas. Uma noite, Kurt disse: 'Ei, você se importaria em me deixar olhar os cadernos do Mark?'. Tem um trecho de uma música do Nirvana que eu sempre achei que falava sobre isso. Não vou dizer qual", ela ri. "Eu posso estar enganada."

Kurt via você e Mark como pais adotivos?

"Um pouco", responde Carrie, "mas tínhamos a mesma idade! Além disso, pessoas assim já existiam – como a Kim Gordon [Sonic Youth], que era muito maternal com Mark e Kurt. Uma vez, Kurt veio ao nosso apartamento, e eu estava pintando meu cabelo de vermelho escuro. Não sei como, mas a tinta formou um 'V' nas minhas sobrancelhas, e eu fiquei parecendo o Eddie Monstro. Ele estava ansioso para chegar, achava que nosso encontro seria muito legal e descolado. Quando me viu na porta, ficou tão assustado que literalmente deu um pulo para trás. Eu ri daquilo por duas semanas. É difícil ser uma pessoa tentando se encaixar em um novo ambiente".

"O Mark era um cara engraçado e paspalhão que virou sua própria persona – ele e Steve eram nerds!", exclama James Burdyshaw, do Cat Butt. "Eles eram ultranerds! Fizemos uma turnê com o Mudhoney, e Steve achou que éramos os maiores idiotas. Nós pegamos pesado com ele. Muito pesado. Demos uma festa, e o Steve estendeu seu saco de dormir... mas ele não ia dormir. Isso nos deu coragem, e dançamos na cama dele e ficamos empurrando cerveja no seu rosto. Ele estava comendo pizza, e eu roubei um pedaço da mão dele e comi."

O Mudhoney se formou no Halloween de 1987. O som deles era – como escrevi em 1989 – uma mistura de Motörhead com Spacemen 3[17] com Blue Cheer e com Iggy voltando juntos de um show do MC5. O primeiro ensaio aconteceu em 1º de janeiro de 1988. Mark Arm tinha 29 anos. O primeiro show em Seattle aconteceu em 19 de abril, cinco dias antes da estreia do Nirvana no The Vogue.

"Eu nem sabia o nosso nome até sair uma foto nossa no *The Rocket*", Dan ri. "Liguei para o Mark e perguntei: 'Então, nós somos o Mudhoney?'."

O single de estreia do Mudhoney, "Touch Me I'm Sick", é o disco que define...

"É *o* grunge, não é?", interrompe Jack Endino. "Era a primeira sessão deles. Fizemos cinco ou seis músicas, e eles acabaram usando duas delas no single. Na primeira que tocaram, 'Twenty Four', as duas guitarras estavam totalmente desafinadas, e eu pedi, educadamente, para que afinassem. Levou a tarde inteira para gravar as cinco músicas."

Quando você estava gravando, você tinha noção de que a música era tão poderosa?

"Não. Sabia que a música era legal, mas ela é basicamente 'The Witch' [do The Sonics]... não que eu soubesse na época. Eu era jovem, e tinha pouco tempo de estrada, então ainda não me entediava a ideia de alguém cantando por meio de um amplificador de guitarra."

Depois vieram *Superfuzz Bigmuff* (Sub Pop, 1988) e *Mudhoney* (Sub Pop, 1989). Tenho certeza de que não preciso te ensinar como bater cabeça, surfar na multidão ou beber barris de cerveja e se divertir. Conheci o Mudhoney no Virginia Inn, em frente à sede da Sub Pop World, em fevereiro de 1989. Olhando agora para trás, penso que eles me fizeram ter uma visão distorcida sobre como eram as bandas americanas – era minha primeira visita aos Estados Unidos, e já parecia que todo mundo tinha um senso de humor maligno brilhante e uma reserva infinita de energia. Durante boa parte de sua primeira entrevista para o exterior, o Mudhoney só ficou inventando histórias, e eu adorei.

"As ruas por aqui foram pavimentadas com o grunge", comentou Arm, que depois se arrependeu da piada.

O Mudhoney, então, apresentaria o grunge a um mundo desavisado, começando pelo Reino Unido. Seus shows eram puro caos; suor, resistência, gente pulando do palco, sexo e espontaneidade. Não existe união estudantil do início dos anos 1990 que não tenha explodido em tumulto e *mosh* ao som dos acordes de abertura de "Touch Me I'm Sick". Nos seus melhores momentos lacônicos, o Mudhoney era intocável.

Jack enviou a demo do Nirvana para alguns amigos, como Dawn Anderson, Shirley Carlson e Jonathan Poneman – respectivamente os responsáveis pela primeira aparição da banda na imprensa, pela primeira vez que tocou no rádio em Seattle e pelo primeiro contrato de gravação.

"Eu adorei", diz Dawn Anderson. "Eu estava começando o [fanzine de rock] *Backlash* e procurando bandas para incluir. Eu gostava muito de Malfunkshun, Green River, Melvins, Soundgarden, Skin Yard... aquelas bandas. Lembro-me da primeira das muitas vezes em que aquela cena foi declarada morta. Foi no início de 1988, quando o Green River se separou e os Melvins largaram o Matt e se mudaram para São Francisco. O Feast também tinha terminado. Então, é claro, apareceram Mudhoney, Mother Love Bone, Tad e Nirvana, e foi um ótimo momento para lançar um zine."

O *Backlash* teve uma circulação de 10 mil exemplares, com vendas próximas às do *The Rocket*, apesar de estar sempre à beira da falência. Ganhou reputação no *establishment* de música comercial da cidade e no *The Rocket* como "aquele zine que sempre escreve sobre bandas de garagem ruins" (como Soundgarden e Nirvana!).

"O Jack estava sentado na minha sala quando ligou para a Sub Pop e perguntou se eles já tinham ouvido a fita", continua Dawn. "Jonathan disse que adorou, mas comentou que Bruce tinha achado 'artístico demais', e isso fez o Jack explodir: 'Ele gosta de mediocridade!!'. Parece estranho pensar nesse material inicial como 'artístico', mas não está totalmente errado. Era mais inventivo do que muitas outras bandas grunge."

"Eu estava apaixonado pela ideia de haver uma insurgência musical naquela parte do mundo", explica Jonathan. "Eu sabia quantas grandes bandas havia por ali porque eu estava agendando seus shows. Sempre perguntava ao Jack se ele tinha ouvido alguma coisa nova. E, de repente, ele me diz: 'Dale Crover veio com um cara de Aberdeen. É incrível. Nunca ouvi nada parecido'. Então ele me gravou uma fita. Lembro-me de ouvir a primeira música, 'If You Must', e pensar: 'Parece OK, riff de guitarra legal, vocais murmurados como os de Tom Petty'... e então começou aquele crescendo, aquele 'RAAAA'...! Era a primeira vez que eu ouvia o rugido do Kurt. Fiquei sentado, olhando para o toca-fitas e repetindo: 'Meu Deus'. Eu peguei a fita e literalmente corri para os escritórios da Yesco, onde Bruce estava trabalhando: 'Você tem que ouvir isto'."

A Yesco era a companhia de Seattle que havia comprado a Muzak, empresa que produz música para elevadores e shopping centers. "Eu tinha o pior emprego do mundo quando comecei", diz Mark Arm. "Pegávamos essas fitas sujas, velhas e nojentas, então rasgávamos as etiquetas para que eles pudessem reciclar os cartuchos. Era um lugar minúsculo, com poeira por todo lado, sem conseguir ouvir merda nenhuma por causa das lixadeiras ligadas o dia inteiro. Era horrível. Mas era divertido. Chris [Pugh], do Swallow, trabalhou lá, Grant, do The Walkabouts, Tad e Ron, do Love Battery [...]"[18]

Quando a Sub Pop se mudou para o Terminal Sales alguns meses depois, quase todos que trabalhavam lá haviam vindo da Muzak. O Bruce obviamente ouviu a fita durante o intervalo do almoço, quando todos os músicos estavam sentados por perto [...].

"Mark disse que aquilo parecia um Skin Yard de quinta categoria", lembra Jonathan. "Quando soube fiquei, tipo: 'Que é isso, cara!'. O Mark tem um gosto impecável, mas, naquele momento, ele errou. Depois, ele sempre negou ter falado isso. Pode ser que Bruce tenha atribuído a Mark algo que ele mesmo achava."

Originalmente, a Sub Pop não fazia parte dos planos de Kurt. Mesmo quando já estavam nas primeiras negociações, ele continuou a procurar outros lugares. A Sub Pop era nova, não tinha histórico. Durante 1988, Kurt enviou a demo com longas cartas manuscritas para várias gravadoras americanas que abrigavam suas bandas favoritas – A Touch and Go, de Chicago (Scratch Acid, Big Black, Butthole Surfers), a SST e a Alternative Tentacles, de São Francisco (Dead Kennedys). Na verdade, ele chamava a fita de "as demos da Touch and Go" no seu diário: ele estimou ter enviado 20 cópias para a gravadora de Chicago, anexando um presente a cada uma delas, variando entre pequenos brinquedos, confetes e toalhas de papel cheias de ranho. Ele não recebeu nenhuma resposta.

"Estamos dispostos a pagar por grande parte da prensagem de mil cópias do nosso LP e de todos os custos de gravação", escreveu. "Queremos apenas estar na sua gravadora. Vocês poderiam POR FAVOR! enviar uma resposta com 'foda-se' ou 'não estamos interessados' para não gastarmos mais dinheiro enviando fitas? Obrigado. Nirvana."

Impressionado com a demo, Jonathan contratou o trio para tocar em Seattle. Tanto Jon quanto Bruce insistem separadamente que houve um show no início de 1988, antes da The Vogue, em 24 de abril (que sempre foi considerada a estreia do Nirvana em Seattle). Aconteceu na Pioneer Square, num lugar chamado Central Tavern: um longo túnel de tijolos com um palco de um lado e um bar do outro. O Central era conhecido por sua política liberal de reservas. O Sonic Youth tocou lá. O Butthole Surfers tocou lá.

"No primeiro show [de Seattle] havia três pessoas presentes: Jon, eu e o barman", lembra Pavitt. "As músicas eram ruins. Mas a voz do Kurt era boa. Eles tocaram uma música legal, que era do Shocking Blue. Nada do material original deles era minimamente marcante. Eu pensei que poderíamos lançar o cover. Essa foi minha impressão inicial. E que o baterista usava bigode, aquilo era um problema."

Era o Aaron?

"Sim. Ver aquela banda e pensar: 'Esta será a maior banda do mundo em três anos' – de jeito nenhum. Era uma chance em um bilhão. Mas estávamos lançando singles, e eu senti que eles tinham material suficiente para um bom single, e que a *vibe* deles complementava o nosso momento. Era o mais importante, porque a Sub Pop estava cultivando uma certa *vibe, à la* Blue Note[19] ou Factory. Eles se encaixavam."

"O primeiro show no Central foi cancelado", diz Jonathan, "mas um segundo show aconteceu. Aaron Burckhard estava tocando bateria. E sim, éramos Bruce, Tracy, eu e mais uma ou duas pessoas no Central Tavern. Kurt vomitou, o que mais tarde viraria um hábito. Bruce estava lá com um clima de 'quero ver vocês provarem seu valor'. Ele estava curtindo um pouco, mas quando eles tocaram 'Love Buzz', ele se virou e disse: 'Este é o single'. Foi nesse momento, quando o Nirvana teve a aprovação de seus amigos de Olympia, que conquistaram o Bruce".

Ele disse que o bigode do baterista era um problema.

"É verdade", Jonathan ri. "Não consigo expressar melhor do que isso. Foi colocado sucintamente."

O segundo show do Nirvana em Seattle aconteceu na The Vogue, uma pequena casa alternativa, propriedade do *cross-dresser* Monty e de sua namorada stripper. A Vogue tocava principalmente dance music industrial, mas também tinha apresentações de música ao vivo, como a Sub Pop Sunday, uma vez por mês. Era pequena, mas não terrivelmente nojenta. Não havia muitas pessoas presentes: os entusiastas de sempre e um punhado de músicos de Seattle. Em outras palavras, a crescente multidão da Sub Pop.

O Nirvana teve que esperar do lado de fora antes de tocar, já que Foster era menor de idade. Quando subiram ao palco, tocaram 14 músicas, sem bis, com "Love Buzz" como número de abertura. No fim das contas, foi mediano.

"Não fiquei muito impressionada", lembra Dawn. "Achei que Kurt parecia um pouco constrangido, embora fofo, e ainda não tinha pegado o jeito de tocar guitarra e cantar ao mesmo tempo. Havia umas 20 pessoas lá: Tracy, Shirley e... os caras da Sub Pop estavam lá? Falei com Kurt depois, e ele disse que seu estômago estava doendo e que ele tinha vomitado naquele dia. Depois, um fotógrafo do *Backlash* tirou algumas fotos."

Nas imagens de Rich Hansen – a primeira sessão de fotos do Nirvana –, Kurt aparecia barbado, cabelos loiros na altura dos ombros e usando um cardigã escuro. Ele estava sentado no joelho de Krist, cuja altura deixava os outros dois parecendo anões. Já Dave estava com um boné de beisebol virado para trás e uma camiseta esportiva. O bigode realmente não se encaixava.

"O Nirvana tocou depois do Blood Circus, que não eram meus favoritos, mas faziam aqueles movimentos grunge amplos com os cabelos escorridos para baixo, e era emocionante assistir", diz Charles Peterson. "Já o Nirvana poderia ser tudo, menos uma banda emocionante de se assistir. Eram três caras deprimidos, a definição de rock deprê. Não me impressionaram, então não tirei nenhuma foto. Eu pensei: 'Pra quê perder tempo em fotografar o primeiro e último show de uma banda?'. Lembro-me de dizer a Jonathan: 'Tem certeza de que quer contratar esses caras?'. Eles tinham uma fita de 'Floyd the Barber' na KCMU [uma fita cassete de oito faixas num *loop*] que Shirley tocava às vezes, geralmente tarde da noite, quando eu estava no trabalho. Achei até interessante, mas irritante. Aquela fita, e também o show ao vivo, me fizeram pensar: 'Esta banda vai me fazer dormir'.

"É por isso que eu era fotógrafo da gravadora, não o dono", acrescenta ele, rindo.

"Havia um representante de cada banda de Seattle nos observando", reclamou Kurt em uma carta a Dale Crover, exagerando um pouco o tamanho da multidão. "Parecia que eles iam levantar plaquinhas e nos dar notas. Então, depois do *set*, Bruce animadamente apertou nossas mãos e disse: 'Bom trabalho, vamos gravar um disco'.[20] Agora temos que virar *socialites*, conhecer pessoas, nos apresentar etc. PORRA, VOLTEI PARA O ENSINO MÉDIO!"

"Estávamos tensos", disse Cobain a Anderson. "Não parecia um show de verdade. Sentíamos que estávamos sendo julgados."

"O Kurt era bem tímido", explica Dawn, "mas eu estava acostumada com isso. Os caras das bandas de Seattle sobre as quais eu escrevia não eram exatamente galãs, e, sempre que eu entrevistava um deles, tinha que esperar superarem o fato de que uma mulher de verdade estava falando com eles. Achei o Kurt legal, talvez um pouco confuso com a atenção, já que eles tinham feito apenas um show anterior em Seattle. Depois ele foi se sentindo mais confortável. Não tive a impressão de que Kurt era o líder da banda, embora ele fosse obviamente a principal força criativa. Krist sem dúvida parecia mais confiante. Eu não entrevistei o baterista. Eu nem me lembro do nome dele. Ele era 'aquele cara do bigode'. Quando fomos lançar a edição do *Backlash*, eles tinham acabado de expulsá-lo da banda, e nós o cortamos da foto no último minuto."

O show pode não ter sido tão bom, mas foi o suficiente para Jonathan ligar alguns dias depois e sugerir que a Sub Pop lançasse um single do Nirvana. Ele marcou uma reunião no Café Roma, na Broadway.

Não foi um encontro auspicioso: Krist tinha entornado alguma bebida antes, e arrotou e insultou Poneman durante o bate-papo. Ele também gritou para os outros clientes: "O que diabos vocês estão olhando? Ei! *Ei!*". (Kurt disse a Michael Azerrad: "Foi uma das coisas mais engraçadas que eu já vi".) Tracy não curtiu o casaco comprido de Jonathan. Kurt gostou do fato de Jon ter algum dinheiro guardado[21] para colocar na produção inicial de singles e EPs de edição limitada da gravadora – principalmente de bandas locais. Mas ele não gostou de saber que a Sub Pop não estava disposta a se comprometer com nada além de um single, o qual, ainda por cima, não teria uma música autoral no lado A. Kurt achou que eles pareciam ter zero perspicácia para negócios.

"A Sub Pop está sempre quebrada", escreveu Kurt em uma carta para Mark Lanegan. "Então estamos oficialmente em busca de qualquer outra oferta. Eles têm boas intenções, mas não achamos justo que o Mudhoney seja favorecido e atendido em um nível mais alto do que as outras bandas."

Mesmo assim, era um começo.

"A reunião no Café Roma começou com Kurt, Tracy e eu", explica Jonathan. "Krist veio mais tarde. Ele estava meio irritado, mas foi muito menos grosseiro do que disseram por aí. Ele estava definitivamente desconfiado e falou isso abertamente, mas estava intrigado. Todos nós estávamos."

"Eles ficaram decepcionados porque a Sub Pop não gostou deles o suficiente para lançar um sete polegadas com suas músicas", comenta Slim. "'Love Buzz' foi um compromisso, porque o Bruce não gostava muito deles. A Sub Pop ficava negociando. Kurt ficou frustrado. Eu não acreditei quando eles contrataram minha amiga Alice [Wheeler] para fazer a capa e tinha que ser em preto e branco. Ouvir deles esse tipo de história sobre a Sub Pop realmente fez a gravadora cair no meu conceito."

"O que Slim e todos eles parecem não considerar é que eu estava nervoso pra caralho", Jon diz. "Fiquei admirado com o talento de Kurt. Eu sabia que ele ia causar impacto. É a parte divertida, mas estranha, de ser um fã. Além disso, tive que vender o Nirvana para a minha equipe da Sub Pop. Portanto, qualquer relutância era apenas aquela negociação de sempre, até que as pessoas começassem a se sentir à vontade. Aquela merda de panelinha era chata, mas também foi isso que fez nossa cena se solidificar."

"Vou contar uma história clássica do Nirvana", diz Candice Pedersen. "Tracy me deu uma fita com alguns sons que eles haviam gravado, e eu fiquei tipo: 'Ei, Calvin, você deveria lançar esse material'. Ele disse: 'Não vou lançar a banda do namorado de ninguém', e a fita ficou no parapeito da janela por anos. Ele não queria nem ouvir. Eu ficava insistindo: 'Mas eles são divertidos, eu os vejo todo fim de semana em Tacoma'. Ops. Mas, sabe, esses momentos 'ops' te salvam muitas vezes. Quem sabe o que teria acontecido?"

O que era tão divertido?

"Eles eram maus e estúpidos", ela responde. "Bobos e ofensivos e fodidos o tempo todo. Não como pessoas fodidas, eles simplesmente fodiam com todas as músicas. Krist era um pouco maluco, mas os outros eram mais sóbrios. Era pura estupidez, como o rock 'n' roll tem de ser, idiota e divertido."

Gradualmente aceito no grupo Sub Pop, o Nirvana começou a fazer outros shows em Seattle – geralmente com outras bandas grunge iniciantes. Mesmo assim, demorou um pouco para impressionar os locais.

"Vi o Nirvana pela primeira vez no Central", lembra James Burdyshaw. "Eles não eram nada além de uma banda ruim e barulhenta. Era óbvio que eles queriam parecer os Melvins. O Kurt só gritava. Na segunda vez que os vi, eles abriram para The Obituaries na Squid Row, no verão de 1988. Eu ainda estava bêbado, mas desta vez a apresentação foi melhor. Só isso. A lembrança que tenho de Kurt é dele fazendo 'WaaaaaAAAAAAGGGGHHHH!!!!!!' e a banda com aquele 'Chung-chung-chung-CHUNG!!!'. Totalmente Melvins Jr."[22]

"Eles abriram para o Bundle of Hiss", diz Dan Peters. "O Nirvana começou a tocar, e todo mundo ficou sentado, tipo: 'O que eles estão fazendo?'. O PA não estava nem ligado. Ficamos todos: 'Ei, será que vocês podem esperar até alguém ligar o PA?'."

Foi apenas no show da Squid Row em 30 de julho – quando o Nirvana ia abrir para o Skin Yard – que Dave Foster percebeu que não estava mais na banda. Na verdade, ele já estava fora da banda fazia alguns meses àquela altura, mas nunca foi oficialmente demitido. Não era o estilo do Kurt e do Krist. Ele descobriu por meio do *The Rocket*: pegou uma cópia para conferir o guia de shows e leu que o Nirvana tocaria naquela noite.

Kurt chegou a escrever uma carta de demissão, mas nunca a enviou, talvez com medo da reação de Dave: "Dave", escreveu ele, "uma banda precisa ensaiar, em nossa opinião, pelo menos cinco vezes por semana. Estamos cansados dessa incerteza em todo show. Os dois motivos principais são Chris (e seu trabalho) e você (e sua localização). Em vez de mentir para você dizendo que a banda está terminando, precisamos admitir que temos outro baterista. O nome dele é Chad. Ele é de Tacoma e pode praticar todas as noites. Mais importante, conseguimos nos identificar com ele".

Adendo 1: Grunge

Então, a culpa é sua?

Jack Endino: "Bem, eu inventei o grunge, não foi? Não, essa é a sua fala [risos]".

Não, eu desisti disso há anos.

Jack: "Ah, foi? Graças a Deus. Que bom".

Então a culpa é sua...

Jack: "Ah, não, não totalmente minha. Você pode culpar Mark Arm".

Pode ser, mas prefiro culpar você porque está aqui na minha frente.

Jack: "Tá bom, tá bom, é justo. Sabe que o Steve está neste ramo há mais tempo do que eu, Steve Fisk...".

Mas o Steve não tem nada a ver com isso.

Jack: "Você pode botar a culpa no Bruce Pavitt. Há um bom caso ali".

É verdade. Em termos de música, então...

Jack: "Ninguém liga para a música! [risos] Estou brincando. Isso me irrita tanto... esse lance do grunge acabou virando uma tragicomédia tão grande que é difícil até mesmo falar sobre isso com algum grau de seriedade depois de tanto tempo. Dá vontade de jogar as mãos para cima e... rir de nervoso. 'Que diabo foi aquilo? Como *é que aquilo* foi acontecer?'".

Bem, continuo achando que foi culpa sua.

Jack: "OK, mas se os discos fossem *realmente* ruins, em vez de apenas um *pouco* ruins, então talvez nada disso tivesse acontecido, teria sido como qualquer outra cena indie nos Estados Unidos fazendo discos com músicas indie lixo em troca de umas moedas".

Vocês usavam instrumentos cagados, mas faziam um som incrível com eles.

Jack: "Sim. E também tirávamos um bom som dos equipamentos de gravação cagados. Essa foi a minha contribuição: garantir que os discos fossem audíveis para que as pessoas realmente levassem essas bandas a sério... mais ou menos. Sério no nível em que eles se esforçavam para ser levados a sério. Não fosse por isso, provavelmente muitas dessas bandas teriam continuado desconhecidas e não haveria material para o selo da Sub Pop existir. Recebo fitas demo muito ruins todos os dias e penso: 'Graças a Deus, a qualidade do som do *Bleach* faz jus a quão bom ele realmente é'. Porque olha quantas pessoas acabaram ouvindo. Mesmo a gravação de 'Touch Me I'm Sick' é maravilhosa. Soa exatamente como deveria. Mas você sabe o que eu disse para Mark e Steve na época? Falei: 'Vocês têm certeza de que precisam de tanta distorção nas guitarras, pessoal?'".

Fale sobre o grunge. Você não é o padrinho do grunge, um dos muitos?

"Existe essa denominação", diz, rindo, Leighton Beezer, ex-"guitarrista" do Thrown-Ups.[23] "'O padrinho do grunge'. Não. Nunca aceitei essa alcunha. Jack Endino provavelmente se apropriou dela, embora eu tenha ouvido que se refere ao Neil Young. Isso veio muito depois de quando ele [Young] meio que entrou e disse: 'Eu gostei disso!'. O Jack é o padrinho do grunge, e eu sou o Leon Trótski do grunge. Ele não teria acontecido sem mim, mas eu era muito radical para conseguir trazê-lo para o mundo real."

No filme *Hype!*, de 1996, há um trecho em que você descreve o grunge. Você poderia recriar aquele momento?

"OK [desliza a mão para cima no braço da guitarra e faz um som, imitando um *power* acorde meio Chuck Berry, meio Sex Pistols]... Bem, isso é punk. Um dia, todo mundo resolveu fazer assim [imita um *slide* de *power* acorde grunge para baixo no braço da guitarra. O punk ao contrário]. E isso é grunge. É mais engraçado no filme porque, depois que eu disse isso, eles cortaram direto para um cara lavando vômito da calçada com uma mangueira. É o *rimshot.* Para quem não sabe, esses riffs eram dos Ramones e de 'Come On Down', do primeiro disco do Green River. Lembro-me de ver o Jeff [Ament] tocar assim e pensar: 'São os Ramones ao contrário! Hum. Que legal!'. Sempre rolavam esses grandes insights, Einstein ou Da Vinci ou tanto faz. De repente, alguém pensa: 'Por que não fazer isso ao contrário?'."

Adendo 2: Green River

"[...] então Mark Arm apareceu com um grande *cooler* de isopor, pegou um taco de beisebol e o arrebentou", começa a promotora de Seattle Julianne Anderson.[24] "O *cooler* estava cheio de gelatina verde, e aquilo voou para *todo lado.* Todo mundo ficou coberto de gelatina. Foi a coisa mais nojenta.

"Outra vez, o Green River tocou com o The Mentors, que era originalmente de Seattle – progenitores do shock rock, pré-G.G. Allin.[25] As letras deles eram ofensivas ao extremo, faziam músicas sobre trancar suas mulheres nos armários e dar porrada nelas. O Mentors também se apresentava com roupas da Ku Klux Klan, então, quando Mark aceitou tocar com eles, ele me ligou: 'Você ainda tem sua máquina de costura?'. Aí ele chegou na minha casa com um lençol florido gigante, um marca-texto e alguns ilhós de renda. Acabamos fazendo cinco grandes capuzes da KKK [...] e ele pintou umas carinhas sorridentes e superfelizes. Foi hilário. Todo mundo era tão sério, insatisfeito ou raivoso, mas o Green River era uma banda hilária e musicalmente brilhante. Fala a verdade... capuzes da KKK floridos? Isso é genial!"

"O Green River era épico", exclama Leighton Beezer. "Vi o primeiro show deles, na 12th Street com a Yessler. Eu tinha tomado LSD – por coincidência. Mark e Steve estavam vestidos como mauricinhos que deram errado. Eles usavam cabelos curtos, mas sem corte, e camisa Oxford com a cauda para fora; bem inofensivos. O Jeff [Ament] estava usando um monte de acessórios estranhos, o baixo tinha vários lenços amarrados na ponta de cima, perto das tarrachas. Parecia que ele não conseguia decidir se era o Steven Tyler ou o Gene Simmons. Ele também tinha pintado o rosto de branco, aquela coisa meio Starchild, e acho que estava usando leggings, além do baixo Destroyer. Eu combinava mais com o Mark e com o Steve. Também era um estudante playboy que tinha dado errado. Eles eram dos meus! Na hora que eles começaram a tocar, era o Mudhoney. Então eu estava lá, rindo da cara do Jeff, quando o som deles bateu em mim e me jogou no fundo da sala. E provavelmente mudou minha vida.

"O Green River já tinha passado pelo punk rock", continua ele. "Eles foram o mais longe que podiam e depois disseram: 'Vamos fingir que somos o Aerosmith e vai ser muito engraçado'. E aí, para *total* surpresa deles, todo mundo queria transar com eles. 'CARALHO... FUNCIONA!' Alguns deles diziam: 'Isto é ridículo! Vou voltar para minhas origens e com mais intensidade do que nunca'. E a outra metade falava: 'Ah, cara. Estou ligando para as gravadoras!'. Então eles se dividiram e virou essa guerra, mas não era bem uma guerra – eles ainda eram amigos –, mas discutiam, como: 'Vocês são tão deprimentes!'. Chegou a um ponto que todo mundo ria do Pearl Jam por ser tão comercial. Mas, de repente, a graça acabou e eles ficaram: 'Puta merda. Eles estão ricos!'."

NOTAS

1 O Walkabouts foi um dos primeiros contratos da Sub Pop – é muitas vezes esquecido porque seu country rock selvagem não se encaixava no "grunge".

2 A compilação *Seattle Syndrome* contava com nomes como The Fastbacks, The Fartz e The Beakers.

3 Gas Huffer era uma banda de garagem de Seattle – mais mod do que grunge.

4 Três acabaram no primeiro álbum *Bleach*, quatro em *Incesticide* e duas no box *With the Lights Out*, de 2004. A versão de "Spank Thru" que estava na *Sub Pop 200* foi gravada nas sessões de "Love Buzz", em junho de 1988, com Chad na bateria – não é a mesma da demo de Dale, como muitas vezes se supõe.

5 Ted Ed Fred era o nome do namorado da mãe de um amigo.

6 Quando a Atlantic Records foi assinar com o New Order, do lendário selo pós-punk de Manchester, Factory, eles descobriram que o dono, Tony Wilson, nunca tinha se preocupado em prender a banda a um contrato. Dessa forma, foi possível assinar sem pagar multa. Foi uma troca justa: o New Order havia financiado o Factory e sua boate que só dava prejuízo, The Haçienda, por muitos anos.

7 De Tacoma, Washington: The Sonics era o principal expoente do garage rock dos anos 1960 – rudes, brutos e selvagens. Suas principais músicas eram "Strychnine", "The Witch" e "Psycho".

8 Link Wray: astro do rock 'n' roll dos anos 1950, rei do *fuzz-tone*. Pete Townshend, do The Who, declarou uma vez: "Se não fosse por Link Wray e [o hit instrumental de 1958] "Rumble", eu nunca teria pegado em uma guitarra".

9 Grupo pioneiro do pós-punk no Reino Unido, o Gang of Four misturava punk despojado, intelectualismo e indignação política com funk assexual e guitarra irregular. Seu primeiro álbum, o brilhante *Entertainment!*, de 1979, exerce uma influência forte demais em muitas bandas fracas demais.

10 The Birthday Party foi uma banda australiana do final dos anos 1970, influenciada por punk, rockabilly, Iggy Pop e blues.

11 Claro que todos os punks de verdade sabem que moicanos não têm nada a ver com música, são uma invenção do English Tourist Board [Conselho Turístico Inglês] no final dos anos 1970.

12 O King Dome, localizado em Tacoma, é a monstruosa arena em forma de tigela, visível desde a Interstate 5, toda vez que você dirige de Seattle a Olympia.

13 The Angry Samoans foi um grupo punk politicamente incorreto de Los Angeles.

14 O inglês Billy Childish é um verdadeiro homem renascentista: poeta, músico e artista. Seu lamento simples de garagem, de três acordes, favorece instrumentos antigos, atitude e uniformidade de palco. É grande favorito em Seattle e Olympia.

15 Huggy Bear foi a Riot Grrrls insurrecional do Reino Unido no início dos anos 1990, inspirada em partes iguais por Sonic Youth, Bikini Kill e pelo hardcore de San Diego.

16 A própria Courtney causou essa confusão.

17 O Spacemen 3 foi uma banda psicodélica inglesa, muito hipnótica, dos anos 1980 – seu melhor momento foi o single "Revolution", de 1989: arranhões e repetições usados para causar efeitos surpreendentes.

18 Bandas do começo da Sub Pop.

19 O Blue Note foi um selo de jazz do final dos anos 1950, famoso por seus designs de capa similares à art déco.

20 Isso chegou a acontecer, mas não naquela época – e não através do Bruce. Foi Jonathan quem ligou para o Nirvana alguns dias depois e fez a oferta.

21 Não era dinheiro de herança, como alguns assumem erroneamente, e sim um título do governo dos EUA de algo entre 15 mil e 19 mil dólares.

22 James definiu "Sifting" com exatidão – que é *totalmente* a cara dos Melvins.

23 O Thrown-Ups foi uma lendária e caótica "fuck band" [banda com uma atitude de "foda-se"] de Seattle, que se recusava a ensaiar. Steve e Mark, do Mudhoney, foram membros. Para Endino, o Thrown-Ups é a melhor banda de Seattle de todos os tempos: "Grunge com uma pureza de 99,9%", explica ele, "todas as impurezas incômodas – como 'músicas' – foram removidas".

24 O Supersuckers escreveu uma música ("The 19th Most Powerful Woman in Rock") sobre Julianne Anderson, proprietária da agência Alpha Female Booking.

25 O artista punk cult G.G. Allin levou o famoso estilo de performance "rolando no vidro", de Iggy Pop, a extremos da loucura: arremessava excrementos na plateia e ameaçava se matar ao vivo no palco – ele sofreu uma overdose de heroína antes que pudesse cumprir sua promessa.

CAPÍTULO 6

Sub Pop Rock City

O ANTIGO baixista do Soundgarden/vocalista do Hater, Ben Shepherd, se move lenta e intensamente. Ele tem um senso de humor aguçado e distorcido, mas, nossa, às vezes ele fica muito sombrio. Lembro-me de passar noites sem dormir com ele no Japão, pouco antes de o Kurt morrer, nas quais ele parecia se afundar no chão, tamanha era a profundidade de seu desespero. Ele me lembra Kurt e o cantor do Screaming Trees, Mark Lanegan, esses músicos supersérios e meio rabugentos do Noroeste do Pacífico. Eles sempre me trataram com muito respeito, mas nunca entendi o motivo. Talvez fosse porque, como eles, eu era introvertido e intenso, mas *explodia* quando ficava bêbado, me tornava um idiota total, embriagado de expectativa, de vida e de desejo porque, porra, tanto fazia se eu ia acordar ou não de manhã. Ben raramente fala com jornalistas. Não confia neles. Prefere tomar uma cerveja com os amigos, gente como seu parceiro de infância e ex-colega de banda, Chad Channing.

"Conheci Kurt Cobain numa festa em Olympia", diz ele. "Estávamos sentados sozinhos, cada um numa ponta do sofá, vendo todos se divertirem. Então começamos a conversar, achamos um violão e ficamos passando entre nós. Nós dois admitimos que aquele era o lugar onde geralmente acabávamos em festas, sentados sozinhos com um violão. Não conhecia ninguém e nem tinha vontade. Não estava a fim."

Ben era do grupo de amigos dos Melvins, no início dos anos 1980. Ele morou na cidade natal adotiva de Chad, Bainbridge Island, por um tempo – em teoria, é o primeiro lugar para fugir em caso de tsunami na área, o que provavelmente ainda vai acontecer, considerando o jeito como os americanos estão aquecendo a atmosfera. Bainbridge é de tirar o fôlego: estradas sinuosas ladeadas por pinheiros, uma aconchegante rua principal com comércio local, cachorros-quentes na balsa, mansões amplas e barracos modestos voltados para a floresta. Kurt deveria ter morado lá: ele se sentiria à vontade com sua *vibe* descontraída, livre do elitismo de Olympia, da competitividade de Seattle e dos caipiras de Aberdeen. Ele ficaria um pouco entediado – o ritmo é meio lento –, mas Bainbridge tem sua própria cena. Chad e Ben podem confirmar.

"Eu conheci Krist por meio dos Melvins", diz Ben, em um bar mal iluminado da 15th Avenue, em Seattle, com a fumaça de cigarro enchendo o ar. "Eu não sabia que ele estava em uma banda, até que toquei com o Magnet Men,[1] o grupo de Chad, no Community Theatre, em Tacoma. Aquelas fotos famosas do Kurt, vestido com calças de cetim azul, eram daquele show. Eles estavam usando o nome Bliss naquela noite. Krist me perguntou se eu achava que nosso baterista deixaria que eles usassem sua bateria. Eu fiquei, tipo: 'O quê?! Você tem uma banda? Legal, cara!'. Eles acabaram pegando emprestado o kit diferentoso do Chad. Acho que o Mike Dillard tocava bateria para eles na época. O grupo terminou pouco tempo depois, e eles então pegaram o Chad."

"O Chad era um baterista forte no nosso grupo", acrescenta Ben. "No Nirvana, ele realmente não conseguiu tocar com seu estilo natural. Ele é rápido. E também sabe tocar guitarra muito bem. As pessoas o subestimaram totalmente. Ainda fazem isso."

Algumas semanas depois, estávamos sentados na sala de estar da casa de Chad em Bainbridge, que ele divide com a esposa e a filha. O lugar é bagunçado, mas confortável, com uma estrutura aberta e teto baixo: aquela casa em que você entra descalço, tem desenhos da escola pregados na geladeira, uma fotografia autografada de Charles Schulz, criador do Snoopy, na parede, e um sofá confortável e surrado. O café é assustadoramente forte, mais turco do que americano. "Desculpe se estiver um pouco fraco", exclama Chad. "Não tomo café há anos."

Fazia uns 15 anos que eu não via o Chad. Sempre o confundia com Kurt – os dois eram baixos, sensíveis e meio patetas, com cabelos compridos e sotaque da enseada de Puget: tímidos, mas superatenciosos.

"Que engraçado!", o baterista diz, rindo. "Eu sempre fui ruim com números e nomes. Sou melhor com sons e tenho uma memória fotográfica muito boa."

Chad parece não ter mudado nada com o tempo. Eu o reconheci instantaneamente quando se inclinou para fora do carro para me pegar no porto das balsas (Bainbridge Island fica a uma agradável viagem de 30 minutos de Seattle) e pediu desculpas por não ter me reconhecido de cara. Ainda cultiva um ar "grunge" – camisa de lenhador e tênis, cabelos compridos e costeletas –, mas sempre se vestiu assim. Ele é simpático e um entusiasta de música. Falou sobre sua banda atual, sobre grupos antigos pelos quais compartilhamos o mesmo amor (Talulah Gosh, The Shaggs, Marine Girls) e sobre seus planos de construir um estúdio de gravação na ilha.

Enquanto dirigíamos pelas ruas sinuosas de Bainbridge, ele apontava alguns pontos de referência. "Quando era mais jovem, eu costumava subir naquela torre e almoçar no topo. A plataforma era pequena e não tinha corrimão, ela balançava com o vento. São só uns 30 metros de distância até onde Charles Peterson tirou aquela foto do começo do Nirvana no campo, com flores [...]"

"Eu sou de Bainbridge", comenta Jack Endino. "Antes desses caras, eu costumava escalar aquela torre no ensino médio. Era uma torre de rádio da extinta base militar de Fort Ward, remanescente da Segunda Guerra Mundial, toda coberta de ervas daninhas e arbustos. O topo tinha 65 metros. O local onde Charles tirou as fotos era a antiga pista de pouso do forte, que agora é um campo – e durante os anos 1970 foi um dos melhores lugares da ilha para colher cogumelos de psilocibina. Esses cogumelos psicodélicos indígenas, até onde sei, não existem em nenhum outro lugar nos Estados Unidos e nunca receberam o devido crédito pelo grunge."

Chad nasceu em 31 de janeiro de 1967 em Santa Rosa, Califórnia, filho de Burnyce e Wayne Channing. Wayne era um DJ de rádio – há rumores de que tenha conhecido Elvis Presley –, e esse trabalho o levou por todo o país, do Havaí ao Alasca, de Anacortes a Minnesota. Sua família se mudava constantemente, e seu filho foi se tornando inquieto e não conseguia fazer amigos: "Eu sempre soube que todos que conhecia eram temporários na minha vida", diz ele. "Isso te impede de se relacionar com as pessoas." Ele almejava ser jogador de futebol, mas, em uma reviravolta do destino como a de Mark Lanegan – que pulou de um caminhão em movimento quando tinha 16 anos, quebrou as duas pernas e, assim, arruinou uma carreira promissora no basquete –, ele quebrou o osso da coxa em um acidente bizarro na academia. Levou sete anos para se recuperar. Como Lanegan, ele procurou a música como forma de consolo e aprendeu a tocar bateria e guitarra.

"Minha primeira banda era formada pelos meus amigos da escola em Anacortes, em 1982", conta. "Nós éramos completamente punk rock. Nada de covers. Eu nunca quis fazer covers porque tinha muita coisa na minha cabeça querendo sair. Passei um tempo em Yakima, onde tocava num grupo de new age bagunçado e sombrio. Depois entrei para o Mind Circus – éramos eu na bateria e Ben Shepherd na guitarra, estilo Melvins. Quando eu tinha 17 anos, fui para o Stone Crow, uma banda de speed metal que tocava com bandas de [punk] hardcore, como DRI e COC."[2]

Como Kurt e Krist, os pais de Chad eram separados, e ele fazia bicos para ganhar alguns dólares por aí. Quando conheceu os dois, ele era um chef *sauté* em um restaurante de frutos do mar de Bainbridge Island. Tinham os mesmos interesses: maconha, ácido, sair à noite, punk rock e a crescente cena de Olympia.

"Kurt gostava de conferir bandas locais, como Beat Happening. Krist curtia mais coisas dos anos 1970. Um influenciava o outro com diferentes estilos de música. Fiz com que ouvissem Shonen Knife.[3] Em 1985, descobri uma fita cassete da banda, *Burning Farm*. Eu meio que mostrei David Bowie para eles. Encontrei uma cópia de *The Man Who Sold the World*, um vinil em perfeitas condições, que gravei em fita e toquei no carro. Kurt ficou tipo: 'Quem é este?'. Eles me apresentaram os Vaselines. Eu já conhecia Shocking Blue. Os Smithereens[4] tinham um álbum que eu achava muito legal. O Kurt curtia os projetos do Calvin. Todos nós curtíamos. Olympia, cara. Muita coisa legal acontecia lá."

Primeiro, porém, veio a descoberta de várias bandas de Seattle através de um irrefreável Mark Arm (que estava à frente do insano Mr Epp). "Depois eu saía para ver Soundgarden, Melvins e The U-Men, essas coisas", lembra Chad. "Vi o segundo show do Soundgarden. Eles eram muito legais. Não era exatamente um metal absoluto, eles tinham guitarras mais esquisitas. Era um som muito mais viajado. Acabamos pegando uma caixa de cerveja e descendo para os trilhos da ferrovia na 5th Street com a Jackson."

Chad conheceu Kurt e Krist no último show do Malfunkshun, no Community World Theatre, em 6 de maio de 1988 – Lush[5] e a atração principal, Skin Yard, também tocaram. Um amigo em comum da Evergreen, Damon Romero [Lush, Treehouse],[6] fez as apresentações. Kurt se lembrava de ter visto a banda de Chad no show que eles tocaram com o Bliss: ele tinha ficado impressionado com a bateria de fibra de vidro, a forma como os pratos alargados se elevavam sobre o baterista. "A aparência era hedionda", Chad comenta, "mas fazia barulho". Além disso, o Magnet Men – que só existiu naquele show – participou de uma sessão de rádio com John Goodmanson, que Kurt gravou numa fita cassete. Então Krist e Kurt disseram a Chad para conferir seu próximo show na Evergreen.

"Eles começaram: 'Ei, fica aqui com a gente!'", lembra Chad. "Eu respondi: 'Claro, legal'. Eu me dei bem com os caras. Eles pareciam divertidos e animados. Depois saímos e ficamos perto da van Dodge branca de nariz achatado deles. Acabamos usando aquela van para fazer as primeiras turnês.

"Achei o show deles muito legal", acrescenta. "Eu reconheci várias músicas, porque eles ainda tocavam sons como 'Mexican Seafood'. Eu ficava observando Dave e tentando descobrir por que eles queriam outro baterista. Ele estava se saindo muito bem. Talvez ele tivesse uma personalidade que não combinava com a deles."

"Eles gostaram do Chad porque ele tinha aquela bateria legal",[7] comenta Slim Moon. "Ele foi o primeiro cara que se encaixou. Tiveram uns problemas, pois ele queria escrever músicas: meio pop e meio progressivas. Não era o que eles queriam. O *timing* dele também era suspeito. Ele não era perfeito, mas era bom o suficiente para pegar a estrada com eles."

"Toquei com eles pela primeira vez no porão de Krist, em Tacoma", lembra Chad. "Devia ser do tamanho desta sala, um pouco menor talvez. O isolamento acústico era feito com um monte de espuma de borracha, e uma parte estava desgrudando do teto. Acho que eles usavam um gravador de quatro pistas. Era um pouco úmido – totalmente úmido, na verdade, mas esse tipo de sala sempre fica assim. Tínhamos minha bateria e talvez alguns tambores surrados, acho que uma caixa. O Krist tinha um amplificador vermelho gigante, e acho que Kurt tinha um Randall, mas ele não estava tocando com as caixas 212 que tinha."

Embora a bateria gigante tivesse atraído a atenção dos dois, Kurt e Krist fizeram Chad reduzir seu kit – assim como haviam feito com Dave. Os três músicos começaram a ensaiar a sério: músicas da demo original, além de material novo, como "School", uma música totalmente a cara de Olympia, e "Big Cheese", uma canção estilo Melvins, cujo personagem-título era inspirado em Jonathan Poneman. "Eu coloquei todas as pressões que senti que emanavam dele na época, porque ele era muito crítico com tudo que estávamos gravando", Kurt disse a Michael Azerrad.

"Encontramos um baterista e começamos a tocar constantemente naquela casinha", relatou Krist em *Of Grunge and Government*. "Fizemos jams muito intensas. Nós orbitávamos o espaço interno e externo. Era tão sério que, se sentíamos que tínhamos ido mal em algum ensaio, ficávamos decepcionados e continuávamos chateados por um tempo."

Chad nunca foi um membro oficial. "Eles ficavam me pedindo para ir até lá e tocar com eles", relembra. "Mas nunca disseram que eu estava na banda. Nosso primeiro show foi na The Vogue [3 de julho] ou no Central Tavern [23 de julho, abrindo para o Leaving Trains[8] e o Blood Circus]. Não tinha muita gente em nenhum dos dois."

Antes de Chad ingressar, fizeram alguns shows no início de maio: um na The Vogue e outro na festa de 18 anos de um amigo em Evergreen, no dia 14, quando Kurt tocou um cover de "The Greater Gift", do Scratch Acid. Houve também um show no Central Tavern, em Seattle, em 5 de junho, que foi agendado por Poneman. "Foi uma apresentação com o Doll Squad e os Zoomorphics", lembra Jack Endino. "Eram duas bandas terríveis, sem o menor atrativo." Era mais uma noite promovida pela KCMU: pouco antes do show, Poneman pediu ao Nirvana para tocar primeiro, e não no meio, para que ele e Bruce pudessem ir embora mais cedo. Talvez meia dúzia de pessoas tenha aparecido, mas ninguém ficou impressionado, além da dupla da Sub Pop. Na verdade, nenhum dos primeiros shows do Nirvana em Seattle foi realmente promissor. O retorno e o som eram ruins e praticamente obliteraram os vocais de Kurt: o trio estava desanimado com a falta de audiência.

Como eram os primeiros shows?

"Não tinha ninguém lá."

Rolava alguma destruição?

"Não muito. Começamos a liberar muita raiva e a destruir instrumentos, mas não foi logo de cara. Acho que foi lá pelo terceiro show. E não foi de propósito, nem nada. Eu me deixei levar pelo que já estava rolando. Mas foi divertido. Não foi como se alguém dissesse: 'OK, Krist, você pula bem alto e joga seu baixo para cima e deixa cair na sua cabeça; e Kurt, você se joga no chão e faz uma dança estilo *worm*'.* Na verdade, estávamos cansados daquele rock grandioso. Aquele rock de arena cheio de efeitos especiais e tudo o que resultava daquilo não tinham nada a ver com a gente."

---

* Dança normalmente associada ao break, na qual os participantes se contorcem no chão da pista, como uma minhoca (*worm*). [N. T.]

Você tocava bêbado?

"Nunca! O Krist tocava. Todo mundo sabia disso. Eu não conseguia beber durante um show. Eu bebia depois, mas quase nunca ficava bêbado."

Em 11 de junho, o Nirvana voltou ao Reciprocal, com a intenção clara de gravar um single para a Sub Pop. A sessão começou com "Blandest" e seguiu com as primeiras tomadas de "Love Buzz" e "Big Cheese", versões iniciais de "Mr. Moustache" e "Blew", além de uma versão instrumental de "Sifting", que usava um pedal wah-wah. Foi mais difícil do que a sessão da demo, provavelmente por ser uma gravação voltada a um produto finalizado, mas também porque Chad não colocou tanta força na bateria quanto Kurt esperava.

Na verdade, o Nirvana estava tentando mudar consideravelmente seu som, enquanto lutava para formar uma identidade própria, independente de suas bandas favoritas; incorporando o rock viril do Black Flag e do Led Zeppelin e a abordagem mais sutil de bandas pop como R.E.M. e Beatles.

O trio retornou duas vezes para terminar as sessões, em 30 de junho e 16 de julho. As músicas foram gravadas por cima das tomadas anteriores, para que não tivessem que gastar mais 50 dólares com outro rolo de fita. O segundo *take* de "Love Buzz" foi o single, e a intro foi uma colagem de sons de dez segundos tirada da fita *Montage of Heck*, com amostras de áudio de Kurt. Ele queria que a música começasse com 45 segundos de sua montagem, mas o convenceram a não fazer isso.

"Não sei se Kurt estava realmente feliz por colocar um cover no lado A, mas ele também achava que era só um single e que se dane", diz Jack Endino. "E eles queriam colocar 'Blandest' no lado B [...] A música não se chama 'Blandest' sem motivo* [risos]. A banda não estava muito entusiasmada, e Chad não sabia tocar a música. Só mostraram para ele um dia antes. Depois tocaram 'Big Cheese' e mais algumas músicas, e pensei: 'Ufa, estas são bem mais animadas'. Foi fácil convencê-los a colocar 'Big Cheese' no lado B: sua primeira música original gravada tem de ser marcante, e não um zumbido. A ideia deles era refazer 'Blandest' depois, mas nunca chegaram a terminar."

Havia algo nas entrelinhas da escolha do cover?

* *Blandest*, em tradução literal, significa "a mais sem graça". [N. P.]

"Não", responde o produtor. "Era o único cover deles na época,[9] e o Jonathan gostou. Foi ideia dele. Usar um cover como primeiro single pode ser vergonhoso para uma banda – às vezes, pode até mesmo ser o fim de uma carreira. Foi inteligente da parte deles não continuar com aquilo."

A Sub Pop pagou pela sessão – reza a lenda que, mais tarde, com o grunge a todo vapor e com suas finanças tumultuadas (fluxo de caixa é a maior causa de insolvência de pequenas empresas), eles continuaram dando cheques sem fundos para a Reciprocal. "Na verdade, foram só um ou dois", admite Jack, "mas é difícil perder uma reputação dessas". A notória incapacidade da gravadora de lidar com as finanças de forma objetiva não inspirava confiança em seus artistas. Uma vez, logo após concordar em lançar um single, Bruce ligou para Kurt e perguntou se ele tinha 200 dólares para lhe emprestar.

Em agosto, Jon e Bruce tiveram a brilhante ideia de combater seus problemas de fluxo de caixa com o Singles Club, somente para assinantes – os fãs que se interessassem poderiam fazer assinaturas fixas anuais de 35 dólares, o que lhes daria direito a um single por mês, enviado pelo correio. Eles decidiram que o single do Nirvana teria a honra de ser o primeiro da série, com edição limitada de mil cópias. Kurt ficou consternado com a notícia – queria que a estreia da sua banda tivesse um lançamento "adequado" –, mas não se deixou abalar: afinal, a maioria dos grupos nem chega à fase de lançar um disco.

"É, 'Love Buzz'", Chad diz, suspirando. "Quando estávamos arrumando meu som, tive essa ideia louca de conectar duas caixas. Tirei o fundo de uma e o topo da outra e prendi as duas juntas. Eu queria mesmo criar um som de bateria encorpado."

Enquanto gravava as músicas, você tinha noção de que aquilo era especial?

"Não! Eu não tinha como prever o futuro. Mas, quando comecei a me envolver com eles, senti que a banda iria longe. Exatamente quão longe, eu não tinha certeza. Sempre foi uma questão de: 'Será que o público está pronto para isso?'."

As coisas estavam começando a acontecer em Seattle e em seus arredores.

O Soundgarden teve a dúbia distinção de ser "contratado" por três gravadoras ao mesmo tempo: Sub Pop, SST (pelo álbum *Ultramega OK*[10]) e A&M – uma gravadora maior, na qual eles ficaram. A banda de metal Alice in

Chains[11] seguiria logo depois, mas a gangue de Chris Cornell foi a grande notícia na cidade em 1988. A SST já havia assinado com o Screaming Trees havia algum tempo, lançando três álbuns – entre eles, o claustrofóbico *Buzz Factory*, de 1989, produzido por Endino –, além do EP *Other Worlds*. Até que o Trees entrou brevemente para a Sub Pop e lançou o incrível duplo de sete polegadas *Change Has Come*, saindo depois para assinar com outra grande, a Epic. A Homestead Records,[12] de Nova York, ganhava espaço, lançando um 12 polegadas[13] conjunto com Screaming Trees/Beat Happening (Calvin promoveu os primeiros shows do Trees fora de Ellensburg).

"No verão de 1988, algo na cidade mudou consideravelmente", diz o guitarrista do Mudhoney, Steve Turner. "Depois dos primeiros shows, se um de nossos grupos se apresentasse em algum lugar, o local ficava lotado. Tocamos no andar de baixo do Comet Tavern – nós, The Walkabouts e talvez o Blood Circus – e estava bem cheio. Tudo mudou muito rápido. As pessoas não vinham ver nossas bandas antes! Achamos que fosse alguma anomalia bizarra, então tentamos nos divertir ao máximo com a situação: muita cerveja e inconsequência total. Em um período de nove meses, tocamos tantas vezes na The Vogue que é como se todos os shows tivessem virado um só."

No final de 1988, o Mudhoney lançou o EP *Superfuzz Bigmuff* e fez sua primeira turnê pelos Estados Unidos. Os shows eram frenéticos, insanos: uma massa de corpos suados e cabelos compridos balançando; Mark Arm sarcasticamente convidando os jovens para o palco e se lançando direto na balbúrdia; Matt Lukin bebendo cerveja direto da garrafa ou golpeando seu baixo. Pessoas de fora – Sonic Youth, Tom Hazelmyer, do Halo of Flies, banda de hardcore do Centro-Oeste, e o influente DJ britânico John Peel – começaram a se interessar.

O Sonic Youth lançou um single de 12 polegadas com o Mudhoney pelo selo britânico Blast First, no qual cada grupo gravou um cover do outro ("Halloween" e "Touch Me I'm Sick"). As duas bandas excursionaram juntas pelo Reino Unido no ano seguinte, no que foi a primeira experiência grunge da Grã-Bretanha. Apresentei o Mudhoney na noite de estreia no Newcastle's Riverside, usando um terno mod. A ideia era que eu gritasse algumas palavras e me jogasse na multidão – o lugar estava tão lotado que recusei o desafio e corri em direção aos bastidores, onde fui confrontado pela baixista do Sonic Youth, Kim Gordon, que rosnou para mim: "Aonde você pensa que vai?". Então eu pulei do palco *sete vezes* e fui jogado de volta em todas elas.

Classifiquei o disco como o Single da Semana no *Melody Maker*, com as seguintes palavras: "Rock instintivo e primitivo, como deve ser. A Sub Pop está vindo te pegar, e é melhor você tomar cuidado".

Bruce e Jon passaram a lançar singles toda semana – Blood Circus, Tad, Swallow, The Fluid, Screaming Trees... a lista era interminável. Havia outras gravadoras – C/Z, Pop Llama, a T/K, de Portland –, mas a Sub Pop, guiada pela energia de Jon e pela visão de Bruce, liderava o grupo. Charles Peterson fotografava as bandas, Jack Endino cuidava da produção... A Sub Pop estava em alta, uma verdadeira linha de produção caseira.

"Tecnicamente, todas as bandas seguiam o mesmo padrão no estúdio", diz Jack. "Era chegar, plugar as guitarras e todo o resto junto com a bateria na mesma sala, aumentar a distorção ao máximo e tocar ao vivo. Entre 1987 e 1988, tínhamos uma mesa de oito pistas, então não incentivávamos as pessoas a produzirem demais. E eles não me pediam para fazer coisas doidas. Não era um momento de muita arquitetura."

"'Touch Me I'm Sick' foi gravado com o quê? 100 dólares?", pergunta Pavitt, retoricamente. "*Bleach* foi gravado com 600 dólares e vendeu um milhão e meio de cópias. Deve ser o melhor retorno de investimento de qualquer gravação desde as primeiras de Elvis nos estúdios da Sun Records.[14] O Endino é fantástico. É preciso ser o cara para reconhecer um talento e manter a consistência, e acho que ele trouxe isso para a cena."

"O Jack é muito discreto e meticuloso", diz Mark Arm. "Em um dado momento, ele trabalhava umas 60 horas por semana, e acho que foi ali que ele perdeu um pouco da cspontaneidade."

"Por mais ou menos um ano, era como se todas as bandas viessem atrás de mim", comenta Endino. "Talvez eles confiassem em mim por eu ser músico. Além do Skin Yard, toquei bateria no Crypt Kicker Five e baixo no The Ones, com Terry Lee Hale [artista da gravadora Sub Pop] – em 1988, eu tocava em três bandas. Além disso, cobrávamos muito barato. Seja qual for o motivo, de alguma forma acabei bem no olho do furacão. A Sub Pop começou a me enviar material o tempo todo. Sempre que Jon ou Bruce faziam um single para o Singles Club, eles mandavam para mim.

"Os sete polegadas foram muito importantes", continua o produtor. "Durante o período grunge, produzi mais de 100 discos de sete polegadas. Hoje ninguém liga mais para eles, mas era um grande negócio naquela época. Fazia seu sangue de colecionador ferver. 'Ah, é um item de colecionador, só fizeram 500 desses.' Eu realmente gostava dessa coisa de sete polegadas. Era satisfação instantânea. Entrar no estúdio em um dia, gravar algumas músicas, que saem depois de alguns meses, e você já pode dizer que gravou um disco. Então nós também resolvemos fazer singles únicos para grupos que não eram de Seattle – L7, Babes in Toyland, Helios Creed."[15]

Babes in Toyland foi a que eu *mais* amei. Tudo o que eu achava importante no rock estava ligado a essas três mulheres de Minneapolis. Kat Bjelland ficava no palco, o rosto contorcido em fúria, cuspindo letras de amor e ódio por cima da batida de uma guitarra maltratada. Com seus saltos baixos e chiffon, ela tinha uma feminilidade excêntrica: cachinhos de jardim de infância porcamente descoloridos, vestidinho de boneca surrado, batom vermelho e olhos arregalados. Tempos depois, Courtney Love alegou ter inventado o visual "puta do jardim de infância" (ela tocou em algumas bandas com Bjelland e a baixista do L7, Jennifer Finch) –, mas é mentira. Foi a Kat. Ao final de cada show, suas pernas ficavam cobertas de hematomas do contato com a guitarra, e aquela dor era entorpecida pelo fluxo constante de uísque.

As performances dela não tinham nada de "mocinha" ou infantil. Seus gritos eram sinistros e catárticos, um exorcismo de seu passado e da última leva de namorados escrotos. Ao seu lado, estava Michelle Leon, capaz de atingir seu baixo com uma força demoníaca que contrariava seu tamanho. Atrás delas, Lori Barbero, impetuosa e barulhenta, a irmã que todos queriam ter, batia na bateria como se jogasse na liga principal de beisebol, ocasionalmente cantando, com sua voz lírica e arrastada. No final do set, ela pulava e tirava uma foto do público, como se fôssemos convidados em sua festa particular. Mas a atenção de todos sempre se voltava para Kat, girando seus olhos arregalados para cima, batendo o pé e esfregando a guitarra coberta de adesivos nos quadris. Kat era pura *eletricidade.*

"[O disco do Babes in Toyland] *Spanking Machine* [1989] é um dos mais geniais já lançados", disse Courtney em 1992. "É pura verdade, atração e viagens de ácido, viagens de ácido ruins, e mentiras, caras imbecis de Minnesota, feridas abertas, vinho barato, Dia dos Namorados, camisolas velhas e fedidas, nenhum namorado, amor por Nick Cave, amor por Butthole Surfers, inverno gelado, filhotinhos de gato legais, e me sentir a única garota ferrada do mundo, ah, e umas letras minhas, mas tanto faz, só melhora as coisas."

"No início, não tínhamos noção de que estávamos criando uma estética supostamente única", explica Charles Peterson. "Ficávamos mais impressionados com a Touch and Go, a Homestead, a SST e a Dischord. Bruce e Jon tinham uma piada interna sobre a 'Sub Pop Dominando o Mundo', dizendo que ainda seríamos gigantes. Pensávamos: 'Aham, até parece'. Só queríamos um jeito fácil de pagar um aluguel barato. Era musicalmente emocionante e divertido, e as bandas gravavam discos bons... mas, porra, não éramos os Replacements, não éramos Sonic Youth, não éramos Black Flag nem Butthole Surfers. Essa era a real."

"Qualquer cena que estoura sempre passa por um período de incubação", diz Hazelmyer. "Uma coisa que nunca foi escrita é a influência que bandas de Minneapolis, como Soul Asylum, Hüsker Dü e os Replacements, tiveram em Seattle. Veja as fotos daqueles caras de Minneapolis de 1981, eles se vestem como grunges – camisas de flanela, jeans rasgados, cabelos compridos. Um dia, fui a uma festa, e colocaram os Replacements na televisão. Toda a sala parou, ficou grudada na tela. Para mim, eles eram apenas uma banda da minha cidade, mas, para aquela festa, onde estavam muitos dos futuros pesos-pesados de Seattle, eram ídolos. Eu já li Cobain citando Paul Westerberg [cantor dos Replacements]. Foi uma influência, definitivamente."

Como era o público nos primeiros shows da Sub Pop em Seattle?

"Pequeno", responde Peterson. "Não mais que 100 pessoas. O Central Tavern tinha espaço para 250 pessoas.

Como o público se vestia?

"Terrivelmente mal", ri o fotógrafo. "Vestuário não era uma grande preocupação em Seattle. Ainda não é. Há uma foto de uma plateia logo no começo, em 1983, que eu chamo de 'vira-latas da cidade'. Lá não se vê nenhum padrão de estilo. Há um pouco de hippie e um pouco de glam, sobretudos e camisas de flanela. Um cara usava jaqueta de couro com um *bottom* do Sid Vicious, meio punk. Nós adorávamos roupas de brechós. Era um amálgama de peças. Grupos diferentes foram surgindo. Eu estava mais alinhado com o Mudhoney, curtia calças com pregas e camisas de manga curta retrô. Meio garage rock."

Eu sempre digo que o Mudhoney tinha uma vibração mod.

"Tirando Matt Lukin, você não encontraria nenhum deles morto usando uma camisa de flanela", concorda Charles. "Remete à estética punk das antigas. Foi nisso que todos nos inspiramos enquanto crescíamos. Eu era mais anglófilo do que eles. Mark gostava mais de hardcore americano bizarro, como os Angry Samoans. Sermos todos afilhados do punk rock é um fato subestimado. O que o Soundgarden fazia era totalmente diferente do que o Mudhoney e o Nirvana faziam. Ninguém em um show do Alice in Chains iria a um show do Mudhoney. Eu fiquei anos sem ir a um show do Pearl Jam."

"A plateia tinha de 18 a uns 29 anos", conta o ex-técnico de som do Nirvana, Craig Montgomery. "Usavam jeans velhos e camisetas de banda, jaquetas de couro grandes, muita flanela, lingeries aparecendo... As pessoas aqui cresceram usando camisas de flanela. Elas esquentam e eram baratas – não aquelas forradas, de trabalho pesado –, existiam em todas as lojas de departamentos. Muitas pessoas tinham cabelos compridos, botas Doc Martens ou tênis Converse. O público era formado por universitários e vagabundos – com certeza não eram fãs de rock 'n' roll *mainstream* nem um público gótico ou punks hardcore. Eu odeio usar a palavra grunge, mas [...]"

"Eu vim da Costa Leste, então parecia que tínhamos cooptado alguns dos itens de *bondage* que você ainda tinha que comprar em sex shops alternativas estranhas naquela época. E jeans pretos, sempre", diz Julianne Anderson. "Ninguém dava a mínima. Todos usavam camisetas feitas à mão. Algumas das meninas, inclusive eu, curtiam muito roupas de brechós, como os vestidos dos anos 1950 e outras coisas vintage. Não tinha continuidade, não tinha tendência, toda aquela besteira de flanela sempre foi invenção da mídia. Sim, algumas pessoas usavam camisas de flanela, mas [...]"

E o Tad?

"Ele era de Boise!", exclama Anderson. "Jaquetas de flanela, aquelas de lã pesada, com estampa xadrez? É úmido e gelado aqui, gente, por favor! Nada disso foi pensado ou intencional. As pessoas passam os dias nos clubes de rock e usam o que encontraram em algum brechó e acharam legal. Acontece no país inteiro enquanto a gente conversa aqui. Se vão escrever livros sobre isso ou não – daí vem todo o mistério mágico da vida [...]"

"Todos tinham cabelos compridos e sempre sujos", lembra Carrie Montgomery. "As pessoas usavam camisetas de bandas e bermudas compridas feitas a partir de calças Levi's cortadas, era quase um uniforme. Era libertador para as garotas porque não precisávamos escolher roupas especiais todas as noites. Uma vez Mark [Arm] e eu cortamos nossos cabelos bem curtos e foi ótimo. Mas é claro que depois todo mundo também cortou."

Em agosto, uma sessão com a fotógrafa Alice Wheeler, de Seattle, foi organizada para a capa de "Love Buzz" – em preto e branco, para economizar. Ela recebeu 25 dólares pelo trabalho. Wheeler conheceu Pavitt quando ela morava em Olympia e frequentava a Evergreen. "Ele sempre falava em dominar o mundo, esse tipo de coisa", contou ela a Gillian G. Gaar. A fotógrafa também ajudou a administrar a GESCCO, em Olympia, e era amiga de Tracy Marander.

Krist levou todos para Tacoma, onde a banda posou em frente a pontos turísticos locais, como o Point Defiance Park e a Tacoma Narrows Bridge. "Eu tive dificuldades técnicas", disse Wheeler a Gaar. "Minha câmera não era muito boa. Como as imagens são infravermelhas, ficaram um pouco borradas."

O artigo de Dawn Anderson no *Backlash* saiu na mesma época. "Eu só sabia que eram amigos dos Melvins", ela diz, rindo. "Felizmente, eles também arrasavam."

Na entrevista, Kurt admitiu que, no início, seu maior medo era "as pessoas pensarem que éramos uma imitação dos Melvins". Eles foram muito mencionados. Dawn insinuou que, com bastante prática, o Nirvana poderia ser "melhor que os Melvins".

"Muito do que foi escrito no começo sobre nós e todas as outras bandas eram só essas frases bregas", sorri Chad. "'O Nirvana é um vendaval de cabelos suados, bagunçados e emaranhados em música barulhenta como um jorro de água caindo e respingando uma pegajosa gosma pantanosa'. Vão direto ao ponto! Sempre era algo positivo, eles só tentavam deixar seu texto mais exagerado."

Em setembro, Shelli e Krist romperam – a tensão de seus estilos de vida diferentes falou mais alto. Ela trabalhava à noite; ele tinha acabado de sair do emprego. O casal decidiu morar separado. Shelli tinha 21 anos e nunca tinha ficado sozinha. A separação não durou – sentiram muita falta um do outro –, mas causou vários efeitos indiretos.

Krist foi forçado a voltar a morar com sua mãe em Aberdeen depois de ter gastado 400 dólares em duas semanas de bebidas e festas. "Cheguei a secar uma caixa de cerveja em dois minutos", comentou ele. "De repente, quando vi, estava quebrado" – e, portanto, conseguia ensaiar com a banda em tempo integral. Os ensaios mudaram do porão de Tacoma para o espaço acima da Maria's Hair Design, a loja da mãe de Krist.

A separação de Krist e Shelli também prejudicou o relacionamento de Kurt e Tracy. Ela amava Kurt e queria sinais de algum comprometimento dele, sobretudo agora que seus melhores amigos tinham se separado. Kurt não se mexeu, e ela decidiu blefar, ameaçando expulsá-lo de casa. Kurt, porém, a confrontou, dizendo que iria morar no carro se ela continuasse assim. "Não precisa disso", ela respondeu. Ele ganhou a discussão – e seguiu morando com ela, acordando tarde e assistindo à TV, enquanto Tracy continuava em vão a elaborar listas de tarefas para ele fazer antes de sair para trabalhar na Boeing.

"Fui até a casa deles perguntar se o Nirvana queria contribuir com uma música para uma compilação de fitas que eu e a Donna [Dresch] estávamos montando", lembra John Goodmanson, "e ele estava na sala, pintando, só de cueca. Sempre que eu via o Kurt dirigindo por aí, pensava: 'Cara, esse sujeito está se aproveitando. Ela tem um trabalho muito bom, e ele fica em casa pintando'".

Tracy reclamava que Kurt nunca havia escrito uma canção sobre ela, sendo que ele já havia feito até um hino à masturbação ("Spank Thru").[16] Na semana seguinte, ele começou a escrever "About a Girl", mas sem admitir que era sobre Tracy. Mesmo que o refrão, "*I can't see you every night free*",* abordasse claramente a discussão que tiveram. É uma música comovente, lamentosa e melódica – Kurt disse a um amigo que ouviu o *Meet the Beatles* por três horas seguidas no dia que escreveu a canção para entrar no estado de espírito correto. O título veio depois que Kurt a tocou para seus parceiros de banda e Chad perguntou sobre a inspiração. "É sobre uma garota", Kurt respondeu, e a frase pegou.

O Nirvana continuou a se apresentar sempre no estado de Washington – em Tacoma, em festas de alojamentos de estudantes em Evergreen, em Bellingham e em Seattle. "Aqueles primeiros shows eram loucos e por isso eram tão divertidos", lembra Megan Jasper, funcionária da Sub Pop. "Era incrível, o Kurt não perdia uma chance de quebrar guitarras – todo mundo sabia que ele não tinha dinheiro, mas mesmo assim ele fazia aquilo."

"Foi o que me disseram – que esse cara era tão doido que quebrou um amplificador novo", confirma Rich Jensen, ex-gerente geral da Sub Pop. "Era o que Jimi Hendrix faria. O que o The Who faria.[17] Então o Nirvana manteve

* "Não consigo te ver livremente todas as noites." [N. T.]

essa tradição, e era muito impressionante, porque os caras não tinham grana. Vi um dos meus primeiros shows do Nirvana na The Vogue, com Pussy Galore ou Tad, num showcase da Sub Pop. No final, eles destruíram todos os instrumentos. Aparentemente, o Kurt se preparava para aquilo. Ian Dickson me falou que eles quebravam os amplificadores antes, para que ele pudesse pular neles e esmagá-los a cada show."

A primeira ocorrência confirmada de uma guitarra totalmente destruída aconteceu na Evergreen State College em 30 de outubro (dois dias após surgir uma vaga de apoio para tocar com o Butthole Surfers na Union Station). Depois de uma eletrizante performance do Lush – na qual o baterista deu um soco na cara de Slim Moon, e os policiais do campus foram chamados –, o Nirvana tomou um banho de sangue falso e entrou.

"Minha banda era mediana, mas, quando estávamos em sincronia, fazíamos um trabalho muito bom", diz Slim. "Foi nosso melhor show naquela noite, e então eles tiveram que apelar e quebrar instrumentos. Acho que só fizeram aquilo para não serem ofuscados por nós. Isso me magoou porque éramos amigos íntimos, e eles não conseguiam nos deixar brilhar nem uma única vez."

O Nirvana não se negava a participar de performances mais teatrais quando era chamado. "Uma vez, alguém me falou de um evento para arrecadar fundos para o Halloween", lembra Jensen, "acho que era no espaço GESCCO, em Olympia, bem no começo, em 1987 ou 1988. Kurt imitou um astro do rock com seringas falsas penduradas ou desenhadas no braço. A questão é que era ridículo pensar que ele se tornaria um astro do rock degenerado e viciado".

"Love Buzz" saiu em novembro de 1988 – single número 23 da Sub Pop –, com cada cópia numerada à mão. Na capa, pela primeira vez, Kurt utilizou a grafia alternativa de seu nome, Kurdt Kobain.[18] Como o Natal estava próximo, ele deu cópias de presentes para membros de sua família imediata. "Fiquei muito empolgada e senti muito orgulho dele", disse Mari Earl. "Enquanto eu mexia no disquinho, dei risada quando li: 'Por que vocês não trocam essas guitarras por pás?', gravado no vinil, no lado de 'Love Buzz'." A frase era uma referência a uma expressão muito usada pelo pai de Krist.

Anexo, seguia um comunicado de imprensa, elaborado por Kurt:

SAUDAÇÕES,

O NIRVANA é um trio oriundo das entranhas de uma cidade madeireira caipira chamada Aberdeen, Washington, e de uma comuna hippie na ilha Bainbridge. Apesar de estarem juntos há apenas sete meses, Kurdt – guitarra/vocal, Chris – baixo e Chad – bateria ganharam um single da Sub Pop Records, uma faixa na coletânea *Sub Pop 200*, uma demo, um LP em abril, sucesso, fama e um séquito de milhões.

Vender o próprio suor engarrafado e mechas de cabelo provou ser a maior fonte de renda até agora, mas em breve: bonecas, pastas escolhares, lancheiras e lençóis estarão disponíveis.

Dos maravilhosos escritórios da sede mundial da Sub Pop, nossos agentes de talentos Bruce Pavitt e Johnathan [sic] Poneman cuidaram bem dos meninos.

O NIRVANA espera participar de mais projetos com eles no futuro.

O NIRVANA soa como: Black Sabbath tocando The Knack, Black Flag, Led Zep, The Stooges e uma pitada de Bay City Rollers. Suas influências musicais pessoais incluem: H.R Puffnstuff,[19] Marine Boy,[20] divórcios, drogas, discos de efeitos sonoros, The Beatles, Young Marble Giants,[21] Slayer, Leadbelly e Iggy.

Para o NIRVANA, a cena musical underground está se tornando estagnada e mais acessível aos interesses comerciais das grandes gravadoras.

O NIRVANA sente o dever moral de acabar com esse câncer maligno?

De jeito nenhum! Queremos lucrar e lamber a bunda dos poderosos, na esperança de que também possamos FICAR CHAPADOS e TRANSAR. FICAR CHAPADOS e TRANSAR. FICAR CHAPADOS e TRANSAR.

Em breve, precisaremos de um repelente de mulher. Em breve, chegaremos à sua cidade perguntando se podemos dormir na sua casa e abrir sua geladeira.

Em breve, faremos bis com "Gloria" e "Louie Louie" em shows beneficentes com todos os nossos amigos famosos.

NIRVANA a/c SUB POP, 1932 1st Ave ... #1103 [...] Seattle, WA 98101

Obrigado pelo seu tempo.

A música em si era repetitiva e despojada. Por cima do insistente baixo de sete notas, Kurt seguia implorando e gritando o mesmo refrão: "*Can you feel my love buzz/ Can you feel my love buzz*".* A atmosfera era contida,

* "Você pode sentir meu zumbido de amor?/ Você pode sentir meu zumbido de amor?" [N. T.]

claustrofóbica – a guitarra se soltando ocasionalmente, rasgada de wah-wah. Poder sob controle, era isso o que importava.

A reação ao single foi imediata e favorável.

"No outono de 1988, lançamos o single, e eles fizeram algumas apresentações com o Mudhoney", lembra Bruce Pavitt. "As duas opiniões mais importantes para mim na época eram as de Charles Peterson e Steve Turner. Charles veio conversar comigo alguns dias depois do lançamento do single e disse: 'Eu dei uma festa ontem à noite e colocamos 'Love Buzz', aí viramos o disco, e ficamos virando o disco a noite inteira, essa foi a festa'. Steve Turner também veio me falar: 'Nós fizemos uma turnê com uma banda incrível. Kurt Cobain tocou guitarra de cabeça para baixo' [11 de fevereiro de 1989, San Jose, Califórnia]. E eu não teria acreditado nele se Charles não tivesse tirado uma foto. Olha esta foto! É inacreditável.

"Dali em diante, as coisas começaram a melhorar e continuaram acelerando", prossegue Bruce. "A reação do público ao lançamento de *Bleach* foi impressionante, sobretudo se considerarmos que ele é basicamente um álbum OK com algumas ótimas músicas – 'About a Girl', 'Blew'. Não é brilhante, mas tinha uma alquimia especial com as pessoas. Entre 1988 e 1990, a composição musical simplesmente se transformou. Foi mágico ver aquele nível de crescimento."

Inicialmente, não foi Kurt Cobain quem atraiu a atenção do público – e sim aquele gigante gregário, o baixista Krist Novoselic.

"Krist é incrivelmente intuitivo", diz Jonathan Poneman. "A contribuição dele ao Nirvana foi subestimada. Ele era o único baixista capaz de assumir aquela posição. Kurt era um compositor muito bom, mas as músicas ganharam volume e vida graças ao Krist. Ele nunca foi o acompanhante do Kurt, como se supõe."

O que te chamou mais atenção na primeira vez que você viu o Nirvana?

"O Krist", responde Earnie Bailey, ex-técnico de guitarra do Nirvana. "O Krist era o ponto focal. Ele era hilário. Ele imitava os programas de TV dos anos 1960, fazendo paródias de personagens da *Família Buscapé*. Eu ria pra caramba. O Nirvana era tranquilamente tão engraçado quanto o Mudhoney – por mais que eu goste de ver uma boa banda de rock, uma que também saiba fazer *stand-up comedy* é uma grande vantagem. Não me lembro muito do Kurt nos primeiros shows, a não ser de um guitarrista com uma voz incrível que tinha longos cabelos loiros caindo no rosto o tempo todo. O som da guitarra dele realmente se destacava, trazendo aquela interferência sólida de retorno estridente e agudo, mas, em vez de tentar evitar, o Kurt usava aquilo para criar novos sons. Já o Krist se sobressaía."

"Krist era muito extrovertido", lembra Bruce. "Ele gostava de festa. Ele e Matt Lukin, do Mudhoney, sabiam se divertir. Sair em turnê também é alimentar uma rede de relacionamentos, conhecer pessoas e estabelecer contatos. O Kurt era muito reservado e tímido por natureza. Então o Krist era quem fazia as conexões sociais, o cara divertido para sair. Eu lembro que ele adorava o primeiro disco do Jane's Addiction.[22] Ele era muito progressista. Não é como se ele fosse o cara do metal e o Kurt fosse o punk sensível. Mas aquela dinâmica social foi fundamental."

E o Chad?

"Eu acho que o Chad era um pouco mais parecido com o Kurt", responde Pavitt. "Ele era um cara muito sensível, falava devagar, era criativo."

Em dezembro, "Spank Thru" entrou no box *Sub Pop 200.* A música tinha sido remixada em 27 de setembro no Reciprocal, gravada em cima da versão original de "Blandest". É um som singular, quase descontraído – uma mistura de emotividade pop dos anos 1960, trechos com palavras recitadas e, por cima de tudo, o rugido poderoso de Kurt. O quociente "grunge" continua em primeiro plano: guitarras desarranjadas, bateria forte, muita distorção. Na verdade, é uma das músicas mais fracas da coletânea.

Lançada com tiragem de 5 mil, a compilação era composta de 20 músicas em três EPs de 12 polegadas e um livreto, embalados numa caixa preta simples. A coletânea focou na região Noroeste, mas a amplitude do estilo musical era surpreendente, desmentindo a ideia de que a Sub Pop era uma gravadora de "um único tipo de som". O poeta performático Steven Jesse Bernstein aninhou-se ao lado do pop afiado do Beat Happening, enquanto a rixa voraz do Soundgarden com a "atitude" Seattle era representada em seu inspirado tributo ao Kiss, "Sub Pop Rock City". O Mudhoney gravou um cover entusiasmado de "The Rose", de Bette Midler; The Walkabouts e Terry Lee Hale fizeram um groove country e agridoce; o Tad *detonou,* destilando a raiva, a frustração e a mágoa inerentes a milhares de vidas sem rumo. O Screaming Trees tocou um acid blues. Nights and Days era muito parecido com The Gories,[23] que posteriormente influenciou os White Stripes. O Fastbacks tocou pop, puro e simples. Girl Trouble *arrasou.*

"Minha filosofia da Sub Pop é esta", Pavitt me disse na época. "Trabalhei na Muzak com muitos desses caras por três anos. Era uma estrutura corporativa clássica. Começou como um trabalho tranquilo, mas logo, como a maioria das empresas, quis restringir nossa liberdade de expressão. E quando você perde sua liberdade pessoal por oito a dez horas por dia, quando é punido por ser criativo, você não está vivendo em um país livre e democrático. Você está vivendo em uma ditadura fascista. A Sub Pop é uma empresa criada para *incentivar* a liberdade de pensamento."

"No que diz respeito ao departamento artístico da gravadora", acrescentou Jonathan, "você vai ver a banda de um amigo e pensa: 'Olha, que som legal'. Só de vez em quando conseguimos incentivar esses amigos. Foi o que eu fiz com o Nirvana".

Dentro do livreto, havia 14 páginas de fotografias de Charles Peterson em preto e branco, sem texto (exceto pela identificação do artista): claramente caracterizando o estilo visual dos músicos de cabelos compridos de Seattle e da região por volta de 1988. Movimentos borrados, braços para cima e muitas fotos ao vivo, com guitarras nas mãos dos músicos, emocionantes e atraentes.

Pavitt e Poneman foram espertos: ao documentar todos os seus artistas com um único fotógrafo, eles imprimiram naquela cena emergente uma identidade muito maior do que qualquer texto poderia fazer.

Houve um tempo que parecia obrigatório que as bandas da Sub Pop gravassem com Jack Endino e fossem fotografadas por Charles Peterson. Isso era algo deliberado?

"Extremamente", responde Bruce Pavitt. "Em primeiro lugar, ambos são brilhantes. Eu estava muito interessado em criar uma identidade visual inspirada na Blue Note ou na 4AD.[24] O selo Factory[25] era o exemplo perfeito de design e de produção perfeitamente focados. Eu queria transpor aquilo. A cena punk parecia bastante dispersa e sem foco, com exceção da SST.

"Foram as fotos de Charles Peterson que me inspiraram a fazer gravações regionais, até mais do que a música em si", continua Pavitt. "Eu estava em uma festa na casa do Room 9 [antiga banda de Seattle], e Charles tinha acabado de imprimir fotos 3×9 do seu trabalho. A casa parecia uma galeria de arte. Eu senti a energia daquelas fotos e me envolvi completamente com a estética. Eu disse: 'Se conseguirmos traduzir a forma como a energia dessas fotos me atinge, as pessoas vão se emocionar'. Ele oferecia uma visão unificada. Aquela perspectiva capturou totalmente a essência da música. A estética da apresentação visual é absolutamente fundamental."

"Quanto à identidade gráfica, seguíamos principalmente a visão do Bruce – e também de Jeff Ament e de Linda Owens, nossa designer gráfica original", diz Jonathan. "Bruce articulava as coisas de uma maneira muito simples. Ele separava instantaneamente o que ele gostava do que não gostava na arte do álbum."

Bruce menciona um momento específico, quando foi à casa de Charles pela primeira vez e viu suas fotos enormes nas paredes.

"É exatamente isso", Jon concorda. "Charles foi o ingrediente mais essencial, sobretudo no início. Eu nunca tinha visto nada parecido com as fotos que ele tirava. Foi a assinatura visual que definiu toda a cena. Charles colocava uma qualidade colossal em tudo. As imagens eram exageradas e mais pesadas do que poderíamos imaginar, sensuais ao máximo. Em vários aspectos, eram a antítese do que era popular na época."

A foto do Nirvana no encarte da *Sub Pop 200* foi tirada na primeira sessão formal de Peterson com o grupo, no início daquele verão, em Bainbridge. "Nós dirigimos por todo o campo com Shocking Blue no toca-fitas do carro", lembra Peterson, "e fizemos o clássico 'ache um lugar'. Eu não tinha a menor ideia de como faria a sessão de fotos. Era difícil porque Krist era uma cabeça e meia mais alto que os outros. Eles eram muito legais e um pouco hippies. Kurt estava meio sujo, bastante tímido – muito vulnerável. No final do dia, acabamos em um campo de flores secas. Estávamos um pouco constrangidos com aquilo. No final, como sabíamos que era uma ideia idiota, as fotos ficaram até fofas".

"Seis meses depois desse encontro, eles começaram a ficar muito bons", lembra Pavitt. "O ponto de virada foi no Annex Theatre, na 4th Street, onde fizeram um show aberto a todas as idades. Mesmo afinando os instrumentos por cinco minutos entre as músicas, definitivamente tinha alguma coisa ali. Um amigo de Olympia, Dave Todd, chegou e disse: 'Eles são os próximos Beatles'. Foi uma reação interessante, porque eu não sabia se ele estava brincando ou sendo sincero, mas percebi que meus próprios sentimentos também oscilavam daquela forma – mesmo com eles sendo muito jovens, imaturos e sem sintonia. Foi chocante, pois algo mágico estava acontecendo naquela sala, e eu não conseguia identificar o que era."

"O que realmente me fez curtir o Nirvana foi quando vi a apresentação deles na festa de lançamento da coletânea *Sub Pop 200*", diz James Burdyshaw. Para promover o álbum, Jon e Bruce deram uma festa de duas noites no The Underground, com oito de suas bandas, nos dias 28 e 29 de dezembro. O Nirvana abriu a primeira noite. "Havia mais ou menos umas 40 pessoas lá. Eu fiquei boquiaberto – porque foi ali que o Kurt começou a puxar aquelas melodias. Eu não estava esperando aquilo. Não tinha percebido a mesma habilidade no cara que não fazia nada além de gritar na Skid Row alguns meses antes. Pelo resto da noite, eu não dei a mínima para nenhuma das outras bandas, só pensava no Nirvana e em como eles eram bons.

"O Nirvana entendeu o poder da dinâmica melhor do que qualquer outra banda de Seattle", continua o ex-guitarrista do Cat Butt. "Kurt sabia quando ligar o pedal e quando desligar e apenas cantar. Os Melvins podiam ser um grupo dinâmico, pois tocavam superlento e diminuíam até parar, com a bateria preenchendo o espaço, com Buzz tocando só um acorde, mas acho que Kurt conseguiu isso ouvindo Beatles, Creedence, Beat Happening, as bandas da K e aquelas bandas minimalistas que ele curtia [...]"

"A primeira coisa que se destacava era a voz do Kurt", lembra Craig. "Era forte. Todos achávamos que ele soava como Creedence Clearwater Revival." Para Joe Newton, da Gas Huffer, "eles passavam uma sensação real de cidade pequena. Não pareciam caras da cidade grande, pelo jeito como se vestiam e se comportavam, por estarem meio nervosos. Enquanto descarregavam a van, observei que eles tinham amplificadores pequenos e gastos – se contentavam com o que tinham. Mas, no palco, você sentia a intensidade do Kurt. Só aquilo já valia a pena".

Encorajados pela resposta que "Love Buzz" recebeu, Jon e Bruce começaram a falar sobre o lançamento de um álbum. Mas ainda havia um problema: o Nirvana teria de arcar com os custos da gravação – adiantados. Kurt percebeu que precisava de alguém para representar os interesses de sua banda e passou a procurar entre seus amigos um candidato adequado a agente. Ao escolher Tam Orhmund, fez para ela uma mixtape das músicas favoritas dele – Bay City Rollers, The Velvet Underground, The Knack, Soundgarden, Blondie, Metallica, AC/DC, Redd Kross[26] – e sugeriu que ela poderia gerenciar a banda, mesmo sem experiência. Orhmund recebeu alguns singles de "Love Buzz" para enviar a potenciais interessados. Enquanto isso, o Nirvana retornou ao Reciprocal Studios no fim de dezembro para começar a gravar o que se tornaria seu álbum de estreia, *Bleach*.

Kurt pegou na biblioteca o livro *All You Need to Know About the Music Business*, de Donald Passman, e, com a leitura, começou a desconfiar da atitude boêmia de Pavitt na hora de fazer discos. Então, uma noite, Krist foi até a casa de Pavitt no Capitólio e, bêbado, exigiu que a Sub Pop assinasse um contrato com o Nirvana. Em 1º de janeiro de 1989, a Sub Pop assinou um contrato de três álbuns e três anos com o Nirvana. Ficou acordado que a gravadora pagaria à banda 6 mil dólares no primeiro ano, 12 mil dólares no segundo e 18 mil dólares no terceiro.

"Foi algo como: 'Pagamos pela gravação ou pagamos um advogado?'", lembra Jonathan. "Tentamos adiar o máximo possível porque queríamos fazer tudo de uma vez. Tivemos que pagar a Reciprocal, mas eu não queria redigir um contrato porque não tinha ideia do que estava fazendo. Então peguei um livro sobre o mercado musical e copiei algumas coisas que pareciam importantes, coloquei em uma copiadora e disse: 'Aqui está seu contrato!'. E os caras, provavelmente tão confusos quanto eu, viram que eu tinha rabiscado alguns números na época, tipo, 30 mil dólares ou coisa parecida! Tudo bem! Isso era para o terceiro LP ou algo assim."

E foi o primeiro contrato que você assinou com uma banda?

"Hmm... bom, nós tínhamos um contrato com o Soundgarden, mas não foi totalmente negociado. Então, para todos os efeitos, acho que foi."[27]

Toda a história sobre o contrato é verdadeira? Krist ficou bêbado, bateu na sua porta e disse: "Precisamos de um contrato".

"Sim", Bruce responde. "É verdade. E, em retrospecto, foi divinamente orquestrado, porque esse ato salvou a Sub Pop. Não tínhamos contratos na época. A etiqueta padrão era um aperto de mão, mas, na verdade, não tínhamos dinheiro para contratar um advogado. Levou um tempo até começarmos a assinar. Poneman tinha muito interesse em contratar bandas. Estávamos em contato com algumas pessoas mais experientes porque Jon gostava de trabalhar nisso – 'Vamos almoçar de graça e ouvir o que eles têm a dizer'. E eles sempre diziam: 'Você tem que ter um contrato'.

"Às vezes, eu ainda fico refletindo sobre esse incidente. E, quando digo orquestrado divinamente, é verdade, pois o momento foi perfeito em todos os sentidos. Primeiro, eu não estava em casa. Estava no meu vizinho. Eu tinha curtido um pouco na minha casa e depois fui para a casa ao lado. Por algum motivo, então decidi: 'Preciso sair um pouco'. Assim que pisei na rua, Krist estava andando até a minha porta. Se eu tivesse saído um minuto depois, não teríamos nos encontrado, ele teria acordado sóbrio no dia seguinte e provavelmente não ia querer me bater por causa do contrato. Então são as pequenas coisas. Pequenas coisas somadas viram grandes coisas. Mas ele exigiu um contrato e me intimidou. Ele estava bêbado, era grande e muito agressivo. Então liguei para o Jon e disse: 'Você precisa assinar com esse cara, porque ele está puto. Não vai ter jeito'. Krist estava na sala enquanto eu dizia ao telefone: 'Arrume um contrato. Esse cara vai me dar porrada, entendeu?'. Então, Jon foi até a biblioteca e xerocou um contrato de algum livro, passou corretivo e escreveu alguns nomes. Era um contrato de dez centavos, sem advogados. Quando eles assinaram no escritório, lembro-me de pensar: 'Este pode ser um momento importante'. Foi a primeira vez que a Sub Pop assinou contrato com um grupo."

Adendo 1: Thrown-Ups

"O Thrown-Ups nunca ensaiava, mas nós garantíamos toda a diversão que uma banda pode ter", explica o "guitarrista" Leighton Beezer. "Nós nunca ensaiávamos e agíamos como se fôssemos muito descolados, então as pessoas acabaram se apaixonando por isso. Elas nos chamavam para shows. E sempre se arrependiam. E... é... lançavam nossos discos [risos]. Mas, de repente, os caras do Mudhoney queriam ser um pouco mais sérios e escrever músicas, então eu os expulsei do Thrown-Ups [...]

"Você *toca* música, não *trabalha* música, concorda? Provavelmente é a essência anticarreira, mas é a mesma ideia do jazz. Não quer dizer que ninguém deva ensaiar, apenas não cisme que você *precisa* ensaiar. Quando você tira da cabeça que precisa ensaiar, dificilmente surge um motivo bom o suficiente. É divertido tocar música, então de vez em quando você liga um gravador, mas aí não está praticando, está gravando [...]

"Estávamos tocando no Scoundrel's Lair. Quase todos nós usávamos roupões de poliéster, aqueles de mãe, e o Ed [Fotheringham, cantor] tinha preparado o Bloody Pooper. Era um vidro tamanho família de ketchup, preso com fita adesiva de cabeça para baixo na barriga dele, com um tubo conectado a um buraco na parte de trás das calças, de modo que ele pudesse subir até a beira do palco, colocar a bunda para fora e começar 'Ppplllllbbbbpppp!!!!!'. Era péssimo.

"Em uma noite perto da época de Natal, íamos fazer um show quando o Ed disse: 'Bem, isto vai soar muito irônico, mas eu vou ser o menino Jesus e vocês podem ser os três reis magos. Simples'. Então ele ficou muito bêbado e procrastinou, e quando eu cheguei na casa dele para buscar o equipamento percebi que ele não tinha arrumado nada ainda. Havia um cavalete, que iria servir para fazer uma ovelha. Ele estava usando cola spray e jogando bolas de algodão no cavalete. Então eu fiquei, tipo: 'Ed! O show é daqui a uma hora! Cadê todo o resto?'. Ele foi até a lavanderia, pegou um lençol e rasgou para colocar por cima de mim. Depois achou um papel pardo e me fez um chapéu de cone, enquanto dizia: 'OK, você é um rei mago!'. Pegamos a ovelha e mais duas fantasias de reis magos e partimos.

"O show foi um espetáculo de bebedeira. Quase apagando, o Ed mal conseguia parar de pé, então ficou o tempo todo encostado no cavalete. E o público estava *muuuuito* horrorizado. No final, fui até um amigo e disse: 'Acho que nós realmente não causamos uma reação muito boa neste show'. E ele respondeu: 'Olha, eu não acho que seja uma boa subir no palco como a KKK e esperar uma resposta positiva! E o Ed estava comendo a bunda da ovelha!'.

"A piada é: queríamos fazer uma cena de manjedoura e acabamos com uma clássica noite de sábado do Alabama."

Adendo 2: Seattle *versus* Olympia

Ian Dickson: "Você conversou com o Calvin sobre o Kurt?".

Você está falando sério? O Calvin não vai falar sobre o Kurt.

"Não? Por que não? Tem algum ciúme rolando?"

Não faço ideia. A única coisa que o Calvin me disse sobre este livro foi o seguinte: em fevereiro de 1989, o Nirvana foi eleito Single da Semana no *Melody Maker*, e todo mundo em Olympia dizia: "Ei, o Nirvana é o Single da Semana, não é legal?", e ele dizia: "Sim, é legal. Mas o Some Velvet Sidewalk também já foi o Single da Semana. Não é legal?". Então todo mundo respondia: "Bom, sim, tudo bem, mas... o Nirvana é o Single da Semana!".

"Ele tinha ciúme do sucesso do Nirvana. Ouvi 'Smells Like Teen Spirit' pela primeira vez no apartamento do Calvin. Tenho certeza disso. Talvez a fita fosse minha, na verdade. E eu lembro que nós dois falamos: 'Isto ainda vai ser gigante'. Ele me disse: 'Isto vai vender um milhão de cópias'. Qualquer um podia ver aquilo. Eu não sei, Some Velvet Sidewalk e Nirvana? Desculpe, eu amo o Al [Larsen, cantor do Sidewalk] e acho que Some Velvet Sidewalk é um ótimo projeto de jazz-art-noise, mas o Nirvana é como os Beatles..."

Não quero discordar de você agora...

"Vá em frente! Pode discordar..."

... mas eu entendo o posicionamento do Calvin. Ambos são artistas talentosos. Se um deles vende milhões de discos e o outro não, não significa que seja mais ou menos talentoso. Depende dos critérios pelos quais você julga o talento.

"Concordo. Só estou dizendo que é ingênuo pensar: 'Por que não estão todos animados com o Some Velvet Sidewalk?'. Porque algumas pessoas gostam deles, mas a maioria, não – e Nirvana, todo mundo adora! Agora tente provar que eu estou errado."

Acho que sou o único no mundo que nunca achou que o Kurt fosse mais talentoso do que qualquer outra pessoa. Não estou dizendo que ele não tem talento, mas... Do nosso ponto de vista, meu e do Calvin, talvez nós não pensemos no Kurt como alguém mais ou menos talentoso do que o Al.

"Certo. OK. Vou te dar um exemplo da minha percepção. Não vou concordar com o caso do Al Larsen, mas os Melvins... Até onde entendo, é possível passar uma vida inteira sem nunca encontrar duas pessoas tão imensamente talentosas como o Buzz e o Dale."

É um ótimo paralelo.

NOTAS

1 O Magnet Men virou Tic-Dolly-Row quando Ben se tornou seu vocalista. Tic-Dolly-Row é um termo de marinheiros para "vagabundo".

2 Os acrônimos são abreviações de Dirty Rotten Imbeciles e Corrosion of Conformity.

3 Shonen Knife é um grupo de garotas japonesas, absolutamente charmoso e *kitsch*. Formado em Osaka, em 1983, ainda fazem um garage pop ingênuo dos anos 1960, brilhante e colorido. *Burning Farm* foi a reedição da K, em cassete, de seu álbum de estreia. "Quando finalmente consegui vê-las ao vivo", comentou Kurt, "eu parecia uma garotinha histérica de 9 anos em um show dos Beatles".

4 Provavelmente foi o *tour de force* melancólico, sujo e powerpop *Especially for You*, de 1986. Os Smithereens eram contemporâneos dos Replacements e do R.E.M.

5 Lush era a banda de Slim Moon – não confundir com o grupo feminino britânico autoindulgente de mesmo nome.

6 Treehouse: grunge-pop semiacústico ingênuo e alegre.

7 Krist e Kurt também cogitaram chamar Tad Doyle para tocar bateria para eles.

8 O cantor do Leaving Trains era o *cross-dresser* Falling James – o primeiro marido de Courtney Love. Ela me disse uma vez que se casou com James só porque na época ele namorava sua melhor amiga, Kat Bjelland.

9 Não é uma verdade completa – o trio já havia feito covers tanto de Led Zeppelin quanto de Scratch Acid.

10 "O título do álbum significa absolutamente, inacreditavelmente nada mal", o cantor Chris Cornell me contou em fevereiro de 1989. "Meu vocal é inspirado na minha mãe gritando para eu esconder os vasos de maconha quando a polícia chegava." Apesar de sua merecida reputação de mercadores do apocalipse, sempre houve um forte traço de humor por trás da música do Soundgarden.

11 O Alice in Chains sempre foi erroneamente chamado de grunge, mas eles eram metaleiros suburbanos, não punks. Eles só descobriram o "som grunge" – assim como milhares de outras bandas – depois que o Nirvana estourou.

12 A Homestead era administrada por Gerard Cosloy – até que ele saiu, em meados dos anos 1990, para dominar o setor independente dos EUA com a Matador Records. Lar de Big Black, Dinosaur Jr., Butthole Surfers, G.G. Allin...

13 A coletânea de 12 polegadas foi lançada no Reino Unido pelo selo 53rd And 3rd, também lar dos Vaselines.

14 O álbum de estreia dos Beatles, *Please Please Me*, foi gravado em dez horas, no dia 11 de fevereiro de 1963. Eles saíram de Liverpool na noite anterior, ficaram num hostel, foram para a Abbey Road às dez horas, fizeram pausa para o almoço e para o chá, e finalizaram com dois *takes* de "Twist and Shout", com John rouco e nu até a cintura, por volta das 22h30 da mesma noite. Então voltaram a Liverpool.

O feroz The Animals, roqueiros com influência do soul, tocaram em Liverpool em 17 de maio de 1964 e foram direto para Londres, onde o produtor Mickie Most havia reservado uma hora de estúdio. Gravaram "House of the Rising Sun" em dois *takes* que totalizaram 14 minutos – dos quais o primeiro foi melhor – e um lado B nos 45 minutos restantes. Depois foram fazer um show no Southampton Gaumont. Voltaram, então, para Newcastle. Após seis semanas, "Rising Sun" foi número um no Reino Unido e, dez semanas depois, número um nos EUA.

O The Who gravou "Anyway Anywhere Anyhow" entre uma passagem de som e um show no Marquee em 13 de abril de 1965. Eles ensaiaram a música durante a passagem de som da tarde, foram para o IBC por uma hora para gravar por volta das 17 horas, passaram uma hora num pub e voltaram ao clube para o show da noite.

15 Helios Creed tocava rock mentalista frito de ácido.

16 Uma das músicas mais antigas do Nirvana – da demo *Fecal Matter*.

17 O The Who realmente já destruía seus instrumentos muito antes de Hendrix – e eles também não tinham dinheiro. O Who dos primeiros anos tinha o mesmo

desapego do Nirvana quando estava começando. Também eram um pouco intimidantes, nervosos e destemidos, tudo poderia acontecer...

18 Kurt continuou a usar essa grafia até o lançamento de *Nevermind* e mais algumas vezes depois. É uma homenagem a Kurdt Vanderhoof, guitarrista da banda de thrash metal Metal Church, de Aberdeen.

19 Na verdade, soletra-se *Pufnstuf* – um programa de TV infantil dos EUA nos anos 1960, conhecido por usar imagens e metáforas psicodélicas [no Brasil, recebeu o título *A flauta mágica*].

20 *Marine Boy* era um desenho animado dos anos 1960, centrado nas aventuras de um menino capaz de respirar debaixo d'água quando mascava "oxi-gum".

21 O Young Marble Giants foi um trio galês minimalista que lançou um álbum, o espectral *Colossal Youth*, de 1980. Alison Statton sussurrava abstrações de modo curiosamente desconectado e melódico – era quase possível ouvir as minas semiabandonadas das aldeias mineradoras do País de Gales enquanto a letra falava sobre uma garota pintando as unhas. O guitarrista Stuart Moxham ainda produziria o Beat Happening. Em 1992, Kurt listou *Colossal Youth* em seu Top 10 de discos favoritos de todos os tempos: "Eu ouvi o *Colossal Youth* pela primeira vez um ano antes de lançar *Bleach*", Kurt me disse. "Durante um tempo eu era apaixonado pela vocalista – mas quem não era?". O Hole posteriormente fez um cover de "Credit in the Straight World" do Giants – uma música que Kurt havia reservado originalmente para o Nirvana.

22 Jane's Addiction: banda de rock afetada e gótica de Los Angeles, liderada por Perry Farrell – lançaram dois álbuns de estúdio, entre eles o teatral *Ritual de lo Habitual*, de 1990, até que problemas associados a drogas os separaram.

23 Como muitas das bandas de Olympia, o trio garage/mod The Gories, de Mick Collins, de Detroit, nunca se preocupou em recrutar um baixista.

24 O 4AD era o selo do Reino Unido que abrigava bandas de Boston, como Pixies e Throwing Muses. Era altamente estilizado e artístico, com origens góticas.

25 O gênio do design Peter Saville foi o responsável pela visão do Factory, selo de Manchester.

26 Redd Kross eram dois irmãos de Los Angeles, amantes de pop chiclete dos anos 1960 e com um senso de humor maluco.

27 Na verdade, Jesse Bernstein foi o primeiro artista da Sub Pop a exigir um contrato.

CAPÍTULO 7

Nenhuma perspectiva intelectual

NO FIM de 1988, os cofundadores da Sub Pop, Bruce Pavitt e Jonathan Poneman, perceberam que estavam quase sem fundos. Em uma última tentativa de despertar o interesse da indústria, eles decidiram chamar um jornalista de música do Reino Unido para fazer uma matéria sobre sua gravadora. Então, no início de 1989, combinamos que eu iria a Seattle para fazer uma reportagem de duas partes sobre a Sub Pop que seria publicada no *Melody Maker*. Para a primeira semana, foi prometida uma capa com o Mudhoney; na segunda semana, um artigo sobre o selo.

Eu não era a escolha original do assessor de imprensa britânico da Sub Pop, Anton Brookes. Ele queria meus colegas escritores, os Stud Brothers, já que os gostos musicais (rock) deles pareciam mais afinados com a *vibe* de Seattle, mas eles eram dois – e a Sub Pop não tinha grana para bancar. Assim, ele me enviou muitos discos, incluindo *Sub Pop 200*, Mudhoney (o disco de 12 polegadas com o Sonic Youth) e o single "Love Buzz". A ligação veio em boa hora. Fazia poucos meses que eu trabalhava no *Melody Maker* e não aguentava mais o rótulo de "O Poderoso Chefão das Gatinhas" que havia ganhado ao defender bandas como The Pastels, Shop Assistants[1] e Beat Happening no *New Musical Express*. Mesmo que Anton não soubesse, eu já estava curtia Green River. Meus amigos e eu não entendíamos aquele lance dos tercetos *à la* Steve Harris (guitarrista do Iron Maiden) que o grupo de Seattle tocava, mas nos identificamos em nível primordial com o uivo de Mark Arm.

"Alguém da SRD [Southern Records Distribution] chegou e disse que conhecia um novo selo, Sub Pop, e que uma das bandas deles estava em turnê com o Sonic Youth", lembra Anton, que trabalhava para a Southern Records na época. "Eu sabia da existência do Nirvana, Nevada... sei lá como eram chamados... do Tad e do Mudhoney, porque o [DJ da BBC John] Peel estava tocando a coletânea *Sub Pop 200.* O Peel curtia eles – então deviam ser estrelas do pop! 'Touch Me I'm Sick' era brilhante: aquele som alto e gasoso de guitarra. Então comecei a fazer a assessoria de imprensa para o Mudhoney e para a Sub Pop."

Ainda me lembro de quando abri o pacote de discos na sala de resenhas do *Maker*, no 26º andar da King's Reach Tower, em South Bank, Londres – coloquei os singles no toca-discos e comecei a pular em cima da mesa de tanta excitação, dançando loucamente acima do nível do chão, enquanto os editores passavam, atônitos. Eu escutava as músicas repetidamente, não acreditava que estava ouvindo aquilo. Antes de Seattle, eu nunca tinha sido exposto ao rock, evitava a indumentária e as ilusões. O punk de 1977 tinha sido o responsável por isso. Dificilmente eu sentiria metade daquele entusiasmo com Seattle e sua música se eu, como meus colegas americanos, tivesse crescido com uma dieta de Led Zeppelin e hardcore. Mas eu não cresci assim, nem a maioria dos meus contemporâneos britânicos. Criados em uma cultura musical em constante mudança, em que a imprensa definia quando as bandas já haviam se tornado ultrapassadas, buscávamos sempre o arrepio do novo. Assim, pude escrever sobre o que era basicamente o rock tradicional, mas com verdadeiro entusiasmo. As bandas de rock da Sub Pop, seu espírito e seu som, eram novidade para este ingênuo jovem inglês.

De uma só vez, eu resenhei três singles desconhecidos do Noroeste do Pacífico: "Solid Action", do U-Men, "Love Buzz", do Nirvana, e "I Know", do Some Velvet Sidewalk. Eles foram meus Singles da Semana americanos. Escrevi:

> Desordem pra valer vinda de Seattle. Singles da... foda-se! Do período que você quiser, baby! Estes fdps de merda fazem QUALQUER SOM lançado antes soar totalmente leve perto deles.
>
> O single do U-Men ressoa como um gato DEMENTE alimentado à força com Motörhead a 78 rpm goela abaixo, ou como o Dinosaur Jr. preso em um universo paralelo onde o Green River detona o Stooges. "SOLID ACTION! IF I EVER FIND BILL WE'RE GONNA RIDE A BUS! ACTION! SOLID ACTION!"* As letras são assim; às vezes frenéticas, outras vezes incrivelmente frenéticas. Mas elas sempre têm sons POP quentes em brasa por baixo. Formando bolhas.

* "Ação sólida! Se eu encontrar o Bill, vamos dar um rolê de ônibus! Ação! Ação sólida!" [N. T.]

> O Nirvana é a beleza encarnada. Uma implacável batida de garagem de dois acordes estabelece a base para a guitarra uivar com uma força monstruosa. Ainda não existe botão de volume que faça jus a esse trio! O QUE ESTÁ ACONTECENDO EM SEATTLE? Alguém me passa uma arma. Edição limitada de mil; canções de amor para os psicóticos perturbados.
>
> "I Know" tem menos estrutura sonora, mas o retorno é mais agudo. Esse grupo tem apenas dois membros? COMO ASSIM? Então, por que os meus ouvidos estão sangrando?! Demência personificada; principalmente nas músicas do lado B. Steve Fisk e Calvin Johnson estavam presentes na gravação. Talvez isso explique um pouco dessa loucura [...] O Pop Underground Internacional segue em frente.

Aquelas bandas fizeram o que eu achava impossível até então: fizeram o metal soar legal. Em meados dos anos 1980, a música pop era antiguitarra. Em qualquer publicação da imprensa musical no Reino Unido, sempre tinha alguém dizendo que as guitarras estavam velhas, mortas e eram símbolos fálicos de repressão. O golpe de marketing genial de Jon e Bruce foi vender o rock 'n' roll como uma rebeldia – um credo ancestral –, permitindo que as pessoas ouvissem um rock idiota muito alto, mas mantivessem sua credibilidade hipster. Antes do grunge, sempre houve uma linha entre a música popular e a música underground; Journey de um lado, Dead Kennedys do outro. As pessoas apanhavam por ouvirem punk rock, principalmente nos Estados Unidos.

A Sub Pop embaraçou essa linha de uma vez por todas.

"Pouquíssimas pessoas entendiam todas as referências que eu e Calvin tínhamos", explica Pavitt. "Quando você apareceu, sentimos um vínculo instantâneo. Tínhamos essa música primal e pesada vinda de Seattle, que poderia ter sido descoberta por revistas de metal, mas não foi. Como foi canalizada através da sua perspectiva, ela teve uma característica diferente. Foi filtrada por uma compreensão mais profunda de música independente e punk rock. Nossa conexão ajudou – você falando comigo, eu falando com Mark Arm, Mark falando com Matt Lukin, e, de repente, surgiu uma afinidade entre você, que é muito letrado, e Lukin, um simples metaleiro. Se você tivesse apenas aparecido e começado a sair para as festas com Matt Lukin, vocês teriam uma dissonância cultural e nada disso teria rolado."

Chegando à casa de Bruce em Seattle, percebi que teria que dividir um colchão com meu fotógrafo, Andy Catlin. Nossas companhias eram uma estante de discos cheia de singles raros da Sub Pop – mesmo naquela época – e alguns pufes. De lá podíamos ver as altas torres gêmeas da rádio do Capitólio. Resolvi ficar. Dormir no chão não era novidade para mim, e eu adorava a ideia de ficar na casa do cara que comandava toda a operação. Andy se hospedou em um hotel na manhã seguinte.

Ainda tenho na minha mente a imagem de Bruce e eu vagando pela Pine Street, pela Ponte Interestadual 5 no ar gelado do inverno, passando pela grande loja de departamentos no centro da cidade. Ele explicava como 95% de todo o calor do corpo se dissipa pela cabeça. "Com licença, Legend!", ele me disse, "será que você se importaria de me emprestar seu capuz?". Então eu abri o zíper do capuz destacável da minha parca, e ele colocou sobre sua cabeça raspada. Devíamos parecer uma dupla esquisita: eu, tenso e tagarelando muito de tanta animação; e ele usando um capuz estranho para combinar com aquela barba épica, preenchendo minha falação com um silêncio hesitante e estranho.

Nós nos encontramos com Calvin e alguns amigos de Olympia para uma festa, onde dançamos a noite toda, sem nenhuma gota de álcool. Dançamos ao som do soul e do mod dos anos 1960, cada um curtindo os próprios passos. Parecia a regra em Seattle, celebrações musicais divertidas, frenéticas e inocentes.

Eu adorava os pequenos trevos no centro de cada rua, meticulosamente dispostos ao redor da área de Capitol Hill, flores e árvores crescendo em todos eles. Acordávamos cedo e caminhávamos em direção ao trabalho do Bruce, no 11º andar do Terminal Sales Building, na 1st Street com a Virginia, parando no caminho para tomar um café. Ali, encontrávamos a incrível assessora de imprensa de rádio Erica Hunter, cuja tarefa era divertir o ansioso inglês; os representantes de vendas Daniel House e Mark Pickerel; e músicos como Chris Pugh, do Swallow, e Tad Doyle, além de pessoas como Jonathan Poneman, um cara que sempre me lembrou um cachorrão fofo e peludo, e o fotógrafo Charles Peterson.

"Recebi a tarefa de entreter você, o jornalista inglês, até que eles conseguissem uma banda para você entrevistar", lembra Charles. "Levei você para o Starbucks no Pike Place Market. Na época, o Starbucks ainda era uma novidade. Você pediu dois cafés, pegou alguns cookies e um saco de grãos de café cobertos com chocolate. Eu fiquei, tipo: 'Meu Deus, ele vai ficar doido se consumir toda essa cafeína'."

Só depois de cerca de quatro visitas que eu comecei a reconhecer outras áreas de Seattle, além do pequeno trecho da 1st Street, em frente à Sub Pop:

todos os bares que frequentávamos ficavam no centro da cidade, em Belltown ou perto do Showbox, na direção contrária.

O Nirvana começou a trabalhar em seu álbum de estreia na véspera do Natal de 1988. "Não tínhamos mais nada pra fazer", comentou Krist. As letras foram finalizadas no último minuto: algumas foram escritas na noite anterior, outras no caminho para o estúdio. Chad se lembra de Kurt rascunhando "Swap Meet" no trajeto para Seattle, apoiando um pedaço de papel no painel do carro. A base de cerca de dez músicas foi finalizada com Jack Endino em cinco horas. Kurt não estava satisfeito com seus vocais, exceto o de "Blew", e só porque ele acidentalmente cantou no tom de Ré, muito mais grave do que o usual. Isso explica o clima quase vertiginoso, pesado e bêbado da faixa.

Entre as músicas gravadas, estavam "About a Girl", "School", "Negative Creep", "Scoff", "Swap Meet" (uma música muito Aberdeen sobre um homem e uma mulher que se encontram no Sunday Swap para vender enfeites, artesanato e quinquilharias domésticas em geral), "Mr. Moustache" (uma possível referência a caipiras raivosos como Dave Foster) e "Sifting".

"Nossas canções são sobre mudar a si mesmo, sobre frustração", Kurt me disse em 1990. "'School' era uma ideia surreal que eu tinha sobre estar na escola e ser exposto a panelinhas o tempo todo, aí quando você cresce tem que lidar com situações semelhantes com seus amigos em festas e clubes, exatamente como você fez no ensino médio."

"School" foi escrita sobre a irritação específica de Kurt em se perceber "de volta à escola" após os primeiros shows do Nirvana em Seattle, promovidos pela Sub Pop. "Se eu pudesse, teria inserido o nome do Soundgarden [na música]", ele comentou secamente.

"Paper Cuts" era bem mais horrível, inspirada na história real de uma família de Aberdeen que mantinha os filhos trancados num quarto – entrando apenas para alimentá-los e trocar os jornais sujos que as crianças eram obrigadas a usar para se aliviar.

"As músicas falavam principalmente sobre a vida da classe média baixa e coisas do tipo", diz Chad, "e havia algumas mais excêntricas, como 'Floyd the Barber', tiradas do *Andy Griffith Show*.[2] Não havia nenhuma canção que se destacava de forma especial. Simplesmente fui lá e gravei minhas partes, sabe? Eu não opinava muito nas decisões da banda. 'Swap Meet' era uma das minhas preferidas – ela e 'Negative Creep'. 'About a Girl' era uma música legal. Sempre curti 'Mr. Moustache', porque era muito engraçada. Eu gostava de todas. 'Big Cheese' deve ser uma das minhas músicas favoritas do Nirvana de todos os tempos".

"'Swap Meet' se chamava 'Swap Meat' originalmente, o que era mais engraçado",* comenta Endino.

"Você sabe a história de 'Negative Creep', não sabe?", Steve Fisk me perguntou. "Alguém me disse que era sobre o cara que morava do outro lado da rua, em frente ao duplex, e ficava aparecendo, quando o Kurt estava na rua, para dar em cima da Tracy."

"Isso parece muito a Pear Street de Olympia", insinua John Goodmanson.

Eu achava que fosse um tributo ao Mudhoney, uma música estrondosa, pesada, com o gancho "*Daddy's little girl/ Ain't a girl no more*",** imitando a letra do Mudhoney "*Sweet young thing/ Ain't sweet no more*"*** (de "Sweet Young Thing"). No fim das contas, como Kurt explicou à *Flipside* em 1989, ele não ligava muito para as letras: "Não acho que elas sejam tão relevantes", disse ele. "Desde que a linha da melodia seja boa; o gancho e a energia ao vivo são muito mais importantes [...]"

Talvez a música falasse sobre o próprio Kurt, com aquele refrão obscuro: "*I'm a negative creep and I'm stoned*".**** Tanto faz. Não é nenhum *Blood on the Tracks* ou alguma obra de William S. Burroughs. É rock 'n' roll, caralho. Está lá para ser arremessado para cima, junto com o baixo do Sr. Novoselic, por um breve e glorioso instante, e depois jogado fora. O significado das músicas não importa tanto.

A entonação, a energia, a ênfase que Kurt colocava em certas sílabas e riffs de guitarra sempre foram mais importantes para o Nirvana do que as palavras em si. Desconfie de quem disser o contrário.

Para finalizar o álbum, o trio voltou em cinco ocasiões ao estúdio de Jack – 29 de dezembro (cinco horas), 30 de dezembro (cinco horas), 31 de dezembro

---

* *Swap meet* (literalmente "encontro para trocas") se refere a uma feira para troca de mercadorias. *Swap meat* tem a mesma pronúncia, mas *meat* significa "carne", gerando uma expressão que pode ser traduzida literalmente como "carne para trocas". [N. E.]

** "A garotinha do papai/ Não é mais uma garotinha." [N. T.]

*** "Coisinha doce/ Não é mais doce." [N. T.]

**** "Sou um verme negativo e estou chapado." [N. T.]

(quatro horas e meia), 14 de janeiro (cinco horas) e 24 de janeiro (cinco horas e meia). Krist dirigia quase 650 quilômetros com sua Dodge branca de nariz achatado nos dias de folga; de Aberdeen até Olympia para pegar Kurt para o ensaio, depois até Seattle para pegar Chad, que tomava a balsa de Bainbridge... E fazia o mesmo caminho de volta para Aberdeen.

"Eles eram profissionais", diz Jack. "Era chegar, plugar, afinar: 'OK, ensaiaram as músicas? Ótimo. Vamos gravar, então'. A maioria das bandas da Sub Pop tinha profissionalismo. O Mudhoney chegava ensaiado, sabia tocar, todos os integrantes sabiam as músicas [...] "

Quando você não tem dinheiro, não fica perdendo tempo fazendo merda.

"Exatamente", responde o engenheiro. "Você não tem tempo para gastar dois meses no estúdio 'escrevendo as músicas' e decidindo se vai colocar dois ou três acordes antes de um verso. Eu amo o indie rock porque tudo acontece na hora. É isso. Temos que mixar amanhã. A satisfação é instantânea."

O indie permite a espontaneidade.

"*Sem dúvida.* Eu fiz muitos discos que levaram semanas para ser gravados – meses até –, e não me lembro com carinho de muitos deles. Os que ainda gosto de ouvir são os indie esquisitos, bandas estranhas que vieram e gravaram em um dia e tinham um brilho."

Eu ia perguntar sobre orçamentos de gravação...

"*Bleach*, 600 dólares. Foi isso mesmo. OK, próxima pergunta." Jack me olha perplexo, então percebe o motivo da questão. "Ah, verdade", ele suspira. "Nós dois estávamos com Jonathan no mesmo debate sobre grunge, em 1998.[3] Ele disse que tinha custado mais, e eu insisti: 'Não, eu tenho as planilhas do estúdio guardadas'. Ele acha que assinou um cheque mais alto. Ainda assim, o contrato do Nirvana está no EMP,[4] emoldurado, e está escrito 600 dólares nele. Eu sei o quanto gastamos. Foram 606,17 dólares. Mas essa conta não inclui 'Love Buzz' e 'Big Cheese', gravadas em uma sessão anterior, junto com 'Spank Thru', que entrou na *Sub Pop 200*, e 'Blandest', que está no box [*With the Lights Out*, 2004]. Essas quatro músicas foram gravadas durante as sessões de 'Love Buzz' por 150 dólares ou algo assim, então podemos somar uns 75 dólares pelas duas músicas – mas talvez eu já tivesse somado esse valor. De qualquer modo, não foi muito mais do que 600 dólares."

O *Bleach* foi gravado numa verdadeira névoa de remédio para tosse e álcool. "Estávamos todos doentes naquela época", Krist disse a Michael Azerrad. A banda estava tomando xarope de codeína, com receitas do Departamento de Saúde do Condado de Pierce. O dinheiro ainda era escasso: se uma música não fosse boa o suficiente para entrar no disco, gravávamos por cima.

Ouvindo o *Bleach* no contexto de 2006, ele ainda soa brilhantemente harmonioso – talvez a familiaridade atrapalhe nossos sentidos, pois, naquela época, dizia-se que ele soava muito heavy metal. Mas isso acontece porque o metal e a nossa percepção dele mudaram muito desde então. O metal ficou mais extremo. O Led Zeppelin já foi considerado metal. Hoje em dia, as pessoas só pensam neles como hard rock.

O próprio Kurt achava que o álbum tinha falhas: "O *Bleach* parecia realmente unidimensional", ele reclamou em 1992. "O álbum inteiro tem o mesmo formato – tem alguns *overdubs* de guitarra, mas é isso. Todas as músicas são lentas e sujas, afinadas para notas muito graves. E eu gritava muito". Como sempre, Kurt nunca estava satisfeito.

Hoje, *Bleach* soa vibrante e melódico, é um álbum que envelheceu bem. Naquela época, "About a Girl" se destacava, a música estridente de amor com uma introdução melancólica ao violão – e "Blew", talvez. Havia um torpor parecido demais com os Melvins, e muito pouco do fervor pop underground de Olympia. Nem todos os críticos concordavam: Simon Reynolds, ao resenhar *Sub Pop 200* para o *Melody Maker*, chamou o Nirvana de "complexo demais, para seu próprio bem".

Mas isso era num tempo em que todos esperavam que qualquer lançamento da Sub Pop teria gente de cabeça baixa, nenhum *nonsense*, cabeleiras balançando, três acordes.

"Acho que a presença de 'About a Girl' no disco era algo que deixava Kurt meio ansioso", disse Endino a Gillian G. Gaar. "Mas ele insistiu muito nisso. Ele falou: 'Eu tenho uma música totalmente diferente das outras, Jack, você tem que me ajudar, porque nós vamos produzir uma canção pop de verdade'. Em algum momento, surgiu a questão, caramba, se a Sub Pop ia gostar daquilo, mas decidimos: 'Quem liga?'. A Sub Pop não disse nada. Na verdade, acho que eles gostaram bastante. O Jonathan é louco por pop. E o Bruce já não gostava muito do *Bleach* mesmo, acho que ele considerava um álbum meio heavy metal."

Kurt já havia escrito outras canções pop semelhantes a "About a Girl" – como a famigerada e angustiante história de estupro, "Polly" –, mas tinha se segurado para não usá-las. Ele sabia que não era a hora certa.

"Fizemos o *Bleach* unidimensional de propósito, mais 'rock' do que deveria ser", disse Kurt a Michael Azerrad. "Houve pressão por parte da Sub Pop e da própria cena para que tocássemos um 'rock' desconstruído e que lembrasse Aerosmith."

Três músicas remixadas da demo com o Crover acabaram entrando na versão final do álbum: "Floyd the Barber", "Downer" e "Paper Cuts". "Eles não gostavam de como Chad tocava aquelas músicas", comenta Endino. "Dale havia composto a parte da bateria dessas três faixas; por isso ele tocava melhor. O Chad era bom nas músicas que eles tinham composto juntos. Bateristas são assim."

Na noite anterior à primeira sessão de gravação, a banda ficou em Seattle, na casa de um amigo de Dylan Carlson, Jason Everman. Ele também era produto de um lar desfeito e ex-residente de Aberdeen. Everman havia passado alguns verões trabalhando como pescador profissional no Alasca, e aquilo foi útil quando o Nirvana pediu um empréstimo para cobrir os custos de gravação do álbum.

Jason prontamente desembolsou o dinheiro.

A banda partiu em sua primeira turnê pelos Estados Unidos em alto astral. Foi só uma temporada de duas semanas na Costa Oeste, como banda de apoio para o Mudhoney e os Melvins – ida e volta para a Califórnia –, mas fez maravilhas pela autoconfiança deles, mesmo com o logotipo da Sub Pop em maior destaque do que o nome do Nirvana nos panfletos.

"Fomos na van branca de Krist", lembra Chad. "Antes de sairmos, ele construiu um beliche na parte de trás, logo abaixo das janelas dos fundos. Ele também serrou a maçaneta por dentro, para que só fosse possível entrar na van abrindo a porta por fora com a chave. Mesmo quebrando as janelas, ninguém conseguiria entrar. Lembro-me de colocar os amplificadores de lado e eles passarem certinho. Até hoje, as bandas usam esses beliches. Eles são inexpugnáveis, a menos que você tenha um maçarico de solda."

"Eu fechei as datas das primeiras turnês do Nirvana", diz Danny Bland, músico de Seattle. "A Sub Pop era apaixonada por eles, assim como as pessoas de Seattle, mas, fora dessa região, ninguém ligava muito. Fizemos nossas paradas ao longo da Costa Oeste. Todas as bandas da Sub Pop paravam nos mesmos lugares. O Raji's era uma parada; também havia o Pyramid, em Nova York; o Chatterbox, em São Francisco; o Jabberjaw, em Los Angeles; o Satyricon,[5] em Portland; Santa Barbara; e o campus da Universidade da California em Davis.

"Fiz um fanzine em Boston", conta a promotora independente Debbi Shane. "Naquela época, as gravadoras indie eram pequenas máquinas de fazer *hype*. Quando a Sub Pop lançou o primeiro single do Soundgarden, sua pequena máquina de *hype* começou a rodar rapidamente, aumentando a atenção que todas as suas bandas recebiam. O Mudhoney era ótimo. Eu tenho o single deles em vinil marrom. Depois veio o Nirvana. Comprei o 'Love Buzz' em Eugene, Oregon, e fiquei encantada. Eu estava tão animada. Eu era uma grande fã. Candice [Pedersen, sócia da K] veio morar conosco [em São Francisco] por uma temporada. Ela conhecia o Nirvana. Eles queriam que ela fosse empresária deles, mas ela não se sentia qualificada. Fomos a um show, e eu me identifiquei muito com as letras de Kurt, achei que ele era um gênio.

"No Covered Wagon, em São Francisco [10 de fevereiro], eles tocaram com os Melvins", Debbi continua. "Foram incríveis. O que me marcou foi o constrangimento depois do show, nos bastidores, quando perguntei a Kurt sobre o que era 'Spank Thru'. Eu tinha lido tantas coisas que imaginei que Kurt tivesse inventado alguma metáfora muito legal. Mas, basicamente, é o que é. Eles meio que riram de mim, mas como eu estava com a Candice eles foram fofos."

Qual foi sua primeira impressão ao conhecer o Kurt?

"Ele era amável, quieto e quase tão ridiculamente tímido quanto eu. Não tivemos muita interação. Não me lembro de ter pensado: 'Esse cara é um idiota'."

Foi em São Francisco, quando estavam a caminho da clínica pública Haight-Ashbury para pegar mais remédios para a gripe, que a banda notou uma grande campanha de cartazes de prevenção da aids. Os outdoors encorajavam os usuários de drogas a "desinfetar seu material" (higienizar as agulhas com água sanitária para matar o vírus). Kurt tinha pensado em chamar o álbum de *Too Many Humans*, mas, depois que ele, Jon e Bruce ficaram brincando com a frase, a ideia de que um alvejante [*bleach*, em inglês] poderia – como Bruce Pavitt colocou – "virar uma substância tão valiosa" ficou em sua cabeça.

O show no Covered Wagon foi, conforme um relato, uma triste experiência. Não havia quase ninguém lá. A banda, abatida pelas circunstâncias, por shows cancelados e pela necessidade de conseguir o dinheiro da gasolina, foi levada depois para tomar uma sopa gratuita, oferecida pelos Hare Krishna. Mais tarde, sete pessoas dividiram um apartamento: um momento miserável, ou a realidade de viver a ascensão da banda que até hoje é ouvida no mundo inteiro? Pode ser emocionante compartilhar suas noites, drogas e amigos de forma tão íntima, sobretudo quando se está começando.

Na noite seguinte ao show em São Francisco, o Nirvana tocou em Palo Alto, abrindo para o Mudhoney. O guitarrista do Mudhoney, Steve Turner, considera essa apresentação do Nirvana como a sua preferida.

"Fizemos um pequeno show com eles num lugar que era como uma fachada de loja, com uma grande vitrine de vidro e um palquinho", ele lembra. "O Kurt estava rolando no palco e meio que girou para trás, conseguindo se equilibrar na própria cabeça e seguir tocando guitarra – foi a coisa mais bizarra porque parecia mágica, ele equilibrado na cabeça, sem usar as mãos. Não era uma grande multidão, talvez umas 50 pessoas, e os caras estavam rindo de como aquilo era absurdo. O Nirvana foi um desastre, mas de um jeito incrível e caótico."

Eles voltaram para Seattle a fim de tocar no HUB Ballroom, na Universidade de Washington, em 25 de fevereiro – um show para todas as idades, quatro bandas por quatro dólares.

Kurt não tinha muita experiência em cantar e tocar guitarra ao mesmo tempo: precisavam de um segundo guitarrista. Jason Everman parecia ter o que eles buscavam. "Estávamos prontos para aceitar qualquer um que soubesse tocar guitarra", disse Kurt. "Ele parecia um cara legal e tinha o corte de cabelo da Sub Pop." Então Jason entrou para a banda e, mesmo sem tocar no álbum, ele foi creditado no encarte. "Só queríamos que ele se sentisse em casa", explicou Krist.

O primeiro show de Jason com o Nirvana foi numa festa do alojamento estudantil na Evergreen, regada a muito álcool. Problemas não demoraram a surgir. Embora Jason gostasse de punk rock, curtia bem mais speed metal – não o punk "descolado" de Olympia, mas exercícios movidos a testosterona para descobrir quão alto e rápido alguém consegue tocar guitarra. O som da guitarra dele era muito mais "metal" do que o de Kurt.

"O que você ouve no disco era basicamente o som da banda", diz o técnico de som Craig Montgomery. "Ao vivo, era mais caótico. Mais barulhento. Com Jason na banda, eu ouvia os guitarristas nos fones de ouvido, tentando descobrir quem estava fazendo o quê – e apenas a guitarra de Kurt fazia algum sentido. O que saía do amplificador do Everman era um barulho tremendo. Não que não fizesse sentido, mas não soava bem. Tenho certeza de que ele tocava os acordes certos, mas o som não era bom. Para que a mixagem funcionasse, eu sempre tinha de usar a guitarra do Kurt como base."

"Jason foi bem no começo", diz Chad, sendo leal. "Ele gostava muito de speed metal. Mostrou para mim algumas bandas de metal mais obscuras, como Testament e Celtic Frost, antes de elas virarem glam. Nós já nos conhecíamos, porque ele havia tocado na minha antiga banda Stone Crow – que era de speed metal. Nossas influências eram Destruction, Possessed e Slayer, esse tipo de som.

"Jason era um cara trabalhador", acrescenta o baterista. "Ele meio que curtia mais a cena musical do que a música em si. Nós saíamos para comprar discos, e ele pegava todas as novidades. Ele era o fã que teve a chance de tocar com as bandas que amava. A dinâmica do Nirvana não mudou muito quando ele entrou. Essencialmente, Kurt sempre quis alguém que tocasse junto com ele, de modo que ele não tivesse que se concentrar tanto. Então Jason se segurou um pouco e manteve as partes rítmicas."

"Assisti ao primeiro show deles com o Jason em São Francisco", lembra Jonathan Poneman. Isso contraria a história de que o Nirvana fez sua primeira grande apresentação com Jason no HUB Ballroom, mas documentos descobertos recentemente confirmam a afirmação de Jonathan. O novo baixista dos Melvins, Joe Preston, entrevistou o Nirvana para seu fanzine *Matt Lukin's Legs*, no Covered Wagon – e Jason estava presente.[6]

"Não posso confirmar o lance do sopão", continua Poneman, "mas posso confirmar que Bruce e eu viajamos com o Nirvana para Palo Alto na noite seguinte. Foi a primeira vez que ouvi NWA,[7] na van do Nirvana. Ninguém se esquece da primeira vez que ouve [o álbum de estreia do NWA] *Straight Outta Compton*. Todo mundo lembra. Personalidades à parte, o Nirvana ficou muito mais poderoso depois do Jason. O fato de a banda ter contratado outro músico auxiliar deve significar que Kurt também gostou do resultado [...].

"Então eu chego ao show e encontro mais um cara no palco!", Poneman continua. "Kurt diz: 'É minha surpresa para você' – porque eu insistia que ele precisava de outro guitarrista. Eu não sei se era porque tiravam os pedais de volume, mas eles tocavam esse som monstruoso, aí o Kurt fazia um solo e, de repente, o som ficava fraco, minguado. Esse foi o primeiro show que eles fizeram como um quarteto, e foi bom pra caralho."

Você sempre gostou mais de metal do que eu...

"Eu gostava mesmo", ele concorda. "Não metal, mas algo mais parecido com o Soundgarden. Eles eram a grande banda da época. Depois, o Kurt, ou a

Courtney, um dos dois, escreveu que o Soundgarden era um rock cabeça-oca, mas o Kurt amava Soundgarden desde sempre."

O que você estava fazendo há 15 anos?

"Eu tinha acabado de sair do ensino médio", responde Rob Kader, fã do Nirvana. "Eu trabalhava na delicatéssen do meu tio em Eastlake, junto com alguns punks do Tennessee. Depois do trabalho, eu ia até a casa deles no University District e bebia, usava psicodélicos e ouvia música. Eles tinham esse colega de quarto, Jason Everman..."

Você pode descrever o Jason?

"Jason era muito amável. As pessoas o retratam como um cara com problemas para controlar a raiva, mas ele era um bom amigo. Era o único sóbrio da casa – e, na época, era como um irmão mais velho para mim. Ele me mostrou o single 'Love Buzz' quando foi lançado, e aquela maravilha me surpreendeu. Fiquei tipo: 'Porra, você tem que entrar nessa banda!'. O show do HUB Ballroom foi o primeiro gostinho da Sub Pop para mim. Entrei no banheiro depois de um ótimo set do The Fluid[8] – e logo depois o Krist entra, um cara grande e engraçado, gritando e falando sem parar. Eu pensei: 'Cara, isso é tão legal'."

Como eram as pessoas da banda?

"Eles eram caras muito pé no chão. Mais tarde, fomos para a casa do Jason, e o Kurt estava fumando um, tentando relaxar depois de uma performance feroz. Todo mundo estava bem tranquilo, até que eles acabaram no quarto do Jason e começaram a examinar sua coleção de discos. O Jason tinha uma coleção bem eclética, mas tiraram sarro do seu extenso e obscuro acervo de metal. Ha, ha."

Algo marcante sobre a performance deles naquela noite?

"Só a intensidade. A banda inteira, Kurt em particular, tocou até não sobrar nada. Era brutal o quanto ele exigia do próprio corpo. Às vezes eu ia falar com o Kurt depois dos shows, e ele estava tão exausto que não conseguia nem conversar. Algumas pessoas podem pensar que eram drogas, mas ele estava sóbrio em todos os shows a que assisti."

O que você acha que o Jason trouxe para a banda?

"Ele levou muito cabelo", ri Rob. "E também entrou com algum dinheiro. Acho que... alguma crocância. Tenho certeza de que foi bom para o Kurt – enquanto ele estava com dificuldades – ter um segundo guitarrista. Ter um segundo guitarrista trouxe mais segurança à psique de Kurt, permitindo que ele tocasse e se movimentasse com mais liberdade."

O show do HUB Ballroom foi minha primeira experiência com o Nirvana ao vivo.

Fiquei decepcionado. Eu adorava o single deles, mas o que era aquela bagunça de barulho, cabelos e papo de gente bêbada? Eu achava que o som deles era mod – uma definição crucial para este garoto inglês[9] –, mas era tudo menos isso. Era apenas mais um Blood Circus ou Cat Butt; outro compêndio disforme do barulho pelo barulho, sem melodias pop, nem faíscas nem nada. Claro, eles pareciam pessoas divertidas e espirituosas: principalmente o Krist, que estava determinado a causar uma boa impressão, custasse o que custasse. Perto de personagens como Tad Doyle e seu humor grosseiro e perverso, porém, aquele quarteto de Aberdeen parecia insignificante. Ao contrário do que foi dito anos depois por pessoas que não estavam presentes, a multidão também não ficou muito impressionada: as rodas de pogo e o público se jogando do palco freneticamente,[10] relatados como parte do set do Nirvana, aconteceram com mais ênfase enquanto o Fluid estava tocando – existe uma fotografia linda do Peterson tirada naquele dia, que entrou na reedição do *Sub Pop 200*, mostrando a multidão como um borrão de emoção e suor. O Nirvana enrolava muito entre as músicas para inspirar aquela movimentação.

Mas eles realmente destruíram seus instrumentos – após a apresentação, a gerência suspendeu as reservas de shows por um tempo por causa dos danos ocorridos durante o set do Nirvana.

Na lateral do palco, durante o show do The Fluid, eu comentei que gostaria de me apresentar. Dava para imaginar os pensamentos voando pela cabeça de Jon e Bruce, como: "Quem diabos é este cara? Pagamos para ele vir aqui e escrever um grande artigo sobre a gravadora e agora ele quer subir ao palco? Bom, melhor a gente fazer esse agrado...". Então a vocalista do Girl Trouble, os reis (e rainha) do garage rock de Tacoma, me ofereceu uma guitarra emprestada – um instrumento chique dos anos 1960. "Você não vai ser rude com ela, vai?", ela perguntou, notando o brilho nos meus olhos. Por Deus, vou sim. Ops, quero dizer, não. Então subi ao palco pouco antes do Girl Trouble (o Skin Yard faria a apresentação principal), bêbado, declamando minhas versões de "I'm Down", dos Beatles, e "You're Gonna Miss Me", do 13th Floor Elevators, na cara dos experts do rock de Seattle, antes de chamar o público para cantar comigo "Sweet Soul Music" *a capella*...

"Vocês gostam de música boa?", eu gritei. Então 800 vozes gritaram de volta: "SIM! SIM!". Eu emendei outro cover, de "Do Nuts", dos Inkspots.[11] O público adorou. Gostei dessa cidade.

Naquela noite, posso dizer que o Nirvana foi derrotado em todas as frentes. Ao longo da semana inteira, Jonathan ficou me empurrando a banda, com muita cerveja mexicana. Era o ponto principal do caminho para dominar o mundo. Comecei a pensar que eram as divagações iludidas de uma mente febril. Mas acho que eu era minoria, mesmo naquela época...

"Fotografei o Nirvana ao vivo pela primeira vez no HUB Ballroom", lembra Charles Peterson. "Eles me surpreenderam totalmente. Surpreenderam todo mundo, na verdade. O boca a boca estava a todo vapor. Você estava naquele show?"

Sim. Você gostou? Eu achei uma merda.

"Isso é porque você não os viu quando *realmente* foram uma merda", ele ri. "Gostei deles porque visualmente eram diferentes de tudo o que eu já tinha visto. Destruíram o palco. Não sei se foi influência do Jason, porque ele era muito intenso. Ele tinha o 'grunge' dentro dele."

"Foi a primeira vez que vi, ao vivo, alguém se jogar do palco", lembra Craig Montgomery. "Eu nunca fui um grande fã daquilo porque estragava o som. Eu só queria curtir as músicas. Eu odiava quando algum palhaço no palco ficava batendo no pedestal do microfone e chutando os pedais do guitarrista. Não tinha nada a ver com música. Era como uma emoção barata ou um jogo de futebol. Mas eu também não acho que o Nirvana curtisse aquilo. Para mim, o Kurt preferia ser ouvido a ficar vendo gente se jogando do palco. Principalmente mais tarde, quando começaram a aparecer os machões descarregando testosterona."

Em uma entrevista realizada naquele dia para o jornal *The Daily*, da Universidade de Washington, Krist e Chad admitiram ganhar dinheiro lavando louça, enquanto Jason vivia de renda e Kurt vivia nas costas de sua namorada Tracy.

"Eu quero viver da banda", disse Kurt ao jornalista Phil West, "mas, se não der, vou me aposentar no México ou na Iugoslávia com algumas centenas de dólares, plantar batatas e aprender sobre a história do rock 'n' roll lendo as edições antigas da revista *Creem*".

Kurt fez 22 anos em fevereiro de 1989.

Ele passaria a maior parte do ano em turnê com o Nirvana – mais de 100 shows em contraponto às poucas dúzias nos dois anos anteriores – e fazendo arte no apartamento de Tracy na Pear Street, em Olympia. Ele pintava com qualquer coisa que estivesse à mão: tintas acrílicas, marcadores de texto, latas de spray, sangue, canetas, lápis – e em qualquer tela improvisada que pudesse encontrar nas lojas de segunda mão da cidade, até mesmo no verso de jogos de tabuleiro. Em raras ocasiões, chegou a pintar usando o próprio sêmen. Ele pintava alienígenas, crianças doentes e imagens infantis toscamente distorcidas, utilizando figuras pop iconográficas como Batman e Barbie – e suas pinturas eram feitas cada vez mais em três dimensões. Levado pela vontade de se expressar, Kurt começou a colecionar lixo e itens efêmeros em geral: carros de brinquedo, bonecos colecionáveis, bonecas sem cabeça – a maioria seria quebrada ou derretida posteriormente no quintal para se tornar parte de seus esforços artísticos. Sua arte era obscura, distorcida e perturbadora: órgãos sexuais masculinos e femininos eram trocados e recebiam novas camadas de significado. Ele pintava de cueca, com camisetas de bandas customizadas, com suéteres listrados – ou seja, pintava nos momentos em que não estava descansando nem vendo TV, nos intervalos entre os ensaios, as anotações para músicas em seu diário e a busca de equipamentos baratos em lojas de caridade.

"Aberdeen tinha muitas dessas lojas de segunda mão", diz Ian Dickson, rindo. "Nós viajávamos muito de carro – saíamos de Olympia e nos encontrávamos sempre em Tacoma. O Kurt também sabia onde ficavam todas as casas de penhores, porque estava sempre procurando equipamentos musicais. Ele ficava dirigindo por aí..."

Que tipo de coisa ele comprava?

"Pedais de efeitos", responde Dickson. "Mudhoney, Nirvana e os caras do grunge mudaram a indústria dos pedais de efeitos. Antes do sucesso do Nirvana, Kurt se esforçava muito para conseguir os pedais que queria, pois eles não eram mais fabricados. Eles eram feitos pela MXR nos anos 1970, e a MXR faliu. Kurt e Dylan estavam sempre procurando – Tacoma era uma mina de ouro porque estava fora do mapa. Aquele equipamento era altamente técnico. O Kurt era artista e tinha muitas ideias malucas, mas ele também sabia o que queria e tentava praticamente de tudo para conseguir."

Eu lembro em linhas gerais do meu primeiro encontro com o Nirvana e de uns detalhes sutis. Foi num dia ensolarado de inverno em Seattle, à beira do lago, a cerca de dois quarteirões do apartamento de cobertura da Sub Pop na 1st Avenue e a dois minutos a pé do Pike Place Fish Market. Uma pequena área verde, muito apreciada por mendigos e mascates de bicicleta, serviu como local para a primeira grande entrevista do Nirvana. Lembro-me bem porque, no dia do funeral do Kurt, em 1994, o pastor nos instruiu a procurar o lugar que era mais especial para nós em relação ao Nirvana e lembrar deles dessa maneira. Achei que ele estava falando uma besteira, mas fui até lá mesmo assim, principalmente porque senti que os outros oradores daquele dia eram ainda piores.

Jonathan me ajudou a descer a encosta íngreme para conhecer os quatro caras que formavam o Nirvana: Kurdt Kobain (como ele grafava seu nome na época), Chris Novoselic (também a grafia original), Chad Channing e o guitarrista temporário Jason Everman. Poneman, mestre da hipérbole, já estava me enchendo de meias verdades e promessas sobre o potencial do Nirvana.

"Eles são de verdade", ele me disse em uma citação que, mais tarde, tomei como minha, mas depois, para minha eterna vergonha, foi repetida em todo o mundo. "Nenhuma invencionice de astro do rock, nenhuma perspectiva intelectual, nenhum plano para dominar o mundo. Estamos falando de quatro caras da zona rural de Washington, com seus 20 e poucos anos, que querem fazer rock. Estamos falando de quatro caras que, se não estivessem fazendo isso, estariam trabalhando em supermercados ou serralherias, ou consertando carros."[12]

Jonathan sempre teve um ótimo jeito com as palavras. Eu poderia jurar que ele tinha perdido sua verdadeira vocação se não fosse mil vezes mais rico do que eu.

"Kurdt Kobain é um grande construtor de melodias", continuou ele, "embora ainda seja um compositor relativamente jovem. Ele domina um riff com paixão. É o arquétipo do cara trivial: magrinho, impetuoso e de uma classe trabalhadora intransigente. Suas letras provincianas e espirituosas lembram um Mark E. Smith[13] americano. O Nirvana lida muito com as temáticas típicas do Calvin Johnson: inocência e repressão da inocência. As músicas do Nirvana retratam o banal e o prosaico através de um ponto de vista único".

A própria banda estava animada, entusiasmada para conhecer um crítico musical da Inglaterra, louca para distorcer a verdade, não por propósitos sinistros, mas por pura diversão. Jason disse que havia trabalhado como pescador comercial no Alasca por três anos – verdade! Chris, o baixista esguio e afável, me informou que já fora um escalador de árvores profissional – mentira! Kurdt contou que seu rato de estimação havia mordido o Bruce Pavitt uma vez – verdade![14] O vocalista também admitiu adorar os Pixies, me contou como a banda já havia sido rotulada como adoradora de Satanás em sua cidade natal e relatou uma breve discussão que ele teve com um ambulante que vendia fitas.

"Quanto custam estas?", ele perguntou.

Um dólar, foi a resposta.

"Que merda", disse Kurdt. "Um dólar por uma fita cassete do Van Morrison? Algumas lojas de penhores por aqui podem te dar 20 dólares por elas."

O cara desapareceu depois de tentar nos vender haxixe.

"Nós armamos essa cena", Chris afirmou. "Para você ter um gostinho das bizarrices da cultura americana. Ele é o quinto membro do Nirvana."

O Jonathan parou para ver como estava indo a entrevista e nos incentivar a criar citações mais ridículas. Um gato de coleira passou por nós. Tive um ataque de tosse de cinco minutos e quase morri asfixiado.

O início do meu relacionamento com o Nirvana não foi o mais auspicioso, embora a banda tenha revelado parcialmente suas preferências musicais: "Aerosmith, Tuxedomoon,[15] NWA, Herman's Hermits [grupo pop dos anos 1960], Leadbelly, hard rock, punk rock, power pop, hip hop, Sub Pop...". Alguns meses depois, quando a entrevista finalmente saiu no *Melody Maker*, Everman já havia deixado a banda. Então, fazendo jus ao modo como a imprensa musical ficou consagrada, adulterei a conversa – ficou parecendo que eu tinha falado só com três pessoas. Pouco importava. Eu não sabia quem era quem mesmo.

Na verdade, o Nirvana deixou uma impressão bem rasa em mim. Havia muitas outras coisas acontecendo durante minhas duas primeiras semanas nos Estados Unidos – por exemplo, uma viagem a Olympia, minha Meca pessoal –, que desviaram minha atenção daqueles jovens que pareciam, de alguma forma, deslocados dos outros. Claro, eu tinha consagrado "Love Buzz" como o Single da Semana, mas eu conhecia muitas bandas que haviam conseguido algum destaque rápido antes de desaparecerem.

Bleach chegou às ruas em 15 de junho de 1989. O texto do *press-release* da Sub Pop ostentava: "O peso hipnótico e verdadeiro destas estrelas pop de Olympia. Eles são jovens, eles possuem a própria van e eles vão nos deixar ricos!". As primeiras mil cópias foram produzidas em vinil branco. As 2 mil seguintes vinham com um incrível pôster criado por Charles Peterson.

Escolher uma capa foi um problema. Alice Wheeler havia feito uma sessão de fotos, mas não obteve bons resultados. "O Nirvana veio à minha casa numa tarde", disse ela a Gillian G. Gaar. "Nós subimos a rua e tiramos algumas fotos, mas elas não ficaram tão boas. O Jason era como o Sr. Glam ao lado do Kurt; o Kurt ficou bem apagado na maioria daquelas fotos. Não gostei muito delas. A banda não gostou delas. O Bruce, por outro lado, adorou. Porque ele amava a ideia de um caipira medonho de Aberdeen."

O que acabou virando capa foi uma das fotos de Tracy Marander – uma imagem do Nirvana ao vivo na galeria de arte Reko Muse, em Olympia. Foi uma noite divertida: Ben Shepherd liderou os amigos naquela dança *worm* e Shelli e Krist se reconciliaram.

A máquina de hype da Sub Pop começou a funcionar a pleno vapor. Minha matéria de duas partes no *Melody Maker* foi publicada nos dias 18 e 25 de março – funcionando como os primeiros estágios para gerar uma explosão de interesse pela música, dentro e fora da cidade. Quase da noite para o dia, Seattle se tornou o lugar a se mencionar para impressionar alguém. Claro, ajudou o fato de o Mudhoney ter iniciado sua turnê de estreia no Reino Unido, abrindo para o Sonic Youth, na semana seguinte ao lançamento do primeiro artigo – além de eles serem incríveis. Mas o Nirvana estava chegando lá...

"Kurt tinha uma guitarra Fender Mustang marrom de madeira com um adesivo do Soundgarden colado", lembrou Jason Troutman, ex-colega de quarto de Jason Everman. "E ele simplesmente a destruiu no Annex Theatre, em Seattle [7 de abril de 1989]."

"Eles estavam enlouquecendo naquele show", confirma Poneman. "Kurt foi erguido no ar pela multidão pela primeira vez, o que foi como um rito de passagem que só o Mark Arm já conhecia. Foi um ato realmente tribal. Naquela noite, Bruce finalmente aceitou que o Nirvana era muito bom."

Uma semana depois, eles tocaram na cidade natal do Screaming Trees, Ellensburg – uma apresentação brutalmente mutilada por um técnico de som apático, mas de onde saiu um fã instantâneo: o vocalista do Trees, Mark Lanegan.

"Eles me deixaram chocado", disse ele à revista *Spin* em 1995. "Foi como ver o The Who em seu auge. Após duas músicas, algum idiota que trabalhava lá parou o show – tinham extrapolado o limite de tempo. Eles então ficaram parados por um segundo, e o Krist começou a jogar seu baixo para cima, até o topo de um teto de seis metros, e conseguia pegá-lo de volta com uma mão. Enquanto isso, o Kurt aumentava pra caramba o amp, e o gerente de turnês deles começou a trocar socos com o idiota. Isso tudo em Ellensburg!"

Mas nem todos estavam convencidos. O futuro produtor do Nirvana, Steve Fisk, viu o mesmo show: "Eles eram terríveis. Eles não conseguiam se organizar para tocar uma música. Kurt quebrou uma corda, correu para um canto e começou a dar um chilique. Começou a jogar a guitarra dentro do *case*. As duas músicas que ouvi não levaram a nada, parecia uma daquelas *jams* sem sentido da SST. Quando Jason começou a sacudir a cabeça fora da batida, eu só disse 'posers' e saí andando. Quem tem um cabelo como aquele tem que chacoalhar na batida, ou parar de tentar. O PA era péssimo. Eu tinha trabalho a fazer, então fui embora".

"Eu estava ansioso para ver o Nirvana na Reko Muse", diz Goodmanson sobre outro show do início de 1989. (O Nirvana tocou lá duas vezes: o lugar era coadministrado por Kathleen Hanna, futura vocalista do Bikini Kill.) "O *flyer* dizia: 'Industrial Nirvana'. Foi um show de deboche. O Nirvana se cansou de tocar de graça e decidiu tirar sarro de todo o conceito. Eles tocaram um set de noise... um set de noise muito ruim."

"Acho que a Tobi Vail tocou um pouco com eles naquela noite, pegou minha bateria eletrônica e tocou algumas batidas repetitivas", acrescenta Slim Moon.

"Foi uma jam de noise", admite Vail. "Foi divertido. Todos se conheciam. O Nirvana tocou com um monte de amigos. Não tenho ideia de como ficou o resultado. Mas fiquei com as mãos cheias de bolhas depois."

Dane-se. Uma vez que a máquina de hype começa, não há como parar.

> "A Grã-Bretanha está atualmente dominada por uma erupção que emana de uma pequena e insignificante cidade americana na Costa Oeste, Seattle", escrevi no *Melody Maker*. "Seattle, lar de Quincy Jones, Bobby Sherman, Heart, Bruce Lee e da Space Needle (como consta no filme de Elvis Presley de 1962, *Aconteceu na Feira Mundial*). Agora existe um novo candidato à fama – o empório de gravação da Sub Pop, localizado na cobertura do Terminal Sales Building [...]
>
> "Parece que, do nada, estão surgindo hordas de bandas de guitarras beberronas, sem nada a perder, sujas, violentas, com um pé no início dos anos 1970 e o outro no túmulo do punk rock. Nomes como Tad, 'o Meatloaf da New Wave' e sua banda subversiva, e o incrível Nirvana, vivo por um triz, mas já um dos melhores expoentes do mundo na arte de juntar uma simples canção instintiva de dois acordes a oceanos de alto-falantes [...]"

Meu uso da palavra "suja" [ou *grunge*, no original] no parágrafo anterior não foi o primeiro uso em um jornal de música do Reino Unido – eu mesmo já a havia utilizado para descrever o som do Happy Mondays, os reis largados e ferrados de Manchester, um ano antes –, mas foi o primeiro uso no contexto que a deixou infame.[16]

Quando o Nirvana tocou no Lamefest '89, em 9 de junho, o Moore Theatre estava estourando de expectativa. Era o maior lugar onde o Nirvana tinha tocado até então, e eles não decepcionaram. A essa altura, a banda estava a todo vapor – instrumentos sendo quebrados, o pacote completo.

"Kurt ficava girando a guitarra pela alça em volta do pescoço", lembra Joe Newton, baterista do Gas Huffer. "Eu estava, tipo: 'Este cara vai se machucar!'. Eles tinham essa entrega que o rock 'n' roll tem que ter, esse lance de 'rolar no vidro'. Só a capacidade de desapegar da própria mortalidade... e não ter medo de se machucar. Eu não consigo. Sempre fiquei puto, tipo: 'Eu também não tenho grana para comprar nada disso, como eles podem quebrar tudo? Me dá, eu levo!'."

"Foi muito divertido", comenta Chad. "O show foi anunciado com semanas de antecedência. Eu ainda tenho o flyer da apresentação, ele é o maior no qual já estive envolvido: tinha Mudhoney, Tad e Nirvana. Foi louco. Um ano antes, essas três bandas nunca conseguiriam fazer um show no Moore – e a maioria das pessoas no mundo sequer tinha noção de quem eram essas bandas! A menos que você morasse em Seattle, você certamente se perguntaria: 'Que diabos está acontecendo?'."

"Naquele show, eles lançaram as primeiras cópias de *Bleach*", lembra Rob Kader. "Peguei quatro delas em vinil branco, estava muito animado de tê-las. Quanto mais eu ia aos shows do Nirvana, mais impressionado eu ficava por eles serem tão inclusivos e humildes. Eu entrei na van do grupo após a apresentação e ficamos conversando, decidindo se iríamos pra alguma festa depois dali. Uma festa grande estava rolando no Annex Theatre, e as pessoas começaram a nos chamar para ir. Todos da Sub Pop estavam lá. Kurt apenas deu de ombros e resolveu ir para casa."

Na noite seguinte, o Nirvana foi convidado pela Sub Pop para substituir o Cat Butt em Portland. O Kader vai relembrar essa história.

"Chegamos num pequeno clube, descarregamos, fomos comer uma pizza, voltamos e ficamos, tipo: 'Cacete, não tem ninguém aqui'. O lugar era hilário. Parecia uma zona de guerra. Eles tinham uns sacos de areia e um monte de arame farpado falso. Devia ter umas 12 pessoas lá. A banda começou a rabiscar um set list e olhou para mim, rindo: 'Foda-se, vamos tocar o que você quiser'. Tracy estava comprando cerveja atrás de cerveja para mim, então eu já estava no brilho, aí no meio do set deles eu pedi 'Sifting' pela segunda vez, no que o Kurt respondeu: 'Porra, nós já tocamos essa!'. Então o Jason disse: 'Cara, pede 'Big Long Now'. Foi o que eu fiz, já que é uma das minhas favoritas. Nisso, o Krist gritou: 'Nós não tocamos mais essa'. Em vez de esperar que eu pedisse outra, eles decidiram encerrar o show com uma versão de 'Do You Love Me?' que tinham acabado de gravar para o tributo ao Kiss.[17] Foi mais ou menos isso."

Adendo 1: Olympia *versus* Seattle

"Nós não gravamos o single achando que seria o Single da Semana", responde Al Larsen. "Lançamos aquele single e tiramos várias fotos, andando de bicicleta pela cidade. Fotos muito sem graça, e de propósito. Se você quebrar tudo de uma vez, não vai fazer sucesso... mas se quebrar só uma coisinha... Entende? As pessoas ficavam meio 'eles têm um nome estranho, fotos idiotas, o cara não sabe cantar. OK, é genial, mas eles não vão muito longe'."

Quando elegi esses três discos como Single da Semana foi porque achava que todos os três eram ótimos. Para mim, nenhum se destacava mais que os outros, mas algumas pessoas achavam que havia, sim, uma diferença.

"No início de novembro de 1991, eu trabalhava na Sub Pop. Parecia que a gravadora havia superado suas dificuldades", conta Rich Jensen. "Naquela época, o *Nevermind* estava demonstrando ser um disco popular. E a emissora de TV local, que obviamente ignorava qualquer coisa que artistas da minha idade faziam, começou a visitar a Sub Pop e perguntar: 'Qual é a deste disco? De onde ele surgiu?'. E eu olhei para a câmera e respondi que qualquer um que gostasse dos Beatles gostaria do Nirvana. Não é uma boa história, mas talvez faça sentido. O sucesso do Nirvana não era surpresa para mim."

Foi uma surpresa para mim. Por que uma banda seria favorecida em detrimento de outra?

"Você já ouviu Guns N' Roses?", pergunta Al. "Conhece 'Sweet Child O' Mine'? É uma música muito cativante. Antes, eles eram só uma banda de hard rock, mas essa canção específica atravessa uma ampla gama de estilos. Foi o que aconteceu com o Nirvana. Existia aquele som pesado, irônico e apropriado para Seattle, e eles eram uma banda que se encaixava nessa descrição, mas também faziam poesia de verdade, que permeava..."

"O single a que você se refere é 'Big Cheese' [lado B de 'Love Buzz']", comenta Rich. "Para mim, era o som do baixo, aquele som estrondoso. Parecia uma extensão lógica de outros sons do rock 'n' roll. Esse era o som de um homem primitivo, enquanto Some Velvet Sidewalk tinha uma abordagem mais poética e abstrata."

Você se lembra de quando estávamos em Olympia, na casa da Nikki, e de repente você se virou para mim e disse...

"Eu gostava mesmo de você e queria deixar isso bem claro", explica Al. "Na primavera de 1989, eu estava em uma turnê quando nosso carro quebrou em Pittsburgh, e isso nos fez perder dois dias de shows. Ficamos presos na casa de alguém, e o cara que morava com essa pessoa chegou e foi muito legal conosco. Então subimos para o quarto dele para passar tempo, e ele estava com o *Melody Maker* aberto na mesa, numa página dupla sobre a Sub Pop e a cena grunge – por Everett True. E lá estávamos, em Pittsburgh, perdendo nossos shows e lendo sobre como todas as bandas de cabeludos de Seattle eram a coisa mais legal do momento. Eu fiquei, tipo: 'Como ele pôde fazer isso conosco? Ele está ferrando com tudo. Pegou a câmera, apontou na direção errada e saiu tirando um monte de fotos'."

Eu não estava querendo promover um certo tipo de banda, mas uma diversidade de bandas. Não era minha culpa se as pessoas escolhiam apenas um estilo de música.

Adendo 2: Hype

De tudo o que eu que já escrevi, o parágrafo mais citado é aquele que descreve o Nirvana no artigo original da Sub Pop. E foi, palavra por palavra, o que você me disse. Meu prazo era muito curto e ficávamos muito ao telefone...

Jonathan Poneman: "Eu me lembro dessas conversas. Sei que vou parecer um caipira falando isso, mas, como um cara devoto de todos os tipos de rock, ter um verdadeiro jornalista de música britânico em nosso meio, principalmente um do *Melody Maker*... Sério! Eu estava maravilhado. Então, quando vi aquele artigo... Eu queria ler palavra por palavra, mas fiquei tão impressionado com nossa pequena cena descrita no *Melody Maker* que só consegui captar o contexto completo. Eu fiquei tipo: 'Uau, olha o Chris Pugh [cantor do Swallow]. Quem diria que o Chris Pugh acabaria no *Melody Maker*!'. Sem querer ofender o Chris. Aquele acontecimento foi realmente incrível para mim, como fã, e é uma das minhas memórias mais queridas até hoje".

Quando voltei de Seattle, eu tinha umas 48 horas para escrever a história do Mudhoney. Era algo importante. Então cheguei em casa e acho que tive uma intoxicação alimentar, pois comecei a vomitar sem parar. Além disso, perdi todo o texto quando meu computador pifou. Tive de atravessar Londres por volta da meia-noite até o escritório do *Melody Maker* para reescrever aquela história – e fui vomitando pelo caminho todo.

Jonathan: "Isso, sim, é grunge!".

Uma das primeiras coisas que me atraíram para as bandas de Seattle foi que todos mentiam descaradamente para mim. Eu achava aquilo demais. Ninguém no Reino Unido fazia isso; todos eram tão cuidadosos ao lidar com a imprensa – as pessoas nos levavam muito a sério. Eu sei por que os músicos faziam isso em Seattle. Porque ninguém achava que eles iriam longe. Mas essa atitude foi fundamental para a notoriedade inicial da Sub Pop – e do Nirvana.

Jonathan: "Eu acho bem idiota falar sobre [o empresário do Sex Pistols] Malcolm McLaren ou [o empresário dos Monkees] Don Kirshner ou [a crítica do *Hit Parade/Creem* dos anos 1970] Lisa Robinson, pessoas que, cada uma à sua maneira, manipulavam e dominavam o hype, mas muito dessa merda não é verdade. O fato é que a fantasia é muito mais interessante do que a verdade comum e vulgar. Talvez muitas pessoas tenham te enganado porque não achavam que iriam longe, mas eu quero dizer que te enrolei porque achava, sim, que iríamos longe".

Megan Jasper (presidente da Sub Pop): "Além disso, você tem que lembrar que o escritório da Sub Pop era pequeno, e as pessoas que trabalhavam lá eram divertidas. Então, quando alguém mentia, mesmo sobre a menor coisa, a mais idiota, nós todos ríamos. Não mentimos só pra você, mas, com certeza, era bem mais engraçado mentir pra você".

Jonathan: "Eu sempre mentia para o Bruce sobre a quantidade de dinheiro que tínhamos na nossa conta".

E eu também inventei minha cota de histórias.

Jonathan: "Acho que este é o lance, sabe? Precisamos fazer os crédulos acreditarem que o que estão lendo é verdade, mas a ideia de que eles estão *realmente* lendo a verdade, para mim, é ridícula".

Eu costumava dizer que o meu único objetivo, ao escrever, era deixar as pessoas com inveja de mim.

Jonathan: "E quer saber? Acho que você é um escritor brilhante justamente por isso. Não escreva que eu disse isso".

NOTAS

1 Shop Assistants era uma banda pop escocesa, liderada por mulheres, dos anos 1980 – a média exata entre Ramones, The Velvet Underground e Jesus and Mary Chain, mas com um pouco de Blondie. Infelizmente só lançaram um álbum, o comovente *Shop Assistants*, de 1986.

2 *The Andy Griffith Show* era um programa de comédia da TV americana dos anos 1960; os nomes Floyd, Opie, Tia Bee, Andy e Barney, que aparecem na música, vieram todos desse programa.

3 Foi parte de um simpósio realizado e filmado em um bar de Capitol Hill. Eu não me lembro do tema.

4 Experience Music Project – o museu do rock, em Seattle.

5 Na verdade, o primeiro show do Nirvana fora do estado foi no Satyricon, em 6 de janeiro de 1989.

6 Durante essa entrevista, Kurt revelou um nome de banda até então esquecido: Ying Yang Valvestem.

7 NWA era o incendiário grupo de gangsta rap de Dr. Dre, Ice Cube e Eazy-E, de Compton, Califórnia.

8 The Fluid: banda explosiva de Denver, do início da Sub Pop, cuja fúria ao vivo – que lembra MC5 e Minor Threat – nunca foi capturada para o vinil.

9 Imagine a cólera reprimida de The Who, The Kinks, The Jam...

10 Fiquei especialmente impressionado quando Jon e Bruce foram carregados por cima das cabeças da multidão.

11 "Do Nuts" foi posteriormente gravado em Nova York com o engenheiro do Sonic Youth, Wharton Tiers, e lançado como um single da Sub Pop. Eu me lembro de aparecer no estúdio de Wharton no bairro dos frigoríficos, sem instrumentos, nem nada. "É isso?", ele perguntou, surpreso. "Sim", eu respondi. "Ligue o microfone e vamos mandar ver!"

12 Conscientemente ou não, Jonathan listou dois empregos que o pai de Kurt já teve.

13 Mark E. Smith é o vocalista do The Fall – talvez a banda inglesa mais sangrenta surgida no punk do final dos anos 1970.

14 Aconteceu na primeira visita de Bruce ao apartamento de Kurt e Tracy em Olympia, a mesma ocasião em que Bruce levou cópias dos álbuns do The Shaggs e de Daniel Johnston, na tentativa de conquistar o Nirvana.

15 Tuxedomoon: grupo experimental vanguardista da new wave, de São Francisco.

16 Quando o Experience Music Project (EMP) foi inaugurado (o museu de rock de Seattle), em meados dos anos 1990, pensei em presenteá-los com uma máquina de escrever, alegando que era a ferramenta que eu havia usado para escrever a história original. Eu deixaria um papel preso, e onde a história dizia "grungy", eu escreveria "sludgy", que depois rabiscaria e mudaria para "grunty" e finalmente... 'grungy' – com três exclamações ao lado da palavra.

17 Esta foi a única sessão que Everman fez com a banda, gravada na Evergreen. A compilação foi posteriormente lançada pelo selo C/Z, de Seattle.

CAPÍTULO 8

50 dólares e uma caixa de cerveja

"No verão de 1989, fui a Nova York fazer uma matéria sobre Tad e Nirvana para a *Sounds*. A cena do rock underground americano estava explodindo, tendo acabado de passar por SST e Homestead. Era o final do pós-punk – e a Sub Pop era o próximo passo.

Ficamos no Lower East Side. Estava muito quente, o calor fumegante do verão de Nova York. O apartamento era pequeno, e tínhamos duas bandas cansadas e fedendo no fim de uma longa turnê, esperando para fazer um último show no New Music Seminar. O Tad foi muito amável – mais velhos e mais preparados do que o Nirvana. Tad Doyle, o monstruoso vocalista, fazia sala, enquanto os caras do Nirvana ficavam sentados, olhando para o teto. Ele e sua banda pareciam irmãos mais velhos do Nirvana, cuidando para que eles não bagunçassem demais. Krist Novoselic era, de certa forma, uma miniversão de Tad, porque Kurt era o tipo de cara que não conseguia cuidar de si mesmo, nem ao menos para fazer uma xícara de chá.

O apartamento era um inferno de quente. O ar-condicionado estava quebrado, e havia umas 20 pessoas amontoadas num quarto minúsculo. Até as baratas já tinham fugido, horrorizadas com o calor e com aquele fedor de homem sujo de banda de rock em turnê. Estávamos bem apertados – eu, meu fotógrafo Ian Tilton, um assessor de imprensa, algumas pessoas que nunca disseram quem eram, mais os exaustos Nirvana e Tad – e esses últimos são caras grandes, grandes de verdade. Não tínhamos nem saco de dormir. Dormimos no chão da cozinha. Kurt estava destruído e passou a maior parte do tempo enrolado num canto, dormindo.

Havia muito ronco, muitas meias suadas e muitos roqueiros fatigados. O Nirvana tinha a aparência esgotada de uma banda jovem no final de sua primeira turnê tosca, tocando todas as noites para cinco pessoas em algum clube decadente. Semanas na estrada sem comida, sem público e com poucos aplausos – é isso que dá uma força interior às grandes bandas.

Na noite anterior ao Seminar, o Nirvana tocou no Maxwell's para cerca de dez pessoas. Ninguém se impressionou muito, exceto uma garota da gravadora francesa deles que achou que ainda fariam muito sucesso. Achei eles fantásticos. Eu adorava a voz do Kurt – me lembrava John Lennon e Noddy Holder.[1] Soava velha e cansada, mas selvagem e livre, uma voz áspera e rachada que parecia ter gritado com força no microfone a noite inteira – cortante e direta. Eu curtia a bestialidade primitiva e indômita da banda e a forma como em seu primeiro single eles pegaram a música do Shocking Blue e a transformaram em uma explosão feroz de alienação adolescente.

No fim do show, eles quebraram a bateria e enfiaram as guitarras no teto. Não foi premeditado. Ninguém planejaria fazer aquilo na frente de tão poucas pessoas. Foi o Krist quem começou a instigar. O alcance dele era muito maior do que o dos outros. Ele conseguiria derrubar o palco inteiro apenas com seu baixo, sem precisar dar um passo.

Fizemos as entrevistas antes do show. Bruce e Jon, da Sub Pop, apoiavam 100% a banda. A certeza deles era incrível – eu achava que o Nirvana era bom, mas eles afirmavam que ainda seria gigante. Quando eles falaram aquilo, lembrei do Sonic Youth, e pensei que eles poderiam acabar vendendo 50 mil discos! Krist falou sobre a Sérvia e os Balcãs – ele era bastante politizado. Kurt estava cansado, então conversei com ele no dia seguinte. Ele era tímido e estava abatido por causa do calor no apartamento, esfregava muito os olhos e só se iluminava quando falava sobre rock 'n' roll. Sua intensidade era impressionante. Começou habilmente, com um discurso retórico sobre o mar de fakes. Ele tinha uma ética de trabalho rígida e uma criatividade ardente que precisava ser saciada. Kurt não se incomodava com o hype crescente. "Nós éramos uma banda antes de estarmos na Sub Pop, então estar na gravadora da moda não significa nada para nós", ele me disse. "Houve muito hype e eu acho justo – o selo tem ótimas bandas. Mas esse hype não nos afeta."

Algumas horas depois, o Nirvana começou sua longa viagem de volta para casa. Nós os ajudamos a carregar sua van surrada com os instrumentos. O *status* de banda cult menor parecia garantido, mas eles eram muito intensos e excitantes para o mundo monótono e cinzento do mainstream. Dificilmente a MTV abraçaria essa cacofonia selvagem e profunda – para ela, Michael Jackson era revolucionário! Eles começaram a viagem de volta pelos Estados Unidos, cansados, uma viagem de cinco dias ao todo. Foi uma jornada difícil, que destacou sua mentalidade de guerrilha. Ponderei com tristeza sobre o destino deles. Quem disser que rastejar para fora da fossa do rock 'n' roll é fácil é um maldito mentiroso."

(Entrevista com o músico e jornalista John Robb, nov. 2005)

EM junho de 1989, o Nirvana partiu em sua primeira turnê pelos Estados Unidos.

"A Sub Pop contratou uma empresa de Los Angeles chamada Bulging Eye", lembra Chad. "Eles montaram nossa turnê, que foi da Califórnia até Nova York e de volta, passando por vários lugares no caminho. Foi a primeira vez que nos apresentamos no Blind Pig, em Ann Arbor. Tocamos algumas vezes naquele lugar. Foram ótimos shows!"

Foi uma "turnê de punk rock sedenta", como Krist disse – 26 datas em pouco menos de um mês, começando em 22 de junho no Covered Wagon, em São Francisco. Rob Kader e os amigos compraram para eles, de despedida, uma caixa com 24 latinhas do refrigerante Mountain Dew; Jason levou caixas cheias com a nova camiseta da banda, com os infames dizeres "Fudge Packin' Crack Smokin' Satan Worshipin' Motherfuckers";[2] e, pela primeira vez, Shelli e Tracy não foram com eles. Não havia espaço – nem dinheiro –, então Krist assumiu o papel de mãe na banda, garantindo que a van só parasse em determinados postos de gasolina, recusando-se a ligar o ar-condicionado e insistindo que ninguém dirigisse a mais de 110 km/h. O baixista recolheu o pouco dinheiro que conseguiram dos clubes (100 dólares, no máximo, mais uma caixa de cerveja) e distribuiu os PDs (*per diems*, ou diárias – a moeda das bandas em todo o mundo). O Nirvana torrou em discos o pouco que sobrou depois de comprarem combustível e comida.

"A gente comia muita porcaria", Chad conta, rindo. "Muita fast food. Comíamos em lojas de conveniência ou qualquer lugar do tipo – as piores comidas do mundo. O Kurt comia salsichas empanadas. Era engraçado porque o Krist era basicamente vegetariano, então ele sempre tentava encontrar um mercado para comer salada – e eu ia com ele, tentava encontrar um sanduíche de frios para fugir da fritura. O Jason ia ao McDonald's."

Quanto às acomodações, esperava-se que os promotores locais encontrassem lugares para a banda dormir – o que muitas vezes significava a casa de outros músicos, como Lori Barbero (Babes in Toyland, Minneapolis, onde um Krist bêbado caiu de costas dentro de um armário de pratos) ou John Robinson (The Fluid, Denver). Em algumas ocasiões, essa tarefa cabia a pessoas afiliadas à gravadora, como Joyce Linehan, em Boston, ou Janet Billig, em Nova York. "Eu era bem acolhedora", explica Billig, "então muitas bandas ficavam na minha casa, porque ninguém podia bancar um quarto de hotel".

Janet esteve com o Nirvana pela primeira vez depois que a Caroline Records assinou um contrato de distribuição com a Sub Pop. Parte do acordo era que, quando as bandas chegassem a Nova York, sua empresa cuidaria da publicidade e da promoção na Costa Leste. O apartamento de Janet logo ficou conhecido como o Motel 6 do punk rock. "Mudhoney, Tad, Nirvana...", ela continua. "Foi assim que os conheci." Janet e os músicos de Seattle tinham um amor compartilhado por bandas de Minneapolis, como Hüsker Dü e Soul Asylum. Na verdade, ela se formou no ensino médio mais cedo para acompanhar os Replacements em turnê.

"Meu apartamento ficava na 7th Street, entre as Avenidas B e C", lembra ela. "Não tinha nem 40 metros quadrados, era muito pequeno – Nova York, claro. Era estranho, ele nem sequer tinha uma porta de banheiro comum, e sim uma daquelas de bar, tipo vaivém. Eu tinha uma cama elevada, com um colchão extra embaixo. As pessoas se amontoavam nessa bicama e no sofá. As coisas eram diferentes naquela época. A Avenida B não era um lugar seguro. Quando o L7 ficou lá, [a vocalista] Donita foi esfaqueada do lado de fora. Outra vez, uma caixa de camisetas do Mudhoney foi roubada enquanto eles estavam descarregando. Dizem as más línguas que, por alguns meses, os sem-teto na área usaram camisetas do Mudhoney.

"Conheci o Nirvana quando vieram a Nova York pela primeira vez. O Chad era gentil. O Kurt era quieto. Não me lembro de ter conversado com Krist. Só me recordo de Kurt sentado na minha cama, comendo pacotes de biscoitos. Em outra ocasião, eles chegaram enquanto minha amiga estava se mudando para o bairro do Queens, de táxi. Ela precisava de uma van para levar sua cama, e eles fizeram esse favor para ela – isso depois de terem dirigido 15 horas até Nova York. Foram muito legais."

Na noite anterior ao show no Covered Wagon, o Nirvana lotou um show na The Vogue. "Estava cheio de pessoas de outras bandas – Cat Butt, Coffin Break e Swallow", lembra Chad. "Todo mundo foi com tudo. Parecia até uma festa de despedida para nós. A sensação que tive naquela noite foi única."

A plateia de São Francisco foi maior do que a anterior, mas a Sub Pop estava com problemas para convencer as lojas a comprar o *Bleach*. Dois dias depois, alguém viu que a loja da Rhino Records, em Los Angeles, tinha apenas cinco cópias – porém, o mais importante para Kurt foi a entrevista que ele concedeu ao *Flipside*, o fanzine punk local. O papo com a banda incluiu temas como baratas, calor e um pôster do "Elvis Cooper" que levavam com eles na turnê – uma imagem de Elvis sarcasticamente rabiscada.

"Eu odeio o Elvis Presley", comentou Krist. "Mas o Alice Cooper é legal."[3]

A turnê continuou por Long Beach e depois Santa Fé, no Novo México. Quando chegou ao Texas, o calor era tão avassalador que a banda estacionava nos pátios das garagens e esperava até que o dia refrescasse um pouco. O público não era muito grande – talvez algumas dúzias de pessoas, a maioria músicos ligados à Sub Pop, que apareciam para conferir os caras novos –, mas o Nirvana começava a impressionar.

"Geralmente, o Nirvana abria os shows", lembra o agente da turnê, Danny Bland. "No Arizona, implorei para que incluíssem a banda. Eu disse que eles iriam amá-los. Acabaram então sendo o segundo de quatro grupos a tocar, com uma garantia de 50 dólares e uma caixa de cerveja – mas o clube não pagou nem os 50 dólares. Era um lugar chamado Sun Club, em Tempe, Arizona. Lembro-me de voltar anos depois e ver uma foto do Nirvana na parede. Vão se foder: vocês nem pagaram os 50 contos deles. E devem ter cobrado a cerveja que eles beberam também. Os negócios eram assim em muitos lugares. As pessoas ainda não tinham ouvido falar deles.

"A única pessoa com quem realmente conversei foi o Krist", Bland continua. "O Kurt era muito quieto. Nossa operação era mínima: os itinerários deles não eram datilografados, eram roteiros manuscritos que eu copiava e distribuía para todo mundo. Eu cheguei a fazer uma reunião com eles na qual eu estava numa cadeira enquanto todos ficavam sentados no chão, parecia que eu estava lendo uma história infantil para eles. Isso aconteceu quando Chad, Kurt e Jason apareceram pela primeira vez. Eu só soube que o Jason estava na turnê quando comecei a carregar as tralhas deles na van."

O toca-fitas da van tocava artistas como Talulah Gosh, Vaselines, Shonen Knife, Leadbelly e Shocking Blue – e, às vezes, Krist colocava Led Zeppelin ou Soft Machine.[4] E, no intervalo entre essas fitas, o Nirvana ouvia bandas de Seattle, como Mudhoney e Soundgarden. "Era estranho", diz Chad, "porque todo mundo se curtia. Não era como a cena de Los Angeles, que parecia uma batalha de bandas onde uma falava mal da outra.

"Krist e eu dirigíamos, então as escolhas musicais eram nossas", continua ele. "Depois, quando o Jason se juntou a nós naquela turnê, ele dirigiu muito. O Kurt nunca pegou no volante. Acho que só uma vez, por uma hora."

Ele tinha fama de não ser um motorista muito bom: ia devagar, como um velho exageradamente cauteloso.

No Texas, a banda ficou perto de um parque nacional – basicamente um pântano –, no meio da mata. Havia placas por toda parte dizendo: "Cuidado com os jacarés". Naquela noite, o Nirvana dormiu com tacos de beisebol por perto.

Krist era o pavio aceso do grupo: quase todas as noites, ele ficava bêbado, completamente louco de álcool. "Primeiro, ele se declarava para todos e, de repente, pegava uma cadeira e jogava do outro lado da sala", lembra Chad. "Começava a falar que nenhum de nós sabia nada sobre o amor, ou que ele não queria lidar com a gente. Mas aí ele fazia uma cara fofa de cachorrinho. Eu sempre amei isso naquela criatura. Todo mundo sabe que, quando ele bebe muito, pode ficar completamente louco e fora de controle. Mas, ao mesmo tempo, ele é o maior ursinho de pelúcia do mundo."

"Era impossível não associar o Krist ao Latka [personagem de Andy Kaufman], daquela série, *Taxi*", comenta Craig Montgomery. "Ele era muito inteligente, muito de esquerda, parecia um hippie às vezes. Tinha aquele jeito descontraído e lacônico de falar. Conseguia beber bastante e ficar muito, muito bêbado antes de desmaiar. Totalmente fora de controle."

Mas ele era um bêbado divertido?

"Às vezes, ficava meio para baixo", responde o técnico de som. "Não que ele fosse cruel com você, mas fazia um drama enorme e deixava todo mundo desconfortável. Fazia uma bagunça imensa, que algum pobre coitado teria de limpar. Mas eles eram jovens, bêbados e nunca tinham viajado para lugar nenhum antes de montarem uma banda de rock. Quer dizer, o Krist, sim."

Aquilo não incomodava o Kurt. "Todo mundo fica bêbado", ele disse a Michael Azerrad. "Não eram todas as noites. Acontecia uma noite sim, outra não. [Krist] bebe a ponto de esquecer quem é, fica realmente retardado, incapaz de falar, gesticulando e derrubando coisas. Conheço tantas pessoas que bebem, me parece bastante comum." Kurt ainda sofria com problemas estomacais, mas era o mais limpo da banda (assim como Everman, que bebia apenas Mountain Dew), e tinha temporariamente parado de fumar.

Embora a estrada fosse cansativa e o pagamento fosse ruim, a banda continuava entusiasmada – eles estavam conhecendo o país *e* tocando rock 'n' roll! O que mais poderiam querer? Quando chegaram ao Meio-Oeste, a Sub Pop já estava conseguindo distribuir o disco às lojas e o público começava a aumentar – as rádios universitárias finalmente estavam tocando músicas do *Bleach,* como "Blew" ou "About a Girl".

No dia seguinte ao show do Nirvana no Uptown Bar, em Minneapolis, Kurt comprou um grande crucifixo em uma lojinha de garagem, em Chicago. Para aliviar o tédio na estrada, ele se sentava no banco do passageiro com o crucifixo na mão, abaixava a janela da van e o enfiava na cara de algum pobre coitado – só para ver a reação da pessoa. "Estávamos passando por uma limousine, e ele começou a agitar o crucifixo desse jeito", lembra Chad. "E filmou com sua câmera Pixel Vision. Foi muito engraçado."

Nessa época, Jason começou a ficar mais retraído, sentia-se excluído da amizade entre Krist e Kurt – por outro lado, os dois se incomodavam com a postura exibicionista de Jason no palco e o fato de, com ele na banda, o Nirvana ser "rock" demais. Jason ficava desfilando pelo palco, enquanto Kurt, Krist e Chad eram bem mais patetas. "Ele era como um pavão usando anfetaminas", dizia Kurt. "Era constrangedor." Nem Krist nem Kurt aprovavam a atitude antiquada do rock machão em relação às mulheres – sobre serem usadas e descartadas – e não gostaram quando Jason levou garotas ao seu quarto após os shows.

"Com Jason na banda, eles eram péssimos", diz Candice Pedersen, rindo. "Quando eles tocaram em São Francisco, e ele colocou aquela roupa de Mickey Mouse, com botões e suspensórios, eu fiquei tipo: 'O que você tem na cabeça?'."

"A pior época foi quando eles tinham aquela formação de quatro pessoas", comenta Steve Turner. "Era inútil. O Jason não tinha foco."

Everman não gostava do descaso de Kurt e Krist com os instrumentos, principalmente porque a banda estava falida. "Em algum ponto, Chad perdeu todas as suas roupas", diz Rob Kader. "Eles foram roubados, ou ele esqueceu as roupas na casa de alguém, então ele usou a mesma camiseta durante duas ou três semanas. Ele era um pesadelo fedorento quando eles voltaram."

Em 9 de julho, o Nirvana fez um show no Sonic Temple, em Wilkinsburg, perto de Pittsburgh. Correu bem, tão bem que Kurt quebrou uma Fender Mustang velha porque todas as 20 pessoas presentes começaram a agitar e a dançar. Jason deve ter ficado chateado, pois ele estava financiando parte da turnê com o dinheiro de suas camisetas – mas Krist e Kurt achavam que ele era certinho demais, muito preocupado com a imagem.

Como o Nirvana conseguiu bancar tantos instrumentos destruídos?

"Fazemos bons negócios", Krist me disse em 1990. "Olha, moramos em Tacoma, onde as coisas não são tão caras. Em Seattle, as pessoas gostam muito de guitarras antigas, mas em Tacoma elas não ligam para isso."

"Por que eu faço isso?", Kurt se perguntou, retoricamente, durante a mesma entrevista. "Por que não? Me sinto bem. Alguém já derrubou uma linda árvore velha para fabricar aquela merda de guitarra. Arrebenta! Nós só fazemos aquilo quando sentimos que é o momento, o lugar não importa."

"Às vezes, tínhamos problemas com os donos dos clubes", diz Chad, sorrindo. "Principalmente por causa do que fazíamos no fim dos shows. Em alguns lugares, as pessoas diziam: 'Vocês nunca mais vão tocar aqui, caiam fora'. Por incrível que pareça, não acontecia tanto assim."

Em 12 de julho, o Nirvana tocou diante de um vazio JC Dobbs – uma pequena casa de shows na Filadélfia, aonde retornariam algumas vezes. Uns dias depois, a banda fez alguns shows em Massachusetts – um deles na Green Street Station, em Jamaica Plain, e o outro em uma festa universitária – o "Eating Club" – no MIT, em Northampton.

"No show da Green Street, o Kurt tinha quebrado a guitarra dele na noite anterior e não tinha outra para tocar", lembra Debbi Shane. "Ele cantou, e o Jason tocou guitarra. Ficamos um pouco desapontados, mas, no fim das contas, não importava, porque eles realmente foram ótimos."

"Foram shows impactantes", diz Billig, que esteve presente em ambos. "Era como assistir a uma bola de fogo rolando, cada vez mais forte. Não importa quão legal Mark Arm fosse, ou quão louco fosse assistir ao Tad, o Kurt tinha algo mágico. Ninguém parava de olhar para ele quando tocava guitarra, todo mundo queria ouvir o que ele tinha a dizer. No fim, eles implodiam, quebravam todo o equipamento, ou desciam do palco e tomavam algumas cervejas."

Na noite seguinte, a banda tocou no lendário Maxwell's, em Hoboken, Nova Jersey, na outra margem do rio Hudson.

"Vi o Nirvana pela primeira vez no New Music Seminar, num show com Tad no Maxwell's", revela Anton Brookes. "Duas vans vieram de Nova York cheias de gente da Sub Pop. Devia ter umas 50 pessoas lá. O Nirvana foi incrível. Kurt quebrou sua guitarra, chutou os amplificadores e saiu do palco. Nós ainda assistimos ao Tad e voltamos para Nova York.

"Depois que o Kurt quebrou a guitarra, ela ficou jogada na pista por muito tempo, e eu fiquei olhando: 'Será que eu pego isso?'", continua Anton. "Mas depois pensei: 'Como vou explicar uma guitarra quebrada na alfândega?'. O Kurt tinha cabelos compridos e usava camisa xadrez... A Sub Pop era a brigada da camisa xadrez. O Krist estava vestido com jeans justos e um suéter. Ele ainda tinha cabelo naquela época – um cabelo todo bagunçado. O Krist era o palhaço do grupo, o engraçadinho, o porta-voz não oficial da banda. Ele cumprimentava todos, beijava os bebês. Ele tinha uns dois metros de altura. Já o Chad, se fosse um pouco menor, seria classificado como um anão. Há uma foto famosa na *Sounds*: o Krist está ajoelhado, com os sapatos debaixo dos joelhos, e ainda é mais alto que o Chad – e o Kurt é só um pouco mais alto que o Chad."

"O show no Maxwell's foi incrível", lembra Dan Peters. "Eles estavam pegando fogo. Naquela noite, o Krist começou a bater no bumbo do Chad com o seu baixo, mas o problema é que os caras estavam em Nova York e não deviam ter mais dinheiro naquele ponto da turnê. Então eu fiquei, tipo: 'Que porra é essa?'. Ele simplesmente quebrou o bumbo no meio, e eles tiveram de colar a bateria com fita adesiva. Tenho certeza de que a bateria já tinha um som horrível antes, mas deve ter ficado *uma merda* depois daquilo. Aquele garoto, o Chad, aguentou muita coisa."

Algumas noites depois, em 18 de julho, o Nirvana tocou no Pyramid em frente ao Tompkins Square Park, em Nova York.

"Eu assisti ao Nirvana no Pyramid, com Jason, sua energia contida e seus cabelos longos", lembra o chefe do City Slang,[5] Christof Ellinghaus. "Minha primeira impressão foi de que a banda era incrivelmente poderosa. Depois do show, Kurt estava vendendo camisetas, e eu disse a ele: 'Me dê uma camiseta agora mesmo! Eu sou seu agente alemão, vou marcar seus shows em novembro!', e ele se sentiu totalmente intimidado por esse alemão bêbado e grosseiro, que fugiu com uma camiseta."

"Tive a mesma sensação de novo", diz Anton, empolgado. "Fiquei impressionado. Lembro-me de Jonathan dizendo que se o Mudhoney e o Nirvana tocassem na mesma noite em Seattle, mais pessoas iriam para ver o Nirvana – e mais mulheres do que homens. Todos achavam o Kurt bonitinho. Já o Mark Arm tinha aquele enorme...

"Só quando os vi ao vivo que entendi as palavras de Jonathan", explica ele. "Porque no meio daquela raiva, daquele tornado, havia sutileza e ternura. As músicas do Nirvana eram bonitas e feias. O mesmo acontecia com as letras do Kurt – uma letra bonita e uma feia, fossem palavras jogadas ou verso a verso. 'Eu tenho um riff ótimo! Vamos ferrar com ele!'. 'Eu escrevi algumas letras que estão muito legais. Vamos colocar umas ofensas e foder com a cabeça das pessoas!'. Quando eles tocavam ao vivo, em um instante era um barulho altíssimo e monstruoso, já no próximo, músicas lindas, quase suaves e dançantes. Então, no minuto seguinte, o lugar inteiro ficava enlouquecido porque eles começavam a tocar 'Negative Creep' ou algo parecido. Eles tinham muita intensidade."

A banda deveria seguir até o Canadá, mas, após o show no Pyramid Club, Kurt não queria mais o Jason com eles. Apesar do entusiasmo de Christof e Anton, muitas pessoas se lembram do show de outro jeito. Foi um fracasso. Um dia, enquanto estavam hospedados na casa da Janet Billig, Krist e Kurt compraram cocaína, enquanto Jason e Chad passeavam com os jornalistas britânicos. Naquela noite, ficaram bêbados, cheiraram e decidiram demitir Jason. Mas ninguém se dignou a *contar* para ele. Posteriormente, o guitarrista disse que ele mesmo pediu demissão. De um jeito ou de outro, não teve tempo de ficar muito bravo, pois em seguida foi convidado a entrar para o Soundgarden, como baixista.[6]

"Eu vi o show no Pyramid", diz Danny Bland. "Foi péssimo. O Cows roubou a cena, como sempre. Eu lembro que o Shannon [vocalista do Cows] havia quebrado os dois braços. Ele tinha, supostamente, caído de um telhado de vidro em Nova York. Um braço estava amarrado com algum tipo de metal e o outro estava preso ao peito com uma fita enquanto ele se movia até o microfone. Estava só de calças. O Nirvana não tocou bem naquela noite. Eles estavam se preparando para expulsar o Jason da banda, então decidiram cancelar as quatro datas restantes e dirigir de volta para Seattle [e foi o que eles fizeram, em silêncio quase total]."

"Eles queriam deixá-lo no meu apartamento", lembra Janet. "Ficaram tipo 'blá blá blá' e iam largar o cara lá. Acabaram levando-o para casa, mas queriam deixá-lo. Acho que ele não fazia ideia. Jason era um cara bem esquisito, mas de um jeito bom. Ele é muito pouco comunicativo e estava com outras pessoas pouco comunicativas. Era um estranho na banda. O Kurt já tinha me dito que o lance com o Jason não estava funcionando. Minha conversa com a banda foi: 'Podemos deixá-lo aqui?'. 'Não, não podem'."

Kurt voltou para Olympia, mas o apartamento de Tracy ficava mais apertado a cada dia, com a coleção de animais e a sujeira que eles faziam. Kurt também juntava amplificadores e guitarras quebradas, além de arte encontrada por aí... e havia mofo nas paredes no verão. "Uma vez peguei Kurt descongelando o freezer com uma faca de cozinha", lembra Slim Moon. "Ele estava levando os bichos para fora em suas gaiolas porque tinha feito um buraco no freezer e não queria que eles morressem por causa do gás." Algum tempo depois, eles se mudaram para um lugar maior e um pouco mais caro no mesmo prédio.

O estômago de Kurt ainda era um transtorno. Tracy marcou algumas consultas para ele com um especialista em Tacoma, mas ele desistiu depois da primeira, alegando que tinha medo de agulhas. Kurt vomitava com frequência durante a noite: seus colegas de banda insistiam para que mudasse sua dieta de *junk food*, mas ele se recusava a ouvir.

Em julho, enquanto o Nirvana ainda estava em turnê, um single do Go Team, "Scratch it Out"/ "Bikini Twilight", saiu pela K. A banda – centrada na baterista Tobi Vail e no guitarrista Calvin Johnson – começou 1989 com a intenção de lançar um single por mês, com vários músicos convidados.[7] Eles conseguiram manter o plano durante a maior parte do ano, até que se separaram. Mas nove singles foram lançados. O single de julho tinha Kurt como convidado nos vocais.

"Era uma grande ideia, mas não conseguimos executá-la por completo", explicou Candice Pedersen. "Queríamos embalar os singles em um saco, com uma etiqueta em cima, como se fosse um doce barato. Mas, depois do primeiro mês – quer dizer, meu Deus, grampeávamos todos à mão, colocando o disco e lacrando as embalagens –, fiquei tipo: 'Este é um bom conceito, mas não vai funcionar!'."

"The Go Team era uma banda de processos", explica Tobi. "Eu gostava de fazer coisas, o que também era uma desculpa para encontrar as pessoas – daí saíam as colaborações –, mas então as fitas começaram a rolar, e o resultado seria esse lançamento da K. Documentação era o lance do Calvin. Ele que cuidava disso. Às vezes, deixávamos coisas de fora deliberadamente, para incitar a participação do ouvinte. *Donna Parker Pop*, nosso primeiro lançamento pela K, apresentava toda a parte instrumental, mas incluía a declaração 'Invente sua própria letra e cante junto' – e as pessoas o faziam. Gravamos com algumas delas mais tarde.

"The Go Team existiu de 1985 a 1989. Fiz meu primeiro show com o grupo logo após completar 16 anos. Nos primeiros três anos, tocamos em Olympia e lançamos fitas. Algumas pessoas, a maioria delas provavelmente, nos consideravam péssimos porque tínhamos o hábito de improvisar ou tocar coisas que soavam inacabadas. O fato de isso ser proposital – uma escolha estética/conceitual – realmente confundiu muita gente. Mas nós tínhamos uma reputação de sermos artísticos, então muitas pessoas interessantes também gostaram de nós. Dylan Carlson e Slim Moon eram grandes fãs do Go Team. Em algumas ocasiões, tocávamos em coquetéis nos quais o pessoal cantava músicas de cabaré – ficávamos tocando música de fundo enquanto eles conversavam. Às vezes, colocávamos filmes e os projetávamos sobre nós mesmos, geralmente filmes de super-8 que o Calvin encontrava em vendas de garagem. Várias vezes não tínhamos vocais. Duvido que o Kurt fosse um grande fã, embora estivesse interessado na K e fosse atraído por qualquer coisa diferente do rock universitário ou das bandas de hardcore genéricas da época.

"Naqueles dias, na Costa Oeste", continua Vail, "existiam muitas bandas chatas de metal punk, e ele não gostava muito daquilo – também havia muitos grupos "legaizinhos" influenciados por Nomeansno,[8] The Rhythm Pigs, Beastie Boys e Red Hot Chili Peppers. Eram bandas moderninhas de skatistas, um meio totalmente dominado por homens. A Sub Pop era diferente, eles eram artísticos e curtiam coisas mais sombrias e estranhas, como Big Black. A K era basicamente o contrário desse tipo de punheta machista, e The Go Team era o exemplo mais extremo disso – éramos minimalistas, deliberadamente amadores e não fazíamos canções no sentido convencional.

"Por um lado, estávamos tentando desmistificar a música e incentivar todas as pessoas a tocar em público – se quisessem. Por outro lado, nós realmente gostávamos do nosso som e odiávamos a maioria das bandas de metal punk que tocavam nas festas em Olympia. Estávamos interessados em ideias, sons tranquilos e batidas energéticas. Abraçávamos o caos e rejeitávamos a maestria. Desafiávamos as noções convencionais de 'canção pop' ou música punk. Queríamos romper a dicotomia público/intérprete – éramos jovens punks num coletivo livre, fazendo experimentos com música e documentando o nosso trabalho.

"Kurt abordou Calvin para mostrar uma demo com algumas músicas mais suaves nas quais ele estava trabalhando, e Calvin disse: 'Ei, são ótimas, por que você não vem e grava com o Go Team?'. Naquela época, Kurt gostava de fazer música sempre que possível, então qualquer chance de gravar ou tocar era bem-vinda. Fizemos uma versão para [uma das primeiras canções autorais de Iggy Pop] 'Loose', porque Kurt queria muito ouvir Calvin cantando aquelas letras doentias.[9] Ele ensinou Calvin a tocar a linha de baixo – por isso há um baixo nela. Ficou meio chata, então não foi lançada.

"Na minha cabeça, era como a ideia do [autor da geração *beat*] Jack Kerouac, de escrever em um rolo de papel; estávamos focados num ritmo de criação. A ideia/estética do Go Team era muito *beat*. Kurt era mais adepto da maestria – mesmo que suas performances abraçassem fortemente os elementos do caos, suas composições eram extremamente estruturadas. Não tenho certeza se ele de fato entendia como composição o que estávamos fazendo. Ele provavelmente via aquilo como improvisação e achava que, mais tarde, tiraríamos tempo para revisar e terminar as músicas/eliminar os 'erros'. Então, nesse sentido, as fitas estão incompletas. Mas, como um documento de um momento criativo de três pessoas juntas em uma sala, elas são ótimas. Eu diria que foi uma das sessões mais revigorantes do Go Team."

Na primeira semana de agosto, o Nirvana retornou com o produtor Steve Fisk aos estúdios – o Music Source,[10] um estúdio de 24 canais em Capitol Hill, especializado em trilhas sonoras e *jingles* comerciais – para gravar duas novas músicas para o EP *Blew*, programado para sair junto com uma turnê europeia prestes a acontecer.[11] Fisk ficou surpreso quando apenas três pessoas apareceram para gravar. "Depois ouvi falar que o Jason foi ao escritório da Sub Pop naquele dia, dizendo às pessoas que ele ainda estava na banda", conta ele.

"Tudo foi feito em duas noites", recorda Steve. "Krist passou o dia todo tentando montar seu amplificador de baixo, quebrado na turnê. Eles tinham dois alto-falantes, mas só um deles funcionava – e não muito bem. O baixo também estava cagado. Chad Channing tinha aquela grande bateria de plástico preta, que estava toda colada com fita adesiva. Kurt era o único com equipamentos que funcionavam. O Music Source tinha pequenas cabines com isolamento de som, que se abriam para um salão maior. O ideal seria colocar os amplificadores de todos nas cabines, com as portas bem abertas, para dispensar os fones de ouvido. Gravamos cinco músicas e colocamos alguns *overdubs* em duas delas naquela noite. Voltamos na outra semana e mixamos duas músicas. E todos fomos pagos."

Como foi a banda?

"Ótima, muito concentrados no que estavam fazendo. Eles não eram exatamente profissionais, mas queriam acertar. Eu estava animado que uma boa banda, e não uma banda idiota, estava gravando. Já tinha trabalhado com um monte de grupos estúpidos naquela época – e eu gostava mesmo do Nirvana. Eu já tinha passado do ponto de me surpreender com quão feio era o som, e agora realmente apreciava o que eles faziam e como aquilo se encaixava no pequeno panteão do Jack [Endino] e no que ele estava construindo. Todos ali tinham abordagens semelhantes, mas havia grandes diferenças entre eles."

"Sempre gostei de trabalhar com o Steve", comenta Chad. "Eu era fã da [banda de Steve pela SST] Pell Mell. Era obscuro, realmente bizarro. Não sei por que trocamos de produtor. Eles apenas diziam: 'Ei, vamos gravar no lugar tal com Steve Fisk'. Talvez Jack estivesse ocupado. Nessa parte gerencial, eu estava fora das decisões."

As canções estavam visivelmente mais pop e mais leves do que nas gravações anteriores. "Queremos um som de bateria típico das músicas mais comerciais", anunciou Kurt, convenientemente ignorando o fato de que a bateria de Chad estava amarrada com fita adesiva. As sessões de *Blew* seriam realmente o último suspiro da velha bateria de Chad.

As duas músicas que apareceram no single eram boas: "Been a Son", com um solo de baixo pesado e vocais duplos no estilo *Rubber Soul*, inspirada na afirmação de Don Cobain de que ele preferia que a irmã de Kurt, Kim, tivesse nascido homem; e "Stain", outra canção que lida com sentimentos de rejeição familiar e inferioridade, conduzida por um baixo marcado e solos duplos de guitarra – "no mesmo volume, como galinhas brigando", conforme Fisk memoravelmente observou. E as três músicas inacabadas[12] eram ainda mais emocionantes: "Token Eastern Song", uma batida datada à moda de "Negative Creep"; uma versão absolutamente violenta de "Even in His Youth", que se arrastava pela eternidade, uma continuação digna de "Love Buzz", seguindo a mesma linha; e uma versão elétrica de "Polly" (originalmente chamada de "Hitchhiker").

"Tivemos dificuldade em acertar o clima de 'Polly' no começo", lembra Fisk. "Eles começaram três vezes. Não conseguiam manter um ritmo coordenado com a marcação de Chad tocando no prato. Ele sempre perdia a batida, e Kurt ficava dedilhando. Foi a primeira vez que o Nirvana gravou no formato padrão da indústria, duas polegadas e 24 canais. Se soassem lo-fi com Jack, deduzia-se que a culpa era do equipamento barato. Com 24 canais, o equipamento teoricamente capta e reproduz o que você tem. Talvez por isso que Krist tenha se esforçado tanto para montar seu baixo decentemente.

"Quando terminamos, tocamos 'Been a Son' bem alto naqueles imensos alto-falantes idiotas três vezes e subimos nas mesas dos clientes na sala dos fundos para dançar. Eu nunca danço, mas dancei porque o Nirvana queria dançar."

Então isso aconteceu depois que a fama deles começou a crescer?

"Sim, você já tinha escrito seu pequeno artigo no *Melody Maker*. O Mother Love Bone ainda existia quando gravei o Nirvana."

Eles chegaram a comentar como as coisas estavam indo com a Sub Pop?

"Sim. Bruce e Jonathan deram um monte de dinheiro para que eles gravassem um segundo disco, algo entre 10 mil e 12 mil dólares. Eles falaram sobre isso, sobre voltar para o Music Source. Foi durante aquele período bizarro em que o Andy [Andrew Wood, vocalista do Mother Love Bone] ainda estava vivo, o Chad ainda estava na banda e o Soundgarden ainda era o maior grupo de Seattle."

Você teve a impressão de que essas músicas tinham um potencial enorme?

"Não. Na verdade, ficávamos brincando sobre querer gravar a bateria mais estúpida de todas em 'Been a Son'."

Eles surtaram por estar em um grande estúdio?

"Eles entenderam que tinham um tempo X para acertar. A Sub Pop estava quebrada. Gravamos em uma fita usada que tínhamos por ali. E a Sub Pop queria economizar ao máximo, então cortamos tudo o que foi possível."

Mais tarde naquele mesmo mês – 20 e 28 de agosto –, Kurt e Krist se juntaram a Mark Lanegan e Mark Pickerel, do Screaming Trees, para gravar algumas músicas do Leadbelly no Reciprocal. Foi uma sessão casual e improvisada, mas a gravação resultante surpreendeu: emocional e pesada, com alguns vocais impressionantes de Mark e Kurt. A versão de "Where Did You Sleep Last Night" acabou no primeiro álbum solo de Lanegan, *The Winding Sheet*, de 1990 – o Nirvana também fez um cover da música depois, em homenagem parcial ao próprio Mark. "They Hung Him on the Cross" ficou curta, mas de uma emoção sufocante. "Grey Goose" era uma jam de blues pesado, enquanto "Ain't It a Shame" ostentava um vocal terrivelmente grave de Kurt.

"Mark e Kurt foram beber ou se chapar juntos", disse Endino a Gillian G. Gaar, "e escreveram um monte de músicas, se animaram e disseram ao Jonathan: 'Ei, queremos fazer um álbum juntos! E nós já temos o nome – The Jury'. Então o Jonathan respondeu: 'OK, OK, entrem lá com o Jack e gravem'. Quando finalmente eles apareceram no estúdio, Kurt falou: 'Então, a gente esqueceu todas as músicas, porque não gravamos nenhuma! E eu perdi meu caderno de letras. Por isso, vamos gravar algumas músicas do Leadbelly'".

"É um equívoco dizer que aquelas músicas são do Nirvana", Slim Moon comenta o fato de que elas ressurgiram como tal. "Nunca foi a intenção. O baterista era outro, era como se galgassem mais um degrau – ou pelo menos dessem um passo para o lado. Toda vez que galgavam um degrau, era um choque, tipo quando começaram a ensaiar no mesmo espaço que o Alice in Chains. O Alice in Chains ainda não era gigante, mas era uma banda que tinha aspirações de ser gigante, então ficávamos, tipo: 'Uau, que coisa mais oficial e profissional'."

Kurt ficou interessado em ouvir Leadbelly depois de ter lido um artigo de William S. Burroughs sobre o cantor de folk negro, então Slim lhe emprestou sua cópia do *Leadbelly's Last Sessions.* Kurt sentiu uma forte conexão com as expressões quase físicas de saudade e desejo de Leadbelly.

"É tão bruto e sincero", Kurt me explicou em 1992. "É algo que considero sagrado. As músicas são incrivelmente emocionais. Leadbelly era um negro pobre do início dos anos 1900, que foi preso algumas vezes por violência doméstica, roubos, envolvimento em brigas e contrabando de bebidas. Enquanto estava na prisão, ele começou a tocar violão e a cantar tão bem que o governador gostou dele e o tirou da cadeia. Leadbelly tornou-se aprendiz de Blind Lemon Jefferson e passou a gravar músicas, mas nenhuma das gravações comerciais que ele fez conseguiu capturar sua verdadeira essência, exceto as últimas sessões.

"Espero que minhas músicas cheguem pelo menos perto dessa honestidade", continuou ele. "É por isso que eu me esforço. Eu penso na vida dele como uma festa com balões, sabe? Mas uma mistura única de balões, música folk e contação de histórias, tudo junto, algo que não tinha sido feito antes. Ele foi tipo o primeiro punk rocker, porque ele era uma pessoa muito endurecida. Ele chegava na cidade, entrava em um bar exclusivo para brancos, tentava comprar uma bebida, apanhava e depois ia para a cadeia por causa disso. Então é muito legal ouvir a música dele, especialmente o ar das próprias gravações, porque ele é tão sinistro nesses registros em dois canais, cheios de estalos. Ele começa com uma pequena introdução sobre a música, toca um pouco e se entrega."

No mesmo mês, Kurt ajudou Dylan Carlson a gravar seu primeiro EP.

"O Lush tinha se separado, e o Dylan decidiu que queria tocar guitarra novamente, independentemente de quão bons os Melvins fossem", explica Slim. "Então nós formamos o Earth. O Kurt tocou baixo para nós por um tempo enquanto morávamos em Olympia, mas o instrumento dele era para destros, então era como se tocasse de cabeça para baixo. Nós ficávamos, tipo: 'Você precisa mudar as cordas para conseguir usar'. Ele respondia: 'Eu não posso. Outras pessoas pegam o baixo emprestado'. Então nós o expulsamos.

"Saí do Earth depois de uma discussão com o Dylan sobre como deveria ser meu vocal na banda", Moon continua. "Ele queria que eu cantasse com a voz aguda do Ozzy, e eu queria cantar com a voz grave do Michael Gira.[13] Ele argumentava que vozes de todo o universo haviam falado com ele e declarado que a razão de nossa banda existir era causar o fim do universo, mas isso só seria alcançado se eu cantasse agudo."

Dessa forma, sem Slim, mas com Dave Harwell e Joe Preston, ambos tocando baixo, além de alguns vocalistas convidados, Dylan foi a Portland para gravar o denso EP *Extra-Capsular Extraction* para a Sub Pop, lançado em 1991.

"Participei daquele disco do Earth", sorri a ex-vocalista do Dickless/Teen Angels Kelly Canary, "só porque eu não fiquei bêbada por algum tempo, pois estávamos no meio do nada. Kurt e eu éramos os vocais de apoio. Foram cinco dias em Portland, sendo que a minha parte dos vocais levou 20 minutos, então passamos literalmente quatro dias e meio sentados, com o Kurt desmaiado no sofá. Eu estava em abstinência, tentando achar drogas na rua, o Kurt passava o tempo todo dormindo e eles ficavam gravando no porão. Eu ia ao Fred Myers para me divertir, porque não tinha nada para fazer. Foi aí que o Kurt começou a me ensinar a tocar guitarra".

Como ele te ensinou? Quando ele me deixou tocar a guitarra dele no palco, ele a colocou em mim de cabeça para baixo.

"Ah, sim, porque ele era canhoto", ri a cantora. "Ele apenas me passou alguns acordes. Foi bem fácil – e então me ensinou uma música do 13th Floor Elevators, 'You're Gonna Miss Me'. São os mesmos acordes de 'About a Girl'. Eu compus um álbum inteiro do Teen Angels com esses acordes – Kurt me disse que aquilo era tudo que eu precisava saber."

Em setembro, o Nirvana partiu em uma pequena turnê pelo Meio-Oeste americano, em parte para compensar os shows que haviam sido cancelados da última vez.[14] As datas do Meio-Oeste foram de 9 a 22 de setembro e depois de 3 a 8 de outubro. Dessa vez, eles tinham um caminhão para transportar seu equipamento, uma promessa de 100 a 200 dólares por noite e o técnico de som Craig Montgomery e o amigo Ben Shepherd a tiracolo. A turnê foi razoavelmente bem-sucedida – 200 fãs apareceram em alguns shows, encorajados pelo crescente burburinho em torno da banda e da gravadora. O Nirvana voltou para Seattle com 300 dólares cada, depois de subtraídas as despesas. Para o Kurt, era uma fortuna.

A primeira apresentação aconteceu no Cabaret Metro, em Chicago, abrindo para os mentores Sonic Youth. Não foi um começo promissor: "Kurt caiu em cima do meu kit e garrafas começaram a voar", lembra Chad. "Nós nos olhamos e corremos para debaixo do palco. Tive que largar meu tablado de bateria lá." Depois, eles seguiram para os shows em Louisville, Denver e Toledo – e um retorno ao The Blind Pig, em Ann Arbor, em 3 de outubro, entre Steel Pole Bathtub[15] e The Flaming Lips.[16] O microfone de Kurt não funcionou durante a abertura de "School", e a banda repetiu a música, alheios à reação da plateia.

"Parei para conversar com o dono do clube. Ele estava puto, porque os Flaming Lips tocaram com muita fumaça", Chad conta, rindo. "Era tão densa que eu mal conseguia ver o rosto do cara. Ele estava tipo: 'Que inferno! Eles ligam essas merdas de máquinas de fumaça e eu não consigo ver nem a porra da minha cerveja!'. Foi hilário."

Dirigir pelos Estados Unidos, especialmente por suas longas planícies do interior, pode ser bastante entediante. "Quando ficava aborrecido, eu dirigia com os dentes", revela Chad. "Uma vez estávamos passando por Montana, que é um grande e belo trecho plano de absolutamente nada, e Kurt e Krist estavam dormindo. O Krist acordou, me viu e disse: 'Ah, não! Não! O que você está fazendo? Dirija com as mãos!'. E eu não tive coragem de dizer a ele que já fazia duas horas que eu estava dirigindo daquele jeito."

Shepherd atuava como gerente de turnê substituto, não por ser sua obrigação, mas porque foi convidado como amigo e assumiu a responsabilidade de desempenhar esse papel. Havia também uma chance de que ele substituísse Everman como segundo guitarrista.

"Depois que o Jason saiu, o Nirvana perguntou: 'Ei, você quer tentar?'", lembra Ben. "O Kurt me disse: 'Merda, eu teria te chamado para tocar primeiro se soubesse que você toca guitarra'. No dia seguinte, o Soundgarden me convidou para um teste como baixista.[17] E eu disse: 'Bom, o Nirvana me pediu primeiro, então eu tenho que testar com eles'."

O que levou o Nirvana e o Soundgarden a te chamarem ao mesmo tempo?

"Tanto o Kim [Thayil, guitarrista do Soundgarden] quanto o Chad me conheciam", responde o músico, com sua fala suave. "Acabei tocando apenas em uma passagem de som com eles porque só tocávamos músicas do *Nevermind* quando ensaiávamos, mas, naquela turnê, eles só tocaram o *Bleach*. Houve um momento em Ann Arbor que Kurt me perguntou: 'Como você se sentiria se não tocasse nenhuma de suas músicas?', e eu respondi: 'Tudo bem, esta é sua banda' [...] Durante o tempo todo eu achei que eles deveriam continuar como um trio, de qualquer forma."

Outros músicos de Seattle concordavam. Tanto o Mudhoney quanto o Tad falavam a Kurt que ele deveria manter o Nirvana como um trio, preocupados com a presença de Jason, que poderia afetar o som deles. Kurt mais tarde se arrependeria da decisão de não ter convidado Ben para tocar no Nirvana: "Ele teria definitivamente somado à banda", disse ele. "Ele é meio louco às vezes – mas tudo bem".[18]

"Eu cheguei a fazer uma passagem de som enquanto o Kurt estava vomitando do lado de fora de um clube em Minneapolis", o guitarrista ri. "Foi no mesmo dia que eles disseram: 'Desculpe, você perdeu o casamento do seu irmão, mas não está na banda'."

Naquele momento, você achou que eles ainda seriam famosos?

"Eu sabia que sim. Não sabia que eles seriam tão grandes, mas sim. Eu tinha certeza de que eles teriam uma carreira musical."

Por que você achava isso?

"Era previsível, pela maneira como os fãs agiam. Mesmo que em alguns shows houvesse só 20 pessoas – pois eles tinham cancelado a turnê antes –, aquelas 20 pessoas voltavam. Omaha [8 de outubro] foi o único show em que testemunhei um bis de verdade, além de uma vez, com o Soundgarden, na Bélgica. O Nirvana conseguiu, e eles nunca tinham feito um bis. Estávamos todos arrumando as coisas, a bateria do Chad ainda estava quase toda montada e o Kurt já estava abrindo o case da guitarra, quando a plateia começou a pedir: 'Vocês não tocaram todas as músicas. Vocês fugiram da última vez, vamos lá! Toquem o resto das músicas'. Eles voltaram, um pouco acanhados, e simplesmente detonaram. Aconteceu em um castelo falso, chamado The Lift Ticket.

"Muitas vezes, na van, Kurt e eu éramos os únicos acordados, dirigindo tarde da noite", diz Shepherd. "Nós tocávamos Screamin' Jay Hawkins,[19] The

Sonics, [Brian] Eno[20] [...] Todos levávamos nossas pequenas coleções de cassetes conosco. Tenho mais memórias de sentimentos e cenários do que das conversas em si. Às vezes, falávamos sobre livros. Costumavam ser apenas Kurt e Krist, Chad e eu. Naquela época, eu estava numa fase de curtir música de big bands e ficava: 'Pessoal, a gente deveria abrir os shows com isso aqui'. Eu sempre brincava sobre Johnny Cash tocando com o Motörhead ou alguém parecido. Depois de um tempo, aquilo parou de ser uma piada.

"Foi bem quando a galera alternativa começou a perceber que o Nirvana seria *a* grande banda, e não o Mudhoney", acrescenta. "Sempre me surpreendi que as pessoas gostassem tanto do Mudhoney, pois sou da geração do Mr. Epp [primeira banda de Mark Arm]. Para mim, Seattle tinha duas frentes: Malfunkshun, Mr. Epp e [o grupo de hardcore] The Fartz, e todo o resto, que parecia muito leve. Quando os Melvins se mudaram, fiquei, tipo: 'Olha, Seattle acabando com tudo de novo'. Eu curtia sons mais pesados e viajantes."

Em Seattle, nem todo mundo estava feliz com o caminho que a cena estava tomando...

"Em 1989, a Sub Pop fez um show chamado Nine for the Nineties", lembra Slim. "Chamaram nove bandas. Entre elas, o Beat Happening e o Cat Butt. Uma conhecida minha assistia ao Cat Butt e estava dançando e se divertindo muito. Então o Beat Happening entrou, e, depois de algumas músicas, a pessoa me disse: 'Esta é a pior banda que eu já vi – eles não sabem tocar os próprios instrumentos'. Olhei para ela e rebati: 'Eles estão tocando tão bem ou melhor do que o Cat Butt, eles só não usam distorção para esconder o quanto tocam mal'. Essa é a essência do argumento Seattle *versus* Olympia. Os moradores de Seattle sempre quiseram performances grandes e barulhentas e com calças de couro. Olympia sempre quis shows minimalistas e puros.

"Ela ficou insistindo: 'As músicas são idiotas'. Eu dizia: 'As duas bandas tocam rock de três acordes. Qual é a diferença, exceto que a primeira tem distorção e um estilo legal?'. Sim, somos elitistas. Mas Seattle também era e tinha o apoio do resto do mundo, enquanto continuamos sendo o azarão. Então usamos o elitismo como autodefesa."

De novo, os músicos de Seattle estavam se divertindo...

"Tocamos com o Nirvana e o Mudhoney no COCA [Center of Contemporary Art, Seattle – 26 de agosto de 1989], num show vitrine da Sub Pop", lembra James Burdyshaw, do Cat Butt. "Não tinha ar-condicionado e estava totalmente lotado. Na primeira noite, o Dickless tocou na sala menor, depois Dwarves,[21] Tad e GWAR.[22] Foi sensacional.

"Havia uma grande banheira nos bastidores, cheia de gelo e uísque Black Label", continua o guitarrista. "Estava tão quente que todo o gelo derreteu, aí eu ficava jogando aquela água gelada no rosto das pessoas quando elas entravam, apenas para testar suas reações. O Matt Lukin saiu do palco e disse: 'Eeagh! Que merda você está fazendo?'. Kurt estava atrás dele, e eu perguntei se ele queria que eu jogasse água nele.

"Ele respondeu: 'Não, me joga lá, em vez disso?'. E eu fiquei, tipo: 'Sério?', e ele confirmou: 'Sim! Me afunda naquela água'", James diz, rindo. "Então eu peguei a cabeça dele e fiz 'Splaash!' na banheira de água gelada. Ele deixou a cabeça debaixo d'água por muito tempo, e eu pensei: 'Nossa. Que coisa estranha. Ele não está voltando'. Depois de mais ou menos um minuto, ele tirou a cabeça de lá e disse: 'Yeah!'.

"A inocência e a curtição, e o modo como o Kurt era um cara legal e incrivelmente despretensioso, foram muito marcantes naquela noite", finaliza Burdyshaw. "Quando as pessoas falam mal dele, que ele era muito deprimido, sempre respondo que não era essa a pessoa que eu conheci. Eu tive contato com um ser humano doce, legal, divertido, esquisito e imprevisível que escrevia ótimas músicas. E o cara sombrio infelizmente tomou conta da alma dele, mas aquilo era apenas uma parte dessa pessoa. A outra parte era muito legal. É alguém sobre quem não se escreve o suficiente. A pessoa que eu conheci era um de nós. Ele era um irmão. Não era um astro do rock. Ele era um garoto esquisito, misterioso, palhaço e punk rock."

Adendo: Kurt e as garotas

"Minha perspectiva única sobre o Nirvana é que eu não estava prestando atenção neles", explica Julianne Anderson. "O Green River e a Sub Pop surgiram ao mesmo tempo, então tudo ficou: 'Bruce Pavitt, o Louco de Olympia! E seu louco programa de rádio! E sua mania louca de singles!'. O Bruce sempre foi um maluco, um desastre fabuloso, e o Poneman era um daqueles intelectuais nerds de música de Ohio. Eu me referia ao Kurt Cobain como 'aquele cara loiro' porque, para mim, ele era 'aquele cara loiro'. Todas as minhas amigas tinham uma queda por ele, achavam que ele era a coisa mais fofa do mundo, e sempre me arrastavam para ver aquela banda, o Nirvana, tocar – e era sempre assim, o baixinho, aquele grandalhão alto e o baterista que ficava girando as baquetas [...] Nós íamos aos shows e eu me sentava no bar e bebia como uma idiota, porque eu sempre ficava muito feliz por entrar, já que eu não tinha idade suficiente [...]

"Era só uma questão social. Não pensávamos nisso como uma grande revolução artística, eram só uns caras de Aberdeen que vinham para tocar. Eu dei uma olhada em Kurt e achei que ele era muito baixo e tinha cara de problema. Ele era muito retraído e introspectivo, mas era tão explosivo no palco, dava para dizer que ele lutava contra muitos demônios. Francamente, Kurt viveu dez anos além do que eu esperava."

Por que você acha que todas as garotas o adoravam?

"Ele era um cara atraente. Era muito bonito. Ele tinha aqueles olhos azuis superpenetrantes, mas, para mim, era mais como: 'Nossa, este cara está realmente bravo com alguma coisa'."

"Minha banda [a Dickless, só de garotas] estava tão apaixonada por Kurt", suspira Kelly Canary. "Nós ensaiávamos no mesmo prédio. Cada uma de nós estava apaixonada ou por Kurt ou por Jason. Era embaraçoso se preparar para ir ao ensaio, nos maquiar. Vou ser totalmente honesta agora. O Kurt me intimidou desde a primeira vez que o vi. Ele era tão talentoso."

Quando você o viu pela primeira vez?

"Foi na The Vogue. O Nirvana abriu para os Flaming Lips, que disseram que aquela provavelmente era a pior banda que já tinham visto. E, em menos de um ano, eles dominaram o mundo. Uma vez fomos ver Nirvana e Melvins em Olympia, aí um cara veio gritar comigo. Toquei meu apito de estupro e, quando ele veio andando até mim, gritei: 'Alguém aqui estuprou uma mulher'. Em Olympia, uma garota tem que se divertir!"

NOTAS

1 Noddy Holder: vocalista do Slade, ídolo do glam dos anos 1970 na Inglaterra.

2 [Em tradução literal, "desgraçados fodidos, fumadores de crack e adoradores de Satanás".]. As bandas da Sub Pop sempre tiveram jeito com slogans: eu preferia a camiseta "Total Fucking Godhead" ("Divindade Totalmente Fodida"), do Soundgarden, e a "Fuck Me I'm Rich" (Foda-me, sou rico"), da gravadora, mas essa também não era nada mal.

3 Talvez não tanto agora que Alice Cooper aparece nos programas *Top 100* do mundo todo como uma versão barata do Ozzy – mas certamente naquela época, mesmo que apenas por causa de "School's Out".

4 A Soft Machine, banda de Robert Wyatt no final dos anos 1960, navegou entre a psicodelia com influência de soul e o avant rock com influência do free jazz de forma muito melhor do que a maioria.

5 A City Slang mais tarde se tornaria a gravadora europeia do Hole.

6 Jason ficou apenas alguns meses no Soundgarden antes de ser substituído por Ben Shepherd. Jason então entrou como guitarrista no Mindfunk.

7 A série incluiu The Legend! como vocalista em "Breakfast in Bed"/ "Safe Little Circles".

8 Melhor evitar. Funk-punk de Vancouver – Nomeansno foi o precursor do estilo do Red Hot Chili Peppers.

9 O cover de "Loose" também era irônico, já que Calvin era, de muitas maneiras, um anátema para a abordagem espirituosa e histriônica de Iggy no rock 'n' roll.

10 O estúdio agora é uma floricultura na esquina da Summit com a Pike. Entre outros artistas que gravaram ali, estão Screaming Trees, Soundgarden, Love Battery, Some Velvet Sidewalk, Beat Happening e Kenny G.

11 O EP finalmente saiu em Tupelo, em dezembro, após o fim da turnê: "Blew", mais duas músicas gravadas no Music Source, mais duas músicas selecionadas de *Bleach*.

12 Disponíveis em *With the Lights Out* (2004), com os vocais originais.

13 Michael Gira era o vocalista dos Swans – eles se pareciam com os Melvins ou o Earth. Pesados, lentos e muito barulhentos, mas uma década antes.

14 Eles também tocaram no Iguana's em Tijuana, México, em 1º de setembro – e passaram a maior parte do verão fazendo shows em seu estado natal.

15 O Steel Pole Bathtub era uma banda de rock lento e psicodélico – mas não muito lento nem muito psicodélico.

16 Agora eles são os novos R.E.M. ou algo assim, mas, naquela época, The Flaming Lips – os punks loucos de ácido e psicodélicos do vocalista Wayne Coyne – eram uma das bandas mais surpreendentes do mundo.

17 Shepherd por fim se juntou ao Soundgarden em 1991: "Fui da garagem direto tocar no Roskilde Festival, em Copenhagen", diz ele.

18 Concordo: eu me lembro de estar bebendo com Ben no Japão em 1994 quando ele começou a arremessar copos no meio da rua.

19 Screamin' Jay Hawkins foi um cantor de rock 'n' roll estiloso, teatral e com influências do blues, notório por pular de caixões e por seus grunhidos e gemidos profundos e guturais – vistos no arrepiante hit de 1956, "I Put a Spell on You".

20 Provavelmente ouviram o estranho e astuto álbum do ex-tecladista do Roxy Music, *Here Come the Warm Jets*, de 1973, e não seu trabalho posterior de música ambiente.

21 Dwarves: infames pela capa explícita de *Blood Guts and Pussy*, de 1990, e por simular a morte de seu próprio baixista. Ah, e pelo hábito do vocalista, Blag Jesus, de mijar na plateia.

22 GWAR parece um Kiss de baixo orçamento – vestidos com fantasias de monstros e jogando sangue falso no público enquanto tocam hard rock.

CAPÍTULO 9

Salsicha empanada e doces

Eu não sei se isso é divertido tanto quanto é empolgante: ser esmagado sob 1.500 quilos de carne se contorcendo – um pé na sua virilha, outro enfiado no seu nariz, um corpo esticado por cima das suas pernas, outro preso no seu braço – tentando adivinhar por que seus ossos ainda não quebraram. E as pessoas fazem isso porque gostam?

Mudhoney e Dickless[1] em Seattle – você mesmo poderia escrever esta porra desta crítica, não poderia? Basta pegar um punhado de palavras, jogá-las no ar e ver onde elas caem; rock de pub para os anos 1990, terapia de sons primordiais para pessoas com medo da eternidade do silêncio; hardcore unidimensional para criaturas sem imaginação suficiente para serem seduzidas por músicas que causam perdição – embora assim, de surpresa, eu não consiga pensar em nenhuma maneira melhor de atingir um estado transcendental do que através da distorção temporal metálica e irracional de um Motörhead ou um Mudhoney, digamos. Vamos chamá-la de repetitiva, perturbada, desenfreada, pulsante, suja e implacável, e seguir em frente, certo? Não.

As garotas do Dickless parecem ostras chapadas de ácido enquanto o público sobe ao palco e pula lá de cima, estejam elas tocando ou não. Um quarteto local só de garotas, a música padrão do Dickless (a) dura menos de dois minutos; (b) copia o riff de "Smoke on the Water"; (c) tem sorte se o baixo e a guitarra conseguirem tocar simultaneamente; e (d) é a coisa mais engraçada que vi desde que Laibach[2] fez cover de "Sympathy for the Devil". Ou desde o passeio à Rocky Mountain na Disneylândia. Pandemônio, eu suspeito, é o Everett Truísmo adequado aqui.

(Resenha de show, *Melody Maker*, 1989)

EM 20 de outubro de 1989, o Nirvana deixou Seattle para sua primeira turnê europeia.

Eles passariam a maior parte das sete semanas seguintes espremidos numa van Fiat de nove lugares com seu equipamento, merchandise, Tad Doyle e sua banda, um técnico de som e um gerente de turnê: 11 pessoas arrotando, fumando e fazendo piadas grosseiras por todo o continente. Os shows foram promovidos como parte da turnê dupla *Heavier than Heaven* [mais pesado que o céu] – uma referência ao som denso e até mesmo letárgico das duas bandas e também ao próprio Tad Doyle, com seus 130 quilos.[3] Kurt estava doente quando chegou a Londres – enquanto seus companheiros de viagem provavam a realmente superior cerveja britânica, ele convalescia, sofrendo de bronquite, no quarto do hotel.

"Eles ficaram hospedados em um pequeno hotel chamado Dalmacia, em Shepherd's Bush", diz Anton Brookes, "na esquina da The Agency, onde Russell [Warby, agente de reservas do Nirvana no Reino Unido] trabalhava". Eles deviam colocar isso numa placa. "Verdade", o assessor de imprensa concorda. "Eles tinham acabado de chegar e logo saímos para comer comida chinesa. Kurt ficou de cama a noite inteira."

A dieta dele era muito particular: pizza, salsicha empanada e doces.

"Ele tinha uma mentalidade muito caipira quando se tratava de comida", ri Anton, que é vegetariano. "Ele não conseguia comer muitas coisas, pois afetavam seu estômago."

"Toda vez que alguém ia a Londres, tinha que se hospedar no Dalmacia", confirma Craig Montgomery. Sério? Mesmo com a fama de trancar para fora as pessoas que voltassem tarde demais? "Não sei nada sobre isso", diz o descontraído cidadão de Seattle, encolhendo os ombros. "Devem ter sido tolerantes, já que havia um fluxo constante de grunges e roqueiros."

A turnê consistia em 37 apresentações ao longo de 42 dias por vários países, o que às vezes exigia viagens noturnas após o show. Além disso, Edwin Heath, o agente holandês – enviado pela mesma agência que reservara a turnê, a Paperclip – muitas vezes insistia que as bandas fossem direto para a passagem de som, antes de fazerem check-in no hotel.

"A primeira turnê europeia foi cansativa, longa e fria", lembra Craig. "A gente se hospedava em pequenas pousadas, muitas vezes administradas por famílias. Em uma delas, batemos na porta da frente e dois schnauzers começaram a latir, aí o Tad disse: 'Ah, este lugar vem com schnauzers de cortesia'. Então, pelo resto da turnê, queríamos ganhar schnauzers de cortesia.

"Ouvíamos Vaselines,[4] Leadbelly e Beatles", acrescenta o engenheiro. "Acho que Shonen Knife também. Pixies, claro, The Pixies. [Muitos críticos – e o próprio Kurt – já comentaram sobre a dívida de inspiração que o Nirvana tem com os primeiros álbuns da banda de Boston, principalmente o excêntrico e furioso *Surfer Rosa*, de 1988, com sua dinâmica silêncio/barulho e a abordagem da cultura americana. A progressão do gosto musical de Kurt, do lodo primordial dos Melvins ao rock universitário feroz dos Pixies, foi um fator importante para o sucesso do Nirvana.]

"Você não acreditaria no tanto que a gente ouvia Abba", continua Craig. "É um bom som de viagem e, de alguma forma, quando você está dirigindo pela Europa, tem a *vibe* certa. Ouvíamos um pouco de rock dos anos 1970, talvez Queen ou Badfinger.[5] Acho que não havia muito punk rock superabrasivo. Não ouvíamos Black Sabbath, nem nada do tipo. Edwin dirigia o tempo todo, então ficávamos todos bebendo no banco de trás. Isso é permitido na Europa?"

Provavelmente.

"É difícil", explica Craig, "porque você fica sempre acordado até tarde e dorme em lugares frios, com um banheiro compartilhado no corredor. Na van, você tem que ficar sentado, os assentos não reclinam e todos eles estão ocupados. Na Áustria, ficamos num dormitório de faculdade. Budapeste [21 de novembro] foi bizarro, porque ninguém conhecia as bandas – eles sabiam apenas que eram bandas de rock americanas, e só".

Nem todos se lembram da turnê como um infortúnio. Chad Channing, por exemplo, tem boas recordações (deve-se dizer que a maioria dos outros se lembra de Chad como sendo quase insanamente imperturbável) – "A Europa foi divertida", relembra o baterista. "Alguns reclamavam da comida: 'Estou cansado de comer mortadela e patê de salame', coisas assim.[6] Mas eu, não. Algumas pessoas se acostumam tanto a estar sempre perto de casa que, depois de um tempo, ficam irritadas. Nunca aconteceu comigo. Eu fazia questão de acordar uma hora antes de irmos embora e caminhar um pouco por qualquer cidade em que estivéssemos. Tentar entender um pouco do idioma."

As bandas adoravam fazer guerra de comida no camarim. Um dos truques favoritos de Kurt era esvaziar um cinzeiro sobre duas fatias de pão e fazer um sanduíche de cinzas. Outras vezes, ele saía andando por aí, com flores saindo da braguilha.

Kurt costumava dividir o quarto com Kurt Danielson, guitarrista do Tad. Ele sentia falta de sua mãe e de Tracy – para quem enviava cartões-postais, às vezes com as palavras "eu te amo" rabiscadas repetidas vezes, outras vezes com o esboço de um banheiro italiano sem água, mas com muito excremento. Eles passavam noites discutindo quais acontecimentos haviam feito com que os dois músicos levassem uma vida tão esquálida em busca de um sonho de rock 'n' roll que nenhum deles havia planejado. Novoselic fugia da realidade através do álcool, Channing estava acostumado a mudanças constantes por causa de sua infância e muitas vezes falava sozinho – "com vozes estranhas", afirmou Cobain – e Kurt lidava com tudo dormindo. Ele gostava muito de dormir, e desenvolveu uma habilidade de adormecer durante as passagens de som. Várias vezes, dormia até o momento de subir ao palco. Era a maneira mais fácil de lidar com a situação.

"Tad roncava muito alto", revela Craig. "Sempre dividíamos quartos, dois em cada um, às vezes mais, e ninguém queria dividir com Tad, porque era impossível dormir. Ele não podia fazer nada sobre aquilo e, inclusive, pedia desculpas. Sempre havia alguém com mais privação de sono do que o normal."

Tad também tinha seus problemas: todas as manhãs, antes de a van partir, ele vomitava. Kurt Danielson contou uma história duvidosa sobre como Kurt Cobain costumava ficar na frente da van com uma bacia de plástico, esperando que Tad vomitasse nela para poder examinar seu conteúdo multicolorido. Só o Kurt tinha permissão para segurar a bacia: mais ninguém.

É verdade que Kurt era fascinado por funções corporais, como mostrava a exibição carnal doentia na porta de sua geladeira em Olympia. Os problemas alimentares de Tad ajudaram a inspirar a música do Nirvana "Breed" – seu título original, "Immodium", foi retirado do remédio para diarreia de Doyle. Mesmo que essa história de Danielson seja exagerada, a questão é que merda e vômito são fontes regulares de diversão para músicos viajantes. Nirvana e Tad não estavam acima desse tipo de humor.

"Há uma certa frequência, 27 hertz ou algo assim, que comprovadamente faz as pessoas cagarem nas calças", Tad me disse quando nos conhecemos. "Estamos em busca dessa frequência. Nosso guitarrista está quase lá, por isso as pessoas meio que cagam nas calças quando nos veem."

Foi na Inglaterra que Nirvana e Tad causaram a melhor impressão. O país estava preparado. O Mudhoney estava no meio de uma turnê de muito sucesso. Soundgarden e Screaming Trees já tinham passado por lá. Com meus artigos no *Melody Maker* (outro foi publicado em 24 de outubro, uma entrevista direta do Nirvana intitulada "Bleached Wails") e o apoio contínuo de John Peel, além de artigos de jornalistas simpatizantes como John Robb, Keith Cameron, Roy Wilkinson, Push e Edwin Pouncey, os jovens queriam um pouco da ação da Sub Pop. Mesmo que alguns críticos não estivessem tão convencidos...

"Primeiro saiu o *Bleach*", diz Anton. "A reação foi limitada. Naquela época, todas as revistas eram de metal, como *Metal Forces* e *Kerrang!*, e eles ficaram tipo: 'Não é poodle o suficiente para nós', embora o Nirvana fosse muito mais rock do que várias daquelas bandas. O *NME* foi paternalista: 'Nevada, onde fica?'. Até o Keith Cameron ir para lá, ninguém conhecia. A *Sounds* e o *Melody Maker* apoiaram – mas havia duas campanhas no *Maker*. Parecia haver muita mesquinharia e até inveja do seu envolvimento com a campanha da Sub Pop, porque as bandas ligavam para você quando vinham à cidade. Se uma delas fosse vista como uma banda do Everett, nunca venderia mais de 200 cópias ou iria além de uma seção no programa do Peel. Quando o Nirvana ficou popular, muitas pessoas não quiseram colocá-los na capa [...]"

Mesmo assim, os rumores já existiam. Tudo o que as bandas precisavam fazer era entregar – e isso não era um problema. Tad parecia um demente no palco, todo o seu corpo tremendo e chacoalhando, sua camisa de lenhador encharcada de suor, enquanto ele soltava outro riff disparatado e rugia ao microfone. E o que faltava a Krist e Kurt em graça, eles mais do que compensavam em energia, caos e imprevisibilidade ébria.

Ninguém nunca sabia o que ia acontecer na sequência. Isso, em uma época em que as bandas escolhidas pela crítica – (as incríveis) My Bloody Valentine, Ride, Chapterhouse – foram agrupadas sob o apelido de *shoe-gazing* porque tudo o que eles faziam no palco era ficar em pé, olhando para os próprios sapatos.

"O Nirvana é um grupo que gosta de dizer: 'Oi, estes somos nós, e também estamos nos divertindo!'", escrevi. "Mas a banda também é um pouco estranha. São meio brutos e impressionantes. E meio determinados demais para se contentar só com brincadeiras. O que mais você poderia ser se crescesse na cidade caipira infernal que é Aberdeen, a um zilhão de quilômetros de distância da capital isolada do Noroeste, Seattle?"

A noite de abertura aconteceu num Newcastle Riverside lotado, em 23 de outubro. Alguém jogou uma garrafa de cerveja e atingiu a têmpora de Krist. Em retaliação, ele golpeou alguns amplificadores com seu baixo novo – amplificadores alugados que deveriam durar a turnê inteira.

"Eles realmente não quebraram nada naquela turnê porque não tinham muitas guitarras extras", diz Craig, "exceto no primeiro show, quando tinham um amplificador de baixo fraco, que não tinha potência o suficiente. Lá estava o pobre Edwin, que não conhecia essas pessoas, e ficou, tipo: 'Que merda é essa?'. Tivemos que voltar para Londres e comprar um amplificador bom".

A noite seguinte, na Manchester Polytechnic, foi melhor: querendo rock de verdade, a plateia enlouqueceu. Há muito tempo já existia uma tradição de abrir rodas e fazer *stagedivings* enlouquecidos na Inglaterra, parcialmente alimentada pelas bandas de Minneapolis de meados dos anos 1980 e também por nomes britânicos do psychobilly e garage, como The Meteors e Billy Childish's Thee Mighty Caesars. Não demorou muito para a moda voltar entre os jovens. Os fãs europeus apreciavam muito mais a Sub Pop do que os americanos. Como sempre, é fácil deixar de valor ao que está à sua porta.

Tomemos como exemplo a postura do próprio jornal musical de Seattle, o *Rocket,* em relação à Sub Pop. Ao contrário das reportagens revisionistas desde então, o *Rocket* não foi a primeira publicação a colocar o Nirvana na capa. Até a imprensa musical britânica chegou antes, com o artigo de John Robb na *Sounds.* O *Rocket* seguiu depois de três meses, com uma história superficial de 750 palavras. Imagina-se que a imprensa local poderia ter reagido antes, apenas pelo valor da notícia.

"Fui até Leeds para vê-los no Duchess of York com dois terços de sua capacidade preenchida", diz Anton. O Duchess era um clássico no "circuito de latrina" do Reino Unido – o backstage ficava logo acima de um lance de escadas íngreme e frio, a pista do pub tinha capacidade para cerca de 200 pessoas e a *vibe* era amigável. "Vi o Krist saindo do palco e disse para ele, levianamente: 'Krist, desta vez você não jogou seu baixo'. Ele respondeu: 'É mesmo', e simplesmente o jogou para trás, sem olhar. Dava para ver todos olhando na direção do *moshpit* e, então, cada um dos malucos ali na frente puxou a cabeça para trás, enquanto o baixo descia voando. Depois, no andar de cima, todo mundo ficou chapado. Era inverno: congelante, úmido e frio – muitas gravadoras foram até lá para ver o Nirvana e o Tad."

No dia seguinte, o Nirvana viajou para os estúdios da BBC, em Maida Vale, para participar da longa tradição de gravar uma *John Peel Session* – quatro músicas: "Love Buzz", "About a Girl", "Polly" e "Spank Thru". Em 27 de outubro, o Nirvana fez seu show de estreia em Londres, na School of Oriental and African Studies (SOAS) – que havia recebido uma apresentação do Mudhoney/Soundgarden algumas semanas antes, quando o palco desabou e os jornalistas de música ingleses tiveram de segurar com as próprias mãos os cavaletes que o sustentavam enquanto a bagunça era arrumada. Os seguranças tinham saído havia muito tempo.

"O que mais me impressionou ao tocar na SOAS foi que a multidão era 100% branca", comenta Mark Arm. "As pessoas estavam caindo pelo palco enquanto éramos empurrados para trás. Então eu fiz uma piada, tipo: 'Ei, vamos todos subir no palco!'. Imediatamente todos tentaram subir no palco, e os seguranças ficaram muito bravos. Você, Anton e Keith Cameron estavam tentando manter as coisas sob controle. Tudo começou novamente, e eu pensei: 'Isso é tão absurdo. Como posso mostrar o absurdo deste momento?'. Então, na música seguinte, eu disse à plateia – para ilustrar a dimensão da burrice deles – para subir nas pilhas de PA. As pessoas realmente subiram, aí um dos caras da segurança começou a me empurrar, e Anton teve que tirá-lo de cima de mim. Nossa versão de sarcasmo realmente não pegou. Aquilo foi considerado um motim, mas não teve nada de motim. Era apenas excesso de entusiasmo."

Nenhum dos fãs recém-convertidos da Sub Pop perderia a chance de se esbaldar assim no show de Tad/Nirvana. "Os jovens pulavam das pilhas de alto-falantes", exclama Craig. "Nunca tinha visto nada parecido. As pessoas estavam perdendo completamente o controle de seus corpos, tanto a banda quanto o público. Era uma instalação temporária em um refeitório escolar, não uma casa de shows, então havia muito pouca segurança e a sala estava lotada."

"Kurt saiu do palco da SOAS procurando alguma coisa, e eu fiquei, tipo: 'O que você está fazendo?'", diz Anton, sorrindo. "Ele disse: 'Preciso fazer alguma coisa e não sei o que é'. Perguntei: 'Por que você não usa um extintor de incêndio?'. Deu para ver o rosto dele se iluminar, como uma criança travessa. E então ele foi achar um para destravar [...]"

Para falar a verdade, é difícil lembrar a maioria desses shows. É tudo um grande borrão. Mesmo eu sendo o autor citado pela maioria dos biógrafos que falam sobre o Nirvana, quando se trata dos primeiros shows – com os devidos créditos ou não –, é foda conseguir lembrar o que aconteceu de uma apresentação para outra. Foi no Astoria que Tad pulou do palco durante o set do Nirvana, direto em cima do Matt Lukin, que desmaiou por 15 minutos – ou eu imaginei aquilo? Só consigo me lembrar de cabelos compridos e rostos insanos de álcool e de calor, meu corpo doendo por dançar sem parar, minha cabeça girando por ter me apoiado nas caixas do baixo...

Em algumas manhãs, eu acordava nas escadas, do lado de fora do meu apartamento, fitas cassete amassadas em volta dos meus pés. Em outros dias, eu tremia pela falta de álcool, andando pela Blackfriars Bridge às dez horas da manhã. Eu saía muito mais com o Mudhoney e o Tad do que com o Nirvana naquela época – preferia a música deles, e os caras também bebiam mais. (Bom, exceto pelo Krist Novoselic.) Deve ter chegado um momento em que o Nirvana deixou de ser um Soundgarden de segunda categoria para fazer shows incríveis e emocionalmente carregados – e acho que foi nessa turnê –, mas o que me fez mudar de opinião?

Eu não sou o único confuso.

"Fiz tantos shows que quase nada de relevante se destaca", diz Chad. "Como aquela vez em Nova York, quando o baixo quebrou, ou a outra vez no Metro, de Chicago, quando todo mundo começou a atirar garrafas em nossa direção – mas ninguém estava jogando garrafas por estar com raiva de nós, e sim como um incentivo. Existe isso na Inglaterra. Quando tocamos lá pela primeira vez, em Manchester, as pessoas mostravam seu apreço cuspindo em nós e jogando garrafas. Aquilo aconteceu em vários shows. Nós ficávamos tipo: 'Putz, isso de novo! Rápido, abaixa!'."

"Eu achava que o Nirvana era uma das boas bandas de Seattle, mas não via o potencial dos caras", diz Ruud Berends, ex-Paperclip. "Achava o Tad um pouco melhor e o Mudhoney muito melhor. Achei que a turnê Tad/Nirvana foi quatro ou cinco meses adiantada. Tínhamos 50 pessoas por noite, em média."

A banda viajou do Reino Unido para Hilversum, na Holanda, onde gravou "About a Girl" e "Dive" na rádio VPRO, em 1º de novembro. Os shows holandeses foram em lugares maiores – mais agradáveis, mas mais reservados. A agenda incluía noites no espaço público Vera, em Groningen, com sua excelente comida hippie, tênis de mesa e tabelas de final de ano que classificavam as bandas favoritas da equipe.[7] Também teve um show no Melkweg, em Amsterdã, que terminou quando Kurt quebrou sua guitarra e depois ficou gritando ao microfone, enquanto a banda improvisava um *noise* (que mais tarde gerou o encerramento "Endless, Nameless" no *Nevermind*) – e então maconheiros foram ao distrito da luz vermelha, ao bar Bulldog e tudo mais.

Nem todos ficaram impressionados com o comportamento do Nirvana.

"Krist comprou uma garrafa de uísque no barco e bebeu sozinho", disse Edwin Heath à revista holandesa *Oor*, em 1994. "Bêbado como um jumento, completamente bêbado. A certa altura, esperávamos num semáforo, em Den Haag, ao lado de um carro da polícia com luzes apagadas. De repente, o Krist abriu a porta lateral e gritou: 'Acendam as luzes, filhos da puta!'. Os policiais ficaram atrás de nós por mais de 15 minutos."

A banda se hospedou no Quentin Hotel, em Amsterdã, local regular da Paperclip para grupos pequenos: "Krist, ainda completamente bêbado, se deitou no corredor", continuou Heath. "O hotel é administrado por dois caras legais, e um deles, Philip, parece o Freddie Mercury. Ele foi até o Krist para colocá-lo numa cadeira, e, quando Krist o viu, gritou: 'Foda-se, Freddie Mercury viado!', aí nos mandaram sair. Mais tarde, Krist subiu em cima da van para xingar todo mundo – e pediu desculpas depois [...]"

Após a Holanda, foram para a Alemanha Ocidental.

"Nosso primeiro show na Alemanha foi num lugar minúsculo", lembra Craig. "Em termos de som, foi um fracasso. Alguns momentos eram excepcionais – quando eles quebravam algum equipamento, ou brigavam com um segurança –, mas o Nirvana era realmente muito consistente. Seus shows nem sempre eram um desastre. Eles eram bem ensaiados, tocavam boas músicas."

Entenda o seguinte: eu gostava de ir a shows para dançar. Não tinha outro motivo. Se eu gostasse de uma banda, lá estaria eu me debatendo loucamente, muitas vezes sozinho, na boca do palco. Caso contrário, não assistiria ao show e ficaria no canto. Simples assim. Ver shows não era um evento social para mim – eu tinha poucos amigos – e certamente não era desculpa para ficar bêbado e me comportar de modo desagradável. Isso veio depois. Eu queria bandas que alimentassem minha energia e para quem eu pudesse devolver um pouco de energia.

Por isso, eu amava o Birthday Party, do Nick Cave, no início dos anos 1980: o homem se esforçava. Gritávamos nossa aprovação quando ele se jogava na multidão, de braços cruzados, confiando em nós para sustentá-lo. Socávamos, chutávamos, arranhávamos para pegar o microfone e berrávamos algumas palavras enquanto Nick estava de costas. "Se expressem", ele gritava, possuído, a seus fiéis adoradores, e alguns de nós obedeciam. Se você prestar atenção no início do disco 12 polegadas ao vivo de Lydia Lunch/Birthday Party, de 1982, você ouvirá uma voz grave e profunda cantando "*Danger zone* *in the heart of the city/ Danger zone in the heart of the town"*.* Minha primeira performance gravada, obrigado.

Da mesma forma, adorava o cantor Jad Fair, do Half Japanese – o epítome de um nerd com óculos grandes, roupas comuns e uma guitarra surrada, que às vezes ele se esquecia de plugar. Diante de um público agressivo, como costumava ser, ele pulava na multidão e enfrentava seu opressor, que invariavelmente se fechava. A mesma coisa com The Slits. A sabedoria do rock convencional corria na cara da alegria inequívoca dessas garotas, felizes por terem conseguido subir no palco, gritar, se exibir e usar calcinhas do lado de fora das roupas, além de terem criado um dub maravilhoso, levado pelo baixo, pronto para nos fazer dançar.

Assim foi com o Nirvana em 1989 e 1990. Depois que passou o choque inicial de vê-los fingir ser uma banda de heavy metal e eles demitiram Jason, ficaram muito bons. Ei, o rótulo de heavy metal é justo. Será que o Nirvana teria assinado com a Sub Pop sem as conexões do hard rock? Eu duvido. Eu não sei que merda os jovens de pequenas cidades americanas precisam sofrer e perder antes de conseguir expressar seus sentimentos, mas eu suspeito que, na época do Nirvana, isso incluía exposição obrigatória ao Aerosmith e ao Kiss. Lembre-se: o punk rock só estourou nos EUA em 1991, quando o *Nevermind* estreou nas paradas. Antes disso, e antes da internet, os garotos das periferias não tinham acesso a coisas legais que nós, garotos da cidade grande, tínhamos como garantido.

Na verdade, o Nirvana não apenas acabou se saindo superbem, como também era especial. Isso ficou evidente desde a primeira vez que vi Kurt tentando destruir seu amplificador com a ajuda de uma guitarra e de punhos muito maltratados. Nisso, o Nirvana me lembrava os dias de glória de 1985, quando os Membranes, de John Robb, removiam todos os obstáculos dos palcos da faculdade em poucos segundos. Bem, eu me lembro da cara dos famosos seguranças do Marquee de Londres quando eles nos viram quebrando seu palco com barras de metal de três metros e perceberam que não tinham como nos parar.

O Nirvana conhecia a frustração. E eu entendo disso. Afinal, o que seria minha dança frenética senão uma manifestação da minha frustração sexual?

* "Zona de perigo no coração da cidade/ Zona de perigo no coração da cidade." [N. T.]

O Nirvana sentia aquela frustração com engenheiros de som de clubes de merda, com as cartas ruins que a vida deu para eles e com todos que não entendiam imediatamente sua genialidade. Sem mencionar o fato de que era quase impossível expressar sensibilidade dentro do meio escolhido, o punk rock/grunge.

Anos depois, Courtney Love me explicou que "o punk rock é um rito de passagem marxista, que nada tem a ver com mulheres". Infelizmente, quando bandas como Black Flag e Dead Kennedys começaram a exercer um domínio sobre a contracultura americana, em meados dos anos 1980, isso era verdade. Mas, inicialmente, o punk em Nova York e no Reino Unido buscou novas formas de comunicação, uma maneira de canalizar emoções conflitantes e um caminho para mulheres anteriormente excluídas pelo conjunto de regras patriarcais do rock. Logo se solidificou em um outro conjunto de regras masculinas, ainda mais rigorosas, que não poderiam ser ignoradas por quem quisesse pertencer àquele mundo.

Essa frustração foi o motivo pelo qual as primeiras músicas do Nirvana – desde o enervante cover do Shocking Blue até a produção grunge inspirada de Jack Endino de "Negative Creep" – soam tão brutais e vivas. O Nirvana tinha muita angústia para liberar.

Pelo mesmo motivo, Kurt começou a se jogar sobre a bateria e sobre a multidão, como Nick Cave e Iggy Pop haviam feito antes dele. E é por isso que eu adorava o Nirvana inicialmente. Eles se esforçavam de verdade – saltando e gemendo e lamentando e gritando tanto no palco, era óbvio que estavam apenas fazendo o que qualquer fã meio acordado teria feito em seu lugar. Suba no palco e divirta-se! Coloque corpo, alma e coração nisso, sabe por quê? Além desta noite, não existe nada. Nada. Você quer voltar para aquele trabalho de merda como engenheiro ferroviário, como gráfico, como um ninguém? Faça barulho! Não seguindo as linhas predeterminadas, mas no seu próprio tempo e no seu próprio espaço, inspirado por suas próprias emoções.

Então... essas coisas aconteceram de verdade? Às vezes, eu me pergunto isso. São tantos relatos que não conseguem capturar a emoção, a pura emoção, e acabam criando um bloqueio de turnês inteiras e shows únicos. Eu subi mesmo no palco com o Nirvana em várias ocasiões para gritar o bis? Segundo os livros que li, não. O Nirvana era uma banda empolgante e alucinante com fome de destruição, ou Kurt era apenas um viciado triste com um amigo grandão que cuidava dele? Eu sei qual versão vivenciei, mas você começa a questionar sua própria memória...

"Na primeira vez que saímos em turnê, só tínhamos um single e pronto", explica Chad. "O público era aleatório. Tocávamos em algum clube em Los Angeles e enchíamos o lugar. Depois tocávamos em Tucson, Arizona, para 30 pessoas no máximo e saíamos com apenas 50 dólares no bolso. Na turnê seguinte, a história era outra. Todos os lugares onde tocávamos estavam lotados. E, quando fomos para a Europa, todos eles tinham de 500 a 850 pessoas – e ainda tocamos no Astoria. Acomoda quantas pessoas – 7 mil?[8] Não era nada enorme, mas todos os locais lotavam. As pessoas que estavam na cena musical, aquelas sim, conheciam o Nirvana. O público geral não conhecia o Nirvana até a Geffen dar um empurrão."

Algo rolou entre 1989 e 1990. Não sei dizer ao certo o que foi. Eu estava muito ocupado me divertindo para analisar. O *Bleach* saiu na metade de 1989 – um álbum que ouvi cerca de duas vezes e meia para notar que, como sempre ocorre com esse tipo de música, discos nunca se comparam à experiência ao vivo. Ao invés disso, foquei em sair para as festas.

Quando o Muro de Berlim caiu, em 9 de novembro de 1989, o Tad e o Nirvana estavam em Hanover, preparando-se para viajar para Berlim.

"A banda estava em sua primeira turnê europeia", diz seu agente alemão Christof Ellinghaus. "Tocaram numa pequena vila no interior da Alemanha e tinham um show agendado em Berlim no sábado à noite. Era uma venda garantida se considerarmos o burburinho daquele primeiro disco. Tínhamos uma sensação muito boa. Sabe o que aconteceu? Na noite de quinta-feira, a porra do muro caiu. Então os caras ficaram presos na estrada, com um monte de carros pequenos indo para Berlim ou para a Alemanha Ocidental. Dá para imaginar como eles estavam cansados quando finalmente chegaram.

"Berlim estava com uma atmosfera que nunca vi igual. Era um festival de amor por alguma razão desconhecida", ele brinca, sarcasticamente. "Milhares de alemães orientais em seus jeans desbotados chegando à Alemanha capitalista – recebidos com dinheiro e bananas. Muita festa nas ruas. Foi impressionante. O pessoal ficava andando a esmo, então lá se foi nosso show do Nirvana com capacidade para 600 pessoas. Quando as bandas chegaram lá, estavam tão putas que nem perceberam o que estava acontecendo. 'Por que estamos presos no trânsito? De onde saíram todos esses carros esquisitos?'. O tema da turnê era um filme pornô chamado *Barnyard Fun*, que tinha uma trilha sonora incrivelmente brega. No início, eles ficaram chateados porque levaram 20 horas para chegar, mas depois explicamos: 'Vamos lá, gente, vocês estão diante da história enquanto ela acontece!'. Havia muita bebida. Eles tocaram, o Tad abriu, o Nirvana fechou, e caramba [...]"

A casa estava com meia lotação: "227 pessoas", comenta Ellinghaus num preciso estilo teutônico. "Kurt quebrou sua guitarra durante 'Breed' e foi embora." A banda não tinha onde ficar, dormiram no andar de cima do local, o Ecstasy Club, sem camas, usando seus casacos enrolados como travesseiros – ou ficaram acordados a noite toda fumando haxixe.

"Estávamos dirigindo até lá no meio da tarde, enquanto eu conversava com Edwin", lembra Chad. "Eu estava, tipo: 'Qual é a desses carros?', porque havia veículos da Alemanha Oriental numa fila interminável. Fizemos um grande show naquela noite. Se tivéssemos tocado na noite anterior, alemães ocidentais teriam visto nosso show, não alemães orientais. Recebemos ambos. O clube em que tocamos ficava a quatro ou cinco quarteirões do muro, então caminhamos até lá e ainda tinha muita gente. Foi muito legal."

"Naquele outono, fizemos uma turnê pela Europa com o Tad, nossos companheiros de gravadora", escreveu Krist em *Of Grunge and Government*. "Estávamos em Berlim no dia seguinte à queda do muro.[9] No lado Leste, havia uma fila de uns 27 quilômetros de pequenos carros Trabant, esperando para entrar no Oeste. A emoção da história acontecendo estava no ar. O Ocidente tinha muito a oferecer, e isso não passou despercebido para mim quando notei todos os Trabants estacionados na Reeperbahn, a notória avenida de bebedeira e sexo de Hamburgo."

Após uma turnê alemã bastante extensa, seguiram para quatro datas na Áustria – incluindo "a vila dos trolls no alto das montanhas", como Kurt descreveu um lugar –, depois tocaram em um clube de heavy metal em Budapeste e, por fim, foram para a Suíça.

Em Mezzago, na Itália, Kurt juntou-se ao Tad para cantar as músicas "High on the Hog" e "Loser".

"O Tad estava desmaiado por causa do calor, então Kurt pulou no palco", lembra Craig. "No final, um jovem estendeu a mão por cima da barricada para pegar os sapatos do Krist. E eu sabia que ele não podia ficar descalço na Europa. Seria péssimo. Então eu pulei a barricada e devo ter assustado o garoto, porque ele simplesmente me devolveu.

"Talvez eu estivesse usando meu capacete de ciclismo", ele ri.

O Nirvana tocou em Roma em 27 de novembro. Foi um desastre.

Num gesto tipicamente extravagante e um tanto imprudente, Jon e Bruce pegaram um voo para a Europa a fim de checar como estava indo a turnê – o que causou um grande ressentimento nas bandas, forçadas a passar por privação de sono em ambientes apertados, mal conseguindo descansar. "Era uma agenda extenuante", comenta Craig. "Os dias de folga eram os dias de viagem, nos outros eles estavam tocando." Roma foi o começo do fim do relacionamento da Sub Pop com as duas bandas: os músicos enxergaram a presença deles – planejada como apoio emocional, um par de rostos amigáveis para ajudar a sustentar seus espíritos esfarrapados – como pura arrogância, o ato de magnatas da gravadora sem sintonia com sua equipe.

"Naquela turnê, eles ainda destruíam o palco todas as noites", diz Christof. "Eles se jogavam sobre os kits de bateria, que eram montados especialmente para isso. Era um dos shows de rock mais poderosos que eu já tinha visto um trio fazer. O Tad era realmente incrível, mas o Nirvana tinha as músicas. O Kurt era um filho da puta impulsivo, então, se um microfone não funcionasse, ele simplesmente jogava tudo no chão e saía andando. Kurt era passivo-agressivo e muito dramático. E o perigo só aumentava quando Krist começava a girar seu baixo no final da apresentação."

"Roma não foi um bom show para o Nirvana", lembra Craig. "O clima estava ruim, então o Kurt finalizou mais cedo. Saiu do palco. Ele não estava satisfeito com o som. Acho que ele estava apenas infeliz em geral. Kurt e Edwin tiveram uma grande discussão. Kurt disse que ia sair, depois Edwin quis desistir, e Kurt fez um escândalo por causa dos monitores ruins [...]"

Kurt quebrou sua guitarra durante "Spank Thru" e subiu nos PAs, ameaçando pular: "Os seguranças ficaram apavorados", lembra Bruce Pavitt, "e a plateia também. Todo mundo implorou para que ele descesse. Ele estava no limite. Se tivesse se jogado, teria quebrado o pescoço". Kurt subiu nas vigas e, de lá, até um camarote – de onde ameaçou atirar cadeiras na plateia.[10]

"Depois daquilo, o cara do som ficou irritado com o Nirvana por ter quebrado alguns microfones", acrescenta Craig. "Ele foi falar com Edwin e Kurt e mostrou os microfones quebrados, que pareciam inteiros, aí o Kurt os tirou da mão dele e jogou no chão, dizendo: 'Agora eles estão quebrados'. Edwin não gostou nada daquilo: 'A partir de hoje, não vou mais gerenciar a turnê do Nirvana!'. Não sei ao certo como eles se resolveram."

Poneman levou Kurt para fora do clube, para esfriar a cabeça. "Ele ficava reclamando, dizendo: 'Não quero tocar para esses idiotas, só quero ir para casa'", lembra o chefe da gravadora. "Ele estava, tipo: 'Eu quero ir para casa e ficar com minha namorada e nunca mais ter que tocar de novo'." Jon prometeu comprar uma guitarra nova para Kurt quando a turnê chegasse a Genebra, na Suíça, e uma passagem de trem para a próxima cidade. Sua preocupação era tirar Kurt da panela de pressão de fazer a turnê em uma van, de modo que ele chegasse ao último show da Inglaterra, em poucos dias.

Krist e Chad também saíram momentaneamente do Nirvana naquela noite.

O dia seguinte foi um raro dia de folga: o Nirvana visitou o Coliseu e os ânimos esfriaram – mas por pouco tempo. No trem entre Roma e Genebra, durante uma travessia de fronteira, Kurt dormiu, e sua carteira, passaporte e sapatos foram roubados. "Aquela", Jonathan comenta ironicamente, "foi a imagem perfeita da infelicidade, Kurt sentado ali, com o capuz na cabeça, sem falar com ninguém, bebendo um chocolate quente".

"Sim, tivemos que ir ao consulado em Berna, na Suíça, que não era uma cidade da nossa turnê", suspira Craig, "e esperar sentados lá por seis horas, enquanto a papelada ficava pronta. Foi pelo menos um dia perdido".

Quando a turnê retornou à Inglaterra, em 3 de dezembro – para a noite de abertura do Lamefest, no Astoria de Londres[11] –, o Nirvana rasgou completamente o manual. Em muitos aspectos, aquele foi o show em que tudo mudou.

Sendo a primeira banda a tocar, parecia que o trio enfrentaria uma batalha árdua para impressionar o público que chegara mais cedo para conferir o show. O que tínhamos na cabeça? O Nirvana havia feito todo o caminho de Dover a Londres em meio a uma neblina congelante e chegara 20 minutos antes da hora marcada: sem passagem de som, sem descanso, sem nada. Mas isso não importou. Depois de 30 minutos, eles pulverizaram quatro guitarras e largaram o palco moribundo. Não estou dizendo que o Nirvana superou o Mudhoney – que estava no auge de seu considerável poder –, mas naquela noite eles perturbaram e confundiram todas as pessoas com a força de sua performance.

"Lembra do Lamefest?", ri Christof. "Esse show me marcou para sempre. Houve muito *stagediving*, o Mudhoney era a atração principal, mas o Nirvana roubou a noite. Eles eram intimidadores, foi incrível."

"Foi uma merda", afirmou Krist, categoricamente. "Em uma escala de um a dez, foi um zero."

As opiniões sobre aquele show são as mais variadas. Tenho uma memória vívida de Tad Doyle cambaleando para a frente do palco, prestes a mergulhar... mas foi o que ele fez? Consigo me lembrar do palco batido e exposto, amplificadores, guitarras e suportes de microfone varridos para um canto quando o Nirvana saiu... mas foi nesse show? Não consigo me lembrar das músicas, mas ainda posso sentir a emoção, a raiva se manifestando quando Kurt arremessou sua guitarra em direção ao Krist, que a rebateu casualmente com seu baixo, estilhaçando-a em vários cacos. Tenho a sensação de que eles tentaram várias vezes antes do Krist acertar, mas... quem sabe?

Alguns amigos acham que o show foi um dos melhores que eles testemunharam. Outros são igualmente veementes que foi o fundo do poço. No entanto, tenho certeza de que aquela foi a primeira noite em que realmente me conectei com o poder, a raiva, a frustração e a pura demonidade de Kurt Cobain.

"Kurt, por sua vez, estava cheio de terror e gentileza", lembra o fotógrafo do *Melody Maker*, Stephen Sweet. "Ele se jogava como se não existisse nada além de cada momento que passava tocando e cantando."

Simon Price criticou o Nirvana no *Melody Maker* na semana seguinte, destacando Krist na maior parte de seu vitríolo, alegando que "tudo desmorona quando o baixista esguio, com pernas de borracha e jeito de sapo, começa a se fazer de bobo". Outros também não se impressionaram.

"Era a nossa turnê", rosna o baterista do Mudhoney, Dan Peters. "Estávamos lá havia nove semanas. Pelo que me lembro, o Nirvana foi horrível pra caralho, foram uns bostas. Eles mal conseguiam tocar uma música, que diria dez. Eles arrebentavam cordas para todos os lados. A certa altura, Krist girava o baixo, enquanto eu estava de pé ao lado do palco. De repente, o baixo se soltou, e eu tive que levantar a mão para me proteger, e mesmo assim a ponta me acertou. Se eu tivesse sido um pouco mais lento, teria me acertado em cheio."

Minha lembrança é que foi a primeira vez que gostei deles ao vivo. Mas posso estar me confundindo...

"Se você falar com qualquer membro do Mudhoney", responde Dan, "todos nos lembramos daquele show. Eu estava sentado lá, pensando: 'Que merda'. Não quero dizer que eles eram uma merda, mas sim que: 'É uma merda que este seja o grande show de Londres e tudo isso esteja acontecendo'. Desde então, sempre leio coisas como: 'Se você não estava lá, você perdeu. O Nirvana detonou todas as outras bandas'. A história definitivamente alterou esse show de várias maneiras".

Talvez eu tenha gostado porque teve muito *stagediving*.

"Eles encostaram a van e lá estavam Tad e Nirvana", lembra Anton, "e sua equipe toda amontoada lá dentro. Ao sair do carro, eles jogaram uma moeda para ver quem tocaria primeiro. Deu cara. Então o Nirvana foi – eles ficaram satisfeitos, pois isso significava que eles poderiam descansar depois. Foi naquela noite que tudo mudou. Havia muitos hipsters lá, bandas legais – quando Kurt saiu do palco, seus joelhos estavam todos cortados e arranhados porque ele subia em qualquer coisa, a um metro, um metro e meio de altura, e pulava, caindo de joelhos. Fazíamos piada sobre conseguir o patrocínio de uma empresa de joelheiras [...] ele estava sempre coberto de hematomas ou escoriações".

Você se lembra de todos fazendo fila no canto do palco para pular?

"Sim, todos da gravadora", concorda Anton. "Todo mundo, o Tad, os assessores de imprensa, promotores, jornalistas, outros músicos, o pessoal do bufê."

Você se lembra se o set deles foi bom?

"Achei muito bom", responde. "Na semana seguinte, todas as críticas transformaram o Nirvana *na banda*. Senti pena do Mudhoney, porque achei que foram incríveis em todas as noites, mas o Nirvana foi quem recebeu os elogios."

"Eu ainda tenho o pulôver do show, que só usei naquela vez", gaba-se Chad. "Sim, foi um show legal. Foi legal porque estávamos saindo com o Mudhoney. Mark Arm e Matt [Lukin] mergulharam na plateia durante nosso set. Kurt mergulhou durante o set do Mudhoney. Eu não acho que Krist já tenha se jogado do palco. É difícil pensar em alguém como Krist caindo em cima de você, ele é um cara muito grande, mas então o Tad [...] Ele se deitou sobre a multidão naquela noite. Se ele tivesse saltado, teria matado alguém."

Na minha memória, o Nirvana foi incrível no Lamefest.

"Não lembro se cheguei a assistir", suspira Steve Turner.

Outras pessoas me disseram que foi uma merda.

"Sei que eles estavam em péssimas condições", Steve concorda. "As duas bandas estavam esgotadas. Não dá nem pra acreditar que eles conseguiram chegar até lá. Tenho certeza de que assisti a alguns. Esses grandes shows ainda me assustavam um pouco. Então eu ficava meio... me escondendo", ele ri. "Bebendo e me escondendo..."

Steve começa a ler seu diário: "'No Lamefest, The Legend! acompanhou o Tad e o Nirvana [...] muito animados. Tad e Nirvana quebraram todas as guitarras, e o Tad pegou a minha emprestada no dia seguinte para poder fazer sua *Peel Session*. Eles parecem prontos para voltar para casa [...]

"'Segunda noite no Astoria. Não lotou, mas estava bem cheio. Tad e alguns outros estavam lá e expulsaram todos do palco, exceto eu. O Bill, da Cosmic Psychos, não conseguiu me pegar. Encontramos o Jason [Pierce], do Spacemen 3, que abriu com o Darkside, sua nova banda. Completamente idiotas. O Darkside ficou cheirando nos bastidores e tal. Eu deixei o Mark lidar com eles [...]'"

Enquanto o Nirvana estava na Europa, sua primeira faixa fora da Sub Pop saiu: "Mexican Seafood", lançada numa compilação em EP de sete polegadas, *Teriyaki Asthma Vol 1* (da C/Z). Daniel House, chefe da C/Z, havia trabalhado para a Sub Pop por um tempo. Ele teria oferecido um acordo ao Nirvana, "mas Jonathan pegou os caras muito rápido", explicou House. Os outros artistas no disco eram Coffin Break, Helios Creed e Yeast.

Adendo: Projetos paralelos

Fale um pouco sobre sua jam com Kurt Cobain.

"É incrível, uma ótima história para contar aos meus netos", sorri Rich Jensen. "Um dia, eu estava brincando com Dylan e Slim no espaço de ensaio que eles tinham nos fundos de casa. Um hippie esquisito de cabelo oleoso estava tocando um baixo quebrado com duas cordas – o braço estava quebrado e meio pendurado. Ele mexia no amp e ficava batendo nele. Estava muito alto e fazia 'Fuam fuaaam' – um som grave e reverberante. Entramos na sala, e, como somos todos amigos, comecei a tocar um pequeno *sampler* de bateria enquanto Slim fazia alguma outra coisa, e assim continuamos a colocar sons em cima das batidas do cara. Não me lembro de tudo com clareza, só que havia um sujeito muito peculiar batendo nesse baixo quebrado – não era musical, eram só pancadas, pancadas horríveis. Ele fez isso o tempo todo em que ficamos curtindo – por, tipo, uma hora. Saímos e, enquanto nos afastávamos, a meio quarteirão de distância, ainda ouvíamos ele continuar a bater e bater. Sempre imaginei que ele ficou batendo assim por dias."

NOTAS

1 Criado por Danny Bland, do Supersuckers, o conceito do Dickless era inspirado no filme de Redd Kross, *Desperate Teenage Lovedolls*, de 1984. "Elas eram ótimas – apavorantes, na verdade", diz Jack Endino. "Kerry, a guitarrista, não tinha estudado música, mas achou uma maneira de contornar aquilo. Ela ajustou a guitarra inteira em um único acorde, então tudo o que ela tinha de fazer era usar um dedo para tocar punk rock na guitarra. A voz de Kelly Canary era como a arma secreta. Dava para parar um exército com aquela voz."

2 Laibach é um grupo de metal experimental esloveno bem sinistro, com vozes guturais, instrumentação estrondosa e um senso de humor muito, muito distorcido.

3 A Sub Pop afirma que o peso-pesado de Idaho já foi açougueiro e um lenhador demente.

4 O Nirvana começou a fazer um cover de "Molly's Lips", música simples e cheia de riffs dos Vaselines. Eu ainda tenho em algum lugar o fax de Bruce Pavitt perguntando se eu poderia entrar em contato com o vocalista Eugene Kelly para perguntar, em nome de Kurt, se eles autorizavam que o Nirvana fizesse um cover da música.

5 Badfinger era uma banda pop melódica que assinou com o selo Apple, dos Beatles, mais conhecida por escrever o mega-hit de Nilsson, "Without You", e pelo fato de dois membros terem cometido suicídio.

6 A maioria das bandas de Seattle tinha problemas com a culinária inglesa: o Mudhoney até batizou um álbum em homenagem a essa questão, *Boiled Beef and Rotting Teeth* [algo como "ensopado de carne e dentes podres"].

7 Um ano, The Legend! chegou ao número 44, quatro lugares acima da banda que eu apoiava, Soundgarden.

8 Mais por volta de 2 mil.

9 Na verdade, dois dias depois.

10 A descrição deste show tem paralelos assustadores com um outro do Hole que eu vi em Amsterdã em 1995, quando Courtney usou o sistema de som para subir

no camarote e perseguir um desordeiro. Seu guitarrista Eric Erlandson e eu nos envolvemos em uma perseguição furiosa pela multidão, tentando ao máximo impedir Courtney de matar seu atormentador.

11 O Mudhoney foi a atração principal das duas noites, e a banda punk australiana Cosmic Psychos, beberrões que adoravam pedais wah-wah, abriu a segunda noite.

CAPÍTULO 10

Fita adesiva e estilhaços

Sabe como é, sair em turnê com uma banda. O tempo parece se estender ao infinito – uma interminável procissão de rodovias, atalhos, casas, fábricas e alguns engarrafamentos. Você come um pouco. Você dorme um pouco. Você reza para que sua van não quebre ou cause um acidente. Se tiver um baseado, você acende também, qualquer coisa para aliviar o tédio.

Estamos em uma van com a banda Tad, viajando os 270 quilômetros entre Seattle e Portland, pela Costa Oeste dos EUA. É começo de noite e um lençol de chuva cobre o céu lá fora, visibilidade zero, enquanto nuvens de fumaça de cigarro embaçam o interior. Estamos em uma batalha perdida contra o tempo para a passagem de som do show desta noite com o Screaming Trees e o Nirvana no Pine Street Theatre, de Portland. Mas estamos bem, temos fitas dos novos álbuns de Boss Hog,[1] Bastro[2] e Melvins, além de M&Ms e biscoitos. É só mais uma noite na estrada.

[...]

Tad. Puta merda. Você já sabe como é um babaca, não sabe? Ele é uma figura grosseira, quase mítica, responsável por algumas das músicas mais intransigentes que existem; rock duro, pesado e implacável, mas que também contém elementos de inquietação e de amargura, que demonstram que ele é um eterno forasteiro, cheio de raiva por nunca conseguir chegar lá.

Ele e sua banda acabaram de lançar um novo mini-LP, *Salt Lick*, e estão em turnê pela Costa Oeste – junto com o Nirvana – para promovê-lo; Portland, São Francisco, Long Beach e Phoenix. O de sempre. É um passeio que tomará fevereiro e grande parte de março.

Portland foi ótimo: 500 punks suburbanos dançando, o Nirvana destruindo algumas guitarras por pura frustração, o Tad tocando violentamente com sua calma habitual e todo o lugar parecendo uma máquina de pinball de Palm Springs na qual ninguém consegue me derrotar. Todo mundo está chapado de drogas; o bar do andar de baixo só servia tofu e falafel, cerveja só para maiores de 21 anos. A equipe de vídeo que apareceu foi recompensada com um show de proporções empolgantes – metal torcido e distorcido até perder tanto a forma que ficou quase irreconhecível.

[...]

A cada noite da turnê, Kurdt quebra pelo menos uma guitarra, geralmente duas. Em Portland, ele só fez isso porque estava se divertindo. Em San Jose, foi por pura apatia. Ao mesmo tempo que isso cria um espetáculo divertido, há a impressão de que, se o Nirvana continuar dessa maneira, eles cairão na autoparódia, ficarão sem dinheiro – ou ambos.

Agora, porém, o Nirvana faz shows incríveis. O show em São Francisco com Tad e Dickless foi impressionante: o trio de Washington tirou todas as outras bandas existentes do eixo com sua potência e ferocidade. "Love Buzz" e "Stain" giram e se partem, deixando preciosos fragmentos do mais puro entusiasmo em seu rastro. Chris destrói seu baixo por petulância, Kurdt – para não ficar de fora – quebra sua guitarra e depois aniquila a bateria. Enquanto isso, nosso homem, o Tad, está parado à esquerda do palco, com cara de preocupado. Chris estava usando o baixo dele.

Eles voltam para o bis, explodindo de raiva e rancor diante do péssimo sistema de PA, deixando o seminário de músicas novas da rádio Gavin Report, de São Francisco, sem nenhuma dúvida sobre quem está acontecendo e onde.

[...]

Eu me pergunto qual é o ideal de beleza do Kurdt. Acho que nunca me perguntei isso antes.

"Trabalhos artesanais antigos", responde o cantor. "Algo bem construído, feito para durar, algo sólido. Valores que meus avós tinham – praticamente o oposto de como as coisas estão indo agora. Penso o mesmo sobre música – honestidade e habilidade. Se você faz um trabalho, deve fazê-lo bem – isso é apenas bom senso comercial. Motivo pelo qual meu avô costumava reclamar de mim quando eu era criança, e eu não entendia.

(Trechos de *The Larder They Come*, relato do autor sobre a turnê de Tad/Nirvana nos EUA, *Melody Maker*, 17 mar. 1990)

EM dezembro de 1989, Krist e Shelli foram à Iugoslávia para visitar o pai de Krist. No retorno, o casal anunciou seu noivado. Eles se casaram no dia 30 de dezembro, numa cerimônia privada conduzida por um conhecido de Shelli no seu apartamento em Tacoma – o lugar estava lotado de familiares e amigos, incluindo a mãe de Krist, a mãe e o padrasto de Shelli, quase todos do Tad, Kurt e Tracy, Dan Peters e Matt Lukin do Mudhoney, sendo este último um padrinho devidamente embriagado. Uma luta livre entre Tad, seu guitarrista Kurt Danielson e Krist marcou a feliz ocasião.

A viagem de Olympia até Tacoma foi particularmente tensa para Tracy – prestes a testemunhar dois de seus amigos mais próximos trocando votos, ela pressionou Kurt por sinais de compromisso. Ele se recusou a se comprometer, dizendo a ela: "Eu ainda gostaria de transar com você porque realmente gosto disso". Para tristeza de Tracy, Kurt não estava pronto para um casamento. O relacionamento deles estava chegando ao fim, mesmo com os abraços reconfortantes de Tracy após os pesadelos frequentes de Kurt (vampiros, bandidos com tacos de beisebol ou facas voando em sua direção) e mesmo ela tendo ajudado o namorado a perseguir seu sonho de rock 'n' roll, apoiando-o financeiramente. Kurt escrevia coisas estranhas em seu diário sobre lactação, ou sobre ser incapaz de se masturbar porque começava a imaginar: "Meu pai, garotinhas, pastores alemães, comentaristas de notícias de TV, mas nenhuma gatinha voluptuosa nua de lábios carnudos [...]" – uma preocupação padrão para a maioria dos rapazes saudáveis, mas também assustadora para a maioria das namoradas.

Nos dias 2 e 3 de janeiro, o Nirvana voltou ao Reciprocal Studios para trabalhar em outra música, "Sappy". Eles levaram dez horas, mas não ficaram satisfeitos com o resultado. "Gastamos parte desse tempo tentando conseguir fazer o som de bateria do Steve Albini", lembra-se o engenheiro de som Jack Endino. "Kurt foi muito específico. Essa foi a primeira vez que ele me pareceu falível. Até então tudo tinha sido incrível. 'Sappy' simplesmente não era muito boa. Ele acabou regravando várias vezes." O Nirvana gastou cerca de 500 dólares na sessão – só 100 dólares a menos do que tinha sido necessário para gravar seu álbum de estreia inteiro.

"Eu disse a eles que deviam escrever mais algumas músicas", Jack ri.

Foi o que Kurt fez. Uma delas, "Lithium", teve sua estreia ainda naquela primavera, quando o grupo gravou quatro vídeos em uma sala de aula da Evergreen State College com alguns amigos, em 20 de março. O pagamento foi de "40 dólares e pizza", de acordo com o cinegrafista Alex Kostelnik. A banda tocou ao vivo, enquanto trechos de imagens de TV tiradas das inúmeras horas de montagem de vídeo que Kurt havia gravado em Olympia eram projetados atrás deles: fotos de Shaun Cassidy, o ídolo adolescente dos anos 1970; *Star Search,* com Donny e Marie Osmond sapateando; *Ilha da fantasia.* Em "Big Cheese", um filme mudo sobre bruxas foi projetado, intercalado com algumas das filmagens de super-8 da infância de Kurt – "Bonecas quebradas, bonecas pegando fogo, bonecas montadas com os membros fora do lugar", como se lembra Kostelnik. "School" e "Floyd the Barber" também ganharam vídeos.

Imagine a cena. Estávamos na Squid Row, na Pike Street, em Capitol Hill, perto do Comet Tavern. Era Seattle, 1990, e o local estava lotado de pessoas; o cheiro de suor humano e o zumbido de amplificadores sobrecarregados preenchiam o ambiente.

No palco, o Mudhoney finalizava seu último bis. Mark Arm deitado sem prestar atenção ao mundo, um mar de corpos por cima, ao lado e por baixo dele. Ao redor, cenas do pandemônio: amplificadores espalhados, *stagedivers* cuidando de tendões machucados, um segurança no limite de sua paciência tentando controlar o fluxo constante de pessoas subindo e descendo do palco. A guitarra de Steve Turner uivando em frustração sexual. Dan Peters golpeando com suas baquetas até se esquecer quem era. Enquanto isso, Matt Lukin já bebia vodca havia 14 horas seguidas e não ia parar tão cedo.

"Vocês querem mais?", ele grita para aplausos cansados.

Música alta e grosseira sai dos alto-falantes. Um homem de 50 anos usando fraldas se aproxima de mim e pede para ser castigado. As paredes dos banheiros estão cobertas de manchas de mijo e pichações de músicos locais se gabando de suas proezas sexuais, além de diatribes contra a panelinha da Sub Pop.

Ao longo de 1990, a Sub Pop estava continuamente à beira da falência. Tad, Nirvana e Mudhoney vendiam bem, mas não o suficiente para bancar os planos grandiosos de Jon e Bruce. A gravadora oferecia opções de ações aos músicos, em vez de *royalties* – o que, a longo prazo, deixaria-os extremamente ricos, mas não era muito útil naquela época. A Sub Pop até pediu emprestado ao Mudhoney a metade de seu adiantamento europeu. Apenas depois que o álbum do grupo, *Every Good Boy Deserves Fudge*, vendeu 50 mil cópias em junho de 1991, graças ao boca a boca, a Sub Pop começou a se tornar financeiramente solvente. Isso aconteceu vários meses antes de os *royalties* do Nirvana começarem a chegar.

"Aquele período de maio a setembro de 1991, quando o distribuidor era obrigado a pagar pelos discos enviados em maio, foi particularmente complicado", lembra o ex-gerente geral da Sub Pop, Rich Jensen. "O contador, meu chefe, desistiu de vir ao escritório e quase não atendia mais o telefone. Por fim, acabei assumindo e trabalhei alguns meses sem pagamento. Em uma tarde específica no início de agosto, um potencial investidor finalmente pagou o empréstimo de 6 mil dólares que vinha prometendo já havia algumas semanas. Isso aconteceu um dia antes de os telefones serem desligados, a van ser confiscada e as autoridades fiscais do condado bloquearem os escritórios. Acho que foi em 7 de agosto. De qualquer forma, recebi o cheque dele por volta das 16h45, apertei sua mão gentilmente, sorri enquanto o levava até a porta e depois corri vários quarteirões antes que o banco fechasse, às 17 horas.

O entusiasmo transbordava de cada poro carregado de adrenalina. Arm foi ao encontro de Charles Peterson – o homem que definiu o visual de Seattle com fotos hiperfocadas do mar de caos da música –, que estava quase em estado de choque. Ele confirmou que estava tudo bem, então riu e correu para os fundos para vomitar, por causa do calor. Ed [Fotheringham], do Thrown-Ups, tentou equilibrar algumas cervejas na cabeça, sem muita habilidade. A bebida voou para todos os lados, molhando alguns aspirantes a hipsters californianos. Em um canto, a dinâmica assessora de imprensa da Sub Pop, Jenny Boddy,[3] conversava com a rainha da bajulação de Seattle, Megan Jasper, sobre a mais recente cagada do empresário do Mudhoney, Bob Whittaker. Tad Doyle estava cercado por uma falange de admiradores com um quarto do seu tamanho, abrindo uma cerveja mexicana gelada a cada cinco minutos.

Cenas semelhantes aconteciam quase todas as noites no Noroeste dos Estados Unidos em shows de bandas como o energético trio de punk-powerpop Fastbacks, The Walkabouts, Swallow e uma centena de aspirantes menores. Cabeças enfiadas em caixas de baixo, camisetas encharcadas de cerveja e suor, luzes estroboscópicas coloridas brilhando em uma vertiginosa sinfonia de luz.

"Eu estava no Crescent Ballroom, no centro de Tacoma, onde pela primeira e única vez achei o Nirvana melhor que os Melvins", diz o ex-vocalista do Seaweed, Aaron Stauffer. "The Crescent era um lugar muito caído que já tinha sido uma danceteria legal. The Sonics e The Wailers tocaram 'Louie Louie' lá nos anos 1960. No final dos anos 1980, no centro de Tacoma, apenas policiais, viciados, prostitutas, gângsteres, mendigos e punks aleatórios saíam à noite. Na época do show, o Crescent se chamava Legends – e o Nirvana foi a melhor banda que eu já tinha visto."

"Como o Nirvana não era de Seattle, eles chamavam as pessoas daqui para encher mais", explica Megan Jasper. "Eles faziam os caras do Mudhoney enlouquecerem da maneira mais divertida possível. The Fluid tocou em Tacoma, e, depois do show, Kurt e Krist acharam uns carretéis de madeira enormes e os viraram de lado. Krist empurrou o carretel com o Kurt dentro, girando como em uma máquina de lavar roupa. Foi a coisa mais engraçada que já vi. Quando saiu, estava tonto e meio bobo, aí o Krist conseguiu fazer seu corpo esguio caber no carretel, e todos começaram a empurrar também [...]"

"É por coisas assim que o Nirvana era tão bom", concorda Jonathan Poneman, "e por Nirvana quero dizer Chad, Krist e Kurt. Eles se divertiam de um jeito extravagante, infantil e bobo. Faziam tudo isso e ainda conseguiam ser incrivelmente descolados; não era uma mágica artificial. Quem eles eram é que direcionava o que eles eram e como se projetavam, mas ao mesmo tempo, eles eram caras do rock".

"Meus shows favoritos do Nirvana foram os da Evergreen", diz Candice Pedersen. Fizeram mais alguns no início dos anos 1990. Estudantes e amigos se amontoavam nos minúsculos dormitórios e bebiam vinho até a segurança do campus chegar. "Eram como Judy Garland e Mickey Rooney: 'Vamos fazer um show'. Eram mais orgânicos. Eu não gostava de beber nem fumar, então aquilo era bom para mim. Eles quebravam muitos instrumentos, mas não era intencional – muita gente tropeçava naquele espaço apertado."

Em 9 de fevereiro, o Nirvana partiu para outra turnê na Costa Oeste com o Tad: Portland, San Jose, Sacramento, São Francisco, Long Beach, atravessando a fronteira mexicana até Tijuana e, depois, de volta a Phoenix, Arizona. Foi uma fuga de Washington bem-vinda para Kurt e Krist – eles haviam aberto seu próprio negócio de limpeza de escritórios, o Pine Tree Janitorial, que tinha o seguinte slogan: "Nós limitamos nossa quantidade de escritórios comerciais de propósito, para podermos limpar pessoalmente e no nosso tempo". Curiosamente, não conseguiram nenhum cliente.

"Eu sei que ele trabalhou por um dia como lavador de pratos", ri Ian Dickson. "E sei que ele trabalhou por uma semana como zelador."

"Não sei se contávamos muitas piadas", diz Chad sobre a turnê de fevereiro. "A realidade era mais engraçada. Nós sempre achamos divertido fazer piadas com coisas tipo moradores de trailers *white trash*. Compramos vários chapéus bem caipiras. 'Preferia Estar Caçando'. Acho que, no meu, estava escrito CBS Sports ou algo sobre pesca. E o Kurt ganhou um chapéu de caça laranja da Day-Glo. Como estávamos indo para o sul, não queríamos parecer roqueiros sujos e ser malvistos. Tínhamos medo de que os caipiras nos atacassem enquanto estávamos em turnê. E nos encaixamos direitinho! Nós tentávamos comer em todas as paradas de caminhões possíveis."

Há uma sequência clássica de fotos de Peterson em que Kurt aparece caindo de costas na bateria – originalmente feita para o *Melody Maker* e registrada no Raji's, em Hollywood, um local projetado para 200 pessoas, mas que tinha certamente o dobro desse número naquela noite. Robert Fisher, ex-diretor de arte da Geffen Records, disse à jornalista Carrie Borzillo-Vrenna que "Kurt estava destruindo o lugar. Eu não conseguia acreditar que ele saiu dali sem nenhuma fratura nas costas ou nenhum outro ferimento".

O Nirvana ficou naquela noite na casa da baixista do L7, Jennifer Finch. Das pessoas entrevistadas para este livro, ela é tranquilamente a minha favorita. Ela é a única que ainda se importa o suficiente para mentir para mim.

"Eu era sempre aquela que ficava, tipo: 'Everett, coloca o Kurt no chão'", diz ela, enquanto toma sua água mineral com Danny Bland, Charles Peterson e eu num bar da Pioneer Square. "'Não queremos um acidente; alguém vai perder um olho'. Eu era a filha dos alcoólatras adultos. Eu ficava, tipo: 'Você tem mesmo que usar heroína antes do show? Não pode esperar? Deixa que eu guardo isso para você, eu vou colocar em algum lugar seguro'. Eu era aquela pessoa. É por isso que tenho boa aparência e minha própria casa agora."

"Tocamos com Tad e Nirvana em São Francisco",[4] diz Kelly Canary. "Tim e eu pulamos do palco e caímos direto no chão, e Kurt parou bem no meio da música para perguntar se estávamos bem."

Naquele mesmo show, subi no palco e durei exatamente uma música e meia antes de desligarem a energia. "OK", eu disse precipitadamente, o capuz da parca apertado sobre minha cabeça, escondido no coração do distrito gay de São Francisco. "Ontem à noite eu ganhei 1,71 dólar em Portland, somando as moedas jogadas em mim no palco. Vamos ver o quanto vocês viados podem me dar nesta noite [...]" O Dwarves também planejava tocar, mas, depois de uma olhada no caos causado pela minha aparição, o vocalista Blag Jesus recusou. Ele estava muito ocupado rindo pra caramba.

"Nós saímos para comer comida tailandesa, e o Kurt só ficava lá, sentado", Kelly prossegue. "Ele era o cara mais engraçado de todos os tempos, mas tão estranho, tímido e quieto. Ele estava mesmo um pouco resfriado, então todas as garotas do Dickless que queriam transar com ele levaram sacos de dormir e sobras de comida para ele. Ele só tinha aquele olhar: 'Cuide de mim'. As mulheres ficam loucas com isso."

O mês de março foi dedicado aos ensaios no The Dutchman, um estúdio no sul de Seattle, às vezes chamado de "o berço do grunge".[5] Uma sessão de gravação havia sido agendada no Smart Studios, em Madison, Wisconsin, com o produtor do Tad (*Eight Way Santa*), Butch Vig. Hoje em dia, Vig é conhecido por seu trabalho no *Nevermind* e como baterista da banda Garbage, mas, naquela época, ele era o homem por trás de álbuns de bandas de rock underground, como Killdozer e The Fluid.

Em 1º de abril, o Nirvana tocou no Cabaret Metro de Chicago, acompanhando o Eleventh Dream Day.[6] "Kurt gritou a noite inteira", disse Greg Kot, do *Chicago Tribune*, a Carrie Borzillo-Vrenna em *Kurt Cobain: The Nirvana Years*. "Ele parecia estar sendo devorado por um rottweiler gigante invisível, que o sacudia para a frente e para trás. No fim, ele fez toda a rotina de detonar o palco e a bateria. Todos os instrumentos ficaram estilhaçados. O baterista ainda tocava mesmo com Cobain tendo destruído completamente sua bateria e estar jogado sobre ela. As pessoas olhavam umas para as outras, tipo: 'Deus, como superar isso?'."

Após o show, a banda virou a noite dirigindo para chegar a tempo no estúdio.

"Eu não fiquei louco pelo *Bleach* quando ouvi o álbum pela primeira vez, exceto por 'About a Girl'", disse Vig a Gillian G. Gaar. "O mais engraçado é que me lembro de Jonathan Poneman dizendo: 'Se você vir o Nirvana aqui em Seattle, é como a Beatlemania. E eles vão ser tão famosos quanto os Beatles!'. E eu ficava pensando: 'Aham, vão sim'. Agora, sempre ouço: 'Esta banda vai ser o próximo Nirvana!'."

As sessões de 2 a 6 de abril seriam para gravar o segundo álbum do Nirvana na Sub Pop, provisoriamente intitulado *Sheep*. O título era uma referência às incontáveis hordas de fãs de música que comprariam uma cópia movidos pela moda. Na ocasião, as sessões acabaram sendo usadas como demos para o *Nevermind*.

"Que as mulheres dominem o mundo", escreveu Kurt em seu diário, num anúncio-paródia para o álbum. "Abortem Cristo. Assassinem o maior e o menor dos males. Roubem este disco. Em uma loja perto de você. Nirvana. Flores. Perfume. Doces. Filhotes. Amor. Solidariedade Geracional. E Mate Seus Pais. *Sheep*."

"Meu estúdio ficava ao lado da Sub Pop, na 2nd Avenue", diz Charles Peterson. "Um dia, Kurt e Krist bateram na minha porta segurando um gatinho. Eles ficaram: 'Tire uma foto. Nós vamos fazer esse lance de puxar o rosto do gatinho para trás, fica muito estranho'. Eles queriam usá-lo para um single ou capa de álbum. Óbvio que, quando peguei a câmera, eles não conseguiram, e eu fiquei: 'OK, seus doidos. Voltem para Aberdeen'."

Quando o Nirvana chegou no Smart, suas instruções para Butch eram apenas que eles queriam "um som pesado, muito pesado". "Eles eram realmente muito engraçados e charmosos, principalmente o Krist", disse Butch a Gaar. Então Vig – louco por pop e nerd de rock underground – obedeceu, com um som que era ao mesmo tempo estrondoso, sobretudo na bateria de Chad, e surpreendentemente melódico.

"Kurt era um enigma", diz Vig. "Quando ficava mal-humorado, se sentava num canto e passava uns 45 minutos sem falar nada. Não precisei fazer muito ajuste fino para o som final. Kurt não estava muito feliz com a bateria do Chad. Ficava atrás do kit, mostrando-lhe como tocar."

Embora Chad ainda fizesse parte do Nirvana, ele começou a ficar insatisfeito com sua posição na banda – ele se considerava um compositor e sabia tocar guitarra, baixo e violino. "Comecei a me sentir como uma bateria eletrônica", conta ele. "Kurt tinha me prometido mais participação, mas ficou claro que aquilo não ia rolar." Com certeza, não. Kurt se referia à música de Chad, influenciada por Bainbridge Island, como "música de duende. Causa até um arrepio, de tão estúpida e idiota". Ele gostava de Chad como pessoa, mas queria algo muito diferente de seu baterista.

A banda passou como um raio por várias músicas – "In Bloom", mais uma versão de "Polly", gravada em um violão de cinco cordas "muito ruim", com timbre de ukulele, "Dive", "Pay to Play" (um ataque à política de casas de show pequenas de exigir dinheiro antecipado das bandas em troca de uma reserva; mais tarde, ela ganhou o nome de "Stay Away"), "Lithium", "Immodium" e "Sappy" novamente – além de uma versão franca de "Here She Comes Now", uma música do *White Light/White Heat*, do Velvet Underground (depois lançada em um single de sete polegadas com os Melvins). Cinco das músicas acabaram sendo usadas no *Nevermind*. "O Kurt estava tendo problemas com a voz", lembra Vig. "Exceto por 'Polly', que era suave, ele fazia uma ou duas tomadas e não conseguia mais cantar. Tivemos que tirar um dia de folga no meio."

"Gostei de trabalhar com Butch", diz Chad. "Ele me pareceu um cara bastante saudável, vegetariano e tudo mais. Ele falava com calma. A ideia era gravar um novo álbum. Não planejávamos gravar demos. Foi a primeira vez que gravamos demos – e não sei qual seria a utilidade daquilo. Nós já tínhamos um álbum lançado."

Muitos músicos de Seattle que entrevistei acham que você não recebe o devido crédito pelo *Nevermind*.

"É estranho, porque, nas músicas que eles tiraram das sessões do Madison, todas as partes de bateria que escrevi estão no *Nevermind*", ele responde. "Existem pequenas diferenças, como em 'In Bloom' – em que eu queria uma coisa mais estrutural. Mas é isso. É difícil pensar nisso, porque, quando você está numa banda, todos colaboram e todos devem ter uma participação igual. Mas a única participação que consegui foi a de 'Polly', pois eu realmente toco quatro pratos nela. Ninguém nunca escreveu minhas partes para mim. Kurt escrevia as letras e a guitarra e pronto. Ele não conseguia nem tocar bateria, só sabia improvisar. Então, pois é", Chad diz, balançando a cabeça. "Não sei. É confuso."

"Percebi logo de cara que Kurt escrevia músicas incríveis, e Krist criava linhas de baixo viciantes", diz Vig no texto de capa do box *With the Lights Out*. "As linhas de baixo são bem melódicas, o gancho aparecia no instrumento, pelo menos musicalmente. E combinava muito com a melodia vocal de Kurt. Tinham uma qualidade legal, um entrelaçamento."

As sessões aconteceram logo no início de mais uma turnê pelos Estados Unidos – depois de Chicago, foram ao Underground, em Madison, com o Tad e a banda local Victim's Family; e, em 9 de abril, com o Tad no 7th Street Entry, no centro de Minneapolis.

"Descobri o Nirvana por meio de Steve Turner", lembra Tom Hazelmyer.[7] "Ele me enviava caixas de material grátis da Sub Pop. Eu estava em uma festa na casa do [cantor do U-Men] Tom Price quando ouvi o primeiro single do Nirvana. Eu não era o maior fã, mas definitivamente era fã do Tad. O 7th Street Entry era como o equivalente de Minneapolis ao CBGB.[8] Não foi muita gente e eles não impressionaram. Tad me perguntou o que eu achei, e eu fiquei, tipo: 'Cara. Esta música "Love Buzz" me deixou maluco, e não de um jeito bom'.

"Mas quando eu conheci o Kurt", continua Haze, "havia essa quantidade insana de... carisma, impacto, não sei como definir, e isso para um cara sentado no backstage, calado. Nunca vou conseguir explicar. Mesmo após anos convivendo com um monte de bandas, nunca senti esse nível de presença carismática de novo".

Depois de Minneapolis, veio o Blind Pig, em Ann Arbor[9] (onde Krist destruiu a bateria de Chad); Cincinnati; e duas datas no Canadá, 16 e 17 de abril, quando Krist subiu em alguns alto-falantes e garrafas voaram...

Em 18 de abril, em Cambridge, Massachusetts, Kurt jogou uma jarra de água em Chad, e por poucos centímetros não acertou sua orelha.

"O Nirvana tratava o Chad muito mal", suspira Carrie Montgomery. "Kurt quebrava a bateria todas as noites, e ele não tinha dinheiro. Sua bateria estava colada com fita adesiva e era engraçado assistir, mas sempre me senti mal por Chad. Ele não parecia estar se divertindo. Sabia que teria que reconstruir seu conjunto de bateria todas as noites.

"Quando eu e Mark nos encontramos com o Nirvana, eles estavam em turnê havia muito tempo. Chad não tinha mais meias para usar, então eu literalmente tirei as meias dos meus pés e dei para ele", acrescenta ela. "E eu me sentia tão mal com o modo como Kurt o tratava. Parecia que Kurt estava chateado com Chad, digo isso de uma perspectiva de 'Por que aquele cara está pegando no pé daquele baterista? Ele já não tem mais nenhuma fita adesiva!'."

A turnê chegou ao Pyramid Club de Nova York em 26 de abril. Entre os participantes do que estava se tornando um festim noturno de destruição quase clichê,[10] estavam o padrinho do punk Iggy Pop, além do Sonic Youth, o Helmet e o chefe do departamento artístico da Geffen, Gary Gersh.

"Eu fotografava todas as bandas da Sub Pop para eles em Nova York", lembra o fotógrafo Michael Lavine, ex-aluno da Evergreen College. "Bruce [Pavitt] ligou e disse: 'Estou com esta banda. Eles vão ser gigantes'. E eu: 'Até parece. Você diz isso sobre todas as suas bandas'. Fotografei o Nirvana no meu loft na Bleecker Street, bem em frente ao CBGB. Eles apareceram na minha porta em sua van branca e me entregaram a excelente demo de Butch Vig. Kurt era pálido e cansado, mas gentil. O assunto principal era: 'Onde está o Kurt? Ah, ele está dormindo na van'.

"Eu tinha fotografado Iggy Pop naquele mesmo dia e havia tocado para ele o material da Sub Pop", continua o fotógrafo. "O Nirvana foi a banda que ele mais curtiu – então levei-o para vê-los. Apresentei Iggy a Kurt. A reunião foi cordial e divertida, e eles apertaram as mãos." Depois, o Nirvana ficou deprimido, pois acharam que tinham feito uma grande merda na frente daqueles hipsters tão proeminentes. Mas é claro que não tinham...

"Naquela noite, Chad estava muito atrasado", lembra Lavine. "Kurt ficou puto, e eles destruíram a bateria dele."

"No Pyramid, eles surgiram e tomaram conta de Nova York", entusiasma-se Janet Billig. "Eles foram incríveis, mas não perceberam isso. Segundo show, no Maxwell's [com The Jesus Lizard]:[11] lembro-me de Krist ter raspado o cabelo porque, segundo ele, era uma penitência por terem ferrado o show anterior com Iggy Pop na plateia. No dia seguinte, eles gravaram o primeiro vídeo de 'In Bloom' no centro de Nova York, andando pelo porto.[12] A careca de Krist atrapalhou um pouco a filmagem do vídeo, pois ele tem cabelo em algumas cenas, mas não em outras. No Maxwell's, Kurt destruiu sua guitarra, e eu ainda tenho os restos dela guardados em algum lugar. Apenas a mão e o corpo, a parte das cordas, e, se você tocar nela, ela vai se estilhaçar."

"Acho que o Kurt tinha umas guitarras customizadas", diz Chad. "Ele mandava fazer os braços e cortava os corpos. Ele tinha três guitarras diferentes, todas feitas à mão e pintadas com spray de cores diferentes, como azul acinzentado. Quando uma guitarra era destruída, nós apenas tirávamos as tripas e usávamos em outra."

Há um registro de Krist dizendo que o Pyramid foi um dos piores shows que o Nirvana já fez e que – pelo menos para a banda – a segunda noite foi igualmente ruim. No dia de folga, em Amherst, Massachusetts, Kurt ligou para Tracy e disse que não queria mais morar com ela. Foi em 27 de abril, aniversário de Tracy. Kurt queria dar a notícia com delicadeza, mas não sabia como, então sugeriu que eles ainda poderiam "sair" juntos, mesmo depois de se separarem. Aquilo, obviamente, não ia funcionar.

"O Kurt estava em um daqueles dias em que tudo ia mal, e ele acabava descontando em todo mundo", diz Carrie Montgomery sobre o show no Maxwell's. "Foi muito traumático para mim presenciar aquilo. Eu simplesmente não conseguia entender tanta agressão, depressão, raiva, mas eles estavam em turnê havia muito tempo. Às vezes, parecia que a banda não ia durar. Era realmente volátil. Quando o conheci melhor, mais tarde, ele demonstrou ser exatamente o oposto, tão gentil e sensível." Carrie ri: "Ele gostava de bebês e animais".

A turnê progrediu para o 9.30 Club, em Washington, D.C.; o JC Dobbs, na Filadélfia; Carolina do Norte; e Tampa Bay, na Flórida, em 4 de maio – onde a banda passou a noite no apartamento de luxo do pai de um fã. Krist e Kurt aproveitaram a chance para tomar um ácido e abusar completamente da hospitalidade de seu anfitrião, especialmente na manhã seguinte, quando acordaram e descobriram que não havia ninguém em casa.

"Eles pegaram toda a comida e destruíram a cozinha", lembra Craig Montgomery. "Eles fritaram maionese na frigideira, coisas assim. Depois o Krist começou a andar pelado lá fora, no finzinho da rua sem saída, gritando muito alto. Eu fiquei envergonhado, mas não podia dizer nada. Ninguém gosta do cara que faz papel de pai. Krist deixou uma nota de 100 dólares no balcão quando partimos.

Nos 12 dias seguintes, a turnê passou pelos estados de Geórgia, Ohio, Oklahoma, Texas e Nebraska – mas a participação de Chad na banda estava chegando ao fim. Em 17 de maio, Chad Channing fez seu último show com o Nirvana, na cidade natal do Tad, Boise, em Idaho. Algumas semanas depois do fim da turnê, Kurt e Krist apareceram na casa de Chad em Bainbridge Island, sem avisar, e disseram que ele estava fora da banda.

"Senti como se tivesse acabado de matar alguém", comentou Kurt.

Antes de ele sair da banda, porém, houve uma última sessão de fotos com Charles Peterson.

"Aconteceu no meu estúdio, que era compartilhado com Jeff Ross, o cara que produzia todos os pôsteres e camisetas de turnê da Sub Pop", diz Peterson. "Eu não tinha ideia do que fazer, então peguei uma tela de papel branco e luzes estroboscópicas. A banda entrou, e Kurt ficou tipo: 'Fundo branco, isto é muito chato. Você acha que podemos fazer algo para melhorar um pouco?'. Olhei em volta e vi uma lata de tinta spray preta, então eu disse: 'Vamos pintar algo'. Ele disse: 'Legal, legal'. Fez um grande positivo e um negativo, e eu fiquei, tipo: 'Acho que funciona'. É interessante que durante toda a sessão Kurt e Krist posaram diante do símbolo positivo, e Chad diante do negativo."

"O Chad era ótimo", fala Craig. "Fiquei triste quando o demitiram. Superlegal, sempre alegre... Kurt e Krist ficavam muito deprimidos às vezes, mas o Chad sempre tentava manter uma atitude positiva. Eles curtiam o Chad como pessoa, mas ficavam frustrados com ele como baterista. Acho que ele seria o primeiro a admitir que não era um grande baterista. Ele perdia batidas, cometia erros, e, quando o baterista comete um erro, é algo meio gritante."

Kurt realmente perseguia o Chad, além do lance de quebrar a bateria?

"Bem, quero dizer, ele o *demitiu*", Carrie ri. "Não, mas ele sempre fez Chad sentir que não era um baterista bom o suficiente [...]"

Kurt podia ser realmente perfeccionista. No final do Nirvana, eu o vi pegando no pé do Krist...

"Quando você é uma pessoa triste e infeliz, não vai apoiar ninguém ao seu redor", sugere Carrie. "Kurt queria que Chad tocasse forte e alto, e não era o estilo do Chad. Ele era como um baterista de jazz hippie. Fiquei triste quando Chad foi demitido. Ele era só um pequeno hippie gente boa, sabe? Quando parecia que algo finalmente poderia rolar, eles expulsaram o cara que estava lá durante a turnê de Nova York, naquela van [...]"

"Eles tinham voltado da turnê", lembra Ben Shepherd. "Krist me puxou de lado e me disse que eles iam tirar o Chad da banda. Ele me perguntou: 'O que você acha?', e eu disse: 'Putz. Não sei, cara'."

Parece que foi aí que eles decidiram levar a sério.

"Ah, sim", o ex-baixista do Soundgarden concorda. "Foi nessa época que senti a ambição mudar. Conversei com Chad sobre isso, e ele disse que foi amigável. Chad tem mais energia do que qualquer pessoa que você já conheceu."

"Sempre vi essa questão da seguinte maneira", diz Chad, atualmente. "Se eu tivesse mudado as coisas de alguma forma, sim, provavelmente teria mais dinheiro no bolso, mas não sei se estaria tão satisfeito. Foi legal tocar as músicas e tal, mas em toda a minha vida eu nunca fui apenas um baterista. Eu nunca fui obcecado por um instrumento específico. Eu não conseguiria – sou um compositor antes de tudo. Sempre vi a música como um todo. E o Nirvana foi a primeira banda em que estive com a qual não pude contribuir.

"Conversei com Krist após a morte de Kurt, e ele disse: 'Sabe, você não perdeu muita coisa. A melhor época foi a que vivemos antes de tudo ficar grande, porque as coisas ficaram loucas e fora de controle'. Naquela época, tínhamos muito mais controle sobre nós mesmos. Todo mundo sabe que, quando você assina com uma grande gravadora, eles tomam boa parte das decisões por você, e as pessoas escolhem se vão lidar com isso ou não. Muitas bandas e pessoas não conseguem."

Na mesma semana que Chad saiu do Nirvana, Kurt terminou com Tracy. Sem que ela soubesse, ele já estava apaixonado por uma de suas amigas, Tobi Vail.

NOTAS

1 Boss Hog foi outro *spin-off* do Pussy Galore – seu álbum *Drinkin', Lechin' and Lyin'*, que saiu pela Amphetamine Reptile em 1989, foi um clássico do garage glam, notório pela foto de capa com a vocalista Cristina Martinez nua, exceto por botas na altura da coxa e luvas de couro nos braços.

2 Bastro: trio art-thrash.

3 Jenny Boddy foi mais tarde o tema de uma música particularmente amarga do Hole, "Jennifer's Body" – escrita depois que Courtney erroneamente assumiu que eu estava dormindo com ela. Há uma linha nela que diz: "*Sleeping with my Enemy...*" ["Dormindo com meu inimigo..."].

4 Este foi um dos últimos shows de Kelly com o Dickless. Megan Jasper a substituiu: "Foi superdivertido e superbobo e super-retardado", comenta Megan. "Mas eu não penso muito nisso, para ser honesta. Estou feliz por ter participado. Mas também estou feliz por não ter mais que me vestir como uma sereia e gritar como se estivesse sendo esfaqueada na bexiga. Bons tempos, certo?".

5 Screaming Trees, Tad e a banda de grunge psicodélico Love Battery também ensaiaram lá.

6 Eleventh Dream Day foi uma banda de rock de Chicago influenciada por Neil Young.

7 O ex-fuzileiro naval mantinha um fuzil semiautomático em seu escritório da AmRep para o caso de o mundo virar *Mad Max,* ou Minneapolis ter sua própria versão dos protestos de Rodney King, em Los Angeles – os escritórios ficavam em uma parte "ruim" da cidade.

8 O CBGB é o lendário lar nova-iorquino de bandas punk dos anos 1970 como Ramones, Television e Talking Heads.

9 Local de nascimento dos rebeldes do rock dos anos 1970, The Stooges.

10 Não por coincidência, o show estava sendo filmado.

11 O vocalista do Jesus Lizard, David Yow, e o baixista David Wm Sims haviam tocado no Scratch Acid. Jesus Lizard tocava um rock perturbado e poderoso, que lembrava The Birthday Party, de Nick Cave: performance era tudo – Yow era frequentemente intimado por indecência, devido ao hábito de expor seu pênis no palco. A primeira vez que entrevistei a banda de Chicago foi em um bar cheio de strippers de 50 anos (ou mais). O *Goat,* de 1991 é um favorito.

12 Para a compilação *Sub Pop Video Network Program 1* – "In Bloom" apareceu ao lado de clipes de Beat Happening, Mudhoney, Afghan Whigs e Mark Lanegan, entre outros.

CAPÍTULO 11

Usamos a banheira, não o chuveiro

TOBI Vail conheceu Kurt Cobain quando ele andava com os Melvins. Ela viu uns dois shows do Nirvana no início da carreira – na época que eram Pen Cap Chew, Skid Row –, mas só ficou amiga de fato de Kurt e Tracy na primavera de 1988, quando passou a visitá-los porque Kurt já tinha 21 anos e podia comprar cerveja.

"Eu não gostava de drogas", ela diz. "Bebia cerveja algumas vezes por mês em festas, mas era só isso. Os Melvins achavam que eu era inocente. Acho que eles gostavam quando eu estava por perto, pois eu os fazia se sentir mais canalhas. Dylan [Carlson] costumava me dizer que eu era como um membro da família de Charles Manson. Michelle Phillips[1] era outra comparação que rolava. Eu tinha cabelo castanho natural e muito comprido, não usava maquiagem etc."

O casal começou a namorar oficialmente uma semana antes do aniversário de 21 anos de Tobi, em julho de 1990, logo que Tracy se mudou do apartamento da Pear Street e voltou para Tacoma. Namorar Kurt foi complicado para Tobi no início – não só sua amiga estava morando com ele, mas Tobi era alérgica a gatos. Depois que Tracy foi embora, o apartamento se tornou ainda mais precário... pilhas de louças acumuladas na pia, roupas sujas espalhadas pelo chão, caixas de pizza e garrafas de cerveja vazias jogadas por toda parte. Como uma república de estudantes.

Então ele ficou no apartamento? Como ele conseguia arcar com as contas?

"Ele recebia cheques", Ian Dickson explica. "Eram entregues no nosso apartamento [de Ian e Nikki] de vez em quando. Eram algumas centenas de dólares – eles estavam trabalhando em um contrato com a gravadora de David Geffen, e também entrava um pouco de dinheiro das turnês. Eles lucravam também com a venda de camisetas e tal. O aluguel não era exatamente exorbitante: uns 150 dólares por mês, provavelmente."

Kurt continuou morando na Pear Street por um ano após terminar seu relacionamento com Tracy, então alguém devia estar pagando o aluguel. "Talvez a Sub Pop?", sugere Tobi. "Havia grafites na casa toda depois que Tracy se mudou", ela continua. "Eu estava estudando, trabalhando e tocando em três bandas. Então não o via muito, só às vezes. Ele desaparecia e depois voltava."

"Era difícil", diz Ian. "Kurt vivia às custas de Tracy. Ela fazia listas de tarefas para ele..."

Tobi fazia isso. Eu sei porque Courtney costumava mostrá-las para mim.

"Tem certeza de que as listas não eram da Tracy? Não é o estilo da Tobi. Aposto que Courtney estava...", Ian se interrompe. "Aposto que eram da Tracy."

Tobi e Kurt estavam apaixonados: ele ficou tão nervoso na primeira vez que passou a noite com ela que vomitou. Kurt a admirava, tanto pela criatividade quanto pela polêmica feminista. Além disso, Tobi amava música e tinha predileções mais comumente associadas a fãs homens. Influenciada por Calvin Johnson e pelas artistas de Olympia Stella Marrs e Lois Maffeo, ela criou um fanzine, o *Jigsaw*, e registrou o termo Riot Grrrl em suas páginas para descrever uma ideia de empoderamento feminino que ela via ocorrendo naturalmente nas pessoas à sua volta, algo que faltava na cena musical independente da época. Em 1990, o punk rock era um movimento muito branco, masculino e cheio de testosterona – com ideais bacanas, música divertida, mas excludente. Continua sendo.

Tobi queria contrapor-se a essa exclusão. Com algumas amigas que pensavam parecido, ela formou a banda seminal de punk Bikini Kill.

"O gosto de Kurt para mulheres era curioso", comenta Carrie Montgomery. "Não parecia haver um denominador comum, exceto serem inteligentes e criativas. Tracy Marander era muito simpática e tranquila. Ele me contou que ficou muito mal quando terminou o namoro com ela, pois gostava muito de Tracy, mesmo depois de sentir que não ia mais dar certo. Ele acreditava que ela merecia alguém que estivesse presente e soubesse como ia ser o futuro. A questão não era que ela não apoiava a música e a carreira dele, mas Kurt precisava ser livre para fazer o que quisesse fazer... e não tinha a ver com transar com outras mulheres nem nada. Kurt ficava preocupado em vê-la em casa enquanto ele estava longe, parecia não ser o melhor momento para se dedicar a um relacionamento. Ele estava angustiado."

Tobi era diferente de Tracy na maneira de pensar as relações: enquanto Tracy cuidava dele, Tobi se considerava alguém no mesmo nível, de quem ele não poderia se aproveitar. Foi uma revelação para Kurt, que até aquele momento tinha sido inegavelmente influenciado pela crença insidiosa da sociedade de que o homem lidera e a mulher conforta.

Não há sombra de dúvida de que Kurt se beneficiou da atitude de Tobi, mesmo que isso tenha gerado uma sensação de inadequação (que, verdade seja dita, o cantor tinha em relação a qualquer pessoa que ele considerasse estar à sua altura – e era exatamente essa insegurança que alimentava seu trabalho artístico). De fato, ele teve dificuldade de acompanhar as atitudes esclarecidas dela sobre "relacionamentos" – o que, em Olympia, não existia de fato como conceito. Você convivia com uma pessoa se gostasse dela – e transava com ela se a considerasse atraente.

Ninguém é dono de ninguém.

Nem todo mundo vê as coisas de forma tão direta.

"A maneira como Kurt falava sobre Tobi", explica Carrie, "sugeria que ela fazia o que queria com ele. Kurt achava Tobi muito descolada. Ele a admirava e achava que ela era boa demais para ele. Tobi fazia com que ele não se sentisse muito importante. Então eu não gostava muito disso. Eu não entendia o que Kurt via nela. Eu a achava mimada. Mas, até aí, eu não a conhecia tão bem [...]".

"Tocamos a demo do Nirvana para o Calvin [Johnson] logo que saiu, e ele não ficou impressionado", comenta Slim Moon. "Num dado momento, Calvin se deu conta de que o Nirvana era ótimo. O Go Team estava dando certo, e ele ou Tobi trouxeram Kurt para sua órbita. Kurt também tinha um projeto com Tobi chamado The Bathtub Is Real.[2] Tenho uma fita com uma ou duas músicas em algum lugar."

Como era?

"Soava como aquelas canções pop minimalistas e tranquilas que fizeram Olympia ficar conhecida. Os dois cantavam, era bem bom", Slim responde. "Kurt continuava dizendo para Tobi que ia gravar um disco do Bathtub Is Real dali a seis meses ou um ano, mesmo com todo mundo sabendo que Courtney não iria deixar isso acontecer de jeito nenhum. Ele ficava bêbado, ligava para Tobi e dizia: 'Precisamos gravar um disco do Bathtub Is Real!'."

"Nossa 'banda' era basicamente nós tocando juntos", explica Tobi. "Ele tocava as músicas que estava compondo, eu tocava as músicas que estava compondo, e a gente registrava tudo no gravador de quatro canais do meu pai. Às vezes, eu cantava e tocava bateria nas faixas dele. Mais tarde, algumas ideias de riffs e letras se tornariam canções do Nirvana. Nunca consegui fazê--lo cantar em nenhuma das músicas que eu estava compondo, mas tudo bem, eram as canções que eu ia descartar de qualquer forma. Ele tocou bateria em algumas das minhas composições de guitarra e me ajudava a entender quais eram boas. Ele realmente adorava o fato de que eu era criativa e gostava de música. Acho que ele nunca tinha tocado com uma garota antes. Kurt era muito inspirador, era muito divertido tocar com ele.

"Kurt tinha muitas ideias boas sobre como abordar a composição", ela continua. "Ele me disse que a primeira coisa que você precisa fazer é escolher um estilo vocal. Foi uma grande revelação. Foi quando entendi que é possível usar sua voz como um instrumento e que eu não precisava ficar presa somente ao som natural da minha voz. Eu estava ouvindo Yoko Ono,[3] Frightwig, o começo do B-52's[4] e os Slits, então meu estilo de voz no punk veio dessa ideia. Antes disso, eu parecia uma Heather Lewis, do Beat Happening, desafinada. Eu não fazia ideia de que era possível moldar o som da sua voz como se fosse uma guitarra. Também estávamos ouvindo Shaggs, Marine Girls, Breeders,[5] Pixies, Beatles, Raincoats etc. Às vezes, as pessoas tentavam me convencer a entrar para o Nirvana – e eu respondia: 'melhor não". Nós até conversávamos sobre isso, mas meu estilo na bateria não era pesado. Kurt tinha composições que também não eram pesadas, então a gente trabalhava nelas. No fim das contas, ele descobriu uma forma de incluir o elemento pop no Nirvana, pitadas de Velvet Underground, Vaselines, Beat Happening etc.

"Nós aprendemos muito tocando juntos", Tobi prossegue.[6] "De modo geral, eu tinha tocado com pessoas que não sabiam usar seu instrumento até aquele ponto, no Go Team e na Doris [banda de punk adolescente de Tobi com Tam Orhmund] – o que foi bom –, mas eu estava aprendendo a manipular sons, desenvolvendo uma estética punk com uma sensibilidade feminina. Ele foi muito inspirado por isso e me encorajou a tocar com mulheres. Claro, nós dois gostávamos de Stooges e Black Flag também.

"Escrevemos 'The Bathtub Is Real' em uma demo e foi confundido com o nome da banda", ela comenta. "'Israeli Donkey' também... não sei por quê! Isso se repetiu muito. Acho que o primeiro nome foi Bathtub, então descobrimos que já existia a Steel Pole Bathtub. Na época, a maioria das pessoas que morava no centro da cidade não tinha chuveiro no apartamento, e [no Go

Team] tínhamos essa mania de dizer: 'Em Olympia todo mundo toma banho na banheira, não no chuveiro', como uma bobagem. Pode ter nascido assim."

> Who moved you to thoughts of hatred this year?
> "Men I see in the street. I don't know their names"*
>
> – Jon, Huggy Bear

Sabe o que eu detesto sobre o punk de 1977 e o Sex Pistols em particular? Jornalistas parados no tempo, atrapalhando o desenvolvimento daqueles que eles deveriam estar munindo de informações por causa de suas constantes referências àquele momento único no qual tudo era vibrante *para eles.* Os críticos falam de como o Sex Pistols foi um caso isolado, algo especial que estava além de tudo o que veio depois. "Foi incrível o impacto que eles tiveram, considerando o pouco tempo em que existiram", diz a explicação padrão. Não. O que é incrível é quanto espaço foi dedicado a um momento ótimo, claro, mas que nunca teria ganhado tanta importância se a mídia não fosse formada por tantos idiotas. Da mesma forma, o Nirvana e a "última grande revolução no rock".

A vida é uma questão de percepção. As pessoas muitas vezes são definidas pelo momento em que são expostas pela primeira vez ao mundo lá fora e nunca saem disso, sobretudo em sua própria mente. Uns 20 anos antes, eram os jovens dos anos 1960 falando das revoltas de Paris e de como os hippies e *Sgt. Pepper* eram inacreditáveis e jamais aconteceriam de novo (1985 foi a data exata em que a crítica mudou. Dava para ver os novos hipsters olhando uns para os outros e dizendo: "*Sgt. Pepper*? Não, obrigado"). Agora era a vez de Stuart Maconie, Julie Burchill e seus amigos jornalistas britânicos na casa dos 40 de reviver sua juventude enquanto empacavam a juventude alheia.

Como a definição de "independente" se cristalizou e foi esterilizada em uma forma de música que basicamente significava garotos brancos tocando guitarras estridentes? A culpa é da eternamente covarde espécie dos caras do departamento artístico das gravadoras acotovelando-se para contratar o Som do Ano Passado. A culpa é da mídia. Críticos que se orgulham da própria imparcialidade estão iludidos. Toda decisão objetiva é fundamen-

* Quem levou você a ter esses pensamentos de ódio este ano?/ Homens que vejo na rua. Não sei o nome deles. [N. T.]

tada por um julgamento subjetivo, geralmente baseado em outras pessoas, de que existem formas "certas" e "erradas" de tocar guitarra, de pintar um quadro ou ler um livro. Não existe arte boa, apenas participantes bons ou ruins. Você nunca deve sentir vergonha de gostar de porcarias como The Strokes e The Doors. Se algo tocou você, isso basta. Não importa se é simplório, comum ou artificial.

A frase no single clássico do Huggy Bear,[7] "Her Jazz", de 1993, "*This is happening without your permission*", foi, eu posso jurar, o que mais irritou os detratores. "*Face it*", gritava Niki, com um fervor escaldante, "*You're old and out of touch*".* Ninguém gosta de ouvir isso. Deixou os críticos totalmente confusos. Antes do movimento Riot Grrrl, eles estavam acima de qualquer suspeita. O Riot Grrrl formou divisões imediatas, recusando-se a satisfazer consumidores passivos que tentavam determinar o que é "bom" e o que é "ruim". O Riot Grrrls apenas continuou se divertindo loucamente e, ao mesmo tempo, desafiando as ideias de estereótipos sexuais. Se você não estava com elas, estava contra elas e, sim, isso *de fato* tornava você velho e antiquado.

Como Jayne County, punk transgênero, cantou certa vez: "*If you don't want to fuck me baby, fuck off!*"**

O Bikini Kill tinha apenas uma ideia – Inspirar! Inspirar! Empoderar todas as mulheres, pelo menos aquelas de quem nós gostamos! –, mas elas colocavam isso em prática com tanto veneno, humor e fervor que não importava. Ao vivo, elas eram intimidação e inspiração ao mesmo tempo. Os homens da plateia eram instruídos a permanecer nas laterais e nos fundos, o que resultou em acusações de sexismo (reverso, presumivelmente). O Bikini Kill queria promover um acerto de contas para as mulheres nos shows. Era uma banda que colocava as garotas no centro, sem dúvida. As fãs eram encorajadas a pegar o microfone e detalhar momentos em que se sentiram usadas e/ou abusadas por homens. A música era tempestuosa, movida pela repetição pesada da bateria de Tobi e do baixo cru de Kathi Wilcox. O único homem, Billy (que mudava de sobrenome o tempo todo), completava o pacote com sua guitarra abrasiva, mas o foco principal era a vocalista Kathleen Hanna – uma voz punk jovem e colorida, como Poly Styrene, do X-Ray Spex –, se-

---

* "Isso está acontecendo sem a sua permissão/ Aceite/ Você está velho e antiquado." [N. T.]

** "Se você não quer transar comigo, baby, vá se foder." [N. T.]

duzindo e atormentando, provocando e implorando, controlando a situação e sempre exigindo respeito.

Nunca atribuí sexualidade ao movimento Riot Grrrls. Não sei por quê, afinal essa era uma de suas armas mais potentes. As primeiras reações da mídia ao Bikini Kill insistiam em anunciar que Kathleen era uma stripper, algo que ela tinha em comum com Courtney Love. Sei que eu estava fazendo um desserviço às mulheres envolvidas pensando nelas em termos tão intelectuais, mas talvez fosse a única forma que eu tinha de lidar com meu machismo intrínseco... ou era o que eu achava na época.

O Bikini Kill era hardcore, não punk. Ou seja, sua música era formulada a partir de uma rigorosa série de regras e ideologias que não tolerava discordância. Foi só mais tarde que Kathleen se apropriou do dub-pop de improviso básico e brilhante de Julie Ruin. A confusão sempre aparece nesse momento: Olympia é hardcore ou punk? É hardcore, de ponta a ponta. Essas são suas afinidades. O Beat Happening pode ter sido uma banda de confronto – logo, punk –, mas quem veio depois já estava pregando para os convertidos. Olympia forneceu o manual a ser seguido. O hardcore fala sobre oferecer uma alternativa às normas da sociedade, uma contracultura. O punk é muito mais contraditório: é onde o underground encontra o mainstream – Sex Pistols sendo entrevistado por Bill Grundy, o Nirvana se apresentando no *Saturday Night Live*.

Jack Endino discorda de parte dessa interpretação. "*Nevermind* era um álbum punk tanto quanto o primeiro álbum do Boston [banda de rock dos anos 1970 que lotava estádios]", afirma o produtor. "E *Bleach* é um disco punk tanto quanto *Fireball*, do Deep Purple. As letras do Nirvana pré-*In Utero* não são mais punk do que 'American Pie', de Don McLean. Eles eram uma clássica banda de rock. Nunca ouvi nada de punk neles. Acho que esse é um mito conveniente. Se a música do Nirvana tivesse sido punk, eles *não* teriam estourado.[8] O único álbum punk que fizeram, mais ou menos, foi *In Utero*, que era tão punk quanto 'Cold Turkey', de John Lennon.[9] As apresentações ao vivo do Nirvana não eram mais punks do que as do The Who – que tinham um quê de punk, é preciso admitir. Então o punk estourou nos Estados Unidos em 1971, com o álbum *Who's Next*? Não. Infelizmente, o punk 'estourou' com o Offspring e o Green Day."

Kurt pode ter sido influenciado por Tobi, mas isso não quer dizer que ele compartilhava todas as ideias dela. Desiludidos com a Sub Pop – sobretudo com a constante gestão temerária de Jon e Bruce, o que significava que muitas vezes as bandas não eram pagas e que os cheques para os estúdios voltavam –, ele e Krist passaram a buscar outra gravadora. Não queriam mais assinar contrato com uma independente, como a Touch and Go ou a SST. Nenhum dos dois via futuro nisso. Então, inspirados pelo exemplo de contemporâneos como o Soundgarden e o Sonic Youth (que tinha acabado de assinar com a Geffen), eles começaram a olhar para as grandes gravadoras.

A Sub Pop também estava buscando um acordo de distribuição com uma grande gravadora.

Em maio de 1990, em antecipação ao segundo disco, a Sub Pop ofereceu um novo contrato ao Nirvana: tinha 30 páginas e aumentava consideravelmente os direitos do selo. Kurt não quis assinar e foi com Krist pedir conselhos para Susan Silver, empresária do Soundgarden. Chocada com a antipatia da banda em relação à gravadora – entre outras queixas, os dois mencionaram a fraca divulgação de *Bleach*,[10] nenhuma prestação de contas e má distribuição –, Silver recomendou que eles procurassem um advogado.

"Kurt lia bastante", comenta Anton Brookes, antigo assessor de imprensa do Nirvana no Reino Unido. "Ele lia muitos livros sobre rock. É quase como se ele tivesse feito uma formação para se tornar um rock star. Eu me lembro de ir com ele a algumas reuniões – quando a banda estava procurando um empresário e eu tinha tido uma desavença com a Sub Pop justamente por ter ficado do lado do Nirvana – e nos encontramos com algumas gravadoras e uma distribuidora em especial, que foram totalmente condescendentes com ele.

"Eu me lembro de estar do lado de fora com Kurt", Anton continua. "Ele estava fumando e me disse: 'Tenho músicas para o próximo álbum que vão chegar ao primeiro lugar. Elas são muito pop e acessíveis de um jeito Nirvana'. Ele *sabia*. Quando as pessoas me perguntam: 'E o Nirvana? Você achava que eles iam fazer sucesso?', eu respondo: 'Sim, pelo menos tanto quanto o Sonic Youth ou os Pixies. Com sorte, eles vão lotar a Brixton Academy (que comporta 4.500 pessoas) e, quem sabe, vão ser a atração principal do Reading Festival em alguns anos. Vão conseguir ficar em Seattle com um bom padrão de vida, vão ter casas e vão ter uma família, mas vão precisar complementar sua renda com turnês'. E qualquer pessoa que diga outra coisa está mentindo."

Por intermédio de Susan Silver, o Nirvana se reuniu em Los Angeles com Alan Mintz, um advogado da indústria musical que tinha se especializado em fechar acordos para bandas novas. Impressionado com a música, mas não com sua aparência – Mintz chamava o Nirvana de "o grupo mais maltrapilho que já tinha entrado pela sua porta" –, ele começou a enviar a "demo" de Butch Vig para as grandes gravadoras, em busca de um contrato.

Não foi difícil. A essa altura, a Sub Pop tinha virado um forte alvo de interesse da mídia (até a imprensa dos Estados Unidos estava começando a escrever sobre o selo): "Quase toda gravadora com um departamento artístico queria o Nirvana pelo mesmo motivo que nós", comenta Danny Goldberg, antigo presidente da Gold Mountain, "porque a Sub Pop era uma empresa nova e da moda, e *Bleach* era um de seus álbuns mais bem-sucedidos. Havia cinco ou seis gravadoras interessadas – Columbia, uma divisão da Virgin (Charisma), MCA e Atlantic".

"As coisas ficaram interessantes quando o Nirvana começou a chamar a atenção das gravadoras", conta Debbi Shane, que nessa época namorava Dale Crover. "O leilão havia começado, o que para eles era divertido – comida de graça, bebida de graça e ainda podiam levar os amigos. Kurt nos convidou [Dale e Debbi] para um jantar desses. Fomos a um restaurante tailandês e ficamos muito bêbados. Para mim, o cara do departamento artístico era patético, ele não entendia de onde o Nirvana vinha, mas queria assinar com eles mesmo assim."

"Fiquei muito chateado e magoado quando eles começaram a conversar com as grandes gravadoras", confessa Bruce Pavitt, "porque fui o último a saber. Todo mundo me dizia: 'Ei, eu estava em Olympia e vi o Nirvana andando por aí de limusine e tudo'. O que, é preciso ressaltar, antes de *Nevermind* e em Olympia, era algo que simplesmente não acontecia.

"Em retrospecto, tudo faz sentido", continua o antigo chefe da Sub Pop, "mas, na época, pouquíssimas bandas tinham contrato com grandes gravadoras. Foi um choque. A Sub Pop estava consumindo cada gota de energia que nós tínhamos para se manter. Então eu senti que, embora estivéssemos sem grana o tempo todo e fôssemos um tanto disfuncionais, ao menos merecíamos ter uma comunicação honesta com o grupo. Olho para trás e tenho lembranças de estar em Roma com Kurt na primeira turnê do Nirvana lá, quando ele teve um colapso nervoso e destruiu sua única guitarra. Jon e eu pegamos o resto do dinheiro que tínhamos para comprar uma guitarra nova para ele! O passaporte do Kurt foi roubado, e fomos nós que o ajudamos a conseguir um novo. Recordar essas pequenas coisas, quando a gente dava tudo o que tinha para ajudar alguém... daí eles saírem negociando com as gravadoras sem nem falar conosco... não foi legal. Foi uma merda".

Claramente, você moldou a Sub Pop até certo ponto conforme as lições aprendidas em Olympia. Foi uma tentativa de gerar uma ideia de comunidade como parte disso.

"Exatamente", Bruce concorda. "Meu olhar não era 'isto é uma empresa e vamos filtrar bandas para as grandes gravadoras e ganhar dinheiro'. Foi nisso que o selo se transformou, mas era uma sensibilidade diferente que eu estava trazendo para a coisa toda. No entanto, eu tinha um sócio com uma visão discordante, e era a sinergia dessas duas filosofias que fazia da Sub Pop o que ela era. Minha sensibilidade tinha um tom muito mais familiar: construir comunidade, provocar o sistema e ajudar um ao outro. Então, partir para uma grande gravadora... fiquei muito chateado. Depois que isso aconteceu, minha relação com os artistas mudou. Comecei a me afastar das bandas."

"Fiquei um pouco assustado", comenta Jonathan Poneman, "porque, quando começamos a ouvir falar disso, Bruce e eu estávamos na Inglaterra em uma viagem de negócios, conversando com nosso distribuidor sobre um pagamento atrasado. Pareceu muito mais desonesto por estar acontecendo enquanto estávamos fora do país. Já me fizeram essa pergunta algumas vezes sobre o Nirvana, e o que me dói é que as pessoas parecem não entender que a questão não era a parte comercial. Negócios se resolvem. O que magoa é o lado sentimental: o fato de você estar trabalhando em conjunto por um objetivo comum. Você conversa sempre com essas pessoas, suas vidas estão integradas... e de repente é como um divórcio. Do nada, seu parceiro de vida aparece com outro relacionamento. O trauma emocional foi nesse nível.

"Eu me lembro da Susan Silver me falando: 'Jonathan, o Soundgarden partiu para outra. Sinto muito, mas eles não vão gravar com vocês'." O executivo do selo bate na mesa para dar ênfase. "Estou cagando para essas coisas! O que ela estava dizendo era, tipo: 'Sua galinha dos ovos de ouro foi embora', mas, para mim, tem muito mais a ver com... enquanto existir gente talentosa no mundo e gente querendo ouvir o que essas pessoas talentosas têm a dizer, existe um lugar para eu fazer o que faço. Para mim, a parte mais essencial do que eu faço é construir relações. Nas ocasiões em que a Sub Pop falhou como selo foi porque não construímos essas relações corretamente, ou quando se tratava mais de negócios do que da profundidade e da amplitude holísticas que essas relações deveriam ter.

"Então foi isso que doeu quando o Nirvana estava falando com outras pessoas", conclui Poneman. "Não foi tanto... mesmo que o lado comercial não tivesse funcionado como funcionou, a Sub Pop teria sobrevivido, ainda que de uma forma totalmente diferente."

Então o Nirvana estava sem baterista. De novo.

Boatos loucos começaram a circular na imprensa musical britânica sobre quem poderia ocupar a vaga – J. Mascis, o lacônico vocalista do Dinosaur Jr. (J. começou como baterista), Tad Doyle, Dale Crover e Dan Peters, do Mudhoney. Dale foi chamado para cobrir uma turnê de oito shows na Costa Oeste dos Estados Unidos em agosto, abrindo para o Sonic Youth, mas Kurt não teria conseguido convencer Crover a sair dos Melvins, mesmo que quisesse.

Assim como tinha feito com a demo, Crover topou ajudar,[11] com uma condição: eles não podiam, sob hipótese alguma, encostar na sua bateria. "Ele dizia: 'Vocês não podem estragar minha bateria'", relembra Debbi. "Ela era intocável, Dale deixou isso bem claro para Kurt. Até porque Dale não tinha grana para comprar uma bateria nova."

O próprio Dale explicou em termos mais enfáticos para Michael Azerrad, em seu livro *Come as You Are*: "Eles não só aceitaram a exigência, como também nenhuma guitarra foi destruída na turnê. Fico feliz por eles não terem feito isso. É anticlimático. Kurt levava uns 15 minutos para quebrar uma guitarra. Quando ele conseguia, as pessoas ficavam: legal, grande coisa. Para mim, isso é assassinato de guitarra. Acredito que as guitarras têm alma. Não acho nada disso legal".

"Então", continua Debbi, "o Nirvana estava começando a crescer. Chad tinha saído da banda, aí Dale fez a turnê com eles. Todo mundo sabia que era temporário. Foi um favor. Fui ao show em Sacramento. O Nirvana estava muito empolgado de abrir para o Sonic Youth".

A primeira parada da turnê foi em Long Beach, Califórnia, em 13 de agosto. Antes de tudo começar, a banda passou uns dias em São Francisco, na casa do vocalista dos Melvins, Buzz Osborne, onde, por recomendação dele, o Nirvana foi ver o Scream, uma banda de Washington, D.C. O Scream tocava músicas bem-feitas e contagiantes, como um grupo de hardcore punk das antigas. "Eles procuravam um baterista mais pesado que o Chad", conta Carrie. "Eu me lembro do Kurt me dizer, após o show do Scream: 'Queria um baterista como este'."

Na noite seguinte, o Nirvana e o Sonic Youth tocaram num antigo bordel em Las Vegas – Kim Gordon, baixista e referência do Sonic Youth, ficou tão animada com o set do Nirvana que foi dançar na frente do palco. Mas nem todo mundo ficou impressionado. "Ao fim do set, tinha mais gente no estacionamento do que lá dentro", uma pessoa de alguma rádio comentou. Três noites depois, as bandas tocaram no Casbah, em San Diego – uma casa pequena feita para receber umas 75 pessoas, mas que vendeu o dobro de ingressos. Drunk Ted, do fanzine *Flipside*, estava lá: "Foi muito estranho", ele contou para Carrie Borzillo-Vrenna, "porque quando o Nirvana apareceu, Krist e Kurt estavam com os cabelos bem curtos, e a Sub Pop era notória pelos cabelos compridos e por tocar rock de garagem autêntico com um quê punk. Vê-los tocando foi totalmente invertido, música pesada com cabelo curto. Mas foi legal. Eles mandaram bem".

"Nos dias livres, eles faziam shows pequenos para ganhar dinheiro, como em San Diego", comenta Anton Brookes. "Na festa depois do show, lembro que Kurt transou com alguém, pois ficamos esperando por ele para voltar para Los Angeles. Krist tentou sequestrar um porco. Tínhamos parado em um posto de gasolina que ficava ao lado de uma fazenda. Krist ficou preocupado que o porco fosse virar bacon. Ele tentou capturar o bicho com seu blusão e disse: 'Ele pode viajar com a gente, vida na estrada! Ele vai ter histórias para contar para os seus porquinhos! Estou libertando este porco'."

Em seguida, as bandas viajaram para São Francisco – onde apresentações passadas garantiram uma plateia entusiasmada – e Portland. O Nirvana voltou para Seattle em 24 de agosto, onde tocaram no Moore Theatre, com abertura da STP, a banda de Julie Cafritz pós-Pussy Galore.

"Lembro-me de ir à casa dos Melvins em São Francisco", recorda Anton. "Estava muito frio. Buzz e a namorada tinham uma casa bem grande, parecia uma versão menor da residência da *Família Adams*, com um monte de bonecas e coisas estranhas. Estávamos vendo *Os Simpsons*. Dale ficou tocando de cueca, baquetas enfiadas na calça. Com o cabelo preto, sua pele parecia muito branca. Ficamos horas e horas vendo *Os Simpsons* [...]"

Foi durante a turnê com Dale que Kurt e Krist foram apresentados ao empresário do Sonic Youth, o espertalhão e piadista John Silva[12] – e, por intermédio de Silva, a Danny Goldberg, mais conhecido por ter passado de relações-

-públicas do Led Zeppelin a administrador do selo deles, o Swan Song, nos Estados Unidos.[13]

"Eu tinha uma empresa de gestão chamada Gold Mountain", conta Goldberg. "Em algum momento, eu me dei conta de que estava distante da próxima geração do rock 'n' roll – eu tinha Bonnie Raitt [cantora de blues e ativista política] e Rickie Lee Jones.[14] Eu gostava de House of Freaks [banda de folk blues do Sul dos EUA]. Silva era empresário deles. Ele era um sujeito esperto que precisava de uma base para trabalhar. Silva trouxe o Redd Kross. Seis meses depois, o Sonic Youth se tornou meu cliente, pouco antes de lançar *Goo*. Isso nos colocou no mapa. O Sonic Youth era muito benquisto. Thurston, em especial, tinha um conhecimento muito abrangente das bandas novas. Na essência, ele era o melhor cara do momento para descobrir artistas.

"Durante o ciclo da turnê, o Sonic Youth levou o Nirvana a alguns shows", Goldberg continua. "Além de Silva ter voltado empolgado com o grupo, o Thurston me ligou para falar como eles eram incríveis. E eu tinha total confiança no Thurston. Se ele ficava empolgado, eu ficava empolgado. Então telefonei para um advogado, o Nirvana veio para Los Angeles e se reuniu conosco. Kurt não falou muito, Krist, sim. Tanto nós queríamos a banda como eles queriam fechar com a gente porque confiavam no Sonic Youth. Não foi um noivado difícil.

"O Nirvana não gostava muito da Sub Pop", Danny comenta. "Kurt não só sentia que não havia recebido tudo que tinha direito, como queria alcançar um público maior. Não havia ambiguidade. Na primeira reunião, eu sinalizei que não tínhamos problemas com a Sub Pop, mas eles responderam: 'Não queremos estar na Sub Pop, queremos assinar com uma grande gravadora. Se a Sub Pop tiver algo a receber, tudo bem'. Kurt Cobain queria ser o que ele se tornou. Ele era fã dos Melvins, mas também do Kiss e do AC/DC. Eles queriam o desafio de chegar ao maior público possível, sem dúvida."

Antes que o Nirvana saísse em turnê com o Sonic Youth, a Sub Pop queria que eles gravassem mais um single – mas Dale ainda estava em São Francisco. Enquanto isso, o Mudhoney parecia prestes a se separar...

"Nós não nos separamos", afirma Dan Peters. "Steve [Turner, guitarrista] queria voltar a estudar. Não sei se chegamos a dar um tiro no pé, mas com certeza acertamos nosso próprio pé de outras formas ao não aproveitar as coisas enquanto foi possível – mas isso era o Mudhoney. Nunca foi a nossa intenção fazer sucesso."

No verão de 1990, Dan encontrou Shelli no The Vogue e se ofereceu para ocupar a banqueta de baterista do Nirvana. "Eu tinha lutado a vida toda para poder fazer as coisas que eu estava fazendo no Mudhoney; eu não estava pronto para abrir mão disso", ele explicou. "Pensei: 'Dane-se! Estou com 22, 23 anos e não sei fazer nada além de tocar bateria'." Surpresos e lisonjeados com a proposta, o Nirvana concordou. Dan começou a ensaiar imediatamente com Kurt e Krist no Dutchman. Os dois compraram uma bateria enorme para Dan tocar, preocupados que seu kit compacto não fosse capaz de competir com o volume absurdo das guitarras. Dan rejeitou tudo, exceto o bumbo.

"Era um trambolho de merda", ele resume. "Se eu soubesse que estavam falando sério, teria dado um jeito de arranjar outra bateria."

Do ponto de vista britânico, ficamos bem furiosos que Dan Peters estivesse saindo do Mudhoney para tocar com o Nirvana.

"Foi uma escolha feita por Steve", Peters responde sem rodeios.

"Àquela altura, eu tinha sido totalmente conquistado pelo Nirvana", ele continua. "[Matt] Lukin tinha uma cópia do EP *Blew* quando estávamos em turnê em Eugene, Oregon. O plano era ficar na casa de umas pessoas, mas Matt e eu dissemos: 'Quer saber? Vamos dormir na van'. Então ficamos lá sentados, fumando maconha, bebendo cerveja e ouvindo Nirvana. Lembro de ouvir 'Been a Son' e dizer: 'Caralho, que música boa'. Ficamos ouvindo aquilo sem parar."

Quantos shows você fez com o Nirvana?

"Um. Um show e uma sessão de gravação", o baterista faz uma careta.

Você realmente achou que ia tocar com o Nirvana em período integral?

"Achei. Naquela época, a situação do Mudhoney estava totalmente indefinida. Se tivesse dado certo, acho que eu teria ficado. Eles vinham de Tacoma, passavam um tempo comigo, ou Krist vinha até minha casa, batia na porta, eu entrava na van e íamos até o local de ensaio. Kurt ficava no banco de trás, dormindo. Chegávamos lá, Kurt acordava, entrava na casa, ligava a guitarra e dizia: 'Não consigo ouvir sua bateria'. 'Nem eu!' Ele aumentava o volume do amplificador. Não fazíamos outras coisas. Acho que saímos para tomar cerveja uma vez depois de um ensaio. Perguntei: 'O que vocês querem? Se estiverem procurando outro baterista, me avisem e eu saio do caminho – não estou aqui para fazer um teste'. Eles respondiam: 'Não, não, não, você é o nosso cara'."

Você ensaiou "Smells Like Teen Spirit" com eles?

"Não. 'Pay to Play' eu toquei com eles. 'In Bloom' eu toquei com eles. Depois que parei de tocar com o Nirvana, me juntei ao Screaming Trees por pelo menos uma turnê inteira. Eu me diverti muito com Mark Lanegan. Fazia cinco anos que ele não bebia; tive uma viagem louca com ele, e aí Mark voltou a beber. Infelizmente, as drogas entraram em cena com Mark."

"Sliver" foi composta em poucos minutos num dos ensaios no Dutchman com Dan. Era a faixa mais pop de Kurt até então, autobiográfica, estranhamente ingênua e influenciada por Olympia, com seu refrão "*Grandma take me home*"* gritado repetidas vezes com cada vez mais angústia. Começa de forma bastante inócua, como um The Sonics de mau humor, antes de explodir de frustração numa confusão de guitarras e microfonia. O refrão é um clímax tanto quanto as estrofes são sensíveis e cuidadosas. O garoto não quer ficar com os avós, sem comer, sem brincar – sem fazer nada. Ele não está se divertindo, nem um pouco. Está solitário. Ele quer ir para casa. Que parte dessa frase eles não entendem?

"A mãe e o pai vão para algum lugar e deixam o garoto com os avós; ele fica confuso, assustado e não entende o que está acontecendo", Kurt explicou para Push, jornalista do *Melody Maker*, em dezembro de 1990. "Mas, veja, não é preciso se preocupar muito com ele; o avô não abusa dele nem nada assim. E na última estrofe ele acorda nos braços da mãe."

O single foi gravado em 11 de julho no estúdio Reciprocal, num intervalo de 90 minutos durante uma pausa para o almoço de uma sessão de gravação do Tad. "Ligamos para o Tad e perguntamos se podíamos passar lá para gravar uma canção", Kurt contou a Push. "Usamos os instrumentos deles enquanto eles comiam. Mas, até aí, nenhuma novidade. Tratamos a gravação de *Bleach* como se fosse uma sessão de rádio. O segredo para um álbum de sucesso é sair do estúdio antes de enjoar das faixas."

"Não sei por que a sessão foi tão apressada", recorda Peters. "Jack ficou por ali, e nós pegamos os instrumentos. Usei a bateria de Steve, baterista do Tad, e os sons já estavam surgindo."

---

* "Vovó, me leva pra casa." [N. T.]

"Sliver" acabou sendo lançada no Reino Unido em dezembro, mais uma vez fora de sintonia com a turnê que deveria ajudar a promover. Ela tinha pouco mais de dois minutos e era, como Push sugeriu, "uma baita música pop", um meio-termo entre as duas faixas mais pop de *Bleach*, "About a Girl" e "Swap Meet". Para o lado B, "Dive", mais arrastada, tinha sido extraída das sessões com Vig, e o espaço restante no disco de sete polegadas foi preenchido por um fragmento de conversa entre Jonathan Poneman e Krist Novoselic de ressaca.[15]

Como foi o show que você fez com eles?

"Foi divertido, meio caótico, muita gente no palco", Dan responde. Foi no Motor Sports Arena, em Seattle, em 22 de setembro, maior show do Nirvana como atração principal até então – diante de 1.500 pessoas, com Melvins, Dwarves e a banda punk The Derelicts como abertura. "Havia muita gente fazendo *stage diving*. Não havia nenhuma equipe de segurança."

Uma biografia do Nirvana afirma que esse show foi o ponto de virada.

"Sim, provavelmente. Foi uma apresentação grande. O Mudhoney já tinha feito um show lá, e agora era uma das primeiras vezes que aquele antigo galpão era aberto para um bando de malucos aleatórios. Eu estava conversando com a mulher que organizou o evento sobre o que eu achava ser meu primeiro show com o Nirvana – não meu único show –, e ela perguntou: 'De quantos passes para o *backstage* vocês precisam?'. Kurt e Krist responderam: 'Preciso de dois', e eu disse: 'Preciso de 40'. Levei todos os meus amigos para o *backstage*. Não que muita coisa acontecesse por lá, mas podíamos levar toda a bebida que quiséssemos pelo portão dos fundos. Eu só queria que eles tivessem me dito o que estava acontecendo. Minha lembrança daquela noite ficou um pouco borrada."

Dan Peters achou que era o novo baterista do Nirvana, sobretudo quando, em 23 de setembro, ele esteve com a banda para uma sessão de fotos para o jornal de música britânico *Sounds*. Mas, sem que Dan soubesse, o Nirvana já tinha outra pessoa para o cargo: Dave Grohl, o baterista de 21 anos do Scream.

"Kurt me ligou para contar que um novo baterista estava vindo fazer um teste", Anton Brookes recorda, "vindo de Washington ou Los Angeles, não lembro ao certo".

"Havia muita coisa errada que descobri depois", diz Dan. "Fui a uma festa no dia seguinte ao show, posei para todas aquelas fotos do *Sounds*, participei de uma entrevista e fiz papel de idiota. Dave já estava ali nos bastidores, rondando. Nenhum deles teve a coragem de me falar algo. Isso me deixou puto. Não preciso me sentir um idiota. Estou na porra do Mudhoney. Eles que se fodam."

"Ninguém estava insatisfeito com a bateria do Dan", Kurt disse a Push. "A questão é que Dave tem qualidades que atendem um pouco melhor às nossas necessidades. Ele faz *backing vocals*, por exemplo. Ficamos impressionados quando o vimos com o Scream e concordamos em convidá-lo para tocar com o Nirvana se tivéssemos a chance. Ironicamente, ela surgiu uma semana depois que chamamos o Danny. Foi uma situação estressante, mas agora parece que o Dan vai voltar para o Mudhoney e eles vão seguir em frente. A ideia de que a banda parou porque Dan veio tocar com a gente causou muito sofrimento."

"Nunca cheguei a ponto de sair do Mudhoney", Dan afirma. "Nós [Nirvana] íamos fazer uma turnê pela Inglaterra com o L7 depois que Kurt e Krist voltaram da busca por gravadoras. Kurt me ligou e disse: 'Parece que vamos assinar com a Geffen'. Eu perguntei: 'Bom, e a viagem para a Inglaterra?'. Aí ele respondeu: 'É por isso que estou ligando. Queria contar que chamamos outro baterista, o Dave'. Eu só disse: 'Ah, falo com vocês depois' e desliguei. Fiquei mais aliviado do que outra coisa – eu não estava exatamente me conectando com eles."

Em 25 de setembro, algumas horas depois do teste de Dave Grohl para assumir a bateria do Nirvana, Kurt foi até Olympia para gravar quatro faixas para o programa da rádio KAOS *Boy Meets Girl*, de Calvin Johnson. A performance foi tão improvisada que até Tobi Vail foi pega de surpresa: "Tenho a fita", ela conta, "mas está cortada na metade e é preciso mudar de lado para seguir ouvindo. Mas o som é muito bom". Eram apenas Kurt e seu violão, tocando ao vivo no estúdio. "Lithium" (incrivelmente semelhante, tanto em tom quanto em estrutura, à versão que foi parar em *Nevermind*), "Dumb", "Been a Son" e a cáustica "Opinion", uma pérola com forte influência do punk rock, cuja letra criticava diretamente os autoproclamados hipsters e os formadores de opinião de Seattle.

Kurt aproveitou a chance para anunciar o novo baterista do Nirvana. "Ele é uma versão bebê de Dale Crover", Kurt disse ao punhado de calvinistas[16] que estavam ouvindo. "O nome dele é Dave Grohl e ele toca quase tão bem quanto Dale. Com alguns anos de prática, pode até ser páreo para ele."

Adendo 1: Sonic Youth

Kurt Cobain idolatrava o Sonic Youth – como ele agiu quando conheceu vocês? O Nirvana ficou nervoso ao abrir para vocês na Costa Oeste?

Lee Ranaldo (guitarrista do Sonic Youth): "Kurt era tímido. Obviamente estava feliz em abrir para nós, mas ele era 'tranquilo'. Era uma relação mais fraternal e de parceria do que qualquer outra coisa. Nossos fãs reagiram muito bem ao Nirvana desde o início".

O Sonic Youth tinha contrato com a Gold Mountain e a Geffen (DGC). O Nirvana, mais tarde, fechou contrato com ambas. Foi o Sonic Youth que recomendou o Nirvana para as duas empresas? Vocês faziam ideia da popularidade que eles iam alcançar?

Lee: "Era difícil prever o nível de popularidade que eles teriam – acho que ninguém imaginou. Eles nos viram numa situação relativamente boa com a DGC e a Gold Mountain – e isso foi o mais importante para eles quando todos esses 'grandes acordos', de repente, começaram a aparecer. Eu diria que Dave e Krist provavelmente estavam mais atentos ao lado comercial do que Kurt, mas nunca achei que ele não tivesse opiniões fortes sobre todos os acordos e contratos".

Como você via o Nirvana?

Lee: "Achava a banda incrivelmente empolgante, como todo mundo. Adorava aquela combinação excelente de energia poderosa e crua com uma sensibilidade pop meio Beatles".

Onde você vê a influência do Sonic Youth no Nirvana e na "cena de Seattle"? Vocês tinham alguns aspectos em comum com o Nirvana e bandas como o Mudhoney?

Lee: Nossa influência (se é que ela existia) sobre eles e a cena de Seattle não era tanto musical, tinha mais a ver com a maneira como uma banda sobrevivia no clima existente na época – poucos selos, pouco dinheiro, pouco ou nenhum reconhecimento da imprensa. O que aprendemos com aquelas bandas do Noroeste do Pacífico – e com outras como The Laughing Hyenas [banda de garage-punk-blues de Ann Arbor], Die Kreuzen [banda de hard core inovadora de Milwaukee], Dinosaur Jr. etc. – foi mais uma abordagem 'roqueira' para a música, que fazia parte da nossa formação, mas tinha sido engolida pela natureza da cena musical de Nova York, que estava pelo menos tão interessada na experimentação e em romper barreiras quanto em nostalgia rock 'n' roll. O "movimento grunge" nos trouxe de volta todas as coisas que amávamos nessa música feroz e agitada. Ela nos energizava – e precisávamos competir com ela ao vivo, o que significava colocar nossa música à altura do desafio".

Adendo 2: Empresários

"Kurt me pediu para ser empresária do Nirvana", revela Candice Pedersen. "Falamos sobre isso antes de eu ir para São Francisco em 1990. Acho que eu teria sido uma boa empresária, mas eu gostava do que estava fazendo na K."

O que eles estavam procurando num empresário?

"Queriam alguém que fosse pragmático e que gostasse deles", responde Pedersen. "Uma das razões por que Kurt e eu nos dávamos bem é que os Estados Unidos querem te fazer acreditar que não existem diferenças de classe, mas existem. E eu tenho experiências de vida muito parecidas com as do Kurt. Nós nos entendíamos bem. Além disso, eu era divertida e não me drogava – isso devia ajudar.

"Éramos todos da classe operária ou inferior, o que não era o caso de algumas das outras pessoas com quem interagíamos. Tive uma longa discussão com Ian MacKaye sobre isso, pois ele achava que não deveria ser uma questão de dinheiro. Pessoas que cresceram tendo dinheiro sempre dizem isso porque têm redes de segurança. Nós não temos rede de segurança. Não sei nem por que achei que eu poderia fazer faculdade, ninguém na minha família tinha feito. Eu não tinha um centavo, meus pais não tinham um centavo e me desencorajaram ativamente. Kurt e eu crescemos numa pobreza bem específica – o chamado *white trash*. Minha família não chegou a morar em trailers porque éramos caipiras. Ian contava que eles faziam palavras cruzadas na mesa de jantar, ou Calvin falava que eles liam determinados livros, mas nós comíamos macarrão direto da panela. Além disso, eu não era o tipo de pessoa por quem eles se interessariam, então não haveria nenhuma confusão nesse sentido.

"Não foi uma coisa planejada. A banda não se reuniu e elaborou um plano de negócios nem decidiu que precisava de um empresário."

NOTAS

1 A incrivelmente linda Michelle Phillips é a cantora do grupo The Mamas and the Papas que não é Mama Cass. Ela também é mãe de uma das cantoras do trio feminino absurdamente estranho dos anos 1990, Wilson Phillips.

2 Dylan Carlson, Tobi e Kurt também se juntaram para um projeto inspirado em Gang of Four com Tobi na guitarra e nos vocais, Dylan no baixo e Kurt na bateria.

3 O conjunto de trabalhos de Yoko Ono nos anos 1970 continua insuperável – basta olhar para o lado B de "Happy Xmas (War Is Over)" para obter a prova de sua inspiração extraordinariamente tocante.

4 Banda de Athens, Georgia, mais conhecida pelo sucesso monstruoso de 1989 "Love Shack", os B-52's misturavam o pop efêmero dos anos 1960 com uma batida para as pistas de dança e perucas de colmeia dos anos 1950.

5 Durante muito tempo, Kim Deal, vocalista do The Breeders, foi minha definição de rock. Ela era tão casual sobre sua genialidade que era incrível. O primeiro álbum do The Breeders, *Pod*, desajeitado e produzido por Steve Albini, surgiu em 1990 enquanto a banda principal de Deal, os Pixies, estava se tornando uma paródia surf rock de si mesma.

6 Tobi hoje canta em Spider and the Webs, uma banda Riot Grrrl.

7 Huggy Bear era o equivalente britânico, composto por meninos e meninas, do Bikini Kill – a conexão ocorreu depois que entreguei uma cópia da fita cassete e do fanzine *Revolution Girl Style Now*, do Bikini Kill, para Jon e Jo, do Huggy Bear.

8 Referência ao excelente documentário feito por Dave Markey da turnê do Sonic Youth, *1991: The Year Punk Broke* – cujo título faz alusão ao sucesso do Nirvana. Markey também é o homem por trás de *Desperate Teenage Lovedolls.*

9 Em outras palavras, o terceiro e último álbum do Nirvana foi um exorcismo e um grito de frustração, em parte causado pelo sucesso. "Cold Turkey", de John Lennon, é assumidamente uma referência à tentativa dos viciados de interromper o uso de heroína.

10 O que talvez fosse um pouco duro da parte deles, já que divulgação era algo que a Sub Pop claramente fazia bem.

11 Alguém precisa pagar *royalties* para ele!

12 John depois se tornaria empresário dos Beastie Boys. Charles Peterson conta uma história ótima, da vez em que consegui fazer com que Silva liberasse, em um show enorme dos Beastie Boys num festival, uma área na lateral do palco para Charles – e apenas Charles.

13 Nesse cargo, Danny Goldberg aprendeu o trabalho com Peter Grant, o beligerante empresário do Zeppelin, temido e respeitado na mesma medida.

14 Rickie Lee Jones é um cantor e compositor de esquerda mais conhecido pelo excelente hit de 1979, "Chuck E's in Love". Ele se tornou apresentador de um talk show na estação de rádio KAOS, de Olympia.

15 Ao usar a conversa gravada, o Nirvana – provavelmente sem saber – fez uma homenagem ao Soundgarden, que usou algo parecido na passagem instrumental de sua versão de "Sub Pop Rock City" em *Sub Pop 200.*

16 "Calvinista" era um termo pejorativo inventado por Kurt ou Courtney Love para descrever todos aqueles que haviam se rendido aos encantos do carismático fundador da K Records. Sem dúvida, Calvin Johnson é capaz de inspirar devoção religiosa. "Os calvinistas são um punhado de moradores de Olympia que têm entre 16 e 50 anos e usam chapéus e blusas da comédia *Leave It to Beaver,* idolatram Calvin e o seguem por aí", Kurt me contou, com sarcasmo, em 1992. "Deixam presentes para ele, têm altares para ele, com velas e estátuas de Calvin. Tem alguma coisa sexual estranha rolando."

CAPÍTULO 12

Monster of Rock

Acho incrível que os críticos menos relevantes se deixem levar pela aparente indolência de bandas como Nirvana e Teenage Fanclub[1] e confundam aquilo com algum problema de postura ou preguiça. Claro, não é desculpa para nada, mas ambos os grupos têm tantas músicas escondidas debaixo de suas carapaças que é quase impossível não tropeçar nelas enquanto inundam os alto-falantes.

"Sliver", por exemplo. Claro, os vocais rasgados saem lentamente pela garganta, as guitarras são beligerantemente sujas, o baixo é alto e deslocado [...] mas percebam as melodias, seus idiotas, sintam as melodias. Essa música só não é um Single da Semana porque três singles ainda mais poderosos foram lançados esta semana.[2]

Entenderam?

(Crítica minha sobre "Sliver", *Melody Maker*, 1º dez. 1990)

DAVE Grohl nasceu em Warren, Ohio, em 14 de janeiro de 1969.

O pai de Dave, James, trabalhava para a franquia de jornais *Scripps-Howard*. Sua mãe, Virginia, era professora de inglês do ensino médio. Papai era um flautista talentoso. Mamãe tinha participado de grupos de canto durante a adolescência. Quando Dave tinha 3 anos, sua família – incluindo sua irmã Lisa, três anos mais velha – mudou-se para Springfield, Virgínia do Norte, um subúrbio da ala trabalhadora de classe média da capital dos Estados Unidos, Washington, D.C., a uma distância de apenas dez quilômetros da Interstate 95. Seus pais se divorciaram quando ele tinha 6 anos. Foi sua mãe quem criou os dois filhos sozinha, ensinando a eles sua visão progressista de mundo. Criatividade era uma parte fundamental dessa educação.

"Quando eu tinha uns 2 anos", lembra Dave, "meus pais me levaram à Feira Estadual de Ohio. Meu pai tinha um crachá de imprensa, então sentamos na área dos jornalistas, onde assisti aos Jackson Five", o baterista conta, rindo. "Não tenho nenhuma lembrança disso."

Aos 11 anos, Dave formou uma dupla com seu amigo Larry Hinkle. Ele batucava com alguns utensílios de cozinha, enquanto Dave dedilhava um violão de uma corda e gravava músicas sobre amigos ou sobre seu cachorro em um toca-fitas público do Condado de Fairfax. No Natal de 1981, Dave ganhou uma guitarra Silvertone da década de 1960 com amplificador embutido – que seria trocada por uma Gibson Les Paul preta mais tarde naquela primavera.

"Eu tocava com os amigos do bairro", diz Grohl. "Fazíamos um som em garagens e porões, músicas de blues e dos Stones, coisas simples. E eu tocava guitarra sozinho no meu quarto, com as partituras da *Antologia Beatles* que minha mãe tinha me dado de Natal." Ele chegou a fazer aulas por um ano ou mais antes de decidir – como Krist e Kurt antes dele – que elas não ensinavam nada sobre a música em si.

"Me puseram nessas aulas porque todo mundo estava exausto de ouvir 'Smoke on the Water'", comenta ele, sarcasticamente.

Dave começou a tocar bateria cedo, mas só foi ter uma aos 17 anos, quando já tocava em bandas havia três ou quatro anos. "A casa onde cresci era pequena", diz ele, "e não dava para colocar uma bateria lá. Preferia esperar o baterista da minha banda ir embora após o ensaio para sentar na bateria e tocar.

"Eu não prestava atenção na bateria até ouvir 'Frankenstein', de Edgar Winter [em 1973, esse blues instrumental chegou ao topo das paradas]", continua Grohl. "Até então, eu só ouvia o que meus pais ou minha irmã estivessem ouvindo, que era principalmente música pop e sons como a trilha sonora de *West Side Story*, além de Carly Simon[3] e Beatles. Quando eu ouvi 'Frankenstein', pensei: 'Uau, estes músicos tocam muito, tudo nesta música se destaca, os riffs, os teclados, a bateria', e, como era instrumental, a música era tudo.

"Naquele verão, um de meus primos me deu o *2112*,[4] do Rush, e eu não sei explicar, mas, quando ouvi esse disco, sabia o que cada peça da bateria estava fazendo. Eu tinha noção de qual era o som do chimbal, do prato de condução, o que era um prato de ataque, os tons agudos e os tons graves.

Eu aprendi bateria com o *2112*, colocando meus travesseiros na cama e no chão e acompanhando a batida com umas baquetas enormes roubadas de um amigo."

Foi outra prima – Tracey Bradford, de Evanston, Illinois – quem apresentou Dave ao punk, no verão de 1982. Aconteceu em uma visita familiar. "Tracey era dois ou três anos mais velha que eu", explicou Dave em uma biografia de sua banda pós-Nirvana, o Foo Fighters. "Nós aparecemos na porta e minha tia pediu para ela descer. Mas aquela não era a Tracey que eu tinha aprendido a amar. Era a Tracey punk rock. Calças *bondage*, cabelo espetado, correntes, o pacote completo. Foi a coisa mais foda que eu já vi. Aquelas poucas semanas em Evanston mudaram minha vida para sempre."

"A partir de então, viramos totalmente punks", contou ele a Michael Azerrad. "Fomos para casa e compramos o *Maximumrocknroll* [fanzine feito em xerox, bíblia do punk] e queríamos aprender tudo."

Por meio de Tracey, Dave descobriu toda uma rede underground de bandas, discos e revistas punk – muito distante de sua única outra experiência anterior no gênero, os B-52's se apresentando no *Saturday Night Live* e o primeiro álbum do Devo, *Q: Are We Not Men? A: We Are Devo!* Era a diferença entre o punk rock e o hardcore, entre a moda e um plano de vida.

"Antes da Tracey, só tinha visto punk rockers no *Quincy*", diz Grohl, referindo-se ao programa de TV americano de horário nobre, protagonizado por Dr. Quincy, médico legista de Los Angeles. Dave deve ter errado as datas, pois o único episódio de *Quincy* que "examinou" a subcultura punk de Los Angeles foi ao ar em dezembro de 1982. Era essencialmente uma cópia brega do documentário punk *Juventude decadente*, de Penelope Spheeris, lançado no ano anterior.

"Pat Smear [guitarrista dos Germs] fez vários desses tipos de programas", ri Dave, "pois os jovens do punk rock em L.A., quando notaram que poderiam fazer bicos para descolar uma grana, foram com tudo. Acho que a Courtney [Love] também fez. Acho que foi assim que o Pat e a Courtney se conheceram. Mas aquele era todo o meu conhecimento de punk rock. Quando soube que algumas das mais lendárias bandas de hardcore estavam bem perto de mim, pirei. Demorei um pouco para descobrir como encontrar a cena, porque ela não rolava em boates, mas em centros comunitários e salões dos Cavaleiros de Colombo".[5]

Havia muitas semelhanças e conexões entre os punks hardcore de Washington, D.C. – liderados pelo influente vocalista *straight edge** do Minor Threat/Fugazi, Ian MacKaye, e seu selo Dischord – e os bibliotecários do punk rock de Olympia. Ambos os grupos de músicos tinham princípios e motivação, a música era uma extensão natural do dia a dia deles e vice-versa. Os dois também evitavam os excessos mais libidinosos do rock e acreditavam na ideia de criar sua própria cultura, à parte da de seus pais e do mainstream. A principal diferença era que, enquanto Olympia estava enraizada em uma cultura feminina mais liberal, Washington era bem mais masculina – embora houvesse ocasionais exemplos de empreendedorismo tipo "faça você mesmo" entre mulheres, como a fundadora do selo Simple Machines,[6] Jenny Toomey.

"Eu não cresci frequentando shows de rock", explica Dave. "A primeira apresentação ao vivo que vi foi da banda Naked Raygun[7] em 1982, num lugar chamado Cubby Bear, em Chicago. Eu tinha 13 anos. Foi meu primeiro show. E eu adorei o intimismo dele, parecia tão simples, humano e emocionante. Conversei com o cantor, pulei na cabeça de alguém e me senti completamente à vontade com o grupo e o público. Era um monte de gente se divertindo, só isso.

"Depois fui para o punk e o hardcore, e foi assim que aprendi a tocar bateria, ouvindo Bad Brains,[8] Minor Threat e Nomeansno, basicamente todas as bandas de punk rock.

"Meu primeiro show 'grande' foi o incrível Monsters of Rock, num estádio em Washington, D.C.", Dave faz uma careta. "Vieram Kingdom Come, Metallica, Dokken, Scorpions e Van Halen. Para mim, aquilo foi surreal. Tinham se passado cinco ou seis anos desde o show do Naked Raygun, e eu tinha passado cinco anos assistindo a Corrosion of Conformity,[9] Bad Brains, MDC, todos eles em clubes menores, bandas de hardcore da cidade, bandas punk, bandas de metal como Trouble e Slayer – um 'grande' show para mim tinha 2.500 pessoas. Ver aquela apresentação no estádio, o som da caixa demorando quatro segundos para me atingir [...] Não fazia o menor sentido."

Ironicamente, o rock de arena é o tipo de música que Grohl agora explora com tanto sucesso no Foo Fighters. O Nirvana sempre ficou desconfortável

* O termo *straight edge* ("borda reta", em tradução livre) refere-se a um movimento surgido na cena hardcore americana nos anos 1980. Entre suas principais diretrizes de conduta está a abstinência em relação a entorpecentes em geral, seja tabaco, álcool ou drogas ilícitas. [N. T.]

tocando em locais muito grandes, mas o Foo Fighters abraçou o lado corporativo desde o começo, os "isqueiros e o estádio King Dome".

Seja como for, o jovem Grohl estava bem adaptado ao punk: um moleque malcriado e hiperativo que começou a correr pela cidade e a fumar maconha, "como um bostinha punk", ele sorri. Dave calcula que, entre os 15 e 20 anos, ele fumava maconha quatro ou cinco vezes por dia, todos os dias.

"Eu sentava lá com um bong na mão e ouvia 'Rain Song' [do Led Zeppelin], sacando a estrutura da música", diz ele. "Nós nos reuníamos na casa do meu amigo Barrett [Jones] toda sexta-feira e ensaiávamos com nossa banda. Tocávamos música e vendíamos maconha uns pros outros. Mas eu era um maconheiro esquisito e intelectual, até porque eu também era vice-presidente da minha turma de calouros." Dave frequentou a Thomas Jefferson High School, em Alexandria, Virgínia – onde sua mãe dava aulas e sua irmã era uma veterana. Descontraído e divertido, Dave sempre foi popular.

"Dave era o garoto mais hiperativo que eu já tinha visto", comenta Barrett. "Ele pulava nas paredes e era muito magro. Um completo maníaco. Ele sempre quebrava as minhas coisas. Fiquei chocado na primeira vez que o vi dormindo."

No verão de 1984, Dave virou guitarrista dos punks locais do Freak Baby. "Ninguém tinha a menor ideia de quem éramos", ele ri. "Tínhamos uma fita demo, que vendíamos em uma loja de discos [punk] local [chamada Smash]. Nós fazíamos shows de vez em quando." A demo foi gravada no que eles chamaram de estúdio Laundry Room [Lavanderia], na casa dos pais de Barrett Jones, em Arlington. A sala de controle ficava de fato na lavanderia, enquanto a banda tocava ao vivo no quarto de Barrett, a dois metros de distância.

"Minha banda seguinte se chamava Mission Impossible", conta Grohl. Ela fazia um hardcore cheio de pressão: toda a energia adolescente reprimida e uma bateria caótica. "Nós até tocávamos a música-tema da série de TV, era ridículo. Eu tinha uns 15 anos. O baterista Dave Smith não era muito bom, então ele me deu as baquetas, fizemos uma pequena troca, e eu comecei a tocar bateria."

Seu novo grupo até recebeu aplausos: Ian MacKaye declarou publicamente seu amor por eles, que abriram para o Trouble Funk[10] num baile de formatura do ensino médio e lançaram um single duplo com os heróis locais Lunchmeat,[11] distribuído pela Dischord.

"O Mission Impossible se separou, aí Dave entrou para o Dain Bramage com um colega que morava comigo e o mesmo baixista [Dave Smith]", revela

Barrett. A banda de nome tosco, Dain Bramage,* chegou a gravar um álbum, *I Scream Not Coming Down*, para o selo Fartblossom, de Los Angeles. "Gravei algumas demos com o Dain Bramage na minha casa nova na época. Bandas tocavam e gravavam na nossa sala de estar.[12] Eu tinha um pequeno closet, que servia de sala de controle. Foi quando fiz os primeiros discos do Pussy Galore [*Groovy Hate Fuck*][13] e do Flat Duo Jets."[14]

"Naquele ponto, começamos a tomar ácido e a ouvir *Houses of the Holy* [o álbum de 1973 do Led Zeppelin que inclui 'Rain Song'] todos os dias", explica Dave. "Nosso vocalista/guitarrista Reuben Radding nos apresentou ao [cantor da banda de art-punk dos anos 1970, Television, de Nova York] Tom Verlaine, à cena No Wave nova-iorquina e a bandas pós-punk como o Mission of Burma[15] e o R.E.M. Nós não nos encaixávamos bem com as bandas da capital, tipo Rites of Spring, Embrace, Beefeater, todo o chamado Revolution Summer,[16] porque éramos uma banda de rock com uma seção rítmica de hardcore. Foi quando entendi a dinâmica de melodias delicadas tocadas sobre seções rítmicas estrondosas. Hüsker Dü era a banda com que mais nos comparavam."

"O Dave tinha *mullets* quando o conheci", ri Barrett, "com os cabelos compridos na parte de trás da cabeça. Ele foi incrível na primeira vez que pegou as baquetas. Ele ainda era muito irregular, mas tocava de um jeito muito descontraído. Dale Crover era o baterista favorito do Dave".

Além de Crover, havia o selvagem baterista do Led Zeppelin, John Bonham:[17] "Eu copiava tudo dele", disse Grohl a Azerrad. Dave desenhou aquele logotipo com os três círculos de Bonham em sua própria bateria – mais tarde, ele tatuaria algumas versões nos braços. "Fiquei impressionado com a percepção do *sentir* de Bonham", diz Grohl. "Ele ainda é o melhor baterista de rock do mundo. Sempre foi uma grande inspiração. Antes disso, aos 13 anos, fiz uma tatuagem do Black Flag, no melhor estilo cadeia, com agulha e tinta de caneta.

"O rock que eu mais curtia era meio agressivo, como o início do AC/DC", explica Dave. "Na verdade, meu primeiro momento punk rock foi ver *Let There Be Rock*, o filme [do AC/DC]. Foi a primeira vez que senti aquela

* Dain Bramage é um trocadilho com a expressão *brain damage* ("dano cerebral", em tradução livre). [N. P.]

energia, aquela vontade de *quebrar* alguma coisa. O hardcore, o punk rock e o thrash metal eram como um sonho virando realidade, toda a energia levada ao extremo. O que eu não gostava em muitos sons de rock era aquela pretensão sobre-humana. Eu tinha um pôster do Kiss, mas não achava que fossem uma banda 'boa'. Eu curtia mais como personagens de quadrinhos. Mas eu tinha um pôster do AC/DC e, quando vi o [guitarrista base] Malcolm Young, quis ser aquele cara, jeans e camiseta, uma semana sem banho, bêbado e tocando por puro prazer."

E daí que o Nirvana sabia fazer rock e escrever refrãos cativantes? Qualquer um pode fazer rock e escrever refrãos cativantes. Porra. Com cinco minutos e três acordes, eu consigo escrever uma música para você incendiar o mundo. Não há nada de inteligente ou esperto na capacidade de conectar seu amplificador na tomada e apertar o botão de "ligar". Os acordes de "Smells Like Teen Spirit", aquele famoso riff de guitarra que explodiu as contas bancárias de mil executivos da MTV, são basicamente os de "More Than a Feeling", do Boston, atualizados.

Mas reforçar os estereótipos do rock não estava na agenda do Nirvana, mesmo que isso tenha ajudado com o sucesso. Eles tinham muito mais a oferecer ao público do que isso. Tocavam o punk rock pregado por bandas britânicas como os Raincoats, os Slits e os Pastels, e não o hardcore do Black Flag e do Minor Threat, de Henry Rollins. Nos melhores momentos da banda, nos melhores momentos de Kurt, a música do Nirvana lembrava a alma ferida e excessivamente sensível de párias do punk, como Jad Fair, do Half Japanese, e o poeta/cantor sábio e idiota de Austin, Daniel Johnston.

A força espiritual do Nirvana vem do lado feminino da natureza de Kurt. Esse lado feminino era nutrido por algumas pessoas de Olympia, como Calvin Johnson, o Bikini Kill e, sim, por Courtney Love. Não falo do rock no sentido clássico, longe disso. Kurt podia adorar os riffs de heavy metal que o ajudaram a se libertar da vida penosa de cidade pequena em Aberdeen, mas também tinha consciência de que havia saídas melhores do que simplesmente imitar as pessoas que criavam esses riffs.

Em 1986, Dave Grohl juntou-se ao Scream. A banda havia começado no Dischord, mas, quando Grohl entrou, eles foram para o selo de reggae Ras e gravaram seu quarto LP, *No More Censorship*, influenciado pelo Bad Brains.

Dave gravou dois álbuns ao vivo e um de estúdio com eles. "Fiz uma turnê americana com a banda em outubro de 1987 como técnico de som/roadie", afirma Barrett Jones. "Foi muito divertido. A maioria dos shows era montada por jovens, mas as casas eram bem grandes, tipo 300 a 500 pessoas. Em uma das apresentações, numa antiga empresa de caixões no Texas, não havia amplificação. Algum cara tentou trazer seu próprio PA – um pequeno amplificador de guitarra e um microfone. Depois do show, o promotor não quis pagar a banda e sacou uma arma. O Texas é muito louco."

"O Scream é uma lenda", explica Grohl. "Grande parte da cena hardcore de Columbia veio de Washington, D.C., e Maryland. Virgínia fica bem na linha Mason/Dixon.* Mais para o sul de Columbia, já é considerado "Sul". Eu não fui criado como um caipira, mas, mesmo assim, cresci com caça ao pato e caminhonetes. Os moradores de Virgínia eram considerados um pouco mais caipiras do que o resto. A cena hardcore de Washington, D.C., era quase impenetrável – era difícil entrar nela, vindo de fora.

"Mas o Scream era foda. Assisti à banda pela primeira vez em 1983, quando eu ainda era um garoto, e eles eram bons pra caralho. Tocavam rock, mas também tocavam hardcore, influenciados por Bad Brains, e flertavam com o reggae. Eles eram incrivelmente musicais. E eram da Virgínia! Quando descobri isso, fiquei louco. Eles eram meus ídolos.

"Um dia, em 1986, entrei na loja de música local em Fall's Church, Virgínia, para comprar baquetas. Aí no quadro de avisos estava escrito: 'Scream: Procuramos baterista, ligar para Franz'. Puta merda! Liguei para o Franz [Stahl, guitarrista] e menti sobre minha idade – eu tinha 17 anos na época, mas disse que tinha 22. Ele nunca me ligou de volta. Depois de um tempo, eu o convenci a me deixar fazer o teste. Ele me perguntou se eu queria tocar alguns covers, Zeppelin ou AC/DC. Eu disse: 'Não, vamos tocar Scream'. Eu tinha visto aqueles caras tocarem mais de 100 vezes. Passamos pelo catálogo inteiro deles, nota por nota. Então me chamaram para entrar na banda. Eu surtei, pois eles já haviam feito várias turnês na Europa e nos Estados Unidos. Eu nunca tinha saído de Ohio. Tive que largar o ensino médio. Foi meio estressante, mas consegui.

* Além de delimitar quatro estados dos EUA (Pensilvânia, Virgínia, Delaware e Maryland), a Mason/Dixon é simbolicamente conhecida como uma espécie de fronteira cultural que divide o Norte e o Sul do país. [N. P.]

"Uma das razões pelas quais me apaixonei pela cena", continua Grohl, "foi por ser uma comunidade muito forte. Era totalmente independente: os fanzines, as vendas de fitas, os empresários autônomos, essa coisa de botar a mão na massa, produzir os próprios singles, serigrafar as próprias camisetas, enfiar equipamento numa van e dormir no chão das casas das pessoas, ir para a Europa e tocar em lugares precários – você chegava com seu equipamento na mão enquanto eles ainda estavam tentando ligá-lo na rede do prédio vizinho. Era tão legal, porque a motivação era tão pura! Eu não queria saber nem se teria comida. Eu só queria tocar.

"Mesmo assim, nossa vida no Scream era dura. Fizemos turnês pra caralho pelos Estados Unidos. Ficávamos na estrada para não ter que trabalhar em casa. Nunca voltávamos com dinheiro, mas, enquanto estivéssemos viajando, teríamos algum lugar para dormir, as pessoas nos alimentavam e ainda podíamos ganhar algumas cervejas em cada show. E tudo bem. Mas algumas coisas começaram a rolar com a banda: as pessoas saíam porque não aguentavam mais, então eram substituídas. Depois voltavam, mas saíam de novo. Aí voltavam outra vez, e assim por diante. Algumas delas se acabaram nas drogas. Comecei a achar que trabalhar na Furniture Warehouse poderia não ser tão ruim. Que sete dólares por dia não eram mesmo suficientes; não dá para comer Taco Bell para sempre. Eu fumava cada vez mais, e cigarros também não são baratos. Cheguei ao limite quando estávamos em Los Angeles, na última turnê, em 1990, e nosso baixista saiu sem contar para ninguém.

"Aí eu liguei para o Buzz, dos Melvins, e falei: 'Cara, o Skeeter [Thompson, baixo] saiu de novo, estamos presos aqui'. Ele perguntou: 'E o que você vai fazer?'. Respondi: 'Não faço ideia, eles não querem lançar um disco, e eu não tenho nenhum dinheiro'. Eu instalava ladrilhos no chão de cafeterias em Costa Mesa para conseguir o suficiente para comer. Então ele disse: 'Você já ouviu falar do Nirvana? Os caras te viram tocar no I Beam, em São Francisco, umas semanas atrás. Eles estão procurando um baterista e comentaram comigo que ficaram impressionados com sua bateria. Por que você não liga para eles?'."

Dave realmente tinha notado Kurt e Krist depois do show do Scream, mas não chegou a falar com eles. "Eu estava conversando com o Buzz e o Dale em São Francisco", disse Grohl ao jornalista da *Vox,* Shaun Phillips, em 1992. "E tinha um cara gigante, muito alto, fazendo 'uuhhh-uh' e balançando os braços como se fosse o Salsicha imitando Robby, o Robô. E o outro cara ficava sentando num canto, como se estivesse cagando."

"O Chris, que tinha dois metros de altura", disse Grohl ao jornalista da *Mojo*, Stevie Chick, em 2005, "ficava andando pela sala, bebendo e rindo; já o Kurt, que tinha 1,70 metro, era muito quieto. [Dave ainda se refere a seu antigo colega de banda pelo nome que ele usava quando o conheceu, Chris – e não Krist.] Eu perguntei para alguém: 'Quem são esses caras? Este é o Nirvana? Você está me zoando, puta merda!'".

Os três músicos quase se reencontraram logo depois disso, numa festa organizada por Slim Moon, em Olympia. "O Scream estava tocando na cidade e todos vieram à minha festa", lembra Slim. Mas nem ele nem Kurt achavam o Scream grande coisa como indivíduos, principalmente porque Dave começou a tirar sarro de Tobi Vail, que estava tocando no palco naquela noite. No livro *Come as You Are,* Dave se refere depreciativamente à performance dela como "aquela menina triste com as músicas terríveis".[18]

"Eles eram aqueles típicos roqueiros", Kurt declarou sem rodeios. "Eu odiava os caras. Achava que eles eram uns otários." Não ajudou muito quando Dave tentou tocar sua fita do Primus.[19]

"Guardei o número do telefone e esperei um pouco", continua Dave. "Eu estava me sentindo muito perdido e nunca tinha pensado em sair da Virgínia. Aí depois de mais alguns dias passando fome, liguei o 'foda-se'. Telefonei para Chris e disse 'oi'. Perguntei se eles estavam procurando um baterista, e ele disse que já tinham chamado Dan Peters para tocar na banda. Mas também falou que me ligariam quando viessem à cidade, para a gente beber e se divertir. E foi isso.

"Só que eles me ligaram de volta na mesma noite, dizendo que talvez fosse uma boa ideia eu aparecer para tocar. Nós nos falamos algumas vezes e conversamos sobre música. Eles conheciam e gostavam do Scream. Tínhamos muito em comum. Adorávamos muita coisa, de Neil Young a Public Enemy, de Black Flag a Black Sabbath. Logo de cara, houve uma sintonia. Então fui a uma loja de discos e comprei uma cópia do *Bleach*, que ouvi umas dez vezes. Depois disso, passei numa loja e comprei uma caixa grande de papelão. Desmontei minha bateria, coloquei tudo num tambor, joguei minha mochila junto, fechei tudo com fita adesiva e voei para Seattle.

"Eu não sabia o que esperar. Só conhecia o Nirvana pela capa do *Bleach*, e eles pareciam uns puta motoqueiros sujos. Não imaginava que eles seriam tão gentis. Eu tinha viajado para Seattle cerca de dois meses antes de me juntar ao Nirvana. Minha mãe estava pensando em se aposentar e queria um relatório sobre a cidade. Quando cheguei lá, liguei para ela e disse: 'Seattle é um lugar lindo, com boas pessoas, boa comida, montanhas e vista para o mar'. Naquela época, não era a cidade mais superlotada dos Estados Unidos. Era progressista e liberal. Eu amava Seattle, mas não conhecia ninguém lá. Então eu apareci com minha única caixa, e Chris e Kurt me receberam no aeroporto."

Para quebrar o gelo, Dave ofereceu uma maçã a Kurt. "Não, obrigado", disse ele. "Vai fazer meus dentes sangrarem."

"Entramos na van velha deles", continua Dave, "fomos para a casa de Chris e comecei a morar lá".

"[Em Washington, D.C.] minha senhoria descobriu sobre o estúdio montado em casa e enlouqueceu", lembra Barrett Jones. "Ela apareceu quando eu estava ensaiando com uma banda à noite e começou 'AAAAAHHH!'. Aí me deu duas semanas para sair de lá. Na mesma época, o Scream se desfez em Los Angeles. Eu ficava pedindo para o Dave voltar e para tentarmos seguir pra valer com a nossa banda [a Churn]. Foi quando ele me falou sobre esse grupo de Seattle, o Nirvana. Ele disse que ia com tudo para impressioná-los. Eu sabia que ele ia conseguir. Quero dizer, é impossível ignorar a bateria dele."

"Então me mudei para Tacoma e fui morar com Chris por um mês e meio. Depois acabei indo para Olympia com Kurt", acrescenta Dave. "Nós morávamos num apartamento minúsculo que parecia demolido, era um puta de um lixo. Eu ia dormir sempre às 6h30 da manhã – o sol quase não aparece lá nos meses de inverno, então não importava – e acordava umas 16h30, quando o sol estava se pondo.

"Ensaiávamos muito num galpão em Tacoma [era o novo local de ensaio do Nirvana, com carpete marrom e caixas de som enormes que não paravam de chiar] e não tínhamos televisão. Era apenas uma pequena pilha de discos, um gravador de quatro pistas, bitucas de cigarro e palitos de salsicha empanada por todo lado. Em algumas noites, tudo ficava muito quieto, com o Kurt no quarto escrevendo letras, diários, poesia ou qualquer coisa do tipo, e o que me restava era um sofá de 1,50 metro de comprimento – eu tenho 1,80 metro de altura. Era um pesadelo!"

O primeiro show de Dave com o Nirvana foi no North Shore Surf Club, em Olympia, em 11 de outubro de 1990. Os ingressos se esgotaram em um dia. "O Surf Club era um bar grande e vazio que comportava cerca de 300 pessoas", lembra Slim Moon. "Os jovens estavam loucos pelo Nirvana. Algo mudou com a chegada de Dave Grohl. De repente, eles pareciam muito maiores."

A energia caiu duas vezes durante o cover de abertura, "Son of a Gun", dos Vaselines, e Dave tocou tão forte que quebrou uma caixa – que Kurt pegou e levou para a frente do palco, anunciando assim a chegada do novo e último baterista do grupo.

"Se ele deixar a banda, vamos terminar", disse Krist.

Porém, a inclusão de Grohl aconteceu na última hora – tão na última hora que, quando a banda chegou em Londres para iniciar uma temporada de uma semana no Reino Unido com o L7, o gerente da turnê, Alex Macleod, esperava ver Dan Peters na alfândega – afinal, seu nome ainda constava no itinerário. Ele não era fã de Grohl, pois já conhecia o Scream. "Puta merda", pensou Dave quando viu Alex esperando no portão. "Puta merda", pensou Alex. Outra *Peel Session* foi gravada no dia que o Nirvana chegou, com quatro versões cover: "D-7", dos Wipers, "Turnaround", do Devo, "Molly's Lips" e "Son of a Gun", dos Vaselines. Os ingressos para a turnê estavam esgotados – ela atraiu cerca de 600 pessoas por noite e, em 24 de outubro, mais do que o dobro disso no Astoria, em Londres.

"Conheci Dave naquela turnê", comenta Craig Montgomery. "Foi como uma grande lufada de ar fresco. Ele era jovem, divertido e engraçado. Deu à banda o som que os empurrou para o topo. Sua habilidade de harmonizar com os vocais de Kurt realmente melhorou a qualidade dos shows. Ele soava e parecia muito mais firme."

"Dave era meio nerd e muito legal, um cara extraordinário", diz Anton Brookes. "Ele tinha uma cabeleira com dreadlocks e usava bermudas – que eram calças cargo com as pernas cortadas – e calças compridas por baixo. Suas mãos não paravam de se mexer e ele estava sempre imitando alguém ou tirando sarro de todo mundo. Era muito amável, estava sempre sorrindo. Ele se encaixou imediatamente. Eles viraram uma banda de rock quando Dave chegou. Ele se uniu a Kurt e Krist – por muito tempo, tinham sido apenas os dois, desde os anos de escola. Ele era a peça final no quebra-cabeça. Ele não era só uma usina de força, mas também conferiu uma nova dimensão ao Nirvana."

"Lembro-me do Kurt ter ficado alucinado pelo Dave", diz Janet Billig.

O L7 era uma banda feminina de hard rock de Los Angeles, às vezes erroneamente conectada ao Riot Grrrl – o que elas odiavam, pois consideravam o movimento excludente e paternalista. Mas era melhor do que serem chamadas de foxcore, termo inventado por Thurston Moore, do Sonic Youth, para descrever bandas como Babes in Toyland, L7 e as garotas do trash de Nova York, Lunachicks, Dickless e Hole.

"O Nirvana e o L7 ficavam sempre no mesmo camarim, bebendo e fazendo bagunça", lembra Craig. "Pregavam peças uns nos outros, nas pessoas das casas de shows, faziam guerras de comida. Uma vez, alguém fez um buraco na porta, ou empurrou uma divisória, e todos ficavam colocando a cabeça ali e gritando. Eles faziam muitas filmagens amadoras daquelas loucuras todas [...] parecia mesmo que estavam no centro do universo."

Para se distrair, o Nirvana sempre levava um videocassete com duas fitas, Monty Python e *Isto é Spinal Tap*, obrigatórias para qualquer banda de rock em turnê.

"Kurt precisava cuidar da voz", explica Craig. "Se ele cantasse muitos dias seguidos, começava a se preocupar com sua voz. Ele nunca fez aulas de canto, não que eu saiba. Do jeito que ele cantava, acho que não dava para cantar sempre. Aquilo foi rasgando as cordas vocais dele. Kurt sempre tinha algum xarope para tosse. Estava sempre doente.

"Eles ainda faziam suas próprias passagens de som", acrescenta Craig. "Kurt precisava de muitas caixas de retorno vocal – e era difícil atingir o nível dele, pois eles tocavam muito alto. O único jeito de testar mesmo o som era com a presença dele. Sem a passagem de som com ele, certamente surgiriam problemas de retorno. Essa era uma preocupação contínua para nós."

"Kurt e Krist me visitaram na hora do chá em um fim de tarde", lembra Anton Brookes. "Kurt tinha pintado o cabelo de um tom de azul meio maluco e ficou lá sentado, como se tivesse ido conhecer os pais de sua namorada, muito certinho e educado. Os caras que moravam comigo estavam todos tipo: 'Meu Deus! É o Kurt Cobain!'. Eles queriam entrar na sala, falar com ele e pedir autógrafos, mas não tinham coragem. Se existissem celulares, ficariam tirando fotos e mandando mensagens, dizendo: 'Você não sabe quem está aqui'. O Nirvana ainda não era gigante, mas todo mundo já começava a comentar: 'Esta é a banda que vai estourar'."

Eles estavam em Edimburgo quando Kurt conheceu um de seus heróis musicais, Eugene Kelly, dos Vaselines.

"Tenho a sensação de que eles [Eugene e Frances McKee, os dois integrantes dos Vaselines] tinham um relacionamento muito legal", ele me disse em 1992. "Não sei se isso é verdade ou não, mas acho incrível um casal conseguir se juntar para escrever algumas das músicas mais bonitas que já ouvi. É como se eles estivessem compartilhando sua vida com as pessoas. Eugene e Frances são o Captain & Tennille [da dupla pop norte-americana dos anos 1970] do underground."

"Fui convidado a reunir os Vaselines para um show do Nirvana no Carlton Studios", disse Kelly à revista *Q*.[20] "Eu sabia que eles tinham feito um cover de 'Molly's Lips', mas queria saber de onde vinha o interesse deles em nós, porque éramos realmente obscuros. Não sabíamos como ficaria o som deles. Quando chegamos, o agente deles se aproximou de mim e disse: 'Você quer conhecer o Kurt?'. Ele falou que o Kurt estava ansioso para *me* conhecer!"

"Todos nós ficamos bêbados em Edimburgo às custas da Island Records", lembrou o agente Russell Warby no mesmo artigo. "Foi fantástico! Eu dormi em um quarto com Krist e Craig e ficamos muito bêbados no bar do hotel Ailsa Craig. Fizemos check-in para cinco pessoas, mas no final já éramos 16. Krist estava completamente embriagado. Tinha um banheiro que era um cubículo no meio do quarto, e Krist subiu no teto dele no meio da noite. Eu era o responsável por levar todo o dinheiro [Russell estava atuando como gerente de turnê, pois Alex já tinha um compromisso marcado] e estava sonhando que todas aquelas notas caíam sobre mim. Acordei gritando, coberto de papel, e pensando: 'Meu Deus, o dinheiro!'. Na verdade, Krist havia encontrado um monte de folhetos em cima do tal cubículo e jogado todos para cima, gritando: 'Frou-frou!'. Aquela virou a Noite do Frou-frou."

A noite de encerramento da turnê aconteceu na Escola Politécnica de Trent, em Nottingham, em 27 de outubro. Segundo o fotógrafo do *Melody Maker* Stephen Sweet, que estava vendo o show no mezanino, as luzes estavam se acendendo e a multidão começava a sair, satisfeita, quando Kurt correu de volta ao palco para anunciar: "Temos um convidado muito especial para vocês". Os fãs correram de volta em direção ao palco, esperando que fosse o Tad, ou algo parecido, apenas para ouvir Kurt completar: "...Everett True, do *Melody Maker*".

Eu fui cambaleando até o microfone e murmurei que só cantaria uma música se o Nirvana tocasse mais uma depois. Kurt pendurou sua guitarra canhota no meu ombro – ao contrário – e ele e Krist sentaram na bateria e começaram a bater. Tocamos cerca de dois minutos do meu single da Sub

Pop, "Do Nuts", até que Kurt começou a destruir completamente a bateria. Aí nessa hora eu deixei meus deveres vocais de lado e me virei para assistir.[21]

Depois alguém descolou um par de óculos de sol com olhos desenhados, que Krist colocou em todo mundo para filmar. Muito bêbado e com o apoio do Nirvana, convenci o L7 de que eu não era de fato o jornalista londrino que havia viajado para entrevistá-las. Cara, elas ficaram iradas quando descobriram a verdade.

"Aquela noite me lembrou uma cena do filme *O rebelde* (1961), com Tony Hancock",[22] lembra Sweet. No filme, Hancock interpreta um homem que trabalha num escritório e está tentando escapar da rotina laboral das 9h às 17h. "Em um certo momento, ele está numa sala, cercado de hipsters, explicando que, no lugar de onde ele vem, todos se vestem da mesma forma... e então a câmera dá uma volta, mostrando todos ao seu redor com suéteres de gola alta e óculos escuros. E foi exatamente isso que senti, cercado por todos aqueles jovens com cabelos longos e camisetas do Mudhoney e do Nirvana."

Fale-me sobre Dave Grohl.

"Em uma noite, estávamos sentados na minha cama, em Los Angeles, e ele estava tocando violão, como se fosse um compositor", lembra Jennifer Finch. "Perguntei se ele achava que havia algo de errado com nosso relacionamento, e ele respondeu: 'Não'. Então eu disse que havia, sim, e pedi que ele, por favor, fosse embora. Eu o encontrei um ano depois, e ele falou: 'Você recebeu a carta que eu lhe enviei?'. Eu nunca recebi aquela carta. Em 1996, quando meu pai morreu, encontrei uma pilha de correspondências não lidas, e lá estava a tal carta, que ainda guardo comigo; não a abri. Poderia ter sido minha casa na colina, Everett."

Você conhecia o Dave, certo? Ele tinha uma moto?

"Ele tinha se mudado para Los Angeles com sua banda, Scream", ela responde, "e acho que ele tinha uma moto naquela época. Depois foi a Seattle para cumprir o papel que desempenhou".

Você se lembra de uns ingleses bêbados no seu show em Nottingham?

"Lembro-me muito bem de você", ela fala, rindo. "Eu não entendia que, para estar em uma banda, você precisava dar entrevistas. Éramos todos muito jovens. Sabe do que eu me recordo naquela noite? O lugar tinha uma decoração de cais e tinha uma corrente de elos. O palco era longo e, para chegar ao camarim, era preciso subir alguns degraus."

Mais alguma lembrança dessa visita ao Reino Unido?

"Eu me diverti muito na estadia, depois da turnê. O que mais você quer, aonde quer chegar? Foi quando Dave e eu ficamos juntos, era a segunda vez que nos encontrávamos. Eu já tinha contratado a banda dele, Scream, alguns anos antes em Los Angeles, com [a banda de hardcore] Bad Religion. Fomos ao parque, ao zoológico. Eu tenho fotos muito fofas de Dave e eu segurando pombos, como vocês ingleses fazem – segure os pombos e alimente os pombos. Estávamos tentando nos misturar aos locais."

Adendo 1: Chad *versus* Dave

"Não dá para subestimar o valor que Dave Grohl trouxe para a banda", diz Ian Dickson. "Depois da turnê com Dale, Kurt me disse: 'Dale é um ótimo baterista, mas ele simplesmente não vai fazer o que eu quero. Ele não tem habilidade para tocar com ninguém além do Buzz'. Quando Dave entrou para a banda, tudo se encaixou. Dave é um talento colossal. Sua contribuição para o *Nevermind* é ridiculamente subestimada – tanto nos vocais quanto nas faixas de bateria. E eu nem gostava do Dave naquela época!"

"Para mim, o Dave não se encaixou na banda", reclama o antigo fã Rob Kader. "Principalmente porque eles queriam criticar o Jason por sua coleção de discos de heavy metal, mas depois ignoraram as tendências roqueiras do Dave."

"Não gosto nem um pouco da bateria de Grohl", comenta Steve Turner. "Gosto de coisas um pouco mais sutis. Eu gosto da bateria do Dan. Gosto da bateria do Chad para o Nirvana, um pouco mais desleixada e solta. Tinha mais ritmo. Grohl não tem ginga, ele tem força."

Acredito que a chegada do Dave foi o momento crucial no qual o Nirvana passou de uma banda de Olympia para uma banda de Seattle – ou, talvez, para uma banda de Los Angeles.

"Banda de Los Angeles!", o guitarrista do Mudhoney começa a rir. "Eles viraram profissionais. Antes, eles eram totalmente imprevisíveis com o Chad. Às vezes, o Chad era mesmo *uma merda*. Mas o Kurt e o Krist também, sabe? Só que, com a batida forte do Dave atrás deles, podiam fazer de tudo. Ele consegue conectar a raiva e a agressividade inatas. Mas é estranho, as músicas ficaram mais pop quando ele entrou; eles não eram mais tão sujos como na época que imitavam as estruturas das músicas dos Melvins. É uma dicotomia esquisita. Eu gostava muito deles no meio do processo, quando estavam mudando, no período que gravaram as demos das músicas do *Nevermind* com o Chad. Aquele é meu material favorito."

Como você compararia Dave Grohl a Chad Channing?

"Mais simples, mais forte", responde Jack Endino. "No final, não fazia tanta diferença. O Chad virou um baterista muito bom. O próprio Dave apontou diversas vezes que, no *Nevermind*, ele tocava os arranjos da bateria do Chad. O Chad tinha um bom senso musical. Ele sabia o que tocar e como tocar. Ele é muito subestimado. Ele só precisava de um pouco da força do Dave.

"E Grohl tinha força; nada extravagante, mas muito eficiente", acrescenta Endino. "O mínimo, mas tocava muito bem. Ele sempre bate em dois pratos ao mesmo tempo. Tudo o que ele faz é extra. Dá para notar a bateria dele tremendo quando toca. O Chad era um cara legal, agradável e pequeno. O Dave tem uma vibração muito animal, neandertal. Quando ele toca, parece que está quebrando a cabeça das pessoas. A banda pegou essa energia violenta do Dave."

Adendo 2: Olympia *versus* Seattle (reprise)

"Se há uma cidade que pode reivindicá-los, tem que ser Olympia", diz Slim Moon. "Eles moraram em Olympia; deixaram Aberdeen assim que foi possível. Durante toda a carreira da banda, desde que gravaram sua primeira demo até o *Nevermind* estourar, Kurt morou em Olympia. Você pode até chamá-los de banda de Aberdeen se fizer muita questão, mas não dá para chamá-los de banda de Seattle. Seattle não tem esse direito, ou o [vocalista dos Smiths] Morrissey é um artista de Los Angeles porque se mudou para lá no final de sua carreira? É ridículo chamar o Nirvana de banda de Seattle.

"Outro motivo para dizer que o Nirvana era uma banda de Olympia é a enorme transformação que eles sofreram desde os dias de 'Beeswax' e a demo original", continua o chefe do kill rock stars. "No começo, havia apenas a estrutura dos Melvins e do Scratch Acid. Kurt tinha uma sensibilidade pop desde o início, mas não a demonstrou até que se tornasse algo OK a ser feito, quando entrou em contato com pessoas que abraçavam essa sensibilidade pop. Uma vez, ele tocou para mim a primeira música que ele escreveu, e se parecia muito com Boston. Era um hino do hard rock. Era uma música pop. Era um pouco pesada, mas era uma música pop com ganchos muito bons. Ele se afastou daqueles ganchos porque não parecia descolado, quando ele estava naquela fase de amar o Scratch Acid."

Então Olympia deu a ele a confiança para redescobrir...

“Sim, ele participou de projetos com a Tobi e também estava no The Go Team. Foi aí que ele voltou a fazer sons “chiclete” novamente. ‘About a Girl’ surgiu dessa experiência. As primeiras músicas cativantes que ele escreveu foram sons acústicos, silenciosos e minimalistas. Depois ele se esgueirou de volta para as grandes músicas do rock. ‘Sliver’ é como uma ponte entre Olympia e ‘Smells Like Teen Spirit’: por um lado, tem uma linha de guitarra muito poderosa, mas, por outro, a letra é totalmente de Olympia – toda ‘*Vovó, me leva para casa*’.

“Também não podemos desmerecer Seattle. O ritmo de abertura de ‘Smells Like Teen Spirit’ é puro Mudhoney. Para mim, é quase um plágio do Mudhoney. Kurt ficou bastante confortável dentro da sonoridade da Sub Pop. Ele conscientemente escreveu músicas que tinham o estilo do Mudhoney, do Tad e do Swallow. E o Mudhoney era, de longe, a melhor dessas bandas.”

Mas Olympia conferiu um aspecto mais feminino à música dele...

“Se ele não tivesse morado em Olympia, provavelmente não teria escrito ‘Rape Me’ e sons assim. Muitas bandas que envolviam mulheres eram musicalmente mais progressistas e interessantes. Isso foi uma influência de última hora na música dele, no entanto. Não foram os três anos que eles viveram em Olympia. Foram os seis meses durante os quais as músicas do *Nevermind* foram escritas. Como a história do título de ‘Smells Like Teen Spirit’ ter sido sugerido pela Kathleen Hanna...”

NOTAS

1 Teenage Fanclub é uma banda escocesa influenciada pelos riffs pesados do Dinosaur Jr. e pelos perdidos do country rock dos anos 1970, Big Star, parte da mesma cena de Glasgow que gerou os Vaselines e os Pastels. O álbum de 1991, *Bandwagonesque*, era um dos meus favoritos, gravado no outro lado da minha fita de *Nevermind* – e tocado sempre, aonde quer que eu fosse.

2 Caso você esteja se perguntando: os três Singles da Semana foram o lascivo “Justify My Love”, de Madonna, o angustiado single da Sub Pop pós-Replacements, “Retarded”, do Afghan Whigs, e uma reedição de “Winter Wonderland”, de Doris Day.

3 Você sabe... a famigerada “You’re So Vain”...

4 *2112* foi o lendário álbum conceitual de 1976 dos vaidosos roqueiros canadenses – estamos no futuro, todo rock é proibido, então um garoto descobre uma guitarra debaixo de uma cachoeira... Em algum momento, ele comete suicídio. Na minha crítica original do *Nevermind*, eu ironicamente comparei o Nirvana ao Rush, só porque eles eram um trio.

5 Grandes e antigos salões de reuniões pertencentes a organizações fraternais e sociais, associadas geralmente a movimentos trabalhistas, políticos ou beneficentes, no início do século 20.

6 O Simple Machines e seu selo irmão TeenBeat foram o lar de Tsunami (banda de Jenny Toomey) e de Unrest (de Mark E. Robinson), igualmente pop, entre muitas outras bandas internacionais underground pop/punk, como Superchunk, Lungfish, Eggs, Versus e o Scrawl, só de garotas. Inicialmente, o Simple Machines produzia EPs de sete polegadas primorosamente embalados e alguns lançamentos apenas em cassete.

7 Naked Raygun: banda punk melódica de Chicago dos anos 1980.

8 Bad Brains foi uma banda de hardcore americana dos anos 1980, extremamente influente, que tocava uma enxurrada de músicas inspiradas por thrash e reggae. Faziam o Black Flag soar como as Destiny's Child.

9 Corrosion of Conformity: banda punk da Carolina do Norte, uma das muitas que misturaram as fronteiras entre o thrash e o metal.

10 No início dos anos 1980, o Trouble Funk arrasou as pistas de dança de sua nativa Washington com o som "go-go" – uma mistura completa de funk dos anos 1970 e instrumentos de sopro no estilo dos anos 1960.

11 O Lunchmeat virou Soulside, que depois se tornou Girls Against Boys, no selo Touch and Go. É como se o cantor do Psychedelic Furs, Richard Butler, em vez de passar a vida inteira perambulando por galerias de arte, tivesse crescido com Ian MacKaye e Steve Albini.

12 Semelhante à configuração dos estúdios Third Man, de Jack White – que ficava na sala frontal de sua casa.

13 O *Groovy Hate Fuck* é estridente, abafado, entupido de retorno, ofensivo, minimalista... é o que eu chamo de punk artístico de Nova York!

14 Rockabilly despojado. Como o nome sugere, é uma dupla. Flat Duo Jets foi uma grande influência para os White Stripes.

15 A banda Mission of Burma, de Boston, Massachusetts, realmente registrou alguns riffs poderosos no início dos anos 1980 – era o encontro entre música clássica moderna e MC5. O EP *Signals, Calls and Marches*, de 1981, com a claustrofóbica e irregular "That's When I Reach for My Revolver", é o único que vale a pena comprar.

16 Revolution Summer é uma referência a uma tentativa feita pela comunidade punk de Washington, no verão de 1985, de se distanciar de seus membros mais violentos e tacanhos, desacelerando o thrash frenético em sons mais melódicos e introspectivos. As três bandas que Dave nomeou foram os principais impulsionadores dessa mudança – o Rites of Spring, inclusive, é considerado um dos inventores do "emo".

17 A baterista dos White Stripes, Meg White, foi chamada de "baby Bonham" – Kurt anunciou sarcasticamente Grohl como "baby Crover" na rádio KAOS.

18 Isso talvez indique por que alguns fãs do Nirvana preferem Chad a Dave – porque ele entendia de onde Krist e Kurt vieram.

19 Nem me pergunte! O Primus criou a forma mais baixa de funk metal universitário "maluco".

20 Eugene Kelly formou uma banda de rock mais direto, Captain America, que mais tarde passou a se chamar Eugenius, porque a empresa proprietária dos quadrinhos do Capitão América, a Marvel Comics, ameaçou processá-los. Se alguém duvidava de que a banda assinaria um contrato com uma gravadora, a resposta chegou quando Kurt usou a camiseta do Captain America em algumas sessões de fotos.

21 Eu tenho uma gravação deste show. A música está inaudível, um mar de retorno e gritos fora de contexto.

22 O comediante britânico Tony Hancock era mais conhecido por interpretar o homem comum, triste e sarcástico. Ele me lembra um pouco o Jonathan Poneman.

CAPÍTULO 13

Anjos na neve

"EU não conhecia o Kurt oficialmente antes de me mudar para Olympia", diz Cheryl Arnold, moradora de Seattle. "Eu estava hospedada num dos apartamentos do edifício The Martin e fui ao apê de Kathleen [Hanna] para fumar um cigarro. Algumas pessoas estavam lá, Mikey Dees, Kurt e Kathleen... Estava nevando e Calvin tinha viajado, então eu estava no apartamento dele, mas não conseguia dormir. Eu estava com uma insônia terrível e resolvi andar até a casa da minha mãe, então Kurt apareceu enquanto eu calçava meus sapatos, perguntando se poderia me acompanhar. E eu fiquei tipo: 'Hehe... mas é claro!!!'."

Ele era fofo?

"Meu *Deus*, ele era tão fofo. Eu fiquei totalmente apaixonada por ele desde a primeira vez que o vi. Ele não tinha só lindos olhos azuis, tinha algo... não sei explicar. Um segredo que você queria desvendar. Era dezembro de 1990, pouco antes do Natal. Acho que rolou uma festa de Natal no The Martin."

Quando ele te acompanhou, sobre o que vocês conversaram?

"Eu sei lá, porra! Quer que eu me lembre do que falei há 15 anos? Não faço ideia."

Então vocês começaram a andar juntos depois daquele dia?

"Sim."

As pessoas achavam que vocês eram um casal, certo?

"Não sei o que as pessoas achavam", Cheryl ri. "Mas tenho certeza de que algumas delas achavam que estávamos saindo, sim."

Você chegou a viajar com Kurt para algum lugar?

"Não. Bom, nós fomos para Aberdeen. Nunca entramos em nenhum avião juntos. Eu já tinha passado por Aberdeen antes, mas só de carro, a caminho do mar. Aberdeen era um lugar morto. Fomos encontrar a mãe e a irmã dele. Elas moravam numa casa normal. Aberdeen é uma cidade pequena e estranha."

O que você e Kurt faziam juntos?

"Humm... comíamos torta de creme de chocolate. Luta livre. Não sei... alugávamos uns filmes? *O massacre da serra elétrica*. Ele tinha tartarugas. Tenho certeza de que ele chegou a amar aquelas tartarugas em algum ponto, mas me confessou que ficava incomodado, pois elas só nadavam até o topo, afundavam e depois subiam de novo, o dia inteiro. O apartamento dele era muito bagunçado, cheio de caixas de pizza. Ele comia muita pizza."

A dieta dele era muito peculiar, não era?

"Sim. Pizza. Chocolate. Doces. O estômago dele era muito ferrado. Ele sentia dor o tempo todo. Curtia cereais matinais, como Fruity Pebbles... e pizza."

Você percebia sinais de narcolepsia?

"Você está falando sério? Até parece. Ele também tinha síndrome de Tourette."

Você foi a shows do Nirvana com ele?

"Alguns. Não sei se chegamos a ir juntos no mesmo carro. Kurt e eu não 'saíamos' muito. Nós apenas nos encontrávamos e ficávamos em casa: muito loucos. Nós éramos jovens, sabe? Fazíamos umas coisas malucas. Você mesmo, Everett... O que você fazia nas noites mais loucas?"

Não consigo me lembrar.

"*Exatamente*. Encher a cara e 'Uhuuu', atirar com armas de ar comprimido e dançar de salto alto. Jogar ovos nos carros. Essas coisas típicas de jovens..."

O Kurt usava roupas femininas?

"Ué, todo mundo faz isso, não? Não sei se tem a ver com o fato de ser roupa feminina, mas as pessoas gostam de brincar de se montar. Eu, pelo menos, gosto!"

Eu também.

"Fui ver um derby de demolição com Kurt e Dylan em algum lugar ao norte daqui [Seattle]. Monroe, talvez? Na noite anterior, Kurt e eu queríamos dirigir até o mar e passar a noite lá, mas não nos demos conta de que era véspera do feriado de 4 de julho e que todo mundo leva a família, os sogros, cachorros e papagaios para ver o mar no dia 4 de julho... Então todos os hotéis estavam lotados, aí tivemos que voltar para Aberdeen e pegar o último quarto num motel de merda chamado The Flamingo. Eles tinham acabado de lavar o carpete, então tínhamos que pular do sofá para a cama para não molharmos os pés. Rodamos muito de carro. Ele tinha um Falcon, ou um Valiant. Não gostava muito de dirigir, então eu dirigia mais. Fomos ao cinema *drive-in* que ficava entre Olympia e Aberdeen."

Você dirigiu até Seattle com ele?

"Sim. Queríamos ver o show do Hole uma noite, mas só chegamos até Tacoma."

Foi antes de o Kurt conhecer a Courtney?

"Não sei. Por que você não me diz... *Everett*?" Cheryl coloca ênfase na palavra final, ciente de que eu sei mais do que ela. "Acho que sim."

Você continuou saindo com o Kurt depois que ele conheceu a Courtney?

"Talvez por um tempo. Kurt e eu paramos de nos ver em agosto de 1991. Ele tinha uma pintura incrível do Iggy Pop, que eu queria muito. Nunca o vi desenhando, nem nada. Nós saíamos muito com Ian [Dickson] e um pouco com Dylan. Dave [Grohl] passou uma temporada dormindo no chão da casa do Kurt."

E como foi?

"Tranquilo", Cheryl responde, rindo. "Não fui eu quem precisou dormir no chão da casa do Kurt. Não sei como era para ele. Talvez ele odiasse. Uma vez, Dave jogou um pote de glitter em nós... e glitter não sai no banho. Ficou por semanas nos meus ouvidos, grudado no meu couro cabeludo, no nariz, orelhas, sem contar os outros cantos e recantos. Parece areia, só que pior. Foi terrível."

Como é a brisa da heroína?

"Muito quente, muito eufórica e muito lenta", responde o antigo cuidador de Frances Bean Cobain, Cali De Witt. "É um depressor. Ela não amplifica nada. Entorpece todos os problemas e todos os gritos e choros da sua mente. Ela simplesmente causa um estado de felicidade."

Quanto tempo dura?

"Dependendo do quanto você usa, pode chegar a algumas horas. É praticamente o oposto da cocaína."

Quando o Nirvana voltou do Reino Unido, Dave mudou-se para a Pear Street, em Olympia.

Na mesma semana, Kurt e Krist voaram para Los Angeles, cortesia da MCA, pois Bret Hartman, o homem do departamento artístico da gravadora, queria muito assinar com o Nirvana. Uma reunião com o presidente da empresa foi suficiente para convencê-los de que aquela seria uma péssima escolha. Ele se comportou com a arrogância típica de sua classe[1] – foi rude e, ao mesmo tempo, pretensioso –, e a reunião durou segundos. A dupla então aproveitou que estava em Los Angeles e visitou a Gold Mountain novamente. Eles apreciavam o entusiasmo de John Silva pelo rock underground – ele era dono de uma grande coleção de discos de sete polegadas e já tinha dividido um apartamento com o vocalista do Dead Kennedys, Jello Biafra – e gostavam do fato de Danny Goldberg já ter trabalhado com o Led Zeppelin.

"Dave Grohl era um grande fã do Zeppelin", lembra Goldberg, "e, mais tarde, descobri que Kurt também era. Grohl era obcecado pelo [baterista do Zeppelin] John Bonham e queria ouvir histórias sobre ele. John [Silva] queria que eu falasse sobre meu ativismo na ACLU [Goldberg era presidente da filial da União Americana pelas Liberdades Civis no sul da Califórnia], pois eles se identificavam com aquilo. Eu sentia que precisávamos convencê-los de que éramos bons empresários, mas, em retrospecto, acho que eles já estavam decididos, graças ao Sonic Youth".

O Nirvana assinou com a Gold Mountain depois que Silva foi a Olympia e convidou a banda para um jantar. No entanto, as coisas não foram tão fáceis. Enquanto Silva e os outros esperavam no restaurante por horas, Kurt estava pedalando uma bicicleta infantil Swinger no estacionamento da Loteria do Estado de Washington. A bicicleta era tão pequena que ele ficava curvado sobre ela, os joelhos quase na altura do pescoço. Em dado momento, Kurt apareceu e exigiu que Silva fosse com ele assistir a um show do Beat Happening do outro lado da cidade. Silva concordou e percebeu que precisava demonstrar entusiasmo pela banda de Calvin na frente de Kurt – mesmo que a presença deles no palco não tivesse nada do que o experiente empresário gostava na música. (Sem baixo!) Assim, ele passou na inspeção de Kurt.

A bicicleta havia sido comprada alguns dias antes, junto com um par de espingardas de ar comprimido, algumas câmeras de vídeo Pixelvision, um console da Nintendo e miniaturas do Evel Knievel da Toys 'R' Us. O valor total chegou a quase mil dólares, descontado dos 3 mil dólares que Kurt havia recebido como sua parte no adiantamento do Nirvana – dinheiro oriundo da Virgin, o primeiro grande cheque da banda.[2] "Ele simplesmente comprou um monte de merda", confessou Joe Preston, que estava com Kurt na época, "porcarias que ele poderia destruir". As espingardas foram usadas para atirar nas janelas do prédio da Loteria do Estado de Washington, que ficava do outro lado da rua, em frente ao apartamento de Kurt.

A Gold Mountain começou a enviar a Kurt uma garantia de mil dólares mensais. Goldberg então indicou ao Nirvana que assinasse com a Geffen. "Como eles tinham acabado de assinar com o Sonic Youth, eu sabia que tinham pessoas sintonizadas naquele som – Mark Kates, com seu acesso às rádios universitárias; Gary Gersh, o agente dedicado ao Sonic Youth; e Ray Farrell, que era solidário aos selos independentes [...]", explica o gerente. "Culturalmente, a Geffen tinha muitas pessoas que de fato entendiam a estética daquela nova geração do rock 'n' roll, e estava disposta a pagar o que as outras gravadoras ofereciam.

"Nas primeiras reuniões, era Krist que falava", continua Goldberg. "Kurt só começou a falar comigo na terceira vez que nos encontramos. John tinha me dito que eles queriam fazer um pôster inspirado em um gráfico optométrico, aqueles usados em testes de visão. Achei meio clichê, e o John deve ter contado isso ao Kurt, porque então ele me chamou de canto e perguntou o motivo. O nível de intensidade que ele trouxe para a conversa me fez perceber que ele levava aquilo muito a sério. Esse foi meu primeiro vislumbre do quão focado o Kurt estava."

A personalidade otimista de Grohl era um alívio para Kurt – que, durante o verão, começou a ficar mais retraído, aflito por seu relacionamento com Tobi. Antes da chegada de Dave, Kurt ficava encarando o vazio por horas e só falava se alguém se dirigisse a ele – protegido por uma barreira de silêncio (conhecida como a Quinta Emenda de J. Mascis, por causa da lendária relutância do vocalista do Dinosaur Jr. em responder a perguntas em entrevistas). Ele alegou estar sofrendo de narcolepsia. Não estava, mas era um mecanismo de defesa útil. Ao contrário de seu relacionamento com Tracy, Kurt queria se comprometer com Tobi, mas ela era muito independente, apesar de seu amor por Kurt.

"Um dia, o Dale [Crover] e eu fomos para a casa do Kurt, e a Tobi estava lá", lembra Debbi Shane. "Nós quatro estávamos supertímidos e desconfortáveis. Kurt pediu para Tobi fazer macarrão com queijo. Tinha uma garrafa de uísque na cozinha, e eu tomei uma dose porque estava sendo uma noite muito estranha e constrangedora. Ninguém conseguia falar. O Kurt queria montar bandas com todo mundo[3] – e como ficamos todos sentados olhando para o chão, sem dizer nada, ele achou que aquilo daria uma bela foto."

"Kurt tinha um relacionamento mais codependente com Krist, mas não com Dave", explica Carrie Montgomery. "Dave era apenas Dave. Jovem, confiante e sem nada a perder. Ele sabia que seu lugar na banda estava garantido. O Kurt nunca iria se livrar do Dave. Ele era como todo jovem roqueiro; levava a motocicleta nas turnês, fazia tatuagens novas nos shows, esse tipo de cara. Eles tinham um apartamentinho de solteiro lá. Era muita gente entrando e saindo. A Cheryl sempre estava na casa deles. Viviam jogando videogame, comendo cachorros-quentes e porcarias, e sendo toscos [...]"

Dave ensinou Kurt a fazer tatuagens caseiras rudimentares com nanquim e agulha. Isso acabou inspirando Kurt a fazer uma de verdade em um estúdio de tatuagem em Olympia. Acompanhado de Candice Pedersen como apoio, ele foi lá e tatuou o logo da K (um K dentro de um escudo) no braço.

A escolha da tatuagem surpreendeu alguns de seus amigos.

"Acho que ele gostava mais dos discos que a K distribuía do que dos discos que eles mesmos haviam lançado", comentou Dylan Carlson. De fato, a distribuição da K – muitas vezes com lançamentos feitos por selos focados em fitas cassete, como o Simple Machines, o britânico Bi-Joopiter e os selos internacionais Pop Underground, com a mesma mentalidade – era exemplar, uma verdadeira aula para quem procura descobrir, fora do mainstream, a vasta corrente subterrânea de música borbulhando em cidades e áreas centrais dos Estados Unidos em 1990. Superchunk,[4] Polvo, Sebadoh,[5] Shonen Knife, a banda pop australiana The Cannanes, Gravel... descobri todos esses grupos na mina de ouro de Calvin Johnson, que era um depósito do outro lado da rua do Capital Theatre, subindo as escadas de um prédio em ruínas.

"Fomos passar o Natal em Aberdeen", diz Debbi. "O Krist e a Shelli estavam lá, e o Kurt só foi porque queria visitar sua irmã mais nova. Não existe nada para se fazer em Aberdeen. Entramos num carro e fomos dar uma volta para tomar café e jogar naquelas maquininhas de aposta, onde eu ganhei 30 dólares. No dia seguinte, Kurt e eu voltamos para Olympia. Ele queria voltar para ver a Tobi e ficar em casa. Kurt era obcecado pelo Dinosaur Jr. e queria saber tudo sobre J. Mascis."

Com razão – o Dinosaur Jr. era uma grande influência na cena de Seattle. A descrição atribuída ao grunge desde o início – "música pesada tocada em um ritmo lento" – parece ter sido feita sob medida para o Dinosaur. A faixa de abertura do álbum *Bug*, de 1988, "Freak Scene", inventou a geração X.

J. Mascis toca guitarra como quem esquia: sem esforço e com total controle. A música desacelera, pega fogo, sussurra sua doce harmonia e, de repente, vira um tornado. "*So fucked I can't believe it/ If there's a way I wish you'd see it*",* ele canta, com uma terrível resignação, sentimento que o Nirvana consegue ecoar com os versos "*I found it hard/ So hard to find/ Oh well, whatever, never mind*",** de "Smells Like Teen Spirit". "*Don't let me fuck up will you?*", J. implora, em torpor indefeso. "*Because when I need a friend, it's still you.*"***

A Santíssima Trindade do final dos anos 1980 era composta por Dinosaur Jr., Big Black, de Steve Albini, e Sonic Youth. O segundo grupo sempre seguiu à risca os rigores irregulares do pós-punk inglês de 1979; o terceiro alcançou o nirvana (literal) do art-rock, aonde só os mais talentosos conseguem chegar; e sobrou para o tímido trio de Amherst, Massachusetts, fornecer o volume primitivo necessário para a próxima geração grunge.

"Kim Gordon uma vez disse que [o segundo álbum do Dinosaur] *You're Living All Over Me* [1987] poderia ter estourado como o *Nevermind* se a produção tivesse sido um pouco mais limpa", ponderou Lou Barlow, ex-baixista do Dinosaur Jr./vocalista do Sebadoh, em conversa com Stevie Chick, editor da revista *Loose Lips Sink Ships*. "Todos compravam exatamente o mesmo equipamento que J. usava, os mesmos amplificadores e pedais. Ele via naqueles Marshall Stack seu potencial expressivo, não uma merda feita para o heavy metal. Eu li uma lista dos 100 Maiores Guitarristas da *Rolling Stone* um tempo atrás; nela constavam Kurt Cobain, Kevin Shields [My Bloody Valentine] e até mesmo Frank Black [Pixies], mas o J., não. E ele era tão influente. Ele foi o progenitor do estilo.

"Já ouvi que 'Smells Like Teen Spirit' foi influenciada pelos Pixies", Barlow me disse. "Fiquei pensando, quem diabos é influenciado pelos Pixies?", ele fala, rindo. "Quem iria querer ser influenciado pelos Pixies? Vai além da minha compreensão. Eu via o Nirvana como uma banda grunge de singles da Sub Pop. Eu não sinto o Dinossaur no som deles. Eles eram mais como os Melvins e qualquer heavy metal merda que eles curtissem em Seattle. Eu até achei que 'Smells Like Teen Spirit' fosse do Metallica quando

* "Tão fodido que não dá para acreditar/ Se há um jeito, queria que você conseguisse enxergar." [N. T.]

** "Achei difícil/ Difícil de encontrar/ Ah, que se dane, tanto faz." [N. T.]

*** "Não me deixa ferrar com tudo, tá?/ Porque, quando preciso de uma amiga, ainda é você." [N. T.]

ouvi pela primeira vez. Eu fiquei tipo: 'Uau! Esta música nova do Metallica é muito boa!'."

Cara, o Dinosaur Jr. sabia ser barulhento. Nos primeiros shows, era quase possível sentir fisicamente as ondas de volume. Mas a sonoridade não era tudo – os três primeiros álbuns do Dinosaur Jr. têm uma paixão genuína que combina com a pirotecnia deles e uma inventividade que ainda é surpreendente, mesmo 20 anos depois. Seu álbum de estreia, *Dinosaur*, de 1985, é uma bagunça – mas de forma brilhante e espontânea, gravado sem recursos após Gerard Cosloy, diretor da Homestead, dizer a J. que lançaria qualquer coisa que ele gravasse. Gritos dilacerantes se dissolvem em murmúrios indie; guitarras new wave se derretem em solos horrendos, carregados de barulho, e fundem-se numa típica introspecção de autopiedade. Enquanto isso, as letras são marcadas pela sensibilidade dos "perdedores", a qual depois se mostrou tão popular que vendeu um milhão de discos pela Sub Pop.

Grohl era como um marido para Kurt – arrumando as coisas dele, fazendo comida para ele, assumindo o antigo papel de Krist e Tracy. "Virou a casa dos meninos", Nikki McClure conta, rindo. "A amizade de Dave e Kurt começou a ter uma *vibe* de casal." Grohl namorou Kathleen Hanna por algumas semanas, e os casais Nirvana/Bikini Kill saíram juntos por algum tempo, andando de skate e se entregando ocasionalmente ao vandalismo. Em uma dessas noites, Hanna pegou uma lata de tinta spray e grafitou "Kurt smells like Teen Spirit"* na parede do quarto dele – referindo-se à marca de desodorante que Tobi costumava usar.

Mas Kurt ainda tinha muitas inseguranças, dividido entre seu desejo de vender milhões de discos e a atitude de seus amigos de Olympia/K Records. Em uma passagem da biografia escrita por Michael Azerrad, Kurt revela que, para ele, assinar com uma gravadora se resumia a uma escolha direta: K ou Geffen. "Estávamos muito perto de assinar com a K", disse Kurt a Azerrad, claramente em autoilusão. É muito provável que Calvin nunca assinaria com o Nirvana, por mais que gostasse deles. Primeiro, porque a K não fazia contratos. Segundo, o Nirvana era muito rock 'n' roll. (Cara, eles tinham um baixista!) E terceiro, Calvin conhecia a ambição de Kurt e sabia que a K não po-

* Kurt cheira a Teen Spirit. [N. T.]

deria ajudá-lo a concretizá-la. Mesmo assim, isso não impediu Kurt de sonhar – queria seguir o modelo do Sex Pistols: assinar com uma grande gravadora por 1 milhão de dólares, depois se separar, mudar de nome e assinar com a K.

Kurt era um solitário. Ele se sentia excluído pela autoconfiança e pela juventude dos 21 anos de Tobi (ele só tinha 23, mas ela o fazia se sentir mais velho). Ele queria algo mais. Ainda que se sentisse energizado pela criatividade dela, Kurt Cobain criava essencialmente sozinho. O casal colaborava ao escrever algumas músicas, mas não era uma dupla de compositores. "Ele estava compondo os dois próximos discos inteiros", lembra Tobi. "Ficava sempre revisando seu material – se ainda não tinha todas as palavras, cantava as músicas mesmo assim." Kurt e Tobi analisavam as canções um do outro, mas não era "isso significa tal coisa, aquilo é tal coisa, nada assim", explica Vail. "Kurt não falava muito sobre as letras. Ele discutiria com você se você dissesse que uma música estava uma merda. Mas odiava as pessoas que concordavam com ele só por concordar. E é bem provável que ele até concordasse secretamente com você depois."

Sem admitir que estava insatisfeito com a vida em Olympia e com ele próprio – e frustrado porque seu relacionamento com Tobi não progredia do jeito que ele queria –, Kurt decidiu se separar dela. Mesmo depois de o casal já ter assumido que estava apaixonado um pelo outro. Era outubro de 1990.

"Ele ficou destruído", diz Dave Grohl.

"Ao contrário da crença popular, ele terminou comigo", afirma Tobi, com firmeza. "Dizer que eu parti o coração dele, que ele ficou perdido e nunca mais se recuperou é uma bobagem romântica e idiota. Não aguento mais ser culpada pelo sofrimento dele. Essa ideia toda não veio da realidade. Veio de *Os sofrimentos do Jovem Werther*."[6]

Kurt terminou com Tobi, e não o contrário.

"Eu leio algumas coisas de vez em quando", diz Tobi. "E não reconheço nenhuma delas como algo que realmente ocorreu. Eu não participei de todos os momentos, mas não vi nada daquilo acontecer enquanto estava presente."

O que estaria faltando?

"Do jeito que as pessoas escrevem a história, parece que foi trágica desde o início", responde Tobi. "Tentam transformá-la num tipo de mito grego, mas foi totalmente aleatório. Dizem que Kurt sempre foi suicida – mas não é assim com muita gente que você conhece? Tentar ou não é outra questão. Pode acontecer, você passar por um momento muito ruim na sua vida e de fato consumar;

mas conheço pessoas mais loucas do que o Kurt que viveram mais. Eu realmente discordo de toda a ideia de inevitabilidade; de que as pessoas nascem para acabar cometendo suicídio, ou mesmo de que nascem para escrever tal música."

Triste e atormentado pela insegurança, Kurt vivia no estado de espírito perfeito para escrever mais músicas. Suas novas canções eram autoindulgentes e cheias de aversão – tanto por ele quanto pelos outros, e qualquer um conseguia entendê-las: os raivosos, os petulantes e os de coração partido. Kurt terminou com Tobi, mas agia como se tivesse acontecido o contrário. A separação não foi muito clara, e isso só fez crescer a angústia dos dois.

"Aneurysm" foi uma das primeiras canções do Nirvana a abordar esse relacionamento, escrita antes da separação. "*Love you so much/ It makes me sick*",* Kurt declarava, referindo-se à primeira noite que passou com Tobi, sem vergonha de soar neurótico. "*One baby to another/ Says I'm lucky to have met you*",** escreveu ele em "Drain You", expondo a maneira como o amor pode fazer os apaixonados se sentirem crianças novamente, tamanha é a sensação de admiração e reverência. "Lithium" e "Lounge Act" também são músicas inspiradas pela presença de Tobi, com referências a combinações e pactos secretos. E, claro, há "Smells Like Teen Spirit", com a famosa menção às personalidades de Tobi *e* Kurt: "*over-bored and self-assured*"***. "Tédio: um desejo por desejos", como escreveu certa vez o filósofo russo Liev Tolstói. O que sobrou para se fazer da vida depois que os adultos roubaram todas as diversões dos adolescentes? Crescer não faz sentido, que ideia idiota.

"As músicas eram confusas", comenta Tobi. "Quem sabe ao certo do que elas falam? O som é ótimo e algumas imagens são fortes, mas, no que diz respeito a qualquer pessoa, assunto ou situação – não são claras, ou são? Acho que as pessoas reagem à qualidade emocional da voz dele e aos jogos de palavras, mas não ao significado real das músicas. Parece que foram escritas em códigos. Elas fazem sentido? Sim, em algum nível. 'Smells Like Teen Spirit' ia se chamar 'Anthem', mas o Bikini Kill já tinha uma música chamada 'Anthem'. Nós conversamos muito sobre isso, e eu ganhei a discussão, então ele teve que mudar. Nossa música nunca saiu, mas era muito boa."

---

* "Te amo tanto/ Que fico doente." [N. T.]

** "Um bebê diz para o outro/ Que sorte ter te encontrado." [N. T.]

*** "Superentediado e autoconfiante." [N. T.]

O rascunho original de "Teen Spirit" incluía uma frase que mais tarde foi pinçada por Courtney Love para destacar seu status de Realeza do Rock com Kurt, seu marido – "*Who will be the king and queen of the outcast teens?*"*

Claramente, foi escrita para Tobi.

Chegamos agora a um dos mitos mais desagradáveis sobre o Nirvana. O de que Kurt Cobain começou a usar heroína como resultado direto de seu rompimento com Tobi Vail.

Não importa que, na biografia oficial, Cobain afirme ter tido contato com drogas pesadas enquanto morava em Aberdeen (este último fato não foi confirmado, é mais provável que tenha sido inventado por Kurt para tirar um pouco o foco do envolvimento de sua futura esposa no vício dele). Não importa que tenha sido decisão dele experimentar a droga que pode ter contribuído para o fim do relacionamento dele com Tobi – e não o contrário.

O livro diz que ela partiu seu coração.

"E daí?", Slim Moon responde. "Pode ser verdade ou não. Todos os dias alguém é magoado por alguém. Ele já era um viciado antes de ter o coração partido – e se alguém insinuar que ele caiu no vício porque ela partiu o coração dele, é mentira. Se você descobre que seu namorado está usando heroína e que ele não vai mudar, e você termina com ele por isso, você é uma vaca? Não me interessa quão desiludido ele está, é você a vaca? Sério? Não, você é só uma pessoa que sabe impor limites saudáveis."

Kurt estava infeliz, desgostoso com a própria vida, passando por uma separação traumática. Algumas pessoas se voltam para a religião ou se jogam em outro relacionamento para esquecer. Outras se enfiam no trabalho ou ficam estupidamente bêbadas por meses. Kurt centrou-se em seus diários e desenhos, complacente com sua própria dor, furioso e fiel à sua raiva, mas equivocado. "Eu me mantenho ingênuo e longe de informações terrenas de propósito, porque é a única maneira de evitar uma postura indiferente", escreveu ele em seu diário. "Eu não consigo falar. Só consigo sentir. Talvez, um dia, eu me transforme na [autora motivacional surda-cega] Helen Keller, perfurando meus ouvidos com uma faca e depois arrancando minha laringe.

* "Quem serão o rei e a rainha dos jovens excluídos?" [N. T.]

"Obrigado pela tragédia, preciso disso para fazer arte", escreveu ele em outro momento, mostrando uma amarga consciência de sua principal motivação.

Dave soube do consumo de heroína de Kurt em novembro, quando estava em Los Angeles, tocando bateria para o L7 no evento beneficente Rock for Choice. Estava ao telefone com Krist quando o baixista parou no meio de uma frase e disse: "Espera, preciso te falar uma coisa. O Kurt está usando heroína".

Kurt tinha ligado para Krist no início do mesmo mês para dizer que havia experimentado a droga. Krist ficou imediatamente preocupado. Apesar dos caras *straight edge* da K, a reputação de Olympia durante os anos 1980 era de ser um lugar meio sombrio, uma cidade perigosa – um lugar onde as pessoas morriam por causa do abuso de drogas. Andrew Wood, cantor do Mother Love Bone, havia morrido por overdose de heroína em março de 1990. Kurt garantiu a Krist que não usaria mais, que era uma droga ruim. Ele mentiu. Logo, ele e Dylan Carlson estavam alugando quartos de hotéis baratos em Olympia toda semana para conseguirem injetar sem ninguém incomodando.

Houve um incidente no qual Kurt foi com Tracy Marander assistir ao Bikini Kill em Olympia e ele quase cochilou no carro – comportamento que Tracy nunca tinha visto em Kurt. Após o show, indo para a festa de um amigo, Kurt quis passar em casa para usar o banheiro. Cerca de 15 minutos depois, ela ouviu um estrondo e encontrou Kurt desmaiado, com uma manga arregaçada e um frasco de alvejante no chão (para limpar a agulha). Ficou chocada e com muita raiva.

"Aquele inverno foi meu período mais deprimente em anos", disse Kurt a Michael Azerrad. "Eu estava fodido, tudo era pequeno, sujo, gelado e cinza. Todo dia. Quase fiquei louco. Eu estava muito pobre e entediado. A Geffen tinha assinado conosco havia meses, mas não tínhamos dinheiro. No fim, tivemos que penhorar nossos amplificadores e nossa TV, e o dinheiro só dava para comer salsichas empanadas. Ensaiávamos o dia inteiro. Foi o que nos salvou."

Adendo: Heroína

Quanta influência você acha que a heroína teve no grunge?

Danny Bland [da extinta banda Supersuckers, de Seattle]: "Não acredito que a heroína influencie um tipo de som".

De onde veio toda essa reputação de Seattle?

Danny: "Não sei. As pessoas tinham uma teoria de que era por causa do clima. Era chuvoso e triste, então ninguém saía para jogar bola, ficávamos no porão tocando com os amigos, e era bom. Além disso, se o tempo está sempre nublado, as pessoas se deprimem e ficam mais predispostas a usar heroína".

Por que é tão atraente? Eu nunca usei heroína.

Danny: "Fui um viciado por dez anos. A heroína faz você esquecer tudo o que acontece no mundo. Você esquece que sua banda não está fazendo tanto sucesso quanto alguma outra, ou que você tem que ir trabalhar carregando peixe no Pike Place Market. É puro conforto. É bom pra caralho. Mas ela se volta contra você mais tarde. E sim, você surrupia a coleção *Sub Pop 45* do seu amigo, pega as bolsas das velhinhas e rouba dos lugares onde trabalha. Claro que você vende suas próprias coisas primeiro – você não se joga direto em atividades criminosas. Nós perdemos grandes amigos e grandes músicos para o vício. Eu tive sorte: sobrevivi. E, em algum momento, eu parei. O apelo é estranho, e o perigo envolvido também. Não é como se a gente não soubesse o que pode acontecer, mas, quando você começa, acha que não vai te afetar. Nós somos uns imbecis egoístas e arrogantes. Achamos que não vai acontecer conosco".

Sim, é sempre outra pessoa...

Danny: "Lembro quando o cara do Mother Love Bone morreu e da prepotência que me consumia na época. Pensei: 'Que tipo de cara morre de overdose?'. Você não sabe o que tem naquela agulha quando está injetando, mas, após alguns anos fazendo aquilo sem ter uma overdose, eu simplesmente achava que aquilo só acontecia com idiotas. Eu era um arrogante, tinha merda na cabeça".

As pessoas sempre criam uma imagem deprimente do uso de drogas, mas elas também são divertidas, não são?

Danny: "Essa é a natureza das drogas. Claro que é divertido no início, senão ninguém usaria. Se você se injetasse pela primeira vez e levassem todas as suas coisas e você fosse preso por roubar o carro da sua mãe, nunca faria aquilo de novo. Mas esta é a natureza da fera: é muito divertido por um tempo".

Naquela época, eu não tinha muito conhecimento sobre o consumo de drogas. Mas, em 1993, percebi que pelo menos um integrante de praticamente todas as bandas americanas que eu conhecia estava usando.

"Eu não usava", responde Megan Jasper. "Foi bizarro quando me mudei para cá, porque eu nunca tinha estado perto de tanta gente que usava drogas tão intensas. Em Boston, não era assim."

Metade do tempo que passo fazendo entrevistas para este livro parece uma grande reunião do AA.

"Que engraçado", responde Megan. "Eu disse algo parecido, não faz muito tempo. Eu me dei conta do fato de que quase todo mundo que eu conhecia era viciado em heroína ou tinha vontade de experimentar. Foi um sentimento muito estranho."

NOTAS

1 Donos de gravadoras sempre se esquecem, convenientemente, de que a sobrevivência deles depende dos mesmos músicos que desprezam.

2 Em uma música, há duas partes que podem gerar direitos autorais. Uma delas é a composição. A outra é a gravação máster. Muitas vezes, são negociadas juntas, mas podem ser separadas e negociadas por empresas distintas. Algumas bandas, sabendo dos limites da capacidade de distribuição dos selos independentes, e não querendo assinar com uma grande gravadora, não veem problemas em vender seus direitos de composição, já que a ligação entre eles é praticamente invisível. As editoras de música, responsáveis pela comercialização das composições, têm seus próprios agentes do departamento artístico.

3 A ideia de gravar um single conjunto, com Kurt e Tobi de um lado, e Dale e Debbi do outro, foi debatida.

4 Superchunk era uma banda ferozmente independente de Chapel Hill, Carolina do Norte. O single de 1989, "Slack Motherfucker" (Merge), é um dos mais poderosos rugidos de descontentamento de sua geração.

5 Sebadoh era o projeto paralelo de Lou Barlow, baixista do Dinosaur Jr. O trio de Boston, Massachusetts, começou "de verdade" depois que J. Mascis desfez o Dinosaur em 1989 e reformulou a banda alguns dias depois, sem contar a Lou. Uma pena para ele. Com diversos álbuns de consistência variável, o Sebadoh passou a representar uma certa vertente da música underground americana. O que é bastante irônico. Tenho certeza de que essa nunca foi a intenção. Mesmo assim, discos como o mordaz *Bakesale*, de 1994, o irregular *Harmacy*, de 1996, e o extenso *Sebadoh III*, de 1991, transformaram o Sebadoh em um porta-estandarte de uma geração: os geeks, garotos punks que ficavam para trás enquanto seus companheiros atletas saíam para curtir Rollins e seus amigos mais espertos estavam namorando. A beleza das gravações solo de Barlow (Sentridoh) não está nas músicas curtas, ou na fita que crepita e oscila, ou na guitarra desafinada. A

beleza está no fato de que ele grava como bem entende e parte para outra quando sente vontade. A beleza está na sua voz oscilante, suas palavras diretas pelas quais nunca luta ou se esforça, os tons incríveis nos quais tropeça sem buscar permanência.

6 *Os sofrimentos do jovem Werther* é um livro sobre um amor condenado, vagamente autobiográfico, que o alemão Goethe escreveu em 1774 – apresentado como uma série de cartas entre amigos. Dizem que mais de 2 mil leitores copiaram seu suicídio depois de lê-lo.

CAPÍTULO 14

A força do instinto

Trios são perfeitos. Ao vivo e em estúdio. Não há como refutar esse fato. Quando trios alcançam o ponto de equilíbrio, são imbatíveis. Lembrem-se de The Jam, Young Marble Giants, Dinosaur Jr., Hüsker Dü, Cream, The Slits... Nirvana. Os trios trazem a música de volta ao básico e, depois de descobrirem o que a faz funcionar, a reconstroem com mínimo exagero e máximo efeito. Quatro são desnecessários. Cinco atrapalham. Três são quase perfeição.

Tem de ser assim. Os três melhores álbuns que saíram do que poderia ser chamado, talvez, de "cena universitária americana" foram todos gravados por trios. Começando por *Zen Arcade*, do Hüsker Dü. Depois, o primeiro do Dinosaur Jr., *Dinosaur*. E agora *Nevermind*, a surpreendente sequência do Nirvana para seu álbum de estreia de 1989, *Bleach*. Esqueça todos os preconceitos que você possa ter sobre bandas cujas origens podem ou não estar na cena de três anos atrás da Sub Pop de Seattle. Nenhum álbum de rock melhor do que *Nevermind* será lançado neste ano.

Muito disso se deve à pura melodia das músicas – como a revoltantemente grudenta "Smells Like Teen Spirit", que abre o álbum e bombardeia as defesas do ouvinte. Com as duas seguintes, temos uma sequência de abertura tão forte quanto a do The Jam no disco *Setting Sons*: a ameaçadora e pungente "In Bloom", com seu refrão arrebatador ("*He's the one/ Who likes all our pretty songs/ And he likes to sing along/ And he likes to shoot his gun/ But he knows not what it means*"),* e a enigmática "Come as You Are". E que tal a acústica "Polly", com a suave abertura do baixo de Chris, que finaliza o lado A? Mas estamos falando só de melodia, harmonia, afinação e essas coisas associadas a bandas que não conseguem largar os

* "Este é o cara/ Que curte todas as nossas lindas músicas/ E ele curte cantar junto/ E curte dar uns tiros/ Mas ele não sabe o que isso significa." [N. T.]

anos 1960. O Nirvana (produzido aqui pelo cara da Killdozer, Butch Vig) é muito mais do que isso.

O Nirvana tem uma força que transborda de cada linha de guitarra e tambor quebrado – basta conferir a abertura do lado B, "Territorial Pissings", que não ficaria deslocada no último álbum do Metallica, ou a sufocante "Lithium". Ouça a turbinada "Stay Away", talvez o único elo fraco aqui, ou "On a Plain", uma ferida aberta de dor.

O Nirvana tem emoção, emoção crua, quando o vocalista espalha sua alma por todo o verso e, apenas usando algumas palavras e frases simples, se comunica mais profundamente com o ouvinte do que este tipo de música deveria. Observem "Drain You" e "Lounge Act", por exemplo: as palavras que saem da voz falhada e ferida de Kurdt Kobain são quase indecifráveis, mas terrivelmente comoventes. E quando ele começa a gritar, incapaz de suportar os demônios que estão sempre tentando esmagá-lo, sentimos como se os seus piores pesadelos, com bebês chorando, ônibus colidindo e arranha-céus desmoronando, estivessem se tornando realidade de uma só vez. Nunca subestime o poder de um bom grito.

Quando o Nirvana lançou *Bleach* há alguns anos, mesmo os mais desconfiados de nós sabiam que eles tinham potencial para gravar um álbum que iria acabar com a concorrência. Meu Deus, nós tínhamos razão.

(Crítica do autor a *Nevermind*, *Melody Maker*, 14 set. 1991)

"A PRIMEIRA vez que vi o Nirvana depois que saí da banda foi no show de estreia com Dave na cidade, no Off Ramp", diz Dan Peters. "Foi ótimo. Eles continuaram tocando até o bar fechar. Então chutaram todo mundo para fora, pararam de vender álcool enquanto a equipe limpava, deixaram a gente entrar de novo e o Nirvana tocou por mais 30 minutos. Eu fiquei lá sentado, pensando: 'Que demais!'."

O baterista começa a rir.

"Dave era ótimo", acrescenta. "Fenomenal. Fazia todo o sentido ele ter sido escolhido ao invés de mim. Eu não fiquei: 'Eu sou tão bom quanto ele'. Foi mais como: 'Ele é o cara certo para essa função'."

Naquela noite, 25 de novembro de 1990, muitos representantes de gravadoras estavam presentes, talvez mais do que em qualquer outro show da história de Seattle: MCA, Geffen, Charisma, Slash, Polydor, Columbia, Polygram, RCA... O Nirvana tocou 18 músicas – sendo 12 delas ainda não gravadas – e a multidão fazia *moshes* tão descontroladamente que muitas lâmpadas foram quebradas. "Eles tocaram 'Lithium'", diz Ben Shepherd. "E foi aí que tive certeza. Aquele seria o primeiro hit deles no Top 40." A Charisma quase assinou com a banda naquela noite, com um adiantamento de 200 mil dólares. O Nirvana chegou a pedir ao seu advogado, Alan Mintz, que ligasse para eles dois dias depois – mas a Gold Mountain tinha outros planos.

Pouco depois, o Nirvana assinou com a DGC/Geffen Records[1] – em troca, eles receberam 287 mil dólares (na época, era uma quantia considerável para uma banda nova), mais direitos totais de *merchandise* e licença completa de *royalties* mecânicos se e quando ganhassem um disco de ouro. A Sub Pop recebeu uma taxa pela compra: 2% das vendas dos próximos dois álbuns do Nirvana (e o logotipo da Sub Pop na contracapa de *Nevermind*) mais 75 mil dólares – dinheiro que, quando finalmente chegou,[2] pôs fim às preocupações financeiras da Sub Pop de uma vez por todas. Quer dizer, até a crise seguinte...

"Tem muita merda nesse ramo", comenta Dave Grohl. "Dentre todos os selos que analisamos, a Geffen parecia o melhor. Pelo menos eles não eram gordos ricos com charutos na boca, calculando quanto dinheiro o M.C. Hammer conseguia render."

"Eu particularmente achei que foi uma decisão fácil", diz Danny Goldberg. "Conseguimos o melhor acordo possível na época. Depois disso, os acordos ficariam ainda melhores, pois o Nirvana inflacionou o potencial comercial do rock alternativo."

Como parte do contrato, a Sub Pop lançou um último single em janeiro: a edição limitada (tiragem de 4 mil) de um compacto duplo com "Candy", do Fluid, e uma versão ao vivo da sutil insinuação sexual dos Vaselines, "Molly's Lips", feita pelo Nirvana. A versão é bastante descartável – Kurt nem queria que fosse lançada. No vinil, a Sub Pop imprimiu uma lacônica despedida com uma só palavra: "Até".

Na véspera de Ano-Novo, o Nirvana tocou no Satyricon, em Portland, outro show esgotado com um turbilhão de braços e pernas roxos e excesso de emoção. "O Nirvana claramente não parava de crescer. Foi a primeira vez que vi uma garota realmente atraente na primeira fila, encarando o Kurt", comenta Slim Moon. "Chegou ao ponto em que o Nirvana começou a atrair... *groupies*!"

"Mas", ele acrescenta, "o Kurt nem percebeu. Ele foi para casa sozinho".

No mesmo mês, Dave Grohl gravou algumas músicas no estúdio de oito canais de Barrett Jones, o Laundry Rooms, em Washington. Sob o pseudônimo Late!, elas foram lançadas numa fita cassete intitulada *Pocketwatch* pela Simple Machines em 1992. "Eu estava trabalhando com vários nomes locais", lembra Barrett. "Velocity Girl, Jawbox,[3] TeenBeat, Simple Machines, algumas coisas do Dischord. O Dave começou a tocar na minha banda, Churn. Às vezes, ele simplesmente dizia: 'Eu tenho uma música, vamos gravar'."

"Ele fazia tudo de primeira", diz o produtor. "Ficou tão bom que eu até me surpreendi. Ele gravava todos os instrumentos. Eu tocava um pouco aqui e ali, mas ele tinha tudo na cabeça. A Jenny [Toomey] ouviu o material e perguntou se poderia divulgá-lo. Tudo isso antes de existir CD. Ela gravava uma fita máster e, se alguém quisesse comprar, ela copiava a fita [cinco de cada vez] e as enviava [as fitas custavam entre 3,50 dólares e 5 dólares cada]. Era uma produção bem baixo orçamento. Mas fita cassete não era o jeito certo de lançar aquele material. Não estava à altura."

No início de 1991, o Nirvana estava mais uma vez em estúdio – no Music Source, em Seattle –, gravando em pleno dia de Ano-Novo. A escolha do feriado não foi uma coincidência. "Meu amigo Brian trabalhava no estúdio", explica Craig Montgomery, que fez a engenharia de som, "e ele disse que poderíamos gravar de graça no dia de Ano-Novo. Montamos, gravamos e mixamos as músicas em um dia. O som não ficou muito bom porque o equipamento deles estava em péssimas condições".

O Nirvana tocou várias músicas, incluindo versões iniciais de "All Apologies", "Aneurysm", "Even in His Youth" e uma que mais tarde se tornaria "On a Plain". "Eles não estavam interessados em fazer as músicas soarem boas", explica o engenheiro. "Só queriam tocar. As únicas com vocal finalizado eram 'Even in His Youth' e 'Aneurysm' [o som delas é excelente agora – a primeira, martelando repetidamente sua magnífica alienação; a outra, um hematoma roxo e apaixonado com vocal convidativo]. As demais ainda não tinham sido finalizadas, então usamos como vocal guia o processo típico do Kurt: fazer sons que se encaixavam na melodia em sua cabeça. Eles eram crus e barulhentos, mas não de um jeito bom. Gravar leva tempo."

O Nirvana fez um bocado de shows no início de 1991 – Evergreen State College em 16 de janeiro, quatro apresentações no Canadá no início de março. O show mais famoso da banda – possivelmente de todos os tempos – aconteceu em 17 de abril, no OK Hotel, Seattle. Eles foram a atração principal, com Fitz of Depression e Bikini Kill abrindo. De acordo com a maioria dos relatos, era um evento beneficente em prol do vocalista do Fitz of Depression, Mikey Dees, que precisava pagar suas multas de trânsito para evitar a cadeia.

Com a casa cheia, os shows estavam sendo filmados para um futuro documentário sobre a música de Seattle e o furor que a cercava, brilhantemente intitulado *Hype!*.[4] Os ingressos, no entanto, não haviam se esgotado por completo, pois na mesma noite havia uma festa para o lançamento do filme *Vida de solteiro*.[5] Ao subir ao palco, Kurt soltou: "Olá, nós somos uns vendidos de uma grande gravadora corporativa de rock". O set incluiu versões animadas de "Wild Thing" (The Troggs), "D-7" (The Wipers) e "Turnaround" (Devo)... e um rascunho inacabado, um pouco murmurado, de uma nova música, "Smells Like Teen Spirit".

"Eu estava na passagem de som", lembra Carrie Montgomery, "com Susie [Tennant],[6] é claro. Estávamos esperando que eles terminassem para podermos sair e comer alguma coisa, quando Kurt disse: 'Quero tentar uma música nova' [...] Eles então a tocaram inteira, e todos ficamos nos olhando, tipo: 'O que foi ISSO?'."

"Quando começou, eu pensei: 'Caramba, esta música é boa'", diz Jonathan Poneman. "Tipo: 'Uau, este verso é muito grudento'... e quando veio o refrão, foi como se o tempo tivesse parado por um segundo. Todo mundo ficou: 'Este deve ser um dos melhores refrãos que eu já ouvi na vida'. A reação foi instantânea. A plateia ficou absolutamente louca. A primeira parte da música foi muito boa, mas, quando o refrão entrou, transformou os versos em pó."

"O show não tinha sido anunciado – só soubemos naquela tarde", lembra Rich Jensen. "Eu estava trabalhando muito numas planilhas e não consegui chegar antes das 19 horas. Estava tudo esgotado. Vi uns caras gigantes, pareciam motoqueiros mais velhos, na porta. Eu subornei um deles, paguei 20 dólares e ele me deixou entrar. Isso é bem significativo. Não era uma galera de rock com aquele estilo de Olympia. Eram pessoas que estavam 'por dentro', como amigos ou familiares, e mais alguns fãs, mas a *vibe* era 'gangue de motoqueiros'. Um clima meio pesado. Havia umas 500 pessoas lá, de todos os tipos, e havia elementos mais baixos e criminosos do que eu esperaria de um show em um clube hipster. Com certeza, foi uma daquelas grandes experiências. 'Smells Like Teen Spirit' detonou, foi incrível. A música foi perfeita para aquele público."

Dees nega que a apresentação tenha sido de última hora ou beneficente. "O show estava marcado", diz o cantor do Fitz, "e estávamos para sair em turnê com os Melvins. O Kurt generosamente nos deu depois um extra de 250 dólares da sua parte no show para nos ajudar com as papeladas da van e... sim... para pagar algumas multas de trânsito. Mas não me lembro de ter um show organizado em benefício exclusivo do Fitz e nem de ser processado".

"Quando o Nirvana estava num dia bom, eles eram como a beleza saindo da escuridão", explica James Burdyshaw. "Eram aquela banda de metal estranha, malvada e suja, mas também eram um grupo pop suave. Eles eram o amálgama da sujeira mais escura que os Melvins sabiam criar, com as harmonias mais doces de um John Lennon ou das coisas de que o Kurt realmente gostava, como Vaselines e Meat Puppets. De certa forma, o Nirvana também tinha um pouco de banda folk. Havia muita profundidade em sua simplicidade. As músicas mexiam muito com as pessoas, pois ele tinha uma voz incrível.

"Não consigo pensar em mais ninguém da nossa época com capacidade para escrever letras sem sentido numa van, a caminho do estúdio, e transformá-las em músicas brilhantes", continua Burdyshaw. "Ouvi dizer que 'Teen Spirit' foi composta assim. O fato de ele conseguir criar essas progressões de acordes psicodélicas, sombrias e fantasmagóricas simultaneamente era muito legal."

Na semana seguinte ao show do OK Hotel, o Nirvana foi a Van Nuys, na Califórnia, para começar a gravar seu segundo álbum com Butch Vig, no Sound City Studios. O próprio Vig admite ter sido uma escolha de última hora. "Acredito que Don Dixon[7] iria produzir e eu cuidaria da engenharia", disse ele a Gillian G. Gaar. "Eu era pouco conhecido na época. Foi o meu primeiro álbum por uma grande gravadora."

"Deveriam dar crédito ao Killdozer por toda a conexão com Butch Vig", comenta Tom Hazelmyer. "Até então ele não tinha feito nada, era só um cara sentado em um pequeno estúdio em Madison, mas aqueles discos do Killdozer deixaram as pessoas alucinadas! Eles foram os primeiros caras que pegaram aquele som e fizeram uma bateria grande e gorda, criaram uma separação entre baixo e guitarra e um estrondo forte de bateria. Os valores de produção não estavam no topo das prioridades de ninguém naquela época. As pessoas até os queriam, mas iam ao estúdio e gastavam 150 dólares."

No final de abril, Butch recebeu uma fita bem rudimentar com as músicas. "Uma gravação em cassete muito, muito crua", ele relatou. "Estava tão distorcida que mal dava para entender o que eles estavam tocando. Mas fiquei muito entusiasmado ao ouvir 'Teen Spirit' pela primeira vez. Eu só queria que eles tocassem aquilo o maior número de vezes possível."

Krist e Shelli foram de Kombi, levando os equipamentos da banda; Dave e Kurt já tinham partido alguns dias antes, no Datsun detonado de Kurt. A 160 quilômetros de Olympia, no entanto, eles tiveram que voltar porque o carro estava superaquecendo – retornaram a Tacoma, jogaram o veículo em uma pedreira e arremessaram pedras nele por 30 minutos antes de irem para a casa de Krist e pegar o Dodge branco.

A caminho do Sound City – conhecido por ter gravado Foreigner, Jackson 5, Cheap Trick e até Evel Knievel[8] –, Dave e Kurt pararam em São Francisco por alguns dias para visitar Dale Crover e Debbi Shane. Depois fizeram uma pausa em Los Angeles, no parque temático da Universal Studios.

"Eles queriam ver o Flipper ao vivo", lembra Debbi. Os protopunks de São Francisco estavam juntos de novo por um breve período. "Na época, o Kurt tinha a mania de querer montar grupos com todo mundo, então fomos para o local que minha banda Dumbhead dividia com os Melvins para ensaiar e formamos os Retards por dois dias. Tocamos algumas das minhas músicas, algumas do Dave, algumas de Dale e algumas do Kurt. Quem estivesse de fora cuidava do gravador de quatro canais. O Kurt anunciou que tinha uma música, mas não era do Nirvana porque não tinha bateria. Quando Dale começou a tocar bateria, ele ficou, tipo: 'Uau, parece que tem, sim, a faixa de bateria'. No dia seguinte, ele terminou os vocais. A música acabou virando 'Drain You' depois de ele acrescentar mais um pedaço no meio – e mudou de metal para uma coisa mais barulhenta, com cara de Sonic Youth."

O Nirvana se mudou para o Oakwood Apartments por seis semanas, perto do Sound City. O prédio ficava numa área residencial um pouco mais sofisticada de Los Angeles, com paredes violeta e azul-claras, fotos de flores emolduradas e ruas arborizadas. O trio logo começou a "humanizar" seus novos alojamentos, grafitando as paredes, mudando os móveis de lugar e passando noites inteiras em Venice Beach. Eles estavam um tanto impressionados com esse novo mundo cor-de-rosa: clima tropical em vez de garoa constante, os corredores de madeira do Sound City repletos de discos de ouro do Tom Petty e do Fleetwood Mac em vez da pintura descascada do Reciprocal. Então eles começaram a agir de acordo com aquela nova circunstância – em dado momento, John Silva teve que pagar a fiança de Krist Novoselic, preso por dirigir embriagado.

"As pessoas se esquecem da loucura do Krist – e ele é grande pra caralho!", exclama Carrie. "Em um show de abril de 1991, o Sonic Youth abriu para o Neil Young. A área do backstage era cheia de túneis de cimento, parecia um labirinto cinza e desnecessário. A equipe local havia providenciado um carrinho enorme lotado de bebidas diferentes – e, de repente, o Krist saiu do camarim do Sonic Youth e simplesmente se deitou sobre o carrinho. Nós perguntamos: 'Para que fazer isso com o carrinho de bebidas? Nós queremos beber'. Tudo caiu do carrinho, e o Krist ficou rindo, rolando no chão, [...] até que ele foi expulso da casa de shows – há rumores de que passaram a foto dele para o pessoal da segurança. Meia hora depois, ele estava de volta. Deu um jeito de rastejar *por baixo* do palco para chegar ao backstage. Ele tem dois metros de altura! Como ninguém viu aquele homem louco das montanhas de Aberdeen, bêbado feito um gambá, se arrastando por baixo do palco para voltar? Mas é o cara mais querido, não tem uma gota de maldade no sangue. E ele é tão grande. Por isso que era tão engraçado, ele e o Kurt juntos..."

Como uma dupla de comediantes...

"Um pouco", concorda Carrie. "Eles eram como um casal, mas se adoravam. Eles se amavam de um jeito que eu raramente vejo em amizades masculinas. Era muito cativante. Mas havia muita raiva também, tenho certeza. Eles conseguiam ser os mais cruéis e os mais protetores um com o outro. Era surpreendente para mim, na época – eu não dava tanto crédito aos homens."

Em 2 de maio, o grupo alugou uma bateria da Drum Doctor, de Los Angeles, para Dave Grohl – o aluguel de dez dias custou 1.542 dólares (mais do que o dobro do custo total de *Bleach*). Com uma caixa incrivelmente alta, revestida em latão, ela logo ganhou o apelido de "Exterminador do Futuro". Na sequência, eles entraram em estúdio para gravar, mas o trabalho era lento: o orçamento, inicialmente fixado em cerca de 65 mil dólares, já chegava a mais de 120 mil. No geral, a banda só aparecia depois das 15 horas, preferindo jogar pinball e dormir enquanto Vig resolvia o som da bateria na velha mesa de mixagem Neve. Ao fim da primeira semana, só as faixas básicas tinham sido gravadas. No final da segunda semana, dez músicas estavam encaminhadas – mas quase nenhuma com os vocais de Kurt.

"Nós tomávamos muito xarope para tosse misturado com Jack Daniel's e ficávamos no sofá na área de lazer do estúdio por dias a fio, escrevendo algumas letras de vez em quando", disse Kurt a Ann Scanlon, do *Melody Maker*, antes de acrescentar, brincando: "Se não conseguíssemos cumprir nossa agenda ao fim do período de gravação, teríamos de comprar músicas da Gloria Estefan, do Warrant [a banda de hair metal tinha acabado de gravar no Sound City] ou do J. Mascis. O J. sempre tenta passar um monte de músicas para os outros: 'Olha, você quer comprar uma música por 250?'. São 250 *mil* dólares – é isso que ele quer dizer com 250 –, e agora até podemos pagar, porque estamos em uma grande gravadora".

O Nirvana estabeleceu uma rotina, trabalhando entre oito e dez horas por dia e trocando as peles da bateria a cada duas músicas. Enquanto isso, Butch ficava frequentemente tentando convencer Kurt a fazer uma segunda tomada. "Não tivemos nenhuma discussão grave", disse Vig, "mas eu percebia quando pressionava um pouco demais. Às vezes, ele simplesmente largava a guitarra ou saía de perto do microfone, e eu sabia que não ia conseguir tirar mais nada dele".

Krist e Dave gravaram suas partes bem rápido. Como sempre, as letras causaram mais problemas. "Antes de me mudar de Washington para Seattle", lembra Barrett Jones, "voei para Los Angeles. Eu estava no estúdio enquanto o Kurt escrevia a letra de 'Teen Spirit'. Lembro-me de quando 'Stay Away' ainda era 'Pay to Play'. Na verdade, eu sugeri 'Stay Away' para a letra. Eles levavam uma eternidade para fazer qualquer coisa, como se nada estivesse acontecendo. Passavam o dia inteiro lá para gravar um trecho de guitarra!".

Fumando maconha demais, aposto. Sempre acontece em grandes estúdios. Parece que, quanto mais dinheiro você gasta no estúdio, mais tempo você joga fora. Talvez seja porque o lugar é tão bom que você não quer sair de lá muito rápido – e então talvez seja uma solução termos mais estúdios de merda. Eu vi o estúdio onde o White Stripes gravou seus primeiros álbuns – ninguém ia querer ficar naquele lugar mais tempo do que o necessário.

"Fiquei impressionado com o som, era muito bom", retruca Barrett. "Apostei com Kurt que eles estariam na capa da *Rolling Stone* em seis meses. E ganhei a aposta."

Nevermind tem tantas músicas boas que não sei nem por onde começar. Talvez pela que fecha o álbum, "Something in the Way". Açucarada com aquele violoncelo, ela é tão ofegante e intimista que você se sente como se estivesse no estúdio ao lado do Kurt, dedos delicadamente dedilhando as cordas da guitarra enquanto a noite cai.

"'Something in the Way' é a música mais calma do *Nevermind*, mas é a mais intensa", Butch Vig disse à *Rolling Stone* em 1996. "Tentamos gravá-la ao vivo, mas Kurt cantava e tocava a guitarra tão baixinho que eu só conseguia ouvir o baixo e a bateria vazando nos microfones dele. Sugeri que ele ficasse sozinho na sala de controle para gravarmos sua performance separadamente. Kurt decidiu usar seu velho e surrado violão de cinco cordas, que ele nunca se preocupava em afinar. Ele se jogou no sofá e começou a dedilhar enquanto eu ainda estava configurando os microfones, e, quando vi, ele já estava deitado no chão. Desliguei os telefones, pendurei uma placa de "Não Perturbe", apaguei as luzes, tranquei a porta e apertei gravar. Fiquei atordoado com o desempenho dele. Ele mergulhou fundo em si mesmo, de onde trouxe um retrato assombroso de desolação, cansaço e paranoia."

Tem a louca espontaneidade embriagada de "Territorial Pissings", a música que abre o lado B do lançamento original em vinil numa bolha de indignação e um verso saído dos Youngbloods,[9] gritado por Novoselic com um fervor de líder de torcida: "*C'mon people now, smile on your brother, everybody get together and try to love one another, right now*"* – a bateria abrindo caminho para a destruição, a voz de Kurt raivosa, bruta e pulsante. Foi vagamente inspirada na dura acusação à raça masculina feita pela militante feminista Valerie Solanas no final dos anos 1960, o Manifesto SCUM, do acrônimo Society to Cutting Up Men (Sociedade para Criticar os Homens). Solanas seguiu seus próprios ensinamentos ao disparar três tiros contra o ícone da cultura pop Andy Warhol em 1968. Kurt era solidário à ideia dela de que as mulheres deveriam governar a Terra, por quaisquer meios necessários.

Tem "Polly", a canção que os críticos mencionam quando falam sobre o lado mais feminino de Kurt – e que, na realidade, é uma evocação arrepiante do lado sombrio da masculinidade, com uma narrativa alienada que se recusa a tomar partido. "Polly" é frequentemente apontada por jornalistas como o exemplo mais "maduro" da composição de Kurt – como se maturidade tivesse algo a ver com a música. Ela foi inspirada pela notícia de um estupro, no qual uma jovem foi torturada com um maçarico. Kurt assumiu o papel dos estupradores, um recurso literário comum, mas raramente usado em canções populares – como a surpreendente "Stan", do rapper Eminem – que explora tanto o horror quanto a motivação do ato. A frase final "*It*

* "Vamos, pessoal, sorriam para seus irmãos, vamos nos unir e tentar amar uns aos outros, agora mesmo." [N. T.]

amazes me/ The will of instinct"* contrasta de forma sombria com o restante – e também com a sensação amplamente melódica da música. Anos depois, quando o Nirvana tocou "Polly" para 20 mil fãs que a cantaram animadamente, obscurecendo qualquer significado da letra, Kurt se arrependeria de ter escrito uma canção pop tão memorável com sentimentos tão perturbadores. Mas foi um ato tipicamente contraditório de Cobain, combinar belos acordes com palavras tão chocantes.

Já "In Bloom" era uma potência em forma de single, implacável e inundante.

"Acho que alguns dos trechos de bateria do Chad no *Nevermind* são incríveis, mas ele não recebe crédito por eles, e isso me mata", diz Dan Peters. "Tenho que dar crédito onde o crédito é devido. Músicas cruciais, como 'In Bloom', são do Chad."

"Lithium" é genialidade pura, seu som de pedal Big Muff e seu apelo sombrio à religião quando todo o resto deu errado. "Na música, um cara perdeu a namorada e os amigos e está contemplando a própria situação", explicou Kurt, refletindo claramente seu próprio estado de espírito. "Então ele decide que precisa encontrar Deus antes de se matar. Para mim, é difícil entender a necessidade de um vício como esse", acrescentou, esquecendo convenientemente seu próprio gosto por heroína, "mas eu posso simplesmente respeitar. As pessoas precisam de vícios."

Durante um *take* de "Lithium", Kurt ficou tão frustrado com a própria incapacidade de acertar sua parte que quebrou a guitarra no chão do estúdio. Vig deixou o microfone ligado e usou os ruídos resultantes como faixa bônus, "Endless, Nameless" – que entrou na versão final do álbum, escondida no fim. Ela começa aos 13 minutos e 51 segundos após o final de "Something in the Way":[10] "Uma brincadeira legal e barulhenta", segundo Novoselic. A inclusão da música foi parcialmente inspirada pelo velho amigo de Kurt, Jesse Reed. Quando os dois dividiam um apartamento em Aberdeen, Kurt gravou sua própria voz dizendo: "Jesse... Jesse... vou te pegar", no final de uma fita de 90 minutos em branco. Enquanto Jesse se preparava para dormir, Kurt colocou a fita no aparelho de som e apertou o play...

"Breed" é da velha escola de Aberdeen – se encaixaria perfeitamente em *Bleach*. A influência de Dale Crover aparece em primeiro plano, enquanto

* "Me surpreende/ A força do instinto." [N. T.]

Grohl abre caminho por vários kits de peles de bateria para acompanhar o ritmo agressivo de Krist e Kurt. O solo de guitarra é distorcido e fora do tom. "Nunca treino solos", Kurt disse uma vez. "Em todo solo de guitarra que eu já gravei, sempre toquei o que tive vontade na hora para, depois, escolher as melhores tomadas."

"Come as You Are", por outro lado, é sagaz; uma atmosfera ressonante dos anos 1980 que mascara um tocante apelo por companheirismo, a voz de Kurt cheia de mágoa e lamúria que ainda nos machuca ao ouvir – mesmo tanto tempo depois.

"[As músicas] são apenas ideias que tive, cenários diferentes, programas de TV, livros e personagens que conheci", disse Cobain à jornalista Karen Bliss em 1991. "Tenho muitos cadernos que uso como referência. Eu busco frases em materiais antigos quando escrevo poesia e coisas assim. Mas muitas das letras foram escritas minutos antes de gravarmos os vocais. Não gosto de demorar muito com as coisas. Gosto de ser o mais espontâneo possível. Acho que isso proporciona uma força criativa maior."

E, finalmente, há AQUELE single. A melodia hesitante da abertura soa como pura adrenalina, uma revolução esperando para acontecer. O breve solo de guitarra de Kurt é uma obra-prima de comedimento, fiel à melodia, gravando-a profundamente em seu cérebro.

> Pode se sentar, vai levar anos até você ouvir um som tão quente quanto este. Caramba, eu sei que estou uma semana adiantado e tudo mais, mas não consegui resistir. Saí correndo e comprei na loja de importados, como se fosse a primeira vez.
>
> Minha parte favorita de hoje toca pela terceira vez, quando Kurt canta "*I found it hard/ So hard to find/ Oh well, whatever, never mind*" e quase desiste, parecendo ferido, um garotinho machucado, seu amado caminhãozinho de brinquedo amassado e lascado, escondido debaixo da cama do seu irmão. Ele está prestes a deixar tudo para trás, quando surge o refrão incansável, as guitarras desafiadoras, e você começa a se perguntar se o mundo enlouqueceu, quando pessoas como Axl Rose, Perry Farrell e o Mötley Crüe, todos curtem algo tão pop, tão puritano, tão apaixonado. O mundo do metal deve estar realmente precisando de credibilidade para se arriscar a abraçar os antirroqueiros declarados.

É o single do ano, caso você esteja se perguntando como responder à pesquisa dos leitores.

(Crítica do autor, *Melody Maker*, 9 nov. 1991)

“Todos nós, quando ouvimos as mixagens brutas, sabíamos que era uma música incrível”, confirma Danny Goldberg. “Mas não parecia tão óbvio que seria a música pop que se tornou. Achávamos que poderia ser um som de rock gigante, o hino do Nirvana, mas não que seria o primeiro single do álbum – não era tão universal. Era roqueira demais. Foi feita para ser a primeira faixa, mas ‘Come as You Are’ deveria ser o primeiro single. Ninguém achou que seria número um, mas foi a que chamou a atenção de todos.”

“Eu quis escrever a música pop definitiva”, admitiu Kurt ao jornalista David Fricke, da *Rolling Stone*, em 1994. “Eu tentei copiar os Pixies. Quando ouvi os Pixies pela primeira vez, me conectei tanto que senti que deveria fazer *parte* daquela banda. Usamos o senso de dinâmica deles, suave e sutil e, depois, alto e forte. O riff de ‘Teen Spirit’ é muito clichê. Quando apareci com ele, Krist olhou para mim e disse: ‘Que coisa ridícula’.”

“Eu era totalmente niilista até quatro ou cinco anos atrás”, Kurt me disse em 1992. “Ouvir o *Surfer Rosa* [segundo álbum do Pixies] pela primeira vez me fez mudar minha atitude. Finalmente reconheci, depois de tantos anos no punk rock, que eu também gostava de outros estilos musicais. E me fez admitir que sou um amante da música. A música deles me fez lembrar do som que eu sempre quis fazer – e fazia – antes de entrar no punk rock. Quando comecei a escrever músicas, elas eram uma mistura de punk rock e Beatles, mas depois abandonei aquilo e não fiz mais nada além de imitar o Black Flag.

“Óbvio que, quando o *Bleach* saiu, eu estava imerso em uma única visão, exceto por uma música, ‘About a Girl’”, ele continuou. “Eu tinha mais material nesse estilo, que eu poderia – e deveria – ter incluído no álbum, pois ele soaria mais como o *Nevermind* e não teria sido um salto tão dramático.”

O álbum foi remixado por Andy Wallace no Sound City, a pedido de Gary Gersh. Representante do departamento artístico da gravadora, Gersh preferiu se manter distante durante a gravação, percebendo que era melhor deixar a banda pensar que a influência da Geffen no álbum era mínima – na verdade, ele era tão discreto que Dave Grohl ligou para John Silva, pois temia que Gersh não se importasse com eles.

Gersh, porém, passou a assumir o comando quando Vig mostrou as mixagens brutas: ele não ficou satisfeito com o som. Como Butch parecia um pouco esgotado com a gravação – a banda estava vários dias atrasada –, Gersh decidiu deixar Andy Wallace entrar e finalizar o trabalho, adicionando um pouco de suavidade. A presença dele dobrou o orçamento para o disco. Wallace já havia trabalhado com Madonna e no álbum mais radiofônico do Slayer, *Seasons in the Abyss*. A banda não adorou sua inclusão – Kurt não foi o único que, mais tarde, afirmou que o som resultante "se parecia mais com Mötley Crüe do que com punk rock", enquanto Grohl reclamava que a bateria estava "muito digital" – mas, como Krist admitiu, eles só concordaram com a presença dele porque queriam que o maldito disco fosse lançado logo.

"Não foi nenhum tipo de competição", comenta Goldberg. "Nós todos chegamos a conversar. Quando o *Nevermind* ficou pronto, Gersh me ligou e disse: 'Não me parece uma mixagem adequada, a bateria não está tão boa'. Então fizemos uma reunião com a banda, e Kurt falou: 'Vamos tentar algo diferente'. Gersh sugeriu Andy. Quando Kurt ouviu as mixagens, pareceu satisfeito."

Era a velha disputa do digital *versus* analógico, vinil (comprimido e quente) *versus* CD (separado e frio). Butch estava mais sintonizado ao rock underground americano e ao som ao vivo do Nirvana, mas Wallace conseguiu criar a separação necessária entre a bateria e a guitarra para garantir que as músicas funcionassem nas rádios.

"*Nevermind* não é grunge", reclama Chad Channing. "É um álbum de rock. É o que acontece quando você chega às grandes gravadoras. Eles querem tudo nítido e limpo, tudo perfeito. E isso é péssimo, porque suga a alma da música."

"Sempre parecia que Kurt estava acompanhando o processo conforme a coisa avançava", insinua Charles Peterson. "Acho que eles perderam muito com as gravações em grandes estúdios. Eu não sou fã do gênero *dirt rock*, mas o Nirvana o distorcia e o transformava em algo especial e único. E eles perderam um pouco disso quando 'Smells Like Teen Spirit' ficou tão gravada no nosso cérebro."

As fitas das gravações foram passadas para pessoas próximas, que – fora os antigos amigos do Nirvana em Seattle – ficaram surpresas com o que ouviram. "A primeira vez que prestei atenção no Nirvana foi quando Susie Tennant me disse que a Geffen havia assinado com eles", suspira Kim Warnick, musicista de Seattle. "Ela trouxe para casa uma cópia do *Bleach*, então percebi que deveria ter ouvido aquele álbum muito tempo antes. Só pelo pandeiro de 'About a Girl' já dava para ver que alguém naquela banda ouvia Beatles.

"Pouco tempo depois, ela recebeu a fita de promoção do *Nevermind*", continua a ex-baixista do Fastbacks. "Eu levei a fita para ouvir no carro a caminho do trabalho e cheguei 45 minutos atrasada porque toquei 'Teen Spirit' várias vezes. Era tão boa. Não dava para acreditar. A Susie ficou muito brava comigo por pegar aquela fita; precisava dela. Ela ficava, tipo: 'Sabe, tem outras músicas boas lá'. E eu insistia: 'Que se dane! Tenho certeza de que sim, mas esta é a melhor do mundo'. Todas as bandas em turnê naquela época tinham uma cópia daquela fita – deve ter sido a fita mais copiada de todos os tempos. Se existissem cassetes promocionais de ouro ou platina, aquele teria sido um. Todo mundo que eu conhecia tinha um."

Não houve muitas sobras de estúdio. "Eles tinham cerca de 15 músicas nas quais estavam trabalhando", disse Vig a Gillian G. Gaar, para a *Goldmine*. "Kurt nunca finalizou as letras de algumas delas. Uma se chamava 'Song in D', que era muito envolvente, tinha um quê de R.E.M. Outra era bem mais punk. Ele também tinha mais uma, acústica, um pouco blues. Acho que o Kurt deu parte dos acordes de uma delas para a Courtney usar com o Hole – em 'Old Age', acho."

A capa de *Nevermind* surgiu depois que Kurt viu um documentário sobre parto na água e teve a ideia de um bebê nadando em direção a uma nota de um dólar no anzol. A Geffen contratou o fotógrafo subaquático Kirk Weddle para registrar alguns bebês nadando – e, embora tenha causado controvérsia mais tarde, a inclusão do pênis de Spencer Elden, de cinco meses, na capa, não foi uma decisão deliberada. "Alguns bebês eram meninas", lembrou o diretor de arte da Geffen, Robert Fisher. "Não nos interessava se era um menino ou uma menina. O pênis simplesmente saiu na foto."

A contracapa mostrava o macaco de brinquedo de Kurt, Chim Chim, na frente de uma colagem de vaginas doentes e pedaços de carne da geladeira de Kurt em Olympia. "Eu estava numa fase de fotografia boêmia", disse Kurt ao jornalista americano Kurt St. Thomas. "Todo mundo acha que é um macaco de verdade, mas é só um macaco de borracha que tenho há anos. A colagem também é bem antiga. Peguei essas fotos de bifes de um cartaz de supermercado, recortei, fiz uma montanha de carne e coloquei os personagens de Dante sendo jogados no fogo e escalando aquela montanha. Se você olhar bem de perto, vai ver uma foto do Kiss na parte de trás, em cima de um pedaço de carne."

Fisher achou que a banda deveria tentar reproduzir a mesma foto da capa em uma piscina em Van Nuys, também fotografados por Weddle – mas "tudo o que podia dar errado deu errado", lembrou o diretor. "Além de a bomba da piscina estar quebrada, ventava muito, o que deixou a água turva e a piscina gelada. Kurt estava bastante, ahn, doente. Ele ficava flutuando na água e tentava mergulhar, mas não conseguia."

Então, para as fotos de divulgação, Kurt acabou chamando seu contato na Sub Pop, Michael Lavine. O fotógrafo de Nova York apareceu no estúdio em 23 de maio. "Estava muito quente, e o estúdio estava muito escuro", lembra Michael. "O Krist e o Butch estavam lá e me disseram: 'Você tem que ouvir isso!' – era 'Teen Spirit'. Eu fiquei, tipo: 'Puta merda, esta música é ótima!'. O Kurt se levantou do sofá onde estava dormindo, me abraçou, abriu a boca e me mostrou suas gengivas. Os dentes dele estavam apodrecendo. Andamos, comemos Tacos e tiramos algumas fotos. Kurt ficava repetindo: 'Rápido, antes que eu desmaie'. E eu falava para ele: 'Você está fodido – beba mais uísque!'. E ele bebeu uma garrafa inteira de Jim Beam."

Adendo 1: Peter Bagge

Foi nas páginas da *Hate*, no início dos anos 1990, que o cartunista Peter Bagge, de Seattle, ajudou a definir a geração que ele satirizava – o grunge. Em meio aos shows anárquicos da fictícia banda Stinky and the Love Gods, entorpecida de drogas e movida a cigarros, e as discussões do indolente Buddy Bradley com as namoradas neuróticas, Lisa e Valerie, e seu paranoico colega de quarto, George, Bagge conseguiu capturar o espírito de Seattle como poucos – Charles Peterson, Mudhoney e, talvez, o Backlash. De fato, a *Hate* descreve como era ter 20 e poucos anos no Noroeste do Pacífico em 1991 melhor do que qualquer quantidade de vinis arranhados. Por esse único fato, Peter Bagge já merece respeito.

Como os cartunistas Robert Crumb e Gilbert Shelton nos anos 1960 – com os hippies e São Francisco –, Peter estava lá para documentar as repercussões culturais quando foi mais necessário. O grunge não teria sido o grunge se Bagge não tivesse lhe dado forma.

"Foi puro acaso", diz o artista. "Meus quadrinhos eram sobre pessoas em bandas de rock 'n' roll. Acontece que eu morava em Seattle, foi tudo por associação. Quando comecei a produzir a *Hate*, em 1990, eu já tinha 32 anos. A Fantagraphics Comics se mudou para cá, e, de repente, parecia que todos os funcionários tinham uma banda e estavam procurando um empresário para tentar fazer sucesso. Tudo mudou muito rápido. O Nirvana era só mais um grupo na época que eu comecei a fazer as ilustrações, mas, quando aquelas edições específicas foram lançadas, eles já eram um fenômeno. Todos os personagens dos quadrinhos se chamavam Kurt. Mas não tinha nada a ver com Kurt Cobain. Era uma piada minha, pois parecia que toda banda que eu conhecia tinha um cara chamado Kurt [Bloch, do Fastbacks; Danielson, do Tad; Cobain]. Os únicos Kurts que eu conhecia em Nova York escreviam seus nomes com C, abreviação de 'Curtis'. Será que é um lance escandinavo?"

Você deve ter ido às mesmas festas e lugares para retratá-los em detalhes tão contundentes. Você chegou a achar que suas representações eram muito exageradas?

"Desde que soassem reais, eu sentia confiança no que escrevia", responde Bagge. "Ocasionalmente, eu criava alguma bizarrice apenas por diversão, mas alguém sempre me escrevia dizendo: 'Eu também já fiz isso', provando mais uma vez que a verdade é mais estranha que a ficção."

Isso me lembra uma das minhas anedotas grunge favoritas, de Michael John, ex-funcionário da Sub Pop:

"Na minha primeira semana no clube Off Ramp, cheguei cedo ao trabalho, e a minha chefe, Jan, me levou ao apartamento de um ex-funcionário que ficava no andar de cima, um viciado que havia roubado algum dinheiro e sumido. Jan me disse: 'Pegue o que você quiser e jogue o resto fora, é melhor usar luvas, acho que ele se injetava'. O quarto era amarelo, um chiqueiro cheio de lixo, decorado com pornografia e com lâmpadas fluorescentes. Entrei na cozinha e, pendurada na parede, estava uma imagem de Cristo na cruz, com uma agulha de verdade espetada no pescoço, ainda com sangue no êmbolo, escorrendo pela parede. Eu fiquei ali, parado. Chovia lá fora e, no show lá embaixo, uma banda de merda estava tocando uma versão de merda de 'Touch Me I'm Sick', hino do Mudhoney. Eu estava preso em um clichê."

E lá vai mais uma: "O 'perdedor' é o herói existencial dos anos 1990...".

"Verdade, mas que contradição!", Bagge concorda. "É como dizer: 'O vilão era o mocinho'."

"[...] Você não tem nada a perder porque não ganha nem um salário mínimo. Você paga impostos demais, nunca consegue andar de cabeça erguida e mora em um apartamento de merda. Faz horas extras a semana toda e, mesmo assim, não é suficiente. Tem um cartão de crédito, mas está sempre endividado."

Kurt Danielson disse isso.

"O resto da citação é típico dessa atitude derrotista intencional que os preguiçosos da Geração X adotaram naquela época", aponta Peter. "Mas acho que eles não acreditavam nisso de verdade, ou não teriam nem mesmo tentado reagir. Eles só queriam choramingar. Mas o grunge não existiu apenas no Noroeste. Havia sons parecidos com grunge saindo de todos os buracos. Qual era aquela gravadora de Chicago? Touch and Go? Muitas das músicas deles não eram do mesmo gênero?"

Totalmente.

"A Sub Pop não teve vergonha de abraçar o gênero", insinua Bagge. "Essa é outra razão pela qual Seattle se associou ao grunge. Em comparação com os outros selos, Bruce e Jon eram vendedores ambulantes descarados. Quando ainda trabalhavam juntos... Eu quase falei que eles não eram bons empresários, mas eles tiraram milhões de dólares de empresas do tamanho da Warner. Eles convenceram todos de que tudo que tocavam virava ouro, mas, na verdade, tiveram sorte com o Nirvana. Pavitt sempre soube perceber qual seria a próxima grande novidade. Ele tinha a mente muito aberta."

Então você achava aquele som um pouco ridículo?

"Sim, com certeza", Peter responde. "Eu até gostava de alguns. Mas tudo neles, da roupa que vestiam à música, me remetia ao início dos anos 1970. Além do óbvio, como Iggy Pop, lembravam os primeiros anos de Alice Cooper e Steppenwolf[11] – sabe, antes do grunge, aquilo era conhecido como heavy metal. Chamávamos de hard rock. Sobre as camisas de flanela e as camisetas térmicas de manga longa – quando eu estava no ensino médio [na Costa Leste], usávamos isso o tempo todo. O pessoal andava pela floresta e precisava de roupas para continuar com o corpo quente quando ficava chapado. Aquilo realmente me surpreendeu, sobretudo quando surgiram os anúncios de moda nas revistas, com pessoas usando as mesmas roupas que vestíamos no ensino médio.

"Seattle era – e ainda é – uma genuína cidade provinciana", finaliza. "Naquela época, as pessoas desconfiavam muito de gente de fora, invejavam

Nova York e Los Angeles. Vindo de Nova York, eu achava engraçado o fato de que conseguir uma menção – sobretudo uma boa menção – no *The Rocket* era como vida ou morte. Eu ficava tipo: '*The Rocket*? Quem liga?'. Quase me sinto mal por muitas bandas locais que não aproveitaram o momento. Parecia que eles não percebiam como era raro o fato de aquela cidade estar na mira dos holofotes, ou não ligavam para isso. Davam a entender que aquele fenômeno era como uma ameaça, um problema. Sempre diziam algo como: 'Ah, quantos jornalistas!'. E eu ficava pensando: 'Quanto tempo isso vai durar? Seattle não será o centro das atenções para sempre'."

Adendo 2: Steve Turner

Seattle tinha um comportamento bastante paroquial, não tinha?

"Não eram tão desconfiados, como se ninguém nunca viesse para cá", ressalta o guitarrista do Mudhoney. "Mas era um ponto de parada. Nunca me pareceu uma cidade grande. Ainda não parece. Vejo Seattle como uma cidade que ficou grande demais e desabou sobre si mesma."

Certamente houve um momento, por volta de 1991, em que os músicos locais começaram a ficar ressentidos...

"... por causa de gente se mudando para cá", concorda Turner. "Sim, porque as pessoas vinham com uma atitude diferente. Aqui, não esperávamos chegar muito longe. Eu já não curtia mais muitas das músicas que as bandas dos meus amigos tocavam – e eu nunca gostei de Soundgarden ou Mother Love Bone. Mas ver as pessoas se mudando para cá, tentando soar e se vestir como o Alice in Chains, só me fez odiar ainda mais esse tipo de música.

"No Mudhoney", continua Turner, "nossa reação contra isso foi *Every Good Boy Deserves Fudge* [1991], desconstruindo tudo com amplificadores menores, teclados antigos e covers de punk rock para nos lembrarmos do motivo de realmente gostarmos de rock 'n' roll, antes de tudo. Não é nada bombástico, pomposo, essa porra de 'Jesus Christ Pose' [single do Soundgarden]. Para mim, a coisa toda morreu no minuto em que estourou – eu já tinha desencanado, mesmo com o Mudhoney. Eu dizia: 'É isso. Vou tirar um ano de folga e voltar para a escola'. Em 1990, eu pensei: 'Preguiça. Que seja. Já chega'.

"Então tudo explodiu pela segunda vez, com toda essa coisa do Nirvana e do *Nevermind.* Aí virou mesmo uma merda", Steve diz, rindo. "O primeiro estouro foi divertido por um tempo, mas depois virou um tédio. Eu nunca tive um sonho secreto de ser um astro do rock, então ver os outros sonhando com isso azedou as coisas para mim. Ter que ir para o [clube] Off Ramp, essas coisas, era o fim do mundo. Odeio todos esses troços. Pessoas com o corte de cabelo do [cantor do Soundgarden, Chris] Cornell [...]"

NOTAS

1 O Teenage Fanclub – futuro companheiro de turnê do Nirvana – também assinou contrato com a DGC nessa época.

2 O acordo só foi oficialmente fechado em 30 de abril de 1991.

3 O Jawbox era pós-grunge (um dos vários grupos de sua geração que assinou contrato com uma grande gravadora, mas que não deveria ter feito isso). Já a Velocity Girl era uma banda pop anglófila da Sub Pop, liderada por mulheres.

4 *Hype!* (1996) é extremamente fácil de se assistir – com incandescentes performances ao vivo de bandas como Mudhoney e The Gits, além de comentários ácidos de luminares locais como Steve Fisk, Jack Endino e Mark Arm. E, no encarte do DVD, consta ainda um cartum "grunge", bônus do ilustrador Peter Bagge.

5 *Vida de solteiro* (1992) apresenta muitos lugares e rostos familiares aos fãs da Sub Pop (principalmente o Pearl Jam), mas é basicamente uma comédia romântica padrão de Hollywood.

6 Susie Tennant era a promotora representante da DGC em Seattle e o contato direto da gravadora com o Nirvana. Sempre pronta para a diversão, ela dividia uma casa em Capitol Hill com a vocalista do Fastbacks, Kim Warnick, e o local ficou conhecido como um dos melhores pontos de festa, ao lado de outros alugados por gente como Charles Peterson e o promotor da Sub Pop, Nils Bernstein.

7 Don Dixon coproduziu, com Mitch Easter, o álbum de estreia do R.E.M., *Murmur*, de 1983.

8 Kurt roubou as fitas máster do álbum de Knievel e mandou-as de volta para Olympia. No dia seguinte ligou para Dale Crover para se gabar.

9 Retirado de "Get Together", sucesso pacifista dos Youngbloods, do final dos anos 1960.

10 Apenas na versão em CD – e nem nas tiragens iniciais, devido a um erro de prensagem.

11 O Steppenwolf – que já foi considerado o inventor do heavy metal – era um grupo de roqueiros de São Francisco, mais conhecido por seu hit "Born to Be Wild", que faz parte da trilha sonora do clássico filme de motoqueiros *Sem destino*, de 1969.

CAPÍTULO 15

O amor é a droga

FOI durante a gravação de *Nevermind* que Kurt Cobain conheceu Courtney Love.

Parte um: Everett True

Eu me lembro do hotel.

Descendo da varanda até o saguão frio e escuro, havia um refúgio do calor opressivo. Descontraído e silencioso. As luzes decorativas brilhavam entre as bordas das árvores como se já fosse época de Natal. Lembro dos tons pastel, suaves; os apartamentos no térreo; o porteiro que não zombou de nós quando entramos.

Foi o hotel onde Prince, supostamente, presenteou mulheres com banhos de pétalas de rosa. Foi o hotel onde ficamos dias descansando à beira da piscina, bebericando cerveja e coquetéis multicoloridos, tomando sol em meio à névoa de Los Angeles, ligando para gravadoras e o pessoal da indústria musical de nossos telefones celulares, loucos para prolongar nossa estadia. Em desespero, descansávamos ao lado da piscina e esperávamos o pessoal nos ligar de volta. De vez em quando, um telefonema para Londres, só para zoar. "Como está o clima por aí? Chovendo? Ah, não? Que pena."

Foi nesse hotel que conheci Courtney Love e sua banda, o Hole. Era maio de 1991. Até hoje posso vê-los passando pelos ladrilhos do outro lado da piscina em direção ao lugar onde estávamos curtindo uma preguiça em trajes de banho ingleses, a luz do sol cheia de neblina batendo no cabelo despenteado de Courtney. Em nítido contraste com as pernas bronzeadas e as vestes em tons pastel dos outros hóspedes, eles pareciam estar com roupas demais e anêmicos. As meias de Courtney estavam rasgadas; a baterista Caroline Rue ostentava um piercing no queixo muito antes de isso virar moda; e a baixista Jill Emery era uma pequena gótica irritante de cabelos pretos. Já o tímido guitarrista, Eric Erlandson, era o mais surpreendente de todos – com seus longos cabelos desgrenhados e a pele pálida, esbelto como Thurston Moore, parecia que não via a luz do dia havia anos. A gerência do hotel não poderia ter imaginado um grupo maior de aberrações locais em seus pesadelos mais sombrios. Courtney parecia impressionada com nosso jeito britânico, rindo do nosso sotaque a cada oportunidade. Ou talvez fossem os trajes. Eric se recusou a apertar minha mão porque, explicou ele, se fizesse isso seríamos amigos. E não é certo fazer amizade com um jornalista.

Nada parecia mais natural do que a presença do Hole naquele playground dos privilegiados. E nada parecia mais fora do lugar. No hotel Sunset Marquis, até a máquina que vende cigarros fica escondida no porão.

Mais tarde, conversamos.

"Existem dois tipos de gente", Courtney me contou. "Os que são sádicos e masoquistas e os que são certinhos, que não têm desejo nenhum de infligir ou sentir dor – e essas pessoas são a maioria. Você e eu, Everett, somos a minoria. Mas, ao mesmo tempo, somos um pouco mais sensíveis que um monte de gente estúpida, que se contenta com uma relação legalzinha, uma vidinha bacana e mais nada. Elas não desejam a verdade e não desejam o ódio. Não desejam o mal, a decadência, nem a pureza...

"E tudo bem", prosseguiu ela. "Eu invejo essas pessoas, esses agricultores russos que vivem uma vida simples até os 120 anos à base de iogurte. Eles não têm estresse nenhum. Mas é tão *divertido*", disse ela, prolongando a palavra como um pedido de socorro, "ser como somos, e, para mim, a parte mais divertida de tudo é ser verdadeira. Sou tão fodida que, quando tenho honestidade suficiente para ser transparente, é quase como uma coisa de Cristo. Dá uma sensação de pureza quando faço isso, mesmo que seja uma mentira emocional profunda".

Courtney estava sempre em contato com seu lado obscuro.

"Os homens se sentem intimidados por mim, mas já não me importo com isso", afirmou ela. "Eles ficam intimidados porque não fui criada para ser uma bonequinha e não sei ser muito recatada. Não conheço os truques desse mundinho e não reservei um tempo para aprendê-los, afinal eu tenho mais o que fazer. Eu me relaciono com pessoas corajosas o bastante para lidar comigo e não quero me relacionar com gente que não é.

"Sempre fui odiada pelos burocratas, por aquelas pessoas que atendem telefones", disse ela. "Quem me ama está por trás desses telefones, gente poderosa. [O astro pop cult inglês] Julian Cope, Elvis Costello, [o cineasta] Alex Cox e... Everett True."

Essa me matou de rir, devo dizer.

Tivemos uma conversa longa, interminável, com energia e empolgação ardentes. Falamos sobre tudo e qualquer coisa – as histórias que Courtney achou que eu queria ouvir. Sobre seus flertes com antigos astros britânicos do rock e sobre ter sofrido *bullying* na escola, as expectativas da mídia sobre as mulheres, acessórios vaginais, amor, desejo e ódio.

Antes de começarmos, Courtney tomou banho e, displicentemente, colocou meu roupão de flanela branca do hotel. Seus pés estavam descobertos, as coxas nuas exibindo ostensivamente sua brancura fantasmagórica, rindo de Jill enquanto a baixista ficava cada vez mais paranoica. Courtney expulsou todos os outros integrantes do quarto, então ficamos a sós, num clima intimista.

Durante 30 minutos, evitei fazer perguntas diretas. Sabia que isso a chatearia. Uma vez que ela começou a falar, minha vida não parou por anos, até o final de um verão, quando parou de uma hora para outra. Mas já estou me adiantando.

> Oi, ET.
>
> OK, minha memória também é uma merda, mas me lembro bem da primeira entrevista com você, de como você foi mau e de como estava apenas tentando transar com a Courtney. Eu me lembro de dividir comida chinesa com você em Seattle durante aqueles dias surreais de tão tristes após a morte do Kurt. Eu me lembro de filmar você o empurrando para o palco em uma cadeira de rodas em Reading. Também me lembro de pular cercas com você para ver o Elastica na tenda de Reading. Eu me lembro de você subindo no palco conosco em St. Louis e cantando algumas músicas. Eu me lembro de tomar uns picos com você no CBGB. Zoeira, óbvio. Desculpa. Eu me lembro da entrevista na *Vox* e da sessão de fotos no estúdio Olympic.
>
> Eric.

Li tantas mentiras e quase-verdades sobre Courtney que fica difícil separar fato de ficção, mesmo em minhas próprias recordações. Será que Courtney teria conhecido Kurt em Portland em 1990, conforme relatado tanto na biografia semioficial de Poppy Z Brite quanto na exaustiva análise de Charles Cross (e posterior criação) da mitologia de Cobain, *Mais pesado que o céu*?[1] De acordo com Eric Erlandson, que estava saindo com ela na época – ou segundo outros amigos próximos –, não foi assim. O próprio casal desmentia a data.

Em uma entrevista para a *Sassy*[2] em janeiro de 1992, eles afirmaram que seu primeiro encontro ocorreu em outra ocasião. "Eu o vi tocando em Portland em 1988",[3] contou Courtney à jornalista Christina Kelly. "Eu o achei intenso e fofo, mas não consegui perceber se era inteligente ou íntegro. Então depois eu o conheci melhor em outro show, cerca de um ano atrás."

"Butthole Surfers", diz Kurt. "E L7", acrescenta Courtney. "Fui atrás dele, não de um jeito agressivo, mas o suficiente para constranger certas garotas."

Ainda assim, sempre que leio a versão "oficial" do primeiro encontro de Kurt e Courtney, ela fica cada vez mais detalhada, incluindo uma pequena e prazerosa fantasia envolvendo David Pirner (vocalista do Soul Asylum, que tinha cabelos loiros desgrenhados como os de Kurt), punk rock, uma luta improvisada e trocas de adesivos para guitarras. Tudo besteira. Ah, isso sem falar na caixa perfumada em formato de coração com "três rosas secas, uma bonequinha de porcelana, uma xícara de chá em miniatura e conchas cobertas de verniz" que ela supostamente teria enviado a Kurt em Olympia no fim de 1990. Besteira. Na época, ela não estava interessada em Kurt.

Courtney teve alguma influência sobre o estilo musical ou sobre o visual "puta de jardim de infância" de sua amiga Kat Bjelland, a vocalista do Babes in Toyland – visual e música que Courtney mais tarde adotaria para si? De acordo com o então namorado de Kat, de Minneapolis, não. Quanto tempo Courtney ficou casada com seu primeiro marido, o *cross-dresser* Falling James, da banda punk de Los Angeles The Leaving Trains? Certamente mais do que a única consumação do relacionamento do qual ela me contou.

OK. Aqui está o que sei (mais ou menos). O nome de batismo de Courtney Love é Courtney Michelle Harrison, e ela nasceu em 9 de julho de 1964, em São Francisco. Seu pai, Hank Harrison, foi roadie do Grateful Dead, e havia rumores sobre ele ter sido o responsável pela contratação dos Hell's

Angels como seguranças no infame show gratuito dos Rolling Stones em 6 de dezembro de 1969, no Altamont Raceway, perto de Livermore, no norte da Califórnia.[4] Sua mãe, Linda Carroll, mais tarde se tornou terapeuta – famosa na contracultura dos Estados Unidos por convencer a radical Katherine Ann Power a se entregar às autoridades após 23 anos foragida.[5]

Courtney trocou de nome e de casa várias vezes. Durante a adolescência, mudou-se de Portland (em um reformatório) para a Nova Zelândia e o Japão, onde se tornou stripper. Depois foi para a Irlanda e a Inglaterra em 1981, onde conheceu Julian Cope e os integrantes do Echo & The Bunnymen. Cantou em uma versão inicial do Faith No More e, brevemente, no Babes in Toyland, até formar a extremamente gótica Sugar Baby Doll, em Minneapolis, com Jennifer Finch e Kat Bjelland. Fez teste para o papel da namorada de Sid Vicious, Nancy Spungen, na cinebiografia punk de Alex Cox de 1986, *Sid & Nancy*,* e acabou com um papel principal em um faroeste *spaghetti* do mesmo diretor, *A caminho do inferno*. Em Portland, traçou planos futuros de "fazer sucesso" na indústria musical em seus diários femininos cheios de rabiscos[6] – esses diários, mais tarde encontrados por Lois Maffeo, cantora e compositora de Olympia, inspirariam a formação da doce e obscura banda de Lois chamada Courtney Love.

"Você tem que entender que Courtney era uma personagem", comenta Rich Jensen. "Ela era do tipo que iria ao sarau de poesia de segunda-feira no Café X-Ray de Portland e faria apresentações escandalosas sobre a própria anatomia. Ela queria ser uma figura reconhecida e marcante nas ruas de Portland. Então, quando deixava seu diário por aí, todos tinham muito prazer em lê-lo."

De volta a Los Angeles, ela continuou a trabalhar meio período como stripper e, em 1989, respondeu a um anúncio no *The Recycler*, colocado por Eric Erlandson, que buscava "pessoas que gostassem de Big Black, Stooges, Abba e Fleetwood Mac" para uma banda nova, Hole.

"No começo, era mais agressivo", explica Eric. "Tínhamos três guitarristas [...], um cara mais speed metal, as insanidades de Courtney com sua Rickenbacker e eu fazendo minhas afinações e aberturas bizarras. Aos pou-

* Courtney não conseguiu o papel de Nancy Spungen, mas interpretou, no mesmo filme, a melhor amiga da namorada de Sid Vicious, Gretchen. [N. P.]

cos, aquela bagunça foi ficando mais refinada. Depois, sobraram só eu e Courtney na guitarra. Sempre curti bandas de Nova York com dois guitarristas que tocavam partes diferentes. Não tínhamos habilidade para tocar guitarra pop/rock padrão. Aí fizemos nossa própria versão do que ouvíamos sair de Nova York."

É possível que Courtney tenha *visto* o Nirvana tocar no show do Satyricon, em Portland – mas provavelmente não ficou tão impressionada. (Seus gostos sempre tendiam para o nu metal e a new wave inglesa ruim.) Provavelmente mudou de opinião quando a loja de discos onde ela trabalhava recebeu a primeira leva de títulos da Sub Pop.

"Eu não teria tido uma banda se não fosse pelo Mudhoney", Courtney me contou em 1992. "Depois que a Kat me chutou da minha própria banda, entrei numa baita depressão e voltei para Portland e, pelo jeito, seria stripper pelo resto da vida. Mas certa noite ouvi 'Touch Me I'm Sick' e fui salva. Eu sabia que era capaz de gritar daquele jeito. Como Portland estava um verdadeiro buraco, me mudei para Seattle por dois dias, tentando encontrar alguém com quem montar uma banda. Pensei que haveria garotas descoladas em Seattle que soubessem quem eram Mudhoney, Big Black e The Fall. Mas, depois de dois dias, me dei conta de que precisava ir para Los Angeles. Não me pergunte por quê, Los Angeles é um nojo. E meu lugar é lá, simples assim. Naquele Natal, tinha mandado um disco para a Jennifer, o que nos deu um vigor renovado, e ela me convenceu a me mudar para LA a fim de começarmos uma banda paralela. Aí nos sentamos e o ouvimos repetidas vezes. Era algo "inteiro" [*whole*, em inglês] e ainda é. Foi daí que tirei o nome da minha banda, do *whole* do Mudhoney."

"Ela me enviou o *Bleach* e o compacto de 12 polegadas do Mudhoney, 'Touch Me I'm Sick'", confirma Jennifer, "e falou: 'Olha o que tá acontecendo no Noroeste'. Coloquei os dois discos para tocar e comentei: 'Sabe, o Mudhoney realmente poderia dar algum dinheiro'".

Depois que Jennifer teve um envolvimento amoroso com Dave Grohl, Courtney começou a demonstrar mais interesse pelo Nirvana. Embora, na época, ela namorasse o vocalista do Smashing Pumpkins, o egocêntrico e pomposo Billy Corgan, sentiu-se atraída pela energia que emanava de Seattle e por seus astros bem nerds, como Mark Arm, pois ela própria era uma nerd. Tanto o grunge quanto o Sonic Youth influenciaram o primeiro disco do Hole, *Pretty on the Inside*, de 1991. A baixista do Sonic Youth, Kim Gordon, foi quem inclusive coproduziu o revigorante álbum. Puro, desagradável, uivante e distorcido, com fúria inapropriada, o álbum é sem dúvida a música mais intensa que Courtney já gravou.

Mark Arm, porém, já a havia rejeitado...

"Meu primeiro encontro com Courtney Love foi por telefone", recorda o fotógrafo Charles Peterson. "Fui até a casa do Mark Arm, e ele falou, tipo: 'Aqui, conversa com a Courtney'. E eu: 'Courtney?'. E ele: 'É, daquela banda Hole, sabe?'. Ela era extraordinariamente perturbadora. Tinha uma certa energia, um encanto; na verdade, não era um encanto. Ela era intrigante. Tudo a ver com aquela volúpia do punk."

O Hole recebeu esse nome por causa de Mark Arm. É bem complicado: algo a ver com o "buraco [*hole*, em inglês] na alma de Mark Arm".

"Courtney, a rainha do agito", ri Charles. "Quando a conheci em carne e osso, ela estava com Kurt. É esquisito, pois quando me lembro deles não consigo imaginar os dois juntos. Várias vezes via Courtney na rua, ou Kurt. Raramente via os dois juntos."

Há um trecho na letra de "Asking for It", do segundo álbum do Hole, *Live Through This*,[7] extraído diretamente da segunda entrevista que fiz com Courtney, no meu flat em Cricklewood, em 1991. "*Every time that I sell myself to you/ I feel a little bit cheaper than I need to/ I will tear the petals off of you/ Rose red, I will make you tell the truth.*"* A maneira como ela compõe a letra é uma referência a tópicos sobre os quais conversamos durante as primeiras entrevistas. Da mesma forma, "Softer Softest", com seus versos de abertura "*I tell you everything/ I hope you won't tell on me*",** é uma referência a um relacionamento que foi muito além do padrão imprensa/artista.

Claro, nosso relacionamento foi... o quê? Amigos e colegas me dizem como Courtney tirou vantagem de mim, como usou meu cargo para objetivos próprios e depois me chutou, como ela é extremamente manipuladora e ambiciosa, além de uma pessoa muito, muito ruim. Outros talvez digam que ela amadureceu com o passar dos anos, tornou-se boa atriz e ferrenha defensora de certos direitos, alguns feministas. No geral, eles têm razão sobre a par-

---

* "Toda vez que me vendo para você/ Eu me sinto um pouco mais barata do que preciso/ Vou tirar as pétalas de você/ Rosa vermelha, vou fazer você dizer a verdade." [N. T.]

** "Eu te conto tudo/ Espero que não me dedure." [N. T.]

te do relacionamento. Claro. Exceto que Courtney nunca me "chutou". Nós nos afastamos, como muitas vezes acontece entre amigos. Há um romance de Barney Hoskyns, *The Lonely Planet Boy*, lançado em 1995, inspirado na relação fictícia entre um homem ingênuo, crítico de rock, inglês, da classe média e uma corruptível estrela/diva do rock que o levou a uma vida sórdida de drogas e sexo castrador. Os paralelos parecem inacreditáveis. Sem dúvida. Estou preparado para acreditar em tudo isso. Era o que inicialmente deixava todos nós atraídos por ela, certo? O fruto proibido é o mais doce.

Courtney era uma companhia incrivelmente divertida, tinha um jeito muito cativante de me pedir ajuda, com seu olhar de garotinha perdida, quando estava no ápice do "agora, fodeu", e era possível confiar nela para criar uma situação onde nada disso existira anteriormente. Isso é ruim? Ela me fazia sentir especial, como se eu fosse a pessoa mais importante do mundo quando estava em sua companhia. Fodam-se todos os idiotas previsíveis que sequer conseguem fazer esse simples truque.

Em nosso primeiro encontro, eu me peguei limpando uísque da virilha dela. Foi o mais perto que chegamos – e o mais perto que eu queria que acontecesse. Sempre que nos encontrávamos, eu a fazia chorar, já que, bêbado, eu era sempre mau, comentando sobre o peso dela, sua falta de voz ou talento. Eu não queria ser assim. Ela me fazia ficar daquele jeito – e, sim, eu adorava.

Ah, e ouvindo algumas fitas cassete de gravações dos shows do Hole em 1991, 1992 e 1995... será que eu não a incentivei a se comportar mal também?

Aqui está o segredo do meu amor pelo Hole: a música. "Retard Girl" e "Dicknail", os dois primeiros singles não solicitados que recebi pelo correio, pareciam uma entrada em um mundo mais sombrio e turbulento. As guitarras de Eric pesavam com intensidade claustrofóbica. As letras eram maldosas e cheias de sentimento. O motivo por que me apaixonei por "Retard Girl" foi que toda a maldade, escuridão e espasmos me lembraram de Lydia Lunch,[8] Sonic Youth e outras paixões dos anos 1980. Gostava do fato de que nada era muito limpo, que estava longe de ser um pop construtivo. A bateria e o baixo eram pesados, implacáveis. A guitarra parecia rir com malícia. "Dicknail", por sua vez, era puro Babes in Toyland, e eu não ia resistir. Ouça a voz. A própria promessa de encrencas não é sedutora por si só?

Você já deve ter assistido a filmes de rock com *groupies*, como *Quase famosos*, de Cameron Crowe. Não é ficção. Essas histórias realmente aconteceram, embora sem os finais agradáveis. É estranho. Pergunte o que eu odeio no rock e direi sem pestanejar. Axl Rose e aquelas coisas ridículas que Steven Tyler amarra na cabeça. Heroína e o desrespeito às mulheres. Situações de merda, em que as pessoas estão lá só pela festa, pelas drogas – não pela música. Johnny Thunders e os Velvets. A guitarra usada como uma extensão peniana.

No entanto, vivi em meio a tudo isso e adorei a maior parte.

"Só chamei Courtney Love para sair para impressionar você", me confessou Kurt Cobain certa vez.

Nunca soube se deveria acreditar nele. Estava me enrolando? Porque, por mais perturbado que Kurt fosse, ele tinha um senso de humor perverso. Ele alegou que isso aconteceu na mesma noite em que apresentei o casal um para o outro num show dos filhos idiotas favoritos de Austin, o Butthole Surfers, em Los Angeles, maio de 1991. Sem dúvida, é possível. Como eu vou saber?

Anos depois dessa apresentação dos Surfers, eu ainda trombava com estranhos que adoravam contar como me ajudaram a entrar num táxi naquela noite, como foram pessoalmente insultados por mim, como souberam tudo a meu respeito por meio de outras pessoas presentes. Além disso, como Kurt gostava de lembrar, quando ele encontrou Courtney e eu naquele show, nós estávamos rolando no chão da área VIP no andar de cima do Hollywood Palladium, totalmente zoados.

"Depois, quando você e eu voltamos para o apartamento", continuou Kurt, "você ficava repetindo como essa tal Courtney Love era maravilhosa, como havia acabado de conhecê-la e como a transformaria na maior estrela do mundo e coisas do tipo. Aí decidi agir como um astro do rock arrogante. Comecei a me gabar de como poderia ter um encontro com ela, se eu quisesse. E foi o que fiz. Liguei para Courtney ali mesmo, às duas horas da manhã, e combinei de encontrá-la no dia seguinte. Só que não apareci. Fiz isso só para impressionar você".[9]

Claro. Talvez seja verdade. Talvez Kurt tenha pedido para sair com Courtney naquela noite no Palladium porque queria se exibir para mim. Aconteceram coisas mais loucas. Kurt me conhecia. Courtney também. E é verdade que ele não teria falado com ela se eu não estivesse ali...

Sem dúvida, Kurt me conhecia bem o suficiente para reconhecer sinais de paixonite em seu amigo inglês bêbado. Paixonite? Claro. Eu estava meio a fim da Courtney. Já no primeiro encontro, ela tinha esse dom de fazer você se sentir a pessoa mais importante do mundo enquanto falava. Kurt percebeu isso. Na verdade, provavelmente não conseguiu evitar. Eu estava bêbado. Teria continuado a falar sobre ela sem parar. Então, há melhor maneira de se exibir na frente de um amigo do que pedir para sair com a paixão dele?

Toda história precisa ter um ponto de partida. Ao longo dos anos seguintes, Kurt e Courtney me lembrariam de que eu os apresentei. "A culpa é sua", diziam eles, rindo, cientes de como os críticos menosprezavam o casamento deles e viam Courtney como uma interesseira. "Não se preocupe, você terá 10% de todos os *royalties*."[10]

Eu me lembro do show. Foi durante minha primeira visita a Los Angeles. Como eu poderia esquecer? Butthole Surfers, Redd Kross e L7 – que trio sensacional! Eu não estava na lista de convidados, então apareci durante a passagem do som para conseguir entrar, passando direto pela fila de punks e esquisitões vigiada por seguranças armados e desconfiados. Ali trombei com o empresário do Redd Kross (e dos Beastie Boys) John Silva. Sem que eu soubesse, Silva vinha atuando como empresário do Nirvana havia vários meses.

Contei a ele que eu estava em uma missão. Na noite em que fizemos check-in no hotel em Los Angeles, eu tinha visto um anúncio de um show do Hole para dali a oito dias. Eu não sabia que banda era aquela. Só conhecia o som deles, uma explosão de veneno, sêmen e paixão ao estilo dos riffs do Black Sabbath. Seus dois singles haviam me deixado maluco. Estava desesperado para conhecer os integrantes da banda. Não sabia nada sobre eles. Na verdade, imaginei que eram de Minneapolis, pois Kat Bjelland os colocou em contato comigo. E logo, logo eles tocariam! Eu tinha que conhecê-los.

Então perguntei a Silva se ele sabia quem era o Hole e como eu poderia entrar em contato com a vocalista. Silva era um cara que conhecia todo mundo. "Posso fazer melhor que isso", ele me falou. "Posso apresentar você a ela agora mesmo."

E foi assim que conheci Courtney Love.

Ainda hoje me lembro de vê-la andando pela pista de dança vazia até chegar a mim: barulhenta, mal-ajambrada, a maquiagem borrada e a meia-calça furada, a luz de neon brilhando através de seus cabelos amarelos sujos. Ela se apresentou e, dentro de minutos, já tinha mencionado meia dúzia de gente famosa que, afirmava, era íntima dela. Courtney me comprou um uísque e pediu que eu lhe comprasse outro como retribuição.

Nenhum de nós tinha dinheiro, então corremos pelo lugar roubando e suplicando bebidas em proporções iguais, ficando cada vez mais bêbados e zoados. Alguém nos apresentou o cara de cabelos cacheados de *Bill & Ted: Uma aventura fantástica*. Uma integrante do L7 colocou ácido em nossa bebida. O lugar girava sobre nossa cabeça enquanto conversávamos e brigávamos. Nós nos demos extremamente bem. Eu era um crítico de música inglês em busca da Próxima Bola da Vez. Ela era uma atriz/musicista esforçada, desesperada para se tornar a Próxima Bola da Vez. Ela adorava a atenção que estava recebendo de um jornalista inglês "de renome". E eu adorava o afeto que ela me dava em troca. Até mesmo na hora em que fiquei chateado quando Courtney questionou minha motivação e começou a flertar seriamente comigo. (Que me importava o formato do nariz de alguém quando eu tinha a pureza da minha paixão pela música para me manter?) Entramos na área VIP por trás das cortinas de veludo no andar de cima, escorregando por baixo das cordas quando os seguranças estavam de costas. Ninguém ia nos impedir. Éramos intocáveis.

Mais tarde, o Nirvana apareceu. A banda de Aberdeen estava na cidade gravando o *Nevermind*, o álbum que marcou uma era. Kurt me viu, e seus olhos se iluminaram. Ficou claro que tanto Courtney quanto eu estávamos envolvidos em alguma má conduta séria. Quando ele nos viu ali, barulhentos, bêbados e nos comportando de um jeito irritante, foi natural ir até as pessoas mais loucas do local e começar a rolar no chão com elas.

"Como estão as coisas?", perguntou Kurt, enquanto eu me jogava no chão com Courtney. "E quem é essa aí com você? Não vai nos apresentar?"

"Conheço você", gritou Courtney. "Você é o Kurt Cobain, e é um babaca."

Vrau! Courtney mal falou e já deu um soco no estômago de Kurt: no rock alternativo, era a forma habitual de cumprimento. Kurt caiu e me jogou por cima dele. Agarrei Courtney e nós três despencamos bêbados na frente de todas as víboras chiques de Los Angeles, com suas amplas lapelas e jeans com pedrarias. Alguns seguranças começaram a se interessar por aqueles três bêbados tolos estragando o ambiente rock 'n' roll – "Não toque em Kurt", gritou Courtney. "Ele é um ASTRO DO ROCK, porra!"

Kurt gostou da ideia, então agarrou Courtney pela garganta. Terminadas as apresentações, decidimos que precisávamos de uma bebida. E foi isso. Kurt conheceu Courtney.

Gostaria de poder dizer que houve química imediata, que a luz do amor começou a brilhar através de seus olhos assim que eles se conheceram, mas...

isso é um monte de besteira. A única atração existente entre o futuro casal naquela noite em Los Angeles foi a de um bêbado por outro. De dois festeiros procurando mais álcool e subterfúgios para ficarem chapados, se divertirem e tocarem o foda-se. Duas estrelas menores animadas com a sensação de liberdade proporcionada pelo excesso de substâncias químicas.

Eu me lembro das luzes se duplicando e da maneira como as pessoas pareciam olhar para nós três, caídos no chão, com uma expressão estranha, algo semelhante a ciúmes. Quê? Toda aquela gente bonita com ciúmes de mim – um babaca inglês bêbado? Algo não estava certo.

Na garupa da moto de Dave Grohl, Courtney voltou para seu apartamento de um quarto em algum lugar em Hollywood. Kurt se dedicou a cuidar do seu amigo jornalista inglês, agora quase em coma alcoólico, garantindo que ele não caísse nas mãos dos seguranças. Fui então levado de volta, de carro, aos aposentos temporários do Nirvana, com um saco plástico amarrado no rosto para segurar o vômito, uma alça em cada orelha, enquanto Krist Novoselic tentava atropelar alguns skinheads nazistas. A certa altura, paramos num posto para que eu pudesse usar o banheiro. Incapaz até mesmo das funções humanas mais básicas, cambaleei em vez de caminhar até a porta dos fundos, ao som dos clientes mijando de tanto rir.

"Foi incrível", Kurt me contou mais tarde. "Todo mundo zoando com a sua cara porque você estava completamente embriagado. Mas você se defendeu."

"Por quê? Que foi que eu fiz? Mijei nas azaleias deles?"

"Não", riu Kurt. "Você saiu de lá com o molho de chaves do estabelecimento pendurado no gancho do cinto. Eles devem ter ficado bem furiosos quando perceberam."

Acordei na manhã seguinte, nu, embaixo de uma mesa com tampo de vidro no apartamento do Nirvana em Oakwood. Uma espessa nuvem de heroína pairava no ar, e o local estava uma bagunça completa, enquanto Krist e o fotógrafo do *Melody Maker*, Phil Nicholls, se envolviam em alguma discussão filosófica profunda (provavelmente sobre drogas). Minhas costas doíam porque alguém acidentalmente havia deixado cair um cinzeiro pesado de vidro nelas. Tudo o que eu conseguia ouvir na minha mente era Kurt Cobain se gabando de como ele marcara um encontro com uma garota que havíamos conhecido na noite anterior. Ignorei minha imaginação febril, olhei as horas – merda, seis horas da manhã – e saí na rua só de cueca para chamar um táxi de volta para Hollywood junto com o sr. Nicholls. Tínhamos de fazer outra entrevista por telefone às oito horas.

Parte dois: Debbi Shane

"[...] os Melvins estavam saindo em turnê, e Kurt me convidou para ir até lá. Ele disse: 'Ei, eles nos deixaram morar nesses apartamentos, venha quando quiser passar o fim de semana, Shelli está aqui com Krist'. Eles me ligavam e falavam: 'Quando você vem, quando você vem?'. Finalmente, decidi ir passar um fim de semana. Combinamos de nos encontrar num show do Butthole Surfers e do L7 no Hollywood Palladium, e de lá seguiríamos para os apartamentos. Nós pegamos um avião, alugamos um carro, nos perdemos, e aí conseguimos achar o clube. Chegamos lá muito tarde. Encontramos Kurt, e Krist estava superbêbado. Ou ele levou uma multa [por dirigir embriagado] ou atropelou alguém no estacionamento naquela noite. Então me lembro da Courtney – sobre quem tinha lido e ouvido falar por anos, através de outras pessoas que a conheciam ou tinham sido casadas com ela [...]

"Eu me lembro de depois estar na rua e Kurt querer ir para o apartamento, me perguntando se poderíamos voltar. Ele só queria ir embora. Tenho certeza de que vimos o fim do show do Butthole Surfers. Acho que minha amiga Alex, eu, Kurt e Barrett [Jones] estávamos no carro... e você, talvez? Naquela hora você estava com o Krist."

Você lembra se o Kurt disse algo sobre a Courtney naquela noite?

"Ele estava meio que resmungando algumas coisas sobre ela. Falou sobre ela tentar convencê-lo a acompanhá-la, mas ele não quis. Minha amiga Alex tinha um diário na época e, recentemente, ela me enviou um e-mail com algo que Kurt disse naquela noite e que poderia ser sobre Courtney: 'Quero conhecer uma mulher com o dobro da minha inteligência e metade da minha apatia'. Voltamos para os apartamentos e tudo ficou calmo por um tempo, mas, de repente, o caos começou. Tinha um inglês bêbado lá, acho que o nome dele era Everett True, e ele ficava andando entre os arbustos. Não lembro por que estávamos lá fora, só me lembro desse inglês muito bêbado gritando: 'Eu amo a Courtney Love. Eu amo a Courtney Love'. Aí ele caía no mato, e tínhamos que levantá-lo. 'Eu amo a Courtney Love. Eu quero me casar com a Courtney Love.'"

Vocês ficaram acordados durante boa parte dessa noite?

"Bem, Krist começou a jogar móveis pela janela. Atirou um cinzeiro que atingiu Alex na cabeça quando ela estava saindo. Ela começou a chorar, e ele pediu mil desculpas. Lembro-me do apartamento sendo destruído. Como o Krist era o maior, ele conseguia carregar móveis maiores: as mesas de centro e os sofás. No dia seguinte, Alex e eu fomos para Hollywood. Eu comprei uma guitarra. Cobri uma tatuagem antiga que fazia tempo que eu queria ocultar. A Jennifer, do L7, deu uma festona, mas Kurt não quis ir, então ficamos em casa assistindo à TV. Ele queria terminar algumas letras, e vimos uma animação muito legal que nos surpreendeu – *Night Flight.* Depois, ele compôs alguma coisa. Eu me perguntei se era algo relacionado à animação."

Na noite seguinte, Kurt mencionou alguma coisa sobre Courtney?

"Não. Ele estava compondo. Estava preocupado, pois eles entrariam em estúdio e ele tinha que fazer as letras. Comprei cerveja, mas ele não tomou nenhuma. Só me lembro de nós dois assistindo à TV e ninguém mais por perto. Não sei o que aconteceu depois."

Você teve a impressão de que aquela foi a primeira vez que eles se encontraram?

"A noite anterior? Ah, sim, sem dúvida."

Por que você teve essa impressão?

"Eu me lembro de um período que, sempre que Courtney era entrevistada, falava desse cara chamado Kurt Cobain, que ela queria conhecer. Até onde sei, aquela foi a primeira noite em que eles se encontraram. Acho que Kurt deve ter mencionado isso no carro, tipo: 'Finalmente conheci a Courtney'."

Você sabe que, na versão oficial da história do Nirvana, aquela não foi a primeira vez que eles se encontraram.

"Não creio que essa versão esteja correta. Acho que essa história foi elaborada porque, na época, as pessoas não gostavam do fato de que Kurt estava com Courtney. Então, para preservar os dois, criaram uma história segundo a qual eles aparentemente já se conheciam, e ela não era só uma *groupie* correndo atrás de caras famosos."

Parte três: Jennifer Finch

"Conheço a Courtney desde o ensino médio, e ela sempre teve uma tendência de se destruir por causa de homens. Um dia, ela me contou que queria muito conhecer o Kurt, e eu disse: 'Não queira conhecer o Kurt, ele é uma pessoa horrível e sem rumo'", Jennifer Finch balança a cabeça e ri. "Viu? É por isso que eu não poderia trabalhar como caça-talentos. Aí Courtney rebateu: 'Não, quero conhecê-lo, de verdade'. Era aniversário dela, e estávamos fazendo aquele show do Rock for Choice, então colocamos as duas bandas na lista para que ela pudesse ver como ele era um horror pessoalmente. Na minha cabeça, eles nunca tinham se encontrado, então tudo OK."

Eles se conheceram naquela noite?

"Primeiro ela me contou que nunca o tinha visto e queria muito conhecê-lo, esse era o plano. E me agradeceu. E foi aí que eles se encontraram. Até onde sei, eles se conheceram naquela noite, seguiram para casa juntos e foram desagradáveis ao extremo, eu os odiei cada segundo. Eu me sinto muito mal por ter dado a eles a garrafa de uísque. Achei que ficariam bêbados e ela perceberia como ele era terrível, simples assim. Eu não gostava dele, Everett, e é por isso que ninguém me entrevista. O tal show foi em Los Angeles, no Palace."

E como estava Dave Grohl?

"Como assim?", ela ri. "Não estamos mais juntos. Estou assustando você?"

Sim, mas não se preocupe. Já era o momento de alguém me assustar. Por que você não gostava do Kurt?

"Ele não se importava muito com os outros, era autocentrado demais. Às vezes ele era um doce de pessoa. Eu até gostava do Kurt; só não acreditava que ele seria adequado para minha amiga. Minha opinião era essa. Achava que o relacionamento deles, ou a troca criativa, era mais vantajosa para ele. Acho que ela tinha muito para contribuir, e de fato contribuiu."

O Rock for Choice foi antes da turnê com o Nirvana pelo Reino Unido?

"Olha, esse não é o tipo de pergunta certa pra mim."

Achei que você tinha dito que era um vasto depósito de conhecimento.

"Bem, de conceitos e certas lembranças. Mas, não, isso foi depois da turnê com o Nirvana no Reino Unido. Não foi excepcional em termos de público, mas nós nos divertimos. Ainda era legal ter Kurt por perto naquela época, ele era mais animado... Já a Courtney, eu a conheci em uma festa de Ano-Novo em Los Angeles."

Quantos anos você tinha?

"Não quero dizer, porque acho que nem eram os anos 1980. E, para alguém que anda por aí dizendo que nasci em 1974, isso poderia ser um problema."

O que a atraiu em Courtney?

"Courtney é um enigma; é maravilhosa e estonteante, sobretudo naquela época. Ela era inteligente, esperta e criativa. Ainda é. E engraçada, hilária."

Teve um show em Los Angeles em 1991 no qual fiquei totalmente bêbado. Você se lembra disso? Foi a noite em que conheci Courtney. Entramos numa briga logo de cara e começamos a dar socos um no outro.

"Lembro que quis lavar minhas mãos em relação a tudo aquilo. Lá estavam dois profissionais que poderiam fazer a história no rock, e vocês ali... Como se chama quando algo se transforma em líquido e apenas escorre pela sala? Não me lembro de vocês no backstage, só no mezanino."

Sim, estávamos lutando no chão e tentando passar por baixo daquela corda de veludo. Consegue me dar detalhes?

"Só posso te passar os detalhes da minha visão da coisa. A Donita [vocalista do L7] estava ficando muito irritada com a Courtney por sempre 'chegar chegando' e fazer mais barulho do que qualquer outra pessoa. Courtney me apresentou a você. Algo do tipo: 'Este é meu amigo Everett'."

O Nirvana apareceu naquela noite.

"Não, não apareceu."

Apareceu, sim. Kurt pulou em cima de mim e de Courtney e começou a brigar conosco.

"Em 1991? Preciso dar uma olhada nos meus diários."

Você tem diários?

"E como acha que eu me lembro dessas coisas? 'Hoje o Everett ficou bebaço. De novo.' Isso quer dizer que o Kurt e a Courtney não se conheceram no show do Rock for Choice?"[11]

É.

"Interessante. Então, por que ela me disse que eles nunca tinham se visto?"

Você deveria perguntar à sua amiga Courtney. Ela também já afirmou que eles se conheceram em 1990, em Portland.

"Então, eu me lembro vagamente disso. Porque também havia toda aquela história sobre Courtney estar saindo com Billy [Corgan], aí ela ficava me ligando e falando que queria muito conhecer o Kurt, que ainda não o conhecia. Eu me lembro disso com muita clareza. Talvez estivesse apenas dizendo que queria conhecê-lo melhor. Quer que eu ligue para a Courtney e pergunte?"

Claro, só não diga a ela que estou aqui.

"Acho que foi em 1990. Donita me acertou sem querer, acho, com a ponta da guitarra, cortando a parte interna do meu lábio e um tendão da boca. Vou arrumá-lo neste mês. Esse é o tipo de coisa que me sobra."

Então você acredita que Kurt não estava no show?

"Lamento menosprezar a situação, mas a única coisa que eu lembro é você e a Courtney rolando no chão, no lado direito do palco. Mas já nem sei se foi naquele show. Você deve ter rolado no chão com ela outras vezes. Acertei ou não?"

Essa eu não vou responder.

Adendo: Sub Pop

"Sempre fui fã de encrenqueiros, e Courtney era muito divertida e um poço de encrencas", explica Danny Bland. "Para mim, ela era uma encrenqueira de primeira linha antes de ter acesso a todos os recursos que tem agora. Era uma encrenqueira mais mão na massa.

Por que vocês lançaram o segundo single do Hole ("Dicknail")?

"Boa pergunta", ri Bruce Pavitt. "Próxima."

"Fui ver o Afghan Whigs abrir para o L7 no Raji's, em Los Angeles", diz Jonathan Poneman. "Jennifer Finch me falou: 'Você precisa ver a banda da minha amiga Courtney, tente chegar cedo'. Mas perdi. Eu me lembro de ter visto uma mulher alta e esquisita andando por ali, pensei que era uma travesti. Logo ficou claro que era a vocalista do Hole. Ela exalava loucura, mas era engraçada. Era um poço de atitude.

"Algumas semanas depois, o Hole estava tocando no Off Ramp", continua Jon. "Não tinha nada para fazer à noite, então fui vê-los. Era uma situação muito parecida com a do Nirvana, com umas 20 pessoas na plateia e uma banda que me deixou maluco. Até hoje deixa. Ela era muito dominante. Era como ver a irmã gêmea de Mark Arm. Ela imitava muitos movimentos e atitudes dele, mas era uma boa atriz. Ela convencia. E, sobretudo por ela ter feito aquilo em um show vazio, era, tipo, 'Você é um arraso!'. Então depois fui até o Eric e a Courtney e disse: 'Sou Jonathan, da Sub Pop', e ela falou: 'É, eu me lembro de ter conhecido você em Los Angeles'. E eu respondi: 'Adoraria fazer um single com você'. Já posso até ver o filme. Um ator gordo idiota vai me interpretar."

"Para mim, tudo começou quando eu era recepcionista na Sub Pop", diz Megan Jaspe. "Ela ficava ligando, ligando, ligando sem parar. Eu chegava no trabalho e pensava: 'Ai, vamos ver quantas mensagens da Courtney teremos hoje' [...] [choramingando com uma voz aguda]: 'Blá-blá-blá, quando vão lançar meu single com o Sub Pop, blá-blá-blá'... sabe. 'Odeio vocês, seus filhos da mãe, blá-blá-blá, blá-blá-blá, cadê meu single?!'. Eu ficava: 'Puta merda!'. Apagar. Apagar. Apagar. Era como levar uma surra todo santo dia. Havia um cara que tinha vindo da Califórnia, que havia trabalhado na gravadora Dr. Dream, então o chamávamos de Dr. Dream. Em vez de passá-la para o Bruce ou o Jonathan 40 vezes por dia, eu passava a ligação para o Dr. Dream e falava que ele estava cuidando de todos os contratos. Então recebemos uma carta do Thurston Moore, que dizia: 'Vocês deveriam fazer um EP com o Hole, eles são demais'. Quando fui ver, estávamos fazendo um EP com o Hole. O engraçado é que, naquela época, havia dois singles que não podíamos distribuir de graça na Sub Pop. Um era o do Hole. O outro, do Smashing Pumpkins."

"Courtney podia ser um charme só", admite Poneman, "e muito, muito engraçada. Era uma personagem épica, vivendo uma vida não lá muito épica, se é que isso faz sentido."

NOTAS

1 A história do primeiro encontro narrada no livro de Charles é surpreendentemente semelhante ao que de fato aconteceu: a diferença crucial é que a versão dele está 18 meses adiantada e completamente floreada.

2 Revista americana para meninas adolescentes, adorada entre os literatos do rock alternativo por ser pró-Riot Grrrl e não ser condescendente com seus leitores. A editora Christina Kelly tinha uma ótima banda, Chia Pet, cujo EP de 1992 pela Shimmy Disc, "Hey Asshole", ainda detona (os homens).

3 Na verdade, o Nirvana não tocou em Portland até janeiro de 1989.

4 Festival no qual vários Hell's Angels espancaram um jovem negro inocente até a morte, bem na frente de Mick Jagger. Virou tema do documentário *Gimme Shelter*, dos cineastas David e Albert Mayles.

5 Ela também não tinha nada contra lucrar com a fama da filha, como demonstra a biografia descaradamente comercial de Linda Carroll, *Her Mother's Daughter* (2006)... um caso típico de "tal mãe, tal filha".

6 "Número cinco: faça amizade com Michael Stipe", dizia uma anotação particularmente premonitória do diário.

7 *Live Through This* foi lançado na semana posterior ao suicídio de Kurt, em 1994. No Reino Unido, o primeiro álbum do Hole, *Pretty on the Inside*, saiu na mesma semana que *Nevermind*. No *Melody Maker*, ganhou uma resenha na mesma página dupla.

8 Por onde começo? A primeira banda de Lydia Lunch, Teenage Jesus and the Jerks – formada com toda a raiva e certeza da juventude de seus 16 anos –, ao lado do Television, encapsulou a Nova York de 1978 melhor do que qualquer outro grupo. Ela deu sequência a isso em 1980, com o furtivo e lascivo álbum *Queen of Siam* e duas décadas de discursos perturbadores e abrasivos. Courtney deve *muito* a ela.

9 Essa é uma interpretação. Outra versão diz que Kurt telefonou para Courtney, convidando-a para passar a noite e trazer drogas. Ela recusou. Não estava a fim dele.

10 Essa última citação foi divulgada como um possível fato na revista *Select* após a morte de Kurt.

11 Jennifer se confunde totalmente aqui – o show foi no dia 25 de outubro. O motivo de sua confusão talvez seja porque foi no Palace que Courtney agendou um voo para Chicago na noite seguinte, data comumente aceita como a primeira vez que o casal “mandou ver”.

PARTE II

LÁ

CAPÍTULO 16

Excesso generalizado

Tudo termina com batidas na minha porta às oito horas da manhã.

Dois seguranças obscenamente agressivos invadem meu quarto de hotel, querendo saber se eu escondi algum telefone. Parece que ele desapareceu na noite anterior, depois que Kurt implicou com um quadro no quarto de Chris e o jogou pela janela. Prateleiras, mesas, lençóis, copos, espelhos tiveram o mesmo destino – e, depois, tudo se repetiu no quarto de Kurt. As televisões acabaram ficando – você já tentou levantar uma porra daquelas? Tudo isso fez com que eles deixassem imediatamente Washington, D.C., na manhã seguinte, antes mesmo de este jornalista acordar.

Minhas roupas estão sujas de vômito e minha nuca está vibrando como uma máquina de pinball, acho que fizeram um churrasco no pé da minha cama e os ratos do beco estão tão gordos e satisfeitos que poderiam ser usados como bolas de futebol. É apenas mais um dia na estrada com o Nirvana.[1]

Dois dias antes, o gerente de turnê Monty Lee Wilkes[2] havia sido levado às duas horas da manhã pela polícia para ser interrogado. O show daquela noite em Pittsburgh havia terminado com a banda trocando palavras nada educadas com o clube, e, depois, alguém tentou incendiar o lugar – empilhando almofadas, capas de assento e tapetes no camarim do andar de baixo e encharcando-os com gasolina. *Aí "Os Homens" imaginaram que o Nirvana saberia de algo sobre isso.*

"Foi um caso clássico de autopromoção da Máfia de Pittsburgh, regada a muito pó", Kurt me assegura. "Aquele clube era o tipo de lugar para receber John Cafferty and the Beaver Brown Band,[3] Huey Lewis and the News e todas essas bandas de bar. O que eles sabem sobre rock 'n' roll?"

O Nirvana não teve nada a ver com aquilo. Kurt simplesmente quebrou algumas garrafas no banheiro e derrubou coisas aleatórias no chão. Mas, sejamos justos, o Nirvana já havia criado seu quinhão de problemas no passado.

"Quando estávamos na Europa", diz Kurt Cobain nos bastidores do infame 9:30 Club, em Washington, D.C., "quase incendiamos a van da turnê. Ninguém sabe disso, mas os caras do Sonic Youth são loucos", continua ele, parecendo contente. "Eles instigaram violência e terrorismo durante toda a turnê europeia; o empresário deles [John Silva] também. Ele hostilizava as pessoas e nos deixava com as consequências, nos agredindo, rasgando nossas calças, batendo na cabeça de Chris com uma garrafa e ficando vermelho feito uma beterraba toda vez que se embriagava. É um bárbaro."

Kurt é uma daquelas pessoas para quem as palavras "lobo", "pele" e "cordeiro" foram inventadas. Ele parece angelical. No entanto, na última vez que nos vimos, nos bastidores do Reading Festival, estava usando uma tipoia no braço, porque tinha pulado de costas e aterrissado na bateria de Dave. E, em outro show, seu empresário recebeu uma conta de Deus sabe quanto após a banda destruir um apartamento em Los Angeles.

Sim, o Nirvana gosta de quebrar coisas: Chris geralmente termina o set jogando seu baixo uns cinco metros acima de sua cabeça (e, às vezes, consegue pegar de volta). Em Pittsburgh, Kurt enfiou sua guitarra dentro da caixa da bateria por pura frustração; e, em Washington, saiu correndo do palco, dez minutos antes do fim do show, para tomar um ar e vomitar, já que fazia um calor horrível, mas voltou correndo só para destruir a bateria. O Marquee, em Nova York, foi abençoado com um bis de baixo e bateria, enquanto Kurt gritava melodicamente de algum lugar na plateia, pois já tinha ferrado totalmente suas guitarras.

O Nirvana recebe um subsídio para equipamentos de 750 dólares por semana.[4] E Kurt odeia guitarras baratas! Eles vivem aquele estilo de vida clássico do rock 'n' roll (vandalismo desenfreado) porque é a única vida que conhecem e porque é divertido. E, nesse meio-tempo, eles foram os responsáveis por revigorar o rock dos anos 1990.

Basta ouvir uma única vez seu novo álbum, *Nevermind*, para confirmar. Estou chegando a 230 audições e ainda acredito que seja o melhor disco do ano. Músicas como a ridiculamente honesta "In Bloom", "Drain You" e o hipnótico single "Teen Spirit" (tem a ver com uma garota sentada sozinha numa sala ou este é o lamento angustiante de "Come as You Are"? Foda-se, tanto faz) são minha vida. Sem exagero.

Minha mente pira só de ouvir o dedilhar dos acordes acústicos no começo de "Polly" ou o ataque totalmente melódico e egocêntrico de "On a Plain". Basta uma nota do grito dolorosamente contorcido e magicamente melodioso de Kurt em "Stay Away" e meu coração acelera dentro do peito e quase chega ao céu. É assim toda vez.

Enquanto isso, no mundo real...

"Sim, eu botei fogo nas cortinas da nossa van da turnê no meio de uma entrevista", admite Kurt. "Acho que fiz isso poucas horas após destruir alguma outra coisa. Uma representante da MCA[5] nos ofereceu um presente, um cesto cheio de doces e revistas, com um bilhetinho de boas-vindas à Alemanha.

"O presente ficou no camarim por duas horas, enquanto fazíamos nosso set e jantávamos. Em algum momento, a Kim Gordon escreveu "Vá se foder" embaixo da assinatura da mulher, no bilhete. Vimos aquilo e pensamos: 'Nossa, que atitude peculiar, mas ainda podemos aproveitar os doces'."

Kurt é louco por doces. Será que existe mais alguém que compra aquelas garrafinhas de plástico com 10 ml de um suco que é açúcar puro?

"Conhecemos a representante e agradecemos, mas Chris foi ficando cada vez mais bêbado", continua ele. "Ele disparou um extintor de incêndio, rasgou as revistas, espalhou os doces pela sala inteira e destruiu todo o nosso camarim e o do Sonic Youth também. Típica raiva roqueira."

Depois que a banda saiu, a mulher da MCA voltou e viu o bilhete. Ela presumiu que o Nirvana tinha escrito o palavrão e fez um escândalo, ameaçando tirá-los da gravadora. "A essa altura", Kurt prossegue, "depois de uma hora de entrevistas na van, eu coloquei fogo nas cortinas, aí quando abrimos a porta uma lufada de fumaça entrou direto na cara dela. Ela achou que tínhamos incendiado a van. Os rumores saíram um pouco do controle quando finalmente chegaram à MCA, e fomos acusados de agredir a mulher, destruir o clube e botar fogo na nossa própria van."

Rock 'n' roll, certo, crianças? Nada pode ser melhor.

"Na Bélgica", continua Kurt, "os trailers das bandas ficavam muito próximos. O nosso era vizinho do Sonic Youth, então começamos a jogar frutas e cadeiras de uma janela à outra, fazendo uma guerra. Subimos em cima de alguns trailers. Roubamos a plaquinha com o nome do [vocalista dos Pixies] Black Francis e a penduramos na nossa porta. Entramos na tenda do refeitório, que tinha umas mesas bem decoradas com flores, tudo muito chique. Trocamos as etiquetas de lugar, e o grupo de 12 pessoas dos Ramones e seus amigos tiveram que se sentar numa mesa de quatro lugares. Já o [cantor dos Pogues] Shane MacGowan acabou sozinho em uma mesa enorme, comendo papinha de bebê, pois ele não conseguia mastigar,* e levamos um prato de maçãs para ele."

* Shane MacGowan era um notório desdentado na época. [N. P.]

Todos começam a rir.

"Acho que estávamos em umas 30 pessoas sentadas nas mesas com o Sonic Youth", acrescenta o cantor. "Alguém jogou um palito de cenoura, aí jogaram uma uva de volta. Em seguida, outra pessoa arremessou o vidro de molho e tudo virou uma enorme guerra de comida. Destruímos a tenda do refeitório, mas foi muito divertido. Pena que não havia nenhuma TV lá, porque teríamos jogado todas pelas janelas.

"Entramos sorrateiramente no trailer do Ride[6] e roubamos o espumante deles", continua. "O cara que estava conosco, filmando a turnê, mijou no balde de champanhe. Nós também roubamos as flores e os doces deles."

"Estávamos gravando vinhetas para um canal chamado Space Shower TV, e o Kurt se apresentou assim: 'Oi, eu sou o Dave, do Nirvana, e você está assistindo à Space Shower TV'", lembra Chris. "E eu continuei: 'Oi, aqui é o Chris, do Nirvana, e você está assistindo à Golden Shower TV', mas eles não entenderam e responderam: 'Ah, muito obrigado' – e então aquela mulher da MCA ouviu e distorceu tudo, dizendo que eu tinha mandado eles chuparem meu pau."

Isso não é bastante rock 'n' roll? Não é exatamente o contrário do que o Nirvana representa? Eu pensei que vocês defendiam "odiar o machão americano comum" (essas citações não são minhas). Achei que vocês abominassem esse comportamento grosseiro típico de Axl Rose e sua laia.

"Bem, ninguém mais faz esse tipo de coisa", diz Kurt. "Eles têm medo. Mas a questão não é essa. Só fizemos isso porque estávamos entediados e queríamos nos divertir. E conseguimos – diversão honesta e real!"

"Acho que o álcool também ajudou bastante", acrescenta Dave.

Mas será que esse tipo de postura não leva jornalistas simples de Limey, como eu, a supor que vocês são só uns delinquentes caipiras de quinta categoria?

"Não estamos nos gabando", retruca Kurt. "Foi você quem perguntou."

Eu fiz essa pergunta? Eu?

"Claro que fez", ele responde. "Você começou a porra toda!"

"Mas, ao mesmo tempo, tem alguém dando a mínima pra isso?", Dave pergunta. Ele acordou nesta manhã no sofá da mãe dele, ao som de "Teen Spirit". Era a música de fundo para uma propaganda de carros antigos. Ele achou aquilo meio que legal. "Tudo não passa de entretenimento", acrescenta. "As pessoas que nos chamam de caipiras estúpidos são as mesmas que nos dão aquele champanhe para mijar em cima, são as pessoas que organizam nossos shows."

"Champanhe", Chris fala, com cara de nojo. "Se tiver uísque em algum lugar, você acha que eu vou beber champanhe?"

"O Ride deveria tomar aquela porra de champanhe", Dave debocha. "Quem sabe assim eles param de ficar olhando para os próprios pés o tempo todo, puta merda!"

Você acha que existe uma conspiração para que ninguém nunca escreva sobre essas coisas?

"Nós queremos esconder isso tudo da imprensa para não virarmos um Sex Pistols de quinta categoria", explica Kurt.

Então, será que o Nirvana ama mesmo o rock 'n' roll? Vamos descobrir.

"Rock 'n' roll?", pergunta Dave, perplexo.

Sim!

"Quando perguntaram a Jesus o tamanho do amor dele pelo mundo, acabaram pregando suas mãos na cruz – 'Deste tamanho!'", comenta Chris.

Vamos *lá*, galera. Vamos falar sobre rock 'n' roll – Sammy Hagar, Van Halen, Warrant ou qualquer um deles!

"Eles não servem nem para falar mal", responde Kurt, ciente de que estou só dando corda. "Vamos apenas dizer que eu não quero ser associado a 99% das bandas de rock 'n' roll."

"Youth, 'Honey, Breeders, Cross, Knife, Nails,[7] Fugazi – essas são as bandas que curtimos", explica Chris.

Vocês são uma alternativa ao heavy metal? A Courtney Love acha que "Teen Spirit" é sua música anti-heavy metal.

"Por quê?", pergunta Dave, confuso.

Acho que ela pensou que vocês estavam cantando "heavy metal" repetidamente no final da música.

"Durante a entrevista do *Melody Maker*, uma garota disse [começa a falar com sotaque inglês]: 'Há um verso na música que fala "*A metal band we've always been and always will until the end*"',[*] responde o baterista.

"Ah, já fomos chamados de banda alternativa antes", zomba Kurt. "Mas nós comemos carne, então acho que não nos qualificamos: cachorro-quente, salsichas empanadas, linguiças do Jimmy Dean no café da manhã."

"Quando entrei para esta banda", comenta Dave, "eu passei um tempo no sofá do Kurt, e havia uma loja de conveniência AM/PM bem na rua dele. Dava para comprar três salsichas empanadas por 99 centavos. Foram elas que me mantiveram vivo por um ano".

* "Uma banda de metal que sempre fomos e sempre seremos, até o fim." [N. P.]

"Ele também ficava mais regular", acrescenta Kurt. "Eu sabia quando evitar o banheiro, nove horas da manhã e meia-noite. Ele precisava passar pelo meu quarto para chegar ao banheiro."

"Verdade", Chris concorda. "Uma vez, caguei no seu quintal porque não queria deixar sua casa fedendo. Foi bem agradável: quente e úmido. Muito bom!"

Pergunto a Kurt se ele acha que está desenvolvendo um complexo de astro do rock. Parece apropriado.

"Nós já conversamos sobre isso", ele responde, evasivo. "Não lembro qual foi minha resposta."

"Que merda é essa?", Chris pergunta, chocado. "De onde veio isso?"

Você disse que, às vezes, não conseguia descobrir qual é o problema.

"O que que eu falei? Você não se lembra?", Kurt pergunta com um tom de voz condescendente, muito parecido com o de Courtney Love.[8]

É algo a ver com querer eliminar certos elementos do seu público.

"É verdade", confirma Kurt. "Essas pessoas que gritam 'Negative Creep' durante todo o show, mesmo depois de a tocarmos, e que falam muito alto durante músicas como 'Polly'. Ontem à noite, por exemplo, era exatamente esse tipo de gente que gritava 'vendidos!' após termos tocado, só porque não fizemos bis nem demos autógrafos. O que poderia ser mais rock 'n' roll do que isso?"

Algo mais?

"Fomos a uma emissora comercial alternativa hoje – e eu tinha jurado que nunca mais faria esse tipo de coisa. Eu me sinto frustrado e envergonhado por estar no rock 'n' roll. Pensei que gravaríamos um anúncio para uma emissora de faculdade. Deveríamos tocar um set acústico, mas não nos deram o equipamento certo, aí eu desci as escadas, fumei um cigarro com você e dividimos um biscoito."

Também conversamos alguns dias antes, naquela rua estranha na Filadélfia, na qual um em cada dois prédios era uma loja de bruxaria. A fila para o show daquela noite dobrava o quarteirão, e você disse que fazer música não significava mais tanto para você.

"Essa é uma meia verdade", responde Kurt. "Isso porque já ultrapassamos nossos sonhos concretos, se é que já os tivemos. Agora temos distribuição garantida, subimos para um nível bastante alto no circuito underground, e isso é tudo o que a gente sempre quis.

"Não é motivo de orgulho que tantos fãs do Guns N' Roses curtam nosso som. Não estamos confortáveis em progredir tocando em lugares maiores."

Vocês disseram que as pessoas em Olympia os rejeitam por não serem mais "puros", uma vez que assinaram com uma grande gravadora. Nós falamos sobre as merdas que essa indústria causa – e você até fez um discurso inspirado contra "roqueiros" como Hagar e Halen na van, entre Nova York e Pittsburgh, quando não tínhamos nada a fazer além de comer junk food e folhear cópias da *Sassy*. Você mencionou como seus atos de vandalismo o deixam animado, a euforia de ser confrontado por um monte de policiais furiosos.

"Odeio ter que lidar com a parte comercial da nossa banda hoje em dia e reajo ficando mais tenso e reclamando mais. Parece que estou me apropriando dessa atitude de astro do rock", explica Kurt, "mas é apenas uma reação de nojo".

Então estamos falando do seu clássico complexo de culpa do liberal branco aqui, certo?

"Como é?", Dave reage, ofendido.

"A única culpa que sinto é por atrapalhar a diversão dos outros", responde Kurt, pacientemente. "Não é legal estar perto de mim nessas situações e me preocupa que meus colegas de banda passem por momentos ruins por minha causa."

E por que você está aqui agora?

"Porque assinei um contrato", responde o cantor. "Porque eu tenho medo de ser processado se eu deixar a banda."

O que você faria, se não estivesse aqui?

"Seria um músico de rua, definitivamente. Esse é o meu objetivo de vida."

"É melhor do que trabalhar em um emprego das 9h às 17h", diz Chris. "Todos os meus amigos caipiras moradores desta área se formaram no ensino médio, foram trabalhar em postos de gasolina ou se tornaram algum bostinha paparicando outras pessoas. Eles estão empacados nessa situação", diz Kurt. "Tive sorte de conseguir realizar alguma coisa."

(*Melody Maker*, 2 nov. 1991, complementado pela transcrição original)

EM 29 de maio, dois dias depois de terminar a gravação de *Nevermind*, o Nirvana fez um show barulhento e alcoolizado no Jabberjaw, um pequeno clube de punk rock de Los Angeles – e doou mais uma vez todo o dinheiro das entradas para Mikey Dees, cuja banda Fitz of Depression também estava tocando. Na plateia, prestes a ouvir "On a Plain" e "Come as You Are" sendo tocadas ao vivo pela primeira vez, estavam Courtney Love e Jennifer Finch – existe uma gravação amadora desta noite, na qual Courtney grita, zombando: "A Jennifer te ama, Kurt!". Ele estava chapado de drogas e álcool e levou 15 minutos para trocar uma corda – não que a multidão estivesse ligando. Tudo fazia parte do show.

Em 10 de junho, o Nirvana estava novamente na estrada; uma viagem de duas semanas pela Costa Oeste abrindo para o Dinosaur Jr., com o apoio do Jesus Lizard, passando por Denver, Salt Lake City, São Francisco e Portland, entre outras paradas. Algumas músicas novas foram incorporadas ao set: "Drain You", "Endless, Nameless", "Rape Me" – esta última era perturbadora com sua sutil exortação de "*Rape me/ Rape me, my friend*",* deliberadamente parecida com os momentos altos/silenciosos de "Teen Spirit". Na verdade, era quase como uma música de resposta ao single que, em pouco tempo, se tornaria onipresente, antecipando o furor que logo cercaria Kurt e sua banda. Tenho certeza de que eu não era o único jornalista próximo a eles que sentia uma pontada de desconforto toda vez que ouvia Kurt uivando aquelas palavras: sua antipatia pela imprensa musical era bem documentada – instintivamente desconfiado de forasteiros e pessoas novas, sempre foi difícil para Kurt que, pós-*Nevermind*, as pessoas quisessem falar com ele por causa de sua fama, e não por sua música.

Ou era o que ele achava...

Parecia que a banda estava sempre na estrada – naquela estranha bolha da maioria das turnês, que inclui acordar tarde, tédio, alegria intensa e abuso de álcool. As vans e os shows podem ficar maiores, os destinos podem se estender até a Austrália e o Japão, mas a rotina continua a mesma.

E o Nirvana criava novos convertidos o tempo todo, arrebatados pela energia, pela imprevisibilidade e pela pura força melódica dos shows ao vivo.

"Achei ótimo quando eles viraram uma banda gigante", disse J. Mascis a Hayley Avron, redatora da *Plan B*. "Por um momento, parecia que o universo fazia sentido. Parecia que algo que estava destinado a acontecer, aconteceu. Então ele se matou e todo mundo se fodeu de novo."

"Eu não os tinha visto tocar antes de ser empresário deles", lembra Danny Goldberg. "Fiquei impressionado, eles foram tão bons no [Hollywood] Palladium [15 de junho]. A intimidade que eles criaram com o público me surpreendeu. O modo como Kurt se relacionava com a plateia, sua linguagem corporal, o jeito que ele falava com as pessoas – o Dinosaur era uma

* "Me estupre/ me estupre, amigo." [N. T.]

ótima banda, mas nada se comparava com a conexão emocional de Kurt. Foi um daqueles momentos que mudam a vida. Antes disso, eu achava que eles fossem uma boa contratação para a nossa empresa. Só então percebi que ele era um gênio."

Também em junho, a Sub Pop – que sempre aproveita uma boa oportunidade de marketing – lançou *The Grunge Years*, uma compilação matadora que reúne "Dive", do Nirvana, "Retarded", do Afghan Whigs, Mudhoney, Babes in Toyland e uma faixa rara do Dickless, entre outros destaques. A capa apresentava dois executivos sentados no banco de trás de limusine, discutindo claramente o último acordo "grunge" (som de caixa registradora) – "Edição limitada de 500 mil cópias", ostentava o slogan. Na época, achei a capa ofensiva, e acusei Jon e Bruce de arrogância grosseira e imprópria: o tipo de atitude que só é engraçada se você ficou de fora, não quando está do lado vitorioso... mas foda-se. É o mais próximo que se chegou do documento definitivo do grunge, superando até mesmo a coletânea *Sub Pop 200*.

Kurt voltou da turnê para Olympia, cheio (mais ou menos) da grana de *merchandise*, e comprou um carro de segunda mão – 500 dólares por um Plymouth Valiant 1963 bege, com 225 mil quilômetros rodados. Seus amigos diziam, tirando sarro, que ele dirigia um carro de vovó.

Kurt ainda sentia falta de Tobi, embora os dois continuassem a se ver. "Nós saímos casualmente por mais ou menos um ano depois que nos separamos", diz a ex-baterista do Bikini Kill.

"Namorar é uma coisa tão estranha nessa idade – talvez seja em todas as idades", ela continua. "Muita confusão... confusão é sexo,[9] como já disseram. Nós estávamos namorando? Nós estávamos separados? Quem tem certeza... principalmente numa hora dessas?"

"A única vez que recebi 'jabá' foi uma noite que fiquei sem cerveja no Central Tavern, então Kurt me perguntou se eu colocaria o Nirvana na capa do [fanzine] *Backlash*. Eu disse que sim, se ele me desse um dólar", revela Dawn Anderson. "Ele me deu, e eu entrevistei o Nirvana de novo, pouco antes do lançamento do *Nevermind*.

"Encontramos Krist em Tacoma", continua a editora. "Ele estava discursando contra a Guerra do Golfo e cantando "I'm Against It", dos Ramones. Fomos até a casa do Kurt em Olympia, Krist entrou no quarto dele e disse: 'Eles estão aqui, hora de acordar'. Kurt se arrastou para fora da cama, ainda com as roupas do dia anterior. Eram cerca de duas horas da tarde. Ele parecia bem, no entanto. O Krist era o Krist de sempre. Grohl tinha um aspecto um pouco atordoado, como se ainda não acreditasse que estava na porra do Nirvana. Eu tinha levado umas Schmidt, a 'cerveja do peixe', para eles."

Em julho, Dave Grohl mudou-se para a região Oeste de Seattle – onde alugou uma casa com Barrett Jones, que havia se mudado para o Noroeste pouco antes. "Minha namorada e eu moramos por um tempo na van dela, no quintal do Krist e da Shelli", lembra o engenheiro de som. "O apartamento deles era pequeno: só um quarto-e-sala. Eles foram muito gentis em nos deixar acampar na frente da casa deles e usar o banheiro pela manhã. Durante o mês seguinte, eu dirigia todos os dias até Seattle para tentar achar um lugar para nós."

Kurt ficou sozinho com o gato Quisp e o resto de seu zoológico: as tartarugas e um coelho chamado Stew. Dizem que ele tingiu os pelos do gatinho branco de vermelho, branco e azul, mas essa história pode ser um engano – Carrie Montgomery (que é cabeleireira) já falou sobre uma ocasião, em dezembro de 1991, quando tingiu o cabelo *de Kurt* de vermelho, branco e azul.

"Foi muito estranho, da parte dele, tingir o cabelo daquela cor", diz ela, "porque ele decidiu quando [a dupla de irmãos do glam metal] Nelson estava na DGC, e eles usavam casacos de couro com as cores da bandeira e outras coisas parecidas. Talvez tenha sido esse o motivo, a ironia. Eram listras vermelhas, brancas e azuis, literalmente, na cabeça dele. Quando lavei, fiquei tipo: 'Puta merda. Ficou horrível. Ele não tinha como saber que ia ficar assim'. Depois, ele correu até o banheiro para se olhar no espelho e disse: 'Eu amei! Ficou perfeito!'."

Outro amigo se ofendeu com um certo relato recente de alguns acontecimentos.

"Beleza", começa Ian Dickson, "vamos começar aqui: página 185 [de *Mais pesado que o céu*]. [Charles Cross, biógrafo de Cobain] diz que eu falei: 'Kurt me disse: "Olha! Dá pra ver os bracinhos e os pedaços flutuando no tanque"'. Estava falando dos girinos que tínhamos trazido da pedreira e que estavam no aquário do apartamento. E ele diz: 'Um jovem que costumava salvar pássaros com asas quebradas agora curte ver girinos sendo devorados por tartarugas'. Kurt não jogou os girinos no aquário achando que seriam mortos pelas tartarugas. Ele queria que crescessem e virassem sapos. Foi uma falha de raciocínio da parte dele, porque dava para imaginar que eles seriam devorados pelas tartarugas. E, é verdade, ele apontou os pedaços deles para mim, mas eu não diria que ele estava se deliciando com isso, acho que ficou horrorizado. Depois, jogou tudo no quintal e, sim, ele foi irresponsável, mas eu não diria... Quero dizer, isso faria dele um tipo de sádico. E isso está completamente errado.

"Ele usou aquilo como evidência de uma mudança psicológica do Kurt", continua Dickson. "Como se ele tivesse se transformado do cara que queria salvar pássaros em alguém que 'se delicia' matando [girinos]. Talvez até tivesse, mas você não pode tomar o que eu disse como um exemplo disso. É claro que o Kurt foi irresponsável, mas ele não colocou os animais lá para serem mortos. Não que eu me lembre, de qualquer forma. Não é necessariamente culpa do Charles. Essa é a dificuldade de retratar o passado."

Pouco depois de Dave se mudar, Kurt ficou sem ter onde morar. É que, em 29 de julho, quando ele voltou para seu apartamento na Pear Street, após uma viagem promocional a Los Angeles, encontrou todos os seus pertences na calçada. Tinha sido despejado por não pagar o aluguel.

Em 15 de agosto, o Nirvana tocou no minúsculo Roxy Club, na Sunset Strip de Los Angeles.

O palco era uma vitrine da indústria musical, projetado para exibir a banda aos funcionários de sua nova gravadora. Todos eles ficaram devidamente impressionados, empolgados e deslumbrados. (Imagine só! Rock! Real! Ao vivo!)

"Ficamos todos boquiabertos com a velocidade do sucesso do *Nevermind*", relembra Goldberg. "Nós sabíamos que era um disco espetacular e que seria algo grande no nosso mundo do rock alternativo – grande como Pixies ou Jane's Addiction, grande como Sonic Youth, que tinha vendido 125 mil cópias. Mas ninguém tinha saído do mundo alternativo e chegado ao mundo pop. Eles causaram uma explosão de interesse, incrivelmente excitante e chocante, poucas semanas depois do lançamento de 'Teen Spirit' nas rádios. Alguém me disse que a música tocou nos alto-falantes antes de um grande show e todo o público aplaudiu. O interesse da MTV foi imediato.

"Lembro-me de atravessar a rua depois do show no Roxy com vários executivos da Geffen", continua o agente. "Sabíamos que as primeiras 150 mil vendas já estavam garantidas e que, desse jeito, já havíamos atingido os fãs do Sonic Youth. Acreditávamos que nosso público máximo seria de meio milhão, mas aquela geração já não queria mais bandas de cabeludos. Queria rock 'n' roll novo. Em pouco tempo, percebemos o que realmente estava acontecendo."

Robert Fisher, diretor de arte da Geffen, distribuiu panfletos no meio do público, pedindo candidatos para a gravação do videoclipe de "Teen Spirit" que aconteceria em dois dias. A rádio KXLU também transmitiu um anúncio: a resposta foi tão grande que centenas de fãs precisaram ser recusados no GMT Studio, em Culver City, Califórnia, que havia sido transformado em um ginásio de ensino médio, com arquibancadas, cestas de basquete, líderes de torcida agitando pompons e tudo mais.

Kurt foi o responsável pelo conceito do vídeo de "Teen Spirit", que se baseava no clássico filme trash dos Ramones, *Rock 'N' Roll High School*, de 1979, e também no filme punk adolescente *Over the Edge*. A ideia era colocar símbolos de anarquia no peito das líderes de torcida, que deveriam se parecer com nerds desajeitadas, e jovens esvaziariam suas carteiras numa fogueira das vaidades – um "pré-jogo universitário dos infernos", nas palavras de Dave Grohl. Sam Bayer, diretor do vídeo, aceitou o conceito geral, mas recusou todo o resto: as líderes de torcida deveriam ter uma beleza convencional, a destruição deveria estar sob controle e o *mosh* estava fora de questão.

Kurt e Bayer começaram a discutir aos gritos – devido, em parte, à quantidade de uísque que o vocalista havia ingerido. Mais tarde, Kurt ficou dizendo a todos que o diretor era um "pequeno Napoleão". A ideia era que a multidão parecesse entediada, complacente; quando isso não aconteceu, Bayer pegou um megafone e mandou todos calarem a boca. "Era como se estivéssemos na escola", Kurt conta, rindo, "e ele era o professor malvado".

Ainda assim, o vídeo funcionou. Poucas semanas depois de seu lançamento, "Teen Spirit" passava toda hora na MTV – que buscava desesperadamente uma identidade, tendo falhado em capitalizar seu status como o primeiro canal a cabo dedicado à música dos Estados Unidos. Em 1991, ainda era novidade ver um rosto negro na MTV. É inegável que a emissora "estourou" o Nirvana de uma forma que a miríade de shows e críticas elogiosas nunca conseguiriam, atingindo diretamente o coração suburbano dos Estados Unidos. Mas foi uma troca de mão dupla: antes do Nirvana e do "grunge" (que a MTV rapidamente pegou e distorceu até que passasse a representar as bandas de hair metal ao qual o estilo em tese se opunha), o canal estava estrebuchando. A MTV pode ter fabricado o Nirvana, mas o Nirvana, da mesma forma, fabricou a MTV, conferindo à emissora a credibilidade de que ela tanto precisava.

O vídeo de "Smells Like Teen Spirit" era perfeito para a MTV: irritante e tacanho – uma traição à música e um desgosto pela América corporativa que o Nirvana vivia e respirava. Não tanto por causa da energia inegável que emana da banda e dos punks otários na plateia, mas por aquelas malditas líderes de torcida aproveitando cada chance de posar para a câmera.

Ou sou só eu que acho isso?

Em 19 de agosto, o Nirvana partiu do aeroporto SeaTac para uma turnê de nove shows em festivais europeus. O giro foi documentado em detalhes no filme de Dave Markey *1991: The Year Punk Broke*[10] (estrelando o Sonic Youth, com a presença de Nirvana, Mudhoney, Babes in Toyland, Dinosaur Jr., Gumball[11] e Ramones).

Este foi um ponto alto na história do Nirvana: a calmaria antes da tempestade. Faltava um mês para o lançamento de *Nevermind*, mas as músicas já estavam por aí, com a banda tocando no ápice da força e da satisfação: entregando-se a todas as oportunidades de fazer brincadeiras e estripulias, saboreando o raro tipo de companheirismo que apenas tocar em uma série de festivais europeus, com os mesmos grupos, consegue proporcionar. "O momento mais emocionante para uma banda é o que vem logo antes de ela estourar", disse Kurt a David Fricke, jornalista da *Rolling Stone*. "Para nós, foi no período antes do lançamento do *Nevermind*. Era incrível. O entusiasmo no ar era tanto que dava até para sentir o gosto."

Courtney ainda não havia entrado em cena para fazer suas intrigas, embora já andasse por perto; na verdade, o Hole fez sua primeira turnê no Reino Unido em agosto, quando abriu para o Mudhoney e enervou o público com sua acidez – mas, na época, ela ainda namorava Billy Corgan e saía para beber com jornalistas de rock ingleses. Ainda não existia o peso arrastado da expectativa, nenhuma notícia escabrosa nos jornais que precisasse ser negada ou que gerasse paranoia. O Nirvana estava livre para se soltar, sem restrições – e Krist, Dave e Kurt responderam de acordo. Krist estava temporariamente separado de Shelli; na tentativa de acalmá-lo, John Silva ligou para Tacoma e pediu que ela falasse com seu marido errante. Não funcionou. Shelli então entrou no avião e se juntou àquela loucura.

[O uísque] Glenfiddich e vodca eram as bebidas preferidas: Krist dava conta do uísque sozinho, enquanto Kurt dividia a vodca com Ian Dickson, que participava das festas. Dave bebia vinho tinto.

"Era uma loucura", lembra Dickson. "A gente se divertia muito. Krist havia controlado a bebedeira o suficiente para não desmaiar todas as noites. [Isso contraria outros relatos, mas, sem dúvida, Ian fala por experiência própria.] Dave estava muito animado, e Kurt e eu também, basicamente detonando tudo o que aparecia na nossa frente... e", acrescenta, com o rosto se iluminando, "conseguimos não ir para a cadeia nem para o cemitério. Nós colocamos fogo em cortinas. Nossos camarins estavam sempre cheios de comida e álcool, que jogávamos na parede dos outros camarins [...] Tínhamos 22 anos e estávamos completamente descontrolados."

A inclusão de Dickson na turnê foi uma surpresa para a administração do Nirvana, que suspeitava que Kurt pudesse ser gay, sobretudo depois que ele se ofereceu para dividir um quarto com o músico do Earth, de modo a cortar custos. "Kim e Thurston me disseram especificamente que Ian Dickson era namorado de Kurt", lembra Dave Markey.

"É o seguinte", diz Ian. "Nós fomos à editora do Larry Flynt,[12] pois estávamos sendo entrevistados pela revista *Rip*... ha!"

Ian para no meio da frase.

"'Nós' estávamos sendo entrevistados... Eu só estava lá porque era um deslumbrado. Eu era praticamente uma groupie. Eles nos levaram a um restaurante chinês, típico de Los Angeles, mas, em algum momento, estávamos no escritório do editor e ele disse: 'Então, esta é a hora em que eu ofereceria a vocês uma grande quantidade de pornografia, mas sei que vocês não gostam dessas coisas'. Tipo, qual era a diferença entre uma banda de hair metal e uma banda grunge? A banda de hair metal ganhava pornô porque eles gostavam de strippers e chacoalhavam os cabelos, mas os caras do grunge...? Vai saber do que eles gostam! Todas as suposições sobre uma banda de rock foram para o lixo com o Nirvana. O que é uma boa coisa."

Então, o que eles ofereceram? Nada?

"Nada", exclama. "Fiquei chateado. Eu queria alguma pornografia."

Depois de duas apresentações na Irlanda[13] – em Cork e no The Point, em Dublin –, o Nirvana foi para a Inglaterra tocar no Reading Festival. Hoje em dia, quando qualquer grande empresa patrocina seu próprio festival de verão, e todos se fundem em um só, com fogueiras e mais fogueiras de tonéis de plástico fumegantes tarde da noite e filas intermináveis nos banheiros químicos, esses eventos mostram o quanto perderam a importância. Em 1991, porém, o

Reading era tudo que tínhamos.[14] Iggy Pop e Sonic Youth eram duas das atrações principais; o Nirvana entrou por volta das três horas da tarde na sexta-feira, depois do Silverfish[15] e antes dos *shoegazers* britânicos Chapterhouse, hoje corretamente esquecidos, e que nunca se recuperaram da humilhação de tocar logo após um show tão aterrorizante.

O Nirvana foi sensacional. Eu não tenho nenhuma memória real do show, mas instruí todos os que estavam dormindo no chão do meu quarto de hotel para chegar mais cedo e não perder a apresentação deles. Às vezes, eu não conseguia me comportar bem no Reading Festival. Naquele ano, pensei em ir com calma. Na noite anterior, no trem de Londres para Brighton, encontrei Bobby Gillespie, do Primal Scream, pioneiros escoceses do *crossover* dance/rock. Eu tinha uma garrafa de uísque na bolsa. Uma coisa levou a outra e acabamos ouvindo discos antigos de soul e bebendo vinho tinto na minha casa até as cinco horas da manhã. Achei que conseguiria dormir um pouco. Uns 15 minutos depois, o telefone tocou. Era Courtney, bêbada em Londres. Ela queria me visitar. Em vez disso, falamos ao telefone por duas horas e meia e, de repente, era hora de sair.

Krist dançava pelo palco, parecendo uma imensa luminária que acabou de tomar um ácido. O som estava tipicamente encaroçado, e ventos tempestuosos chicoteavam a barulheira da primeira aparição do Nirvana num festival no Reino Unido. Saí em busca de um pouco de alívio e o encontrei em uma garrafa de uísque do Mudhoney.

"O Nirvana estava meio atrevido naquele dia", lembrou o gerente de turnê Alex MacLeod. Foi um show de apenas 40 minutos – com Kurt escalando Krist enquanto ambos tocavam; um dançarino[16] com o rosto completamente pintado no palco dançando mal, ainda pior do que as líderes de torcida da MTV; uma versão de "Teen Spirit" que fez a multidão rugir em uníssono, embora nenhum deles provavelmente soubesse a letra;[17] e a caminhada de Kurt pela área dos fotógrafos vestido com uma camiseta da *Sounds* e uma jaqueta de couro, aparentemente alheio ao mundo antes de ser puxado de volta ao palco por Thurston Moore. Mesmo assim, eles foram impressionantes, ferozes, em chamas. Eugene Kelly foi convidado ao palco para fazer um dueto em "Molly's Lips", uma honra que Kurt depois descreveria como "o melhor momento da minha vida".

"Kurt levou um xarope para tosse que continha codeína", lembra o fotógrafo Steve Gullick. "Tirei fotos dele relaxando em seu paraíso de codeína e exibindo o produto. Sempre preferi o Mudhoney ao Nirvana – mas o Nirvana foi incontestável naquele dia. Foi uma das raras apresentações diurnas tão emocionantes quanto um show grande. Fizeram o palco parecer um pequeno clube."

"Antes do Reading, a imprensa reconhecia a existência do Nirvana com muita má vontade", afirma Anton Brookes. "Depois do Reading, todos queriam conhecê-los."

> O céu estava cinza e parecia que ia chover logo que chegamos à estação de Reading. Conseguimos atravessar a lama e fomos até o backstage. Acho que havia mais de 60 mil pessoas lá fora. Parecia realmente ótimo do palco. Sem dúvida, o Nirvana simplesmente roubou a cena. Kurt mergulhou no poço dos fotógrafos, olhou direto para minha câmera e disse: 'Esta é a famosa escala de blues...' enquanto fazia sua guitarra chorar de forma dissonante, com um adesivo do Feederz[18] colado nela. Em seguida, mergulhou na multidão [...]
>
> (Extraído do diário on-line de Dave Markey de *1991: The Year Punk Broke* em www.wegotpowerfilms.com)

Nem todos curtiam a destruição arbitrária: "A essa altura, parecia uma obrigação do Nirvana ter que quebrar os instrumentos", comenta Mark Arm. "Era bem idiota. Um roadie sempre tirava todos os microfones da bateria para que eles não se machucassem. Que porra é essa?"

"A razão oficial para quebrar as guitarras era a qualidade dos equipamentos, que era uma grande merda", explica Anton. "Eles tinham literalmente caixas de corpos de guitarra nos bastidores, esperando para serem esmagados. Parte da energia deles vinha da beleza saída da feiura, da destruição. Kurt é um homem bonito, mas ele se desfigurou muito."

O Mudhoney havia chegado mais cedo naquele dia. "A Courtney estava conosco", diz Dan Peters.[19] Mais tarde, alguns de nós – Dan, eu, Mark Arm e Kurt – estávamos andando pelos bastidores, procurando alguma oportunidade para aprontar. A Courtney vinha alguns metros atrás. Dan retoma a história: "Passamos o dia inteiro loucos. Depois de um tempo, eu me entediei e comecei a procurar qualquer merda pra destruir. Não me lembro como, mas achei uma garrafa velha de óleo culinário numa cozinha portátil e comecei a borrifar o tal do óleo por ali. Achei muito engraçado. Courtney estava andando em uma passarela acima de mim, então apertei a garrafa com tudo e a encharquei com óleo de cozinha. Foi uma brincadeira".

Courtney fugiu, mortificada.

"Depois um cara veio atrás de mim", continua Dan, referindo-se ao dono de um carro que também ficou encharcado de óleo. "E alguém que eu conheço me delatou. Disse que eu era Dan Peters, do Mudhoney. Eu fiquei, tipo: 'Que merda!'. Fiquei lá, me escondendo. E depois comecei: 'Seu filho da puta! Salve-se primeiro, Everett! Mulheres e crianças primeiro!'. Então você começou a dar mais detalhes: 'Ele está vestindo jeans rasgados, está com uma camisa vermelha, tem uma carteira de corrente pendurada [...]'."

Existe uma história fascinante – relatada extensivamente em vários livros sobre o Nirvana – que conta como Markey filmou Courtney no Reading, bebendo uísque com Kat [Bjelland] e Kim Gordon, enquanto dizia: "Kurt Cobain faz meu coração parar. Mas ele é um merda". O problema é que essa filmagem não existe. É outro mito. A única contribuição de Courtney para o documentário é uma sequência na qual Thurston tira sarro de sua descarada ambição.

Enquanto isso, nos Estados Unidos, Shelli estava com Debbi Shane em Tacoma, juntando cupons de desconto no estacionamento da Safeway para comprar comida: "Vi o Nirvana de novo no Warfield, em São Francisco [26 de outubro]", diz Debbi. "Caminhávamos pelo centro para encontrar Krist e Shelli, e as pessoas gritavam o nome do Krist na rua. Ele não tinha ideia do que estava acontecendo. Nós dissemos: 'Você é famoso. Eles assistem ao seu vídeo o tempo todo'. Ele apenas respondeu: 'Hein?!'. Eles não tinham noção."

No dia seguinte ao Reading, o Nirvana e o Sonic Youth voaram para Colônia, na Alemanha, para o festival Monsters of Spex. "O show do Nirvana estava marcado para as 16 horas", lembra seu ex-agente Christof Ellinghaus. "Eles ligaram e disseram que iriam se atrasar. O promotor local surtou. A programação das outras bandas teve de ser virada de cabeça para baixo. O Nirvana alegou que eles tinham ficado retidos na alfândega. Era uma farsa total. Eles simplesmente não queriam tocar tão cedo. Chegaram mais ou menos às 18 horas e teriam uns 20 minutos de palco. Então entraram e, em cinco músicas, fizeram a plateia ferver antes de serem expulsos. A apresentação seguinte foi de Bob Mould [ex-líder do Hüsker Dü], que foi vaiado por vários minutos. As pessoas ainda estavam eufóricas! Queriam mais Nirvana – e ninguém ainda sequer tinha ouvido o *Nevermind.*

"O *Bleach* não era um grande álbum na Alemanha", acrescenta Ellinghaus. "Eu estava agendando todas aquelas bandas da Sub Pop, então quando o Nirvana assinou com a Geffen, pensei: 'Será que isso faz sentido?'. Nunca imaginei o que aconteceria. Mas aquele show foi um sinal do que estava por vir."

Em seguida, eles foram para Hasselt, na Bélgica, tocar no Pukkelpop – onde aconteceu o incidente com a placa do camarim de Black Francis; Kurt também disparou um extintor de incêndio nele no meio da apresentação dos Pixies.

> Pukkelpop. Cheguei bem a tempo de pegar a segunda metade do set do Nirvana. Eles estão ficando progressivamente mais selvagens à medida que a turnê continua, e tudo isso às 11 horas da manhã! A multidão estava estupefata. A visão de Kurt montado nas costas de Chris e girando sem parar foi impagável.
>
> (www.wegotpowerfilms.com)

Foram três shows na Alemanha, incluindo um em Bremen, onde ocorreu o incidente envolvendo aquela mulher da MCA. A turnê terminou em Roterdã, no dia 1º de setembro, durante o festival Ein Abend in Wien, realizado no De Doelen, um centro de apresentações todo arrumadinho, com capacidade para 3 mil pessoas, sendo a maioria dos lugares destinada a uma plateia sentada.

"Tive que convencer meus colegas a incluí-los no festival", revela o promotor holandês Carlos van Hijfte. "A maioria pensava no Nirvana como mais uma banda da Paperclip.[20] Eu já os tinha visto no Maxwell's em julho de 1989, e eles realmente me impressionaram, em parte pela destruição dos equipamentos. Um dia antes do show, Lee Ranaldo [guitarrista do Sonic Youth] me visitou em casa e tocou para mim a fita do *Nevermind*, dizendo: 'Eles vão ser gigantes'. No dia do show, uma atmosfera de caos parecia se aproximar do ambiente. Não sei como, mas o Nirvana conseguiu uns uniformes médicos [...] Quando a banda subiu ao palco, eles já estavam completamente bêbados."

O festival incluía todo o tipo de espetáculos de arte, sendo uma das instalações um quarto de hospital com enfermeiros e médicos. Kurt e Ian Dickson entornaram vodca em grandes quantidades. Mais tarde, a dupla se vestiu com máscaras e jalecos, escreveu "Black Francis Arkansas" nas paredes e encharcou os visitantes no camarim do Nirvana com suco de laranja e vinho. A certa altura, Ian chegou até mesmo a empurrar uma cama de hospital com Kurt deitado nela.

"O lugar estava lotado", continua Carlos. "No fim do show, a banda entrou em 'modo destruição': começaram por seu próprio equipamento, depois destruíram o PA. Os seguranças, avisados de antemão sobre a reputação do Nirvana, invadiram o palco e tiraram a banda de lá." Krist tinha subido nos alto-falantes do PA, com as calças nos tornozelos, bebendo direto de uma garrafa. "Não tenho certeza se alguns dos integrantes foram expulsos do local mais tarde. Mas é bem provável."

Van Hijfte – como era de se esperar – enxergava as coisas por outra ótica. "Eu já vi tantos grupos que decidem encerrar um show quebrando tudo", disse o promotor à revista holandesa *Oor* em 1994. "Presumir que sua gravadora pagará pelos danos faz de você apenas mais um garoto americano rico e mimado. E é mentira que eu tenha brigado com o Krist. Os seguranças estavam vestidos de enfermeiros naquela noite, então, quando eles vieram me ajudar a arrancar o Krist do PA, todo o palco ficou cheio de funcionários de hospital. Ninguém é agarrado por quatro seguranças e consegue continuar se movendo. Também não foram expulsos da casa de shows. Eles simplesmente voltaram para o hotel."

Courtney também estava presente – no backstage, ela apresentou Billy Corgan ao Sonic Youth e ao Nirvana. "Todos ficaram bem desapontados", comenta Markey. "Depois que eles saíram, Kurt rabiscou na parede com uma caneta hidrográfica: 'Courtney + Gish'[21] e ficou sorrindo sem parar." Courtney pegou carona na van do Nirvana, na balsa de volta para a Inglaterra, e flertou sem parar com Dave. No entanto, ela definitivamente estava ciente da crescente fama de Kurt – Steve Gullick se lembra de estar atrás de Courtney e Lori Barbero em um show do Smashing Pumpkins, e a cantora do Hole estava se gabando de ter entrado de graça alegando ser a "Sra. Cobain".

Na Inglaterra, o Nirvana gravou outra *Peel Session* – uma versão simplificada de uma nova música, "Dumb", mais "Drain You" e "Endless, Nameless" – antes de voar para casa, em 4 de setembro.

Kurt voltou a Olympia e descobriu que não se sentia mais em casa: tanto literal – há relatos de que ele dormiu no banco de trás de seu Valiant naquela noite[22] – quanto metaforicamente. Na sua ausência, Olympia havia organizado o primeiro International Pop Underground (IPU): uma convenção para reunir amigos e bandas afins. Não havia listas de convidados e seu escopo não se limitava à música. "Eles tentaram estruturar o IPU de uma maneira que contrariava muito o comportamento típico da indústria do rock", diz Rich Jensen. "Por exemplo, não havia privilégios especiais para 'pessoas importantes'."

Teve churrasco, concurso de dança, festas disco... Foi a própria encarnação do "Faça Você Mesmo". Foi hardcore, não punk (estilo de vida, não moda). Foi a partir do primeiro IPU que o florescente movimento Riot Grrrl tirou grande parte de sua inspiração.

"A ideia não era tanto reunir as bandas, mas sim as pessoas", explica Candice Pedersen. "Não se tratava de categorizar grupos ou indivíduos. Por isso, organizamos tantas atividades não musicais, para que todos pudessem passar algum tempo apenas socializando."

O Nirvana tinha se oferecido para tocar, mas foi considerado inadequado. Aquilo significou muito para Kurt: ele sentiu profundamente a rejeição e me falou várias vezes sobre o fato (como um raro jornalista que simpatizava com o amor que ele sentia por Olympia). Ele se sentiu traído, achou que seus amigos tinham sido muito excludentes.

"De qualquer forma, não acredito que eles teriam tocado, já que estavam comprometidos com a turnê", comenta Ian Dickson. "Você quer fazer uma turnê pela Europa com o Sonic Youth ou um show em Olympia? No fim das contas, tudo se resumiu a isso."

Em 20 de agosto, mesma data da convenção, o novo selo kill rock stars lançou a compilação *kill rock stars* – uma coletânea impressionante de 18 faixas que apresentava as exuberantes Riot Grrrls Bratmobile; a doçura acústica de Courtney Love (a banda); o poderoso groove do Unwound; o dissidente produtor de Seattle Steve Fisk; a contundente "Feels Blind", do Bikini Kill; a justificada ira política da dupla canadense Mecca Normal; o solitário som dissonante do Kicking Giant; a incrível banda de Slim Moon, Witchypoo; os Melvins; a imponente "Loch Ness",[23] do Some Velvet Sidewalk; Fitz of Depression; o encantador vocalista do Half Japanese, Jad Fair; as garotas de Seattle do 7 Year Bitch; a postura escandalosamente carismática do Nation of Ulysses; e o metal superpesado do Kreviss, de Olympia; entre outros. Na verdade, esse disco é o documento mais preciso, desafiador e divertido da cena do Noroeste do Pacífico, muito mais do que *qualquer outra coisa* produzida naquela época.

Só porque as bandas de Olympia e seus colegas não usavam jaquetas de couro e sacudiam os cabelos – embora alguns deles o fizessem – não significava que não mandavam bem no rock. E, caralho, eles arrasavam! A tiragem inicial foi de mil discos, com capa serigrafada à mão, e... claro, uma das faixas era do Nirvana, "Beeswax", das demos originais com Dale.

Slim Moon retoma a história.

"Quando Dylan e eu nos separamos [no Earth]", conta o chefe da kill rock stars, "eu ainda tinha bastante contato com o Nirvana. Não era tipo: 'Ei, vamos sair', mas ainda éramos próximos o suficiente para que o Nirvana cedesse uma música quando lancei essa compilação em 1991".

Pode nos falar mais sobre isso?

"Além do Beat Happening, o Calvin nunca havia lançado outra banda de Olympia em disco", começa Slim. "Ele tinha feito compilações de fitas cassete com grupos locais, mas, apesar de toda a conversa sobre regionalismo nas páginas do zine de Bruce e Calvin, eles não eram um selo local. Existia uma banda da região que eu achava que deveria lançar um disco, mas eu sabia que nem a Sub Pop nem a K o fariam. O nome deles era apenas uma estrela com letras e números.

"Isso foi cerca de um mês antes da convenção do IPU. Eu sabia que viria um monte de gente de fora da cidade para visitar e conferir todos esses shows. Eu pensei: 'Bem, e se eu montasse uma compilação de grupos locais e inserisse essa banda? Talvez as pessoas comprassem, já que estão vindo para nossa cidade'. Mas eu não sabia nada sobre como fazer um disco.

"Assim que o Calvin ficou sabendo, me ligou e disse: 'Então, você está montando uma compilação?'. Ele tinha respostas para tudo. Ficou, tipo, 'Vou gravar a banda do Justin [Trosper, cantor do Unwound], você consegue montar tudo em um mês, mas vai precisar fazer capas caseiras, e eu serei o distribuidor, então mesmo depois que o evento acabar o disco ainda poderá vender um pouco mais'. Naquele dia, ele gravou o grupo que mais tarde se tornaria o Unwound. Entrei em contato com várias bandas de Olympia que eu conhecia e liguei para o Kurt. Ele então telefonou para o Krist, que me ligou de volta. No dia seguinte, eles me trouxeram uma fita – como não queriam me dar a original, fomos até a estação de rádio, onde as pessoas de lá tiveram a gentileza de nos deixar usar seus gravadores de rolo para fazer uma cópia. Portanto, a versão que aparece em *Incesticide* é provavelmente uma geração 'mais nova' do que a versão da compilação *kill rock stars*. Juntamos tudo numa fita de rolo e enviamos pelo correio. Cerca de três semanas depois, recebemos os discos e aprontamos todas as capas serigrafadas em mais uma semana. Montamos tudo para o segundo dia da convenção.

"Acabou sendo uma compilação de bandas que ou eram de Olympia ou haviam tocado no IPU. Quando montamos a fita original, o Fitz of Depression e o Nirvana, embora estivessem na coletânea, não iriam tocar na convenção. Coincidentemente, depois disso, o Calvin chamou o Fitz of Depression para se apresentar. Então o Nirvana acabou sendo a única banda da compilação que não tocou, o que me deixou um pouco mal, como se eu tivesse colocado uma banda famosa lá, mesmo sem eles tocarem."

A inclusão do Nirvana provavelmente ajudou a cobrir seus custos.

"Mais ou menos", responde Slim. "Atingimos um gargalo ruim porque havia muita demanda, mas a K era uma distribuidora terrível. Chegou ao ponto que eles nos deviam 20 mil dólares e nos propuseram um plano de nos pagar 300 dólares por mês até quitar o valor total. Vendemos 25 mil cópias, e com esse dinheiro conseguimos lançar o Bikini Kill e o Unwound. Mais tarde, lançamos [a banda proto-Riot Grrrl] Heavens to Betsy e [o grupo de rock terrivelmente barulhento] Godheadsilo."

De volta a Seattle, Kurt logo se cansou de conversar com jornalistas, em especial os DJs de rádio. Ele atendeu os primeiros telefonemas, começou a mentir escandalosamente, ficou entediado e passou as funções de imprensa para Krist e Dave. Os jornalistas, sobretudo os americanos, o deprimiam e o aborreciam: poucos estavam interessados na música, a maioria queria saber só do fenômeno. Infelizmente, a maior parte dos críticos de música é cretina.

"O Kurt não tolerava babacas", observa Anton Brookes. "Ele respeitava a inteligência das pessoas, mas, se você fizesse perguntas imbecis, teria uma entrevista imbecil."

"Smells Like Teen Spirit" foi lançada em 9 de setembro no Reino Unido, acompanhada de "Even in His Youth", das sessões do Music Source. Quatro dias depois, o Nirvana seria expulso da festa de lançamento do próprio álbum. O evento aconteceu em Seattle, num Re-Bar lotado, com membros da indústria musical (Sub Pop, Geffen, algum jornalista local aleatório) e amigos. Alguém havia contrabandeado uma carga de uísque: o estado de Washington tem as mais estranhas leis de bebidas do país – e o Re-Bar, apesar de ser um bar, não tinha permissão para vender o que os ianques chamam de "bebida forte" se estivessem servindo comida. Ou algo assim.

"Eu tinha um vestido muito fofo, que tinha acabado de comprar na Basic", começa Carrie Montgomery. "Ele acabou coberto por molho de cebola..."

Percebo um padrão se formando aqui.

"Tinha muita comida no Re-Bar", continua Carrie, "e Kurt e eu nos sentamos no canto do salão principal e bebemos um pouco de Seagram's – direto da garrafa, tudo muito elegante". A banda convenceu o DJ Bruce Pavitt a parar de tocar o *Nevermind* – e ele não ofereceu resistência – e a começar a tocar new wave e disco music. Kurt atirou um pouco de molho ranch em Dylan e Krist, que rebateram na mesma moeda. "Na verdade, era molho Green Goddess para vegetais", afirma o dono do buffet, Nils Bernstein. Os seguranças agarraram aqueles delinquentes e os atiraram na rua, sem perceber a grande ironia.

"Foi muito divertido", Kim Warnick ri. "Estávamos rolando barris de chope vazios pelo chão, até sermos convidados a nos retirar. Naquele ponto, já dava para saber que eles seriam os próximos Beatles. Fomos a uma outra festa em um loft onde alguém detonou uma bomba fedorenta [alguns dizem que era um extintor de incêndio] e tivemos que sair. Voltamos então para a casa onde eu morava com a Susie [Tennant]. Kurt ficava lá quando o Nirvana vinha para a cidade – ele não tinha mais lugar para morar, aí eu cedia meu quarto para ele."

Como começou a guerra de comida?

"Ah, sempre rolava guerra de comida", Carrie exclama. "Era inevitável, esses caras pareciam crianças. Arremesso de ovos, guerrinha de comida, CDs no micro-ondas, era simplesmente ridículo. Um dia, no loft do Jeff Ross [designer de camisetas do Nirvana], eu estava na rede, e o Kurt me empurrou para fora. Aí fui até a cozinha do Jeff, peguei um saco de farinha e joguei inteiro na cabeça do Kurt. A Susie [Tennant] tentou limpá-lo com o aspirador de pó.

"Enfim", ela continua, "quando fomos expulsos da festa de lançamento do *Nevermind*, fomos todos para a casa da Susie, colocamos vestidos e maquiagem nos caras do Nirvana e dançamos pela casa. Acho que foi naquela noite que Kurt ficou brincando de estilingue com ovos na varanda da Susie, atirando nos carros dos vizinhos. Kurt Bloch [vocalista dos Fastbacks] empilhou um monte de CDs do Nelson na sala de estar, e as pessoas começaram a correr para derrubar, arremessando e destruindo todos. Susie era a promotora da DGC na região Noroeste, então ela tinha vários desses CDs do Nelson... nunca conte isso a David Geffen, mas a pobre Susan não ia conseguir impedir ninguém de fazer aquilo, simplesmente ia acontecer.

"Havia um frasco de analgésicos em cima da geladeira", lembra Carrie. "Kurt e eu vimos e pensamos: 'Ei! Estas são das boas!'. Tomamos o resto do frasco e achamos que seria divertido pular da janela do quarto da Kim [Warnick] para o telhado da garagem vizinha. Kurt estava com um vestido florido e batom vermelho. Lembro-me de ficar sentada naquela janela apenas rindo e rindo, com parte dos nossos corpos para fora. Então Kim ou Susie ou outra pessoa nos impediu de pular, e ficamos com raiva, chateados por não nos deixarem fazer algo tão besta.

"No dia seguinte", Carrie acrescenta, "Dylan veio buscar Kurt para atirar. Eles compravam grandes nacos de carne na loja, presuntos imensos, iam à floresta e ficavam atirando neles com suas armas [...]".

Susie também tinha um disco de ouro do Nelson na parede, que Kurt destruiu ao passar batom nele e enfiá-lo no micro-ondas. A festa continuou até o amanhecer. Kurt dormiu com o vestidinho verde e branco de Susie: "Ficava melhor nele do que em qualquer outra pessoa que eu conhecia", a representante ri. Dave também usava um vestido com estampa de bolinhas.

Você diria que o Nirvana aprontava muito no início?

"Eles davam festas muito divertidas nas quais simplesmente destruíam tudo", explica Warnick. "Isso era o mais divertido sobre Kurt – ele gostava de quebrar coisas. Lembro-me dele sentado na cadeira de Susie, diante da escrivaninha dela, apenas passando o tempo e bebendo cerveja em seu escritório. Naquela noite, Kurt Cobain e Kurt Bloch também colocaram um saco de papel cheio de cerveja na fornalha do aquecedor e o ligaram, até pegar fogo. Por mais quieto e tímido que fosse, ele gostava de destruir coisas. Nada é mais legal do que quebrar coisas."

Três dias após a festa de lançamento do disco, o Nirvana tocou na loja da Beehive Records, no distrito universitário de Seattle. Foi marcante por ter sido uma das primeiras ocasiões em que Kurt se sentiu publicamente oprimido por sua nova fama: a banda foi assediada por caçadores de autógrafos, que bajulavam Kurt e não queriam ouvir quando ele tentava falar sobre o

Bikini Kill, não lhe davam espaço. Um ano atrás, ele era um deles. Agora, ele era um ídolo.

Mais de 200 fãs faziam fila do lado de fora da loja de discos, apta a receber confortavelmente 50 pessoas. Era por volta das 14 horas – o evento estava marcado para as 19 horas. Quando o show começou, a equipe precisou colocar caixas de discos na frente das janelas para proteger os vidros. Deveria ser acústico, mas alguém trouxe alto-falantes – a multidão enlouqueceu, se jogando contra a fachada, como havia aprendido no vídeo de "Teen Spirit" exibido na MTV. Até mesmo Tracy e Tobi estavam presentes, dançando. Dois caras de Montesano, da antiga escola de Kurt, apareceram exigindo autógrafos – e aquilo foi o que mais assustou o vocalista.

Krist citou aquele show como o momento em que tudo começou a mudar para pior. "Tudo passou a acontecer depois daquele dia. Não éramos a mesma banda de antes", lamentou. "E o Kurt meio que se isolou."

Há uma fotografia famosa de Charles Peterson daquele dia: Kurt sentado, com uma aparência devastada, a cabeça entre as mãos e à beira das lágrimas. "Eu ainda era bastante tímido", diz Charles, "e não acreditava na ideia de que essas bandas, que pegavam a estrada e davam coletivas de imprensa, voltariam aqui para que eu simplesmente enfiasse minha câmera na cara delas. O engraçado é que Kurt também era muito tímido. Você tem um astro do rock terrivelmente tímido e um fotógrafo terrivelmente tímido, claro que não dá certo. Kurt podia ser um pouco intimidante para mim. Sobretudo quando o transformaram nesse suposto deus, coisa que ele não era."

Adendo 1: Kurt é banido de Olympia

Rich Jensen: "Calvin me contou ter recebido uma ligação de Kurt enquanto a banda trabalhava no *Nevermind*, em Los Angeles. Acho que ele perguntou algo sobre estar na lista do IPU e tocar. Eles falaram sobre o propósito do evento e, por causa da posição do Nirvana na indústria do rock – aquela conversa era mais do que amigos compartilhando ideias –, chegaram à conclusão de que não seria apropriado que eles tocassem. O IPU servia para que outras comunidades tivessem a oportunidade de prosperar".

Mas, numa reviravolta estranha, o Nirvana foi parcialmente responsável por ajudar a lançar a kill rock stars, por causa daquela faixa na sua compilação.

"Eu diria que foi o Bikini Kill que lançou a kill rock stars, não uma faixa específica da compilação. Acho que a kill rock stars estava muito mais envolvida com uma rede social emergente. Os álbuns do Bikini Kill – movidos pelo que o Riot Grrrl já havia sido na comunidade de fanzines de jovens mulheres e pelo *hype*, principalmente, da revista *Sassy* – venderam 50 mil cópias muito rápido. Isso aconteceu independentemente do Nirvana. Olympia é um lugar tão pequeno que, se as pessoas estiverem trabalhando, é provável que conversem entre si e ajudem uns aos outros, se estiverem do mesmo lado da revolução."

Acredito que a conversa que Kurt teve com Calvin sobre o IPU foi muito marcante. Ele a mencionou várias vezes para mim, dizendo como sentiu que Olympia tinha lhe dado as costas. Talvez tenha tido a percepção de que eles foram deliberadamente exclusivistas e elitistas.

"Uma das razões pelas quais o Nirvana é interessante é porque, particularmente na figura do Kurt – focamos nele por ter a personalidade que mais se destacava –, a banda encapsula o problema de ser um bando de homens engajados numa prática machista tradicional, embora simpatizem com causas que vão totalmente contra essa prática. É uma situação complicada. É algo do tipo: 'Até onde isso pode chegar?'. A citação deve parar por aí, mas – em termos do que Kurt achava ou do que Calvin achava – não se trata de uma pessoa dando as costas a outra. Acho que o Kurt entendia muito bem essa complicação. Ela está presente em todo o seu trabalho e é uma daquelas coisas que vale a pena debater até hoje."

É um ponto que eu preciso deixar claro no meu livro. Esse banimento de Olympia, deliberado ou não, aconteceu.

"Não foi só Olympia. Veja os movimentos revolucionários no marxismo. A fim de tentar avançar na ideia de um mundo melhor, foram tomadas certas medidas. Em pouco tempo, algumas pessoas estão no topo, enquanto outras estão por baixo. Ou você mostra que há pessoas em níveis inferiores, e eles lidam com isso, ou não. Não foi só Olympia. É verdade que algumas dessas formulações ocorreram lá, como a própria ideia de que certas escolhas econômicas sobre como fazer música podem realmente influenciar a manifestação de um mundo melhor. Esse conceito circula por 20 anos e fez muito barulho. Significa que Kurt Cobain não foi o único a ser banido. Quase todo mundo conhece alguém que pensa que é parte do problema, e não da solução. Acho que a questão é que as pessoas que estavam por baixo em Olympia podem estar ainda no processo de tentar diferenciar o bem e o mal – solução e problema – em vez de ter uma objeção à formulação específica disso tudo."

"Kurt era puro, mas também era insanamente ambicioso", explica Courtney Love. "Ele queria o que conseguiu, mas, por causa de sua formação, por causa de Olympia, decidiu que não era o que ele queria. Basta lembrar do antigo Nirvana, quando Jason Everman estava na banda, para ver que se comportavam como o Soundgarden, embora o coração deles fosse pop. Porém, o Nirvana foi exposto a Olympia – nada daquilo se baseava em talento, e é aí que essas pessoas mais me incomodam, Everett. Não tem a ver com talento, mas com pureza – é sobre ter um manifesto, e isso é uma besteira."

Espera um pouco...

"Não", Love responde. "Acredito que Ian MacKaye tinha uma visão sagrada e divina, mas, quando essa visão chegou a Calvin Johnson, virou algo elitista, não inclusivo e fofinho – e não estou dizendo isso porque eles me ostracizaram, há muitas cenas que eu amo e que também me baniram. Veja só. Lois Maffeo[24] era minha colega de quarto, e eu conheci as Marine Girls e [a incrível banda suíça feminina do fim dos anos 1970] Kleenex mais ou menos na mesma época em que apresentaram a mesma merda para o Kurt, talvez até antes. Para ele, foi uma salvação, pois, em Olympia, ele descobriu um pouco do pop – assim como Teenage Fanclub, Vaselines, Pastels e todas aquelas personalidades fofas para as quais eu não dava a mínima. Ele estava tão ciente quanto eu da fama. Ele apenas não conseguiu lidar com ela."

Pense comigo. Mariah Carey perdeu totalmente o ponto – não importa quantas notas consegue atingir. O que é a porra do talento? A forma mais pura de música é o gospel. Mariah não tem nada a ver com gospel. O gospel fala sobre paixão, pureza – não importa se você acerta a nota, e sim se você tenta acertar a nota. Não tem a ver com talento, tem a ver com paixão.

"Você e eu concordamos totalmente sobre isso, mas é algo que não se aplica a Olympia, ao elitismo e à falta de espiritualidade da cidade."

(*The Stranger*, 25 fev. 1999)

Adendo 2: Grunge leve

Desde quando as bandas começaram a entrar no Reciprocal e dizer: "Você pode fazer nosso som parecer com 'Touch Me I'm Sick'?" – querendo soar especificamente como uma banda grunge?

"Ah, foi só no começo dos anos 1990, quando todo mundo começou a se sentir *constrangido* com isso", ri Jack Endino. "Ninguém queria se parecer com mais uma banda de Seattle, as pessoas tinham muito amor-próprio para isso. Aqueles que queriam se parecer com bandas de Seattle não estavam em Seattle. Quem era de Seattle estava fugindo disso o mais rápido possível. A Sub Pop estava fugindo disso. Eu estava fugindo. Em meados dos anos 1990, acabei trabalhando em dez outros países, porque as pessoas me ligavam e pagavam minha passagem; França, Dinamarca, Portugal, Austrália, Inglaterra, Alemanha, Holanda... E eu via essas bandas muito sérias e um pouco ingênuas que diziam: 'Sim, nós amamos aquele álbum, *Bleach*'...

"Fiquei longe daqueles que queriam obviamente imitar o grunge, porque não quero ser o Leonard Nimoy dos engenheiros, preso no mesmo papel pelo resto da minha vida", explica o produtor. "Mas quase aconteceu. Durante alguns anos, era tudo 'grunge, grunge, grunge', dava vontade de gritar. Por volta de 1992, 1993, esse era o ganha-pão de todo mundo: 'Ah, nosso som precisa ser parecido com Nirvana, Melvins ou Soundgarden'... *ou então, o que ouvi mais de mil vezes:* 'Tem que se parecer com o Alice in Chains'. Esse era o plano mais fácil para os metaleiros suburbanos, pois o Alice in Chains fazia a transição do metal para o grunge, enquanto as outras bandas vinham do punk rock. Era impossível imitar o Mudhoney de forma convincente. Até era possível imitar a mecânica do Nirvana, mas aquilo soaria como um Nirvana ruim. E as bandas fazem isso até hoje. A diferença é que elas têm um cantor ruim e nenhuma originalidade. Não tem o que eu tirar dali. Só queria que parassem. Mas todo mundo aderiu ao lado metal do grunge e daí surgiu essa horda ridícula de imitadores, o lado Soundgarden e Alice in Chains da equação do grunge. Pessoas que tinham bandas de hair metal havia alguns anos e agora tinham uma banda grunge."

No estúdio, alguém já te disse: "Espera, isso soa grunge *demais*"?

"Não muito", responde Endino, rindo. "Às vezes *eu* interpretava o advogado do diabo, dizendo: 'Sabe, isto está exatamente igual à terceira música do segundo disco do Black Sabbath, é o mesmo riff, tem certeza de que quer fazer assim?'. Ou: 'Sabe, isto me soa exatamente como aquela música do AC/DC, no *Let There Be Rock*'. Eu tento ser um cão de guarda, as pessoas plagiam mais do que gostariam..."

NOTAS

1 Só fiquei sabendo disso quando estava vagando pela área de desembarque, alguns minutos depois de convencer o segurança a sair do meu quarto: o gerente de turnê estava escondido num canto, o dedo pressionando os lábios, em advertência. "Mas que...?" "Shh", ele advertiu. "Não diga nada. Junte suas coisas e nos encontre do lado de fora do hotel em cinco minutos. Estamos indo embora." Mais tarde naquele dia, fomos a um churrasco feito pela mãe descolada do Dave: "Não sei, cara", disse Kurt, rindo do meu estado dissoluto. "Se eu tivesse bebido tanto quanto você ontem à noite, nem estaria vivo."

2 Monty durou pouco mais de um mês como gerente de turnê do Nirvana, só até 29 de outubro.

3 Sim, isso existe!

4 Será? Acho que inventei esses valores do nada.

5 A MCA era a empresa-mãe da Geffen.

6 O Ride era uma *guitar band* inglesa clássica da época, conhecida por ficar olhando para os próprios pés no palco. Cínicos podem comentar que o Coldplay costumava ter muitas semelhanças.

7 Sonic Youth, Mudhoney, Breeders, Upside Down Cross (uma paródia da banda de hardcore Satanic Boston, na qual J. Mascis tocou bateria brevemente), Shonen Knife, Nine Inch Nails (o grupo pop de rock industrial de Cleveland do Trent Reznor)...

8 Com quem ele ainda não tinha começado a namorar...

9 Referência ao título do segundo álbum do Sonic Youth, *Confusion Is Sex*.

10 O título *1991: The Year Punk Broke* foi inspirado em um comentário de Dave Markey, feito quando ele viu o Mötley Crüe tendo dificuldades para tocar "Anarchy in the UK" ao vivo na MTV. "Uau, 1991 é o ano em que o punk rock finalmente vai estourar", comentou sarcasticamente o cineasta.

11 O Gumball era uma banda doida de powerpop, de Nova York. O vocalista, Don Fleming, também coproduziu *Pretty on the Inside,* do Hole; *Bandwagonesque,* do Teenage Fanclub; a banda pop de Seattle, Posies; e o Alice Cooper. Quando descobri o Gumball, ainda no início, Don me ofereceu muita maconha e me levou a uma loja de xadrez em Greenwich Village, onde duelamos ao som de três caras gregos gritando "Mestre Dick!" e apostando abertamente nos jogadores sentados à mesa vizinha. As únicas regras do lugar eram: não apostar, não comer, não beber chá gelado. Em cinco minutos, quebramos todas elas.

12 Famoso produtor de pornografia, retratado no filme *O povo contra Larry Flynt,* coestrelado por Courtney Love em 1996.

13 Em Dublin, Kurt encontrou uma rara cópia original de *Almoço nu,* de William S. Burroughs – "Ele ficou feliz como pinto no lixo", comenta Dave Markey.

14 Estranhamente, em 1990, o Reading não era "tudo isso" – estava restrito a um atoleiro de bandas ruins e submetal dos anos 1980. A MTV não foi a única instituição a se beneficiar da reforma grunge.

15 O Silverfish eram excelentes caras loucos e barulhentos de Camden: progenitores da "Guinada de Camden".

16 O nome do dançarino era Tony, e ele era baterista da banda britânica Bivouac, de Nottingham.

17 Eles provavelmente sabiam, entretanto, devido ao volume de singles piratas de sete polegadas das sessões do *Nevermind.*

18 Feederz era uma banda de punk rock oportunista do Arizona – Dave Markey está se referindo ao título de seu álbum de 2002, *Vandalism: Beautiful as a Rock in a Cop's Face.*

19 Ao contrário de outros relatos, nem Mudhoney nem Hole tocaram no Reading Festival de 1991.

20 A agência Paperclip era um número de telefone na agenda de todas as bandas dos EUA no final dos anos 1980. Eles levaram dezenas de grupos americanos grandes, e nem sempre bons, para turnês europeias.

21 Uma referência ao sofrível álbum do Smashing Pumpkins, de 1991.

22 Embora seja muito mais provável que ele tenha dormido no colchão de algum amigo.

23 "Loch Ness" é a melhor música gravada sobre o mítico monstro subaquático... de todos os tempos!

24 Que depois formaria a banda... é... Courtney Love. Não tenho certeza se esta afirmação de Courtney é real. Lois chegou após Courtney ter se mudado.

CAPÍTULO 17

Lindos, lindos olhos

Kurt tomou uma decisão honesta. Ele escolheu. Ele queria morder aquela maçã. Ele escolheu o caminho mais sombrio, mais interessante, mas que não necessariamente era o certo. Courtney se posicionava como se Kurt talvez não tivesse opção, pois ela tinha decidido que queria ficar com ele – mas ele tinha opção. Acredito que Kurt queria viver sua fantasia de casal junkie com ela, como Sid e Nancy. Esse foi o caminho que encontrou para se livrar do peso da fama que, de repente, caiu em cima dele. Que loucura. Era a véspera do Natal de 1991, e eles estavam morando num quartinho no apartamento de alguém.

(Eric Erlandson, ex-guitarrista do Hole)

O sucesso do Nirvana foi como uma validação pelos muitos anos que passei trabalhando em tantas competências diferentes relacionadas à música, em lojas de discos, rádios universitárias, fanzines, organização de shows. As coisas eram tão diferentes naquela época. O Pussy Galore não conseguia nenhuma apresentação em Boston só por causa do nome.* Quando vim para Seattle pela primeira vez, liguei para Bruce Pavitt. Ele começou com aquele papo: "Mudhoney, Soundgarden e Fluid estão tocando no...". Tudo mudou muito rapidamente. As relações mudaram da noite para o dia, do Nirvana abrindo para o Mudhoney ao Mudhoney abrindo para o Nirvana. Eles mudaram para melhor, não importa quão horrível o pior também fosse.

(Debbi Shane, ex-Dumbhead)

* Pussy Galore, em tradução livre, seria algo como "vaginas em abundância". [N. P.]

> Alguém cantarolou a melodia de "In Bloom" para mim ao telefone. Parecia tão legal que comecei a procurar por ela em todos os lugares. As demos do *Nevermind* tinham se tornado muito difíceis de encontrar. Finalmente consegui uma cópia e, quando ouvi, comecei a chorar. Não só porque era insanamente linda, mas porque era difícil acreditar que alguém tinha feito algo muito melhor do que qualquer coisa já escrita no ambiente alternativo. Imediatamente senti pena do Kurt. Pressenti no mesmo instante o pesadelo que aguardava aquela pobre alma. Como todo mundo, eu escutava o *Nevermind* muitas vezes quando estava em turnê e o levava comigo aonde quer que fosse, cada música era melhor que a anterior. Também é um disco muito deprimente, pois ninguém pode superá-lo, nem mesmo os Pixies. Para nós, compositores, é um golpe na autoestima. Ele me faz sentir pequena e estúpida por tentar escrever uma música.
>
> (Courtney Love, 1992)

QUATRO dias depois da apresentação na Beehive Records, o Nirvana partiu para outra turnê americana.

Os Melvins abriram para eles na Costa Leste; a psicodelia pesada do Das Damen,[1] de Nova York, tocou no Sul; o elegante Urge Overkill,[2] de Chicago, ficou com a vaga do Centro-Oeste; e o Sister Double Happiness[3] abriu os shows da Costa Oeste. A turnê tinha sido agendada muito antes do lançamento de *Nevermind*, e os lugares eram ridiculamente pequenos para o novo status da banda, o que intensificou a enxurrada de hematomas e de fãs desapontados.

"Depois que o *Nevermind* estourou", afirma Craig Montgomery, "conversamos sobre agendar uma turnê de arena, mas não conseguimos. Passamos muito tempo no exterior com esse disco, mas bem pouco nos Estados Unidos."

"Teen Spirit" estreou no número 27 da parada Modern Rock da *Billboard*, em 21 de setembro. As rádios – que inicialmente haviam se recusado a tocá-la porque não conseguiam entender a letra – foram inundadas de pedidos de jovens querendo ouvi-la. "Minha esposa comprou o *Nevermind*, e eu fiquei, tipo, 'Puta merda'", exclama Tom Hazelmyer. "O Nirvana pegou as bolas e as cartilagens daquilo que os Cows, os Melvins e o Jesus Lizard faziam e transformou no que o Tad bem nomeou – músicas pop dos Beatles."

Os eventos começaram a se acumular tão rapidamente que dava até para perder a conta. A turnê do Nirvana começou com duas noites no Canadá antes de seguir para Boston, Massachusetts, em 22 de setembro, quando a banda jantou com Mark Kates, diretor do setor de música alternativa da DGC. De modo quase inevitável, outra guerra de comida foi declarada: "Eles começaram a jogar costelas um no outro", lembra Ted Volk, representante de rádio da DGC. "Foi, de longe, o melhor jantar da minha vida."

Depois do jantar, o Nirvana decidiu assistir a um show dos Melvins no The Rat. Ao chegar, descobriram que seus nomes não estavam na lista, então Kurt começou a discutir com o segurança da porta. "Do nada", Volk disse a Carrie Borzillo-Vrenna, "uma loira pegou a mão do segurança e disse: 'Você não sabe quem é este? Ele é Jesus Cristo, você tem que deixá-lo entrar neste clube agora'. Eu olhei para a minha namorada e falei: 'Que porra foi essa?'".

A loira era Mary Lou Lord, cantora e compositora local[4] que ganhava a vida tocando nos metrôs. Kurt perguntou quais eram suas bandas favoritas, e ela listou Pastels, Vaselines, Daniel Johnston e Teenage Fanclub. "Mentira", respondeu Kurt. "São minhas bandas favoritas, nessa mesma ordem" – então pediu que ela nomeasse músicas de cada artista para provar que ela não estava tirando uma com a cara dele.

No dia seguinte, Kurt foi ao apartamento de Lord. Um retrato de Lester Bangs, o renomado jornalista gonzo de rock dos anos 1970, estava pendurado na parede. Ele sempre foi a única figura aceitável do jornalismo de rock para músicos como Lord e Cobain – Kurt chegou a escrever uma carta imaginária para ele em seus diários –, o que não significava que ele também não fosse grosseiro, narcisista e banal, como todos os outros. Mas, durante os anos 1970, Bangs defendeu boas bandas, desenvolveu uma voz única e, mais importante, estava morto – para que as pessoas pudessem continuar a adorá-lo sem sua presença cansativa por perto para lembrá-los do quão ridículo era aquilo tudo. Kurt disse a Mary Lou que ainda sentia muita falta de Tobi e que recentemente se apaixonara por uma religião oriental, o jainismo, que venerava os animais e via o universo como uma sucessão interminável de céus e infernos.

"Todos os dias", explicou Kurt, "passamos pelo céu e pelo inferno."

Um dia depois, a dupla foi à festa de aniversário da estação de rádio alternativa WFNX,[5] no Axis, em Boston – o Nirvana foi a atração principal, com shows de abertura de Smashing Pumpkins e da banda local Bullet Lavolta. Antes do show, a MTV News filmou Krist Novoselic jogando Twister junto com as bandas de abertura, com direito a muito óleo vegetal para garantir lubrificação extra – Krist acabou ficando só de cueca e usou uma bandeira americana que estava pendurada por perto para limpar um pouco do óleo da bunda. Alguns habitantes não gostaram de ver a bandeira ser usada daquela forma, e Krist teve que passar a andar com um guarda-costas.

Enquanto isso, Kurt driblou alguns compromissos promocionais da banda para passar um tempo com Mary Lou.

Mary Lou Lord quase foi apagada da história de Kurt Cobain. Há muito tempo, Courtney inventou uma história grosseira sobre ele ter sido visto recebendo sexo oral de uma garota de Boston na parte de trás de uma van – e que essa foi a única vez que eles se encontraram. No entanto, tenho uma forte lembrança dessa época, de um Kurt abobado que falava sem parar sobre essa garota chamada Mary Lou Lord. Ele dizia que estava apaixonado e queria se mudar para Boston para ficar com ela.

Talvez fosse uma fantasia, mas ele acreditou nisso na época.

> Oi, Everett.
>
> Às vezes você conhece alguém e sabe de cara que sua vida está prestes a mudar. Foi o que senti quando conheci Kurt. A intensidade do momento foi suficiente para merecer uma vida inteira de memórias daquele curto período – um daqueles casos de "amor à primeira vista" sobre os quais você lê nos livros. Um relacionamento breve, mas real, no qual se aprende toda a história da pessoa em pouquíssimo tempo e em que o casal se sente muito íntimo, de uma hora para outra. Espero não estar sendo muito *As pontes de Madison* aqui [...]
>
> Estou bem ciente de que meu relacionamento com Kurt foi fugaz e que havia tanta coisa acontecendo na vida dele que talvez fosse impossível sentir por mim o que eu sentia por ele, mas, no fundo do meu coração, eu sabia que era recíproco. Também sei que Courtney teve um papel importante na mudança de opinião dele sobre mim – não só por ter invadido o que estava acontecendo entre nós, mas pelas mentiras que ela inventou a meu respeito. Ele não era o tipo de cara que me questionaria: "Isso é verdade?". Poucas semanas após a última vez que Kurt e eu terminamos, Courtney foi para a Europa e, cerca de uma semana depois, engravidou por lá, perto do Dia de Ação de Graças.[6]
>
> Meu relacionamento com Kurt durou cerca de dois meses, mas poderiam ter sido dois dias e teria sido inesquecível do mesmo jeito. Não tinha nada a ver com sexo. Era mais uma química entre duas pessoas que realmente funcionou. Como se eu o conhecesse havia anos e estivéssemos nos reencontrando. Foi realmente muito especial.

Às vezes eu gostaria de ter me arriscado mais na época. Como numa certa noite, em Detroit: ele me implorou para ir a Chicago com ele, mas eu não podia. Tinha medo de perder meu emprego e não queria ser um fardo para a banda. Eu não tinha dinheiro e não quis que ele pensasse que eu estava tentando me aproveitar. Mas acho que a percepção dele foi totalmente diferente. Acho que ele pensou que eu estava sendo "distante" e "indiferente". Foi a imagem que tentei passar, embora sentisse exatamente o oposto. Só não queria assustá-lo. Eu não acreditava que um cara de uma banda de rock iria querer algo sério. Se eu soubesse o quanto ele queria ser amado, eu teria lhe revelado exatamente como me sentia.

Foi naquela mesma noite em Chicago que Courtney realmente deu em cima de Kurt: o que teria acontecido se eu estivesse lá? Ele teria me apresentado a ela como a namorada dele? Ela ainda estava saindo com Billy [Corgan], ou tinham terminado havia pouco tempo, e ela voou até lá para pegar o resto de suas roupas com Billy. Se eu tivesse seguido a turnê, tudo teria sido diferente. Ele estaria comprometido e, com sorte, ela teria respeitado o compromisso – ou não. Tenho certeza de que Courtney teria dado um jeito. Depois que voltei com Kurt na Inglaterra, ela conseguiu nos separar [...]

Kurt não falou nada sobre Courtney quando o encontrei no Reino Unido algumas semanas depois. O primeiro show foi em Bristol. Não me lembro muito da apresentação, mas foi ótimo estar de volta com Kurt. Ele me ligava da estrada quatro ou cinco vezes por semana – não havia celulares na época – enquanto eles estavam em turnê pelos Estados Unidos. Eu tocava no metrô umas dez horas por dia, todos os dias, para economizar o suficiente para a viagem. Toquei até meus dedos sangrarem durante todo o mês de outubro. Tive uma terrível crise de síndrome do túnel do carpo[7] e estava com muita dor, mas nada me impediria de comprar uma passagem de avião para encontrá-lo novamente. Queria fazer uma surpresa. Eu não sabia nada sobre Courtney, e acho que ele não tinha ideia de que eles assumiriam um compromisso tão sério. Ele nunca a mencionou.

Quando cheguei à Inglaterra, fui ao show e à passagem de som, e me encontrei com Kurt. Ele parecia muito cansado e menos entusiasmado com a turnê. Estava com muitas dores de estômago, e eu sinto que foi ali que as drogas entraram em cena pra valer. Eu era totalmente ingênua em relação à heroína. Só sabia o que ela havia feito com alguns dos meus heróis e não queria me envolver com aquilo. Disse a Kurt como me sentia em relação às drogas logo no início. Eu sentia uma tensão no ar, sabia que minha reprovação às drogas não combinava com a direção que ele estava tomando.

Eu fiquei para alguns shows no Reino Unido. O último a que assisti foi o de Astoria, em Londres. Depois dessa apresentação, Kurt e eu voltamos para o hotel, fomos para a cama e o telefone tocou por volta das três horas da manhã. Era Courtney. Eu não tinha ideia de que ela estava na jogada. Não sabia quem ela era, além da minha cópia do [single do Hole] "Retard Girl". Eu também tinha uma cópia de "Motorcycle Boy", da Courtney Love – olha que confusão [...]

Courtney descobriu que eu existia quando foi entrevistada para um programa de rádio em Boston. O apresentador era um amigo. Courtney o pressionou para obter informações, que usou a seu favor. Ela conseguiu dados suficientes sobre mim para distorcer as coisas e fazer parecer verdade. Após a entrevista, ela ligou para Kurt. O telefonema durou cerca de 40 minutos. Tentei não prestar atenção. Na manhã seguinte, ele me perguntou: "Então, como você pretende chegar a Wolverhampton?". Eu não tinha ideia do que ele estava tentando dizer, então respondi: "Eu tenho coisas para fazer em Londres" (era mentira). Embora estivesse confusa, pensei que o veria em breve. Ele me deu um guia de viagem, um beijo e me disse que entraria em contato.

Na tarde seguinte, o Nirvana estava em um programa de TV chamado *The Word*. Quando Kurt surgiu, a primeira coisa que disse foi: "Eu só quero que todos aqui saibam que Courtney Love, a vocalista do grupo pop Hole, é a melhor foda do mundo". Eu fiquei arrasada e tão confusa quanto qualquer um poderia estar. Na noite anterior, nós estávamos juntos, e ele nunca tinha dito uma palavra sobre ela. Bem, ele comentou algumas coisas, mas eu sempre fui uma pessoa boa demais para repetir. Eu sinto que ele fez aquela declaração porque ela o pressionou. Foi cruel e mesquinho. Naquele momento, eu soube que, fosse quem fosse, a tal "Courtney Love" iria mudá-lo para sempre.

Quando voltei para os EUA – 11 de novembro –, o Nirvana já tinha estourado. Foi muito difícil para mim, porque em todos os lugares havia a música ou o rosto ou a voz de Kurt. E ele estava um lixo. Dava para perceber que as drogas tinham começado a acabar com ele. Tudo era tão nojento. A essa altura, Courtney já estava grávida. Foi tudo muito rápido [...]

Houve um período em que Courtney deixava recados na minha secretária eletrônica sem parar. Era ridículo. Eu nunca tentei falar com Kurt nem fiz qualquer coisa para nenhum deles. Mesmo assim, Courtney me assediava incessantemente. Acho que ela estava entediada, ou eles ficaram paranoicos durante aquela fase. E eu acredito que ela me considerava uma ameaça, pois sempre soube que ele realmente gostava de mim – e que ela havia nos separado "artificialmente", com suas mentiras [...]

(Mary Lou)

Eu amo o rock 'n' roll.

Toda a minha vida busquei um propósito, um sentimento de pertencimento, a consciência de que talvez existam outros como eu por aí. Toda a minha vida procurei por uma imagem de glamour – "*The nearest thing to desperation I know of*"* (The Legend!, 1983) –, por uma pitada de poeira estelar para me elevar acima do nível mundano. Você acha que parte de mim não gostou desse novo estranho poder que obtive após o sucesso do Nirvana? Você é louco. Eu saboreei, me deleitei, rolei na lama com ele e ainda lambi os beiços. Eu amei como as musicistas e as *groupies* começaram, de repente, a flertar comigo – eu! – e como rostos notáveis na cena do rock underground começaram a se interessar em sair comigo. Eu também queria. Se as pessoas esperassem que eu ficasse bêbado e me comportasse estranhamente, melhor ainda. Essa parte foi fácil. Certa vez, um colega jornalista do *Melody Maker* gritou comigo durante toda a viagem de trem de Brighton a Londres: "Você é só um bosta de um jornalista musical!". Não, eu não era. Eu era Everett True. Eu era intocável. Me odeie ou me ame... tanto faz. Pelo menos alguém estava prestando atenção.

Um evento me colocou acima do rebanho que logo seguiria cada movimento do Nirvana. Pouco depois do Reading Festival, em setembro de 1991, alguém no *Melody Maker* reclamou que nosso rival, o *NME*, havia conseguido a primeira grande exclusiva do Nirvana sobre o *Nevermind*. Embora nós e o – prestes a ser extinto – *Sounds* tivéssemos sido os maiores apoiadores do grunge no Reino Unido, o *NME* era a marca líder, com maior circulação. E, mesmo não estando antenado, sua posição era o que importava para algumas bandas.

"OK", disse, num ímpeto. "Me mandem para os Estados Unidos e eu cuido do resto."

Três horas depois, nosso editor anunciou que havia marcado uma viagem para eu entrevistar o The Breeders, em Nova York. Certo, pensei, mas o Nirvana está do outro lado do país! Tudo bem – chegaremos na noite em que o Nirvana vai tocar no Marquee Club de Nova York. Eu saio direto do aeroporto e fico sentado na entrada do clube, durante a passagem de som, até Kurt me notar.

Depois do show, Kurt perguntou se eu queria seguir com a turnê. Ele também implorou que eu o apresentasse à vocalista do The Breeders, Kim

* "A coisa mais próxima do desespero que eu conheço." [N. T.]

Deal, pois adorava *Pod*, o álbum de estreia da banda. Concordei com ambos, um tanto aliviado. Então fomos para o estúdio onde o Breeders estava gravando. Encolhido, Kurt ficou atrás da divisória da sala de controle, quase deixando sua timidez vencer a vontade de falar com um de seus ídolos. Alguns dias depois, subi ao palco do 9.30 Club, em Washington, D.C., para gritar minhas músicas punk/soul *a capella* para uma casa lotada de 800 punks raivosos – e, para minha surpresa, eles me acompanharam. Descobri que meu status de artista me dava direito a comandas de bebidas grátis, então mandei duplos e triplos com muito entusiasmo – mais tarde, a banda teria que me jogar na van, e lá dentro quebrei todas as regras de etiqueta de turnê, vomitando e depois rolando para a calçada.[8] Estranhamente, o Nirvana parecia gostar das minhas indiscrições. Eles ainda me deixaram viajar com eles no dia seguinte.

"A maioria das pessoas tem a ideia de que viajávamos com uma nuvem sombria sobre a nossa cabeça por todos os lugares", disse Dave Grohl a Stevie Chick em 2005. "E isso não é verdade. Muitas coisas legais aconteceram, tivemos muitos bons momentos, demos muita risada. Boa parte foi perigosa. Boa parte foi realmente pesada – mas não tudo. Se eu ganhasse um centavo a cada vez que Everett True vomitou na nossa van... os caras passaram por muita coisa boa, e tinha muito mais a caminho."

Em Pittsburgh, o show foi ainda menor e mais louco.

O rock 'n' roll, por mais decadente ou escroto, me dava uma sensação de glamour. Kurt Cobain entendia tudo sobre aquele desejo por glamour, tinha sido sua válvula de escape em uma adolescência conturbada. E ele também era narcisista em sua autoaversão. Muitos suicidas são. Como ele mesmo cantava em "On a Plain": "*I love myself, better than you/ I know it's wrong so what should I do*?".* Ah, eu realmente me identificava com isso.

Inicialmente, o rock ajudou a me redefinir, longe das provocações dos colegas de escola, que me desprezavam porque minha família não tinha dinheiro o bastante para comprar roupas novas. Quando comecei a fazer gravações – gravações inflamadas de raiva, frustração sexual e insatisfação –, me tornei alguém. Finalmente percebi que eu era único e que tinha para onde correr quando todos ao meu redor me rejeitavam. Como não amar a música que me deu os Beatles, Yoko Ono, os primeiros Ramones, The Jam,

* "Tenho mais amor por mim do que por você/ Sei que é errado, mas o que posso fazer?" [N. P.]

Young Marble Giants e Mudhoney? Claro que eu amo o rock 'n' roll. Mesmo agora, sobretudo agora, ele tem o poder de me comover, de impedir que meu ânimo esmoreça. Basta aumentar o volume um pouco mais e tocar o novo CD do Gossip, do Quasi, dos Concretes ou do Misty's Big Adventure, procurar um álbum antigo do Dexys Midnight Runners, um 12 polegadas do Teenage Jesus and the Jerks ou um single da SST. Como posso desprezar algo que deu à minha vida tanta validação e direcionamento, que permitiu que eu me comunicasse com tantos outros ao longo dos anos? Não é culpa do rock que a maioria das pessoas seja burra. Como uma banda punk americana disse uma vez, pessoas estúpidas não deveriam procriar. Eu amo o rock – e não dá para ser mais rock do que o Nirvana.

Nota importante, porém: isso depende de qual é a sua definição de rock.

Em 24 de setembro, *Nevermind* foi lançado nos Estados Unidos: 46.251 cópias foram enviadas – umas 953.749 menos do que o necessário. Apesar da afirmação de Goldberg de que a Geffen havia percebido o monstro que eles tinham em mãos após o show do Roxy, a empresa ainda subestimou muito a demanda pelo Nirvana. Na Grã-Bretanha, a história foi bem parecida.

"Quando o Nirvana assinou com a Geffen, Jo Bolsom era a gerente de produto", diz Anton Brookes. "Ela estava acostumada com bandas como Guns N' Roses – e então o Nirvana caiu no seu colo. No início, ela parecia uma garota rica de classe média que não sabia bem como lidar com o Nirvana, mas após alguns meses estava 100% focada neles. Sem ela, meu trabalho teria sido mil vezes mais difícil. A Geffen prensou inicialmente 6 mil cópias, achando que teriam sorte se vendessem 2 ou 3 mil. Dois dias depois, todos os álbuns estavam esgotados, e, consequentemente, o *Nevermind* chegou ao número 34. Até o álbum do Mudhoney ganhou fôlego na parada."

Na noite em que o *Nevermind* foi lançado, o Nirvana fez um show de última hora, aberto a todas as idades, no The Axis, em Boston. "A emoção era palpável", lembra o fotógrafo do *MM,* Steve Gullick. "O clube tremia com a energia. Era como estar à beira de um tornado." Numa pequena área VIP isolada, Krist era o centro das atenções, ao lado de Kim Gordon, falando de política e totalmente à vontade. "Voltamos para o hotel", continua Gullick, "e estava passando 'Teen Spirit' na MTV. Eu fiquei pensando: 'Porra, este som vai estourar'".

Na noite seguinte, o Nirvana tocou no Club Babyhead, em Providence, Rhode Island – onde Kurt estourou seu amplificador durante a primeira música e o Nirvana abriu com a sexualmente perturbadora "Jesus Doesn't Want Me for a Sunbeam", dos Vaselines, antes de seguir para o cover de "Here She Comes Now", do Velvet Underground, e uma versão ousada do clássico "D-7", dos Wipers. Seguiram-se shows em New Haven e Trenton antes de eles chegarem a Nova York no dia 28 de setembro, onde Kurt se viu na TV pela primeira vez. Ele ligou para sua mãe para avisar que estaria no *120 Minutes*, o programa "alternativo" da MTV. "Ele estava muito animado", conta Mary Lou. "Ele brincava, contando a ela sobre cada aparição sua durante o vídeo." Com "Teen Spirit" no Top 20 dos Estados Unidos, o Nirvana fez uma apresentação acústica na loja da Tower Records, onde Kurt pegou um pacote de biscoitos Oreo da bolsa de um fã e derramou uma caixa de leite neles, no meio da performance.

O show daquela noite, no minúsculo Marquee, foi matador: eu assisti do camarote ao lado da vocalista do Breeders, Kim Deal, enquanto a multidão pulava para cima e para baixo em uníssono. Kurt, Krist e Dave eram uma confusão de emoção e movimento, guitarras quebrando, bateria repicando, o baixo arremessado no ar para nunca mais voltar. Kurt riu o show inteiro. O público foi ficando cada vez mais louco. No clímax do set, "Negative Creep", Kurt não tinha mais guitarra, então mergulhou na multidão, que o levou, ainda cantando, triunfantemente como uma onda – só o baixo e a bateria o acompanhavam. Ainda assim, parecia haver uma orquestra de guitarras por ali.

"Fiquei pasmo com a qualidade do som", concorda Gullick. "Normalmente, teria ficado incompleto sem a guitarra, mas o som preenchia o ambiente."

Sobre o show de Pittsburgh, eu não me lembro de nada. Estava muito empolgado pelo álcool e pela excitação contagiante em torno daquela pequena bolha da turnê. Mas tenho uma memória vívida da apresentação no minúsculo JC Dobbs, na Filadélfia, na noite seguinte (1º de outubro): pessoas voando por cima dos alto-falantes na frente do palco, um pandemônio absoluto reinando enquanto Kurt lutava para ser ouvido acima do constante tumulto e dos aplausos, uma música após a outra, afiadas, cortando a névoa de fumaça de cigarro e o tilintar de copos do bar. Eu estava sentado perto dos monitores, à direita de Kurt, fumegando de raiva ao lado da banda enquanto a plateia conversava em meio a uma versão silenciosa e devastadora de "Polly", mas feliz com a recusa do Nirvana em voltar ao palco após o final do set, o que rendeu um coro de vaias. Meus braços se agitaram descontroladamente durante a loucura de "Drain You" e "Aneurysm", o corpo numa mistura de suor e emoção, acabando-se em riso enquanto o trio se lançava em mais uma jam, chocando a maioria da plateia.

Na época, escrevi:

> Em Pittsburgh, Kurt enfiou a guitarra na caixa da bateria no final, se bem me lembro. Dave já tinha estilhaçado tudo. A apresentação *não impressionou muito*. Já o local do show na Filadélfia era realmente pequeno. Monitores e alto-falantes amontoados ao redor da bateria. Mas foi legal. Mais divertido. Marcante. O clube ficava em uma rua cheia de lojas de ocultismo ou vodu, além do museu Mutter de deformidades humanas. Cidade estranha. De onde estou sentado, consigo ver as chaminés das fábricas.

O humor de Kurt oscilava descontroladamente. Após toda aquela reação da Filadélfia, ele ficou deprimido – sentimentos provavelmente exacerbados pela ressaca e pelo cansaço da viagem. No dia seguinte, acompanhei o Nirvana até o topo de uma torre megalítica nos arredores de Washington, D.C., para uma entrevista de rádio: Kurt e eu saímos, deixando Krist e Dave lidarem com a fera corporativa. Anos depois, logo após a morte de Kurt, minha única imagem primordial da banda – que eu queria que fosse a capa de um livro que eu sabia que nunca viria à tona – era Kurt de pé, frágil e pequeno, fumando de cabeça baixa, ofuscado pela torre de metal brilhante atrás dele.

"Você já esteve em uma estação de rádio comercial nos Estados Unidos antes?", Kurt me perguntou mais tarde. Não, acho que não. "Bem, você deve imaginar como é. Esses caras com cortes de cabelo na altura dos olhos, bigodes finamente esculpidos e estilizados, falando com voz profissional de DJ de rádio americano, sem ter ideia de quem diabos você é – ou eles já ouviram sua música e sabem apenas que não gostam de você –, fazendo as perguntas mais ridículas que já ouviu. E você fica lá, com o propósito de divulgar a sua banda quando, ao mesmo tempo, realmente não tem mais vontade de divulgar a banda. Percebi que estávamos ficando grandes demais. Eu me sentia culpado por isso e também por estarmos apoiando essa merda de rádio que não tem nada a oferecer a ninguém, exceto a mesma música comercial. E então, depois de um tempo, passei a faltar nesses compromissos, o que me rendeu muitas críticas da minha gravadora e de outras pessoas. Chris e Dave ainda fazem essa função e vão para essas malditas estações de rádio, pois se comprometeram com isso. Eu, honestamente, não consigo mais."

Pouco tempo depois desse incidente, Kurt se recusou a ser entrevistado por DJs de rádio, ponto final.

O show de 2 de outubro no 9.30 Club de Washington, D.C. – localizado numa parte barra-pesada da cidade, mas próximo de todas as atrações turísticas da capital do estado – foi mais uma vez incrível, talvez impulsionado pelo pequeno ato de rebeldia de Kurt. O público punk raivoso estava fervendo, e o Das Damen, que abriu o show, teve muito trabalho para distrai-los. E estava lotado! Sem espaço para pular do palco depois do meu set de abertura de três músicas, tive que rastejar para o lado, recebendo tapinhas nas costas de Krist e Kurt. O Nirvana abriu com o cover dos Vaselines, "Jesus Doesn't Want Me for a Sunbeam", que é – vamos ser honestos – uma maneira bem legal de começar um show!

Nossa comitiva foi praticamente barrada de antemão no restaurante chique que o representante da DGC havia reservado para nós, por estar "muito malvestida". Não que nos importássemos: eles que enfiassem tudo aquilo no próprio rabo. Ignoramos a comida chique oferecida, preferindo participar do lendário projeto piloto de "servir pizzas" do 9.30 Club, compartilhando fatias com a mãe e a irmã, superdescoladas, de Dave. No churrasco da família de Dave, no dia seguinte, Kurt me contou sobre seu amor por Mary Lou Lord.

Depois de Washington, fomos para o Sudeste: Geórgia, Carolina do Norte e Memphis. Em 5 de outubro, o Nirvana estava em Athens, na Geórgia, curtindo uma festa na casa do guitarrista do R.E.M., Peter Buck – ao invés de conceder mais entrevistas à imprensa –, quando "Smells Like Teen Spirit" chegou ao número cinco da parada.

Mary Lou Lord voltou à turnê alguns dias depois, em Ohio, e encontrou um Kurt particularmente mal-humorado, praguejando sobre problemas no som e alegando que o show da noite anterior havia sido uma droga. Ela viajou com a banda para Detroit, Michigan, e foi embora na manhã seguinte, para voar de volta ao seu trabalho em uma loja de discos em Boston. Naquele dia, o Nirvana tocaria no Metro, em Chicago, com o Urge Overkill como banda de abertura.

Na mesma manhã, Courtney Love voou de Los Angeles para Chicago.

Courtney não estava lá para ver Kurt Cobain. Ela vivia um relacionamento intermitente e volátil com Billy Corgan. Aquele era apenas mais um voo em seu caso de longa data com o líder obcecado e arrogante do Smashing Pumpkins.

Nem Kurt nem Courtney haviam insinuado antes de Chicago que sentiam uma atração especial um pelo outro – e isso foi durante uma época em que eu conversava com Courtney várias vezes por semana. Mas Kurt estava ficando famoso e era fofo e sensível, enquanto Courtney tinha uma energia sexual muito forte. Além disso, ambos tinham uma desesperada queda pelo hedonismo.

"Ela estava lá com Lori [Barbero]", lembra Danny Goldberg. "Essa foi uma das primeiras vezes que encontrei Courtney. Ela tentava ser encantadora comigo, discreta, charmosa, me usando para abrir caminho para aquele grupo de pessoas. Eu fiquei conversando um pouco com ela no backstage depois do show e então fui falar com outra pessoa. Quando olhei novamente, ela estava sentada no colo do Kurt. Ela era maior que ele; então sentar no colo dele foi algo memorável. Daquela noite em diante, eles estavam conectados."

Courtney não tinha ideia de que o Nirvana tocaria em Chicago naquela noite, mas, quando chegou ao apartamento de Corgan, encontrou a namorada de longa data dele por lá. Sapatos foram arremessados pela janela, e Courtney foi expulsa sem cerimônia. Ela então pegou um táxi de dez dólares até o Metro. Parecia um bom lugar para se refugiar. (Courtney de fato apareceu nos 15 minutos finais, quando Kurt estava começando sua rotina de destruição.) Sentindo-se rejeitada, ela ligou para Corgan do clube para informá-lo de suas intenções em relação a Kurt – sabia que seu amante tinha ciúmes do Nirvana –, e então fez sua jogada, conforme descrito por Goldberg.

"Havia muita gente lá", diz Craig Montgomery. "Os caras do Urge Overkill, da gravadora, acho que os outros membros do Smashing Pumpkins, estava todo mundo lá. Foi a noite em que Dave acabou indo dormir no meu quarto [no Days Inn, diante do lago Michigan], porque Kurt e Courtney estavam se divertindo no quarto que Kurt e Dave dividiam." O técnico de som interrompe sua fala por um momento. "Não sei se as lembranças que tenho daquela noite são coisas que li ou se são realmente minhas", ele ri. "Chicago foi minha primeira noite na turnê. A banda estava ansiosa para que eu assumisse logo o trabalho, porque minhas passagens de som eram mais curtas que as do Monty."

O show daquela noite foi demolidor – Kurt e Dave uniram forças para dizimar a bateria com os restos de uma guitarra. "O zunido no ar era inacreditável", disse Butch Vig a Gillian G. Gaar. "Os jovens gritavam e choravam, quase todo mundo já sabia as letras. E eu fiquei pensando: 'Caramba, será que vou ganhar um disco de ouro?' – e, claro, o ouro veio em questão de semanas. [O disco estreou no Top 200 da *Billboard* no dia do show de Chicago, no número 144.] Alguns meses depois, conversei com John Silva e perguntei se havia alguma perspectiva de *Nevermind* virar número um. Ele respondeu: 'De jeito nenhum, sem chance'. Na semana seguinte, era o número um."

Courtney voltou para Los Angeles na manhã seguinte... possivelmente porque o próximo show da turnê era em Minneapolis, uma de suas antigas moradias, onde sua reputação não era das melhores. Como de costume, porém, ela sitiou Kurt por fax e telefone nas semanas seguintes.

"Eu era a advogada da Courtney", diz Rosemary Carroll. "Ela começou a me ligar porque queria que eu representasse [o primeiro marido de Courtney] Falling James. Depois ela me chamou para trabalhar com o Hole – no primeiro show que vi, ela usava um vestido de debutante com o laço perfeitamente passado nas costas. Foi uma performance de tirar o fôlego, eletrizante. No palco, ela brincava com imagens de beleza masculina e um misto de dominação e submissão feminina, tudo no contexto do rock 'n' roll. Ela parecia muito corajosa e destemida. Havia elementos de Patti Smith[9] na performance do Hole, e isso por si só foi o suficiente para me conquistar.

"Conheci Kurt por meio de Danny [Goldberg]", continua Rosemary. (Danny e Rosemary são casados.) "Foi na noite que ele e Courtney ficaram juntos: ela me pediu dinheiro emprestado para comprar uma passagem de avião para Chicago e segui-lo até lá.[10] Ela não chegou a dizer: 'Estou de olho em Kurt e quero resolver isso de uma vez'. Você sabe como ela é. Fala a mil por hora, num fluxo de consciência, mas muito eloquente. Foi por isso que ela foi a Chicago, no entanto – ela não tinha outro motivo para estar lá, nenhum que eu soubesse.[11] Não lhe emprestei dinheiro em nenhuma outra ocasião, e ela nunca me pediu."

"[O empresário do Jane's Addiction] Tom Atencio realmente queria agenciar Courtney, então foi ele quem pagou a passagem", corrige Janet Billig. "Ela queria ver Billy, e Billy – ou a namorada dele – a expulsaram."

"Kurt era quieto", diz Rosemary. "Eu tinha ouvido tanto sobre ele antes de conhecê-lo que esperava alguém com cerca de 2,50 metros de altura e monstruosamente carismático, mas ele era um cara pequeno e discreto com lindos, lindos olhos."

Foi no Trees, em Dallas, no dia 19 de outubro – o primeiro de três shows no Texas –, que ocorreu um dos incidentes mais notórios da história do Nirvana: capturado em vídeo para a posteridade, começa no momento em que um segurança avança sobre o rosto de Kurt pela primeira vez...

"O lugar estava absolutamente lotado, cheio de gente", lembra Craig Montgomery. "Ninguém conseguia se mexer. A cada música que o Nirvana tocava, o público se agitava num frenesi descontrolado, parecia um tornado, as pessoas flutuavam no topo da multidão movidas por pura pressão. Ninguém conseguia se mover para a frente porque os seguranças não podiam deixá-los subir no palco, então todos eram empurrados de volta. O sistema de som do clube era fraco, sobretudo os monitores, e isso foi deixando Kurt muito irritado. O som saía muito cortado."

"Eu estava em Dallas – e fiquei gripado", o vocalista do Nirvana me disse em 1993. "Um médico veio ao meu quarto no hotel e me deu injeções na bunda de uns antibióticos que eu não conhecia. Como eu estava bêbado, sentindo os efeitos da bebida pesada e dos antibióticos, me arrastei até o palco e toquei quatro músicas. No meio da quarta música, fui com a minha guitarra em direção à placa do monitor e quebrei tudo em pedaços enquanto a plateia gritava: 'Que merda, que merda'."

"Depois de um tempo, Kurt ficou frustrado com os monitores", explica Craig, "aí ele empunhou sua guitarra como um machado, amassou vários canais e saiu do palco, seguido pela banda até o camarim. Ninguém sabia o que fazer. A multidão cantava, gritava e jogava coisas, querendo que eles voltassem. A essa altura, a equipe de som local já estava extremamente irritada, assim como os seguranças. Depois de um tempo, conseguimos conectar alguns canais não danificados do console do monitor e convencer a banda a voltar."

"Aquele capanga, que também era o dono do monitor, não gostou do que eu fiz", continuou Kurt. "Nas cinco músicas seguintes, ele ficou andando de um lado para o outro, me socando nas costelas. Eu me joguei na multidão com minha guitarra [durante 'Love Buzz']. Ele fingiu me salvar da multidão, mas agarrou meu cabelo e me deu mais alguns socos nas costelas. Aí eu dei com a ponta da minha guitarra na cara dele. Começou a sangrar, e ele veio me bater."

"Li muitas mentiras sobre o que aconteceu depois, vindas do segurança e dos amigos texanos dele", Craig se irrita, "mas eu vi [o segurança] dando golpes no Kurt enquanto fingia puxá-lo de volta ao palco, assim como vi Kurt tentando usar sua guitarra para afastar o cara – a guitarra atingiu a cabeça do segurança e abriu um corte. Quando o cara viu o próprio sangue, virou um touro raivoso. A banda correu para fora do palco, seguida por aquele homem enfurecido."

O segurança deu um soco na nuca do Kurt e também o chutou quando ele estava caído. "Monty, o agente da turnê, deu um jeito de tirar a banda do clube e entrar num táxi, mas, quando eles já estavam no veículo, o cara começou a bater nas janelas", continua Craig. "Enquanto isso, o que restou de nós voltou ao camarim, torcendo para que ele não aparecesse. Foi engraçado e assustador ao mesmo tempo. Engraçado, pois o cara tinha sido legal no início do dia – ele havia nos ajudado a carregar as coisas, não dava para acreditar que ele tinha virado aquele idiota."

Mais tarde, Kurt reconheceu que estava se comportando de uma maneira irritante naquele ponto da turnê e que teve um "chilique de estrela" naquela noite.

"Depois do show, Chris e eu entramos num táxi", ele prosseguiu, "mas logo apareceram o maldito segurança e uns dez de seus nojentos coleguinhas metaleiros, com aquelas camisetas do Iron Maiden e do Sammy Hagar. O segurança ensanguentado enfiou a mão pela janela do táxi e ficou tentando me sufocar. Não dava para sair porque estávamos presos no trânsito. Após 20 minutos daquela cena de gato e rato, conseguimos fugir noite adentro".

Enquanto isso, *Nevermind* subia do número 144 para o 109.

Nirvana, Hole e Sister Double Happiness tocaram no Iguana's, em Tijuana, México, no dia 24 de outubro – outra noite assustadora. A molecada pulava de camarotes de cinco metros de altura nas costas uns dos outros, fãs foram pisoteados no meio do público frenético diante de uma equipe de segurança desamparada que não conseguiu evitar que o palco ficasse inundado de gente fazendo *stagediving*.

"Era um lugar medonho", lembra Craig. "Tudo era feito de concreto. Tinha muitos níveis e nenhuma segurança. Tocar lá era sempre uma noite que você só queria que acabasse logo para dar o fora. Muitos shows aconteceram no Iguana's. Ficava numa espécie de shopping desolado, semiacabado, cujas únicas coisas abertas eram uma mercearia e um restaurante mexicano estilo americano, meio gringo. Eles se vendiam como um lugar bacana, então o Nirvana foi tentar comer lá. Quando Krist perguntou se eles tinham um menu em inglês, responderam que o menu em inglês estava quebrado."

Na noite seguinte, o Nirvana tocou no The Palace, em Hollywood, encabeçando o evento beneficente Rock for Choice, em prol do direito pelo aborto. O *line-up* também incluía L7, Hole e Sister Double Happiness. "Dave era amigo de uma das L7 [Jennifer Finch]", diz Danny Goldberg. "John [Silva] comentou que Dave queria que eles tocassem nesse evento. Então a líder da organização Feminist Majority ligou e pediu para chamarem o Nirvana. O evento era condizente com os valores de Kurt. Ele era um forte defensor do feminismo."

A elite roqueira de Los Angeles compareceu em peso. O baterista do Mötley Crüe, Tommy Lee, reclamou para quem quisesse ouvir que ele tivera que pagar seu próprio ingresso, enquanto Axl Rose apareceu nos bastidores com o presidente da Geffen. Sem a menor vontade de ser associado àquelas figuras tão óbvias do rock machão, Kurt preferiu sair e ficar anonimamente parado na porta do camarim, sendo ignorado pelos novos "fãs" do Nirvana que não tinham ideia de como era sua aparência. Até os reis do metal na época, o Metallica, enviaram um fax: "Nós realmente gostamos do Nirvana. *Nevermind* é o melhor álbum do ano. Vamos nos encontrar em breve. Metallica. PS. Lars [Ulrich] odeia a banda".[12]

Parecia que o mundo do metal estava se esforçando ao máximo para se relacionar com os novos garotos, reivindicá-los para si. No mesmo dia do show no Palace, Krist e Kurt gravaram uma vinheta para o programa de metal da MTV, *Headbanger's Ball* [Baile dos Headbangers]. Kurt escolheu um vestido de formatura amarelo para a ocasião – "afinal, é um baile", como explicou na época.

Courtney estava lá naquela noite; ela e Kurt haviam ficado acordados a madrugada inteira antes do show, "bebendo e fodendo", nas palavras de Kurt. "Foi durante o nosso período romântico", ele conta, rindo. Há uma história adorável, embora provavelmente falsa, que Courtney relatou a um jornalista de Seattle: Kurt a teria ajudado a injetar heroína no hotel – ela aparentemente tinha fobia de agulhas[13] – e depois os dois teriam saído para passear e tropeçaram em um pássaro morto. Kurt tirou três penas do pássaro, entregou uma para Courtney e guardou uma para si. "E esta", disse ele, brandindo a terceira, "fica para o bebê que ainda vamos ter." Que bonito.

Mais prosaicamente, Monty Lee Wilkes se lembra de ter visto os dois juntos no banco de trás do ônibus da turnê, cercados por latas de cerveja velhas e pacotes vazios de batatas fritas, uma verdadeira realeza decadente. "Era patético", sorriu, sarcasticamente.

Courtney teve uma infância parecida com a de Kurt, sendo passada de um parente para outro e se entregando a pequenos furtos e drogas. Kurt era mais ingênuo, mas queria aprender. Desejava aquela fantasia do rock 'n' roll, mas odiava a si mesmo, porque sua formação musical em Olympia era abertamente contra o estilo de vida que decidiu manter – e ele precisava sentir raiva e repressão para criar. Seu sucesso poderia ter lhe dado segurança, mas isso era a última coisa que ele buscava. Ele precisava de algum tipo de distração. Precisava de desafios, embora encontrasse refúgio na irrealidade da heroína e odiasse conflitos.

A atitude de Tobi tinha sido hardcore demais para ele. Com Tracy, a vida não tinha aventuras. Já Courtney era punk de cima a baixo, descontroladamente argumentativa e contraditória, uma torrente de ideias, engraçada de um modo extravagante e muito fácil de irritar, mas ainda mais fácil de agradar. Um de seus ex-amantes me confidenciou que ela era um gênio na hora de descobrir a fantasia mais profunda de seu parceiro e agir de acordo com ela. Courtney tinha pouca moral e nenhum escrúpulo, além de ser muito impulsiva, principalmente se estivesse entediada – me lembro bem de carregá-la pelo Reading Festival de 1995 passando pela lama, enquanto ela, de salto alto, gritava com os seguranças porque não tínhamos credenciais, e saltava no palco para derrubar pop stars com manobras de rúgbi e estapeá-los, tudo isso enquanto eu já estava destruído pela garrafa de vodca que tinha secado antes.

Kurt queria sua própria namorada punk rock, sua própria Nancy Spungen – para detrimento posterior de Courtney. Mas era conveniente para ela viver aquela fantasia. O fato é que nem Courtney (muito convencionalmente mainstream, aspirante a loira de Hollywood) nem Kurt (muito hardcore, sensível e ferrado por suas inúmeras contradições) chegaram perto de Sid ou Nancy, mas assumiram tais papéis porque lhes convinha na época.

Courtney, no entanto, não foi a responsável pela dependência de Kurt em heroína – o próprio Krist Novoselic, um homem que tem mais motivos do que a maioria para não gostar de Courtney, dirá isso. Em 1989, ela estava viciada, mas tentava se limpar. Suas drogas eram álcool e comprimidos. Courtney era o verdadeiro caos naquela primeira turnê do Hole no Reino Unido; brigava, gritava, era escorraçada dos palcos, fazia ligações na calada da noite, incitava brigas sem motivo aparente, desmaiava pelos cantos, me cercava nos banheiros para que nós... ah não, estou deixando alguns assuntos de fora. E, por onde passava, deixava um fluxo constante de fofocas indecentes e escandalosamente divertidas, além de questões sobre música, sobre outros músicos e sobre a vida.

Foi Kurt quem encorajou Courtney a usar heroína de novo. Ele escreveu em seus diários sobre como decidiu começar a usar heroína diariamente, após a turnê do Sonic Youth, para aliviar suas dores de estômago. "Muitas vezes ficava literalmente incapacitado, de cama por semanas, vomitando e morrendo de fome", escreveu ele sobre seu estômago. "Então decidi que, já que me sentia como um viciado, poderia muito bem ser um."

Courtney usava heroína como uma droga social – e era capaz (ou assim ela dizia às pessoas) de controlá-la, não o contrário. Para Kurt, era uma questão mais privada: um isolamento do mundo.

Você estava ciente dos problemas clínicos de Kurt? Como o estômago dele...

"A coisa do estômago era muito inespecífica", lamenta Carrie Montgomery. "Era sempre: 'Meu estômago está queimando e vou vomitar'. Ele vomitava antes dos shows, mas não era o único. O Mark [Arm] também vomitava às vezes. Não me parecia tão incomum. Uma vez eu estava conversando com Kurt num clube e falei: 'Meu Deus, cara, que mau hálito é este, você acabou de vomitar?'. Depois passei a provocá-lo: 'Deve ser meio difícil transar em turnê com esse bafo de vômito'. E ele ficou: 'O quê?!'.

"Ele não acreditava que eu tinha dito aquilo", diz ela, rindo. "Porque ele não fazia esse tipo, ele não era o cara: 'Vou transar muito na turnê'. Nenhum deles era. Acho que o sistema dele era mais frágil. Ele era magro e adoecia facilmente, nunca foi o retrato da saúde nem a imagem da felicidade, o que não fazia dele uma pessoa horrível de se estar por perto.

"Uma vez dividimos um quarto de hotel em Vancouver [30 de outubro]", ela continua, "e ele estava se queixando muito das costas, então tentei algumas manobras de quiropraxia nele. Ele se deitou no chão com todos os travesseiros do quarto ao redor dele e ficou, tipo, 'Ah, sei. Já fiz isso antes...', agindo com total indiferença. Estávamos em duas camas de casal no mesmo quarto, no estilo Lucy e Ricky [estrelas de *I Love Lucy*], e compartilhamos o último cigarro, passando de um lado para o outro, até que ele disse: 'Que merda, o que vamos precisar fazer para conseguir mais cigarros?'".

Em 26 de outubro, o álbum saltou outros 44 lugares, chegando ao número 65. De acordo com um relato, Kurt parecia apático no show daquela noite em São Francisco. A banda vestia roupões felpudos vermelhos e pretos com o logotipo do Nirvana nas costas, em homenagem a Bill Graham, o lendário empresário musical e promotor de shows de São Francisco, que morrera na noite anterior e havia lhes presenteado com aquelas roupas. Kurt passou a maior parte do tempo tropeçando nos pedestais de microfone. Na noite seguinte, o Hole e os Wipers foram as bandas de abertura do Nirvana no The Palace, em Los Angeles.

No dia 29 de outubro, *Nevermind* chegou a disco de ouro (500 mil cópias nos Estados Unidos) – e o Nirvana só descobriu por acaso, através de Susie Tennant, durante um show no Fox Theatre, em Portland. "Ela achava que eles sabiam, mas não sabiam", explica Kim Warnick. "Ela os pegou de surpresa, mas não foi intenção dela. Ela foi até Krist e o parabenizou. Ele perguntou o motivo. Quando descobriu, ele ficou muito animado."[14]

Nos três shows seguintes, o Nirvana deveria abrir para o Mudhoney – mas, com o sucesso de *Nevermind*, a posição de headliner claramente precisava ser trocada.

"Na época em que o *Every Good Boy Deserves Fudge* foi lançado e o *Nevermind* estava para sair, fizemos turnês separadas", lembra Dan Peters. "Tínhamos um plano de voltar a Portland e Seattle para fazer alguns shows juntos. Partimos em nossa turnê e tudo estava ótimo. Em todo clube que chegávamos, só tinha... [imita o riff de 'Smells Like Teen Spirit']. Digo, em todas as porras de clubes. Nós ficamos: 'Uau!'. Era óbvio que algo tinha acontecido."

Como você se sentiu?

"Foi muito legal, na verdade", ri o baterista do Mudhoney. "Nós estávamos empolgados por eles. Quando voltamos a Portland, já sabíamos. O Mudhoney não seria a atração principal."

Muitos consideram o show de Seattle – no Paramount, em 31 de outubro, com o Mudhoney e o Bikini Kill abrindo – como o fim de uma era. Incontestavelmente, o Nirvana era agora a grande novidade. A segunda explosão do grunge estava começando. John Silva contratou uma equipe de vídeo para filmar as apresentações:[15] em uma espécie de retaliação, o Bikini Kill rabiscou palavras como VADIA e PUTA em seus próprios corpos com pincel atômico – e Kurt, num impulso, perguntou a seus amigos de Olympia Ian [Dickson] e Nikki [McClure] se gostariam de dançar no palco com o Nirvana.

"Mais evidências de que o Nirvana é uma banda feminista", comenta Rich Jensen. "Ian e Nikki eram apenas jovens indies, um menino e uma menina de Olympia. Dançavam muito, com alma, mas não eram como strippers. O Nirvana não era machista, então eles apresentaram os antistrippers para dançar."

O par deve ter sido uma visão curiosa: magro, de óculos escuros, Ian imitava movimentos dos anos 1960; já Nikki, perdida em seu próprio mundo privado, dançava como se ninguém estivesse olhando. Nikki fez Ian usar uma camiseta com a palavra "boy" [menino] escrita em letras grandes, enquanto ela ostentava a de "girl" [menina]. A Gold Mountain garantiu que as câmeras ficassem o mais longe possível dos dois.

"John Silva veio até mim quando estávamos subindo no palco e disse: 'Eu não gastei 250 mil dólares neste vídeo para você foder com tudo!'", exclama Ian. "Ele estava, tipo, com toalhas penduradas no pescoço, pronto para entregá-las aos caras quando eles saíssem do palco, aquela coisa toda. Eu só respondi: 'Foda-se, John. Eu não trabalho para você. O Kurt me chamou para subir'."

"A gravadora havia organizado uma grande filmagem sem o conhecimento do Nirvana", lembra Charles Peterson. "Eram seis caras vestidos de preto correndo por ali com câmeras compactas de 35 milímetros. Na hora, pensei: 'Sim, é o começo do fim'. Foi muito injusto com o público natal deles, pois a apresentação acabou ficando meio engessada. Dava para sentir o cheiro do dinheiro."

Antes do show, Kurt saiu com Carrie Montgomery para comprar meias e cuecas novas[16] no Bon Marché. Na loja, o cantor deixou seus sapatos velhos no balcão enquanto tentava encontrar dinheiro suficiente para pagar suas compras. "Ele começou a desdobrar as notas bem devagar", Carrie ri, "e levou uma eternidade para contar aqueles dólares cheios de felpas nas laterais. O vendedor o observava como se ele fosse um sem-teto.

"Na mesma noite", ela prossegue, "caminhamos até o centro para comprar a fantasia de Halloween dele. No caminho, encontramos uma loja de discos no shopping Westlake, cheia de pôsteres do Nirvana. Ele ficou em choque. Fomos até um caixa eletrônico para ele sacar algum dinheiro – quando pegou o extrato, outro choque. Ele não fazia ideia do dinheiro que tinha. Entramos numa sex shop e compramos uma boneca inflável, que ele vestiu como uma roupa. Ficamos no hotel de Kurt no centro da cidade. Eu estava lá com uma amiga, além de Tobi [Vail]. Como queriam conversar, eles acabaram indo para outro quarto. Então deixamos a MTV ligada, onde passou Nirvana a noite toda. Eu acordava às vezes e pensava: 'Que doideira'. Nós tiramos sarro dele com aquilo. Foi surreal e muito estranho".

"O show de Portland foi divertido", afirma Dan Peters, "mas, quando chegamos a Seattle, ficou evidente que as coisas estavam saindo do controle.

A equipe de filmagem era enorme, uns jagunços corporativos rondando por todos os lados, tornando impossível até mesmo ficar na lateral do palco para assistir. Não culpo a banda por isso. Mas culpo as pessoas que eles permitiram que ficassem em volta deles."

"Eu odiei aquele show no Paramount", comenta Rob Kader, antes de acrescentar erroneamente: "A The End[17] colocou uns dançarinos na lateral, e na hora eu pensei: 'Que troço brega!'. Aquilo acabou com a apresentação, tipo: 'Esses caras viraram astros do rock'. O tom de tudo aquilo me decepcionou".

No dia seguinte, Tobi mudou-se para Washington, D.C.

Dois dias após o show do Paramount, o Nirvana partiu para a Europa. *Nevermind* estava agora no número 36, já no Top 40 da *Billboard.*

Adendo 1: Courtney Love e Hole

Na minha primeira viagem a Los Angeles, fui à Disneylândia. Há algo fascinante em ver os americanos celebrando seus próprios excessos. Fiquei lá por 18 horas e tive que inventar um acidente de avião para chegar ao "lugar mais feliz do mundo". Voltei pelo menos duas vezes depois, uma com o Hole e outra com os Melvins. Levar uma banda tão fodida quanto o Hole para a Disneylândia parecia uma justaposição brilhante.

"Rolava uma coisa estranha: Courtney insistia em sentar ao seu lado em todos os brinquedos, mesmo saindo comigo na época", diz Eric Erlandson. "Eu tinha certeza que ela tinha trepado com você também – durante aquela primeira entrevista, quando ela vestiu seu roupão. Ela me disse para não falar sobre nosso relacionamento com você. Mantivemos em segredo por um ano, mas brigamos feio depois, e, durante a briga, a Courtney jogou uma lata de lixo pela janela do meu carro. Depois disso, ficou difícil manter o segredo.

"Ela foi morar comigo no dia que nos apaixonamos, no Dia de St. Patrick de 1990", continua ele. "Estávamos gravando 'Retard Girl'. Ela ligou para o marido, James, e avisou que não voltaria para casa. Quando te conhecemos, foi o começo do fim. E, assim que as coisas ficaram sérias, com entrevistas e jornalistas, surgiu um novo conjunto de regras. Lembro que, durante a primeira entrevista, você ficava me fazendo perguntas estranhas e desconexas, como: 'Você gosta de voar de avião?', e eu queria te matar. Fiquei realmente chocado por vê-la usando toda a sua feminilidade com você para conseguir o que queria."

Eric trabalhava na Capitol Records na época. Foi de lá que ele me mandou os dois primeiros singles do Hole.

"Quando conheci a Courtney, fiquei impressionado com o quão ferrada ela era", lembra o guitarrista, "e inevitavelmente um pouco intimidado pela maneira como ela agia. Ela me provocava, dizendo que eu tinha um pé no apartamento dela e outro no corredor, pois meu carro ficava sempre estacionado em fila dupla quando eu a visitava. Eu gostava muito de sair com ela, mas não estava totalmente comprometido, pensava o tempo todo que seria melhor cair fora. Considerava aquela uma ótima metáfora para o nosso relacionamento – e em relação a vocês também. Exceto, é claro, que tanto eu quanto você acabamos colocando os dois pés de uma vez só no apartamento dela."

Não quero parecer muito cínico. Tudo o que envolvia Courtney era bom e vibrante, e certamente foi assim até o final de 1991 – e também muitas vezes depois. Inclusive quando ela me telefonava só para se gabar das agressões a seus inimigos. Nessas horas, eu gritava com ela. Afinal, eu mesmo era alvo de violência, minha foto estava no *Melody Maker* quase toda semana.

As memórias se fundem em uma só: eu, bêbado, e ela, sabe-se lá em que estado. Nós nos encontrando em Londres, do lado de fora do Dominion Theatre; ela enviando seu assistente para me encontrar no meio da multidão do Phoenix Festival; as escapadas antes dos shows para comprar drogas, gerando atrasos homéricos; em posição fetal na cama, sob efeito de drogas; discutindo e gritando um com o outro a plenos pulmões. Passeios por Los Angeles, compras sob um sol implacável, horas desperdiçadas em lojas empoeiradas cheias de vestidos vintage.

Uma das primeiras vezes que o Hole tocou na Inglaterra foi na posição de *headliner* no Camden Underworld, o show no qual uma multidão raivosa, movida por todo aquele *hype* e por álcool, molestou Courtney. Ela pulou do palco logo depois de Eric e teve seu vestido rasgado do corpo. A pequena Delia chutou tornozelos de imbecis com o dobro de seu tamanho; Courtney gritou meu nome verdadeiro* no palco como se fosse minha culpa; e amigos vagaram pelo local depois, chorando de raiva. Após o show, nós dois nos escondemos embaixo de uma mesa do camarim enquanto seu amigo Bill (aquele do bigode monstruoso) afastava os curiosos. Courtney me deu um

* Jeremy (ou o apelido "Jerry") Andrew Thackray. [N. T.]

dos anéis que estava usando, em sinal de compromisso. Eu o usei fielmente por meses, até que ele se quebrou. Era um anel que veio numa embalagem de doce.

Por que eu saía com a Courtney? E você resistiria a telefonemas de três horas duração, cheios de fofocas, cinco dias por semana, geralmente às quatro horas da manhã, às vezes incluindo música? Certa vez, ela me deixou uma mensagem na qual se exibia para Kurt sobre como eu a havia transformado em estrela e apresentado os dois. Coloquei a mensagem como saudação da minha secretária eletrônica. A primeira pessoa a deixar uma mensagem depois foi, claro, Courtney. Ela ficou atordoada por um instante, mas logo seguiu falando, totalmente despreocupada.

Você vai resistir à tentação de criar estragos, desordem e escândalos por onde for? Então você é uma pessoa mais chata do que eu imaginava. Quando eu bebia, bebia sem medo das consequências, pois tinha baixa autoestima. Eu me divertia como se fosse minha última noite, porque, no fim das contas, poderia muito bem ser.

Na primeira turnê Mudhoney/Hole, no Zap Club, em Brighton, fiquei assustado, mas irresistivelmente atraído pela emoção dirigida diretamente a mim do palco. Courtney estava em sua habitual postura de enfrentamento; pés nos alto-falantes, vestido esvoaçando por cima da plateia. Em Londres, na mesma turnê, ela improvisou entre as músicas, incluindo referências a Morrissey, como eu a havia instruído. Nos bastidores, ela jogou um cinzeiro de vidro grosso na cabeça do Eric. Errou por meros centímetros. Este foi um dos muitos shows em que a segurança precisou nos conter.

Eu saía com a Courtney porque ela era divertida. Eu me apaixonei por sua música antes mesmo de saber como ela era.

Adendo 2: Kurt fala sobre The Breeders e o feminismo

O texto a seguir foi extraído da transcrição de uma entrevista realizada na casa temporária de Kurt em Los Angeles, em 1992 – na mesma rua onde os distúrbios de Rodney King estavam acontecendo. Ela foi parcialmente estruturada em torno dos dez discos favoritos de Kurt. A lista começa com o álbum de estreia do The Breeders, *Pod* – Kurt havia escrito notas meticulosas sobre cada disco no seu diário. O trecho sobre The Breeders dizia: "Um épico que nunca te deixará esquecer sua ex-namorada [...]"

"Com isso, não quero dizer necessariamente que o disco me faz lembrar da minha última namorada", explicou Kurt. "Parece que, quando as garotas do Breeders se reúnem, elas exalam esse ar de... seus ex-namorados."

O Breeders é uma de suas bandas favoritas. O que você tanto gosta nela?

"A razão número um são as músicas, a forma como são estruturadas, o que as torna muito atmosféricas, totalmente únicas. Eu gostaria que a Kim ainda pudesse escrever canções para os Pixies, pois 'Gigantic' é a melhor deles, e foi ela quem a escreveu. Eu amo a atitude da banda. 'Doe', a música [do Breeders] sobre uma garota que faz sexo oral num cara enquanto ele dá tapinhas na cabeça dela como se ela fosse um bichinho, é muito engraçada. São mulheres fortes, mas não de um jeito óbvio. Elas não são militantes. Dá para sentir que elas realmente gostam de homens, apesar de tudo."

Mas você se sente mais atraído por pessoas femininas? Isso é porque você já passou pela fase de gostar do masculino...?

"Sim, eu passei por essa fase cerca de cinco anos atrás. Durante a maior parte da minha adolescência, eu era um homem que não tinha consciência do feminismo, embora fosse uma pessoa mais feminina. Sempre me senti mais predisposto a ser amigo de garotas, assim como apreciava música pop mais suave ao longo da maior parte da minha infância, até me tornar adolescente e começar a fumar maconha. Naquela época, meus hormônios estavam borbulhando em meus testículos e comecei a ter pelos faciais. Eu tinha que descarregar minha raiva masculina em algum lugar, então comecei a ouvir Black Sabbath."

Sempre achei que o problema do punk, no início, era que ele afastava muito as mulheres. Deveria ser abrangente, mas excluiu metade de seu público potencial.

"Sim, com certeza. E só percebi isso depois, porque não pude acompanhar o movimento punk nos anos 1970. Tipo, naquele disco ao vivo dos Dead Boys, *Night of the Living Dead Boys*, o cantor falava sobre como uma garota chupou o pau dele enquanto ele estava no palco – isso era uma coisa comum no punk rock."

Hoje em dia, quando assistimos à MTV, parece que o mundo do metal ainda está preso aos mesmos valores já ultrapassados.

"Acho que está evoluindo um pouco, por causa de grupos como o Soundgarden, que tem uma boa imagem e uma atitude feminista saudável no que diz respeito ao metal. Talvez sirva de exemplo para os outros. Até o Pearl Jam, que obviamente eram *posers* da Sunset Strip no passado, estão melhores."

O que o feminismo significa para você?

"O que ele significa pra você?"

Eu perguntei primeiro!

"Não é tanto um ideal, mas sim uma percepção de que eu tenho que ser politicamente feminista e falar sobre o feminismo estruturalmente, apoiá-lo. Eu não quero ficar pregando. Acho que não existe mais feminismo, pelo menos não como um movimento, como costumava ser nos anos 1970 – mas, hoje em dia, parece existir uma consciência coletiva, pois as pessoas têm assumido isso individualmente."

Ter essa visão feminista gera qual efeito na sua vida?

"Hum, é um exercício rotineiro, é ter a consciência de não ofender as mulheres e não apoiar atos machistas, você sabe. Estar ciente disso o tempo todo, mas sem deixar o excesso de cautela me tornar chato e paranoico com medo de insultar as mulheres, a ponto de eu perder a naturalidade. Há muitas piadas sexistas das quais eu rio e que são inofensivas, até certo ponto. Mas conheço gente que se orgulha de ser boêmia e fica dizendo gracinhas o tempo inteiro, 24 horas por dia, fingindo ser um machão no estilo caipira. A desculpa deles é que estão só tentando te lembrar como é o jeito desse machão, mas notei que, depois que alguém fala assim por um certo tempo, acaba realmente virando um caipira."

Eu definitivamente concordo com você. Essa foi uma das principais razões pelas quais eu briguei com a Sub Pop há alguns anos.

"Sim! Essa é a principal razão pela qual eu não consigo me dar bem com muitas pessoas da Sub Pop."

Foi engraçado por um tempo, mas começamos a nos perguntar se eles falavam a sério ou não – ou se importava se eles estavam falando a sério ou não. O Dwarves é um ótimo exemplo: o vocalista é inteligente e divertido, mas você nunca deduziria isso observando a postura dele no palco.

"Eu até que respeito essa afirmação, pessoas que se esforçam para agir como idiotas ou imbecis o tempo todo quando, na verdade, são inteligentes. Mas não entendo por que fazem isso. É uma maneira muito niilista de viver a vida. Tipo, não adianta mais tentar ser humano porque as coisas já saíram do controle. Isso ainda é uma atitude muito punk rock, mas acho que seria muito chato ser Johnny Rotten após todos esses anos. Não estou dizendo que

Johnny Rotten já foi sexista... me refiro mais a essa atitude negativa, de não apreciar a paixão ou não admitir que as coisas são bonitas."

Sim, esse é o problema. Você perde muito quando elimina todo o entusiasmo. Feminismo, no que me diz respeito, são as mulheres tomando as rédeas nas próprias mãos sem que eu atrapalhe. São as mulheres controlando as próprias vidas, não os homens.

"Concordo plenamente."

NOTAS

1 A certa altura, o Das Damen – roqueiros comedidos da SST, amantes de Beatles e de metal – foi colocado no mesmo nível do Soundgarden. O álbum *Triskaidekaphobe*, de 1991, vale o investimento. O Das Damen também tocou no lado B do disco *The Legend* pela Sub Pop.

2 O Urge Overkill tocava um power pop com um toque kitsch equilibrado e brilhante, que assimilava tanto o passado da boca de sino quanto o presente da jam sofisticada, sobretudo no seu álbum *Saturation*, influenciado por Cheap Trick e lançado em 1993 pela Geffen.

3 O Sister Double Happiness era uma banda de rock bem banal de Austin, Texas – aparentemente ganhou um contrato só porque alguns membros haviam pertencido ao Dicks, lendária banda punk dos anos 1980.

4 O trabalho de "compositora" é questionável, pois Mary Lou Lord normalmente toca covers de músicas alheias, cantando num certo tom infantil.

5 Kurt St. Thomas, DJ da WFNX, foi a primeira pessoa a tocar o *Nevermind* na íntegra, no dia 29 de agosto, às 19 horas, no fuso horário americano.

6 Não é verdade. Frances Bean nasceu prematura.

7 A síndrome do túnel do carpo é uma condição causada pela inflamação do nervo mediano que atravessa o túnel do carpo. O próprio túnel é formado por ossos e ligamentos na região do punho – ou seja, é um problema comum entre guitarristas e datilógrafos.

8 Se fosse o contrário, teria sido OK.

9 Patti Smith é uma poeta de Nova York muito reverenciada, com toda a razão. Entre seus primeiros trabalhos dos anos 1970 está a venenosa "Piss Factory" e os álbuns seminais *Horses* e *Radio Ethiopia*. Kim Deal, Kim Gordon e Courtney estarão para sempre em dívida com as destemidas performances ao vivo de Patti.

10 Courtney era boa em arrecadar dinheiro com aliados. Quando a conheci em Los Angeles, eu precisava de dinheiro para poder ficar mais alguns dias e ver o Hole tocar ao vivo com os Melvins. Ela falou com Janet Billig, que trabalhava

na Caroline Records, em Nova York, e me conseguiu 200 dólares. Provavelmente foram os 200 dólares mais sábios que Janet já gastou.

11 Claro que Rosemary poderia estar certa, mas Courtney admitiu recentemente que viajou para ir atrás de Corgan.

12 O Metallica foi a banda de metal mais parecida (musicalmente) com o Nirvana e seus colegas de Seattle. Os autores de "Enter Sandman" fariam posteriormente uma extensa turnê com o Soundgarden. Por outro lado, o Nirvana não gostava da atitude pomposa deles.

13 Embora não haja como relacionar esse suposto fato ao uso de drogas bem documentado de Courtney.

14 Esse relato contradiz a atitude de Krist citada no livro *Come as You Are*, segundo o qual a banda tentava parecer descolada e indiferente ao sucesso.

15 Algumas das imagens acabaram sendo usadas no clipe de "Lithium".

16 Boxers – Courtney já o criticara por suas sungas com estampa de tigre.

17 The End é a estação de rádio comercial alternativa de Seattle.

CAPÍTULO 18

Territorial Pissings

O NIRVANA foi criado com base nos preceitos de Olympia de que a espontaneidade está no coração do bom rock. Claro, Kurt pode ter passado semanas – até anos – elaborando uma mudança de acorde ou uma coleção de letras, mas aquilo era apenas uma base para poder explodir. A espontaneidade é algo a que o rock 'n' roll frequentemente aspira, ou finge abraçar, mas raramente consegue. A maioria dos shows de rock é tão certinha e pedante quanto uma missa de domingo ou um evento esportivo – sobretudo quando ultrapassa uma certa magnitude. Há tantos fatores a serem levados em conta: vendas de ingressos, equipamentos de iluminação, unidades externas de gravação e máquinas de fumaça... até o bis é roteirizado. Na maioria das vezes.

Então, por que subir no palco se você não vai apresentar algo especial toda vez? Esse é um dilema que parece não incomodar 99% dos músicos de rock – que valorizam o "profissionalismo" acima de tudo, a capacidade de entregar seu produto de maneira tão eficaz e eloquente que acabam sendo indistinguíveis entre milhares de outras noites e mil outras bandas. A única preocupação é garantir que o engenheiro de iluminação saiba o exato momento de fazer as luzes piscarem durante o solo de bateria estendido, que ocorre na antepenúltima música; e que as equipes de palco saibam exatamente quantas músicas serão tocadas no bis, e por quanto tempo. Bandas de rock de arena em turnê carregam uma comitiva itinerante do tamanho de uma pequena comunidade – e dentro de "máquinas" bem lubrificadas como essa há pouco espaço para a espontaneidade. Mas por que se preocupar com isso quando você arrecada 100 mil libras ou mais por noite? Kurt se incomodava com isso. E essa confusão que ele sentia em relação às restrições do sucesso é o que diferencia sua banda das outras.

Courtney Love era o contraponto perfeito para Kurt, prematuramente cansado de uma indústria que, acima de tudo, nunca o agradou. Ela era totalmente espontânea. Não havia um botão de segurança em sua cabeça para avisar quando as coisas estavam prestes a fugir do controle. Ela tinha prazer em ferrar com tudo, não se importava com os sentimentos que pisoteava, mesmo se fossem os dos amigos que ela amava com uma paixão tão feroz quanto o ódio. Kurt gostava de instigar problemas, qualquer coisa para abalar a complacência – ele já tinha pulado nas costas de muitos seguranças e disparado extintores de incêndio o suficiente–, mas também gostava de sentar e assistir, ser o *voyeur*. Foi aí que Courtney entrou. Ela não se importava. Não naquela época.

"Kathleen também tinha grande influência sobre ele", argumenta Ian Dickson, referindo-se à igualmente volátil vocalista do Bikini Kill. Entre 1991 e 1993, enquanto Courtney fingia ser feminista, ela via Kathleen Hanna como rival, e isso culminou em um incidente infame no qual ela deu um soco em Hanna.

"Se tivéssemos duas super-heroínas, uma 'boa' e outra 'má'", sugere Ian, "seriam Kathleen e Courtney. Kathleen incorpora todas essas ideias feministas e sempre foi muito consistente. A Courtney copiou muitas coisas dela e usou isso para ficar famosa. Kurt se sentia tremendamente atraído [pelas ideias de Kathleen] porque ele adorava os 'azarões'. Ele nutria um forte sentimento por mulheres, gays e pessoas desprovidas e desfavorecidas. E era isso que ele enxergava na Courtney, mas de uma forma distorcida."

A florescente relação entre Kurt e Courtney começou a ofuscar o sucesso do Nirvana. A declaração de Kurt em 8 de novembro, ao vivo naquela merda de programa britânico de cultura jovem, *The Word*, de que "Courtney Love é a melhor foda do mundo" – uma afirmação um tanto sombria, na qual se gabava de um jeito rock 'n' roll muito mais adequado ao baterista do Mötley Crüe, Tommy Lee, ou outro de sua laia – atraiu enorme atenção. O Nirvana deixou de ser um fenômeno do rock para se tornar notícia de primeira página nos tabloides: sucesso *e* polêmica são uma combinação potente.

Mary Lou Lord até pode se lembrar de um Kurt ainda apaixonado por ela quando o encontrou na Inglaterra – e que ele não mencionou Courtney[1] –, mas não há dúvida de que a selvagem, caótica e deslumbrante enxurrada de telefonemas e mensagens de Courtney durante as semanas em que ele esteve na Europa logo fez sua mágica.

"Eu nunca conheci uma pessoa tão franca e carismática", disse Kurt, refletindo o que muitos de nós sentíamos. "Ela é como um ímã que não para de atrair coisas emocionantes até nós." Ele acrescentou, então, a mania dos dois de foder em pé pelas paredes das casas de rock onde tocavam.

O romance deles floresceu em novembro: Courtney enviava mensagens por fax dizendo a Kurt que ele cheirava a "waffles e leite". Ele respondia com notas de seu fluxo de consciência que demonstravam seu fascínio contínuo por excrementos, bebês, agulhas e punk rock.

"Kurt se sentiu atraído por Courtney porque ela era quem ele queria ser", sugere Janet Billig. "É aquela coisa meio Jerry Hall: era uma donzela na sala e uma vadia no quarto. Ele adorava a personalidade controversa dela. As drogas não eram uma parte daquilo. Essa era uma atividade de que cada um já gostava antes de se conhecerem.

"Eles formavam um ótimo casal – certamente melhor do que Courtney e Billy Corgan!", Janet exclama, rindo.[2] "Eles se complementavam tão bem: Courtney falava tudo o que Kurt pensava. Kurt era quieto, mas desejava ser um falastrão. As pessoas eram obcecadas por ele como músico e por ela como personagem. Havia um ponto de equidade: ele era o astro do rock, ela era completamente louca. Na verdade, os dois eram loucos – mas de forma artística. Ela é uma das maiores poetas de sua geração. Dizia muitas coisas que as garotas precisavam ouvir e talvez algumas outras que elas não precisavam."

Agressiva e sem freios, Courtney ganhou naquele momento outra chance de ser o centro das atenções. Outra chance? Vamos voltar um pouco. Ela havia tentado se tornar a estrela de cinema de Alex Cox nos anos 1980 – *A caminho do inferno, Sid & Nancy* –, e o contraditório cineasta inglês havia ficado, ao mesmo tempo, encantado e desconfiado de sua ambição direta e raivosa. Mas estava demorando demais. Ela tentou empurrar seus amigos do sexo masculino para o centro das atenções – o namorado Rozz Rezabek-Wright em Portland, Falling James em Los Angeles –, mas não teve paciência para esperar até que algum deles correspondesse às suas expectativas. Apesar de ter sido vocalista do Faith No More brevemente e ter formado o Sugar Baby Doll, ela não tinha a autoconfiança necessária para se lançar como estrela do rock – mas decidiu tentar mais uma vez quando leu, num jornal de Los Angeles, o anúncio de Eric Erlandson buscando uma vocalista. Por pura insistência e com muito charme, ela conseguiu convencer algumas gravadoras – Sympathy for the Record Industry, Sub Pop – a lançar seus singles e fez amizade com Janet Billig, da Caroline Records.

Mas ela ainda não era uma estrela. Então eu entrei em cena – jornalista renomado em uma posição de poder. Fiquei totalmente deslumbrado, confuso e apaixonado por ela, talvez por causa do meu amor por sua música, com influências de Sonic Youth e Mudhoney. Minha tarefa era fácil. Tudo o que eu tinha que fazer era citar suas palavras e capturar sua personalidade nas publicações. Voltei ao Reino Unido e transformei essa imagem periférica em uma subcelebridade. Também a apresentei a Kurt Cobain, mas aquilo foi um acidente.

Ela fez todo o resto.

No entanto, ela cometeu um erro – ou pelo menos foi isso que acharam seus defensores, como eu, Kim Gordon e Jennifer Finch. Nós a advertimos contra surfar na onda de Cobain. Acreditávamos que sua personalidade inquestionável e seu talento artístico se tornariam secundários e marginalizados quando comparados com Kurt – porque a indústria da música é fundamentalmente machista, e ela seria vista como uma namorada interesseira.

Não deu outra.

> Conhecer Courtney te mudou muito?
>
> "Totalmente", diz Kurt, de modo enfático. "Não sou uma pessoa tão neurótica e instável quanto antes. Eu me sentia sempre sozinho, mesmo tendo muitos amigos e uma banda com a qual eu gostava muito de estar. Agora encontrei alguém próximo, interessado nas coisas que faço, e realmente não tenho muitas outras ambições."
>
> Você sabia quem ela era antes de conhecê-la?
>
> "Não muito, na verdade", ele responde. "Mas eu ouvia falar dela – alguns rumores desagradáveis, de que ela era uma réplica perfeita de Nancy Spungen."
>
> Kurt ri.
>
> "Aquilo chamou minha atenção", comenta ele, maliciosamente. "Como todo mundo, eu amava Sid [Vicious] porque ele era um cara bastante simpático e viajandão. Muitas vezes, sentia que as pessoas pensavam em mim como um cara estúpido e impressionável, então achei que sair com alguém supostamente parecida com Nancy seria uma pedra no sapato de todos, por ser exatamente o oposto do que eles esperavam de mim – todos queriam que eu saísse com uma garotinha sem graça."
>
> Sempre achei que vocês fossem mais John e Yoko do que Sid e Nancy.[3]

"Sim, OK. Talvez seja melhor colocar dessa forma."

Kurt começa a folhear uma ilustração do Nirvana e faz uma pausa, atingido por um pensamento repentino.

"Courtney me ajudou a colocar o Nirvana em perspectiva", ele acrescenta, "a perceber que minha realidade não gira inteiramente em torno da banda, que eu posso viver sem ela se for preciso. Isso não significa que quero acabar com a banda, nada disso, mas que a quantidade mínima de sucesso que eu tanto queria não é mais tão importante.

"Cheguei a um ponto que vai além de pensar apenas na banda", ele continua, "e não posso mais deixar isso me incomodar. É exaustivo demais. Eu me sinto tão violentado que agora preciso me divertir. Não quero mais levar tudo tão a sério. Eu sei que dou a entender isso nas entrevistas, mas tem muito a ver com as perguntas que eles me fazem o tempo todo. As pessoas pensam que sou uma pessoa mal-humorada, e acho ridículo que existam apenas dois tipos de vocalistas homens. Você pode ser um visionário mal-humorado, como Michael Stipe, ou um boêmio irracional do heavy metal, como Sammy Hagar".

Tentei retratá-lo como um tipo boêmio irracional e você ficou irritado.

"Ah, sim", Kurt ri. "Acho que é melhor ser chamado de visionário mal-humorado do que de beberrão irracional. O alcoolismo é totalmente aceitável, no entanto. As pessoas apenas riem dele."

É que as pessoas não se sentem ameaçadas pelo álcool.

"Eu tentei ser alcoólatra. Você não tentou? Não funcionou, não é mesmo?"

Não, eu meio que fui um pouco longe demais, mas...

"Eu me lembro."

Vamos até o quarto de Kurt e Courtney para ver se ela já está acordada. Quase. A TV, num canto, ainda está ligada na MTV. A conversa passa a girar em torno de como a MTV controla o mundo do rock americano.

"Quero me livrar da TV a cabo", declara Kurt. "Já fiz isso tantas vezes na minha vida, decidir não ter mais televisão, me tornar celibatário. Geralmente dura uns quatro meses."

Eu ia perguntar sobre seu gosto por destruir guitarras. Você nunca se cansa?

"Não", responde Kurt. "Eu não faço isso tantas vezes quanto as pessoas pensam. Só espero a hora certa – quando estou chateado, ou para me exibir na frente da Courtney. Ou quando apareço na TV, para irritar o pessoal da emissora. Tenho minha sala de destruir guitarras nos fundos, onde pratico quatro horas por dia."

Pausa. Kurt está preparando um discurso inflamado.

"Sabe o que eu odeio no rock?", ele me pergunta. "Cartoons e chifres. Eu odeio o Phil Collins, a alma masculina branca. Também odeio tie-dye. Você sabia que existem camisetas piratas do Nirvana com tie-dye? Eu odeio essa merda. Jamais usaria uma camiseta assim, a menos que fosse tingida com a urina de Phil Collins e o sangue de Jerry Garcia."

Courtney, no quarto, ouve este último comentário.

"Meu Deus, Kurt, quanto tempo você perdeu pensando nessa resposta?", ela o reprime, irritada.

"Que se foda", ele diz. "Ninguém nunca publica mesmo."

"É quinta série demais!", Courtney grita. "Que coisa de moleque!"

"Desculpe-me, alteza!", Kurt grita, sarcasticamente, de volta.

(*Melody Maker*, 18 jul. 1992)

Pergunte a qualquer pessoa o que estava acontecendo com o Nirvana naquela época e cada uma contará uma história diferente.

Alguns focarão na ascensão de *Nevermind* nas paradas dos Estados Unidos – do número 35 ao número 17 e depois ao número 9, ao longo de novembro e dezembro. Se você ligasse a MTV só por alguns minutos, era impossível não ver o clipe de "Teen Spirit". Não que a banda se importasse – as coisas já estavam demasiadamente fora de controle.

Outros focarão na cada vez mais dramática destruição de instrumentos, nas palhaçadas nos programas de TV europeus, nas algazarras bêbadas e no entusiasmo obsceno. Uma das fitas mais ouvidas no ônibus de turnê, uma das favoritas da época, era o álbum do Jerky Boys recheado de trotes telefônicos insanos e desagradáveis: as expressões "jerky" e "fuckface"* logo viraram de uso comum. Na Itália, Shelli e Ed "King" Roeser, do Urge Overkill, invadiram a adega do hotel: o resultado foi uma verdadeira disputa de vômitos, com Krist e Shelli vencendo, sem dúvida, na categoria marido e mulher.

Krist chegou a um estágio no qual bebia três garrafas de Bordeaux por noite, além de consumir uma quantidade imensa de cigarros e haxixe. O estômago de Kurt estava dando problemas de novo, condição que piorou com a insistência dele em fumar cigarros de tabaco. Ele bebia xarope para tosse constantemente e vomitava antes de vários shows. Mesmo Dave – jovem,

* Em tradução livre, algo na linha de "imbecil" e "cara de cu". [N. P.]

revigorado e definitivamente pronto para a jornada – começava a se sentir claustrofóbico.

"Nós nos ressentíamos do sucesso e viramos um bando de idiotas", explicou Kurt a Michael Azerrad. "Ficávamos muito bêbados e destruíamos mais equipamentos do que o necessário. Simplesmente decidimos ser uns verdadeiros babacas abusivos. Queríamos que todos se sentissem miseráveis."

Alguns focarão nos shows: a banda tocou extensivamente durante o período – Inglaterra (4 a 9 de novembro); Alemanha (10 a 13 de novembro); um show único em Viena, Áustria, com o Skin Yard, de Jack Endino; Itália, com o Urge Overkill –, mas é difícil separar um show do outro, uma banda enlouquecida no palco da outra, sobretudo em 1991, quando tudo girava tão rápido que parecia que a única maneira de ficar parado era ficar mais louco ainda mais rápido.

"Corey Rusk, da Touch and Go, me ligou", conta Christof Ellinghaus, "e disse: 'O Nirvana convidou o Urge Overkill para sair em turnê com eles, você pode nos ajudar a organizar?'. Então rapidamente consegui uma van e uma equipe para o Urge Overkill – eles ficaram hospedados na minha cozinha, e pude assistir a mais um show do Nirvana. Aconteceu no The Loft [10 de novembro] e estava esgotado, 650 pessoas em Berlim. Eu não me lembro muito do show, estava muito lotado e era impossível sair do lugar. Mas achei que estavam mais distantes. Não havia aquele calor de antes."

Jovens perambulavam pelos shows de Londres com camisetas exibindo frases ditas sobre mim por astros do rock famosos,[4] que faziam fila para se gabar sobre o soco que me dariam na próxima vez que nos encontrássemos. Nenhum deles jamais o fez, exceto Kat Bjelland e Jennifer Finch – e a Kat sabia bater forte! Alguns jogavam cerveja em mim, mas eu devolvia com mais cerveja ainda. Billy Corgan usou um terno de palhaço numa turnê inteira pelo Reino Unido depois que o chamei de palhaço na imprensa. Aí veio atrás de mim, com segurança a tiracolo, no Reading. Mas sou rápido quando quero. Ah, e uma vez um agente segurou um pedaço de vidro contra a minha garganta por dez minutos...

Em Londres, no show do Astoria em 5 de novembro, assisti ao genial grupo de poetas Television Personalities deliberadamente ferrar com sua última chance de fama, tocando todas as suas músicas aflitivamente honestas a meia velocidade enquanto uma genuína multidão "grunge" olhava, confusa. O Captain America, banda medíocre de Eugene Kelly, foi a principal abertura da turnê.

O Television Personalities, banda de Dan Treacy, começou como um projeto pós-escolar em Chelsea, Londres, por volta de 1977, e logo ganhou notoriedade pela canção "Part Time Punks", que representava o crescente movimento punk alimentado pela mídia. O single era direto e perspicaz de um jeito bem-humorado: "*They pay half-fare on the buses/ And they never use toothpaste/ But they've got two-fifty/ To go and see The Clash/ Tonight*".* A música representava um lado da obra do TVPs – o lado divertido e "leve", povoado por personagens da Swinging London, artistas pop como Roy Lichtenstein e Andy Warhol, o grupo *beat* dos anos 1960 The Creation e David Hockney. Nesse lado, Dan podia sonhar em sair com seus heróis que estavam sempre nas páginas dos jornais, tudo era simples e livre, e os acontecimentos eram coloridos por estranhas viagens de arrebatamento e arte maliciosa – o tipo de nostalgia que só os jovens conseguem aguentar: traumas agravados por inexperiência, arrependimentos temperados por desejos profundos.

No entanto, quando Dan chegou para gravar o quarto álbum do TVPs, *The Painted Word* (1983), ele tinha perdido a alegria de viver. Nada poderia ter preparado os fãs para as complexidades e febres torturantes de seu lado sombrio, que foram empurradas para os holofotes – canções de imensa saudade e solidão. Abertamente psicodélico com abundância de guitarras ao contrário e vocais atrasados, letras introspectivas e dolorosas, tudo arrastado e longo, era um álbum de 60 minutos sem nenhum desperdício – ou, como disse o magnata da gravadora, Alan McGee, era o próprio *Sister Lovers* de Treacy.[5]

"Kurt Cobain foi um doce nas ocasiões em que nos encontramos", escreveu Treacy em seu diário on-line. "Ele ficou ao lado do palco assistindo enquanto terminávamos 'Seasons in the Sun'. Mais tarde, Krist veio até nós e disse: 'Caramba, gente, vocês sabem que esta é a música favorita do Kurt?'. Nesse momento, Kurt se apresentou e perguntou: 'Ei, qual era o lado B da versão de Terry Jacks?'. '"Put the Bone in"', respondi. Ele sorriu e apertou minha mão. Até hoje não me lembro de outra atração principal deixando a banda de abertura usar seus equipamentos... caras muito legais."

No backstage, o Nirvana havia montado uma armadilha com um prato de frios e condimentos variados em cima da porta do camarim, esperando que eu

* "Eles pagam metade da tarifa nos ônibus/ E nunca usam pasta de dente/ Mas têm dois e cinquenta/ Para ver The Clash/ Hoje à noite." [N. T.]

passasse por baixo – uma retaliação pela reportagem de capa do *MM* que tinha sido publicada algumas semanas antes na qual eles se sentiram injustamente retratados como animais do rock 'n' roll.

Eu tinha sido banido do backstage – até que a namorada de Dan, a fotógrafa Alison Wonderland, fez a intermediação e explicou a Kurt que eu realmente sentia muito por tê-los ofendido. "Olá, pessoal", balbuciei, abrindo a porta. "Como v... ah!" Fiquei ali, pingando da cabeça aos pés, coberto de presunto suado e queijo processado.

Mais tarde, Courtney passou uma hora gritando com Kurt ao telefone sobre o incidente: lançando enxurradas e enxurradas de injúrias sobre astros do rock que acham engraçado intimidar redatores sensíveis. "Nossa, Courtney", Kurt tentava explicar. "Foi uma brincadeira. The Legend! não liga pra isso."[6]

Lembro-me de acordar de um blecaute no backstage e ver Courtney e uma garota da assessoria de imprensa sentadas no meu colo, uma em cada joelho, lutando por minha atenção, sem pudores, enquanto os caras do Mudhoney, agachados, seguravam suas câmeras e gritavam: "Vejam! Vejam! The Legend! se deu bem!" – mas foi mesmo naquele show? Quem sabe? Depois, na mesma noite, fomos a uma balada, onde Courtney e eu brigamos de porrada com o editor de uma revista. Pelo menos... foi por volta dessa época.

No dia 23 de novembro, em Ghent, Bélgica, o Nirvana fez um cover de "Where Did You Sleep Last Night?", do Leadbelly – com Dave tocando baixo deitado de costas, Krist na bateria e Kurt com sua guitarra enfiada na bateria. Pedaços de instrumentos acabaram espalhados por todo o palco. "Eu me lembro", exclama Craig Montgomery, "de quando eles quebraram o baixo e um pedaço dele voou para a plateia e atingiu um cara no rosto". Krist tentou confortar o fã ferido enquanto os paramédicos o ajeitavam na cadeira de rodas, com o sangue escorrendo pelo chão do camarim.

"Naquela turnê", continua o técnico de som, "Kurt parecia não estar se divertindo, talvez só estivesse preocupado com a Courtney, mas, às vezes, parecia estar bem para baixo – quando aquele cara foi atingido, foi superdeprimente. Tínhamos medo de que alguém fosse processado ou preso...

"E também estávamos preocupados com a saúde do rapaz", acrescenta ele, apressadamente. "Acho que ele perdeu um dente. Krist ficou muito mal."

Estava cada vez mais impossível escapar de Courtney. O Hole tocou como banda de abertura naquela noite – juntando-se brevemente ao Nirvana no meio de sua própria turnê europeia –, e Courtney ficava provocando Kurt da lateral do palco. De acordo com o jornalista Willem Jongeneelen, do *Oor*, "Krist estava tocando pelado[7] enquanto o Hole o incentivava. [O guitarrista Eric Erlandson também correu pelo palco e deu um golpe de rúgbi em Kurt – um dos esportes favoritos dos astros do rock da época.] Não sei bem quando a filha deles nasceu, mas não me admiraria se tivesse sido concebida naquela noite. Após o show, Kurt e Courtney ficaram correndo, brincando de pega-pega como duas crianças".

O Nirvana seguiu para Amsterdã e se hospedou no Museum Hotel. Enquanto isso, o Hole foi tocar em Nijmegen, onde Courtney afirmou que estava apaixonada por Kurt e perguntou, de cima do palco, se alguém poderia levá-la para Amsterdã. Nathalie Delisse, uma musicista local, atendeu o pedido.

"Foi como um leilão", ela disse ao *Oor* em 1994. "Courtney ofereceu 150 florins, e eu levantei a mão: vendido. Loucura total. Quando o show acabou, ligaram para o hotel para anunciar que ela chegaria em breve. Ela precisava se apresentar em Lyon no dia seguinte, então eu tive minhas dúvidas, mas fomos para Amsterdã no meu Citroën 2CV, no meio do nevoeiro. Ela ainda estava usando seu vestido de palco e começou a falar sobre bandas como Babes in Toyland, Chili Peppers e seu amor por Kurt. Ela estava mesmo caidinha por ele. Depois do show na Bélgica, no dia anterior, eles realmente pareciam se dar bem. Ela me contou que tinha quebrado algumas guitarras com Kurt e achado a experiência sensacional e libertadora. Ela estava cansada, ligada e caótica. No hotel, ela nos convidou para entrar, mas achei melhor não. O resto do Hole não ficou muito feliz com a partida de Courtney. O agente ficou bem puto."

O casal comprou heroína e passou o dia na cama. "Foi bem desagradável ela perder aquele show", comenta Craig, ironicamente. "Então, sim, Courtney ficou andando com a gente na nossa van, e tudo bem, era divertido tê-la por perto. Todo mundo se dava bem com ela naquela época."

O show da noite seguinte – no lendário Paradiso Club – foi o mais disputado da cidade. "Esgotou em dez minutos", conta o promotor holandês Carlos van Hijfte, entusiasmado. "Foi muito emocionante para nós, que apoiávamos a cena roqueira alternativa americana. Vimos uma das bandas que tínhamos contratado em clubes, colocado em vans, botado para dormir em nossos colchões, se tornar uma gigante do mainstream. Susan Sasic [diretora de iluminação do Sonic Youth/Nirvana] me convidou para jantar com a banda e a equipe. Fomos comer uma boa refeição indonésia – todos, exceto Kurt. À tarde, apareceu alguém da Bélgica, que havia sido atingido por uma guitarra. Queria algum tipo de reembolso, acho, pelos danos."

Um oficial de justiça apreendeu temporariamente o equipamento do Nirvana. "Quatro minutos antes de a banda subir ao palco, conseguiram chegar a um acordo", lembra Ruud Berends, da Paperclip. "Dinheiro não era problema."

Um dia depois, o Nirvana voltou ao Reino Unido para mais shows. A abertura ficou por conta da banda japonesa Shonen Knife. "As integrantes do Shonen Knife eram muito tímidas", diz Craig, "e eram muito mais gentis do que as garotas do L7 [que tinha aberto a turnê anterior]. Elas gostavam de tomar cerveja, mas não eram de destruir coisas. Tocaram lindamente e cantaram como anjos. Shonen Knife era exatamente o tipo de banda de que Kurt gostava."

"Tenho certeza de que fiquei duas vezes mais nervoso em conhecê-las do que o contrário", Kurt me revelou em 1993. "Eu não queria ofendê-las nem assustá-las de forma alguma, porque sei que sou uma pessoa desalinhada e repulsiva, e que isso poderia intimidá-las... e foi exatamente o que acabou acontecendo. Elas tinham medo de mim. Na verdade, num de nossos primeiros shows juntos, elas me viram no backstage caminhando na direção delas, então gritaram a plenos pulmões, se viraram e fugiram de mim. Depois espiaram para fora do camarim. E eu tive que dizer: 'Prometo não machucar ninguém!'. Nossa comunicação com elas foi de um silêncio mortal e de muitos sorrisos."

Em 26 de novembro, o Nirvana tocou em Bradford – depois Birmingham e Sheffield, de onde partiram, no mesmo dia, em direção a Shepherds Bush, em Londres, para fazer sua célebre aparição no programa *Top of the Pops*. Kurt cantou os vocais de "Teen Spirit" ao vivo, de óculos escuros e blusa listrada, enfiando o microfone na boca e baixando a voz até se tornar uma grotesca aproximação barroca do ex-vocalista dos Smiths, Morrissey. Enquanto isso, Krist e Dave agiam de forma cômica e exagerada, nem sequer fingindo tocar seus instrumentos. No final, um punhado de garotos grunge de 14 anos foi dançar com a banda no que deve ter sido uma das invasões de palco mais toscas de todos os tempos. Ainda assim, foi algo legal para as crianças assistirem nos aparelhos de TV de seus pais, vendo adolescentes como eles momentaneamente monopolizando os holofotes.

"Eu pagaria muito dinheiro para ver outro playback daqueles", sorri Craig. "Nós estávamos rindo a ponto de chorar e não conseguíamos mais nos levantar. Eles sempre foram uma banda hilária. As pessoas esquecem que nem tudo eram drogas, angústias e infortúnios. Aquilo foi a coisa mais engraçada já vista – e se eles tocassem num festival com bandas sérias, as fariam parecer bobas. Eles tinham um ótimo senso de humor, incluindo Kurt, embora ele fosse muito ardiloso sobre isso. Essa apresentação no *Top of the Pops* talvez seja um dos melhores momentos de comédia da TV britânica."

A performance deu certo. Na época, uma aparição no *Top of the Pops* garantia ascensão nas paradas. "Smells Like Teen Spirit" subiu para o Top 10. Na semana seguinte, caiu imediatamente.

Aqueles novos shows no Reino Unido foram esquisitos. Para começar, era estranho o Nirvana estar de volta à Grã-Bretanha. Ia contra toda a sabedoria convencional da indústria ignorar o mercado maior, seu país de origem, especialmente porque o *Nevermind* estourou nos Estados Unidos – não que alguém do Reino Unido estivesse reclamando. A turnê incluiu três datas na Escócia, depois Newcastle, Nottingham, Manchester [4 de novembro] e Londres [Kilburn National, 5 de novembro]. Evidentemente, a banda estava começando a se sentir esgotada, com toda a atenção e as festas ininterruptas – Krist e Dave beiravam um colapso, enquanto Kurt queria estar em qualquer lugar, menos na estrada. "A essa altura, Kurt já não se mexia mais no palco", lembra o fotógrafo Steve Gullick. "Não parecia muito interessado. Mas eles ainda eram incríveis."

Isso não deteve o caos, no entanto.

"Decidimos contratar dois capangas da Máfia de Manchester para espantar os vendedores de camisetas piratas",[8] Kurt me disse em 1993. "Fiquei muito bêbado durante o set do Captain America e saí pela porta lateral com minha bebida na mão para urinar. Os dois capangas não me reconheceram como patrão deles e decidiram me dar uma surra por causa do mijo. Então eu dei um showzinho de astro do rock, joguei meu copo meio vazio de vodca na cara deles e corri de volta pela porta de saída. Eles me perseguiram em meio aos fãs que estavam dançando dentro do local, até que meu gerente de turnê escocês [Alex MacLeod] me resgatou.

"Dois shows depois", continuou ele, "os mesmos dois capangas foram contratados como seguranças para afastar os agitadores indisciplinados. Durante a primeira metade do nosso set, notei cerveja sendo espirrada no meu rosto, vinda de um dos tais seguranças. Eu atirei minha guitarra no chão, pulei direto em seu peito e o derrubei. Ele e o outro capanga começaram a me bater, mas logo fui novamente resgatado pelo meu gerente de turnê escocês."

No show de Kilburn, cheguei tarde e fiquei me perguntando como diabos eu ia passar pela enorme fila do lado de fora. Mais tarde, houve uma festa de lançamento do *Nevermind* no Reino Unido; entediado com aquele blá-blá-blá da indústria, tentei iniciar uma guerra de comida com Krist, jogando um pedaço de aipo nele. Krist veio até mim, parecendo bem sério, e disse: "Não faz isso, cara. Fomos expulsos de nossa própria festa em Seattle por fazer esse tipo de coisa".

Na manhã seguinte, deitados na cama do hotel, Kurt e Courtney decidiram que deveriam se casar. Como de costume, ela logo me ligou – e a vários outros milhares de amigos – para dar as boas notícias. Não fiquei muito entusiasmado, principalmente porque estava com uma ressaca terrível. Eu também não fui o único a me preocupar. Courtney revelou a David Fricke, da *Rolling Stone*, que "quando as coisas ficaram sérias entre mim e Kurt, Kim Gordon e Julie Cafritz[9] me disseram, literalmente: 'Sabe o que vai acontecer? Vocês vão virar junkies. Vão se casar. Vão ter uma overdose. Vão fazer 35. Vão tentar recomeçar'. Mas eu não dou a mínima. Eu amo esse cara".

Eu disse a ela, mentindo, que estava muito feliz pelos dois – embora eu odiasse a instituição do casamento na época –, mas que não estava convencido de que a atitude deles era punk rock. Courtney mordeu a isca, então entramos animadamente em mais uma disputa mordaz de superioridade. Ela, porém, não deu o seu melhor: estava muito feliz. Courtney celebrou com um anel de noivado de rubi, datado de 1900.

Mais tarde naquele mesmo dia, o Nirvana aprontou mais uma, apresentando uma versão radiante de última hora de "Territorial Pissings", em vez da música planejada, "Lithium", no programa de bate-papo da TV britânica *The Jonathan Ross Show*. No final, a banda destruiu completamente seu equipamento, deixando o prolixo Ross sem palavras por um segundo.

"É tão difícil tocar num programa de televisão ao vivo", Kurt me disse. "Não adianta tentar fazer um bom trabalho, porque é muito fácil ouvir as notas erradas. Há muita atenção na guitarra. Minha vontade é de mandar todo mundo à merda."

Após uma breve visita à França para tocar no festival Transmusicales, o Nirvana cancelou o restante de suas datas da turnê europeia (seis dias na Irlanda e na Escandinávia). O estômago de Kurt voltava a dar trabalho, e o estresse era demais. A banda voltou para seu lar. Krist e Shelli decidiram comprar uma casa em Seattle e fizeram um pequeno financiamento. Mais tarde, acabaram comprando sua casa de 265 mil dólares à vista, em dinheiro.

Nevermind era agora o número 4 no Top 40 da *Billboard*.

Você se lembra de quando Courtney e Kurt se conheceram?

"Bem, eu já conhecia Courtney por causa do Mark [Arm]", responde Carrie Montgomery. "Ele me ligou e disse: 'Então, essa garota do Hole é muito... hum... *interessante*. E muito amigável. Ela não me deixa em paz. Na verdade, ela está aqui no meu quarto agora...'. Mas eu não tinha nenhuma ideia preconcebida específica quando Kurt me contou sobre ela. Eu morava com minha mãe em Madison Park naquela época, e ele costumava ficar lá comigo quando estava em Seattle. Então Kurt deu a ela o número de telefone da minha mãe, para que Courtney pudesse ligar para ele enquanto estivesse na Europa – eu me lembro de atender um telefonema dela e, como estávamos deitados juntos na cama, presumi que ela devia saber sobre mim [...] Quando a conheci [em 22 de dezembro], fomos ao Maximilien's, aquele restaurante francês chique do Pike Place Market. Kurt queria muito que fôssemos amigas. Quando ela foi ao banheiro, ele ficou, tipo, 'O que você acha?'. Eu respondi: 'Não sei, para mim, ela parece um desastre natural, mas acho divertido de assistir'."

Como ela se comportou nesse dia?

"Gritava a plenos pulmões o quanto era famosa e ficava chamando a atenção, bem louca – mas divertida. Nós nos demos bem. Era como se eu fosse um cervo diante de seus faróis. Eu nunca tinha conhecido alguém assim antes. Mas ele gostava dela. Eu gostava dela. Ele era meu melhor amigo na época, então era como: 'Se você gosta dela, eu também vou dar uma chance'. Nós realmente nos demos bem por um bom tempo. Courtney gosta de conversar, então eu me sentava e a ouvia falar por horas e horas e horas. Ela é um gênio. É uma pessoa muito inteligente, completa, educada, muito dramática e emocionante. Muito. Ah, lembrei de outra coisa... Kurt me fez ir junto quando Courtney conheceu a mãe dele. Ele me obrigou."

E como foi?

"Olha...", Carrie hesita. "A mãe de Kurt queria que eu e ele ficássemos juntos. Como éramos muito amigos, ela não entendia por que não poderíamos ser um casal. Ela relutava em..." Ela para e ri. "Você consegue imaginar

Courtney em Aberdeen, Everett? Simplesmente não combinava. Fomos todos imprudentes e debochados. Provavelmente ele só queria que eu dirigisse e servisse como uma espécie de para-choque entre Wendy e Courtney. Eu tentei, mas não havia para-choque que resolvesse."

No final de 1991, o Nirvana partiu para mais uma semana de shows, dessa vez em arenas com capacidade para 20 mil pessoas – 27 de dezembro: LA Sports Arena; 28 de dezembro: Pavilhão O'Brien, no Del Mar Fairgrounds; 29 de dezembro: Universidade Estadual do Arizona; 31 de dezembro: Cow Palace, em São Francisco; 2 de janeiro: Arsenal de Salem, no Oregon. Essas datas foram a prova absoluta de que a indústria da música havia firmado suas garras na banda. O Nirvana estava espremido no meio de dois grupos com os quais tinha pouco em comum, ideológica ou musicalmente: a banda de emo-metal Pearl Jam, formada das cinzas do condenado Mother Love Bone e que já estava despontando para o sucesso, e o horrendo funk rock dos pavões do Red Hot Chili Peppers.

Nesse ponto, o Nirvana já era muito maior do que as duas bandas.

"O Chili Peppers era a atração principal", lembra Barrett Jones, "mas todos estavam lá para ver o Nirvana – multidões de pessoas pulando para cima e para baixo, enlouquecidas pelo Nirvana. Éramos eu, o técnico do Sonic Youth Nick [Close], Alex, e acho que a Susan [Sasic] ainda não estava na equipe. Durante o set de Ano-Novo do Pearl Jam, à meia-noite, alguém tentou pular do camarote para o palco e errou, bateu a cabeça e foi carregado. Eu nunca tinha visto uma multidão desse tamanho estar tão unida com uma banda. Os shows deles eram muito intensos, mas atribuo boa parte disso a Dave".

Antes do show no Sports Arena, o fanzine local *BAM* fez uma entrevista com Kurt, que rapidamente se tornou notória. No artigo, o jornalista comentou que o vocalista "continuava a cochilar de vez em quando no meio das frases" – característica que Kurt mais tarde tentaria explicar como narcolepsia – e descreveu "pupilas fixas, bochechas afundadas e pele pálida e escamosa". Os rumores sobre heroína começaram. Era uma descrição bastante precisa: o próprio Kurt admitiu que passou o mês de dezembro de 1991 em meio a uma névoa narcótica com Courtney num colchão do apartamento de Eric Erlandson, até que Eric os expulsou por usar drogas.

Foi também nessa turnê de arena que Krist finalmente aceitou a verdade de que Kurt estava usando heroína: "Ele parecia um zumbi", comentou. "Mas o que eu posso fazer? É a porra da viagem dele, a vida dele, ele é livre para fazer o que quiser."

Kurt anunciou ao jornalista do *BAM* que planejava se casar, o que causou surpresa na maioria das pessoas que estavam fora do que havia se tornado um círculo muito pequeno e íntimo de confidentes – Courtney afastava qualquer pessoa que considerasse "desleal" ou uma ameaça a seu relacionamento.

"Sempre culpei Courtney por tudo", menciona Ian Dickson, que foi expulso da roda quando o casal foi morar junto, no início de 1992, "mas nem sei mais se é verdade. Muito daquilo era a incapacidade dele em lidar com a fama. Ela era uma pessoa muito intimidadora. Muito inteligente e falante. E tinha uma incrível visão de raio X emocional, sabia imediatamente como te analisar até as entranhas. Ela consegue dizer as merdas que ninguém mais tem coragem."

> "Eu era da equipe do Jabberjaw", explica Rene Navarrette. "Cali [DeWitt] e eu tínhamos fugido de casa para trabalhar lá de graça, na porta, servindo café. Courtney foi importante nos primórdios daquele lugar. Tínhamos uma amizade secreta. Eu arranjava drogas para ela, e, em troca, ela me falava sobre Leonard Cohen. Lembro-me de estar no apartamento de um quarto de Courtney, que ela dividia com Eric, quando começaram os telefonemas de Kurt – ficávamos ouvindo as mensagens dele enquanto dividíamos um tostex. Ela escondia nossa amizade porque eu era uma conhecida conexão às drogas – e ela estava a caminho de se tornar uma estrela. Courtney manteve Cali por mais tempo. Ele era o mais bonito e animado de nós dois.
>
> "Conheci Kurt quando o Nirvana tocou no Jabberjaw [29 de maio de 1991]. Logo depois, rolou toda aquela confusão com ela indo encontrar Billy Pumpkin em Chicago, brigando com ele e indo ver o Nirvana. Foi quando todo o circo insano começou. Perdi contato com ela por um tempo depois disso.
>
> "A primeira conversa de verdade que tive com Kurt aconteceu no final de 1991. Kurt e Courtney estavam juntos pra valer e falavam sobre ter um bebê. Do nada, recebi uma ligação dizendo que ela e Kurt queriam me convidar para ir a San Diego. Eles explicaram que haveria um ônibus esperando por Gary Dent [fundador do Jabberjaw] e por mim – acho que ela estava querendo reunir alguns dos amigos antigos. Dez minutos depois, recebi outra ligação de Courtney dizendo: 'Queria te pedir um favor em segredo. Você poderia nos comprar 300 dólares em drogas? Depois te

pagamos 800 dólares. Faça tudo sem contar a ninguém, venha com todos os outros e não roube de mim'. Então fui em frente e peguei dinheiro emprestado para comprar as drogas, porque eu sabia que eles estavam falando sério.

"Fui então para San Diego. Quando cheguei lá, já estavam ansiosamente me procurando: 'Oi, pessoal, mas cadê o Rene, cadê o chefe?'. Eles me levaram para o backstage, onde eu entreguei tudo para eles. Nunca vi Kurt tão saudável quanto naquele dia – ele estava numa turnê sem fim, mas estava tão feliz, eles estavam tão apaixonados. Ele ficou realmente interessado em saber quem eu era, porque ele não conhecia ninguém das ruas de Los Angeles, nem nenhum mexicano. Ele estava tímido, mas tão atrevido quanto eu nunca tinha visto. Nós saímos, usamos drogas, e eu pude vê-lo fazer um grande show."

(Entrevista com o autor, fev. 2006)

Na apresentação do Cow Palace, o Pearl Jam tocou a introdução de "Smells Like Teen Spirit" e parou – um gesto que serviu para irritar o pessoal do Nirvana. As duas bandas se tornaram rivais, principalmente diante da imprensa: o Nirvana queria distância do Pearl Jam, achava que eles eram aproveitadores do movimento grunge. A inimizade entre os dois grupos – ou mais especificamente, entre Kurt/Courtney ("Kurtney") e Jeff Ament/Stone Gossard – remontava à época da separação do Green River e do Mudhoney. Kurt e Courtney nunca perdiam a chance de alfinetar seus colegas de Seattle, pois os consideravam, corretamente, como garotos suburbanos do metal que não tinham nada a ver com as raízes punk do grunge.

"Eu recebo muitas críticas por ser franco e dizer coisas desagradáveis sobre o Pearl Jam", reclamou Kurt para mim em 1992, "e muita gente me condena, me reprime ou me chama de babaca. Várias pessoas me detestam por eu desprezar o Pearl Jam, o que me faz pensar: 'Que valor essas pessoas têm na minha vida?'. Sabe? Tenho que falar a verdade, tenho que dizer o que sinto, ser honesto, mas as pessoas não estão acostumadas com isso, especialmente no mundo comercial".

Nem todos na comitiva do Nirvana, porém, os viam como inimigos. Krist Novoselic se esforçava para expressar sua admiração por eles. Barrett Jones acha que isso foi causado pela atitude de certos jornalistas, e não era algo sério.

"Eles nunca tiveram problemas com o Pearl Jam", afirma Barrett. "Fizemos muitos shows com eles nos dois anos em que estive por perto. Kurt dizia apenas uma coisa: que não gostava que eles ficassem na aba deles. Eu achava ridículo pegar essa palavra, grunge, e aplicá-la a bandas incrivelmente diferentes. A culpa é sua, e você sabe disso."[10]

O Nirvana tocou por cerca de 35 minutos em Los Angeles, e incluiu no set uma versão irreverente de "Baba O'Riley", do The Who. O The Who fascinava Kurt, sobretudo a rápida transição da banda entre ser um turbilhão de destruição movido a hinos pop incisivos até a posição de deuses pomposos do rock nos anos 1970.[11] "Espero morrer antes de virar Pete Townshend", Kurt comentou sarcasticamente sobre o guitarrista do The Who, referindo-se ao trecho da letra mais famosa da banda inglesa: "*Hope I die before I get old*".*

O show do Cow Palace foi um banquete da indústria. River Phoenix e Keanu Reeves estavam lá, misturados a uma variedade de outras estrelas de cinema. E, claro, estavam presentes todos os tipos de especialistas do rock. Mas Kurt não se impressionou – uma placa na porta do quarto de hotel que dividia com Courtney, mais tarde, dizia: "Nada de famosos, por favor. Estamos transando".

"Entramos no carro com Kurt e Courtney e corremos para ver os Melvins no Kennel Club", lembra Debbi Shane. "Todos nós entramos no camarim e encontramos [o vocalista do Faith No More] Mike Patton. Ele olhou para Courtney, disse alguma coisa e riu. Ela então agarrou Kurt, e eles foram embora. No dia seguinte, tomamos café da manhã juntos – Kurt, Krist, todo mundo –, e era tudo muito novo para nós. Em uma mesa à nossa frente, alguns caras tiravam sarro do Nirvana por tomar café da manhã em um lugar chique."

Kurt se sentia cada vez mais enclausurado pela devoção de seus novos fãs – famosos e desconhecidos. Ele odiava a atenção contínua, queria retomar algum nível de controle sobre a própria vida, só queria passar seus dias como fazia em Olympia apenas alguns meses antes, usando drogas e transando.

Kurt não foi o único a ter problemas – veja a entrevista a seguir, realizada com Krist Novoselic em meados de 1992.

Mas Krist, ao contrário de Kurt, estava enfrentando seus demônios...

---

* "Espero morrer antes de ficar velho." [N. T.]

Ouvi falar que você parou de beber...

"Eu parei de beber em 1º de janeiro", Krist ri. "Na noite de Ano-Novo, quando eu estava em São Francisco. Eu era um bêbado raivoso por duas semanas nas turnês. Um dia, estava andando por um hotel e bati a cabeça num aquecedor suspenso. Pah! Bati a cabeça, sangue por todo lado, aí quando acordei de manhã e pensei: 'Deus do céu, preciso parar com essa merda'. Fui para Austrália, Japão e Havaí, e não bebi por três meses. Quando cheguei em casa, todas essas más influências, como Matt Lukin [Mudhoney] e Kurt Danielson [Tad], vieram e me corromperam. Não tenho mais bebido quando toco. Eu ficava totalmente bêbado, mas agora eu subo sóbrio no palco. Estou mais moderado com o álcool."

Talvez a pressão ou o sucesso tenham feito você querer beber mais?

"Sim, foi isso. Eu tive que aprender a lidar com a questão; era ignorar ou encarar como um adulto maduro, em vez de simplesmente fugir. É a mesma história de sempre: o uso da bebida como escape. Todos os seres humanos são iguais e reagem às coisas praticamente da mesma forma."

As pessoas achavam que o Nirvana se autodestruiria.

"Eu estava dirigindo por Seattle, ouvindo rádio. Começou a tocar uma música do Nirvana, e eu sei que deveria ter mudado de estação, mas fiquei lá, ouvindo", ele ri. "O DJ disse: 'Eis uma banda que não imagino tocando em clubes lixo locais daqui a cinco anos'. Eu também tinha essa sensação. Decolamos com tanta fúria. Nosso disco foi lançado, estávamos bebendo, subindo nas paradas, voando para a estratosfera – e sei que eu era um bêbado muito arruaceiro. Tivemos três meses de folga, no qual relaxamos e descontraímos, e tudo ficou bem."

Você acha que o sucesso dificulta muito as coisas para sua arte?

"Não, é mais fácil agora. Tenho muito tempo e poucas demandas, porque outras pessoas cuidam de tudo. Os empresários se preocupam com a banda, os contadores se preocupam com o dinheiro, e eu fico em casa fazendo o que eu quiser. É estranho que eu tenha essa sensação de libertação agora. Foi preciso dinheiro para me libertar, ou eu apenas envelheci, tive uma revelação e relaxei?"

Reduzir a bebida pode ter ajudado.

"Sim, mas em alguns de meus momentos mais inspiradores, eu estava bêbado. Inspiração sincera, muita coisa boa saiu dali."

(Transcrição do autor da entrevista de 1992 com Krist Novoselic)

Adendo: Earnie Bailey

"Durante muitos anos tive uma oficina de conserto de guitarras em Spokane, daí consegui um emprego como gerente de um bar de café espresso em Seattle. Mas eu sentia saudades de lidar com instrumentos e ainda guardava todas as minhas ferramentas e guitarras de colecionador. Então decidi voltar a trabalhar com aquilo.

"Em janeiro de 1992, esbarrei nos três membros do Nirvana separadamente. O primeiro foi Kurt, num show vitrine da Sub Pop na Vogue, no qual o Earth estava tocando. Era tipo uma noite de domingo. Rolou uma espécie de comoção no estacionamento envolvendo uma garota de cabelos loiros claros, muito barulhenta e animada – e achei aquilo tão estranho, porque a maioria das pessoas de Seattle não era assim. Ela era muito fascinante. Talvez Kat [Bjelland, Babes in Toyland] estivesse com ela, Kurt também, mas ele estava com os cabelos tingidos de vermelho, então não o reconheci. Eles entraram bem na minha frente. Quando foram checar a identidade dele, consegui ver uma foto do Kurt com cabelos loiros e aparência saudável. Mas, naquela hora, ele estava horrível. Sua pele tinha uma cor medonha e estava muito áspera. Eu disse 'oi' e acho que dei parabéns por terem tirado Michael Jackson do jogo. [*Nevermind* era o número 1 nos EUA em 11 de janeiro de 1992, desbancando o autointitulado Rei do Pop.] Eu disse a ele que era amigo de Rob [Kader] e conversamos um pouco sobre os velhos tempos. Eu tinha acabado de conseguir uma Stratocaster preta dos anos 1970 para canhotos, então disse: 'Ei, se você precisar de uma Strat, eu tenho uma'. Como eu disse que era dos anos 1970, ele falou: 'Por que eu iria querer isso?'. Ela tinha uma escala de bordo que ele não curtia.

"Krist e Shelli tinham comprado uma casa perto de onde morávamos, em Greenlake. Costumávamos tomar café da manhã numa padaria chamada The Honey Bear, que ficava perto da casa deles, então frequentemente avistávamos Krist e Shelli trabalhando no quintal. Uma vez estávamos conversando e eu lhe perguntei: 'Quem conserta tudo o que você quebra?'. Ele revirou os olhos e respondeu: 'Caramba, ninguém', e reclamou que as oficinas locais nunca sequer ligavam de volta para falar sobre isso. Achei engraçado porque eu costumava ir às lojas de guitarra, onde tocavam Soundgarden e Pearl Jam nos alto-falantes, mas nunca Nirvana. Punk não era realmente legal naqueles lugares. Eu fazia consertos de guitarras e amplificadores havia uma década e não conseguia entender por que eles não tratavam o Nirvana com a devida importância, então eu disse a Krist: 'Se você quiser, posso recolher todas as suas coisas e consertar tudo até amanhã de manhã. Acho que ele falou: 'Você é maluco, mas tudo bem!'. E foi o que eu fiz: entrei no meu carro e dirigi por todos esses locais, peguei os equipamentos quebrados e fiquei acordado a noite inteira fazendo reparos.

"Esperei até a hora que achei que ele estaria acordado e liguei para ele. Krist ficou surpreso por eu ter feito tudo. Depois disso, começamos a sair juntos. Eles eram vegetarianos e novos no bairro, e nós administrávamos justamente um café vegetariano. Além disso, conseguíamos conversar sobre política, grupos de rock e guitarras até começarmos a ouvir os trabalhadores matinais saindo das garagens. Krist e eu consertamos tudo que não estava funcionando na casa deles. A certa altura, estávamos atravessando a ponte de Wallingford na caminhonete de Krist e ele lançou: 'Ei, cara, o que você acha de vir para a estrada com a gente e consertar nossas coisas?'. Respondi: 'OK'. E ele disse: 'Certo, então vamos tomar um uísque'. Esse foi o meu processo de entrevista."

NOTAS

1 Ele dificilmente falaria de uma namorada para outra quando estão dormindo juntos, não é?

2 Janet Billig agenciou tanto Courtney quanto Billy Corgan.

3 Yoko Ono é mais respeitada na contracultura do que no mainstream.

4 Principalmente Courtney, na verdade – durante a primeira rodada de entrevistas concedidas à imprensa britânica, ela me xingou incessantemente de "machista" por eu ter afirmado que o terceiro single do Hole, "Teenage Whore", era autobiográfico. Ela logo notou que estaria melhor comigo *a seu lado.*

5 *Sister Lovers* é o lendário terceiro álbum da banda de Memphis, Big Star, gravado em 1974 e lançado quatro anos depois – sinistramente confessional e repleto de melodias lindas, esplêndidas e melancólicas, influenciadas por Beatles/Byrds.

6 O suposto *ménage à trois* entre Courtney, Kurt e eu se tornou uma fonte de fascínio para meus colegas redatores do *Melody Maker* e virou uma paródia hilária nas últimas páginas do jornal.

7 Este é o único relato que já vi sobre Krist se comportando assim, então talvez deva ser considerado apenas um ponto fora da curva.

8 Cambistas e falsificadores são um problema constante para qualquer banda de rock em turnê, principalmente porque eles costumam andar armados e prontos para atacar. Eric Erlandson e eu quase fomos espancados uma vez, do lado de

fora de um show do Hole, quando tentamos dar alguns ingressos grátis bem na frente dos cambistas.

9 Julie Cafritz era uma ex-Pussy Galore que também participou da banda paralela de Kim Gordon, a free noise virulenta Free Kitten.

10 Há um famoso incidente no qual Eddie Vedder, vocalista do Pearl Jam, saiu furioso de uma sessão de fotos para a capa de uma revista rival e se recusou a voltar só porque viu uma resenha que eu escrevi no *MM* sobre o show ao vivo de sua banda na semana anterior – na qual eu disse que sua voz soava como a de um Phil Collins com dor nas costas. No filme *Vida de solteiro*, o Pearl Jam fictício dava de ombros e desprezava uma crítica ruim, como se não ligasse. Na vida real, era bem diferente.

11 Os caras do The Who não eram deuses do rock pomposos como os Stones, o Led Zeppelin ou o Aerosmith, com aquela coisa de ter seus próprios aviões e seis limusines enfileiradas, além de drogas e groupies em abundância. Eles não gostavam de ficar longe de seus fãs, sobretudo Pete Townshend. No entanto, era óbvio o que fazia Kurt se sentir assim – porque era desse jeito que a mídia retratava todas as bandas que tocavam em estádios. As aventuras do baterista Keith Moon não ajudaram, pois muitas vezes ele parecia estar se exibindo, quando, na verdade, era muito parecido com Kurt à sua maneira – não dava a mínima para propriedade ou patrimônio, bebia como uma esponja e usava montes de drogas, gastava todo o seu dinheiro e, no fundo, apenas amava o rock 'n' roll e acreditava que ele deveria ser espontâneo. Ele até poderia ter um Rolls-Royce, mas não teria problema em quebrá-lo por diversão, como quebrava um bumbo.

PARTE III

PARA BAIXO

CAPÍTULO 19

Lençóis sujos e cinzeiros cheios

A EXPLOSÃO grunge não teve nada a ver com aquilo que a MTV se dispôs a retratar.

Não eram apenas deuses do rock de peito nu e movidos a testosterona, choramingando sobre como suas vidas eram duras porque tinham de andar 100 metros até a van da turnê.[1] Nem o estilo de vida descontraído, tipo um *Friends* alternativo, conforme retratado em filmes como *Vida de solteiro* e *Sintonia de amor.* Nem Courtney "Axl Rose" Love e seu marido perdedor. Não. Era música alta e chuva. Era vômito, gargalhadas e não saber onde você acordaria na manhã seguinte. Eram incontáveis horas de tédio, esperando mais uma banda lixo fazer a passagem de som no OK Hotel e na Vogue. Eram colchões compartilhados e viagens em ônibus interestaduais, com camaradas que logo esmagariam sua cabeça com um caneco de cerveja e te ferrariam. Eram festas em casas e cerveja mexicana, café açucarado e camisas de flanela. E uma boa dose de cinismo para lidar com tudo isso.

Chega a ser um equívoco falar de *uma* "explosão" grunge, no singular.

Na verdade, houve duas.

A primeira aconteceu pouco tempo depois que escrevi os primeiros artigos no *Melody Maker*, e durou de 1989 até os primeiros meses de 1991. Outros críticos, escritores de fanzines e DJs de rádios da moda defendiam com entusiasmo uma forma de música com base em Seattle – firmemente enraizada no punk rock, não no metal suburbano –, que estava sendo tocada em inúmeros bares, garagens e salas de ensaio infestados de umidade no país inteiro – não somente no Noroeste do Pacífico. Músicos locais se queixavam da notoriedade, mas, em segredo, adoravam isso. Era emocionante e divertido – e até útil para ajudar várias bandas a encontrar trabalho. Ainda não havia muitos grupos de fora se mudando para a cidade, porque – por mais que jornalistas pintassem Seattle como um lugar maneiro e descolado – pouca coisa estava acontecendo. O cenário era encantador, mas geralmente não propício a explosões roqueiras. A Microsoft ainda não tinha estourado, nem a Amazon.

A coisa mais quente que estava acontecendo em 1990 eram as vendas das camisetas afiliadas da Sub Pop – cara, havia algumas bem boas! Em particular, aquela com a palavra LOSER [perdedor], que estampou o peito de milhares de fãs de música bem antes de Bart "orgulhoso de ser um fracassado" Simpson e o estilo de vida preguiçoso cativarem o imaginário popular. Em Seattle, pelo menos nos clubes frequentados pelo Mudhoney, pelo Nirvana e seus amigos, querer ser um machão fã de esportes ou um cara do rock 'n' roll não era visto como algo legal. Era incrivelmente antiquado ser visto correndo atrás do sucesso, sobretudo porque o sucesso era considerado algo cheio de amarras. Era muito melhor desistir antes de sequer começar. "Ninguém gosta de nós e não estamos nem aí", como canta o clube de futebol londrino Millwall. E era isso que os músicos e fãs do grunge achavam do mundo externo: "punk" era originalmente um insulto, uma degradação, um termo depreciativo usado contra os gays. Mamãe e papai acham você um desperdício, uma desgraça total? Sente-se rejeitado pelos jovens populares da escola, com seus carrões e seus investimentos para a faculdade? Não esquente. Ostente.

Você é um LOSER e tem orgulho disso.

A palavra foi originalmente popularizada por uma camiseta criada por Jeff Ament, do Green River. "A Sub Pop não teria sido a Sub Pop sem o Jeff", comenta Julianne Anderson. "Aquele lance de 'é legal não ser legal', a glorificação do geek – tudo isso tem a ver com Jeff Ament."

"O 'Loser' era mais uma coisa do [empresário do Mudhoney] Bob Whittaker do que do Jeff", sugere Jonathan Poneman. "Eu e o Bruce tivemos a ideia de fazer camisetas. Aí o Jeff Ament inventou uma do Green River que tinha o logo da banda na frente e atrás dizia '*Ride the fucking six-pack*'* – e essas eram, de longe, as mais populares, até que fizemos os modelos 'Loser'. Até hoje conversamos sobre fazer uma reimpressão. Que slogan! A ideia de fazer um slogan descarado de 'Loser'... se alguém olha os fanzines dos quais

* *Six-pack* em inglês pode se referir a um pacote de seis latinhas de cerveja (como representado na imagem original da camiseta do Green River) ou então aos músculos bem definidos do abdômen masculino (a chamada "barriga de tanquinho"). Aqui, a camiseta brinca com essa ambiguidade: "Pegue uma carona no maldito pacote de cerveja" ou "Pegue uma carona na maldita barriga de tanquinho". [N. E.]

Bruce Pavitt participou, vai ver de cara sua marca naquela camiseta. Ela tem aquela elegância, aquela característica provocativa."

"A gente deveria dar um crédito ao Tad", acrescenta Megan Jasper, "porque ele usava essa camiseta o tempo todo durante a turnê".

"É, e ele também tinha uma música chamada 'Loser'", concorda Poneman. "Mas o conceito, a ideia de abraçar o lance do 'Loser', já era antigo. Acho que o Tad usou a camiseta tantas vezes por razões bastante deprimentes, na verdade."

Claro, o Soundgarden, o Alice in Chains, o Screaming Trees e o Pearl Jam haviam assinado contratos com grandes gravadoras. Claro, a Sub Pop atraía uma atenção excessiva – mas era possível traçar paralelos em outras cidades americanas: Dinosaur Jr. e Pixies, em Boston; Amphetamine Reptile, em Minneapolis; Merge Records, em Chapel Hill; o time feroz do hard rock da Touch and Go, em Chicago; Sonic Youth e os moleques dos lofts de Manhattan... E o centro da indústria musical continuava sendo Los Angeles e Nova York. A explosão "grunge" foi comedida, comparativamente inofensiva – restrita a dezenas de milhares de entusiastas da música na Grã-Bretanha, na Europa e, cada vez mais, nos Estados Unidos. Mas provavelmente seria esquecida em breve. Isso sempre acontece.

Não dessa vez. O crescente frenesi em torno do Nirvana no fim de 1990 fez surgir uma explosão de interesse pela cidade, suas bandas e estilo de vida, algo que não era visto nessa proporção e de forma tão localizada desde os hippies do "Verão do Amor" em São Francisco, no fim dos anos 1960. Como afirmou o Sonic Youth no título do seu documentário, 1991 foi de fato o ano em que o punk rock estourou – se por punk rock entende-se o desdém que músicos de Olympia (como Calvin Johnson e Al Larsen, Kurt Cobain e Tobi Vail, Nikki McClure e Lois Maffeo) sentiam em relação à interferência "adulta", assim como a determinação de não serem sugados pelo mesmo velho truque da indústria e o desejo de seguirem seus caminhos autônomos.

É claro que, usando essa definição como base, pode-se argumentar que o punk rock nunca se tornou grande – essas pessoas são pouco conhecidas fora de sua bolha. Mas por que outro motivo as pessoas chamam o Nirvana de "punk" se não pela influência de Olympia? Afinal, conforme argumenta Jack Endino no Capítulo 11, a música pela qual o Nirvana ficou mais conhecido não foi um punk rock em formato tradicional, mas uma atualização do hard rock do início dos anos 1970, com toda a produção brilhante e mudanças de acordes adequados às rádios que a tornaram tão comercial.

Ainda assim, quando o Nirvana, por meio da Sub Pop, começou a despertar o interesse da indústria – nem um pouco prejudicado pelo charme diabólico de Kurt, seus olhos azuis fumegantes, suas letras tão apaixonadas sobre apatia que era impossível não atrair milhões de outros como ele – e, sobretudo, quando a banda, via DGC, lançou o grito de ira superpolido chamado *Nevermind*, isso acendeu o rastilho para milhares de outras gravadoras, revistas e programas de TV tentarem sugar a cidade ao máximo.

"Não deixei isso me afetar", diz Chad Channing. "Alguém ia ter que inventar um nome para isso. Não dava para ser só hard rock. Depois de um tempo, comecei a achar meio bobo quando via lojas de vestuário vendendo 'Roupas Grunge'."

"Eu não enxergava como isso se ligava a eles", diz o técnico de guitarra do Nirvana, Earnie Bailey. "Kurt usou flanela por um período muito curto, talvez um mês ou dois, em 1990. Depois disso, nunca mais foi visto usando flanela, a não ser que fosse alguma brincadeira."

Quase sem exceção, esses criadores de tendências da indústria musical acabaram dando um empurrãozinho a muitas bandas que tinham pouco a ver com o Nirvana – e certamente nada a ver com sua cidade-natal adotiva, Olympia.

Mas elas tinham vindo ao lugar errado.

Ou talvez não. John Silva, empresário do Nirvana, adorava o Sonic Youth e os Beastie Boys, mas não gostava do Beat Happening, pois não entendia o apelo de uma banda tão propositalmente infantiloide, sem baixista e, pior, com nenhum talento musical (tradicional) apreciável.[2] Será que o Beat Happening teria estourado com a mesma exposição? Duvido. O único álbum de Daniel Johnston por uma grande gravadora, *Fun*, de 1995, vendeu menos de 20 mil cópias.[3]

No início dos anos 1990, a indústria fonográfica não estava preparada para comercializar músicas verdadeiramente alternativas. O punk rock vendido e popularizado por bandas pós-Nirvana, como Green Day, Offspring, Rancid e Blink 182, é só um rock tradicional com outro nome, ainda mais tolo. É um equívoco enorme chamar o Nirvana de punk – grunge é uma descrição muito melhor, mesmo porque foi um termo inventado para descrever especificamente um momento, um lugar e uma música: o mundo deles.

Grunge, um hard rock sujo e mais sombrio tocado devagar, com os amplificadores ligados no 11. Naturalmente, o motivo por que as pessoas evitam usar a palavra é que ela perdeu o valor por conta da familiaridade. Passou a indicar qualquer músico que um dia tivesse ouvido um disco do Nirvana, ou do Soundgarden e comprado produtos em um brechó. E certamente *nunca* significou o cock rock,* que passou a ser o seu sinônimo.

Depois de *Nevermind*, a grande mídia – até mesmo meios de comunicação notoriamente mais lentos, como a *Rolling Stone*, a *Spin* e a MTV – queriam saber tudo sobre Seattle. E o interesse deles não se restringia à música. Compras em brechós tornaram-se a ordem do dia na cultura popular, com uma modelo atrás da outra tentando provar como gostavam da moda das ruas, e câmeras de TV sempre à espreita do lado de fora do Comet Tavern.

"Talvez as pessoas tenham se ressentido porque o hype era abrangente demais", sugere a ex-jornalista do *Rocket*, Gillian G. Gaar. "A imprensa padrão não escrevia sobre Seattle do jeito que escrevia sobre Atlanta ou Minneapolis. Não era só música. Era todo um estilo de vida, no qual todo mundo bebe café e cerveja artesanal e usa roupas de flanela. Aquilo estava em todos os lugares, era uma loucura – os anúncios do Kmart continham a palavra 'grunge' estampada na sua linha de volta às aulas. Teve gente que ficou horrorizada. Eu achei engraçado. Até Liz Smith [colunista de fofocas americana] saiu de tênis novos da Converse na *Vanity Fair*... ninguém usa Converse novo em folha!"

"Foi o máximo", sorri a baixista dos Fastbacks, Kim Warnick. "Finalmente as pessoas sabiam que Seattle não ficava no Alasca. Eu estava empolgada. Sim, havia muitas bandas de merda no embalo, pois queriam um contrato. Todos os caras das gravadoras voavam para cá atrás de quem eles achavam que seria a próxima 'bola da vez' – mas eu não via problema nisso, e o lado bom é que os Fastbacks poderiam assinar um contrato sem precisar se mudar para Los Angeles. Antes de tudo isso começar a acontecer, era quase certo que você tinha de ir para LA ou Nova York para fazer carreira. Até que eles passaram a bater na nossa porta, e, por mim, tudo bem."

Além de vocês, havia mais garotas musicistas em Seattle?

* O chamado "cock rock" é uma espécie de subgênero do rock que enfatiza, de modo bem contundente, a sexualidade masculina. [N. T.]

"Na verdade, não", diz a baixista. "Quer dizer, havia, mas nenhuma realmente gostava de rock 'n' roll. Elas eram muito artísticas ou... nós gostávamos de Deep Purple, de butt rock.* Curtíamos Archies, Queen e Elton John. Eu cresci vendo shows de rock tipo o Kiss, um gênero para o qual muitas pessoas do grunge fazem cara feia. Mas, para mim, era tudo a mesma coisa. Gostava deles tanto quanto gostava do Led Zeppelin. Não dava a mínima. Minha teoria é de que esses filhos da mãe apenas não conseguiram ver seu primeiro show do Kiss. Eu consegui. Fui vê-los na primeira vez que eles tocaram aqui. Primeiro show dos Ramones, primeiro show do Kiss."

Então surgiu um vocabulário do grunge, diretamente da imaginação fértil da recepcionista da Sub Pop, Megan Jasper: "swinging on the flippety-flop" (falando ao telefone), "bound-and-hagged" (ficar em casa no fim de semana), "lamestain" (pessoa que não era descolada), "wack slacks" (jeans velhos e rasgados), "harsh realm" (chatice), "big bag of blotation" (bêbado) e "k-ching!" (seus amigos assinam com uma grande gravadora).

"Anotei um monte de palavras enquanto conversava com um daqueles repórteres babacas", recorda Jasper. "Foi o típico caso de 'bebi café demais e preferiria não estar fazendo meu trabalho agora. Mas, claro, vou falar com esse cara por telefone!'. Foi pra lá de ridículo. Já era ridículo em 1990 – e isso foi, tipo, um ano e meio depois. A coisa toda era um retardo só. Eu me lembro dos caras do Tad entrando no escritório e usando a palavra grunge como piada. Kurt dizia: 'Já temos tudo pronto para o próximo disco. Vai ser grunge'. E todo mundo ria, como se fosse a coisa mais engraçada que já tinham ouvido. Eu me lembro de pensar: 'Essa merda precisa acabar. Espero que este seja o auge'. Mas não foi."

A segunda "explosão" grunge aconteceu no instante em que *Nevermind* atingiu o primeiro lugar na *Billboard*, no início de 1992. Era quase possível sentir o suor na testa de milhares de bandas de "hair metal" [soft rock] enquanto eles animadamente colocavam na mala seus tênis novinhos da Converse, suas camisas de flanela de 100 dólares e pegavam um avião de Los Angeles até Seattle.

* "Butt rock" é um termo usado para descrever o hard rock e o heavy metal mais palatáveis às rádios e à aceitação popular. [N. P.]

Em que momento a rapidez do sucesso do Nirvana superou suas expectativas?

"Virou uma loucura por volta de janeiro de 1992; o álbum estava em primeiro lugar, a gente foi tocar no [programa de TV] *Saturday Night Live*. Foi quando percebi a doideira. Tínhamos ido à Europa no ano anterior e tocado no palco principal do Reading Festival, e percebi que era uma loucura – mas estávamos com o Sonic Youth e o Dinosaur Jr., Iggy Pop era a atração principal, e nós entrávamos ao meio-dia. Na verdade, eu não sabia o que aquilo tudo significava. Só pensava, uau, essa gente é doida de pedra, elas devem fazer isso para todas as bandas. Foi só depois que voltei para casa, consegui um disco de ouro e fomos ao *Saturday Night Live* que percebi: 'OK, agora é loucura mesmo'. Mas ainda parecia um pouco natural naquele momento, pois não estávamos tocando em estádios, ainda tocávamos em lugares para 2 mil pessoas. Não tínhamos chegado ao nível do Monsters of Rock, não tínhamos atingido essa marca de público ainda. A música era a mesma, as pessoas eram as mesmas. Quando fazíamos esses shows, a plateia não parecia a mesma de um Monsters of Rock, eram só os fãs do Nirvana.

"O que comecei a notar foi que as pessoas passaram a nos direcionar. Elas empurravam você para uma entrevista, para o camarim, para o palco. E foi aí que pensei: 'É, isto está ficando meio esquisito'. Não me chateou, mas tinha vezes em que pedia licença numa entrevista para ir mijar e acabava tendo uma crise imensa de ansiedade, aí me questionava: 'Por que estou tão estressado, tão nervoso?'. Eu estava feliz de verdade, não me sentia pra baixo ou deprimido, me sentia eufórico. Mas estava bem sobrecarregado. E, se você pensar a respeito, fiquei três anos e meio só naquela banda, então tudo aconteceu num período bem curto de tempo. Muita coisa é um borrão."

Vocês três não tiveram a chance de se preparar para o que aconteceu...

"Isso é uma desculpa. Qualquer um pode lidar com o que eu faço. É luxuoso pra caralho. Nunca deixei de querer isso, mas também nunca criei expectativas. Nunca tivemos essa ambição de fazer carreira internacional, pois nosso tipo de música impossibilitava sermos a maior banda do mundo. Foi o mesmo com o Scream, com o Mission Impossible, com o Dain Bramage. Quando entrei no Nirvana, foi pelo mesmo motivo que entrei no Scream – e é aí que as pessoas se fodem, quando têm essa ambição e expectativa loucas. Se a música não é suficiente, se não é a própria recompensa, não caia nessa. Quando eu trabalhava no Furniture Warehouse e só tocava nos fins de semana, era a minha válvula de escape; esses fins de semana significavam muito para mim."

Você ainda sentia o mesmo...?

"Ainda sinto o mesmo. Agora o cenário é bem diferente, mas faço pelos mesmos motivos. Não existe a menor possibilidade de eu deixar uma guitarra ociosa pegando poeira, a menor. É uma parte fundamental da minha vida. A pergunta mais besta que poderiam me fazer é: 'O que você faz além de música?'. Não tenho nenhum interesse que não seja a música. Com o Nirvana era igual. Mesmo no auge da insanidade, era lá que eu queria estar, e em nenhum outro lugar."

(Entrevista com Dave Grohl pelo jornalista da *Mojo*, Stevie Chick, 2005)

Em 9 de janeiro de 1992, o Nirvana chegou a Nova York para os ensaios do *Saturday Night Live*. Era um negócio e tanto. O programa de comédia das noites de sábado era – e ainda é – uma instituição devido à sua enorme influência na cultura popular. Astros que faziam parte do programa, como Eddie Murphy, Chevy Chase e Dan Ackroyd, desenvolveram longas e gloriosas (em alguns casos, muito longas e gloriosas) carreiras no cinema.

"Ver o Nirvana tocar naquele programa causou uma sensação estranha de validação", exclama Jonathan Poneman. "Foi, tipo, '*Olá*, Centro dos Estados Unidos!'. Eles já eram enormes, mas você sabia que haveria mais um monte de gente passando a gostar da banda, porque o *Saturday Night Live* havia se estabelecido como um termômetro do que era descolado."

"Eu tinha uma queda pelo Keanu Reeves", ri Carrie Montgomerry. "Ele costumava ir aos shows do Nirvana, e o Kurt sempre me ligava depois, dizendo: 'Adivinha quem apareceu?'. Aí, como presente de Natal por ter lavado sua roupa uma vez, ele me pagou um voo para ir até o *Saturday Night Live*, em Nova York, e conhecer o Keanu, que supostamente seria o apresentador da noite. Voei para lá com Wendy [Kurt pagou pelos dois voos]. Ela nunca tinha voado, então fomos no mesmo avião e dividimos um quarto de hotel. Keanu nunca deu as caras."

No dia 10 de janeiro, o Nirvana gravou um set de nove músicas ao vivo para o programa de rock alternativo da MTV *120 Minutes* – Courtney, Wendy, a mãe e a irmã de Dave estavam presentes. Na ocasião, a banda também atendeu alguma demanda ou outra da imprensa. Foi a primeira vez que muitos membros da equipe do Nirvana encontraram-se com Wendy, o que gerou elogios a Kurt por conta de sua "mãe gostosa" – ele ficou consideravelmente irritado com isso.

A *Sassy*, revista descolada para adolescentes associada ao Riot-Grrrl, pediu para exibir Kurt e Courtney na capa como uma espécie de ideal de amor verdadeiro. O casal topou. "Kurt e Courtney sentados sob uma árvore/S-E-B-E-I-J-A-N-D-O", dizia a manchete do inteligente artigo de Christina Kelly. A revista era muito mais legal do que a pomposa *Rolling Stone* e o *New York Times* – dois veículos cujas solicitações de entrevista a banda rejeitava, com base na correta suposição de que eram meio fora da realidade. A *Sassy* tinha conteúdo musical considerável e dava espaço para bandas de Olympia como Bratmobile, Bikini Kill e Nation of Ulysses – algo que a *Rolling Stone* epicamente falhou em fazer. Ao contrário de 99% das revistas de rock, a *Sassy* também era voltada para mulheres, o que particularmente agradava Kurt.

"A *Sassy* foi a primeira revista bacana para pré-adolescentes", explica Janet Billig. "Era uma versão mais descolada da *17* ou da *Cosmo Girl*. Dialogava com as meninas de igual para igual e abordava a música com paixão de fã. Marquei a entrevista – eu era amiga da Christina e promotora na época. Inicialmente não renderia uma capa, mas, com as coisas esquentando para o lado do Nirvana, os planos mudaram. Kurt amava a revista. Ele não teria feito a entrevista ou as fotos se não a admirasse. Todo mundo adorava a *Sassy*. Era sarcástica, inteligente e uma genuína fã de música."

Mais tarde, a banda voltou ao estúdio para discutir o que tocariam no *Saturday Night Live* – "Smells Like Teen Spirit" e "Territorial Pissings". Nem os produtores do show nem os empresários do Nirvana queriam que a segunda música fosse essa, dando preferência a "Come as You Are", que era mais radiofônica. O Nirvana, porém, nem deu ouvidos, assim como se recusou a ensaiar a destruição habitual de instrumentos, para total desgosto da equipe do *SNL*, que queria tudo acertado com antecedência – o que é ótimo para ângulos de câmera, mas contrário à ideia do rock como um estilo de música espontâneo.

No dia 11 de janeiro, data da apresentação, Michael Lavine fez fotos do Nirvana em seu apartamento, enquanto Kurt perdia e recobrava a consciência. A sessão foi feita em completo silêncio – Krist e Dave irritados pelo comportamento do vocalista, obviamente drogado. "Perguntei ao Kurt por que ele estava fazendo aquilo", diz Lavine. "Ele me disse que era a única coisa que ajudava seu estômago. Fiquei, tipo: 'Cara, esta é a única coisa que vai piorar seu estômago, posso garantir'.

"Eles ficaram na minha casa o dia todo", acrescentou Lavine. "Kurt estava tão ferrado que mal conseguia abrir os olhos ou ficar em pé. A tensão naquela sala estava tão densa que era possível cortá-la com uma faca. Kurt ficava, tipo: 'Me dá o álbum do Flipper, me dá o álbum do Flipper', então lhe passei uma cópia. Ele pegou uma caneta e desenhou a capa do álbum [uma estampa tosca de peixe] em sua camiseta."

Quando chegou a hora de partir para a NBC, a banda se recusou a entrar no veículo enviado pelo programa – uma limusine –, preferindo ir numa van mais discreta. Chegando lá, Kurt vomitou do lado de fora e foi extremamente grosseiro com o apresentador do programa, Rob Morrow,[4] e qualquer sujeito de terno que aparecesse na sua frente.

Isso pode parecer um comportamento óbvio do punk rock para você e para mim, mas a elite torce o nariz porque gosta de se considerar "por dentro", assim como as pessoas a quem explora.

Foi em Nova York que o restante da trupe do Nirvana se deu conta de que o "carro-chefe" da banda estava no limite. No mesmo dia da entrevista com a *Sassy*, foi publicado um artigo na *BAM* insinuando o consumo de heroína. Embora ninguém fosse perder tempo em ler aquele artigo (a revista, considerada marqueteira, era desprezada por fãs de música), as evidências saltavam aos olhos. Visitas misteriosas de longas horas ao banheiro enquanto todo mundo ficava esperando no palco, rostos pálidos e apagões inexplicáveis.

"Os camarins dos estúdios do *SNL* são minúsculos", conta Craig Montgomery. "Você fica num espaço de cerca de 3 × 4 metros, com um banheiro do lado de fora, e há umas seis ou oito pessoas – banda, esposas, empresários e equipe – lá dentro. Aí, Kurt e Courtney entraram no banheiro e ficaram lá pelo que pareceram horas... Eu era ingênuo, não sabia o que eles estavam fazendo lá dentro. Até que me dei conta – na época, quem lidava com o Kurt, só lidava com o Kurt, simples assim, enquanto o restante de nós fazia nosso trabalho e tentava se divertir. Isso porque não era possível administrar a turnê, a produção *e* tentar tirar o Kurt do hotel para o show, sabe?"

"Ao longo da minha vida, conheci muita gente que tinha esse olhar vidrado e ficava meneando a cabeça", afirma Danny Goldberg. "Houve uma demanda por uma grande quantia de dinheiro – supostamente Courtney queria fazer compras. Não foi algo que aconteceu da noite para o dia, mas a percepção disso foi da noite para o dia. Kurt era um cara legal e incrivelmente atencioso, quase nunca dizia uma palavra dura, mas muitos de nós ficamos extremamente preocupados com ele e fizemos uma espécie de intervenção em Los Angeles na época em que Courtney soube que estava grávida. Depois disso, houve momentos em que ele ficava limpo e outros em que não ficava..."

Danny suspira.

"Mas ele ainda era genial, fazia ótimos shows, ótimos discos, produzia uma arte admirável e dava entrevistas excelentes", continua o empresário. "Ele não era um junkie no sentido de estar sempre fora do ar. Por dentro, estava afetado, mas por fora tinha ótimos períodos de lucidez. Assim como muitos viciados, na maioria das vezes Kurt negava que estivesse usando drogas – e, em algumas ocasiões, até era possível acreditar devido ao seu comportamento."

"Eu me lembro de uma noite em que Jonathan [Poneman] me telefonou e disse: 'Anton, estou com um problema sério'", recorda Anton Brookes. "'Tem um amigo seu usando heroína'. E eu perguntei: 'Quem, o Kurt?'. E ele: 'Você acha que o Kurt usa heroína?'. E eu, tipo: 'Aham', e ele retrucou: 'Não, é o Mark – Mark Arm'. E eu... *porra.* Não diria que Kurt usava heroína quando veio ao Reino Unido, mas tenho certeza de que ele já tinha dado uma ou duas provadinhas. Tive a impressão de que todos tomavam ecstasy e fumavam maconha o suficiente para nocautear uma baleia. Eles bebiam e tudo o mais, só que eram adolescentes. Sempre achei que aqueles problemas de estômago eram reais. Quando a questão da heroína veio à tona, as pessoas começaram a pensar que, se Kurt cancelasse um show ou uma entrevista, não era por estar cansado ou doente, mas porque estava detonado até o último fio de cabelo, o que nunca era o caso. Claro, ele às vezes se atrasava para uma entrevista – mas havia o típico atraso rock 'n' roll, que é razoável, e o atraso Kurt Cobain, que era como passar por um jetlag."

Os quartos de hotel de Kurt e Courtney eram uma zona. Eles eram paranoicos demais para permitir que alguém entrasse e limpasse – por serem meio larápios, achavam que todo mundo também era. Então onde as coisas eram jogadas, ali ficavam: caixas de pizza, embalagens vazias de maquiagem, lençóis sujos e cinzeiros cheios, bandejas de comida e carrinhos de serviço de quarto não utilizados, roupas espalhadas pelo chão... Em menos de um minuto, o casal conseguia transformar um quarto cinco estrelas impecável num muquifo degradado de Olympia.

Dave e Krist achavam que Kurt estava sendo patético. "Eu me lembro de entrar no quarto de hotel deles", disse o baterista a Michael Azerrad, "e perceber, pela primeira vez, que aqueles dois estavam zoados pra cacete. Eles estavam cochilando na cama, detonados. Era um horror, um nojo".

"Os grupinhos começaram a se separar", explica Carrie. "Kurt e Courtney contra todo o resto. O episódio do *Saturday Night Live* não foi bom. Não foi divertido. Eu estava sentada bem ao lado da mãe de Rob Morrow, o cara que apresentou o programa, chateada e irritada porque o Keanu não estava lá. Então não fomos à festa que rolou depois – eu, Kurt e Courtney seguimos para casa. Não éramos parte da turma. Eu estava na 'panelinha ruim'. As pessoas ficavam irritadas conosco por causa do nosso comportamento idiota. Eu não conseguia entender. Todo mundo que se envolvia nessas atividades paralelas se envolvia por vontade própria. E Kurt é quem bancava a coisa toda, então por que a vilã era eu? Mas eu era, e tudo bem. A questão é que toda a mecânica dependia dele. A banda, os empresários, a gravadora, todos precisavam de Kurt saudável, e ele não estava. Agora eu entendo. E você não quer que a pessoa morra. Ou seja, não é seguro participar desse tipo de atividade [...]"

Para o programa, Kurt usou sua camiseta caseira do Flipper, enquanto Krist, barbudo, vestiu uma dos Melvins. Grohl estava sem camisa, martelando os metais da sua bateria reforçada. Apesar do estado do vocalista, a apresentação de "Teen Spirit" foi incrível, inspiradora – embora tenha ficado evidente que Kurt não olhava para a câmera. Seus cabelos estavam tingidos de um asqueroso vermelho-rosado, uma mudança de cor de última hora depois que Courtney não gostou da pintura vermelho, azul e branco feita por Carrie.[5] "Territorial Pissings" fechou com sua típica destruição ritualística; no fim, enquanto a equipe já circulava ao redor da banda, Krist fingiu dar uns amassos em Dave antes de agarrar Kurt e lhe dar um beijo de língua, uma óbvia saudação do dedo médio aos elementos mais homofóbicos do público do metal/Nirvana. O *SNL* se recusou a mostrar o beijo nas reprises.

"Foi tão espontâneo", me disse Krist. "Na reprise, eles mostraram um fim diferente. E eu sei por quê – dois caras se beijando na TV é 'ofensivo'. Que seja. Existem problemas mais urgentes do que a orientação sexual de duas pessoas."

Na biografia de Charles Cross, o jornalista de Seattle faz uma descrição marcante de Kurt tendo uma overdose poucas horas após a apresentação no *SNL*. Courtney acordou às sete horas da manhã, encontrou a outra metade da cama vazia e seu namorado jogado no chão, a pele verde-pálida, sem respirar. Se ela tivesse acordado poucos minutos depois, ele teria morrido. Ela o reanimou jogando água em seu rosto e o socando no plexo solar. O incidente fica ainda mais pungente pelo fato de que *Nevermind* atingiria o primeiro lugar na semana seguinte. A essa altura, o álbum havia vendido 2 milhões de cópias. Lá estava Kurt, no auge do sucesso, e ali estava ele, morto no chão.

O escritor se esforça para descrever uma cena de degeneração e sordidez: "Pães semidevorados e fatias rançosas de queijo enchiam as tampas das lixeiras", escreve ele, concedendo-se, talvez, uma certa licença artística. "Um punhado de moscas de fruta pairavam sobre alfaces murchas." Como era tocante e irônico – sobretudo naquele momento do incidente.

O único problema é: não acredito que isso tenha ocorrido de verdade – pelo menos não na hora que Courtney relatou ter acontecido. A razão por que acho que Courtney disse a Charles que foi na noite do *SNL* é, em parte, para causar efeito dramático e, em parte, pela mesma razão pela qual disse a Michael que ela e Kurt se conheceram antes do que de fato se conheceram – para isentá-la da culpa. Se Kurt realmente teve uma overdose no início do namoro deles, isso quer dizer que ela tinha pouca influência nisso – ele é que era assim e pronto.

E do mesmo modo que Courtney deu os detalhes reais de seu primeiro encontro com Kurt em um período falso e anterior para conferir autenticidade ao episódio, procedeu da mesma forma em relação a essa suposta overdose – que provavelmente data da época da apresentação do Nirvana no Roseland Ballroom, em 1993, onde me lembro de Courtney me contar, quase palavra por palavra, uma ocorrência parecida.[6]

"Tecnicamente, é possível", diz Lavine, que tirou as fotos de capa para a *Sassy* no mesmo dia. "Mas eles pareciam bem na sessão, embora meio zoados. De qualquer forma, também acho que o incidente foi no show em Roseland."

Fiz uma entrevista com Kurt (por telefone) no dia da sessão de fotos para a *Sassy* – ele estava animado, me contando como ligou no *MTV News* apenas para ver os apresentadores anunciando seu noivado com Courtney. Mencionou ainda que o Nirvana tinha acabado de gravar uma versão ao vivo de "Territorial Pissings", expressando a intenção de colocá-la em alta rotação no *120 Minutes*. "Como é ser o número 1 da *Billboard*?", Kurt repetiu minha pergunta, laconicamente. "É como ser o número 16, só que tem mais gente puxando seu saco." Ele estava brincalhão, simpático. Sem dúvida, seu comportamento não era o de alguém que, poucas horas antes, estava tecnicamente morto.

Mas vai saber? A memória engana até as mentes mais claras.

Kurt Cobain, setembro de 1992. *(Stephen Sweet)*

Infância em Aberdeen: Kurt, abril de 1969. *(Cortesia de Earnie Bailey)*

A família Cobain (Wendy, Don, Kim e Kurt), 1974. *(TDY/REX)*

Kurt em 1982, com sua banda do ensino médio. *(Wenn)*

Primeira formação do Nirvana, com Dave Foster (à esq.), 1988. "Dave tinha mais a ver com o que eles queriam, porque ele era um aspirante a Dale Crover. [...] Eu e Dylan nos referíamos a ele como 'Dave Raivoso', porque ele explodia e gritava com Kurt e Krist." – Slim Moon *(Rich Hansen)*

"Kurt foi treinado musicalmente em Olympia. Kurt ganhou dinheiro em Seattle. [...] E Kurt provavelmente se divertiu em Tacoma." – Bruce Pavitt, no New Music Seminar, NYC *(Charles Peterson)*

Slim Moon, fundador do kill rock stars, selo Riot Grrrl de Olympia. *(John Vander Slice)*

“Sei que vou parecer um caipira falando isso, mas [...] ter um verdadeiro jornalista de música britânico em nosso meio [...] Sério! Eu estava maravilhado.” – Jonathan Poneman com Everett True, Seattle, 1991 *(Charles Peterson)*

O Nirvana em Seattle, em 1989, com o guitarrista temporário Jason Everman (terceiro, da esq. para a dir.) e o baterista de *Bleach* Chad Channing (primeiro à esq.). O que Jason trouxe à banda? “Muito cabelo [...] e também algum dinheiro.” – Rob Kader *(Ian Tilton)*

Krist Novoselic, London Astoria (Lamefest), 3 de dezembro de 1989. “Krist girava o baixo […]. De repente, ele se soltou, e eu tive que levantar a mão para me proteger […]. Se eu tivesse sido um pouco mais lento, [o instrumento] teria me acertado em cheio.” - Dan Peters *(Steve Double/Sin)*

Kurt Cobain saltando no ar no Lamefest. *(Steve Double/Retna)*

Nirvana, London Astoria, 3 de dezembro de 1989. “Lembra do Lamefest? Esse show me marcou para sempre. […] O Mudhoney era a atração principal, mas o Nirvana roubou a noite. Eles eram intimidadores, foi incrível.” - Christof Ellinghaus *(Stephen Sweet)*

O grunge toma conta de Seattle: "Vocais ousados, amplificadores Marshall barulhentos, GRUNGE ultradespojado que destruiu a moral de uma geração" - press release da Sub Pop descrevendo a banda pré-Mudhoney, Green River. Acima: Soundgarden, Seattle, 1987 (da esq. para a dir.: Kim Thayil, Hiro Yamamoto, Chris Cornell, Matt Cameron). Abaixo: Mudhoney, 1987 (da esq. para a dir.: Dan Peters, Steve Turner, Mark Arm, Matt Lukin). *(Charles Peterson)*

Tad Doyle exibindo orgulhosamente sua camiseta "Loser", 1989. "Até hoje conversamos sobre fazer uma reimpressão [dessas camisetas]. Que slogan!" – Jonathan Poneman *(Ian Tilton)*

Kurt Cobain, 3 de dezembro de 1989, Lamefest. *(Stephen Sweet)*

Kurt, Krist e Chad, Nova York, 1990. “O Krist era o palhaço do grupo. [...] Ele tinha uns dois metros de altura. Já o Chad, se fosse um pouco menor, seria classificado como um anão.” – Anton Brookes *(Steve Double/Sin)*

Tad e Nirvana em turnê pela Europa, outubro/novembro de 1989. "A primeira turnê europeia foi cansativa, longa e fria. [...] Você fica sempre acordado até tarde e dorme em lugares frios, com um banheiro compartilhado no corredor. Na van, os assentos não reclinam e todos eles estão ocupados." – Craig Montgomery, engenheiro de som. Acima: as duas bandas posam com alguns seguranças – Craig está na frente, à direita, perto de Chad. Abaixo: Krist e Tad fazem exercícios. *(Craig Montgomery)*

Tad e Nirvana em turnê pela Europa, outubro/novembro de 1989. Acima: Nirvana, Craig, um leão de pedra e membros de outras bandas na Trafalgar Square. Abaixo: desfrutando de certa hospitalidade no continente. *(Craig Montgomery)*

Quatro grandes influências sobre o Nirvana no início de carreira (em sentido horário, a partir da esq.): o produtor de *Bleach*, Jack Endino, no estúdio Reciprocal; Buzz Osborne e Dale Crover, dos Melvins, de Aberdeen; o fundador do Earth, Dylan Carlson; e o fundador do Beat Happening e da K Records, Calvin Johnson, de Olympia. *(Charles Peterson)*

O Nirvana pós-Chad, com o baterista temporário Dan Peters, do Mudhoney, Seattle, 23 de setembro de 1990. "Se eu soubesse que estavam falando sério, teria dado um jeito de arranjar outra bateria." - Dan Peters *(Ian Tilton)*

Charles Peterson, o fotógrafo responsável pelo "visual" grunge de Seattle. "Charles foi o ingrediente mais essencial, sobretudo no início [...]. Foi a assinatura visual que definiu toda a cena." - Jonathan Poneman *(Charles Peterson)*

Krist e Shelli Novoselic fazendo comida caseira, Tacoma, outono de 1990. *(Ian Tilton)*

"Who will be the king and queen of the outcast teens?" Tobi Vail, inspiração por trás de "Smells Like Teen Spirit". "Se você descobre que seu namorado está usando heroína e que ele não vai mudar, e você termina com ele por isso, você é uma vaca? Sério?" - Slim Moon *(Charles Peterson)*

Mary Lou Lord, cantora-compositora de Boston: "Às vezes você conhece alguém e sabe de cara que sua vida está prestes a mudar. Foi o que senti quando conheci Kurt." *(Hayley Madden/Sin)*

(Acima e na página seguinte) O Nirvana em uma de suas primeiras sessões de fotos com o novo baterista, Dave Grohl, de Washington, D.C., no Hotel Dalmacia, em Londres, 24 de outubro de 1990. Achooou! *(Stephen Sweet)*

Nirvana, Reading Festival, 23 de agosto de 1991. "O Nirvana estava meio atrevido naquele dia." - Alex MacLeod *(Steve Gullick)*

O rapaz de capuz, Kurt Cobain, Estocolmo, 30 de junho de 1992. *(Steve Gullick)*

Krist Novoselic, Amherst, Massachusetts, 1990. "Krist era muito extrovertido. Ele gostava de festa. Ele e Matt Lukin sabiam se divertir. Sair em turnê também é alimentar uma rede de relacionamentos, conhecer pessoas e estabelecer contatos [...]. Krist era quem fazia as conexões sociais." – Bruce Pavitt *(Steve Double/Sin)*

Kurt Cobain e Jonathan Poneman, Seattle, 1990. "Kurt era um enigma. Quando ficava mal-humorado, se sentava num canto e passava uns 45 minutos sem falar nada." – Butch Vig *(Ian Tilton)*

Kurt Cobain em modo destruição, The Axis, Boston, Massachusetts, 24 de setembro de 1991 – o mesmo dia em que *Nevermind* foi lançado. "O clube tremia com a energia. Era como estar à beira de um tornado." – Steve Gullick *(Steve Gullick)*

Bastidores do Reading Festival, agosto de 1991: um Kurt Cobain totalmente enfaixado com Eugene Kelly (Vaselines) e Norman Blake (Teenage Fanclub). *(Stephen Sweet)*

Encontre as camisetas de Daniel Johnston! Seu proprietário original, Everett True, ao lado de Courtney Love, levemente embriagada, nos bastidores do Reading Festival de 1991; Kurt Cobain com Krist e Dave, 1992 – repare em Dave com a camiseta do Dickless. *(Stephen Sweet, Steve Double/Sin)*

O Sonic Youth (Thurston Moore em primeiro plano) ao vivo em Kitsap County Fairgrounds (Endfest), 8 de agosto de 1992. "*Sister* [álbum do Sonic Youth] é como uma *bad trip* de ácido que eu nunca tive, além de física ou médiuns, Philip K. Dick, astronomia, a melhor mistura de inglês e futebol, nada de namorados, [...] muitos cigarros e drogas ruins [...]." - Courtney Love *(Charles Peterson)*

Jennifer Finch, baixista do L7: "Eu disse a Courtney: 'Não queira conhecer o Kurt, ele é uma pessoa horrível e sem rumo'. Viu? É por isso que eu não poderia trabalhar como caça-talentos." *(Charles Peterson)*

Kurt Cobain com o empresário do Nirvana/ Sonic Youth, John Silva, e o baixista Matt Lukin. "Os caras do Sonic Youth são loucos [...] o empresário deles também. Ele hostilizava as pessoas e nos deixava com as consequências, nos agredindo, rasgando nossas calças [...], ficando vermelho feito uma beterraba toda vez que se embriagava." - Kurt Cobain *(Charles Peterson)*

Kurt Cobain, em vão, tenta se disfarçar de "astro do rock", Estocolmo, 30 de junho de 1992. *(Steve Gullick)*

O Nirvana ao vivo e nos bastidores com Everett True em Estocolmo: “Eles não merecem nada disso. Esqueça qualquer comentário que você tenha ouvido sobre o rock estar vivo e atuante. A única banda de rock de arena do mundo digna de crédito está prestes a romper.” - *Melody Maker*, 25 de julho de 1992 *(Steve Gullick)*

Everett True empurra Kurt Cobain até o palco para o show do Nirvana no Reading Festival, 30 de agosto de 1992. "As luzes. É tudo que consigo lembrar. As luzes. Não se via um único rosto. Diante daquela multidão invisível, tudo o que você sente é um incrível rugido de euforia que cresce a cada passo que você dá em direção ao microfone." *(Charles Peterson)*

Kurt e a “Diet Grrrl” Frances Bean Cobain, Seattle, fim de 1992. “Eu já esgotei tudo o que eu tinha a dizer sobre bebês. [...] Quer dizer, dãã, é divertido, é ótimo, é a melhor coisa da minha vida.” - Kurt Cobain *(Stephen Sweet)*

Nirvana, Nova York, 24 de julho de 1993, um dia depois de a banda revelar sua nova seção "acústica", ao vivo em Roseland, e menos de 48 horas após Kurt ter uma overdose em seu quarto de hotel, em Manhattan. *(Stephen Sweet)*

Nirvana, Nova York, 24 de julho de 1993. Kurt e Krist. Kurt lendo a crítica do *Melody Maker* sobre um show de Neil Young e Pearl Jam que, mais tarde, faria o vocalista do Pearl Jam, Eddie Vedder, se irritar durante uma entrevista de capa para uma revista concorrente, sair do recinto e se recusar a voltar. Dave e Kurt compartilham um momento íntimo. *(Stephen Sweet)*

O "doutor" das guitarras do Nirvana, Earnie Bailey, nos bastidores: "Ninguém nunca sabia o que ia acontecer – e cada vez acontecia por diferentes motivos. [...] Eu achava que essa coisa da quebradeira não iria mais rolar durante a turnê de *In Utero*." *(Cortesia de Earnie Bailey)*

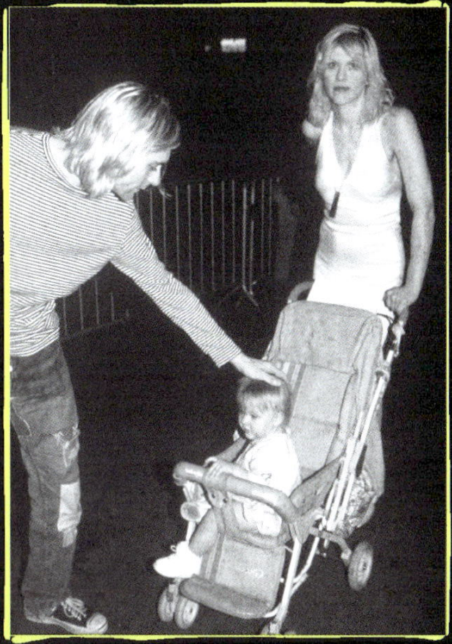

A família Cobain no MTV Video Music Awards, 2 de setembro de 1993. "Foi a primeira vez que Courtney se vestiu 'tentando ser outra pessoa'." – Cali DeWitt *(LFI)*

Kurt relaxando – com Frances Bean e preparando-se para andar de asa-delta no Rio de Janeiro, em janeiro de 1993. "Kurt declarou que nunca tinha se divertido tanto." – Earnie Bailey *(Earnie Bailey)*

O Nirvana na turnê de *In Utero*, em Bethlem (Pensilvânia) e Springfield (Massachusetts), nos dias 9 e 10 de novembro de 1993. Krist Novoselic e o segundo guitarrista, Pat Smear. Pat, brincalhão como sempre. Kurt descansando no backstage antes do show. "A energia de Pat no palco era muito diferente de tudo a que eles estavam acostumados. [...] Assim que começou, enlouqueceu mais do que todos os outros juntos." - Cali DeWitt *(Steve Gullick)*

A turnê de *In Utero*, 1993. A violoncelista Lori Goldston. Kurt Cobain. Dave Grohl com o setlist da banda de abertura, os japoneses do Boredoms. “Eles [o Nirvana] eram como os Melvins, mas cativantes. […] Black Sabbath misturado com Bay City Rollers, ou o que quer que ele tenha dito, era assim que funcionava.” – Lou Barlow *(Steve Gullick)*

Krist nos bastidores da gravação do *Live and Loud*, da MTV, Pier 48 de Seattle, 13 de dezembro de 1993. *(Steve Gullick)*

Eric Erlandson e Frances Bean Cobain, St. Louis. *(Stephen Sweet)*

MTV Unplugged, 18 de novembro de 1993. "Foi um show incrível. Kurt estava muito focado. [...] Estava muito animado, pois as canções foram levadas a sério." - Janet Billig *(Frank Micelotta/ Contributor/ Getty Images)*

Kurt Cobain com seu suéter listrado "Dennis, o Pimentinha", Roseland Ballroom, Nova York, 23 de julho de 1993. *(Stephen Sweet)*

Bastidores da turnê de *In Utero*, 1993. "Por que eu faço isso? Por que não? Me sinto bem. Alguém já derrubou uma linda árvore velha para fabricar aquela merda de guitarra." - Kurt Cobain *(Earnie Bailey)*

O uso de drogas aumentou a paranoia do casal. "Kurtney" se mudou para outro hotel – o Omni Park Central, novo em folha –, mas sua desconfiança em relação a estranhos não melhorou. Eu me lembro de Courtney me ligando do saguão do Omni, enlouquecida de tanta raiva, fora de si,[7] contando alguma história distorcida sobre como tinha sido acusada de ser prostituta e ladra, além de proibida de entrar no quarto do namorado depois de ter ido comprar cigarros na loja de presentes do hotel usando roupa íntima (sempre rasgada e cheia de buracos, como de costume). Ela queria que eu telefonasse para a recepção e conversasse com eles em seu nome.

"Queriam prendê-la", admite Carrie, que estava lá. "Acharam que ela era prostituta. Ela gritava: 'Caaaarriiiiiiieeee!!!!!'. E eu: 'Ai, caramba. Não a conheço. Juro por Deus'. Kurt não ia descer para buscá-la. Eu é que tive de fazer isso. E ela estava puta com o pessoal do hotel – tinha um pequeno balcão ao lado do elevador e, sempre que ela passava por ali, roubava as flores de enfeite."

Cenas como essa eram comuns quando Courtney estava por perto: o caos que seu namorado criava no palco era superado por ela na vida cotidiana. É raro gente como Courtney existir, e mais raro ainda o fato de elas conseguirem se safar mesmo tendo esse tipo de comportamento.

"Kurt estava muito fofo em Nova York, fez questão de nos dar dinheiro para fazer compras. 'Sei que vocês querem alguns cosméticos caros, então tomem aqui um pouco de dinheiro'", conta Carrie, imitando a voz de Kurt. Enquanto Courtney, Carrie e Wendy compravam roupas, Kurt ia até a Avenue C para buscar heroína. "As pessoas esperam numa fila", disse ele a Michael Azerrad. "Advogados, executivos, junkies, marginais, todos os tipos de pessoas."

"Como ele adivinhou que queríamos cosméticos caros?", continua Carrie. "Sempre queremos! Mas aí a Courtney ficou puta porque não gostava da ideia de ele comprar coisas para mim. Só queria que comprasse as coisas dela, como se ele fosse ficar sem dinheiro. O fim daquela viagem a Nova York foi a última vez em que falei com Kurt. É um negócio tão estúpido, dá até vergonha de contar..."

Carrie baixa o tom de voz.

"Kurt e Courtney começaram a contar às pessoas de seu círculo íntimo que estavam grávidos, e Wendy surtou. Aquilo foi demais para ela. Então, quando voltei de Nova York, recebi uma ligação de Courtney, dizendo: 'Wendy me contou que você falou que eu amo o Kurt por causa do dinheiro, enquanto você o ama de coração'. E eu respondi: 'Eu nunca diria nada tão estúpido. Posso falar com o Kurt, por favor?'. 'Ele não pode falar com você agora. Está bem chateado. É melhor você ligar para a Wendy e colocar os pingos nos is.' 'Não vou entrar nesse joguinho besta, Courtney. Não vou ligar para a Wendy e falar sobre merdas que nem aconteceram. Quero falar com o Kurt.' 'Não. Você não pode falar com ele.' E foi assim que fui expulsa do grupo, como o Ian [Dickson] e – bem, talvez não tanto Dylan –, mas o fato é que a maioria de todos os outros foi sistematicamente extraída da equação."

"A relação de Kurt e Courtney era tumultuada", afirma Goldberg, com cuidado. "Definitivamente, eles se amavam. Às vezes, se odiavam. Ele tinha um senso muito romântico de compromisso com ela, e, ao mesmo tempo, ela o deixava maluco."

Quando voltaram de Nova York, Kurt e Courtney se mudaram para um apartamento de dois quartos na região Oeste de Hollywood, em Los Angeles. A escolha da cidade não foi de Kurt, que logo passou a odiar sua lendária falsidade e isolamento, sentindo falta dos amigos do Noroeste e até mesmo da chuva, muito mais do que esperava. Ele nunca tinha morado fora de Olympia e Aberdeen – nem mesmo em Seattle –, e se mudar para uma cidade tão grande o fez se sentir um E.T. Mas, no início, ele curtiu ficar longe dos colegas, principalmente porque tudo o que ele queria era "trepar e ficar chapado". Los Angeles foi escolha de Courtney. A cidade combinava com a ambição dela de *ser bem-sucedida socialmente*, com sua justaposição surreal do glamour hollywoodiano e aquela atmosfera mais decadente. Em LA, as pessoas dirigem para tudo quanto é canto. Courtney não sabia dirigir, mas isso não a incomodava – ela conseguia fazer com que a levassem para qualquer lugar aonde quisesse ir.

"Kurt amava as irmãs e adorava crianças", diz Carrie Montgomery. Na época em que ele começou a ganhar um pouco de dinheiro, era aniversário de sua [meia-]irmãzinha Brianne,[8] então Kurt e eu fomos a uma loja e compramos vários artigos ligados à arte, como um cavalete, e também uma minibateria. Tenho quase certeza de que nunca o tinha visto tão feliz. Seguimos para Aberdeen, demos os presentes para ela e passamos a noite assistindo a filmes em sua companhia. Ele a adorava. Kurt também era próximo de Kim [Cobain] – de vez em quando, ela aparecia e ficava na casa de Susie [Tennant]. Certa vez, sua mãe e seus primos vieram e o trataram feito celebridade. Foi estranho. Talvez ela estivesse apenas feliz por ele, mas os primos o fizeram autografar coisas."

O casal se mudou para a North Spaulding, 448, uma rua bastante tranquila situada entre a Fairfax e a Melrose. O aluguel custava mil dólares por mês. Kurt mantinha a mesma rotina de quando morava em Olympia: levantar, usar drogas, ouvir música, pintar e tocar guitarra. Assistir à TV madrugada adentro. A essa altura, Kurt alegou gastar 100 dólares por dia com heroína.

Foi quando o casal Kurtney estava em Nova York que Courtney percebeu que estava grávida,[9] não surpreendendo alguns cínicos que consideravam essa a maneira mais rápida para ela consolidar sua posição entre os afetos de Kurt. O que era injusto. Kurt estava apaixonado por Courtney e vice-versa. Se era apenas uma afinidade que sentiam por serem parceiros de droga, ou a paranoia conjunta em relação ao mundo externo, ou o sexo incrível, pouco importava. Kurt sentia que havia encontrado sua alma gêmea. Courtney também.

Kurt ficou obcecado com a possibilidade de o bebê nascer deformado por causa do uso de drogas do casal – quando mais jovem, ele pintara telas suficientes de "bebês com barbatana" para conseguir visualizar o horror em sua totalidade. Em Beverly Hills, Courtney se consultou com um especialista em problemas congênitos, que lhe assegurou que os riscos que ela corria por ter usado heroína durante o primeiro trimestre de gravidez eram mínimos.

"Nunca houve preocupação de que o bebê nascesse com alguma má-formação", afirma, com firmeza, Rosemary Carroll. "Marquei uma consulta para a Courtney com meu obstetra, que havia feito o parto dos meus dois filhos, e ele garantiu que ela teria uma criança sem deformidades. Aqueles rumores vieram da imprensa."

Mesmo assim, Kurtney decidiu que era hora de se desintoxicar, sobretudo por conta da turnê do Nirvana na Austrália e no Japão. O casal se isolou num Holiday Inn, e o gerente de turnê Alex MacLeod passava por lá vez ou outra para verificar se eles estavam bem. O processo não era bonito: abstinência pode incluir diarreia, vômitos, espasmos musculares, alterações de humor e insônia.

"Dave e eu fomos visitar Courtney depois que ela fez o primeiro ultrassom [...]", conta Jennifer Finch. "Eles ligaram um videocassete, e o Kurt ficou ali sentado em frente à televisão, olhando para a tela. Foi aí que ele me reconquistou, em definitivo – porque naquela época eu o odiava. Mas aquilo foi muito meigo. Então eu deixei uma libra para Courtney, para lembrá-la de como o rock era divertido e de como virar mãe ia ser um saco. Isso porque eu pensei que ela ficaria em casa ou daria um basta nas loucuras. Deus, como sou idiota. Até parece que os dois iriam cair na real em relação a tudo aquilo."

De onde veio o nome Frances Bean?

"Bean veio da observação do ultrassom naquele dia, acharam que ela parecia um feijãozinho",[10] revela Jennifer. "E parecia mesmo. Acho a biologia um negócio assustador e nojento. Nem acredito que a Courtney levou isso até o fim. Entendo por que ela não conseguiu parar de fumar. Há expectativas demais quando se está grávida."

Todos ficamos decepcionados por não ter nascido uma aberração.

"Acho que ainda pode se tornar uma", ri Jennifer. "Existe uma chance; ela ainda é jovem. Quando você é forçada a assumir o papel da mãe, tende a crescer rápido. Graças a Deus, ela é madura e equilibrada. Até fazer 19 anos e tudo acabar."

No dia 19 de janeiro,[11] Krist e Dave se juntaram ao vocalista em Los Angeles para gravar o clipe de "Come as You Are". Os dois ficaram chocados com o estado de Kurt. "Sua aparência estava ruim, a pele era cinza", afirma Dave. "Ele parecia triste." O grupo e os empresários ficaram um pouco tensos com a escolha do single quando perceberam as semelhanças da linha do baixo com "Eighties", música de 1985 dos ingleses do Killing Joke – a escolha estava entre "Come as You Are" e "In Bloom". Goldberg acabou dando preferência àquela com apelo comercial mais óbvio.[12] Kevin Kerslake (Hole, Iggy Pop) dirigiu o clipe, gravado em três locais – Wattle Garden Park, em Hollywood; a nova casa de Kurtney; e o hangar do aeroporto Van Nuys. Os rostos dos integrantes da banda foram filmados através de plástico e água corrente para dar um efeito distorcido, tornando-os só parcialmente reconhecíveis.

Em 23 de janeiro, o Nirvana partiu para a Austrália numa turnê com 12 datas previstas.[13]

Kurt não estava em condições de sair em turnê, lidando com os problemas estomacais e passando pela última fase da desintoxicação. E o que o incomodava era justamente a possibilidade de não conseguir encontrar drogas num país estrangeiro. Ao chegar ao hotel em Sydney, ele trocou a placa de "Não Perturbe" na porta por "Favor Queimar Meu Quarto".

Não demorou para ele ter problemas tanto com a comitiva do Nirvana quanto com a equipe do hospital local ao tentar encontrar alívio para o seu estômago – quando Alex o levou para um pronto-socorro, ele ouviu um médico dizer a outro, numa sala de emergência: "Ah, ele é só um junkie, ainda está se livrando das drogas". Mais tarde, Kurt reclamou, com amargura, como seus problemas de saúde eram confundidos com o uso de drogas – Shelli Novoselic, em particular, era sarcástica toda vez que tentava se solidarizar com ele. "Eu só queria socar a cara dela, porque, como todo mundo, ela presumia que eu estava usando drogas", queixou-se Kurt. (Mas ele estava!) Um show em Brisbane foi interrompido, e outro, em Fremantle,[14] foi cancelado. No fim, Kurt tomou metadona – chamada Physeptone na Austrália –, que o ajudou com os problemas estomacais e a desintoxicação.

O primeiro show foi no extinto Phoenician Club, em Sydney, com abertura das bandas locais Tumbleweed e Meanies.[15] "Fizemos quatro apresentações com eles", lembra Wally Kempton, baixista dos Meanies. "O Phoenician foi escolhido bem antes de *Nevermind* atingir o ápice de vendas, e os 1.400 ingressos se esgotaram em tempo recorde. O clima estava supertenso – a linha tênue entre o medo e a diversão desenfreada ficou perto de ser rompida várias vezes. No dia seguinte, no primeiro Big Day Out,[16] nosso show começou 15 minutos antes do Nirvana. Uma grande multidão assistiu às nossas primeiras músicas, e depois tocamos para as costas das pessoas enquanto elas se dirigiam ao pavilhão do Nirvana!"

"A Austrália foi a parte mais divertida de toda a turnê, embora Kurt estivesse com problemas e uma aparência muito magra", diz, entusiasmado, Barrett Jones, ex-técnico de bateria de Dave. "O tempo estava ótimo, e o promotor nos levou para acampar. Os cangurus eram fantásticos! A maioria dos shows era em locais pequenos, como cantinas de faculdade. Ficamos uma semana de folga em Sydney, e foi ótimo."

"Estava quente e fazia sol, fiquei animado por estar ali", diz Craig Montgomery. "Fomos fazer bodyboard e saltar de bungee jump com Krist e Dave... enquanto Kurt tentava arrumar heroína." Craig suspira. "Acho que havia uma certa tensão entre Krist, Shelli e Kurt, mas, na época, todos estavam cientes do que acontecia e tentavam se divertir um pouco apesar disso. Mesmo assim, os shows foram *fantásticos*. Houve um em Sydney [no Big Day Out], em uma grande arena quadrada, tipo ringue de boxe, e estava tão cheio quanto os shows mais antigos nos clubes. Havia muito mais gente do lado de fora querendo entrar do que cabia lá dentro. Aquele show foi como uma Terceira Guerra Mundial."

No meio da turnê, Kurt topou conceder uma entrevista para a *Rolling Stone*. Ele não era fã da revista – a publicação dos anos 1970 de Lester Bangs, a *Creem*, e a bíblia do punk *Maximumrocknroll* eram muito mais interessantes, assim como a maior parte dos meios de comunicação britânicos e europeus –, mas ele sucumbiu à pressão dos empresários e dos colegas de banda. Como protesto, Kurt apareceu para a sessão de fotos com uma camiseta customizada, estampada com o slogan "Todas as Revistas Corporativas São uma Merda".

Depois de um show em Auckland, na Nova Zelândia, a banda foi a Singapura para compromissos com a imprensa no dia 12 de fevereiro. Aos gritos, centenas de fãs os receberam no aeroporto – a gravadora tinha colocado um anúncio no jornal local, especificando a hora exata em que avião pousaria. Na mesma semana, a aspirante a Kate Bush, Tori Amos, lançou uma versão chorosa para piano de "Smells Like Teen Spirit". Ficou tão risível que o Nirvana, mais tarde, usou-a como música de abertura em festivais europeus.

Após Singapura, a banda seguiu para uma agenda de vários shows no Japão. Em Osaka, eles voltaram a se juntar ao Shonen Knife. O trio japonês deu presentes a Kurt – espadas de brinquedo e uma nova versão motorizada de seu macaco de brinquedo Chim Chim. Kurt adorou o Japão, apesar dos problemas estomacais. Courtney havia se juntado a ele, e a metadona estava cumprindo seu papel. Mas quem é que não adora o Japão? A moda incrível, bonecas bizarras à venda perto de armas de fogo, parafernálias da Hello Kitty e cartoons. Mas o clima não era tão bom quanto o da Austrália – estava frio e chuvoso. Além disso, o Nirvana ficou surpreso com o público, todos educadamente sentadinhos em áreas de 3 metros quadrados e marchando após a última música – sem bis, pois o conceito não era compreendido na época.[17]

"Odiei o Japão, porque as pessoas eram educadas pra caralho", contou-me Dave Grohl, mais tarde naquele ano. "Isso me deixava muito irritado."

"Eu me lembro de ter surtado durante o voo, pensando em como aquilo era incrivelmente sujo", recorda Barrett. "O nevoeiro era muito espesso no meio do inverno. Os motoristas de táxi usavam luvinhas brancas e todo mundo era polido demais. A bateria do Dave era da Tama, aí num show a banda esmagou o kit na frente do presidente da Tama. Ele ficou, tipo: 'Ah, não, ele não gosta da bateria!'. Krist deixou cair um extintor de incêndio, um daqueles com pó branco, e ninguém conseguia respirar."

Foi em 20 de fevereiro – o mesmo dia do lançamento de "Come as You Are" nos Estados Unidos e do 25º aniversário de Kurt –, num voo para o Havaí, que o casal Kurtney decidiu se casar. A dupla queria ter feito uma festa de noivado no Valentine's Day (14 de fevereiro), mas os planos foram adiados após John Silva (e não Courtney, como se afirmava originalmente) insistir que Kurt fizesse um acordo pré-nupcial para proteger ganhos futuros. De acordo com o livro *Mais pesado que o céu*, de Charles Cross, a renda bruta de Kurt durante 1991 foi de 29.541 dólares (ou 27 mil, após as deduções) – uma quantia razoável para muitos de seus fãs (inclusive o autor que vos fala, até hoje), mas incomumente modesta para alguém que tinha vendido 3 milhões de álbuns (nos quais a maioria das canções eram suas) e feito shows regularmente.

Sem dúvida, Courtney estava usando a fama do marido para negociar para si um contrato de gravação com a DGC, que disponibilizava um adiantamento consideravelmente maior e uma taxa de *royalties* melhor que a do Nirvana – assim como muitas bandas que estavam assinando contratos com grandes gravadoras pós-*Nevermind*. Com frequência, ela se gabava desse fato para pessoas como eu e Kim Gordon – como se nos importássemos, de um jeito ou de outro –, ao mesmo tempo que reclamava sobre como o enorme sucesso do marido a fazia se sentir insignificante. Em vão, tentávamos dizer a ela que deveria se avaliar em seus próprios termos, não nos de outras pessoas, mas a única parte que ela absorveu do nosso discurso foi a de criticar o sexismo inato da indústria musical.

"O único motivo de eles estarem me tratando com tanto desdém, Everett, é porque me casei com um astro do rock", choramingou. Sério? Como seus amigos a alertaram a não fazer alguns meses atrás?

No dia 24 de fevereiro, Kurtney se casou na praia de Waikiki. Dylan Carlson voou para lá com a missão dupla de ser padrinho e fornecedor de heroína de Kurt. "Usei só um pouquinho, para não ficar doente", explicou o vocalista, sem jeito. Uma celebrante sem nenhuma religião específica, escolhida na lista telefônica, foi quem conduziu a breve cerimônia ao pôr do sol num desfiladeiro com vista para o mar: Kurt de pijama verde de flanela e Courtney de vestido vintage de seda. O casamento causou um razoável mal-estar entre o círculo de pessoas próximas a Kurtney. A paranoia dos dois em relação à perceptível – e real – desaprovação ao seu uso de drogas atingiu outro patamar. Estavam presentes Dave Grohl, Alex MacLeod, Dylan e sua namorada, e dois membros da equipe. Foi notável a ausência de dois dos amigos mais antigos de Kurt: Krist e Shelli Novoselic.

Courtney alegou que foi porque o casal andava "agindo de um jeito escroto" com Kurtney – além disso, achava que Shelli não aprovava o casamento. A objeção de Shelli, no entanto, era outra. Para ela, a questão maior tinha a ver com o fato de Courtney estar usando drogas durante a gravidez. "Naquele momento, era possível que estivesse usando", Shelli contou a Michael Azerrad. "Talvez não estivesse. Não sei, mas todos nós *presumíamos*."

"Aquele dia foi meio triste. E atribuo tudo a Courtney", diz Barrett. "Estava preocupado com a possibilidade de ela estar usando drogas durante a gravidez. Eu tinha falado sobre isso com a minha namorada, então ela e Shelli conversaram a respeito, e acho que Courtney acabou descobrindo. No dia do casamento, Kurt me ligou furioso porque minha namorada e Shelli teriam falado merda sobre Courtney. Aí eu disse: 'Não me importo com o que vocês fazem com vocês mesmos, mas tem um bebê aí'. Acho errado. Enfim. Você provavelmente conhece essa história."

No dia seguinte ao casamento, Krist e Shelli voltaram para Seattle arrasados pelo comportamento de Kurt. De repente, parecia não haver caminho para o Nirvana a partir dali. Na verdade, Krist ficou dois meses sem ver Kurt – e mal falou com ele por cerca de cinco meses, incluindo ensaios.

Kurtney passou a lua de mel no Havaí.

Adendo 1: Cali DeWitt

"Sou de Los Angeles. Nasci no Canadá, mas me mudei para LA aos 3 anos de idade. Divido meu tempo entre o Canadá e, principalmente, LA. A vida toda fui fã de música. Quando o [filme punk de LA] *Juventude decadente* saiu em 1981, meu pai me levou para ver. Eu tinha 8 anos.

Seu pai é legal?

"Sim, meu pai é legal. Ele me levou para ver [o filme dos Ramones] *Rock 'N' Roll High School* e [o filme do The Who] *The Kids Are Alright* naquela época. Ele me comprava discos, que depois eu levava para a escola. Eu me lembro de levar os álbuns dos Ramones numa apresentação no segundo ano. Nós nos mudávamos muito. Eu trocava de escola praticamente todo ano. Acho que foi por volta do sexto ano que parei de gostar da escola."

Você já fez parte de bandas?

"Não. Cantei numa banda punk quando tinha uns 13, 14 anos. Por sorte, tinha amizade com músicos realmente bons, desde que era bem jovem. Quando eu tinha 16 anos, percebi que queria fazer parte de uma banda pelos motivos errados. Não nasci para fazer música, então passei a me contentar só em apreciá-la. Bem jovem, comecei a frequentar shows. Em 1982, aos 9 anos, fui ver o [influente grupo punk] DOA. A partir de então, tentava ir ao máximo de shows que pudesse, desde os livres para todas as idades e até as apresentações punk. Em 1989, quando eu estava no décimo ano da escola, em LA, abriu um lugar chamado Jabberjaw. Fui até o clube no fim de semana de sua inauguração e abandonei o ensino médio para trabalhar lá de graça."

Você fazia o que lá? Trabalhava como bartender?

"É, bartender de café. Não tinha bebida alcoólica. Nos fundos, havia cerveja maltada. Foi aí que senti que tinha achado meu lugar. Era um espaço para todas as idades no centro da cidade, com pessoas que pareciam se importar apenas com música, arte e coisas que eram interessantes para mim. Eu ficava lá o tempo todo e os ajudava no agendamento dos shows. Tentei convencê-los de que a Sub Pop era descolada. E eles: 'Ah, OK'. O primeiro grupo da Sub Pop que consegui levar para tocar lá foi o Swallow, que era um horror, mas logo eles começaram a conhecer bandas como o Mudhoney. A história do Jabberjaw ficou bem famosa depois disso.

"Foi lá que conheci a Courtney. Eu tinha 16 anos e um relacionamento ótimo com meus pais, mas naquela época ficava o tempo todo no centro de LA, longe de casa. Ela me parecia uma mulher mais velha e assustadora. Isso era 1990, mais ou menos. Eu tinha um pouco de medo dela. Sabia que ela havia acabado de formar um grupo, o Hole. Ela era bem agregadora, mas meio que agredia as pessoas verbalmente, o que me intimidava. Por alguma razão, ela me botou debaixo das asas dela e passou a agir como minha 'mãe da cidade'. Ela me deixou ser roadie da banda, o que me permitiu ser roadie do L7 também. Ela era legal."

Como era a Courtney quando você a conheceu?

"Uma das pessoas mais inteligentes que eu já tinha conhecido. Ela era muito engraçada, ficar perto da Courtney era muito divertido. Não tinha nada a ver com o retrato que agora pintam dela. Era muito focada. Lembre-se: isso é pré-*Nevermind*, então a ideia de uma banda punk ficando famosa – uma banda de verdade – não estava nos planos. A ideia dela de que o Hole seria uma banda grande era risível para mim, mas eu gostava deles."

Como ela era no palco?

"Insegura. Ela fazia perguntas, tipo, 'Fica estranho quando faço isso?', 'Viu meu movimento novo?'. Ela falava comigo como se eu fosse seu confidente."

Nessa época, havia alguém que ela queria ser?

"Quem ela *não* queria ser era Inger Lorre, dos Nymphs. Como a história foi escrita não importa agora, mas, na época, ela era uma ameaça. Inger era como a 'vilã' de Los Angeles.[18] Ela dizia que Kat [Bjelland] a roubava, ou que as meninas do L7 eram masculinizadas – ou pelo menos não femininas o suficiente. Ela tinha uma visão clara do que queria, do papel da mulher na música e de como mudar isso. Mas eu gostava de fazer parte daquele esquema. Curtia ser roadie do Hole, era divertido, e eu era jovem o suficiente para poder trabalhar a troco de nada. Fui com eles na primeira turnê pelos Estados Unidos, e todos recebemos 12 dólares por dia."

Você pode descrever os outros três membros da banda?

"Caroline [Rue] era o bode expiatório. Na opinião de Courtney, ela não se encaixava nos padrões da banda. Era muito desajeitada e envergonhada. Já Jill [Emery] era uma espécie de ameaça para Courtney. Jill começou a chamar a atenção quando passou a dominar aquele estilo meio [Black] Sabbath que as pessoas curtiam. Após um show no Whisky a Go Go [11 de fevereiro, 1992],[19] um monte de gente ficou falando sobre como Jill era incrível. E aquilo foi o fim para ela.[20] Eric [Erlandson] era como um empresário, sabia tudo o que estava acontecendo. O Hole abriu um show do Nirvana em 1991 [dia 14 de junho], no Hollywood Palladium, com o Dinosaur Jr., e foi aí que conheci Kurt."

Você estava por perto quando Courtney começou a namorar Kurt?

"Nesse período eu conversava muito com ela. Nova York me impactou de um modo bem significativo quando chegamos lá para a turnê. Voltei para casa, juntei 200 dólares e me mudei para lá. Morava em uma espécie de frigorífico. Mas, antes disso, o *Nevermind* foi lançado. Assim como as pessoas dizem lembrar onde estavam quando Kennedy foi baleado, eu lembro onde eu estava quando o clipe de 'Smells Like Teen Spirit' passou na MTV. Chamei todos na sala e disse: 'Vocês não vão acreditar nisso'. Foi surreal. Daquele grupo de pessoas, que dormiam no chão nas casas uns dos outros, saía alguém para fazer aquilo. Adorava *Bleach*, mas não conseguia acreditar como *Nevermind* era bom. Aquele mesmo cara que eu tinha encontrado algumas vezes e com quem me dava bem se tornou uma espécie de herói."

Adendo 2: A influência do Nirvana sobre Olympia

"O Unwound tinha uma música de bebedeira", recorda Slim Moon, "na qual se erguiam os copos e se cantava: '*Obrigado, Nirvana, por comprar cerveja para nós, obrigado, Nirvana, por nos deixar ensaiar aqui*'. Depois do *Nevermind*, em vez de os vizinhos chamarem a polícia e baterem nas paredes do lugar onde você estava ensaiando, berrando: 'Que barulheira é esta?', eles agora diziam: 'Você tem uma banda? Conhece Kurt Cobain? Posso pagar uma cerveja para você?'. Pessoas comuns veriam seu corte de cabelo grunge e te achariam descolado em vez de cuspir em você. Embora muitas vezes isso fizesse de fato alguém te comprar uma cerveja, era embaraçoso na maior parte das ocasiões. Não queríamos que todo mundo no país soubesse nosso segredo".

Uma das maiores conquistas de Olympia é a forma como a cidade conseguiu manter sua cultura underground mesmo com a atenção que recebeu.

"O Nirvana ficou famoso", concordou Slim, "mas nunca a ponto de colocar um holofote sobre nós".

Isso é porque o Nirvana era vendido como uma banda de Seattle?

"Exatamente. Os holofotes ficaram para Seattle. E todas as duplas e bandas que quebram regras hoje em dia – as mesmas regras que éramos ridicularizados por quebrar – têm uma dívida e tanto com a nossa cena. O lance do Riot Grrrl recebeu uma tonelada de atenção, tal como o Nirvana, mas nenhum deles de uma forma que tenha arruinado Olympia. A cidade foi perdendo a força aos poucos, mas os holofotes nunca a destruíram. Um monte de coisas que influenciaram as bandas de Olympia em 1988 – singles do início da Rough Trade, pós-punk – estão influenciando as bandas em 2006."

E a influência do Nirvana sobre Olympia...

"Nos anos 1980, não havia muitas grandes bandas de rock em Olympia. Já nos anos 1990, havia uma enorme quantidade de grandes bandas de rock em Olympia. O Nirvana foi parte dessa influência, embora os Melvins tenham influenciado mais. Antes, só o Beat Happening, o Some Velvet Sidewalk e o Nirvana faziam discos e turnês. Aí passamos a ter o Unwound, o Bikini Kill e o Karp,[21] todos gravando discos e fazendo turnês. Tudo se tornou possível, desde assinar com a K até ser o próximo Nirvana. O motivo pelo qual você começa sua banda afeta 100% do que faz musicalmente. Se o máximo que acha que poderia alcançar é tocar numa festa para 20 de seus amigos pulando para cima e para baixo, você faz uma coisa totalmente diferente em termos musicais do que faria para 'ter sucesso'. O Nirvana fez parte de uma transformação que ocorreu no início dos anos 1990, que não foi de todo ruim. Inspirou algumas pessoas a se esforçarem com mais afinco e a pensarem nisso como arte, não só diversão. Em Olympia, nos anos 1980, Calvin Johnson era considerado um visionário por acreditar que você poderia lançar seu próprio EP."

NOTAS

1 Não foi minha intenção desrespeitar o Soundgarden.

2 Propositalmente infantiloide... sem baixo... sem talento... Espere aí! Essa não é a descrição dos Beastie Boys?

3 O álbum de Daniel Johnston foi lançado pela Atlantic. Quem assinou com ele foi o mesmo responsável pelas incríveis remasterizações do Led Zeppelin.

4 O ator e diretor Rob Morrow estrelava um programa cult peculiar e popular da época, chamado *Northern Exposure.*

5 Na segunda-feira seguinte, as escolas de todos os Estados Unidos testemunharam jovens com os cabelos tingidos de rosa. Imagine a cena se a tintura original dos cabelos de Kurt tivesse sobrevivido à ira de Courtney!

6 Também pode ter acontecido após a segunda aparição do Nirvana no *SNL*, em setembro de 1993, quando o amigo Rene Navarrette se lembra de ter ouvido que Kurt teve uma overdose no chão do quarto do hotel.

7 Talvez mais ingênuo em relação à heroína do que a maioria das pessoas que aparece neste livro, só me liguei que Kurt e Courtney a usavam em meados de 1992, quando ela me contou diretamente. Ou talvez eu não desse importância, imaginando que não era da minha conta. Eu bebia feito um gambá. Eles usavam drogas. Quem era eu para julgar?

8 Brianne era filha de Wendy O'Connor e Lamont Shillinger, e nasceu na véspera do Natal de 1985.

9 "Provavelmente você estava dentro de algum armário quando Frances Bean foi concebida", comentou Courtney com Carrie Montgomery quando voltei a reunir as duas em Seattle, em 1999.

10 Frances veio de Frances McKee, dos Vaselines, que, na época, era professora.

11 Cinco dias após o 23º aniversário de Dave Grohl e alguns dias depois que ele e Krist se juntaram aos Melvins no palco no Crocodile.

12 Mais tarde, "Come as You Are" foi ameaçada de processo, mas o caso nunca chegou ao tribunal.

13 Para coincidir com a turnê, o EP de seis músicas *Hormoaning* foi lançado na Austrália e no Japão – "Even in His Youth" e "Aneurysm", que já haviam aparecido no lado B de "Teen Spirit", e os quatro covers, incluindo as canções dos Vaselines, gravados na *John Peel Session* de 1990.

14 Fremantle é uma bela cidade portuária perto de Perth, na Austrália ocidental.

15 Os Meanies são uma boa e sólida banda punk das antigas – com músicas!

16 The Big Day Out é o grande festival anual de rock itinerante da Austrália – mais ou menos equivalente ao Lollapalooza nos Estados Unidos, mas muito mais legal por ser na Austrália.

17 O Japão tinha uma cultura totalmente diferente: eu me lembro de fazer um show com o Soundgarden em Osaka, em meados dos anos 1990, que aconteceu no segundo andar de um shopping center. As pessoas dançavam, mas tomavam muito cuidado para não esbarrar umas nas outras.

18 Há uma história lendária de uma vez em que a sra. Lorre tirou a calcinha e urinou na mesa de um executivo de gravadora que estava se recusando a cooperar.

19 Courtney tocou uma versão chapada e raivosa de "Pale Blue Eyes", do Velvet Underground, e a dedicou a Kurt, que estava ausente, enquanto do lado de fora um céu tempestuoso mudava de cor a cada poucos minutos. Foi um show de arrasar: Eric e Courtney fingiam lançar suas guitarras para mim, que estava bem na frente. Havia mais gente da indústria do que público pagante. A abertura foi da feroz banda independente Superchunk. Antes do show, Courtney foi até Mac, vocalista do Chunk, e, apontando para mim, anunciou: "É bom você se ligar, pois este homem vai transformar você em um astro".

20 E foi mesmo. Jill e Caroline saíram da banda após aquele show, e depois disso o Hole permaneceu num hiato por vários meses.

21 O Karp era uma banda de rock de Olympia que – conforme um crítico afirmou – "Tem a energia com qual as bandas de metal ficam molhadinhas ao sonhar".

CAPÍTULO 20

Grunge para adultos

"Eu ouço fofocas sobre mim o tempo todo", resmunga o cantor. "E estou de saco cheio disso. Se uso drogas, o problema é meu, e se não uso, o problema também é meu, porra. Não é da conta de ninguém. Não me importo se as pessoas usam ou não usam drogas.

"Tudo começou com um único artigo em uma das revistas mais escrotas e cock rock de Los Angeles", prossegue ele, "na qual um cara presumiu que eu usava heroína porque reparou que eu estava cansado. Desde então, as fofocas se espalharam feito incêndio. Não nego que usei drogas e ainda uso, de vez em quando. Mas não sou nenhum viciado em heroína, porra, e não vou ser..."

Ele para, momentaneamente sem palavras.

"É impossível fazer turnê e usar heroína", recomeça ele. "Não conheço nenhuma banda capaz de fazer isso, a não ser que você seja o Keith Richards e receba transfusões de sangue a cada três dias, além de ter traficantes lá fora indo buscar drogas para você."

Kurt fica vermelho de raiva.

"Nunca percebi que é dessa forma que o público tradicional reage a astros do rock tradicionais, pois nunca tinha prestado atenção", protesta. "Não quero ficar reclamando, mas tem muita merda aí. Houve dias que considerei isso um trabalho e nunca pensei que esse tipo de coisa aconteceria. Isso me faz questionar qual o objetivo, afinal. Só vou ficar reclamando por mais um ano, e, se depois disso não der resultado, teremos que fazer mudanças drásticas."

(*Melody Maker*, 18 jul. 1992)

ENTÃO Kurt voltou para Los Angeles no início de março de 1992 e arranjou um monte de heroína. Tentou esconder o vício de Courtney, injetando-se num armário com trancas onde guardava os apetrechos: a heroína, as agulhas, as colheres e o álcool isopropílico. Courtney ficou furiosa com Kurt quando descobriu – a ponto de quebrar as seringas dele. Ou, ao menos, foi o que ela disse – ciente, talvez, da polêmica posterior que envolveu o casal quando ela admitiu ter usado heroína nas primeiras semanas de gravidez (isto é, antes de saber de fato que estava grávida).

Kurt compôs várias das canções de *In Utero* durante esses meses, embora mais tarde tenha mencionado numa entrevista de 1992 para a revista *The Advocate* que, durante 1991, "não fui muito prolífico". Ele também pintou retratos no estilo Goya de anjos bizarros, torsos de esqueleto, borrões escarlate e alienígenas alongados, chafurdando em seu ódio pelo mundo exterior e em sua inabilidade de lidar com ele. O título provisório do próximo álbum do Nirvana era *I Hate Myself and I Want to Die.*

Eu me lembro de Kurt me mostrando um vídeo pirata de um policial do estado da Pensilvânia que tinha estourado os miolos ao vivo durante um segmento de notícias políticas inofensivas após colocar uma arma dentro da boca. Alguém tinha colocado o vídeo de 20 segundos em modo repetição, ao mesmo tempo dessensibilizando o espectador e tornando o ato ainda mais repugnante. Kurt assistiu a isso algumas vezes junto comigo.

Enquanto isso, Krist estava de volta a Seattle, furioso com o autoflagelo de seu vocalista e estressado com a aparente facilidade com que ele havia jogado fora anos de amizade por causa de uma garota e um pouco de droga.

"Kurt é um babaca viciado do cacete, e eu o odeio!", reclamou ele.

"Eu precisava de tempo para me reajustar", Kurt disse a David Fricke, da *Rolling Stone*, em outubro de 1993. "[A fama] me deu um puta golpe, e tive a impressão de que não precisava sair em turnê, pois ganhava muita grana. De 8 a 10 milhões de cópias vendidas – para mim, parecia muito dinheiro. [Da mesma forma] minha dor de estômago nos impediu de sair em turnê. Após passar por dores crônicas ao longo de cinco anos, você fica louco, literalmente."[1]

Até a Gold Mountain estava com medo do temperamento volátil e das alterações de humor de seu astro: uma possível turnê pelos Estados Unidos na primavera foi engavetada quando ficou visível que a banda inteira – não só Kurt – estava sofrendo de esgotamento por conta das turnês. Foi quando os empresários de Kurt tentaram a primeira intervenção: ele se internou em um programa de reabilitação no Exodus Recovery Center, no hospital Cedars-Sinai, em Los Angeles. O problema é que seu conselheiro ficou deslumbrado, então Kurt não tinha o menor respeito por ele e encerrou o tratamento após quatro dias.

Dave não se incomodava tanto com o comportamento do vocalista, já que o conhecia havia relativamente pouco tempo. Ele usava os momentos de folga do Nirvana para compor suas próprias músicas, que gravaria no estúdio Laundry Room de oito canais de Barrett Jones, na casa que compartilhavam no oeste de Seattle. Mais tarde, essas canções foram parar em *Foo Fighters*, álbum de estreia do Foo Fighters, de 1995.

Nevermind permaneceu no Top 3 da *Billboard* entre março e início de abril. No dia 1º de março, "Come as You Are" foi lançada nos Estados Unidos – no Reino Unido, entrou nas listas em primeiro lugar, na mesma semana em que o relançamento de *Bleach* chegou às paradas britânicas de álbuns em 33º lugar.

A nirvanamania continuou a brotar em todos os Estados Unidos. O *Los Angeles Times* publicou que uma banda britânica dos anos 1960, também chamada Nirvana, estava processando sua versão "mais jovem" por conta de direitos sobre o nome. A Gold Mountain acabou lhes pagando 100 mil dólares por meio de um acordo extrajudicial.[2] Uma loja de discos em Ventura, na Califórnia, recebeu uma queixa por expor o pênis de um bebê – da capa de *Nevermind* – na vitrine: isso nunca foi um problema, embora a Geffen tivesse um plano B para tirar o apêndice ofensivo ou cobri-lo com um adesivo se uma das grandes redes reclamasse.

A pirataria corria solta, tanto de shows ao vivo quanto de versões demos. O casal Kurtney se encarregava de confiscar qualquer cópia que visse: em geral, pirataria é inofensivo, mas músicos e gravadoras são obcecados por rastrear malfeitores. Courtney dizia que isso tirava comida da boca de seu bebê, uma visão bem distorcida vinda de uma mulher prestes a ficar milionária repetidas vezes.

Após uma guerra de lances, o Hole assinou com a Geffen um contrato de supostamente 1 milhão de dólares, apesar de a gravidez de Courtney ter feito a banda desistir de uma oportunidade no Reading Festival e de, naquela época, o Hole ser formado unicamente por ela e Eric Erlandson. Como observou o executivo de uma gravadora: "Dormir com Kurt Cobain vale meio milhão".

"Courtney recebia muitas críticas por ter corrido atrás de um cara famoso", afirma Michael Lavine, "mas as pessoas esquecem – ou talvez nem saibam – que ela já era obcecada por ele antes da fama, meses e meses antes.

Eu estava com o Nirvana em LA, na apresentação no Raji [15 de fevereiro de 1990], e foi nesse dia que conheci Courtney. Ela estava na fila para assistir ao show. Quando a fotografei em julho de 1991, na época do *Nevermind*, ela falou, tipo: 'Deixa eu ver as fotos do Kurt. Deixa eu ver as fotos do Kurt'. Ela era louca por ele – e ele, por ela. Uma vez, Kurt me disse: 'Gosto da Courtney porque ela é o tipo de garota que fica em pé no meio da sala, quebra um copo e derruba a mesa sem motivo algum'.

"Ótimo", ri Michael. "É um belo motivo para gostar de alguém!"

"Em uma versão de 'Teen Spirit', Kurt cantou o verso: '*Who will be the king and queen of the outcast teens?*'", Courtney me contou em 1999.[3] "Tirando o glamour, não havia casal mais perfeito na época. Combinávamos tanto porque éramos as pessoas mais antissociais do pedaço. Eu era a aventureira desgarrada, e ele, o cara debaixo da ponte, literalmente. Era incrível... e horrível, por conta de toda a questão das drogas, a dor e o medo. Kurt era um cara muito, muito doce. As pessoas acham que eu considero nossa relação disfuncional – e em público sou meio *blasé* porque não é minha função manter essa maldita chama. Mas vou honrar e adorar esse cara porque o amei, embora ele fosse mal-humorado, coisa que eu também era. Não foi uma surpresa ficarmos juntos, todo mundo em Seattle sabia que éramos um tipo de casal bem comum. Era quase como o capitão e a líder de torcida, só que ao contrário.

"A imprensa tradicional britânica falava, tipo: 'Ela conseguiu um contrato realmente bom'", prosseguiu Courtney. "É tão absurdo que nem consigo comentar. Tipo: 'Como é que é?', mas é algo que me choca desde então."

Em 1992, o casal Kurtney se manteve tão isolado que a maior parte dos amigos de Kurt de Olympia acabou excluída de sua vida – Ian Dickson, Calvin Johnson, Nikki McClure, Slim Moon, Tobi Vail... O círculo de pessoas com quem Kurtney tinha contato incluía só os empresários (Janet Billig, Danny Goldberg), amigos músicos (Eric Erlandson, Mark Lanegan[4]), colegas de droga (Dylan Carlson, Cali DeWitt) e, vez ou outra, familiares. Durante uma visita a Aberdeen, em abril de 1992, Kim, irmã de Kurt, admitiu que era lésbica, algo de que Kurt já desconfiava. No entanto, para sua mãe, Wendy, foi um choque.

Kurt chegou a escreveu cartas para alguns amigos antigos, mas nunca postou. Uma vez ou outra, telefonava para eles. No entanto, quando escolheu se casar com Courtney e se mudar para Los Angeles, ele havia ultrapassado os limites.

"Certa vez, Kurt, Mark Lanegan e Courtney vieram a Olympia e ficaram um dia na casa de Nikki [McClure]," recorda Slim Moon. "Lanegan e eu demos uma volta e conversamos, e foi nesse dia que conheci Courtney. Foi tudo muito estranho. Havia membros do Bratmobile onde estávamos, tentando decidir se fariam alguma sabotagem ou algo do tipo. Tinha acontecido todo aquele lance da *Sassy*,[5] no qual disseram que Kurt e Courtney eram junkies, então Courtney acusou o Bratmobile de ter plantado a informação, pois a guitarrista Erin [Smith] trabalhava lá – como se o público já não soubesse daquilo!"

Não consigo nem imaginar Courtney conhecendo Nikki. Parecem duas personalidades tão antagônicas: uma é só artifício e confusão, a outra, pura alegria ingênua. Era como o universo implodindo.

"Kurt não abria a boca", recorda Slim. "Se você falasse com ele, a resposta seriam uma ou duas palavras. Já Courtney, quando não estava no banheiro – onde ficava a maior parte do tempo –, tagarelava a mil por hora. Ela estava realmente obcecada pela ideia de bandas de garotas só comporem músicas em Mi. Depois de ela ficar repetindo a mesma teoria por horas e horas, o casal foi embora – sem ter havido qualquer interação de fato entre os dois."

No início de abril, "Smells Like Teen Spirit" foi oficialmente declarada platina (1 milhão de vendas) nos Estados Unidos, e o Nirvana voltou ao estúdio – bem, no estúdio de oito canais, de Barrett – para gravar algumas músicas.

"Mandei arrumar meu estúdio e o instalei no porão, o que não era o mais adequado, mas foi lá que gravei o álbum do King Buzzo[6] e as três músicas do Nirvana", revela Barrett Jones. "Uma estava programada para o álbum tributo dos Wipers ['Return of the Rat']; a segunda entraria no *split single* [single compartilhado] Nirvana/Jesus Lizard, lançado pela Touch and Go ['Oh, the Guilt']; e a última acabou ficando no lado B de 'Lithium' ['Curmudgeon']. Fizemos todas em uma ou duas tomadas. Eles nunca as tinham tocado antes."

As músicas eram devastadoramente pesadas: foi a primeira oportunidade de Grohl de mostrar como poderia contribuir de verdade com o Nirvana em estúdio,[7] e a sensação foi de que a gravação se centrou em sua vibrante força animal. "Oh, the Guilt" quase se desintegrava sob uma série de retornos e acordes de guitarra distorcidos, com Kurt uivando incisivamente o refrão várias vezes seguidas. Era algo muito mais próximo do som sujo influenciado pelo Soundgarden em *Bleach* do que das inflexões melodiosas sessentistas de *Nevermind.* As gravações foram claramente uma reação ao som limpo deste último. O mesmo vale para "Curmudgeon", embora tenha sido quase arruinada por um efeito meio espacial estilo Hawkwind. Era uma música implacável, de bater cabeça. "Acho que, de modo geral, eles estavam tentando ser um pouco mais punk rock", confirma Jones. "Queriam um lance o mais baixo orçamento possível."

"Return of the Rat" era uma obviedade mais oitentista, influenciada pelo pós-punk – o que não surpreende, considerando a origem da música. Foi lançada no dia 20 de junho pela T/K Records, de Portland, como parte do box *Eight Songs for Greg Sage and the Wipers.*

"Tínhamos conversado a respeito", diz Barrett, sobre a sessão. "Kurt falou algo como: 'Você tem um estúdio. Devíamos gravar com você'. Foi simples assim, embora meu estúdio tivesse a pior configuração possível, sem nenhuma separação entre o equipamento e a salinha. Foi tudo ao vivo, exceto os vocais, que passaram por uma segunda tomada."

Apesar das gravações, as relações entre os integrantes da banda não estavam nada boas – na verdade, estavam tão ruins que o Nirvana passou por uma separação temporária nesse período. O rompimento se deu por causa da insistência de Kurt em renegociar os *royalties* de publicação. Eles antes eram igualitariamente divididos, mas Kurt – ruminando com seus botões em Los Angeles – começou a se incomodar com a sorte de seus parceiros de banda, concluindo que, se ele compunha a maioria das músicas, a maior parte do dinheiro deveria ir para o seu bolso: 75/25 da música e 100% das letras. Pior: ele queria essa porcentagem retroativamente.

Dave e Krist ficaram chocados – sentiram que o vocalista estava tirando dinheiro de seus bolsos –, mas Kurt achava que os dois é que estavam sendo gananciosos. Ele então teria dito a Rosemary Carroll, advogada do Nirvana, que acabaria com a banda se os colegas não concordassem com suas exigências.

"Todo mundo culpa a Courtney, mas na verdade foi coisa do Kurt", explica Carroll. "Esse foi um dos motivos por ele querer um advogado diferente do antigo advogado do Nirvana. Alan Mintz era muito bom, mas estava presente quando eles resolveram dividir igualmente o dinheiro das publicações. Kurt depois decidiu que havia escrito todas as canções – melodia, letra e tudo o mais. Uma vez que ficou claro para ele quão significativo era o dinheiro das publicações, quis o que era seu, achando que seria mais fácil conseguir isso por intermédio de outro advogado. A decisão de dividir igualmente o dinheiro das publicações depende de cada banda: o R.E.M. faz isso; o Sonic Youth também; Billy Corgan, não. Kurt não só queria levar isso adiante como exigia os valores retroativos. Krist e Dave ainda têm parte em 'Teen Spirit', mas todas as outras canções são de Kurt. Isso fez com que Krist e Dave tivessem de devolver parte do dinheiro.

"Se ele disse que 'acabaria com a banda' caso as coisas não fossem do seu jeito?", pergunta ela. "Acho que ele não disse com essas palavras, mas certamente ficou subentendido."

O que sem dúvida não ajudou a situação foi o fato de Kurt ter voltado a usar heroína no fim de maio – o mesmo mês em que *Nevermind* finalmente saiu do Top 10 da *Billboard*. Ele contou a um amigo que gastava 400 dólares por dia com o vício.

Não era a melhor época para começar uma turnê pela Europa.

Por questões de logística, a entrevista com Kurt Cobain acontece em seu apartamento em Los Angeles, na segunda semana de junho, algumas semanas antes da breve turnê do Nirvana pela Europa. O dia está nublado, o cômodo, meio escuro e ligeiramente bagunçado. Rascunhos de diários contendo letras e ideias de Kurt e da esposa, além de algumas guitarras e amplificadores, abarrotam a sala principal. Alguns bonecos de palito de aparência estranha, feitos por Kurt para usar em um futuro clipe, estão perto de penas de aves multicoloridas e vasos cheios de flores. Na sala da frente, onde Kurt descansa em uma poltrona, com jeito de intelectual com seus óculos de nerd e cabelos curtos e descoloridos, um disco de Patti Smith toca ao fundo, baixinho. Um filhote de gato tigrado corre de um lado para o outro. Grávida de vários meses, Courtney dorme no quarto com a TV em volume baixo ligada na programação diurna da MTV.

Mais cedo, Kurt tinha me mostrado o clipe do novo single do Nirvana, 'Lithium', no mesmo aparelho de TV. Compilado pelo diretor Kevin Kerslake a partir de filmagens ao vivo da banda no Reading Festival do ano passado, um show de Halloween em Seattle e uma apresentação em Roterdã, onde começou a namorar Courtney,[8] o vídeo é de uma ferocidade única. Clipes ao vivo geralmente são péssimos, mas este, não. Veja-o você mesmo.

O telefone toca. É alguém de uma estação de rádio querendo saber que tipo de música Kurt escuta. Ele diz que ouve grunge para adultos. Toca de novo. É Corey Rusk, da Touch and Go, pedindo que Kurt o aconselhe sobre um problema que surgiu com o empresário do vocalista, relativo a um possível single conjunto do Nirvana e do Jesus Lizard. Kurt ouve com atenção e promete que resolverá a situação com o empresário.

Apesar de opiniões contrárias, Kurt parece bem mais saudável que das outras vezes em que o vi. Não vou dizer que ele está radiante, mas definitivamente tem um certo brilho – talvez esteja feliz pela recente estabilidade do casamento.

Quando ele finalmente sai do telefone, menciono que ele parece bem mais relaxado. "Ah, sim", responde. "Mas isso porque, quando nos encontramos pela última vez [em outubro de 1991], eu estava havia cinco meses em turnê. E agora já faz um tempo que não toco. Além disso, eu estava puto por fazer aquelas entrevistas para estações de rádio comerciais, com todas aquelas vozes de DJs que não tinham a menor ideia de quem a gente era. De quanta exposição uma banda precisa?"

(*Melody Maker*, 18 jul. 1992)

A turnê não foi um sucesso.

O Nirvana tocou no Point Theatre, em Dublin, no dia 21 de junho, com abertura do Breeders – e Kurt já começava a reclamar de dores no estômago causadas pela dependência em metadona. Uma noite depois, em Belfast, Kurt recebeu vários socos no estômago de um cara da segurança após tentar acabar com uma briga entre um segurança e um fã. Na manhã seguinte, ele desmaiou no café da manhã e foi levado ao hospital. O assessor de imprensa britânico do Nirvana, Anton Brookes, encontrou-se na situação um tanto surreal de, simultaneamente, tentar afastar do saguão do hotel os jornalistas que queriam fazer entrevistas e lidar com a ida de Kurt ao hospital.

Alguém avistou Kurt, e, apesar do esforço de Anton para explicar a situação – "É uma úlcera gástrica; eu o conheço há três anos e ele sempre teve isso. É porque ele come muita porcaria" –, no fim do dia a CNN News já estava ao telefone perguntando se os rumores de uma overdose tinham fundamento.

No dia 24 de junho, em Paris, a Gold Mountain contratou alguns seguranças para ficar de olho em Kurtney e garantir que o casal não saísse do quarto do hotel atrás de drogas. Kurt ficou indignado. "Eles me tratavam como um bebê, porra", reclamou para Michael Azerrad. Sem avisar os empresários, Kurtney imediatamente trocou de hotel, registrando-se com seus nomes falsos favoritos: "Sr. e Sra. Simon Ritchie" (o nome verdadeiro de Sid

Vicious). Krist e Dave permaneceram com a equipe, tentando não se envolver nas artimanhas, insinuações e desconfianças que rondavam Kurtney aonde quer que fossem.

Os shows ao vivo se tornaram secundários diante daquele circo midiático. Page Hamilton, vocalista do Helmet, pode até se lembrar de uma performance extraordinária da banda no Roskilde Festival, na Dinamarca – onde o Nirvana foi a atração principal diante de um público de 60 mil pessoas –, mas, nesse caso, foi algo excepcional. Nenhum integrante do Nirvana estava feliz naquele contexto de rock de arena, e as apresentações refletiam isso – nada de arremessar o baixo no ar ou fazer demonstrações espontâneas de destruição improvisada, só rituais cansativos, execuções superficiais das músicas mais famosas e um ou outro lampejo de humor. Kurt anunciava: "Agora eu gostaria de fazer um solo de guitarra", tocando, na sequência, apenas um "antissolo" distorcido de dez segundos – ou então ele iniciava os acordes de abertura de "Teen Spirit" antes de transformá-la na amarga "Rape Me". Enquanto isso, palmas frenéticas abafavam "Polly" aumentando a frustração deles.

"Naquele verão de 1992, em Roskilde, quando Courtney estava grávida, eles estavam no auge do vício em drogas", afirma Christof Ellinghaus. "Foi o momento mais triste em que os vi. Puta merda, eles estavam tão fodidos, era triste, muito triste."

Em Oslo (28 de junho), dei uma volta do lado de fora da arena com Kurtney, enquanto o casal xingava os cambistas, tentando ao máximo provocar confusão. Courtney me disse que eu a fazia se lembrar de seu primeiro marido, Falling James, um homem sensível que usava meia-calça para dormir. Quando cheguei para entrevistar a banda, aquela era praticamente a primeira vez que eles se falavam desde as sessões do Laundry Room. Depois fiquei assistindo à TV com Kurt e Courtney, sendo o único visitante autorizado no mundinho do Casal Sagrado.

No dia seguinte, durante uma folga, vários de nós fomos até o rio e subimos uma colina para fumar maconha, enquanto Kurt e Courtney atravessavam a cidade confiscando produtos piratas do Nirvana para dá-los aos jovens que usavam as camisetas oficiais da banda. Sim, eles estavam obcecados com isso. De volta ao hotel, todo mundo, exceto Kurtney – Krist, Dave, os roadies do Nirvana, inclusive o quase lendário Big John, e a banda de abertura Teenage Fanclub – ficou acordado até as seis horas da manhã cantando seus favoritos do karaokê.

"Janet, Kurt e Courtney estavam juntos na cama quando entrei no quarto de Kurt para conversar sobre o uso de algumas fotos", recorda o fotógrafo Steve Gullick, do *Melody Maker*. "Em dado momento, Kurt desceu até o salão onde estávamos e ficou parado de pé num canto, só nos observando. Ele então pegou uma grande pedra ornamental e a jogou no chão, tentando chamar atenção – era como se ele, na verdade, quisesse estar lá conosco, mas tinha de voltar para o quarto. O resto da noite foi fantástico, porque foi quase um prolongamento do passeio daquele dia – aquela turnê foi o ponto mais baixo em que o vi, provavelmente o motivo por que aqueles dias foram tão divertidos. Eles foram uma libertação."

Em um quarto de hotel em Estocolmo, no dia 30 de junho, Courtney montou um caderno de letras de Kurt – uma espécie de fichário, com folhas cheias de rasuras e emendas, escritas em esferográfica azul. "Olha, achei que talvez você quisesse ficar com isto, Everett", ela exclamou com alegria, aparentemente alheia à chateação de Kurt. "E veja a letra *desta música*, para começar." Como muitos compositores, Kurt odiava com ardor a sua criação mais famosa, muitas vezes se recusando a tocá-la ao vivo.

Havia tantas perguntas por trás desses shows que eu nunca pensei em fazer naquele momento, e a mais importante era: quem estava forçando Kurt a sair em turnê e tocar em festivais para públicos de metaleiros que ele explicitamente desprezava? Ele não precisava do dinheiro.

Por que o Pearl Jam conseguiu sair fora, e não o Nirvana?

Nirvana
Isle of Calf Festival, Oslo/ Museu Sjohisrotiska, Estocolmo

Eles não merecem nada disso. Esqueça qualquer comentário que você tenha ouvido sobre o rock estar vivo e atuante. A única banda de rock de arena do mundo digna de crédito está prestes a romper. Kurt Cobain mal dá conta de lidar com as limitações de sua posição, os jovens que estão por aí assistem ao grupo porque o Guns N' Roses só estará na cidade na semana que vem e Bryan Adams esteve ontem. Sua banda tem medo de tocar músicas novas, sabendo que, se fizerem isso, a pirataria vai correr solta pelas ruas. Então, entorpecidos pela intensidade de seu inesperado papel como uma espécie de porta-voz, o Nirvana tenta injetar significado ao antigo o melhor que pode.

Trocando em miúdos: nada de emoções, se esta é a única maneira de manter o respeito próprio.

Na primeira noite em Estocolmo, estou assistindo à MTV com Kurt e Courtney em sua suíte de hotel, esperando o novo clipe do Nirvana passar. Eddie Murphy surge na tela, tipicamente sem graça. "Ele costumava ser engraçado, não?", comenta Kurt. "Antes de ficar famoso e acomodado, quando ainda lutava para ser ouvido, quando tinha de tentar." Kurt não precisa ficar floreando. Sabemos de quem ele está falando.

Mas Kurt ainda tenta. Senão, por que ainda sente tanta dor? Não é primeira vez neste ano que começo a perceber por que Bono, Axl, Bruce e todos os outros messias do rock são um lixo. As forças do mercado e os compradores de discos são poderosos demais – ou você sucumbe ou enlouquece. Há uma terceira escolha? O Nirvana está lutando contra ela – estão lutando pra valer, com força total – mas é impossível entender grande parte dessa confusão.

Em Oslo, Kurt fica imóvel enquanto 20 mil jovens vão à loucura, sem se preocupar com as reações que sua banda pode ou não gerar. E o público, com o ritual de aplausos, cartazes, sapatos jogados no ar e peitos nus, não dá a mínima para a qualidade da banda ou a falta dela no palco. E por que dariam? Isto é entretenimento corporativo, por mais que o grupo o condene. Para a maioria desses escandinavos de beleza serena, bronzeados de sol, não importa se é o Nirvana que está lá em cima. Poderia ser qualquer um. Veja bem, é um festival. Eles não dariam a mínima para o Flipper, o Shonen Knife, o punk, Courtney Love ou qualquer coisa parecida com o Nirvana. E por que deveriam? O que importa é o tamanho.

Frequentadores de festivais sabem o que esperar, ou pelo menos pensam que sabem. Seus parâmetros sobre como escolher passar seus momentos de lazer foram mapeados há muito tempo. Nessa escala, a arte não conta praticamente nada. Rebeldia? Como pode alguém se rebelar depois de conquistar o mercado americano? Jogando tudo fora de novo? Assim você está destinado a ser um fracasso, ou pior, uma banda de um hit só.

Em Oslo, para todos os efeitos, Kurt poderia encher a cara e quebrar equipamentos; Chris poderia atirar seu baixo a três metros de altura; e Dave poderia dar uns moshes vigorosos, exatamente como costumavam fazer. Mas não fazem (tá bom, Dave faz). Às vezes, Kurt aperta o pedal de chão e muda de "reverb" para normal, às vezes olha atravessado para verificar se Chris está tocando a parte certa do baixo, às vezes tenta fazer um comentário autodepreciativo e falha. Há pouquíssima emoção, humor e angústia – um monte de músicas incríveis transformadas em poeira cintilante, algumas letras brutais e lindamente evocativas que agora significam menos que merda, uma vez que o mundo inteiro as aprendeu e as reduziu ao cotidiano, ao mundano.

No entanto, o som do Nirvana ainda é glorioso.

"Polly", "Stay Away" e "On a Plain" ainda evocam, castigam, repreendem, elevam. Sabe-se lá por quê. Talvez a familiaridade nem sempre seja torpe. Talvez estejamos falando de amor.

Em Estocolmo, Kurt ao menos tenta, animado pela notícia gritada por sua esposa do outro lado do palco de que 6 mil ingressos para o show foram vendidos por um preço mais baixo. "Ei! Estamos a caminho!", ele anuncia para mim enquanto anda pelo palco aos tropeções para trocar de guitarra. Só que Estocolmo não faz parte de um festival de dois dias, como Oslo – é um show do Nirvana, somente para fãs. Então Kurt decide mudar o setlist segundos antes de subir ao palco, começando com um clássico americano do punk, "The Money Roll Right in" (ironia!), depois tocando uma improvisada "D-7" a pedidos e "Molly's Lips", chegando até a fazer piadas. Dave e Chris também parecem mais felizes. Para o bis (uma abrasadora e proposital "Teen Spirit" e uma "Territorial Pissings" de arrasar), a banda traz cerca de 50 jovens que esperavam para entrar pelo portão de trás do palco – e, diabos, uma cordialidade espontânea pode funcionar nesse nível, embora lembre algo do *Arsenio Hall Show*.

Mas o básico do set list deles ainda é tão ruim quanto as últimas vezes em que os vi tocar, em termos de ânimo, empolgação e inspiração (tudo o que o Nirvana tinha de sobra) – ainda que eu quase chore durante "Lithium". De alguma maneira, ela parece tão apropriada. E em Oslo tinha sido muito, muito pior.

Repare no contraste entre o Nirvana e sua banda de abertura, o Teenage Fanclub, na passagem de som em Estocolmo. Primeiro, o Nirvana: um roadie substitui Kurt enquanto a banda repassa uma insossa "In Bloom" e uma "Teen Spirit" chata, soando estranhamente como o próprio Weird 'Al' Yankovic.[9] Em seguida, o Teenage Fanclub – todos os integrantes presentes e visivelmente se divertindo, tocando sem preocupações uma música de Todd Rundgren, um pop chiclete sessentista e algo do vocalista do Big Star, Alex Chilton, tudo de que eles mais gostavam. No passado, os integrantes do Nirvana gostavam de estar juntos, uma união forjada em anos de constantes turnês pelos fossos dos Estados Unidos. Agora, parece que Kurt preferia estar em qualquer outro lugar a ficar com Chris e Dave.

Que pressão, cara. Mas o som do Nirvana ainda é uma afirmação de vida.

E como não seria? Especialmente porque *Nevermind* nunca fez jus à empolgação e ao poder genuíno de seu som ao vivo.

Oslo então é uma confusão de contradições e emoções opostas. O dia está tão radiante, as garotas tão lindas, o som tão perfeito, a abertura do Teenage Fanclub tão empolgante e inspiradora que seria preciso ser um grosseirão idiota ou um cara de Aberdeen para não se divertir. No entanto, mesmo com a inspirada escolha da versão de Tori Amos de "Teen Spirit" para tocar como música de fundo no pré-show, é evidente que Kurt está dividido – dividido entre sua lealdade aos jovens que genuinamente apreciam e adoram sua música, e aqueles que estão ali pela moda, que os julgam uma versão mais atraente e mais punk do Ugly Kid Joe.[10]

A voz de Kurt ainda é inesgotavelmente expressiva, emotiva, sua guitarra ainda sangra de angústia, mas seu comportamento... Lembre-se, esta é a banda que fez carreira sendo um arraso no palco, cujo novo clipe ("Lithium") mitifica todo o ethos de detonar guitarras com uma finalidade grandiosa. Kurt sequer admitiria que tem frustrações. Não em público. Mas ele tem. E como.

Na segunda noite em Estocolmo, as equipes do Nirvana e do Fanclub assistem juntas na MTV a um vídeo de Eddie Vedder [vocalista do Pearl Jam] saindo da linha na Dinamarca. Não há alegria genuína ao ver um rival perdendo as estribeiras, só uma triste empatia, uma sensação de compaixão genuína que talvez nesse caso seja a de outro cantor incapaz de lidar com as mentiras, pressões e traumas da fama, que desdenha e despreza a distância forçada entre si e seu público, que não vê saída da armadilha, do papel que lhe é imposto simplesmente porque ele compõe letras que atingem as pessoas (não é culpa dele que sua banda seja uma merda). O Pearl Jam cancelou o restante da turnê europeia no mesmo dia. Adivinhem se Kurt ficou com inveja.

A forma como as pessoas falam sobre isso agora sugere que, mesmo que o Nirvana não vá se separar, o Reading Festival será seu último show por um bom tempo. (Na semana seguinte, por telefone, Kurt nega isso categoricamente. "Faremos turnê em novembro", diz ele, "mas sem festivais desta vez. Definitivamente, nada de festivais. E, se o Chris não estivesse na Grécia, estaríamos agora no estúdio separando faixas para o novo álbum".)

Vamos torcer para que o Nirvana aprenda a se adaptar e sobreviver, porra. Precisamos desesperadamente de pessoas como eles lá em cima para dar esperança a pessoas como nós aqui embaixo – a esperança de que não é preciso ser um Extreme,[11] um INXS ou um Bryan Adams para ter sucesso.

(*Melody Maker*, 25 jul. 1992)

Apenas um jornalista britânico entrevistou a banda durante esse período: Keith Cameron, do *New Musical Express*. Ele viajou até a Espanha e se viu diante de um Cobain muito mais relutante, sem vontade de dizer mais que meia dúzia de palavras a alguém que antes considerava um amigo.

"Fico me perguntando o que o Keith vai escrever, Jerry",[12] me confidenciou Kurt ao telefone, pouco tempo depois. "Eu não disse nada a ele."

Keith escreveu o único artigo possível naquelas circunstâncias – revelando as cisões e a confusão que cercavam a banda com muito mais detalhes do que a minha entrevista. Keith não deixou de mencionar os rumores sobre a heroína. Também chamou a empresária de Courtney, Janet Billig, de "um cruzamento entre uma ama de leite e uma esponja humana" – frase que causou mais fúria no círculo interno de Kurtney do que qualquer outra – e perguntou se era possível a banda ir de "zés-ninguém a superastros e, então, para fodidos de novo no intervalo de seis meses". Dave falou para ele que sequer sabia o nome de todos os membros da equipe. Keith estava seriamente desiludido: "Tudo ficou irreconhecível", disse. "Toda a conversa girava em torno da heroína; os shows eram quase uma distração. Eles pareciam estáticos e distantes uns dos outros. Imaginei que vender um monte de discos poderia torná-los mais poderosos. Mas o sucesso parecia deixar o Nirvana sem força. Tudo era desgraça e melancolia."

O artigo do *NME* fez Cameron ser insultado pela banda, a mesma que ele adorava. Eric Erlandson, com Kurt ao seu lado, derramou um copo de vodca e suco de limão em cima da cabeça dele durante o Reading Festival, no fim de agosto. Os asseclas de Kurt afirmavam que Keith estava sendo verbalmente desrespeitoso com Courtney: Frances Bean tinha nascido havia poucos dias. Kurt até deu o nome dele a uma de suas seis armas. "Uma para cada pessoa que eu quero matar", me disse ele, com um humor conturbado, na sua última casa em Seattle, enquanto eu pedia a ele que não fosse tão burro. "Keith Cameron [jornalista da *Vanity Fair*], Lynn Hirschberg [futura biógrafa do Nirvana], Britt [Collins] e Victoria [Clarke]..."

Não me lembro dos outros.

O Nirvana tocou na Plaza de Toros de Valência, uma arena de touradas na Espanha, em 2 de julho – um dia depois, em Madri, Courtney começou a ter contrações bem antes da hora do show. Kurt, desconhecendo o andamento de um parto,[13] fez a apresentação em pânico, pensando que a esposa estava prestes a dar à luz ou a morrer a qualquer momento. A conselho do médico de Courtney, o Nirvana cancelou as outras duas datas de shows na Espanha, e o casal voou de volta a Los Angeles, na primeira classe, reservando dois assentos para Courtney a fim de que ela pudesse voar deitada.[14]

No dia 9 de julho, "Lithium" foi lançada no Reino Unido. No mesmo dia, Courtney posou para uma série de fotos que ilustrariam uma futura entrevista conduzida por Lynn Hirschberg para a revista de fofocas *Vanity Fair*. Sem se importar com a opinião alheia, ela posou com um cigarro – que depois a editora Tina Brown apagou – mesmo grávida de vários meses.

O casal voltou a Los Angeles e descobriu que um cano havia estourado no apartamento acima do banheiro, deixando a área do chuveiro totalmente inundada. Não seria grande coisa se Kurt não tivesse guardado vários de seus pertences mais preciosos ali – uma guitarra azul Mosrite,[15] livros de poesia e anotações, além de duas fitas com trechos de guitarra destinados ao próximo álbum – por segurança, pois acharam que aquele seria o último lugar onde um ladrão procuraria. Tudo arruinado.

Putos da vida, eles ligaram para John Silva e exigiram que ele encontrasse outro apartamento. Com a ajuda dele, eles se mudaram no fim de julho para Alta Loma Terrace, número 6881, situada nas colinas do oeste de Hollywood – um local bastante surreal e privativo, que havia sido usado no filme *O perigoso adeus*, de Robert Altman. Para acessar a colina onde a casa estava localizada, era preciso usar um elevador privativo estilo vitoriano, que tinha sua própria chave.

"Eles sempre esqueciam a chave e tinham que subir as escadas", ri Janet Billig. "Subi aquelas escadas um milhão de vezes com Courtney quando ela estava grávida. Havia um monte de janelas com vistas maravilhosas – mas eles não tinham muita coisa, com exceção de todos os discos de ouro que ficavam chegando. Como um MacGyver do punk rock,[16] Kurt os abriria para usá-los como pratos, porque eles não tinham nenhum."

Kurt começou a produzir o álbum de estreia dos Melvins, *Houdini*, no Razor's Edge, em São Francisco, mas largou o trabalho na metade do caminho, quando a banda se recusou a aceitar seu conselho sobre como deixar as músicas mais comerciais. "Esses caras não entendem *nada*", ele se queixou para mim. Na versão finalizada, ele produziu sete músicas e tocou guitarra em "Sky Pup".[17]

Enquanto isso, Krist Novoselic se engajava na política: passou a se interessar ativamente pelos problemas de sua terra natal e lutou (com sucesso) ao lado do Soundgarden, do Pearl Jam e de Danny Goldberg para derrubar o repressivo projeto de lei "Erotic", do estado de Washington, que determinava que funcionários de lojas de discos poderiam ir presos e ser responsabilizados por vender músicas que o estado julgasse ofensiva a menores.

Kurt voltou a usar heroína. No dia 4 de agosto, ele se internou no Cedars-Sinai para 60 dias de desintoxicação. Três dias depois, Courtney, com um nome falso, deu entrada em uma ala diferente do hospital, sofrendo de exaustão e complicações decorrentes da gravidez. O *Los Angeles Reporter* afirmou que ela estava recebendo doses diárias de vitaminas pré-natal e metadona. Kurt, como marido, era seu primeiro contato. Eric Erlandson era o segundo.

"Eric era como o coração de Courtney", comenta Billig. "Ele a compreendia de um jeito muito profundo. O lance de Eric é que ele é uma pessoa ótima, fácil de conviver, inteligente e consegue falar sobre todos os tipos de assuntos. Kurt realmente gostava de sair com ele, como se Eric fosse uma espécie de irmão mais velho. O mais importante: rolava identificação musical. Kurt e Courtney moraram um tempo na casa dele, já que estavam sempre se mudando de apartamento e a casa de Eric estava vazia, pois ele ficava com Drew [Barrymore]."[18]

O guitarrista do Hole foi a única pessoa que visitou Kurt e Courtney durante as primeiras semanas de agosto. "Ele salvou nossa vida", contou Kurt a Michael Azerrad. "Ele era a única realidade, a única pessoa calma que estava lá como um exemplo de como a vida poderia ser posteriormente."

Faltavam apenas algumas semanas para a data do parto de Frances Bean – mas, antes, aconteceu algo que ofuscou seu nascimento.

Em 11 de agosto, a edição de setembro da *Vanity Fair* chegou às bancas.

Adendo: *Melody Maker*, 25 de julho de 1992

A entrevista com o Nirvana acontece em um camarim à beira de um rio em Estocolmo. O dia está nublado, com eventuais aberturas de sol. As pessoas bebem Coca-Cola e, no caso de Chris, vinho. Chris e Dave estão sentados em um dos sofás, Kurt, no outro. Na mesa, uma tigela de amendoins apimentados e algumas frutas. Alguém fuma.

A banda parece pouco à vontade, seus integrantes desconfiados uns dos outros. Quando Chris fala, seus olhos se voltam para qualquer lugar, exceto na direção de Kurt. Quando Kurt fala, é quase na defensiva, como se sentisse necessidade de se justificar na frente de Chris. Quando Dave fala, fica perceptível que ele sente a tensão, mas tenta ignorá-la.

Além de uma breve aparição anterior na TV sueca, esta é a primeira entrevista que o Nirvana concede como banda há muito tempo. Talvez isso explique o clima contido – embora muita gente tenha apontado que o sucesso do Nirvana gerou atrito na banda. Com certeza, Kurt parece mais cauteloso do que quando o vi pela última vez – Steve Gullick tem de passar por uma ladainha ridícula envolvendo capuzes, cabelos descoloridos e, mais tarde, acordos, antes de ser autorizado a tirar fotos.

Quando vi a apresentação em Oslo dois dias atrás, fiquei pensando no que Kurt me disse no ano passado: "Não é motivo de orgulho que tantos fãs do Guns N' Roses curtam nosso som. Não estamos confortáveis em progredir tocando em lugares maiores".

"Não dá", concorda Chris. "Sempre tratamos as pessoas com essa mentalidade de um modo um pouco cínico e desprezível, aí vê-las gritando por nossa causa... por que elas estão gritando? O que veem em nós? São exatamente as mesmas pessoas que queriam nos zoar no ensino médio."

"É chato tocar ao ar livre", explica o vocalista. "Acabei de me acostumar a tocar em lugares grandes, porque, pelo menos, o som é tolerável. Mas, ao ar livre, o vento sopra tanto a música que nem parece que você está tocando. Parece que você está dublando uma caixa de som. Além disso, esses festivais são muito tradicionais – tocamos com o Extreme e o Pearl Jam, sabe? Uns 90% da galera por aí provavelmente curte o Extreme tanto quanto curte a gente.

"Toda noite eu tento", continua ele, "mas não consigo me enganar. Não vou sorrir e fazer pose como Eddie Van Halen, ainda que ele seja um beberrão infeliz. Não significa que será assim no próximo mês [no Reading], mas, neste exato momento, é assim".

Você sente alguma responsabilidade?

"Pelo quê?", pergunta Kurt.

Pelas massas. As pessoas que compraram seu disco.

"Para mim", começa Dave, hesitante, "nossa principal responsabilidade é não fingir ser alguém que não somos. Não acho que fingir ser uma unidade profissional de rock funcione de fato. Se vamos fazer um show de merda, então que seja. Entendo que há muita responsabilidade de fazer shows imensos, mas de outros tipos? Não sei."

"Ser irresponsável é coisa do rock 'n' roll", acrescenta Chris.

Eu sei.

"Quando você começa a considerar isso uma responsabilidade, vira um fardo", devaneia o baterista.

Dave começa a me contar sobre a entrevista que eles acabaram de conceder para a TV sueca: "Eles nos agradeceram por salvar o rock 'n' roll", ri ele. "Por jogar uma bomba no tradicionalismo do rock 'n' roll."

E vocês fizeram isso?

"Talvez tenhamos soprado um saco de papel e estourado", debocha Chris.

Do meu ponto de vista, um ótimo disco vendeu muitas cópias, mas não vejo que mudou tanto assim.

"Ainda vai haver bandas de heavy metal de merda", concorda o baixista.

O que você mais odeia em ser famoso?

"A molecada com camisetas do Bryan Adams e do Bruce Springsteen vindo me pedir autógrafo", diz Kurt. "Quando pessoas da plateia seguram um cartaz que diz 'Even Flow' [uma música do Pearl Jam] de um lado e 'Negative Creep' [música do Nirvana] do outro."[19]

Qual é a melhor coisa de ser famoso?

"Sabe, esta é uma ótima pergunta", responde Kurt, com ironia.

"Eu nem considero que isso é ser famoso", acrescenta Dave. "Quero dizer, Ian MacKaye é famoso porque está no Fugazi e as pessoas em Washington querem ter filhos dele? Quando você é moleque, considera famoso quem sai na revista ou alguém que vira notícia, mas é só uma revista ou um noticiário."

"Podemos ter algumas vantagens aqui e ali", arrisca Chris. "Uma ou duas bebidas de graça, talvez."

Muitas groupies vêm falar com vocês?

"As pessoas têm a impressão de que, por eu ser o único integrante solteiro da banda, troco de mulher como quem troca de roupa e sou mulherengo", replica Dave. "Isto é estupidez. Adoraria encontrar alguém por quem me apaixonasse e com quem passasse o resto da vida, mas definitivamente você não vai achar alguém de quem gosta num show de rock. Talvez essas bandas de heavy metal gostem disso, mas achamos meio nojento."

E bebidas?

"Vim para esta turnê com uma perspectiva nova", devaneia Chris. "Eu costumava ficar estressado, encher a cara e reagir a tudo. Agora, só sigo o fluxo."

"Sempre adorei a espontaneidade de ficar frustrado e puto da vida...", Kurt o provoca.

"... e bêbado", completa Chris. "Ah, sim! Tive uma de minhas melhores inspirações embriagado – é uma realidade diferente. É como viver em um filme ou um desenho animado, quando seu inconsciente decola. É daí que vêm todas as histórias boas. Mas para o seu corpo é um inferno só."

A fama repentina mudou consideravelmente a vida de vocês?

"Sem dúvida", responde Kurt, com veemência.

"A minha, não", discorda o baixista. "Ainda posso ir ao supermercado, comprar frutas e verduras, andar pela cidade. Não ligo se as pessoas ficam me encarando, sussurrando ou apontando para mim."

"Ah, não?", pergunta Kurt. "De jeito nenhum?"

"Não", responde Chris. "Só continuo andando. E quanto mais me veem, sobretudo em Seattle, mais..."

"Ah, sim, por fim eles se cansam de rir de você e falar pelas suas costas", Kurt termina a frase para ele. "Bem, já eu fui confrontado por pessoas querendo me bater, por gente bêbada e desagradável me xingando, achando que eu sou um astro do rock puto da vida que não sabe lidar com a fama."

"Pra mim é fácil", interrompe Dave, diplomaticamente, "porque não existe baterista famoso".

Ringo?

"Então..."

"Uma noite, eu estava em um clube", continua Kurt, "e aí chegou um cara, me deu um tapinha nas costas e disse: 'Tem coisas muito boas acontecendo com você, sabe? Os integrantes da sua banda são maneiros, você compõe ótimas músicas, você influenciou um monte de gente, mas, cara, precisa urgente colocar a cabeça no lugar!'. Aí, veio outra pessoa e disse: 'Espero que você supere seu problema com drogas'. Tudo isso aconteceu em uma hora, enquanto eu estava tentando assistir aos Melvins e cuidar da minha própria vida.

"Havia uns cinco ou seis moleques por ali, muito bêbados, gritando: 'Celebridade! Celebridade! Ah, olha, ele vai surtar a qualquer minuto! Vai fazer birra! Vai começar a chorar!'. Aí chega outro cara, coloca o braço ao meu redor e diz: 'Sabe, minha namorada terminou comigo e levou meu álbum do Nirvana, então você deveria me dar 14 dólares para eu comprar um CD novo, porque agora tem grana pra isso, já que é um astro do rock'. E eu digo: 'Nossa, que coisa inteligente você disse. Por que não vai se foder?'."

"Eu estava enchendo a cara com a minha mãe", Chris diz a ele, "e passaram uns caras de carro, dando voltas pelo quarteirão, gritando: 'O Nirvana é uma merda!', berrando todas essas porcarias para mim".

"Isso foi em Aberdeen?", pergunta Kurt.

"É, mas você precisa ignorá-los", Chris o alerta, "senão vira obsessão. Sonho que estou nu em público e interpreto isso como uma preocupação em me destacar. Esquece! Isso pode virar uma inquietação. Eu era assim também, quando via alguém famoso...".

"É, mas você falava merda pra eles?", Kurt o interrompe.

"Não", responde Chris. "Não falava, mas esse incidente que você citou parece bem isolado."

"Isolado, nada", grunhe Kurt. "Acontece comigo o tempo todo – sempre que saio, o tempo todo, porra. É uma estupidez. E, se me incomoda a esse nível, vou fazer algo a respeito. Foda-se, o rock não significa tanto assim para mim. Ainda adoro fazer parte de uma banda e tocar música com Chris e Dave, mas se isso significa que temos de tocar em uma sala de ensaios e nunca mais sair em turnê, então que seja."

NOTAS

1 Curiosamente, em todas as entrevistas que fiz com Kurt, ele não mencionou problemas de estômago nenhuma vez.

2 Kurt e Krist sabiam da existência do outro Nirvana, mas acharam que não era algo importante.

3 Apropriando-se, desta forma, do verso escrito para Tobi Vail.

4 A influência de Mark Lanegan sobre Kurt nunca foi adequadamente reconhecida, em parte porque Mark é uma pessoa introspectiva ao extremo, leal e intimidadora. Mas o fato de os dois serem amigos muito próximos é indicado por Mark ter sido uma das duas pessoas a quem pediram para escrever um discurso no funeral de Kurt. Ele se recusou.

5 A história de capa da *Sassy* sobre Kurt e Courtney aconteceu em abril.

6 Álbum conceitual de Buzz Osborne, de 1992 – Boner lançou discos solo dos três músicos dos Melvins, Buzz, Dale e Joe Preston, em homenagem ao Kiss, que tinha feito um projeto semelhante em 1978.

7 Os trechos de bateria de Grohl em *Nevermind* já tinham sido elaborados em sua maior parte.

8 Informação privilegiada: um dos dois deve ter me contado isso diretamente.

9 O comediante americano "Weird Al" Yankovic fez uma paródia de "Teen Spirit" nessa época, satirizando o fato de que ninguém conseguia entender o que Kurt falava: "*Now I'm mumbling and I'm screaming/ And I don't know what I'm singing*" [Agora estou resmungando e gritando/ E não sei o que eu estou cantando]. "Weird Al" até chegou a usar no próprio clipe alguns dos mesmos atores e líderes de torcida do clipe do Nirvana.

10 O Ugly Kid Joe era um grupo comercial pseudogrunge horrível.

11 Extreme? Essa banda de metal funk/glam, de Boston, influenciada pelo Van Halen, era tudo menos "extrema".

12 Courtney sempre insistiu em me chamar pelo meu nome verdadeiro, e, depois do casamento, Kurt adquiriu o mesmo hábito, embora às vezes voltasse para a alcunha favorita da Sub Pop, The Legend!

13 Contrações podem durar várias horas – ou dias (até semanas, no caso de Courtney) – antes do nascimento propriamente dito.

14 Dois assentos, e não duas fileiras de assentos, como foi relatado!

15 A Mosrite azul era da mesma marca da guitarra de Johnny Ramone – sem dúvida o motivo pelo qual Kurt a teria comprado.

16 "Usando a ciência e sua inteligência, ao invés da violência, MacGyver podia resolver quase qualquer problema..."

17 O lado B (sem Cobain) do álbum dos Melvins é genial: soa como um longo episódio no qual um kit de bateria é jogado escada abaixo. Kurt não viu o lado divertido.

18 Eric começou a namorar a estrela mirim de *ET – O extraterrestre* depois que ela vomitou nos sapatos dele do lado de fora de uma boate em Los Angeles. Ele me ligou na mesma noite para contar – e eu me recusei a acreditar nele, ridicularizando a história. O casal namorou por dois anos. Drew Barrymore era bem charmosa.

19 Isso aconteceu no Ruisrock Festival, na Finlândia, e, por puro infortúnio, o lado do Pearl Jam ficou na frente do Nirvana na maior parte de "Teen Spirit", levando Kurt a mudar o refrão para "*Even flow/ Even flow/ Even flow/ Even flow*".

CAPÍTULO 21

Onde está a lama, querido?

FRANCES Bean Cobain nasceu no dia 18 de agosto de 1992.
Ela chegou às 7h48 da manhã, saudável, com 3,2 quilos, olhos azuis e tudo funcionando normalmente. Courtney – que nunca perdia a chance de fazer drama – agarrou seu suporte de soro intravenoso às 4 horas da manhã e andou com ele pelo corredor até onde Kurt estava. "Saia desta cama agora e venha aqui!", gritou ela. "Você não vai me deixar sozinha nisso, vá se foder!" Seu marido a seguiu até a sala de parto – enfraquecido pelo tratamento da reabilitação e apoiado no seu próprio suporte intravenoso – e desmaiou momentos antes de Frances nascer. A cena foi mais ou menos assim: "Estou tendo o bebê, ele está saindo, Kurt vomita e desmaia, e eu fico segurando sua mão e esfregando sua barriga enquanto o bebê sai", contou Courtney a Michael Azerrad.

Kurt se recuperou o suficiente para segurar a filha recém-nascida pouco tempo dcpois.

Frances não era um bebê com barbatanas – não que você já não soubesse disso, dada toda a atenção que ela recebeu. Repórteres do *The Enquirer* e do *The Globe* rondavam o quarto de hospital de Courtney no Cedars-Sinai Medical Center, enquanto outros jornalistas reviravam o lixo e as mensagens de fax. Segundo uma entrevista que Courtney concedeu à *Rolling Stone* em 1994, após a morte de Kurt, ele teria saído no dia seguinte, comprado heroína e voltado com um revólver calibre 38 carregado, entregando-o a Courtney, que estava com Frances Bean no colo, como lembrete de uma promessa que eles teriam feito em cometer suicídio conjunto se algo acontecesse com o bebê.

Mais uma vez, fica difícil separar o mito da realidade: seria este mais um exemplo da tendência de Courtney de enfeitar as coisas? Só pergunto porque ela mencionou a ideia de um "pacto de suicídio conjunto" para mim nos meses tristes após a morte de Kurt. Isso daria um conto lúgubre, mas talvez Courtney tenha confundido fatos – sobre os quais tinha uma tênue compreensão, na melhor das hipóteses, no fim de 1994 – com emoção. "Eu não lembro", comenta Eric Erlandson, também presente durante o nascimento. "Eu estava meio delirante por cuidar dos dois no hospital e por testemunhar um nascimento em tempo real, o que foi bastante intenso. Sem dormir. Tentando manter duas almas atormentadas em seus quartos de hospital o tempo suficiente para um bebê nascer."

"Nunca ouvi falar dessa história da arma", diz Rosemary Carroll. "No meio de toda aquela confusão e infelicidade, o foco não era: 'Como podemos sair desta bagunça?'. Era: 'Como podemos tirar Frances desta bagunça?'."

Claro, é possível que tenha acontecido – Kurt tinha um fraco por armas e drogas. E não havia como negar sua raiva assustadora.

"Éramos suicidas da cabeça aos pés. Decidi, simples assim, que 'não queria mais estar em uma banda, foda-se'", disse o cantor a Michael Azerrad, da *Musician*. "'Quero matá-la [Hirschberg]. Assim que eu sair desta porra de hospital, vou matar essa mulher com minhas próprias mãos; vou esfaqueá-la até a morte. Primeiro, vou pegar seu cachorro, destripá-lo na frente dela e, depois, cagar em cima dela e esfaqueá-la até a morte.'"

Sem dúvida, houve uma histeria ao redor do nascimento de Frances Bean. Dois dias depois, uma assistente social apareceu ao lado da cama, sacudindo uma cópia do artigo da *Vanity Fair*, publicado no dia 11 de agosto. O texto fazia referências ao constante tabagismo de Courtney e descrevia o casal como uma versão anos 1990 de Sid e Nancy, além de retratar Courtney como "uma personalidade naufragada: ela pode ser horrível, mas você não consegue tirar os olhos dela". Entre outros exageros, Courtney disse a Hirschberg que tinha conhecido Kurt oito anos antes, em Portland – uma mentira óbvia, pois, se fosse assim, Kurt teria cerca de 16 anos.[1]

Lynn Hirschberg fez alusões contundentes ao uso de drogas de Courtney, relatando que "amigos íntimos" diziam: "É terrível pensar que ela estaria usando drogas sabendo que estava grávida. Todos nós ficamos preocupados com o bebê". Pior: Courtney contou a Lynn que o casal fez uma farra enquanto estava em Nova York para o *Saturday Night Live*. "Usamos muitas drogas. Compramos anfetaminas, então fomos para Alphabet City e conseguimos mais algumas coisinhas. Ficamos chapados e fomos ao *SNL*. Depois disso, usei heroína ao longo de alguns meses."

Mais tarde, Courtney negou de pés juntos ter dito isso. Mas será que Lynn teria inventado as citações? Ela pode ter errado vários detalhes fundamentais – por exemplo, a crença predominante de que Courtney fez Kurt usar heroína e que a imprensa musical do Reino Unido só se interessou por ela por causa de seu marido –, mas atribuir falas erradas a uma artista é bem grave, e Hirschberg é profissional. Seja qual for a verdade, o Departamento de Apoio à Infância de Los Angeles optou por acreditar na versão de Hirschberg e solicitou, com sucesso, no dia 24 de agosto, que a custódia de Frances Bean fosse entregue à meia-irmã de Courtney, Jamie Rodriguez, até que Kurt terminasse sua desintoxicação de 30 dias. Courtney sequer foi autorizada a levar Frances Bean consigo quando voltou para casa após três dias.

"O artigo da *Vanity Fair* foi devastador para Courtney", afirma Carroll. "Courtney havia passado muito tempo com Lynn Hirschberg e acreditava que a tinha conquistado – que Lynn gostava dela e lhe dava atenção porque apreciava sua companhia. Que ela escreveria um artigo brilhante. É claro, ela fez o que muitos jornalistas fazem, abriu espaço em seu círculo íntimo e então a estripou para a imprensa da pior maneira possível. Muitas coisas eram verdade, mas outras não eram, ou eram terrivelmente exageradas, tudo num tom amargo, invejoso e sarcástico. O artigo era detestável. Naquela época, o Hole ainda era punk rock – e punk rock não vai parar na capa da *Vanity Fair*. Já achei ridícula a ideia em si de fazer a entrevista, mas Courtney era ambiciosa. Sempre se viu mudando para o mainstream, como Madonna. Basicamente, ela queria ser a Madonna."

Danny Goldberg alugou para Jamie um imóvel ao lado do casal – antes da audiência, ela mal falava com Courtney –, e os dois contrataram sua primeira babá: Jackie Farry, gerente de turnê e amiga de Janet Billig. Jackie cuidou de Frances ao longo dos oito meses seguintes, mudando-se para o complexo Oakwood Apartments, onde o Nirvana tinha ficado enquanto gravava *Nevermind*.

"Jackie queria mudar de vida", revela Janet Billig. "Ela trabalhava no setor de promoções da Epic e era uma das minhas melhores amigas. As coisas deram certo, simples assim. Eles precisavam de uma babá, e Jackie era alguém em quem todo mundo confiava, pois todos a conheciam e ela era ótima com bebês."

Courtney argumentou que estava limpa desde que descobrira a gravidez – mas seus apelos não convenceram ninguém. As autoridades estavam a todo vapor, prontas para tornar o terreno moral mais elevado e fazer proselitismo sobre os perigos do uso de drogas. Kurt e Courtney já atraíam muita atenção – eles não passaram a atrair mais atenção –, e o Estado estava determinado a torná-los um exemplo, apesar de haver poucas evidências nas quais se basear além do artigo da *Vanity Fair* e de algumas matérias escrotas de tabloides que apareceram semanas depois (amostra: "Bebê de astro do rock nasce junkie", como publicou o *The Globe* no dia 8 de setembro).

Havia uma voz da razão no artigo da *Vanity Fair*, mas infelizmente ninguém a ouviu. "Só um quarto do que Courtney fala é verdade", disse Kat Bjelland a Hirschberg. "Mas, em geral, ninguém se dá ao trabalho de decifrar quais são as mentiras. Ela é pura imagem. O que é interessante. Irritante, mas interessante."

O casal tentou conter os danos – autorizando a publicação de entrevistas conjuntas com amigos de confiança na imprensa musical –, mas isso não foi o suficiente, e já era tarde demais.

"Fomos ao apartamento de Steve Fisk no edifício Scud", lembra Jonathan Poneman. "A ideia deles é que saísse um artigo mais arejado. Não fui até lá com uma pauta muito específica. Era mais: 'Ei, estou bem animado, esses são meus amigos, o que está acontecendo, me conte seu lado da história', e pronto. A *Spin* publicou. Olhando em retrospecto, acho que me fizeram de bobo."

Tive uma experiência parecida. Poneman fez a segunda entrevista conjunta (depois da *Sassy* naquele ano, que não tinha nada a ver com a *Vanity Fair*). Eu fiz a terceira. As duas últimas voltadas à contenção de danos. Eu não sabia o que estava acontecendo com a criança. O que eu sabia era que a maior parte do artigo da *Vanity Fair* era verdade porque Courtney me ligava sempre depois de conversar com Lynn Hirschberg e me contava o que ela acabara de falar, rindo, dizendo como Lynn era uma ótima pessoa, como era compreensiva, como esse artigo a ajudaria a ser aceita no mainstream americano. Depois ela ainda me relatou como posou seminua fumando um cigarro, como tinha sido sincera em relação ao uso de drogas e problemas emocionais. Em suma: como basicamente abrira seu coração e como Lynn tinha gostado disso.

E eu dizia, tipo: "Sabe, talvez você não devesse falar essas coisas a um jornalista profissional. Uma coisa é você contar para mim – entendo totalmente seu senso de humor, o sarcasmo, a autodepreciação, a idiotice e a agressividade, além de eu ter um interruptor pessoal que me faz não repetir algumas coisas que você me diz, pois entendo que é confidencial e não voltado para consumo popular, é coisa entre amigos –, mas você não deveria julgar todos os jornalistas com base em mim, ou mesmo nos meus colegas da imprensa musical do Reino Unido. Somos amadores, entusiastas, fãs: não somos obstinados, do tipo que pega a história a qualquer custo. Como você sabe que pode confiar nessa mulher? Você não a conhece, ela não é de Olympia, Portland ou Minneapolis, ela não cresceu amando punk rock e assustada com o mundo exterior – ela é mainstream. Uma coisa é você me contar suas histórias hilárias, obscenas e ultrajantes. Outra é contar para uma estranha completa, por mais agradável que ela seja".

Courtney simplesmente ignorou minhas objeções – na verdade, as considerou tão insignificantes que sequer as captou, mais interessada em passar logo para a próxima anedota irreverente que contaria a Lynn.[2]

No auge de toda essa loucura, quatro dias depois de o tribunal decidir o destino de Frances Bean, o Nirvana foi para a Inglaterra para ser a atração principal do Reading Festival de 1992. Foi o maior show que eles fizeram no Reino Unido – e também o último.

Reading Festival, parte um: Everett True

Primeiro, vou contar sobre a peruca.

Foi um presente da minha irmã Alison. No Reading do ano anterior, eu tinha sido ameaçado várias vezes por leitores do *Melody Maker*, dois deles munidos de facas. Minha presença era muito visível, a mais visível da imprensa musical no Reino Unido na época. Um casal tinha ido até o local onde eu batia um papo com John Silva e perguntado, num tom ameaçador, se ele era Everett True. Ele negou. "Bem, como podemos encontrá-lo, então?", perguntou a dupla maquiavélica. "Oh, ele é feio, muito, muito feio", disse John, rindo. "Na verdade, é a pessoa mais medonha do local. Na real, tenho a impressão de que acabei de vê-lo entrar na área do backstage logo ali." Com um áspero obrigado, o casal se dirigiu à saída que John havia apontado. Contei a história à minha irmã e, uma semana antes do Reading de 1992, recebi a peruca pelo correio. "Agora você pode dançar sem ser reconhecido", escreveu ela. Aí eu peguei a peruca, dancei na chuva ao som do Teenage Fanclub e fui reconhecido. Enfim.

Mais tarde, eu estava no backstage, no camarim do Nirvana. Era domingo, 30 de agosto. O dia todo tinham corrido rumores pelo local de que o Nirvana não apareceria. Kurt supostamente tivera uma overdose de heroína, droga que, dizem, ele andava usando. Ou Kurt estava com sua esposa, a nova mãe orgulhosa, nos Estados Unidos. Ou estava irritado com a organização da segurança. Não me parecia nada disso enquanto eu estava lá encostado numa parede, mas quem sabe? Alguém tinha me passado uma garrafa de vodca – os caras do Mudhoney, talvez – e eu tinha bebido tudo. De bom grado e com uma vivacidade que indicava problemas iminentes. Os boatos continuavam aumentando, cada vez mais. Será que Kurt se recusaria a aparecer devido à recepção corrosiva dispensada à sua esposa, Courtney Love, por certos setores da imprensa britânica? Eu sabia que isso não era verdade, pois tinha falado com Courtney na noite anterior nos Estados Unidos – onde ela descansava com a recém-nascida Frances Bean. Também estavam dizendo que aquele seria o último show do Nirvana, o que a banda negou veementemente no palco.

A lama. É só disso que todo mundo se lembra daquele Reading. A lama. Havia grandes poças de lama, tornando áreas inteiras do local intransponíveis a todos, exceto os mais corajosos. Quando o rap político inspiracional do Public Enemy encabeçou a noite de sábado, o céu fechou, encharcando toda a multidão com o volume de um pequeno oceano. A molecada deslizava pelo chão, corpos, rostos, pernas, calças e camisetas do New Model Army[3] totalmente enlameadas. Havia algumas poucas fogueiras inconstantes tremeluzindo em locais abrigados, alimentadas por copos de plástico e pôsteres de Kurt Cobain, mas elas não ajudavam muito a espantar o frio. No domingo, as bandas foram bombardeadas com toneladas de objetos e reagiram de modos diversos. O Mudhoney baixou os instrumentos e começou a provocar a plateia. "Vocês não sabem arremessar", provocou Mark Arm. "Estão acostumados a jogar futebol e chutar bolas com os pés." Nesse instante, uma bola imensa do Berkshire o acertou na cara. "Foi um aprendizado", observou ele, mais tarde. "Nunca provoque uma plateia armada." O pessoal do fã-clube do The Farm tentou denunciar os infratores. Mas aí Donita Sparks, vocalista do L7, calou a boca de todo mundo, tirando o short e arremessando seu absorvente nos piores infratores.[4]

Era possível ouvir o som do absorvente usado caindo.

No backstage, parecia irreal. A chuva e a lama haviam conseguido manter a quantidade habitual de desocupados por ali num contingente mínimo, pelo menos no início[5] – além disso, tinham proibido a circulação de quaisquer amigos não pessoais do Nirvana pelos bastidores, o que me veio a calhar. Significava que eu era um dos poucos com acesso a um banheiro decente naquele dia – fundamental em qualquer festival – e aumentava a disponibilidade de álcool.

Nick Cave tocou pouco antes do Nirvana. E eu me lembro de vários de nós – Fannies (o fã-clube do Teenage), roadies, o bizarro gerente de turnê – saindo do camarim do Nirvana para ouvir o cantor australiano fazer uma serenata para a multidão com "The Weeping Song" e "Deanna" e pensando em como aquilo era totalmente inapropriado. Era o Dia do Grunge – o Nirvana tinha escolhido a dedo os artistas (L7, Mudhoney, Screaming Trees, Melvins, Pavement,[6] Beastie Boys, Teenage Fanclub e a banda-tributo do Abba, Björn Again) –, o que deixou o cerebral Nick Cave numa posição bem deslocada. Então veio o grito: "Onde está a lama, querido?"*

.O Nirvana chegou tarde: talvez tenham vindo de avião de outro festival na Europa. Não lembro. Mas acho que eles não chegaram a circular no Ramada – notório hotel que se infestava de bandas no horário pós-festival. De repente, o pequeno camarim ficou agitado, cheio de empresários e promotores correndo para todos os lados: num canto, Tony, o questionável dançarino pessoal da banda, passava camadas de maquiagem e verificava seu reflexo no espelho. Pratos de queijo e de presunto permaneciam intocados ao lado dos amendoins e das balinhas Smarties, as garrafas de cerveja sob as mesas ainda dentro dos isopores. Era difícil saber o que estava acontecendo. Kurt chegou, certificou-se de que eu tinha bebida suficiente e confirmou o nome da minha namorada. Alguém gritava algo sobre uma cadeira de rodas: "Onde você colocou a cadeira de rodas, porra?". Alguém – o gerente de turnê do Nirvana, Alex MacLeod, provavelmente – me serviu uísque enquanto outra pessoa começou a desdobrar a cadeira. "Ei, como assim?" – minha confusão se transformou em perplexidade.

"Eles vão me levar de cadeira de rodas para o palco", explicou Kurt. "É como uma piada a todos os que estão debochando de nós, dizendo que estou no hospital por overdose de heroína. Você gostou do meu avental?"

"Ah, entendi", disse eu, sem, na verdade, entender patavina. "Bem, por que você também não usa esta peruca que a minha irmã mandou? Vai

* No original, "Where's the mud, honey?" – trocadilho com o nome do Mudhoney. [N. T.]

deixá-lo mais parecido com a Courtney e confundir ainda mais as pessoas." Kurt colocou a peruca (ele já tinha experiência com megahair) e aprovou. Alex me entuchou mais uísque, numa vã tentativa de me deixar inconsciente. Nem em sonhos. Já estava quase na hora do show: alguém perguntou se Kurt deveria entrar sozinho no palco com a cadeira... "Ei!", gritei, nervoso. "Deixe que eu empurro! Eu empurro! Eu empurro Kurt para o palco. Vai ser bem mais engraçado."

Ninguém pensou numa desculpa boa o bastante para me impedir.

Nós então nos vimos desenfreados numa das laterais do palco enquanto, à distância, uma multidão imensa aplaudia e assoviava. Tenho poucas lembranças do que aconteceu em seguida. Houve uma corrida bêbada de cadeira de rodas à medida que eu empurrava Kurt em círculos cada vez maiores, perseguindo loucamente as garotas do L7 na lateral do palco. Enquanto isso, vãos de seis metros esperavam convidativos e os empresários murmuravam entre si como iriam "matar aquele maldito jornalista inglês bêbado e babaca". Nenhum de nós sabia onde ficava a borda do palco, poderíamos ter caído facilmente. Charles Peterson, o fotógrafo que definiu o visual grunge de Seattle, tirou fotos nossas enquanto girávamos, rindo, emoldurados sob os holofotes. Esperamos alguns minutos nos bastidores enquanto Krist fazia todo aquele lance da apresentação – e aí chegou o momento...

As luzes. É tudo que consigo lembrar. As luzes. Não se via um único rosto. Diante daquela multidão invisível, tudo o que você sente é um incrível rugido de euforia que cresce a cada passo que você dá em direção ao microfone.

"Ele vai ficar bem", diz Krist Novoselic, acalmando a multidão e apontando as laterais, de onde lentamente nos materializamos. "Com a ajuda da família e dos amigos, ele vai sobreviver." Começamos a andar até o microfone da direita. Aí, no meio do trajeto, Kurt estendeu a mão e agarrou meu pescoço. "Ótimo", pensei, no meu torpor de bêbado. "Kurt quer brincar de lutinha, como fazíamos no palco com o Nirvana." Comecei a retribuir os socos. "Não, babaca", cochichou ele, furioso. "Você está me empurrando para o microfone errado."

Foi uma grande brincadeira, como dedos médios levantados para todas as notícias da imprensa sobre o vocalista estar doente e incapacitado de tocar com a banda. Kurt saltou da cadeira de rodas, cambaleante, vestido com um jaleco de hospital e uma peruca, cantou um verso de uma canção... e desmaiou. A multidão riu e aplaudiu, aliviada. Ficou óbvio que o grupo estava lá para se divertir. E, cara, como eles se divertiram – na verdade, o show foi muito superior a quaisquer outros que eles tenham feito em 1992, era como se fosse outra banda. O ano de 1990 parecia estar de volta, quando o trio de Olympia não tinha preocupações no mundo.

Doze músicas depois, a banda deliberadamente avacalhou a introdução de "Teen Spirit", com Dave Grohl bradando a letra de "More Than a Feeling", do Boston, por cima de um início falso. Kurt também zoou todos os solos de guitarra, mas isso era o de menos – o mundo inteiro tinha virado uma fúria só. Com exceção de "Something in the Way", *Nevermind* foi tocado na íntegra: incluindo o típico bis exagerado para a tradicional quebra de instrumentos, "Territorial Pissings" – Dave Grohl arremessou um prato num bumbo cuidadosamente colocado em cima de alguns alto-falantes, deleitando-se ao ver a coisa toda desmoronar. Guitarras foram detonadas em frente a uma plateia rouca, cantando junto "Negative Creep", "Aneurysm" e outras. Era como se o Nirvana estivesse zoando sua importância lá em cima e reafirmando a própria mortalidade – não eram deuses do rock, mas três caras comuns querendo diversão. Esse foi o último show realmente grande em que os vi tocar como trio. Tínhamos lama nos sapatos (e nos cabelos, rostos, calças e roupas de baixo), mas, porra, como estávamos felizes.

"Recentemente a imprensa escreveu coisas ruins sobre a Courtney", anunciou seu marido apaixonado. "Agora ela acha que todo mundo a odeia. Sei que este show está sendo gravado, então gostaria de mandar uma mensagem para ela. Gostaria que todos vocês dissessem: 'Courtney, nós te amamos...'"

O lugar veio abaixo com os berros da plateia.

"Eu me lembro do Kurt ligando para a Courtney pelo celular, no palco", ri Jennifer Finch. "Eu nunca tinha visto um celular antes. Sim, muita gente gritou 'Nós te amamos, Courtney', mas eu estava era alucinada pelo celular. Ela tinha acabado de dar à luz, certo? Foi quando consegui pegar de volta a libra que tinha dado a ela [veja o Capítulo 19]."

Então, empurrei Kurt Cobain no palco em uma cadeira de rodas naquele que, por fim, acabou sendo seu último show no Reino Unido. Foi significativo. Ele teria feito o mesmo por mim.

Após o frenesi do Reading se acalmar, o *Melody Maker* fez um concurso "Ganhe a peruca que Kurt Cobain usou no Reading". (Ao final do show, corri para pegar a peruca como lembrança. Pensei que minha irmã poderia querê-la de volta. Não tinha certeza de quanto custava uma peruca.) Ninguém se inscreveu. Ninguém acreditou naquilo. Então deixamos a disputa ainda mais acirrada na semana seguinte, escrevendo algo do tipo: "Ouçam, seus manés! Isso é pra valer! A primeira pessoa que apresentar o melhor motivo por não ter conseguido ir ao Reading ver o Nirvana ganha a peruca, e vamos publicar o texto vencedor".

Desta vez, um monte de gente escreveu. Publicamos o texto vencedor: era conciso, espirituoso, lindamente estruturado e fundamentado. Parabenizamos o vencedor, lamentamos o fato de ele ter perdido o show do Nirvana e informamos que seu texto era, de longe, o melhor que tínhamos recebido.

Porém, àquela altura, eu tinha decidido ficar com a peruca para mim.

Parte dois: Charles Peterson

"Eu tinha visto Kurt naquele dia, mas não estava a par da brincadeira. Por um instante, quando vi a cadeira de rodas, pensei: 'Merda, o que há de errado com o Kurt?'. Aí percebi o que vocês estavam aprontando. Foi quando tirei a foto do Kurt na cadeira de rodas, fumando, com você de pé atrás dele. Você o empurrou até o palco e o deixou lá. Ele se levantou para apanhar o microfone e caiu – e acho que a cadeira caiu também. Foi sinistro, pois havia umas 60 mil pessoas presentes, que fizeram um silêncio mortal. Era possível ouvir um alfinete caindo. Ninguém tinha a menor ideia do que estava acontecendo.

"Anton me levou para uma das laterais do palco – os dois únicos fotógrafos autorizados ali eram eu e Kevin Westenberg [do *Melody Maker*], que ficou do outro lado. Eric Erlandson sentou-se alguns instantes ao meu lado filmando um pouco, mas na maior parte do tempo fiquei ali sozinho: o Nirvana à minha frente, um vão de seis metros e, então, 60 mil pessoas. Foi épico, para dizer o mínimo.

"Eu estava mais habituado a frequentar clubes onde, num minuto, você está bebendo no bar com a banda e, no seguinte, está no palco. Eu me lembro de ter ido à tenda onde ficava o pessoal da imprensa e ver uma lista de fotógrafos, era uma coisa inacreditável: uns 70 ou 80 profissionais. Eu tinha ido para fotografar o Mudhoney, mas como as mulheres que estavam gerenciando a área de imprensa sabiam que eu tinha vindo de longe, elas me deixaram ficar lá mais tempo que os demais. Eu estava lá com Kevin – que eu conhecia da época em que ele morou em Seattle. Kevin é muito alto e, por algum motivo, estava todo vestido de branco. Durante o show do Mudhoney, começou uma imensa briga de lama. Virei para o lado e vi o Kevin um pouco encurvado, ombros baixos, olhando por cima deles. Então, de uma hora para outra, *ploft, ploft, ploft*, ele é atingido três ou quatro vezes – na jaqueta e na calça branca. Já era.

"Fui até o bar no backstage para beber alguma coisa com Mark Lanegan – ele é aquele tipo que caminha e fala sem prestar atenção ao redor. De repente, seu pé se enroscou num desses fios-guia de tenda. Ele sequer estendeu os braços, caiu direto com a cara na lama. Seu corpo fez uma linha horizontal no chão. Quando se levantou, lá estava uma listra comprida de lama na parte frontal inteira do corpo."

Parte três: Mudhoney

Você se lembra da briga de lama de 1992?

"Ah, sim", ri Steve Turner. "Temos imagens disso. Foi bem divertido. Estava lamacento. Sabíamos que isso ia acabar acontecendo. Falamos: 'Putz, cara. Nosso nome é Mudhoney. Estamos perdidos'. Foi engraçado de qualquer forma."

"Eu sabia que estávamos encrencados porque o L7 tinha tocado antes e levado um banho de lama [...] e, na época, assim como agora, éramos conhecidos como Mudhoney", comenta Mark Arm, laconicamente. "Eu tinha uma Les Paul branca novinha em folha – ficou totalmente enlameada. Bem triste. Não lidamos muito bem com aquela situação. A Donita tinha arremessado um absorvente na plateia, então não tínhamos como superar isso. Em dado momento, começamos a retribuir o arremesso de lama, que não parava de chegar ao palco, mas, na verdade, não nos atingia. Aí eu disse algo como: 'Sabe, nos Estados Unidos, tem um jogo chamado beisebol, e sabemos como mirar!'. No exato instante em que eu disse isso, uma maldita bola de lama me acertou no rosto! Doeu – tinha pedras nela! Pouco depois, eu perdi a calma."

"Sempre que tocávamos, o Reading era simplesmente incrível", diz Dan Peters, animado. "Era muito divertido, pois era como sair com um bando de amigos. A gente se entreolhava e dizia: 'Que diabos estamos fazendo aqui? Como foi que isso rolou?'. Meu Reading Festival favorito foi com o Sonic Youth, os Bad Seeds, os Cramps... Todas as bandas eram legais, todos saíam juntos. Ninguém dava uma de celebridade."

Parte quatro: Earnie Bailey

Então você não viu o show do Reading?

"Não, houve muita discussão a respeito", responde o ex-técnico de guitarra de Kurt. "Como diabos o Nirvana pode tocar no Reading com um único técnico? Em geral, festivais são estressantes, porque você não tem o dia inteiro para passar o som e garantir que esteja tudo nos conformes. Em 1992, Big John trabalhava nas apresentações europeias, e eu, nas americanas. E fazíamos esses shows sem ajuda, o que era difícil, porque eles eram uma banda gigante e tinham equipamentos que exigiam muita manutenção. Quando eles voltaram [do Reading], disseram que o baixo do Krist tinha sido roubado do palco após o show, pois o Big John só conseguia estar em um lado de cada vez. Basicamente, ele teve que montar a seção de guitarras, afinar um baixo sobressalente para o Krist e colocá-lo perto do amplificador – e não havia ninguém olhando. Isso sempre me deixou confuso. Não havia segurança ao redor? Era um festival dos grandes! Como é que alguém sai andando com o baixo do Krist e ninguém vê? Era o Gibson RD com que ele tinha tocado durante toda a turnê do *Nevermind*, um dos favoritos. Acho que ele ficou meio chateado com isso, mas...

"Dave me pediu desculpas, porque eles destruíram muitas guitarras. Ele simplesmente as pegava do suporte e as jogava longe. Um deles gravou isso, e assim que voltaram para Seattle assistimos ao vídeo na televisão do Krist. Dave me olhou e disse: 'Lamento muito por aquilo que você está prestes a ver', que era nada menos do que ele correndo até o suporte de Kurt, pegando uma guitarra e a destruindo a troco de nada. Enquanto isso, Kurt acabava com a bateria dele. Na verdade, foi hilário. Tipo: 'Ah, se você vai destruir minha bateria, vou destruir sua guitarra'. Mas Dave sabia que eu dava duro para ajustar aquelas guitarras.

"Achei estranha a jaqueta de couro do Krist. Era uma roupa meio incomum para ele. As calças também eram de couro, acho. Mas posso estar enganado. Na Argentina, ele e Big John foram comprar calças de couro, o que foi bizarro, pois o Krist era um forte defensor do vegetarianismo. Acho que a história que contaram para eles lá foi que a indústria da carne era tão grande que o couro não era consequência. Não é por isso que matam vacas, o couro é uma sobra."

Adendo: Everett True (reprise)

Entenda uma coisa: eu sempre desprezei o rock. Para mim, é a linguagem dos fanfarrões, dos tolos – aqueles garotos da escola que gostavam de rir dos outros sem motivo, exceto porque isso dava algum sentido às suas vidas patéticas. É a música dos valentões do parquinho, dos falsos revolucionários, da rapaziada cuja ideia de rebeldia é fugir na hora do almoço para fumar um baseado atrás do galpão das bicicletas, dos conformistas. É música para pessoas que admiram a postura rebelde vazia e sem noção de James Dean e sua jaqueta de couro, que almejam o estilo acima do conteúdo. É a música dos delinquentes, dos moleques que bebem cerveja, dos que são bons nos esportes e dos que não são, mas sempre sonharam em ser machões de alguma forma. É a música dos proletários, das massas infelizes e desesperadas que gostam de fingir que são diferentes e ousadas por alguns anos antes de crescerem e se tornarem exatamente iguais, tão conservadoras quanto as gerações anteriores.

Para mim, rock tem a ver com normas, pressão dos colegas, conformidade, misoginia, sexismo, etarismo, ódio a estrangeiros, lei do mais forte e tendências antagônicas, como o fascismo. É ditado e governado por gente como Guns N' Roses, Slipknot e Jim Morrison, eternamente refazendo o trajeto daqueles que vieram antes. É olhar para trás, nunca para o futuro. É um retrocesso, é buscar o menor denominador comum. O rock gera exploração, degradação, segregação de qualquer forasteiro revolucionário e livre-pensador. Sempre.

Entenda uma coisa: eu não apenas não acredito em ideais utópicos (o conceito de paraíso parece anular os instintos humanos mais básicos – a necessidade de lutar), como também não acredito no rock... mesmo que isso pareça estúpido. Em termos de vibração, potência, poder de mudança ou algo assim, o rock foi suplantado no fim dos anos 1980 pelo acid house, pelas raves, pela dance music, por sons eletrônicos e similares. Uma das melhores maneiras de avaliar a eficácia de um meio artístico em alterar ou ajudar a moldar a opinião popular é observar a reação do sistema a isso. No Reino Unido, o governo vem tentando há uma eternidade controlar a dance music. Compare isso com o rock e o pop: os membros da elite dominante convivem com a hierarquia roqueira, programas de TV do horário nobre são voltados ao conhecimento musical do rock e cerimônias de premiação do rock ostentam níveis absurdos de pompa. Vez ou outra, o rock se gaba, com orgulho, de unir gerações: não deveria se orgulhar tanto dessa afirmação, de modo algum. A música vital, ou arte, sempre foi aquela que cria divisões sociológicas.

O rock foi fundado em uma mentira: homens brancos usurpando o legado do homem negro, com o bonitinho do Elvis fazendo as adolescentes gritarem enquanto mexia seus quadris de rapaz branco. Também era exclusivamente masculino, criado por e para homens com uma necessidade compulsiva de pavonear seus paus já que não estavam mais no exército. O dinheiro ajudaria se você fosse mulher e quisesse fazer parte: as atitudes do rock em relação ao que se percebe como o "sexo oposto" ainda estão presas sobretudo na década em que ele surgiu – os anos 1950. O rock se diverte com sua falta de opções, a menos que você pense que estrelas como Perry Farrell e a cantora e compositora canadense Sarah McLachlan – que vendiam eventos americanos de "contracultura" durante os anos 1990, como o Lollapalooza e o exclusivamente feminino Lilith Fair – foram alternativas plausíveis. E foram, é claro. Ser compartimentado é sempre uma alternativa.

O Nirvana sabia de tudo isso. Mas, às vezes, parecia que o peso da história do rock ameaçava superar quaisquer pequenos avanços que eles pudessem fazer na tentativa de bagunçar o *status quo*. Muito rapidamente, quer Kurt gostasse disso ou não, o Nirvana foi cooptado pela própria forma de arte que estava tentando subverter e acabou representando todo o panteão do rock – ao menos aos olhos de milhares de moleques burros falando, nos pátios escolares, como o "Kurt é Deus" e como as meninas (ainda!) não sabiam tocar.

Nas notas do encarte de *Incesticide*, a coleção de "raridades" do Nirvana lançada em dezembro de 1992, Kurt mandou um "foda-se" às pessoas que, acreditava ele, o achavam ingênuo e estúpido o bastante a ponto de ser manipulado pela esposa. Ele escreveu: "Não me sinto nem um pouco culpado por explorar de forma comercial uma cultura jovem roqueira totalmente esgotada porque, neste momento da história do rock, o punk rock (ainda que sagrado para alguns) está morto e enterrado para mim. Queríamos apenas prestar homenagem a algo que nos ajudou a sentir como se tivéssemos rastejado para longe do esterco do conformismo, prestar homenagem como um imitador de Elvis ou Jimi Hendrix, na melhor tradição de uma banda de bar. Serei o primeiro a admitir que somos a versão anos 1990 do Cheap Trick ou The Knack, mas o último a admitir que não compensou – Kurdt (o loiro)".

Bem, foi ele quem disse.

NOTAS

1 Mas é algo que, desde então, tem sido extensivamente contado como fato, mudando apenas o ano.

2 A interação entre mim e Courtney relativa ao artigo da *Vanity Fair* foi narrada no livro divertidamente inútil de Melissa Rossi, *Courtney Love: Queen of Noise*: "Antes das sessões de entrevista com a repórter Lynn Hirschberg, conhecida por matérias fofinhas bem elaboradas, Courtney trombou com Everett True, do *Melody Maker*, que, como sempre, a bajulou. Ela perguntou a ele como deveria se portar na entrevista, e ele lhe disse para ser autêntica. Na próxima vez que viu Everett, Courtney falou para ele: 'Você me deu um conselho ruim'".

3 O New Model Army é uma banda britânica de agit-punk de meados dos anos 1980, popular entre "a molecada".

4 Donita também ficou famosa por baixar as calças e se expor ao vivo no programa de TV britânico *The Word*, voltado para jovens.

5 Também pode ter sido o ano em que a tenda da Mean Fiddler se livrou das amarras e voou para o horizonte.

6 No início, comparei os nova-iorquinos do Pavement com o pós-punk abrasivo e mordaz do The Fall, mas foi como comparar riachos de montanha a icebergs. Como toda grande banda de rock desde os Sex Pistols, o Pavement procurou destruir o rock à medida que reinvestia na forma com significado. Escreveram ótimas canções pop, fortemente inspiradas pelos anos 1970 (Cheap Trick, Steely Dan, Badfinger), mas seguiram reinventando-se sem perder o amor pela música, o que afastou a banda das armadilhas de seus antepassados. Era possível traçar paralelos entre a música inteligente e atrevida do vocalista Stephen Malkmus e a do camaleão David Bowie, mas Steve nunca me pareceu cínico. Perturbado, talvez, mas cínico, não. O álbum de estreia do Pavement, o ainda brilhante *Slanted and Enchanted*, de 1992, abalou com um frescor urbano que lembrava o Modern Lovers, de Jonathan Richman.

CAPÍTULO 22

Cale a boca da sua vadia

ACONTECEU muito rápido.

Em algum ponto do caminho, nossos sonhos viraram realidade sem que tivéssemos a chance de conciliá-los com nossos ideais. Não aconteceu nada de desagradável com o Nirvana que não tivesse acontecido com milhares de outras bandas, então de onde vinha toda aquela dor? Talvez tenhamos sido ingênuos demais. Não percebemos que as pessoas poderiam se apropriar de nossas palavras e ações e distorcê-las do jeito que quisessem. A demonização de Courtney foi um sintoma, não a causa, de tudo o que se seguiu. É muito provável que as palavras dela não tenham sido distorcidas em nenhuma publicação importante, mas receberam um foco diferente.

Na vida, tudo é contexto e percepção. Estávamos acostumados a existir em nossos pequenos mundos insulares, onde todos se conheciam, estavam no mesmo nível e se comportavam de maneira parecida. No rock, não é incomum ou estranho usar drogas, ser franco ou ter opiniões que variam de um dia para o outro. De fato, é o que se espera. O mundo dos músicos e da imprensa musical é diferente do mundo da grande imprensa. Os críticos de música não têm nenhum poder de verdade. Há muito mais hipocrisia na imprensa "real" do que naquilo que, para todos os efeitos, ainda é uma imprensa "de fãs": as celebridades fazem esforços extraordinários para garantir que sua verdadeira face nunca seja exposta. Essa foi uma lição que Courtney, por exemplo, aprendeu tarde demais.

A performance do Nirvana no Reading de 1992 foi uma aberração, cronologicamente falando. O trio estava obviamente se divertindo, mas a criatividade coletiva do Nirvana estava quase esgotada. Krist e Dave – e mais tarde músicos extras, como Pat Smear – ainda eram uma força musical incrível que merece reconhecimento, e, sem eles, teria sido difícil para Kurt executar sua inventividade. No final de 1992, porém, ele parecia decidido a reduzir o papel deles ao de músicos de apoio.

Em algum momento entre o fim de 1991 e a metade de 1992, tudo mudou. A paranoia e o consumo de drogas de Kurt ficaram mais intensos; ele se afastou dos amigos íntimos, em particular de Krist, quando se mudou para Los Angeles; e Courtney ficou grávida. O único foco na vida de Kurt era seu amor por Courtney. Observe as letras de *In Utero*: quase todas falam sobre sua esposa e/ou a demonização dela pela imprensa. Também é possível que, depois de estar em turnê por mais de 18 meses, Kurt nunca tenha tido a oportunidade de voltar para uma vida "normal". Para ele, a boa e velha normalidade não existia mais – ao contrário de seus companheiros de banda, que tiveram a chance de se reajustar ao cotidiano. Krist voltou para Shelli em Seattle e se aprofundou em causas nobres, tentando fazer uso de sua fama. E Dave?

Dave estava poupando para o futuro, aproveitando a jornada.

Quando os ecos de *Nevermind* se extinguiram, o Nirvana não significava mais quase nada para Kurt: certamente não no contexto de ser uma "*radio friendly unit shifter*".*[1] E pior, o grupo não conseguia mais tocar nos pequenos clubes que eles e seus ídolos do punks adoravam. Você faz música porque sente um desejo primordial – certo? Se você só quer ganhar dinheiro, há maneiras muito mais fáceis do que prostituir a alma.

Mantive contato com Kurt e Courtney durante esse período. Eu provavelmente era um dos poucos que falava com as duas partes daquele casamento. Sim, foi rápido, tão rápido que, quando a ideia surgiu pela primeira vez, Courtney percebeu que ainda não havia se divorciado de Falling James. Ouvi dizer que Kurtney tinha tentado um casamento secreto alguns meses antes em Seattle – e foi ali que ela se deu conta de que precisava primeiro da anulação.

> Uma coisa que ainda não perguntei a nenhum de vocês: quando vão voltar para o estúdio?
>
> "Mês que vem, assim que chegarmos em casa", responde Kurt. "Quando eu me mudar para minha casa na árvore, nós seremos uma banda novamente, pois estaremos todos no mesmo lugar. Eu moro em uma casa na árvore."

* Música comercial para tocar nas rádios. Referência também à música do Nirvana de mesmo título. [N. P.]

E vocês planejam gravar em uma mesa de oito canais.

"Acho que é a nossa vontade", o cantor diz, assentindo com a cabeça. "Eu falei sobre isso algumas vezes com Chris e Dave, mas não decidimos nada concreto. A ideia é entrar no Reciprocal com Jack Endino e alugar exatamente o mesmo equipamento que estava lá quando fizemos *Bleach*. Vamos gravar todas as músicas lá com Jack em oito canais. E aí novamente em 24 canais com Steve Albini[2] em outro lugar. Depois escolhemos as melhores."

Então vocês querem um som cru no próximo álbum?

"Menos produzido, com certeza", diz Chris.

"Contanto que não soe como o *Nevermind*", acrescenta Kurt.

Por quê? Você não aguenta mais o *Nevermind*?

"Não é isso, eu gosto desse álbum", Kurt responde. "O tipo de produção não importa, pois as músicas são boas. Mas teria sido melhor mais cru."

"Não queremos chegar à situação do Slayer [banda de thrash metal]", explica Dave, "na qual as mesmas pessoas produziram os três últimos discos e todos soam idênticos. Seria burrice."

"Eu queria muito gravar um disco com uma produção tão original quanto o *Surfer Rosa* [dos Pixies]", continua Kurt. "Chegamos perto de conseguir com o *Bleach*, mas o *Nevermind* não soa tão original. E não há a menor chance de fazermos disso um padrão; nossa gravadora vai se surpreender pra valer quando começarmos a lançar exatamente a música que queremos. É hora de mudar. Acho que todos concordamos com isso. O que eu quero dizer é: vocês querem ficar compondo 'In Bloom' repetidamente pelos próximos cinco anos?"

"Talvez o próximo álbum seja aquele que vai mostrar o impacto que realmente causamos", Chris divaga em voz alta.

"Sim, mas sabemos que uns 40% das pessoas que nos curtem hoje não vão gostar do nosso próximo disco se ele tiver muitas músicas abrasivas e inacessíveis", responde Kurt, com desdém. "Se eles curtirem... cara, isso vai provar nossa teoria de que você pode enfiar qualquer coisa goela abaixo do mainstream, e ele vai engolir."

"Foi assim que eu sempre pensei em nosso segundo disco", interrompe Dave. "Algo bem menos produzido, colocando mais força no som para ver se conseguimos levar um álbum barulhento para as paradas."

Você quer dizer terceiro disco, certo?

"Não, o segundo em uma grande gravadora..."

"Mas você acha que isso aconteceria?", Kurt pergunta a ele. "Vamos fingir que não lançamos 'Endless, Nameless' ainda, e este seria o primeiro single do próximo álbum – se as pessoas comprassem, isso não provaria que eles gostam de nós só pelo hype?"

> "Não", responde Chris. "Esse argumento não se sustenta. Ninguém é tão burro. Não comprariam 'Endless, Nameless'. As pessoas não fariam isso."
>
> Vocês acham que ainda terão outro hit tão grande quanto "Teen Spirit"?
>
> "Não", afirma Kurt, com firmeza. "Nós não escrevemos nenhuma música tão boa, tão pop e com cara de hino quanto 'Teen Spirit'. Quem sabe a gente escreva uma antes de terminarmos de gravar o álbum, porque 'Teen Spirit' foi escrita apenas algumas semanas antes do *Nevermind*, mas não vamos tentar."
>
> (*Melody Maker*, 25 jul. 1992)

Depois do Reading, o Nirvana voltou para os Estados Unidos. Kurt seguiu para mais uma desintoxicação, desta vez na clínica Exodus, em Marina Del Rey – e o casal Kurtney concordou em enviar amostras de urina para testes como parte de sua batalha contínua pela guarda de Frances Bean. Do hospital, Kurt escreveu a Courtney várias cartas desconexas e cheias de autodepreciação, desprezando a si mesmo por ter sido tão estúpido a ponto de virar um viciado, negando ser um viciado, culpando seu estômago por tudo. Ela selava as cartas com cera de vela e sangue. Às vezes, ele era poético: "Estou sem palavras, estou sem dentes. Você tira a sabedoria dos meus dentes. Você me dá sela, dentaduras e presas". Outras vezes, era suplicante. O tratamento funcionou, embora temporariamente – Kurt transferiu sua dependência para outras drogas, os barbitúricos. Não duraria muito.

Em 8 de setembro, convenceram Kurt a assinar um documento de dispensa que o liberava da clínica para participar do Video Music Awards da MTV. Ninguém que se achasse descolado dava a mínima para o evento, mas os empresários estavam preocupados com um possível efeito negativo se a banda, que a MTV havia defendido tão servilmente no ano anterior, não aparecesse – o Nirvana fora indicado a quatro prêmios[3] –, e Kurt, relutantemente, concordou em comparecer.

Algumas pessoas achavam que Kurt estava sendo hipócrita em seu desprezo público pela MTV – Danny Goldberg é uma delas. "Kurt tinha um forte senso de conquista", diz seu ex-empresário. "Um exemplo disso é que ele mantinha um registro cuidadoso de quantas vezes os vídeos do Nirvana eram reproduzidos na MTV em comparação aos do Pearl Jam, na época da rivalidade. A MTV queria que ele participasse da premiação – e, embora ele tivesse pavor de toda a proposta da emissora, se quisesse mesmo dizer não, ninguém poderia impedi-lo. Ele odiava ter que bajular a MTV, mas não queria lidar com as consequências de não fazer isso. Não é como se ele tivesse ficado famoso por acaso. Ele planejou tudo cuidadosamente. Mas a pressão autoimposta para manter o sucesso acabou com a felicidade dele. Muitos artistas consideram a bagagem que acompanha a fama estranha e desconfortável."

Mesmo nos ensaios para a premiação, a polêmica cercou o Nirvana. Kurt queria tocar a assombrosa "Rape Me". A MTV ficou indignada – o canal não queria inovação ou espontaneidade, mas consolidação. Queriam uma música famosa, nada menos. Além disso, os executivos sentiam que "Rape Me" era de alguma forma dirigida a eles, apesar de ter sido escrita no final de 1990.

A MTV recusou-se categoricamente a deixar o Nirvana tocar a música. O Nirvana recusou-se categoricamente a se apresentar. A emissora então passou a pegar pesado com a banda: primeiro, ameaçaram boicotar outros artistas da Gold Mountain, como o Sonic Youth e os Beastie Boys. Em seguida, ameaçaram demitir Amy Finnerty, uma funcionária de quem o Nirvana gostava.

"Houve um impasse estranho em que, de repente, eles perceberam que a MTV poderia ganhar aquela queda de braço", explica Earnie Bailey. "Já a minha impressão era a de que: 'Vocês acham mesmo que eles colocariam vocês na geladeira com tanta facilidade? Têm certeza de que eles tentariam acabar com a maior banda não comercial do mundo?'."

No evento, eles acabaram tocando uma versão extremamente abrasiva de "Lithium". Kurt parecia um coroinha loiro com seus cabelos recém-cortados, vestido com uma camisa estampada por cima da camiseta do Daniel Johnston, enquanto vários jovens pulavam do palco (provavelmente induzidos por algum executivo da MTV, sempre atento à necessidade da *ilusão* de caos e rebeldia). No início, entretanto, Kurt quase fez a MTV surtar, cantando o verso de abertura de "Rape Me" acompanhado de um dedilhado desconexo e de Krist fazendo o gesto de rock 'n' roll com os dedos. Em meio à corrida dos diretores até o controle para tentar colocar um comercial, Kurt entrou com o novo single, febril e pernicioso. A MTV até pode ter conseguido o que queria, mas o Nirvana teve sua pequena vitória moral. Foi uma grande performance.

No final da música, Krist arremessou seu baixo para cima e foi atingido em cheio na testa, deixando-o desnorteado enquanto ele cambaleava para fora do palco. Kurt subiu na bateria enquanto Dave, ensandecido, pegou o microfone e começou a gritar: "Oi, Axl, cadê o Axl, oi, Axl?!".

O discurso improvisado de Dave foi uma referência a um incidente ocorrido minutos antes com o pomposo vocalista do Guns N' Roses e sua banda de hair rock de Los Angeles. A animosidade entre as bandas estava em fogo baixo havia meses, desde que Axl Rose chamara o Nirvana para tocar em sua festa de 30 anos, logo após o estouro de *Nevermind*, e o grupo tratara o convite com o desprezo que merecia. Em seguida, o Guns N' Roses tentou agendar o Nirvana como banda de abertura para sua turnê na primavera de 1992 – onde eles estavam com a cabeça? O Guns N' Roses era uma banda de rock tradicional que representava tudo o que Kurt – e mais precisamente sua cidade natal adotiva, Olympia – desprezava. Por que diabos o Nirvana estaria interessado em se juntar a eles? Kurt explicou mais tarde à revista gay *The Advocate*: "Desde o início do rock 'n' roll, sempre houve um Axl Rose. E isso é chato, é chato demais para mim".

Então Axl, no papel de fã rejeitado, decidiu exibir sua superioridade moral ao falar mal de Kurt publicamente em cima do palco, na Flórida, uma semana antes do Music Awards. Segundo ele, Kurt era um "viciado de merda com sua esposa viciada. Se a bebê tivesse nascido deformada", ele continuou, "acho que os dois mereciam ir para a cadeia". Axl deixou escapar seus sentimentos claros de inferioridade em relação a Kurt e ao Nirvana na frase seguinte: "Ele é bom demais e legal demais para trazer o rock 'n' roll dele para vocês, porque ele não gosta nem quer tocar para a maioria de vocês [...]".

Quando Axl e a namorada, a modelo Stephanie Seymour, esbarraram em Kurt e Courtney nos bastidores do VMAs, voaram faíscas – "Ei, Axl", Courtney gritou, avistando o casal. "Você quer ser o padrinho da nossa filha?" Ele a ignorou e se virou para Kurt, que estava segurando Frances: "Se você não calar a boca dessa sua vadia, eu vou quebrar a sua cara". Inexpressivo, Kurt virou-se para Courtney e disse: "Cala a boca, vadia". Houve um silêncio momentâneo enquanto as pessoas assimilavam o que ele tinha feito, até que as risadinhas começaram a ser ouvidas. Tentando salvar a dignidade do namorado, Seymour virou-se para Courtney e perguntou: "Você é modelo?". Ela imediatamente respondeu: "Não. Você é neurocirurgiã?". Axl e Stephanie foram embora, humilhados.

"Aquela treta com o Axl foi uma das coisas mais engraçadas que eu já vi", ri Janet Billig. "O Axl ficou totalmente sem resposta."

"Meu primeiro show com o Nirvana nos Estados Unidos foi o MTV Music Awards", afirma Earnie Bailey. "Eu estava na fila do bufê no meio de um campo de futebol, logo antes da apresentação deles. Na minha frente, estava [o açucarado trio feminino] Wilson Phillips, e atrás de mim, o Elton John, todos nós com pratinhos de papel nas mãos. Os artistas em geral usavam penteados altos e ombreiras e tudo mais. Quando chegamos com o Nirvana, parecia que estávamos lá para tirar o lixo: de camisetas e tênis. As pessoas olhavam para nós quase assustadas, como se precisassem tomar cuidado conosco.

"Eu me sentei num *cooler* de plástico porque a maioria dos assentos estava ocupada", continua o técnico de guitarra, "então chegou uma mulher e perguntou se poderia se sentar ao meu lado. Era Annie Lennox. E eu pensei: 'Uau, estou almoçando sentado num *cooler* com Annie Lennox'. De repente, toda a cena com Axl e a namorada aconteceu na nossa frente. Foi uma loucura.

"No final da apresentação do Nirvana, Krist quase se nocauteou, e depois não conseguíamos encontrá-lo. Ficamos preocupados, achando que ele estivesse machucado. Então fui procurá-lo no nosso trailer – imaginei que ele devia estar lá, colando a cabeça com fita adesiva –, e Kurt entrou, rindo pra caramba. Ele me disse que tinha cuspido nas teclas do piano de Axl ao sair do palco. Ficamos rindo daquilo, assistindo à cerimônia na TV, então dois pianos surgem na tela e Kurt diz: 'Putz, cuspi no piano do Elton John, sem querer'."

O comportamento do Guns N' Roses ajudou a colocar a rivalidade de Kurt com o Pearl Jam (que também estava presente) em outra perspectiva. Mais tarde, na mesma noite, Kurt agarrou Eddie Vedder e dançou lentamente com o vocalista do Pearl Jam ao som de Eric Clapton cantando "Tears in Heaven". "Você é um ser humano respeitável, ainda que sua banda seja uma merda", Kurt lhe disse. Afinal, como Kurt explicou depois: "Tem um monte de gente muito mais perversa no mundo".

"Acho que foi nesse evento que [a meia-irmã de Courtney] Jamie estava realmente determinada em convencer Danny [Goldberg] a apresentá-la para Whitney Houston", ri Rosemary Carroll. "Jamie estava muito animada com a presença de Whitney. Para ela, aquela sim era uma estrela de verdade."

Para receber no palco o prêmio de Melhor Vídeo de Música Alternativa, o Nirvana enviou um imitador do Michael Jackson, trocando seu título de "Rei do Pop" por "Rei do Grunge". A plateia, perplexa, não aplaudiu. "Aquilo foi uma piada com o fato de terem tirado Michael Jackson do topo das paradas [com o *Nevermind*]", explica Billig. "Mas ninguém entendeu a piada do Kurt."

O Guns N' Roses, de qualquer maneira, ainda não havia desistido. "Em dado momento, Krist e eu saímos do prédio principal, e, no caminho para o nosso trailer, [o baixista do Guns] Duff McKagan[4] nos chamou", lembra Bailey. "Ele estava com vários guarda-costas, enquanto alguém da comitiva dele filmava, como se fosse um vídeo do Guns N' Roses. Duff foi até Krist e anunciou: 'Ouvi dizer que você anda falando merda sobre a minha banda', e o Krist respondeu que não tinha falado nada sobre a banda dele. Mas Duff continuou insistindo no assunto, até que o Krist disse na cara dele: 'Obviamente, você está tentando me chamar para a briga, para poder fazer esse filminho do Guns N' Roses para os fãs. Eu poderia tranquilamente te arrebentar, mas aí você chamaria quatro guarda-costas para me espancar – então vamos para trás desses dois ônibus, lá seremos só você e eu. Vou ficar muito feliz em quebrar a sua cara'. Duff reagiu, tipo: 'Não, aqui e agora'. E não tinha como... Digo, o Krist é uma porra de um Paul Bunyan [o lendário lenhador gigante], enquanto o Duff era muito magro e estava cheirando a álcool. Então nada aconteceu. Seguimos em frente, rindo do absurdo daquela situação."

"Durante o MTV Awards, ficamos no Hyatt House, da Sunset", revela Earnie. "Foi louco. [O lendário roqueiro selvagem/pregador religioso dos anos 1950] Little Richard morava no último andar – e Dave o encontrou no bar. Usamos a piscina que o Zeppelin adorava. Barrett [Jones, técnico de bateria] e eu fomos embora logo depois. Nós dois pegamos um táxi direto para o aeroporto e seguimos para Portland para as preparações do evento beneficente 'No on 9'."

O show era um protesto contra a chamada "Iniciativa 9", uma tentativa dos conservadores do estado do Oregon de limitar os direitos dos homossexuais. Apresentado pelo vocalista do Dead Kennedys, Jello Biafra, o evento ainda contava com o Helmet, os punks do Poison Idea e o grupo feminino de Portland, Calamity Jane. Mas nem em Portland o Nirvana conseguiu escapar dos fãs do Guns N' Roses. "Eu falei algo sobre o Guns N' Roses no palco", disse Kurt à *The Advocate*. "Nada escroto – acho que foi só: 'E agora, nossa próxima música é "Sweet Child O' Mine"' [um dos maiores sucessos do Guns N' Roses]. Aí um sujeito pulou no palco e disse: 'Ei, cara, o som do Guns N' Roses é incrível, o som do Nirvana é incrível. Vamos nos dar bem e resolver as coisas, cara!'.

"E eu não pude deixar de dizer: 'Não, cara, você está errado. Eles são idiotas machistas, e este show foi feito para combater minimamente a homofobia. O cara é uma merda de um machista, racista e homofóbico, não tem como você estar do lado dele e do nosso lado ao mesmo tempo. Lamento ter que fazer essa divisão, mas é uma coisa que você não pode ignorar. E, além disso, eles não sabem fazer boa música'."

Na noite seguinte, o Nirvana tocou no complexo de 16 mil lugares do Seattle Center Coliseum, com o Helmet e o Fitz of Depression – o mesmo local de onde Krist havia sido expulso em abril de 1991. Era outro show beneficente, dessa vez para combater uma lei de censura musical do estado de Washington. Embora essa fosse uma causa bastante inócua, Kurt havia começado a receber ameaças de morte por suas posições pró-gays e pró-direito ao aborto. A produção então instalou um detector de metais e Kurt foi avisado de que poderia ser baleado se tocasse.

"Foi um grande show", lembra Gillian G. Gaar, jornalista do *Rocket*. "A pista inteira virou um grande *moshpit*, os fãs pulavam sem parar. Fiquei emocionada em fazer parte daquilo. Foi a primeira vez, desde o Heart, que vi uma banda de Seattle tão popular."

"Lembro-me deles quebrando seus instrumentos nos primeiros shows na Vogue, quando não tinham dinheiro nenhum, e eu nutria um certo respeito por aquilo", diz Rob Kader. "Dava para ver que não era nada planejado, era espontâneo – parecia tão natural. Mais tarde, já se notava o planejamento. Eles sempre pegavam primeiro uma guitarra barata, mexicana ou japonesa. A última vez que os vi destruir o equipamento com espontaneidade foi no show do Coliseum."

O pai de Kurt apareceu acompanhado de Chad, meio-irmão do vocalista. Após Don passar pela equipe de segurança exibindo sua carteira de motorista, houve um momento esquisito nos bastidores, quando ele confrontou o filho que não via fazia sete anos. A mãe e a irmã de Kurt, Wendy e Kim, também estavam lá, além de Courtney e Frances Bean – que Don não conhecia. Já fazia 18 anos que Wendy e Don tinham se divorciado, mas o reencontro não foi amigável – ambos soltaram faíscas, fazendo comentários depreciativos sobre a época em que estiveram casados. Kurt pediu que o pai se calasse, e Kim e Wendy logo foram embora. Muitas pessoas suspeitavam que Don só havia entrado em contato porque queria dinheiro, porém Kurt estava tranquilo em relação àquilo – ao menos foi o que ele disse ao jornalista britânico Jon Savage em 1994.

"Fiquei feliz em vê-lo porque sempre quis que ele soubesse que não o odiava mais", disse ele – ecoando um trecho de "Serve the Servants", a música que abre *In Utero*: *"I just want you to know that I/ Don't hate you any more"*.*

"Por outro lado, eu não queria encorajar nosso relacionamento porque não tinha mais nada a dizer para ele. Meu pai é incapaz de demonstrar muito afeto ou de manter uma conversa. Eu não queria que tivéssemos um relacionamento só porque ele era meu parente de sangue. Eu ficaria aborrecido."

"Aquele show teve uma cena de destruição incrível no final", sorri Earnie. "Começou quando Kurt se aproximou dos amplificadores que estavam na frente da minha estação de trabalho. Foi só o tempo de eu pegar todas as minhas coisas e ele derrubou os dois gabinetes superiores ali, e então seguiu para um segundo conjunto de amplificadores, que ele empurrou sobre a guitarra. Aí ele subiu no gabinete, chacoalhando-o sobre a guitarra, conseguindo tirar uns sons incríveis daquela carcaça esmagada [...] Quando achei que a guitarra estava totalmente destruída, Kurt ainda tinha muitos planos para ela. Ele a desmontou lentamente, ao longo do que pareceram 15, talvez 20 minutos – com ela ainda conectada. Foi incrível. Eles sistematicamente jogaram todos os tambores na direção do Kurt, e ele rebatia com a guitarra, usando-a como um taco de beisebol."

Era hora de Kurtney voltar para Seattle. O casal manteve a casa de Los Angeles por um tempo, mas decidiu comprar uma residência no campo, em Carnation, a 48 quilômetros de Seattle, por 300 mil dólares. O lugar precisava de muita reforma – "Acho que ninguém ficava muito tempo por lá", comenta Rosemary Carroll –, de modo que os dois passaram os últimos meses de 1992 se deslocando, com sua comitiva a reboque, entre vários hotéis de Seattle. Aonde quer que fossem, deixavam queimaduras de cigarro nos lençóis e nos tapetes.

"Fui uma vez àquela casa", comenta Michael Lavine. "Kurt estava lá, com Kevin Kerslake e Courtney. Não tinha nada. Era vazia, só com uma pista de Hot Wheels no meio da sala, caixas com coisas da Europa, fotos e roupas íntimas, além de uma cozinha coberta de junk food. Era basicamente isso."

"Fui ver o Star Pimp[5] no Colour Box, em outubro de 1992", lembra James Burdyshaw. "Kurt e Courtney estavam lá, tentando passar despercebidos... bem, ele tentava passar despercebido. Eu estava na fila da cerveja, com ela

* "Eu só quero que você saiba que eu/ Não te odeio mais." [N. T.]

bem na minha frente, olhando para a multidão, tipo: 'Poxa, não tem ninguém com quem eu realmente me importe aqui'. Eu disse 'oi' para o Kurt – 'Lembra de mim? James? Eu era do Cat Butt', e ele falou: 'É mesmo! Como você está?'. De repente, aquele cara legal estava de volta. Conversamos por uns bons 15 minutos. Comentei que tinha ouvido falar que ele era dono de uma fazenda, e ele respondeu: 'Na verdade, não temos ovelhas, vacas, nem nada disso, mas temos um terreno'. Ele falava de um jeito bem tranquilo, até que a Courtney olhou feio na sua direção, então ele disse: 'Tenho que ir agora'. Apertei a mão dele e foi isso."

Para onde quer que o casal fosse, parecia que estava sob ataque.

Julian Cope, pop star pouco relevante de Liverpool – famoso por seu vegetarianismo, suas vaidades e sua dedicação ao Krautrock* – publicou um anúncio na imprensa musical britânica para desabafar sobre sua ex-admiradora: "Libertem", escreveu ele, "(os fãs do rock 'n' roll) de imbecis viciadas em heroína e obcecadas por Nancy Spungen que se agarram aos nossos maiores grupos de rock e sugam seus cérebros". Uma atitude risível, machista e baseada na mesma acusação equivocada feita a Yoko Ono 20 anos antes, quando ela começou a namorar John Lennon. Cope caiu na mesma armadilha que Axl Rose: presumir que, por ter lido sobre Kurt Cobain algumas vezes, isso lhe dava o direito de analisar sua vida privada.

Victoria Clarke e Britt Collins, duas escritoras britânicas, começaram a trabalhar em uma biografia semiautorizada do Nirvana, *Nirvana: Flower Sniffin', Kitty Pettin', Baby Kissin' Corporate Rock Whores*** – livro cujo título foi tirado de uma frase que aparecia nas primeiras camisetas do Nirvana. No entanto, a biografia rapidamente deixou de ser autorizada, depois que Kurtney descobriu que as autoras planejavam falar com Lynn Hirschberg, além de já terem conversado com Falling James. Eles suspeitaram que o livro seria uma armadilha.

Essa suposição levou a um dos incidentes mais torpes da vida de Kurt Cobain, quando ele – com Courtney e Dave – deixou uma série de mensagens

---

* Denominação genérica para bandas experimentais na Alemanha entre o fim dos anos 1960 e o início de 1970. [N. T.]

** Prostitutas do rock corporativo cheirando flores, acariciando gatinhos e beijando bebês. [N. T.]

nos telefones residenciais de Victoria e Britt, ameaçando matá-las (algumas ligações foram feitas do estúdio de Jack Endino). Eles podem ter feito a Gold Mountain negar e mais tarde alegar que era uma piada, mas não foi tão engraçado na época. O casal estava numa posição de poder e tinha capacidade de levar a cabo suas ameaças se assim quisesse – e, pela maneira como Kurt depois falou sobre o incidente, certamente parecia que eles queriam. Claro, as duas escritoras eram oportunistas, mas isso não impediu a atuação de dezenas de outros jornalistas desde então.

Em uma única noite, Kurt ligou nove vezes para a secretária eletrônica de Victoria, com investidas que variavam entre: "Se sair alguma coisa neste livro que possa atingir minha esposa, vou te machucar pra caralho"; chamar a dupla de "vaquinhas parasitas"; e alegar que "eu poderia gastar algumas centenas de milhares de dólares para me livrar de vocês, mas talvez eu tente o caminho da lei antes". Sua fúria, beirando a misoginia, foi assustadora e deprimente. Victoria e Britt foram bodes expiatórios para toda a raiva e confusão que Kurt sentia em sua vida – mas ele confirmou ao seu biógrafo Michael Azerrad, em 1993, que suas ações eram justas: "Eu acredito piamente em vingança", ele rosnou.

As mensagens de Courtney eram igualmente cáusticas. Alguns meses depois, houve um incidente num clube em Los Angeles, no qual Courtney teria acertado Clarke com um copo. Victoria apresentou uma queixa ao Departamento de Polícia de Los Angeles. No dia seguinte, Courtney apresentou uma contradenúncia, alegando que foi legítima defesa.

"Fiquei caída no chão, encharcada de cerveja", disse Clarke a um documentarista do Nirvana, "ela então me puxou pelos cabelos e me arrastou pelo piso tentando me levar para fora. Foi bem assustador."

Bem, eu me lembro da cena no *Melody Maker* quando a história foi divulgada: o departamento de notícias gritando comigo para conseguir uma declaração, enquanto, no meu outro ouvido, Courtney falava animadamente ao telefone, rindo do caso. E eu tentava dizer a ela: primeiro, este não é o momento ou o lugar para falar sobre isso e, segundo, *não aprovo* esse tipo de postura, especialmente considerando quantas ameaças já foram feitas contra mim.

Depois de obter uma cópia antecipada de parte do manuscrito, a Gold Mountain entrou com uma ação contra as autoras, caso elas publicassem o livro. Uma revista irlandesa divulgou as justificativas da Gold Mountain na íntegra: não consigo me lembrar das outras 29, mas uma delas era: "Courtney Love não acha que Everett True seja um idiota". Bem... fico feliz em saber!

"Courtney costumava me ligar o tempo todo", comenta Slim Moon. "Ela mandava mensagens de fax para mim e para Mary Lou. Havia um fax que supostamente teria sido mandado por Kurt, mas tinha todo o estilo de Courtney e dizia algo como: 'Nunca gostei de você e queria ver sua cabeça enfiada em um forno'. O tempo passou, e ela adotou uma tática totalmente nova, na qual falava: 'Kurt precisa de amigos que sejam influências melhores. Os amigos dele são todos uma bosta, mas eu gosto de você, então você deveria vir jantar conosco'. Eu não me senti confortável com aquilo. Se o convite tivesse vindo de Kurt, eu teria ido, mas não era o caso."

Naquele outono, o Nirvana fez algumas aparições secretas.

Kurt se juntou ao Sonic Youth e ao Mudhoney no palco em Valencia, Califórnia, no dia 26 de setembro. Ele cantou a aflitiva música do bluesman Leadbelly, "Where Did You Sleep Last Night?", e tocou guitarra no cover do Mudhoney para "The Money Will Roll Right In".

Em 3 e 4 de outubro, o Nirvana abriu para o Mudhoney. O primeiro show foi na Universidade Western Washington, em Bellingham, a duas horas de carro de Seattle. "Foi muito divertido", diz Earnie, "porque foi uma surpresa genuína. No final do set do Mudhoney, Matt Lukin puxou uns caras da plateia, aí um deles pegou o baixo do Krist e ia quebrá-lo. Achei engraçado, mas o Krist olhava para mim, tipo: 'Não, não deixa ele quebrar esse baixo', mas ele não queria ser a pessoa que iria lá pra cortar o clima...".

Charles Peterson estava em ambos os shows – os últimos nos quais ele fotografaria o Nirvana. "Bellingham foi muito bom", disse ele à *Goldmine*. "Havia muitos estudantes na área dos fotógrafos, e um cara estava dançando com sua câmera, bem na frente do Kurt. Eu disse: 'Se você não vai tirar fotos, saia do caminho'. E ele: 'Eu só tenho mais uma foto e estou esperando a destruição!'.

"E o mais incrível foi que naquela noite eles não destruíram instrumentos", acrescentou Peterson. "Dois garotos subiram ao palco. Kurt colocou sua guitarra num deles, enquanto Krist emprestou o baixo para o outro. Todo mundo gritava: 'Quebra! Quebra!'. O moleque passou o baixo de Krist por cima da cabeça e o arrebentou no palco. Alex, o gerente de turnê, ficou lá atrás, chocado, pois Krist nunca quebrava os próprios baixos. Foi o final perfeito."

"Foi naquele show que eu dei a guitarra Sunburst Univox para o Kurt", Earnie continua. "Senti que ele estava com um ânimo estranho e queria lhe dar uma guitarra como a que ele costumava tocar. Ele gostou muito e tocou com ela no *Saturday Night Live* de 1993 e no *In Utero*. Foi um instrumento bem importante."

Na noite seguinte, o Nirvana novamente abriu para o Mudhoney – dessa vez no Crocodile Café, em Seattle. A felicidade de Kurt por estar de volta a um clube pequeno era contagiante. Ele mergulhou na plateia durante o set do Mudhoney e tocou alguns clássicos do punk rock. Gillian G. Gaar, que estava entrevistando Courtney para o *Rocket* no mesmo dia, conta a história. "O telefone tocou, e era Patti [Schemel, ex-integrante da banda de Seattle Kill Sybil e nova baterista do Hole]", diz Gillian. "Ela me disse: 'Você pode se encontrar com a Courtney daqui a uma hora, para conversar?'. Fui até o Four Seasons [o hotel cinco estrelas chique no centro da cidade, que serviu de moradia para Kurtney por dois meses], e Courtney desceu – na hora certa. Ela trouxe a Frances. Eu realmente gostei dela. A cada pergunta que eu fazia, ela começava a tagarelar até que, por fim, voltava ao assunto e respondia a questão. Ela sempre tinha muito contexto para chegar à resposta. Mas era engraçada e fazia várias piadas ótimas. Ela conhecia Hollywood e a cena musical. E também era bastante autodepreciativa. Saí pensando que a má reputação dela era exagerada.

"Depois vi o show do Crocodile e foi ótimo", continua a jornalista. "A notícia tinha se espalhado, então estava bem cheio. Eles tocaram muito material desconhecido e estavam se divertindo. Durante o set, Kurt perguntou se alguém tinha algum pedido, então Krist se aproximou e, com uma voz engraçada, disse: 'Toca "Teen Spirit". Toca "Teen Spirit"'. Mas eles não tocaram.

"Então fiquei sabendo que a agência da Courtney havia dito que ela não queria mais dar a entrevista – o que foi minha primeira pista sobre a desconexão entre Kurt e Courtney e a equipe."

De onde você acha que vinha a má reputação de Courtney?

"Ela não se segura, não é?", Gillian responde, rindo. "Ela não tem ideia do que significa autocensura. Ela não se contém. Se estivesse brava com alguém, ela simplesmente falava na cara da pessoa e a atacava. É como se ela não se importasse, e isso incomoda as pessoas. Talvez outro motivo fosse a infinidade de rumores sobre o Nirvana – e ninguém sabia qual história era real. Toda vez que Kurt ia parar no hospital, era sempre: 'Ah, aquele lance do estômago'.

"Ah, sim, e ela ia acabar com o Nirvana quando, na verdade, era a banda dela que estava se desfazendo naquela época. Ela pausou tudo para ficar com Kurt e ter Frances. Então ela não era só uma mãe ruim, ela também estava arruinando o Nirvana."

Em 15 de outubro, o Nirvana gravou um clipe para o novo single britânico "In Bloom". Era a quarta faixa de *Nevermind* a ser lançada no Reino Unido, fazendo parecer que a Geffen estava explorando o álbum um pouco além da conta – mesmo para os fãs mais obstinados do Nirvana.

> "O Nirvana lançou um novo single", escrevi no *Melody Maker*, relegando o disco a segundo plano na mesma semana em que o cáustico e feminista Chia Pet, grupo de Christina Kelly, era Single da Semana. "Pode estourar o champanhe. Coloque as roupas no varal. Alimente o gato e não economize nas porções. Uhuuu, caralho, uhuuuu. Perdoe-me se não pareço muito emocionado. Este lançamento forçou até mesmo a minha confiança além da conta. Tipo, ordenhar uma vaca (sagrada) nos últimos suspiros, ou o quê? As versões ao vivo muito fracas de 'Polly' e 'Sliver' no lado B também não ajudaram. Sei que 'In Bloom' é uma das mais pedidas pelos fãs e que o clipe é legal, mas... Guardem seu dinheiro para *Incesticide*, crianças. Aquilo, sim, vale a pena comprar."

O clipe de "In Bloom" era realmente legal. Dirigido por Kevin Kerslake, ele tinha três versões – todas filmadas no formato Kinescope, parodiando o *The Ed Sullivan Show*, clássico programa americano dos anos 1960. Em uma delas, o Nirvana usava vestidos; na outra, usava ternos estilo Beach Boys e vestidos; na terceira, estava só de ternos. Imagine a banda certinha de Ritchie Cunningham na série *Happy Days*, ou os Monkees no horário nobre da TV infantil, e você terá uma boa ideia de como era. O Nirvana não parecia nada descolado com seus cabelos curtos e óculos nerds diante de todos os grungemaníacos da plateia – uma sátira inteligente das bandas fabricadas e cuidadosamente comercializadas que competiam pela atenção da MTV –, mas eu sabia de que lado preferia estar.

"Vamos aplaudir estes três jovens bacanas, decentes e bem-apessoados", diz o apresentador no final do clipe, quando a banda de repente surge usando saias e começa a destruir os equipamentos. "Eu realmente só tenho coisas boas para dizer sobre eles!"

ET: Por que você usou um vestido no clipe novo de "In Bloom"?

KC: "Não sei. Gosto de usar vestidos porque são confortáveis. Se eu pudesse usar um lençol, eu usaria. Não sei o que dizer [...] Se eu argumentasse que fazemos isso para ser subversivos, seria uma desculpa de merda, porque homens em bandas usando vestidos não são mais controversos. Basicamente, queríamos fazer o clipe com a menor complicação possível, no menor tempo possível, por alguns milhares de dólares. Não havia intenção oculta. Os vestidos surgiram de última hora. Queríamos ser como os Beatles – não, como The Dave Clark Five, eu estava de óculos; nunca tiraríamos onda dos Beatles. Não há nada mais confortável do que uma padronagem floral aconchegante."

ET: Em seu contexto específico, isso seria um ato subversivo para uma banda de hard rock que aparece na MTV e vende milhões de discos?

KC: "Pode ser subversivo no que diz respeito a uma quantidade muito pequena de pessoas, que nunca viram homens usando vestidos ou que não se sentem confortáveis com o conceito, mas eu estou cagando para essas pessoas. Não é subversivo. Não faz mais sentido querer ser subversivo no rock. É impossível, a menos que você enfie uma banana de dinamite na bunda. O Queen usava vestidos. Bandas masculinas fazem isso o tempo todo. Eu me sinto confortável, sexy e livre por usar vestido. É divertido."

ET: Como você se sente em relação à insinuação de que alguns de seus fãs são "bichas" *só* por gostarem de uma banda de hard rock presumivelmente efeminada?

KC: "Eu amo. Sinto um prazer enorme em saber disso, igual a quando eu me vestia de punk no ensino médio e os caipiras passavam de caminhonete gritando 'Devo!' para mim. É bom ter uma briga legal e saudável rolando no ensino médio entre os fãs do Guns N' Roses e os fãs do Nirvana. Isso anima os jovens que são mais inteligentes, e, pelo menos, traz todo o assunto da homossexualidade para o debate. É muito lisonjeiro que nossos fãs sejam vistos como 'bichas'. Ouvi histórias sobre jovens apanhando por usar camisetas do Nirvana. Isso me remete ao tempo em que eu apoiava bandas esquisitas, consideradas um pouco mais perigosas porque não eram aceitas pelo mainstream. O Devo foi um grande exemplo – um artista do Top 10 que era muito mais excêntrico do que nós."

ET: Você aprova o *crossdressing*?

KC: "Claro. Os homens não devem usar um vestido porque é algo feminista, mas porque é confortável. Às vezes, meu pênis literalmente adormece ou parece que vai cair por ficar tão apertado nessas calças Levi's justas. Aí eu preciso apelar para as calças largas ou um vestido."

ET: E homens de maquiagem?

KC: "Com certeza. Se for bem espalhafatosa, realmente carregada e deixar você a cara de uma esposa de pastor da TV. Eu tenho uma fase de usar delineador por cerca de um mês a cada ano. O Pete Townshend também teve, mas não durou muito. Eu sei tudo sobre astros do rock que usam delineador. Nunca dura muito. Parece que queima nos olhos durante os shows, sob as luzes brilhantes. Talvez seja melhor tatuar. *Crossdressing* é legal. Desculpe, eu não consigo encontrar motivos melhores para usarmos vestidos em nosso clipe, eu uso o tempo todo, em casa, onde quer que seja. É como usar um roupão de banho ou um lençol com um buraco. Não é como se eu quisesse usar especificamente um vestido de mulher."

(Edição "Sex" do *Melody Maker*, 12 dez. 1992)

Em 24 de outubro, o Nirvana voltou ao Reciprocal – que passara a ser chamado Word of Mouth – para gravar demos para seu próximo álbum. O trio tinha poucas músicas definidas e, certamente, nenhuma letra. Não foi uma boa sessão.

"Para as demos de *In Utero*, eu levei muitos pedais diferentes e alguns dispositivos de efeitos sonoros estranhos", lembra Earnie Bailey. "Kurt conectou tudo – todos os 12 pedais –, e eu disse a ele que sua guitarra soaria muito melhor se tirasse os que ele não estava usando da cadeia de efeitos, pois eles estavam congestionando o sinal e deixando o som da guitarra terrível, mas ele respondeu: 'Bem, é o que eu quero'. Então pensei: 'Bem, suas ideias nos trouxeram até aqui, então ou você está me zoando ou...'."

Ele devia estar falando sério. Dizem que existe uma frequência que estoura os alto-falantes: eu me lembro de Kurt comentando que queria isso no início de *In Utero*, mas, de preferência, uma que funcionasse apenas em sistemas de alta fidelidade muito caros.

"Dave foi o baterista mais barulhento que já gravei", comenta Jack Endino. "Enquanto gravávamos as demos, chegaram alguns policiais. Foi a única queixa de barulho que tivemos naquele estúdio em cinco anos. É um prédio antigo, com paredes triplas. À prova de som. Mas as batidas do Dave eram tão pesadas que chegou uma reclamação de barulho de uma casa a três portas de distância. Eu estava na calçada, conversando com os policiais. Eles disseram: 'Vocês precisam baixar o volume'. Eu respondi: 'Vocês não conhecem o Nirvana?'. Fiquei tentando explicar aos policiais que o Nirvana estava lá dentro, e tentando explicar ao Nirvana que a polícia estava lá fora. E eu só pensava: 'Que hora para a polícia aparecer – justo quando estou gravando demos para o Nirvana. Jesus, vou ficar louco desse jeito!'. O que eu poderia dizer à banda? Que tínhamos que parar? Aquilo era um estúdio! Um estúdio que estava lá desde os anos 1970.

"O Nirvana tinha ligado e dito que queria fazer algumas gravações rápidas no antigo oito canais", lembra o produtor. "Eles chegaram a marcar um horário, mas cancelaram porque foi naquele fim de semana que Frances veio ao mundo. Depois cancelaram outras vezes. Finalmente, a banda apareceu. Montamos a bateria e os amplificadores e esperamos por Kurt. Nada dele. No dia seguinte, ele veio, e eles gravaram seis músicas, exatamente como elas aparecem em *In Utero*. Foi muito tenso. Havia algo sombrio no ar. Só a ideia de Kurt chegar 12 horas atrasado – eles não pareciam uma banda. Não estavam se comunicando entre si. Kurt vivia em uma realidade paralela."

Eu sei pelas conversas que tive com Kurt na época que ele achava que *Nevermind* tinha ficado produzido demais e queria voltar ao básico.

"Sim", concorda Jack. "Eles queriam sentir que estavam fazendo algo completamente diferente de novo, entrar e gravar em um dia. Em nenhum momento achei que eu produziria o próximo álbum do Nirvana. Na verdade, enquanto estavam lá, eles me disseram: 'Ah, provavelmente vamos gravar o próximo disco com Steve Albini'. Eu fiquei sentado lá, pensando: 'OK, valeu!'.

"O mais próximo da minha versão do *Nevermind 2* é aquela versão de 'Rape Me', porque foi a única música que terminamos", continua ele. "Não é uma versão ruim. É OK. A Frances estar lá foi um pouco estranho. Courtney apareceu com a bebê, e eles a seguraram diante do microfone – 'Ei, vamos gravar Frances aqui e colocá-la na música!'. Acabamos não usando a gravação. Ela tinha uma semana de vida, talvez duas."

Nenhuma das músicas tinha voz, exceto "Rape Me", mas no vocal de Kurt faltava o veneno cínico que a caracteriza. "Ninguém nunca me ligou de volta para finalizarmos", suspira Jack. "Era como se tivessem sido convencidos a fazer 'demos'. A banda não estava interessada em nada daquilo, e Kurt agia como se nem quisesse estar lá." Todas as outras faixas eram instrumentais: músicas que apareceram no terceiro álbum propriamente dito, como a impotente e comovente "Dumb", o metal frenético de "tourette's", "Pennyroyal Tea"...

"Courtney apareceu no fim das sessões, bem na hora em que Kurt estava gravando os vocais de 'Rape Me'", prossegue Jack. "A música datava de 1990, 1991, mas ainda não tinha uma ponte, então ele precisou escrever algumas palavras. Acho que Courtney ajudava Kurt com as letras, porque depois que ele a conheceu suas letras mudaram."

Ficaram compreensíveis.

"Sim, exatamente", o produtor concorda. "Em *In Utero*, as letras ficaram muito mais concretas. Ele literalmente as escreveu no estúdio e mostrava tudo para Courtney – ele lia um verso para ela, e ela dizia: 'Isto é legal, mas e aquele outro verso que você costumava cantar?'. Eu pensei: 'Ah, a verbal e o introspectivo estão trocando figurinhas'. Courtney pode até não cantar muito bem, mas é uma explosão de palavras. É uma letrista alucinada. Tenho certeza de que ela o ajudou a se concentrar nas letras. Não creio que ela tenha escrito alguma delas, mas elevou o nível do que ele se propunha a fazer."

Pelo que dizem, quando Courtney estava no estúdio, a dinâmica da banda ficava bem diferente do que era antes.

"Os outros membros tinham ido embora", responde Jack. "Quando o baixo e a bateria ficaram prontos, todo mundo foi para casa, sobrando só Kurt e Courtney para finalizar o material no estúdio comigo. A dinâmica estava boa. Parecia que Krist se sentia um pouco desconfortável perto de Courtney; já Dave se dava bem com ela. Eles ficavam brincando e fazendo palhaçadas. Eu me lembro deles fazendo ligações estranhas do telefone do estúdio, depois rindo histericamente. Eles fizeram telefonemas ameaçadores para aquelas jornalistas, mas de maneira jocosa. Eram Dave, Kurt e Courtney. Os três ficavam instigando um ao outro. Não tenho certeza de que eles estavam levando esses telefonemas a sério enquanto os faziam. Acho que talvez eles tenham sido levados muito a sério por alguns dos destinatários."

Em 30 de outubro, o Nirvana fez outro show abaixo do padrão. Desta vez, diante de uma das maiores plateias de sua carreira: quase 50 mil pessoas no Estádio do Velez Sarsfield, em Buenos Aires, Argentina. A banda não se preocupou em ensaiar, seus ânimos estavam baixos e, quando a multidão exaltada começou a atacar o Calamity Jane – simplesmente por serem mulheres (ou assim o Nirvana supôs) –, tudo realmente foi ladeira abaixo.

"A plateia inteira estava jogando lama e pedras nelas", disse Kurt ao *Request* em novembro de 1993. "Por fim, as meninas saíram chorando. Foi terrível, apenas uma massa uniforme de machismo."

"Essa é a minha memória mais clara do tempo em que ficamos lá", lembra Earnie Bailey. "Gritaram alguns palavrões sobre o fato de serem mulheres, o que não era o certo a se fazer quando se tem o Nirvana como atração principal. Eles não tocaram 'Teen Spirit'. Kurt começava a tocar a introdução dela antes de quase todas as músicas e depois parava. Dava para ver que ele estava realmente irritado. Mas fizeram uma sequência de destruição fabulosa no final [quando a banda tocou 'Endless, Nameless']. Dave e Krist entraram em uma grande jam espontânea, e Kurt mandou alguns sons incríveis, então aquilo meio que salvou o show." O Nirvana abriu o set de 40 minutos com uma *noise jam* e tocou principalmente músicas do *Incesticide* – para desgosto do público.

"O engraçado é que eu tinha interagido pouco com a Courtney até aquele momento", comenta Earnie. "Aí alguém foi ao backstage e anunciou que o Calamity Jane estava passando por momentos terríveis lá na frente. A Courtney explodiu comigo e disse: 'Por que você não está cuidando das coisas delas?'. Não lembro o que eu disse, mas revidei violentamente. A sala inteira ficou em silêncio. Ninguém conseguia acreditar que eu tinha feito aquilo, pois todo mundo tinha um pouco de medo dela. Até o Kurt ficou, tipo: 'Puta merda!'. As pessoas estavam com aquela cara de: 'Pode dizer adeus ao seu trabalho'. Mas ela pareceu respeitar o fato de eu ter sido grosso de volta. Depois disso, passamos a nos dar bem.

"Outra memória forte é a de olhar pela janela do hotel e ver pessoas acampadas na grama, dia e noite", continua o técnico de guitarra. "Pousamos no aeroporto e tivemos que passar por um posto de controle, onde havia soldados com fuzis. Foi uma sensação estranha do tipo: 'Que raios de lugar é este?'. E então, nas ruas, começamos a ver uns Ford Falcons 1963 por todo lado. Os táxis e os carros de polícia eram todos Falcons, mas tinham calotas modernas e painéis digitais. Dave, Krist e eu curtíamos Ford Falcons [...] Eu sei que Kurt gostava de Darts, mas aquilo era hilário. Todo mundo ali tinha o seu Falcon modificado? Perguntamos ao motorista do nosso ônibus: por que tantos Falcons? Ele nos contou que, após o carro ter saído de produção, os fabricantes enviaram as matrizes para lá e, desde então, os argentinos passaram a produzir o modelo. Dave ou Krist, não sei, um deles estava ansioso para comprar um daqueles Falcons e mandar para Seattle, mas ficaria caro demais, considerando o custo de envio e depois a modificação para adequar às emissões de gases dos Estados Unidos."

Em meados de novembro, Kurtney e seus empresários finalmente convenceram o tribunal de Los Angeles a lhes conceder a guarda de Frances Bean

– e Jamie deixou a comitiva. Jackie Farry permaneceu e manteve as regras estritas de Jamie: não permitia que o casal Kurtney chegasse perto da filha quando estivesse chapado e cuidava de todos os deveres habituais dos pais, como trocar fraldas e dar mamadeira.

Em todo caso, ela relatou que ambos adoravam a filha.

"Kurt sempre amou crianças", confirma Rosemary Carroll. "Ele me disse que seu emprego favorito tinha sido ensinar crianças a nadar. Minha filha nasceu em 1990, e ele sempre foi muito doce e brincalhão com ela – Kurt, com certeza, amava Frances. Ele estava feliz por ter uma filha."

"Acho que a paternidade combinava com Kurt", diz Danny Goldberg. "Ele adorava a filha. Foi um ótimo pai quando estava vivo, e acredito que continuaria sendo. Não foi o suficiente para superar seus demônios internos, mas Frances deu a ele muita alegria."

Kurt voltou ao Word of Mouth nos dias 8 e 10 de novembro – dessa vez para ajudar sua esposa a gravar um novo single para o selo europeu City Slang, já que o Hole ainda não tinha baixista. Gravaram três músicas: "Beautiful Son", "20 Years in the Dakota"[6] e "Old Age".

"Acabei tocando baixo em 'Beautiful Son'", revela Endino. "A baterista nova, Patti [Schemel], era muito, muito boa. Ela detonava. Era como Keith Moon do sexo feminino. Foi minha primeira experiência no estúdio gravando com Courtney – e a última. Foi bem negativo. Ela era muito civilizada comigo, mas gritava demais com os outros membros da banda. 'Você está fodendo com a minha música!' E depois ficava ao telefone, bem atrás da sala de controle – ligava, gritava com as pessoas e batia o aparelho. Foi realmente estranho, uma verdadeira dissonância cognitiva."

Ela provavelmente estava ciente de que você poderia ferrar a gravação.

"Sim, ela não é burra", Jack responde, rindo. "Sempre respeitei que ela tenha me tratado civilizadamente, mas não gostava de estar perto dela. Era como arranhar uma lousa."

Ela de fato tocou guitarra no single?

"Sim, um pouco. Foram principalmente Eric e Patti, Courtney ficou dirigindo. Ela tocou baixo em uma das músicas. Disseram que Kurt viria para fazer o baixo, mas eram cerca de 11 horas da noite e ele ainda não tinha aparecido. Eu disse: 'Olha, ainda tenho que mixar essas três músicas e estou ficando cansado. Vamos fazer assim, me dê o baixo. Eu não quero ficar aqui até as cinco horas da manhã mixando essas três músicas'. Quando Kurt finalmente chegou, simplesmente disse: 'Ah, você tocou baixo, que legal'. [Jack tocou baixo em "Beautiful Son"; Courtney em "Dakota"]. Ele não deu a mínima. Ele estava bem, só curtindo.

"Depois que Kurt apareceu, tudo se acalmou. Juntos, os dois geralmente ficavam relaxados. Ele era muito engraçado com ela, porque ela meio que mandava nele, mas ele sempre dava um sorrisinho do tipo: 'Tá, que seja'. Ele entrava no jogo. Tem uma coisa estranha em 'Beautiful Son', o riff soa exatamente como o de 'Smells Like Teen Spirit'. Eric [Erlandson] também notou, porque ele tentou um dedilhado diferente, mas Courtney disse: 'Não, tem que ficar assim'. Nada indicava, porém, que Kurt pudesse ter escrito a música. Tenho certeza de que ele não teve nada a ver com aquilo."

Eu amo o rock 'n' roll.

Quando você está no fundo do poço, quando tudo desaba em cima da sua cabeça, quando a tristeza domina sua vida e parece que não há saída... Ei! Pegue aquele aparelho de som e aumente ainda mais o volume. Não importa o que seja, praticamente qualquer coisa serve... "Something's Gone Wrong Again", do Buzzcocks; "Plan B", do Dexys Midnight Runners; os Raincoats e sua "In Love"; os Records e "Starry Eyes"; as Ronettes e "I Wish I Never Saw the Sunshine"... "Trouble in Mind", da Nina Simone – ou mesmo "Alone Again or", do Love. Quando eu tinha 20 e poucos anos, sempre ouvia no meu toca-discos portátil a versão que o Hüsker Dü fez de "Eight Miles High", dos Byrds, desesperada e com aquela guitarra saturada. Eu aumentava o volume, apagava todas as luzes e deixava na função "repetir". Era isso ou "I've Been Loving You Too Long", do Otis Redding. Quando me enviaram uma cópia de "Love Buzz", do Nirvana, toquei no mesmo toca-discos, entalhando o chão com a minha cabeça por horas a fio. Não existe vergonha alguma em ter paixão pela música, embora eu tenha tentado me convencer do contrário por anos após a morte de Kurt.

Então os shows do Nirvana em 1992, tirando a apresentação como headliner no Reading Festival, não foram muito bons. Você acha que foi o fim? Claro que não. Como Kurt me garantiu várias vezes depois, ele ainda adorava fazer música com Krist e Dave. Esqueça rumores, especulações e o que quer que estivesse acontecendo na vida pessoal deles. Tudo de que a banda precisava era voltar ao estúdio. E foi o que fizeram, com Steve Albini, em Chicago, no início de 1993. As gravações resultantes podem não ter incendiado o mundo como fez *Nevermind*, mas essa nunca foi a intenção da banda. Tudo o que eles queriam era criar boa música – e conseguiram em *In Utero*, o álbum que seria seu epitáfio.

Será que é um crime tão terrível criar música sem se preocupar com as vendas?

O rock 'n' roll não vai salvar sua alma mortal, mas, porra, não posso deixar de achar que sim. Neil Young e Kurt Cobain estão certos: é melhor queimar rápido do que desaparecer aos poucos.

Adendo 1: Cali DeWitt

"Eu me mudei para Nova York depois daquela primeira turnê do Hole. Eu sempre tinha romantizado o uso de drogas e álcool, mas foi em Nova York que eu realmente me acabei. Lembro-me de pensar: 'Ah, estou em outra cidade, sei onde conseguir drogas, posso fazer isso todos os dias e não vou me sentir culpado'. Fiquei fora por menos de um ano. A matéria na *Vanity Fair* rolou bem na época em que eu saí de Los Angeles. Eu me lembro da raiva dela por causa daquilo."

O problema era que a jornalista não entendia o humor de Courtney. Ela publicou tudo de forma literal.

"O humor de Courtney é cruelmente sarcástico e muito, muito engraçado. Fui criado com esse tipo de humor, então sempre a achei engraçada, mas não ficava surpreso quando outras pessoas não achavam o mesmo. Ela podia atacar e xingar com a mesma força que aplicava a todo o resto, obviamente."

Você encontrou o Nirvana enquanto esteve em Nova York?

"Não. Eu estava um pouco envergonhado do meu estado. O mais próximo que cheguei foi conversar muito com Courtney, sobretudo quando ela estava furiosa com a situação envolvendo a Lynn Hirschberg, e então ela começou a me pedir ajuda com a bebê. Mas, aos 18 anos, quase 19, já não seria algo bom para mim. Cuidar de um bebê enquanto tinha problemas com drogas e tudo mais, então..."

Escolher você como babá parecia uma boa decisão?

"Eu meio que entendi. Ela se sentia muito íntima de mim, e eu era alguém em quem ela podia confiar. Eu não tinha saído com Kurt tanto quanto havia saído com ela, mas ele gostava de mim – e era difícil achar pessoas de quem ele gostasse. Então não era tão estranho. Agora, acho que eles mentiam para si mesmos, se enganavam. Levavam em conta que eu era amigo deles, confiavam em mim e sabiam que eu não iria correndo para o *Enquirer* cada vez que rolasse algum drama. Mas ignoravam o fato de que eu era um garoto de 19, 20, 21 anos, claramente viciado ou alcoólatra.

"O problema das drogas e do álcool é que, quando alguém usa, nega que seus efeitos sejam duradouros. Por anos eu pensei: 'Bebida não tem efeito sobre mim'. Agora eu fico: 'O quê? Não consigo me lembrar de quase nada em quatro anos – e ainda dizia que não tinha efeito!'.

"Além disso, quando eu era mais jovem, era muito mais divertido. E não foi um negócio que foi ficando pesado aos poucos – tudo ficou sombrio muito rápido, e foi em Nova York, então fui embora de lá. Achei que o problema estaria resolvido. E eu perguntei a eles: 'Por que a Jackie não pode ficar?'. E eles rebateram: 'Por que você não vem?'. E eu respondi: 'Melhor não'. Isso aconteceu quando eles estavam em Los Angeles."

Na casa com o elevador?

"Sim."

Você pode descrevê-la?

"É uma casa antiga de pé-direito alto com vista para Hollywood Hills. Havia uma espécie de mezanino – a sala da frente era muito grande, as janelas tinham vista para a autoestrada de Hollywood e para a Capitol Records. Subindo as escadas, havia um corredor de onde se via a sala de estar e, atrás dele, dois banheiros e dois quartos."

O que tinha lá? Discos e pôsteres?

"Eles tinham discos, a safra indie da época. Havia singles dos Vaselines, singles do Sebadoh, qualquer coisa da AmRep. Àquela altura, o *Nevermind* era um grande sucesso, e tenho certeza de que todas as gravadoras descoladas estavam enviando seus catálogos completos para ele conferir. Sabe: 'Leve as minhas bandas para a sua turnê'. 'O que você acha desse som?'"

Quais pôsteres?

"Não havia muitos pôsteres, mas sim pinturas do Kurt em andamento. Uma delas virou a capa do *Incesticide*. Havia uma cozinha com piso de aço na entrada. Era também a casa onde eu acho que Victoria Clarke e os outros iam vasculhar o lixo, ou algo assim. Pelo menos foi o que Courtney me disse. Repito, eu era jovem e ingênuo para algumas coisas, sem contar o fato de que eu usava drogas e bebia. Ainda não era o hábito que se tornou mais tarde, mas sempre que me ofereciam alguma coisa, eu aceitava. Havia um médico dos roqueiros de LA, um tal de Dr. Mark, e ele fornecia uma droga chamada buprenorfina, que vinha em frascos de vidro. Era um opiáceo sintético que combatia os sintomas da abstinência de heroína. Eles [Kurt e Courtney] tinham muitos frascos pela casa. Eu me lembro dos vidros com um líquido claro, e aí você injetava e evitava os efeitos da abstinência. Não fazia muito tempo que eles estavam lá [em LA] quando cheguei. Fui com meu melhor amigo, que esteve comigo quase o tempo todo, Rene Navarrette. Nós não fomos para usar drogas, ir a festas nem nada disso, eu fui para ver o bebê, para ficar com eles."

Pelo que me lembro, eles eram bastante solitários. Kurt estava especialmente sozinho, pois tinha acabado de sair do lugar onde passara a vida toda. Seis meses antes, quase ninguém tinha ouvido falar deles e, de repente, eram o casal mais famoso do mundo, mas estavam solitários. Eles queriam ter companhia.

"Era bem isso, apenas companhia. Eles estavam planejando deixar aquela casa em pouco tempo."

Kurt odiava Los Angeles.

"Sim, ele não gostava de LA. Por isso que aquela casa era ideal, porque você precisava pegar um elevador na lateral da montanha para chegar até ela."

Também era difícil de encontrar.

"Era um bom esconderijo, mas era uma tristeza. Foi lá que fizemos aquela sessão de fotos de onde acabou saindo a minha imagem no CD do *In Utero* [Cali está travestido]. Estávamos apenas brincando com Polaroids e canetinhas."

E Frances tinha que idade na época?

"Quatro, cinco, talvez seis meses..."

Adendo 2: Jessica Hopper

"Algum integrante do Huggy Bear pegou uma cópia do meu fanzine, *Hit It or Quit It*, e passou para você. Courtney soube que eu existia por sua causa, embora eu também tivesse enviado uma cópia para ela. Já na primeira edição, havia uma crítica positiva sobre o Hole. Eu tinha 15 anos e trabalhava numa loja de discos em Minneapolis. Descobri o punk rock e queria escrever sobre ele, mas ninguém deixava, então comecei meu próprio fanzine.

"Depois de algumas semanas, recebi um pacote enorme com uma camiseta do Hole e adesivos. A Courtney, então, me enviou uma carta de 16 páginas que ela escreveu um dia depois de ter a Frances, ainda chapada pelos medicamentos do parto. A carta falava sobre Minneapolis, que eu deveria começar uma banda com Michelle Leon [baixista original do Babes in Toyland], sobre como a vida dela ficou estranha e como tudo o que ela queria em Minneapolis era trabalhar na [loja de discos] Northern Lights. Ela queria saber como eu podia ser tão jovem e legal – eu ficava tirando sarro dos fodões de Minneapolis, sendo sarcástica ao falar de [uma banda local de rock tosco] Run Westy Run e Soul Asylum, todos esses caras mais velhos.

"Eu me inseri no círculo de pessoas importantes pelas beiradas. Era uma anomalia. Eu estava distante da maioria das garotas da minha idade, enquanto boa parte dos caras se sentia intimidada por mim. Eu era muito perspicaz. Não curtia ficar chapada e transar, como a maioria das pessoas no ensino médio. Eu me interessava por feminismo, pelas bandas produzidas por Don Fleming [Gumball, Hole, Sonic Youth, B.A.L.L.[7]] e pelo Riot Grrrl, tudo ao mesmo tempo. Foi uma coincidência conhecer Courtney e descobrir o kill rock stars bem quando eles estavam lançando singles do chamado "Wordcore" [Kathleen Hanna, do Bikini Kill, foi a primeira a contribuir para essa série de discursos gravados].

"Recebi a carta e fiquei 'uau'. Courtney realmente desejava um pouco de atenção e notoriedade. Ela já havia começado a ter uma reputação. Ninguém na cidade tinha uma palavra gentil a dizer sobre ela, o que acentuou minha identificação com ela. As opiniões sobre mim eram divididas. Por mais malcomportada que ela tivesse sido enquanto morava aqui, eu sabia que Minneapolis podia ser terrível; era uma cidade realmente dominada por homens, e, por isso, eu suspeitava que ela tinha algo a mais – que ela talvez não fosse apenas aquela vadia louca que estava detonada pelas drogas, como as pessoas diziam. Qualquer mulher que é tão demonizada assim deve ter mais coisas do que simplesmente a raiva das pessoas por ela ter introduzido drogas na vida de alguém.

"A carta dela era engraçada, estranha e encorajadora. Ela escreveu sobre como o fato de se tornar mãe a impactava de modo geral. Ficou claro que ela tinha dificuldades, pois tudo tinha ficado tão vulgar, fútil e nojento – a matéria da *Vanity Fair* tinha acabado de sair. Ela falava sobre não ter uma identidade própria e sobre ser só um símbolo. Logo após enviar a carta, ela tentou me ligar. Liguei de volta e acho que conversamos todos os dias por cerca de um ano e meio.

"Ela e Kurt pagaram pela impressão do meu fanzine, porque eu não tinha dinheiro. Eles me mandaram 300 dólares para eu fazer quantos fanzines aquela quantia permitisse. Além disso, Courtney me deu um box com as duas primeiras edições de *Pretty on the Inside* para publicar no *Hit It or Quit It.* O fanzine dela dentro do meu fanzine. Também me deram uma foto de Kurt, Mark Lanegan e Dylan vestidos como o Babes in Toyland para o Halloween, que incluí em 50 cópias, mas era estranho colocar aquilo no fanzine, porque as pessoas queriam saber qual era minha conexão com o Nirvana. Eu estava passando por toda uma fase de Riot Grrrl e tinha me desentendido com várias pessoas desse movimento, e ela também passava por algo parecido – foi o início de sua briga com Tobi e Kathleen, que escreviam cartas de fãs para ela e depois escreviam cartas para Kurt às escondidas.[8]

"Às vezes Courtney falava sobre os problemas que ela enfrentava por ser famosa e os que eu enfrentava por ser esse estranho enigma adolescente de Minneapolis. As pessoas jogavam garrafas em mim e me xingavam quando minha banda tocava. Ela falava comigo sobre quais músicas Kurt estava escrevendo e sobre o que ela estava fazendo."

NOTAS

1 "Radio Friendly Unit Shifter" foi um dos títulos propostos para o terceiro álbum do Nirvana.

2 Steve Albini, o homem por trás de Big Black e Rapeman, foi um dos pilares dos discos da Touch and Go e da cena de rock independente dos EUA. No estúdio, Albini era – e ainda é – famoso por conseguir fazer as bandas soarem "ao vivo", sobretudo por sua atenção à bateria e à configuração de microfones. Ele prefere ser chamado de "engenheiro de gravação" em vez de "produtor de discos", pois acredita que seu trabalho seja capturar o som da banda, nunca ditá-lo. Ele recusa *royalties* e cobra uma taxa diária fixa. Kurt se sentiu atraído por Albini por causa de seu trabalho em *Surfer Rosa,* dos Pixies, e principalmente por *Pod,* álbum de estreia do The Breeders. Albini também trabalhou em estreita colaboração com o Jesus Lizard, com a romântica (e cheia de guitarra) banda inglesa The Wedding Present e com a abrasiva cantora inglesa Polly Harvey.

3 Os quatro prêmios eram Escolha da Audiência, Melhor Videoclipe do Ano, Videoclipe Alternativo e Artista Revelação.

4 É surreal, mas Duff McKagan tocou no início dos Fastbacks, o ótimo trio de powerpop de Seattle.

5 O Star Pimp era uma banda punk de São Francisco liderada por mulheres, bem nerd e que não economizava na distorção.

6 "20 Years in the Dakota" é aquela que traçou paralelos entre a difamação da imprensa a John/Yoko e a Kurt/Courtney.

7 B.A.L.L. era uma banda de Nova York, com um hard rock totalmente incrível e maluco. Era estrelada por Don Fleming; o chefe da gravadora Shimmydisc, Kramer; e The Rummager. O terceiro álbum, o "complicado" *Trouble Doll*, de 1989, é o que vale a pena. Formada com a atriz Ann Magnuson, a outra banda de Kramer – a sexualmente carregada, bem-humorada e excêntrica Bongwater – era ainda melhor. Seu incrível quarto álbum, *The Power of Pussy*, de 1991, é de uma tristeza inegável, além de contar com uma languidez desenfreada, obscenidade e pornografia. Os discos da Shimmydisc, de Nova York – Dogbowl, King Missile, B.A.L.L., Bongwater, The Tinklers, Daniel Johnston, Boredoms – eram poderosos.

8 Pelo menos foi o que Courtney afirmou na época...

CAPÍTULO 23

O casal real

LOS Angeles, 1992. Eu e o fotógrafo do *Melody Maker*, Stephen Sweet, estávamos em uma viagem de táxi de uma hora pelo Valley, procurando por um armazém onde dezenas de roupas de filmes antigos eram guardadas. Precisávamos fantasiar Kurt e Courtney como diabo e anjo para a capa de Natal de 1992 do *Melody Maker*. O dia estava sufocante de tão quente, e quando chegamos lá descobrimos que todos os trajes estavam em péssimas condições, mofados e velhos – e que o casal também não queria mais executar nossa ideia. Voltamos para casa. O cabelo de Courtney estava pintado de vermelho acobreado, e Kurt sugeriu pintar "Diet Grrrl" na barriga de Frances Bean para a foto de Stephen. Eles não queriam ser fotografados juntos, uma decisão aleatória que deve ter custado uma nova casa a Stephen. Ah, os caprichos da indústria da música!

O texto a seguir foi extraído da minha entrevista de duas partes com Kurt e Courtney, veiculada no *Melody Maker* durante o recesso do período natalino de 1992-93. A entrevista em si ocorreu antes de o casal voltar para Seattle.

Parte um

"Este é o trabalho mais difícil que já tive", começa o relutante astro. "Não dá para acreditar..."

Ele faz uma pausa.

"Mas eu gosto!", ele exclama. "Eu me divirto muito. Só que exige muito mais do que eu imaginava."

Ele faz outra pausa.

"Sabe, ela consegue peidar tão alto quanto eu..." "Ah, Kurt!", sua esposa o interrompe, ofendida.

"E arrotar tão alto quanto eu", ele continua descaradamente, dando um pequeno sorriso travesso.

"Pare com isso", sua esposa o repreende. "Não é feminino."

Mas ela é um bebê. Os bebês têm carta branca para peidar.

"Ah, tá bom", a mãe protetora diz, sossegada, olhando orgulhosamente para sua cria de olhos arregalados ao seu lado.

Ter um bebê fez você ver a vida de uma maneira diferente?

"Com certeza", responde Courtney. "Sim..."

Ela para, distraída pelo olhar do marido. Ele está revirando os olhos.

"Pare com isso! Por que você faz isso?", ela grita.

"Mas o que eu fiz?", ele pergunta, inocentemente, enquanto Frances estende a mão para ele.

"Mostrar desinteresse quando ligam o gravador."

"Eu já esgotei tudo o que eu tinha a dizer sobre bebês", Kurt Cobain – o astro de punk rock mais bem-sucedido dos Estados Unidos – diz, na defensiva. "Só não tenho nada importante a dizer. Quer dizer, dãã, é divertido, é ótimo, é a melhor coisa da minha vida."

O silêncio paira sobre o quarto. Voltamos a assistir ao mais recente episódio do desenho cult *Ren & Stimpy*, o novo favorito dos jovens americanos. A babá de Frances Bean Cobain aparece, pronta para levar a pequena – uma criança saltitante, irritantemente saudável e de olhos azuis (os olhos de Kurt, o nariz de Courtney) – ao andar de baixo para sua soneca.

Silêncio. Courtney toma um gole de seu chá morno de morango. Tomo um gole de vodca. Kurt arrota.

Todos nós temos aparências a manter.

A casa de Kurt e Courtney é o que há de melhor em Los Angeles, cercada por palmeiras e acessos sinuosos alinhados por folhagens e cercas de segurança.

Em seu interior, uma sala é reservada para as pinturas de Kurt – colagens e imagens estranhas e perturbadoras (ele pintava bebês sem cabeça quando sua esposa estava grávida, agora pinta anjos e bonecas). A cozinha é grande e antiquada, com um espelho ao longo da parede externa. Há vários quartos de hóspedes. No andar de cima, o armário de Courtney está abarrotado de vestidos vintage de "boneca". É maior do que alguns apartamentos em que já morei. Bem, quase.

Crostas de pizza e caixas de donuts meio cheias entulham a espaçosa sala principal. Há um telescópio, guitarras, livros antigos de rock, fotos recortadas, coisas de bebê espalhadas por toda parte – na área principal, um berço rosa de bom gosto, enfeitado com fitas. O aparelho de som num canto toca Mavis Staples.[1] O lugar tem um ar de ser apenas meio habitado, assim como a maioria das residências de Los Angeles. Quando chego, o casal está deitado na cama de casal no quarto principal, com Frances Bean ("Frances! Diga oi ao seu tio Everett!" – Courtney). Ela: usando camisola. Ele: de calça de pijama e o onipresente combo de cardigã e camiseta desalinhados. Na tela da TV, três roqueiros de vestidos detonam instrumentos de um jeito surreal, sem ligar para a música de fundo. É o novo clipe do Nirvana para "In Bloom". Courtney está vasculhando uma caixa colorida cheia de cartas para a banda, enviadas a Kurt por uma única garota. Há cerca de 30 ou 40, todas meticulosamente coloridas e escritas à mão, com uma fita de áudio acompanhando.

"Olha, Kurt!", Courtney escolhe um espécime particularmente lúgubre. "Ela soletrou seu nome sobre esses envelopes... ah, tem uma foto dela... [pausa] Ah, ela tem uma doença de desgaste muscular... temos que escrever de volta. Nós precisamos! Ela é deslocada, assim como eu!"

Kurt resmunga, concordando. Nós nos debruçamos sobre os rabiscos da garota com mais interesse, gratos por nunca termos passado por isso. Alguém coloca o nome dela na lista de cartões de Natal. Kurt decide que quer nos contar sobre seus tempos de ensino médio, mas deixa o assunto morrer.

"É porque você é um idiota chapado", Courtney o provoca. Todo mundo sabe que Kurt passava muitas horas na escola aproveitando a erva do demônio.

"Continue!", Courtney insiste com o marido. "Sempre sou eu que falo! Cansei."

Outra pausa. Frances gorgoleja um pouco, atingida por um raio de alegria. Não há mais sinal do grafite "Diet Grrrl" que seu pai desenhara em sua barriga antes. Kurt suspira.

Kurt e Courtney (ou Kurtney, como são conhecidos coletivamente) só deram duas entrevistas conjuntas antes – ambas para publicações americanas. Eles queriam falar com o *Melody Maker* para esclarecer alguns assuntos, principalmente sobre o perfil de Courtney que saiu na edição de setembro da *Vanity Fair*, uma sofisticada revista de moda.

Claramente, pisaremos em ovos.

Courtney murmura algo de onde ela está sentada, atrás da cama, perto do aparelho de som. Oi?

"Você estava errado", diz ela. "Eu deveria ter sido taciturna e recatada."

O quê?

"Quando eu te perguntei uns anos atrás", ela explica. "Naquele bar. Em Los Angeles."

Não dá para esconder sua personalidade – bom, talvez você consiga.

"Eu não ligaria", ela choraminga. "Eu já fui taciturna e recatada."

Ela está se referindo ao dia em que me conheceu, no ano passado, e me perguntou como deveria se comportar com a imprensa.

"Eu era muito reclamão e desagradável", Kurt interrompe. "Mas aí parei de interagir com as pessoas."

Por quê?

O cantor se vira de onde está deitado, esparramado no colchão. Courtney se levanta para desligar a TV.

"Porque eu estava cansado de fingir que era outra pessoa só para me dar bem com os outros, só para ter amizades", ele responde. "Eu estava cansado de usar camisas de flanela e mascar tabaco, então virei um monge no meu quarto por anos. E esqueci como se faz para socializar."

Mas você não bebia?

"Sim, eu bebia", ele concorda. "E eu era mais desagradável ainda quando bebia demais. Depois, houve uma época, durante os dois últimos anos do ensino médio, que eu não tinha amigos, não bebia nem usava drogas, só ficava sentado no meu quarto, tocando guitarra."

Então, quando você formou o Nirvana, começou a beber e sair com as pessoas e voltou para o contexto em que estava alguns anos antes.

"Na verdade, não", responde Kurt, espreguiçando-se. "Ainda tenho os mesmos melhores amigos de alguns anos atrás. A minha escala de atividade social sempre foi absolutamente mínima – nada, na minha vida inteira –, então o pouco de socialização que eu tinha nas festas, na época em que eu bebia, não era muito maior do que quando comecei a socializar novamente em Seattle.

"Comecei a andar com um pessoal tipo os caras do Mudhoney", continua ele. "Eu andava basicamente com gente de bandas. Eu não fazia parte de uma próspera cena social de Seattle. Tanto Chris quanto eu nos considerávamos estranhos – nós escrevemos uma música, 'School', sobre a cena louca de Seattle, como aquilo fazia lembrar o ensino médio. Não mudou nada. Eu só...", ele faz uma pausa, escolhendo as palavras com cuidado.

"Acho que morar em LA me deixou mais recluso", diz ele, "porque realmente não gosto daqui. Não encontro nada para fazer aqui. Não adianta sair e tentar fazer amigos, porque eu não sou tatuado e não gosto de death rock."

"Axl quer ser seu amigo", Courtney se vira para ele, sentando-se novamente. "O Axl acha que, se eu não existisse, vocês dois poderiam estar nos bastidores de shows de rock nos estádios fodendo garotinhas sem autoestima."

"Bem, sempre foi meu sonho", responde Kurt, sarcasticamente. "Vir a Hollywood e andar de moto com Axl na Sunset Strip – aí você veio e acabou com tudo."

"É o que Axl diz", Courtney explica. "Você ouviu sobre aquele show em que ele subiu no palco e começou a dizer algo como: 'O Nirvana é bom demais para tocar com a gente. Kurt prefere ficar em casa com aquela puta feia dele...'."

Mas é verdade, não é? Não a parte do "feia". Kurt prefere estar em casa com você, dando banho em Frances Bean e andando de camisola, em vez de ser amigo do Axl e dos machinhos. Por que ele deveria agir de outro jeito? É estranho como algumas pessoas famosas querem sair com outras pessoas famosas só porque todas são famosas.

Você gosta daqui, de Hollywood, Courtney, ou só se cansou de fugir? Pelo que sei da sua vida, parece que você está fugindo há um bom tempo.

"Eu sempre acabo voltando para cá", ela reflete. "A Jennifer [Finch, L7] mora aqui e sempre foi uma boa amiga. Eu ligava para ela e dizia: 'Essa cidade *não deu certo*!', e ela sugeria: 'Ah, vem para LA!'. É tão grande que acaba te absorvendo. As pessoas aqui são tão..."

Ela faz uma pausa, tentando encontrar as palavras certas.

"Pensamos que poderia ser fácil viver aqui porque as pessoas são treinadas para lidar com a fama", diz ela. "Mas, na verdade, não é bem assim. Eles não te encaram, mas sabem quem você é e, no momento em que você sai da loja, já estão no telefone com os amigos..."

Ela faz mais uma pausa.

"Não é nem isso", ela se corrige. "Eu não teria tantos problemas se não tivesse escolhido viver aqui. Eu só achei que seria interessante entrar no mainstream e foder com tudo, porque as pessoas sempre dizem que vão, mas ninguém nunca faz – e eu não tive muita escolha, na verdade. É estranho aqui: enfermeiras ligando para a Cowboy Capers [empresa de entregas de Hollywood] para pedir Valium. É assustador, porque todo mundo quer ser famoso. Todos eles querem fama."

"A fama é uma realidade maior aqui", o marido concorda.

"Sabe, também foi aqui onde tudo começou", acrescenta ela, "antes de me tornar a mulher que envenenou meu marido, antes de ocupar esta posição em que estou agora. Mas, até começarmos a sair, nunca tinha percebido que as pessoas de LA eram realmente assim".

Você se sente envenenado pela Courtney, Kurt?

"Pela Courtney ou pelo estigma da Courtney?", ele pergunta. "Envenenado por... toda a percepção fodida que as pessoas têm sobre nosso relacionamento. Todo mundo parece pensar que não é possível nos amarmos, pois somos considerados personagens de desenho animado, somos domínio público. Então os sentimentos que temos um pelo outro são considerados superficiais."

"Mas nem todo mundo pensa assim", acrescenta Courtney. "Só alguns astros do rock ultrapassados, especificamente homens, e, sobretudo, mulheres que trabalham na indústria da música americana. Acho que isso acontece porque, no início dos anos 1980, se você fosse mulher e quisesse tocar música, teria uma chance muito pequena de sucesso. Então muitas mulheres que queriam se empoderar no rock, sem cair na autodepreciação, entraram para a indústria da música – e são algumas das mulheres mais cruéis que eu conheço.

"Eu ouvi mulheres na indústria falando que o L7 é horrível, que a P.J. Harvey não é atraente, ideias ridículas... Eu só acho que essas mulheres poderosas têm uma natureza realmente competitiva e despeitada que se manifesta assim. Quando me casei com Kurt, tudo isso se exacerbou.

"É insano, essa questão realmente complexa... é uma tentativa de criar algo do nada – aquela coisa do superstar. Eles pelo menos tentam tirar meu intelecto, tirar minha ética e criar..."

Ela faz outra pausa, parecendo confusa.

Os pensamentos estão saindo rápido demais para um discurso coerente. Passe até cinco minutos na companhia de Courtney e você ficará impressionado com a torrente de palavras e ideias que brotam dela. Dizem que Courtney passa até 12 horas por dia ao telefone. Para ela, pensar é ser.

Você deve achar irritante, Kurt, que as pessoas acreditem que você seja um marido burro e dominado, porque isso está implícito em toda a imagem da natureza traiçoeira e perversa de Courtney Love.

"Sim, surgiram vários artigos assim", ele rosna. "Não sei explicar o que acontece comigo quando dou uma entrevista, pois acabo me fechando. É realmente difícil de explicar. Só não gosto de intimidade. Não quero que ninguém saiba o que eu sinto e o que eu penso, e se as pessoas não conseguem ter uma ideia de que tipo de pessoa eu sou através da minha música, então sinto muito.

"Não entendo como as pessoas podem me achar burro", continua ele. "Eu sei que minha música é semi-inteligente. Eu sei que é preciso um pouco de criatividade para escrever o tipo de música que eu faço, não é apenas barulho. Eu sei que existe uma fórmula ali – e trabalhei muito duro nela.

"Sempre fui o tipo de cara que, se eu acho que uma pessoa me vê de certa maneira, como se eu fosse idiota, então finjo que sou idiota na frente dela. Nunca senti necessidade de me provar. Se alguém já tem uma imagem errada sobre mim, tudo bem, que seja. Ficarei feliz em massagear seu ego."

Jackie, a babá de Frances Bean, grita do andar de baixo que tem alguém na linha para Kurt. Ele lhe diz para pedir a quem quer que seja que ligue de volta mais tarde. Bebo mais um gole de vodca e continuo.

A próxima pergunta vem me incomodando há algum tempo. Quão subversivo é o Nirvana? Courtney é subversiva por uma série de razões, entre as quais sua insolência e a maneira como ela irrita o establishment. Mas e o Nirvana?

"Não somos", responde Kurt, sarcástico. "É impossível ser subversivo no mundo comercial porque as pessoas vão te crucificar. Não há como fugir. Nós tentamos e quase fomos destruídos."

"Algumas coisas que aconteceram conosco são tão...", Courtney para, momentaneamente sem palavras.

"Por exemplo, depois que a bebê nasceu", ela prossegue, "uma assistente social entrou no meu quarto com uma foto da *Vanity Fair*, tentando levar nossa bebê embora. Ter que levar advogados para o hospital, aguentar muita, muita merda. Saber que as mães dos amigos ficaram horrorizadas, porque uma pessoa mentiu! O problema não é dizer que sou desagradável, pois eu sou, mesmo...".

A raiva dela vence.

"É impressionante o dano que esse artigo causou", rosna Kurt.

Certamente pintou Courtney sob um prisma muito ruim, como a "menina má" do rock americano – uma parasita que só quer dinheiro, uma mãe que usou drogas enquanto estava grávida, uma "Yoko" que tentou acabar com o Nirvana, uma insatisfeita que discutiu implacavelmente com sua "melhor amiga" Kat Bjelland, uma fraude, uma obsessiva, uma viciada em heroína. O artigo convenientemente ignorou o fato de que ela costumava ser – e presumivelmente continuará sendo no futuro – uma artista altamente respeitada, sobretudo se o novo single ("Beautiful Son") for algo a se considerar.

"Kurt não queria tocar no [MTV] Video Music Awards, por exemplo", continua sua esposa. "Se ele não tocasse no evento, tudo bem se eles nunca mais passassem os clipes dele ou da minha banda. Não era isso..."

"É que também", diz Kurt, "eles não passariam os clipes de mais ninguém da Gold Mountain, como Sonic Youth, Beastie Boys...".

Sim, Thurston Moore também me contou isso. Eles ameaçaram os empresários com um boicote a todos os artistas se o Nirvana não entrasse na dança. Você pode ser tão subversivo e radical quanto quiser, mas eles só se incomodam com você quando você é grande o suficiente para ser uma ameaça.

"Então, toda aquela canalhice política que o pessoal das gravadoras independentes me descrevia há anos é verdade", rosna Kurt. "Muitas pessoas, principalmente gente como Bruce Pavitt e Calvin Johnson – que tiveram muito sucesso ao longo dos anos divulgando música underground e independente, criando uma sensação de comunidade naquele ambiente e apenas exercitando toda a ética do 'faça você mesmo' –, conhecem histórias de artistas que foram ferrados pelas grandes gravadoras..."

Calvin Johnson dirige a K Records, gravadora independente e ferozmente militante de Olympia, cidade para onde Kurt se mudou depois de deixar Aberdeen e formar o Nirvana. Calvin costumava ajudar Bruce Pavitt (da Sub Pop) a administrar um fanzine no início dos anos 1980.

Olympia é uma pequena cidade universitária e progressista a uma hora de carro de Seattle. Em 1991, ela sediou a convenção International Pop Underground, responsável por parte do estímulo inicial para o Riot Grrrl. O Nirvana chegou a contribuir com uma faixa para o disco *kill rock stars*, uma compilação que reunia boa parte das bandas participantes da convenção, antes de ser (aparentemente) excluído da cena por assinar com uma grande gravadora.

Kurt continua seu discurso.

"Eu sei que algumas dessas pessoas que eu costumava admirar – gente que lançou revistas ou que manteve uma gravadora por anos – conheciam toda a sujeira dentro das grandes gravadoras, mas ninguém nunca me disse..."

Ele me soa estranhamente traído.

"Também nunca prestei atenção à grande imprensa", continua Kurt. "Nunca entendi a mecânica dela, como funciona. Nunca li uma entrevista de rock 'n' roll de uma grande gravadora, exceto na revista *Creem* quando eu era criança, e aquilo era sempre um deboche. Eu nunca li uma matéria da *Rolling Stone* que tenha ficado na minha memória – apenas folheei alguns dos artigos políticos."

No andar de baixo, dá para ouvir Frances Bean chorando. Kurt se levanta para descer, mas muda de ideia. "Agora que já aconteceu, até consigo achar graça", acrescenta. "Mas foi exagerado. Um pouco além da conta para conseguirmos aceitar com bom humor..."

"Um pouco?", Courtney o interrompe, mais furiosa do que nunca. "Assistentes sociais vindo para levar seu bebê, por causa de coisas que você não fez e palavras que não disse, isso não está dentro da lei, não é justiça...

"Esse artigo", ela desabafa. "Esse lance das drogas..."

Ela começa a ficar confusa, de tão exasperada.

"Nós usamos drogas e foi muito divertido, mas agora acabou. Qualquer pessoa que me conhece sabe que sou paranoica demais para ficar chapada o tempo todo..."

Ela faz mais uma pausa, procurando as palavras certas.

"É uma coisa tão insana", exclama, "o que foi feito e quem se feriu por causa da vingança de uma mulher. Pensando bem, Everett, acho que o fim do rock está bem próximo quando a Madonna está tentando comprar o Pavement[2] por 1 milhão de dólares e lançar fanzines de Xerox. Quando a Madonna me considera a vanguarda – é assim que dá para julgar como ela está por fora".[3]

O artigo da *Vanity Fair* abordou de maneira honesta e dura a afirmação de Courtney de que Madonna era vampírica, pronta para tirar de Courtney o que ela queria e deixar só uma carcaça.

"Quem", Madonna teria declarado, "é Courtney Love?".

Ela deveria saber. Foi Madonna quem pediu a seu empresário para trazer a banda de Courtney para o seu selo no ano passado. Foi a própria Madonna quem ligou para Courtney e quis marcar um encontro. Quer saber como eu tenho tanta certeza? Falei com Courtney imediatamente após a ligação, e ninguém inventa uma merda dessas.

"Eu gostaria de nunca ter aparecido no radar dela", Courtney reclama. "Não há nenhum mérito punk no fato de eu ter recusado?"

"É duas vezes pior para Courtney", explica Kurt, "porque ela nem teve a chance de provar que pode, como eu fiz. Eu posso ser subversivo neste momento, porque posso me dar ao luxo. Eu posso me safar se rasgar uma foto do Papa na televisão sem que isso cause tanto mal-estar quanto com alguém comercial como a Sinéad [O'Connor] – ou a Courtney, que não tem a segurança de ter vendido tantos discos...".

A bebê chora. Courtney interrompe o marido, animada.

"Como pode ter acontecido tão rápido?", ela diz, parecendo genuinamente perplexa. "Num intervalo de três meses, eu fui de disco do ano no *Village Voice* e artista nova até chegar ao ponto de ser Nancy Spungen."

Há algo que eu gostaria de deixar registrado. Eu tinha esquecido que o Hole foi uma das inspirações por trás do Riot Grrrl. Ver o Hole tocar ao vivo foi o que motivou Kathi Wilcox, baixista do Bikini Kill, a formar uma banda.

"Kathi me escreveu uma carta dizendo que queria começar uma banda e perguntando o que deveria fazer", lembra Courtney. "E eu escrevi de volta, sugerindo que ela procurasse as maiores vadias da cidade dela, aquelas que todo mundo odeia. Eu achei que se houvesse três pessoas que fossem consideradas as vadias da cidade na mesma banda, seria incrível. Não sei se foi a intenção, mas acabou acontecendo..."

Kathi contou essa história em seu fanzine, *Bikini Kill*, sobre a formação de sua banda, acrescentando que, quando viu Courtney, foi como se "a guitarra pegasse fogo, quase uma experiência religiosa".

"Eu as apoio muito, em um nível pessoal", pontua Courtney.

Ela então passa a falar sobre Julian Cope, incomodada pelos recentes anúncios da turnê dele na imprensa musical – *anúncios que a atacavam* pessoalmente.

"Ele é uma das pessoas que realmente me conhece", diz ela, magoada. "Não muito bem, mas ele me conhece, e era alguém significativo – com todos aqueles instrumentos de sopro e backing vocals – quando eu era mais jovem. Ele realmente me afetou, me encantou e me fez pensar: 'Uau, para um inglês, até que ele é bastante original e legal'.

"E agora, ao me criticar no texto do anúncio, é como..."

Ela faz uma pausa, atingida por outro pensamento.

"Mas de onde as pessoas tiram essa merda de Nancy Spungen?", ela pergunta. "Desculpe-me por ter pintado meu cabelo. Isso é mesmo tão superficial? É só porque sou loira?"

Bem, em parte porque você fazia piadas sobre isso nas entrevistas.

"Também tem esse lance Nirvana/Sex Pistols", ela me corrige.

Mas o Fulano Qualquer na Rua parece não perceber que pessoas em posições de poder podem brincar sobre algo que é considerado sério. Talvez ele nem tenha permissão para perceber isso. Talvez o Fulano seja só obtuso, mas duvido que seja isso. Provavelmente *é porque* as pessoas interpretam o que leem como lhes convém.

"Certo", Courtney concorda. "Mas acontece também que as mulheres, a menos que aceitem se dessexualizar totalmente, não são consideradas portadoras de intelecto..."

"Isso é realmente uma verdade", murmura Kurt.

"Se meu intelecto fosse considerado, ninguém jamais me chamaria de Nancy Spungen, porque Nancy Spungen não é intelectual", finaliza. "É porque eu escolhi negociar com o mundo nos termos do mundo – eu disse: 'OK, vou fazer uma experiência', depois de ter passado a maior parte da vida sendo banal e desinteressante. Então decidi perder peso e usar batom e ver o que acontecia – ser um pouco perigosa, mais subversiva."

"É muito mais fácil", diz o marido.

"Para mim, foi", ela concorda, "mas, ao mesmo tempo, o que aconteceu é que nós nos casamos, e aí algumas pessoas ficam tentando tirar meu sustento e o que mais importa para mim fora do círculo da minha família. E agora estão tentando tirar inclusive a minha família.

"Bem, eu e Kurt nos casamos e ficamos no mesmo nível – a banda dele sempre esteve à frente, mas ela começou antes da minha –, então, de repente, eles viraram um sucesso enorme e aí deixamos de ser iguais. Ele está envolvido no livre comércio na América, enquanto eu não estou fazendo muita diferença. É simplesmente incrível."

Ela faz uma pausa.

Parte dois

"Uma coisa que me agradou", diz Courtney, tragando um cigarro, "que me surpreendeu muito e com a qual aprendi muito, é a proteção psíquica que tenho, vinda de tantas garotas e mulheres...".

Ela faz uma pausa. Não tenho certeza se entendi o ponto dela.

"Quero dizer, é muito óbvio, a menos que você seja idiota", ela continua. "Tipo, eu saio por aí dizendo: 'Ah, ele deveria estar casado com uma modelo, mas ele se casou comigo', e falo de um jeito sério."

Este é um território mais familiar. Essa é, na verdade, a frase que Courtney costuma usar quando tenta irritar as pessoas que acham que Kurt foi imprudente por ter se casado com ela. O argumento dela é algo como: 'E com quem ele deveria ter se casado? Uma modelo?'. A questão é que Kurt não é assim.

"Eu devo ter sido sarcástica em umas 60 coisas que disse à *Vanity Fair*", ela continua, "e eles acharam que era sério porque são muito burros. Eles tinham essa atitude meio: 'Vamos ser condescendentes com essa gente maluca do punk rock e fazer alusões a como, no mundo deles, o sucesso é ruim. Eles não são fofos?'".

Mas Kurt, você nunca disse que o sucesso era ruim, disse?

"Que tipo de sucesso?", ele suspira. "Sucesso em geral? Sucesso financeiro? Popularidade com uma banda de rock? A maioria das pessoas pensa que o sucesso é ser extremamente popular comercialmente, vender muitos discos e ganhar muito dinheiro. Ter atenção constante do público.

"Eu me considero um sucesso porque ainda não estraguei minha música", prossegue ele, "mas falo somente no nível artístico. Todos os outros aspectos do sucesso estão me deixando louco – Meu Deus! Metade do tempo eu tenho vontade me matar."

Mesmo assim, as pessoas não entendem. O Nirvana recebe muitas críticas de gente que conheço porque (a) Kurt Cobain reclama muito, e (b) o Nirvana critica as bandas de rock corporativas, mesmo sendo uma delas.

"Ah, façam ele devolver tudo, aquele pirralho ingrato!", zomba Courtney.

"O que eu realmente não suporto no sucesso é quando as pessoas me confrontam e dizem: 'Ah, você deveria apenas relaxar e aproveitar'", explica o marido, interrompendo-a. "Eu não sei quantas vezes eu tenho que dizer isso. Em primeiro lugar, eu nunca quis nada disso.

"Mas, no fim, eu gosto do dinheiro", ele cede. "É algo que pelo menos dá uma sensação de segurança. Eu sei que minha filha vai crescer e ter comida no prato. OK, é uma sensação muito boa, mas..."

Mas a Frances só será tratada com carinho pela frente: as pessoas vão beijar o traseiro dela e esfaqueá-la pelas costas ao mesmo tempo.

"Sim, mas ela já vai saber disso, porque ela saiu de nós e já será cínica no jardim de infância", responde Courtney, olhando com carinho para o berço vazio. "Ela já é cínica."

"Não é minha intenção reclamar tanto", continua Kurt. "Mas tem tanta coisa que não sou capaz de explicar em detalhes."

"Eu sou", Courtney afirma.

"As pessoas não fazem ideia do que acontece", reclama o marido. "A politicagem nojenta de ser uma banda de rock comercial de sucesso é realmente cansativa. Ninguém faz ideia."

"Não importa", Courtney quase grita. "Acontece que você conseguiu seu sucesso e foi vitimado por ele, mas eu ainda não pude me provar para mim mesma.

"Lembro que, no ano passado, a Kat foi para Chicago, fomos a um bar e começou a tocar *Nevermind* – bem quando estava ficando realmente famoso. Então nós ficamos lá, sentadas, bebendo e bebendo, e começamos a sentir muita raiva. Porque percebemos que nenhuma garota conseguiria fazer aquilo. Eu quero escrever um disco realmente bom e ainda não o fiz."

Discordo de você neste ponto, Courtney. O *Nevermind* é um grande disco. Mas [o single do Hole] "Teenage Whore" também é. O *Nevermind* foi feito por um grupo de caras. Por que deveria ter sido feito por um bando de garotas?

"Nenhuma garota conseguiria sair do underground e fazer isso", ela argumenta. "O fato é que alguém conseguiu. Aconteceu."

Mas o Hole era uma banda impressionante, principalmente ao vivo. Não consigo pensar em muitos artistas tão poderosos e fatalmente magnéticos no palco quanto você. Estou falando sério.

"Sim, Everett, mas pouca gente se lembra disso", Courtney responde, suspirando.

Quero dizer que você está se julgando pela ótica do seu marido, e isso é ridículo. Você não escreve músicas como Kurt – por que você faria isso?

Vocês são pessoas diferentes. Se o mercado comercial se recusa a aceitar sua música, então é uma falha do mercado, não da sua música.

E tem mais: seu casamento e sua gravidez significam que sua carreira foi suspensa no ano passado. Você não escreveu muitas músicas novas, não lançou um disco, não tocou ao vivo. Por isso quem só conhece você através do Kurt não tem base para te julgar, além da sua imagem pública de "garota má".

Em suma, você precisa voltar lá e fazer acontecer se quer recuperar o respeito que sua música já teve. Narrativa nenhuma pode mudar isso.

"O fato de eu me julgar pela ótica do Kurt é parte da minha adesão a toda a ética do rock masculino também", explica Courtney. "Sabe, Kim Gordon – como toda mulher que eu já respeitei – me alertou que este casamento seria um desastre para mim. Todos me disseram que eu sou mais importante que Kurt porque eu tenho minhas letras e sou culturalmente mais simbólica – e todos previram exatamente o que iria acontecer.

"Na época eu rebati: 'Não, nada disso vai acontecer'", lembra ela, amargamente. "Todo mundo sabe que eu tenho uma banda, todo mundo sabe a respeito dela, e eu vou conseguir – meu casamento não será mais importante que a minha banda."

Ela faz uma pausa e depois explode.

"Mas não só meu casamento se tornou mais importante do que a porra da minha banda, como nosso relacionamento foi violado", ela lamenta. "Se não estivéssemos fazendo esta entrevista juntos, nenhum jornalista homem ousaria perguntar a Kurt se ele ama sua esposa. 'Você ama sua esposa?' 'Vocês trepam?' 'Quem fica por cima?' Não estou falando que você faria isso, Everett.

"Eles não pediriam para ele explicar seu relacionamento comigo, porque ele é um homem, homens são homens e não são responsáveis por nenhuma decisão emocional que possam tomar."

Ela chega a tremer com a emoção.

"Homens são homens!", ela exclama. "Eles fazem trabalho de homem! Eles fazem coisas de homem! Se eles não sabem escolher mulheres... foda-se! De repente, Axl, Julian Cope e Madonna decidem que eu sou uma má escolha, e essa é a maldição da minha vida, que merda. O que eu vou falar?

"Eu nunca tinha vivido o sexismo", diz ela, agitada. "Eu realmente não tinha vivido isso de forma marcante com minha banda até este ano. E agora eu sei. Essa atitude de que o Kurt é mais importante que eu, porque ele vende mais discos. Bom, foda-se. Chupa meu pau, então!"

Há um breve silêncio. Courtney está apenas tomando fôlego antes de partir para o golpe final.

"Você não ficaria bem de couro", Courtney diz para Kurt, olhando com carinho para ele. "Kurt, Julian Cope, Axl Rose e Danny Partridge andando de limusine, fodendo mulheres estúpidas e sem amor-próprio que querem dar para eles em troca de um pouco de atenção para si mesmas, em vez de pegar suas guitarras e dizer: 'Fodam-se vocês, eu posso fazer isso com integridade e com mais ética do que vocês, com uma revolução e – fodam-se!'. Pra começo de conversa eu criei essa coisa de rock, para minha própria diversão, e vou recuperá-la.

"Eu sempre mantenho meus ideais elevados sobre rock e, ainda assim, eu mereço tudo isso." Ela recorre ao sarcasmo, agora que está bem energizada. "Eu mereço ser estuprada por uma multidão se eu me jogar na plateia de vestido; eu mereço ser estuprada se eu for a um bar e estiver de biquíni; eu mereço ser estuprada porque eu fiz tudo o que mencionei antes – fisguei um jovem astro do rock prestes a estourar, tive um bebê, fui uma stripper, usei drogas...

"E, para completar, ainda sou vista como uma abusadora de crianças!", ela vocifera, angustiada, voltando a disparar exclamações. "Duas pessoas neste mundo que nunca machucariam uma criança ou uma pessoa inofensiva. Nunca. Eu nunca briguei com pessoas inofensivas. Sempre ataquei aquelas que eu achava que fossem corruptas ou mais corruptas do que eu."

Silêncio.

"Pronto", ela acrescenta, gentilmente. "Agora eu terminei." De longe, chega o som de um bebê chorando.

"Eu não pensei nesses termos quando gravei meu disco", diz Kurt, agitado. "Embora, no final, eu tenha permitido que o disco fosse produzido de forma mais limpa e comercial do que eu queria. Não sei por qual motivo, além de estar cansado de ouvir as mesmas músicas. Tentamos remixar três vezes e ligamos para um engenheiro de mixagem profissional [Andy Wallace] para fazer isso, e, a essa altura, eu estava tão cansado de ouvir as músicas que disse: 'Vá em frente, faça o que quiser'."

"Você diz que não pensou nesses termos porque você é mais punk do que eu?", Courtney pergunta a ele, ofendida.

"Não, não estou dizendo que sou mais punk do que você", retruca Kurt. "Na verdade, eu me pergunto se não estava pensando inconscientemente que queria sucesso, porque eu queria..."

"É um pecado tão terrível dizer que vocês queriam estar na *Billboard*?", ela pergunta a ele. "Que sabiam que seriam populares ou que seriam astros do rock?"

"Eu sabia que ficaríamos famosos, só não sabia que ficaríamos tão famosos", diz ele. "Já cansei de explicar isso. Estou cansado de dizer: 'Ah, achávamos que faríamos tanto sucesso quanto o Sonic Youth', e toda essa merda. É tão chato, a essa altura."

"Mas não existe outra parte de você, aquela personalidade que escreveu 'Aero Zeppelin' que...?", começa Courtney.

"Sim!", seu marido exclama. "Existe! E talvez tenha sido por isso que permiti que o disco fosse mixado comercialmente o bastante para que qualquer música pudesse chegar às rádios, talvez eu estivesse pensando que seria engraçado, realmente hilário ver até onde chegaríamos, quão populares poderíamos ser."

"Bom, essa era a minha desculpa até o casamento acontecer", Courtney dá de ombros, "que seria engraçado e meio hilário, e agora eu não acho que seja nenhuma dessas coisas. No entanto, o desejo ainda existe. E eu não sou a Yoko Ono do Nirvana – fui eu quem perdeu dois membros da banda, não o Kurt."

"Você não perdeu nenhum membro da banda por causa disso", Kurt retruca, aborrecido.

"Não por isso", responde Courtney. "Mas minha banda perdeu dois membros. Você pode fazer o que quiser com isso e dizer que arruinou minha vida. Onde está a teoria de que é você quem manda aqui? De que você está me derrubando? Ninguém chegou a essa teoria. Você não foi vitimizado por toda a carapuça machista."

"Prefiro estar na sua posição do que ser considerado um idiota", reclama Kurt, "um fantoche sendo manipulado 24 horas por dia. Você não perdeu os membros da sua banda por nada relacionado a este casamento, ou por estar associada a mim..."

"Não estou dizendo que foi..."

"Perdi mais bateristas do que você", alega Kurt.

É interessante que Courtney tenha levantado esse ponto sobre o desequilíbrio em seu relacionamento. Alguém comentou comigo recentemente que acha que Kurt Cobain é um dos maiores machistas dos Estados Unidos.

Kurt fica extremamente irritado.

"Isso não é verdade", diz Courtney, saltando em sua defesa. "Não. Já conferi, e não, mesmo."

"Um comentário como esse é apenas uma tentativa patética e desesperada de ter algum tipo de opinião...", começa Kurt irritado, antes de ser interrompido por mim.

Não, calma. Acho que eles estão se referindo ao seu relacionamento, à forma como ele castrou a arte de Courtney de forma tão eficaz (especialmente porque Courtney era um modelo feminino muito forte antes do casamento). O comentário não pretendia ser uma reflexão sobre você – apenas sobre a maneira como as pessoas percebem seu casamento.

"Sei", diz Kurt. "Não entendo como isso acontece."

"Todas essas teorias da mídia sobre o relacionamento entre duas pessoas", diz Courtney, "é minha culpa, por permitir que jornalistas entrem na minha casa. Agora eu sei por que as pessoas dizem: 'Não vou falar sobre meu marido famoso'. Nós nos tornamos esses dois personagens de desenho animado, qualquer um pode teorizar sobre nós...".

Ela para e segue em outra direção.

"Não dá para agradar a todos", diz ela. "Eu não me importo se eu for criticada. Não dou a mínima se eu receber uma crítica ruim. Eu não me importo se as pessoas dizem que sou uma vadia ou que sou desagradável, porque eu sou mesmo. Ou aquele papo de ser uma bruxa, ou aquele [editor de conteúdo do *Melody Maker*] Paul Lester dizendo que eu sou feia e a [estrela das paradas americanas] Debbie Gibson é bonita... Porra, eu acho essa merda muito engraçada. É essa mania de mentir. Entende?"

Nesse momento, ela começa a acelerar mais uma vez.

"É a minha vida", diz ela, quase soletrando as palavras.

"Uma assistente social entrou no hospital para tentar tirar minha bebê de mim, tirar minha bebê de mim. Gastamos centenas de milhares de dólares com advogados... Que seja. Eu sei que parece loucura..."

Ela faz uma pausa e respira fundo.

"O artigo da *Vanity Fair* colocou palavras na minha boca, coisas que eu teria dito sobre Madonna, mas nunca disse", continua ela. "Eles distorceram tudo.

"Eu não usei heroína durante a gravidez. E, mesmo que tivesse usado, mesmo que eu tivesse cheirado cocaína todas as noites e tomado ácido todos os dias, a porra do problema é meu. Se sou imoral, é assim que eu sou. Não é da sua conta se sou imoral ou não.

Ela faz uma pausa, tentando organizar as palavras.

"Um fotógrafo da *Vanity Fair* me pegou fumando um cigarro. No meu próprio aniversário. Devo ter fumado uns quatro cigarros em seis horas. Eu estava fumando um cigarro em uma das fotos. E a fila de revistas interessadas nessa foto dobrava o quarteirão, a ponto de esse filho da puta me cobrar 50 mil dólares para me entregar as fotos. É chantagem, chantagem pura e simples. E se eu não pegar as fotos, eles vão continuar atrás dela [Frances Bean]."

Em alguns estados americanos, essas fotografias seriam suficientes para provar que Courtney é "inapta para ser mãe", dando assim ao estado direitos legais de ficar com a custódia da criança.

"Eles apresentaram um relatório legal contra mim, com base no artigo da *Vanity Fair* e nada mais, nenhuma outra merda de evidência, dizendo que eu era uma mãe incompetente", continua ela. "Que fumei durante a gravidez. Foda-se. Todo mundo fuma durante a gravidez – quem liga? E tudo porque me casei com Kurt, porque ele é gostoso, jovem e bonito.

"E eu não compro essa ideia de que as pessoas se preocupam com o bebê", acrescenta ela. "Se alguém quer saber do meu problema com drogas, pode perguntar à minha filha gorda e esperta de quase cinco quilos, ela vai responder qualquer pergunta sobre esse assunto."

"Só quero voltar ao lance do Kurt-que-reclama-do-sucesso", diz Kurt, interrompendo o fluxo de invectivas de sua esposa. "Quantas perguntas sobre meu sucesso são feitas em cada artigo? As pessoas estão tão obcecadas com isso, que é tudo o que tenho a chance de falar. Dez variações diferentes da mesma pergunta a cada entrevista."

"Seu engraçadinho!", Courtney grita, imitando os entrevistadores. "Você não se propôs a fazer sucesso! Que ponto de vista é esse! Cinderela!"

"É uma boa farsa, é uma boa imagem", diz ele, sarcasticamente. "Isso é realmente muito entediante."

"Por que não trocamos?", Courtney diz, voltando ao início da entrevista. "Eu serei taciturna e recatada, e você será reclamão e desagradável."

Então você seria o Axl Rose.

"Não, então eu seria a braguilha dele", ela me corrige. "Me fode, Kurt, me fode, Julian, me fode, técnico de bateria do Julian, me façam sentir que eu valho alguma coisa! É ridículo. E, por 50 mil dólares, eu tenho que comprar essa imagem de uma mulher muito grávida com uma guirlanda no cabelo fumando um cigarro, toda a simbologia da fertilidade com um cigarro. Como se tivesse sido planejado, como se eu tivesse feito para provocar!"

Ela está fora de si mais uma vez.

"Alguém ligou para o meu empresário depois do artigo da *Vanity Fair*, dizendo: 'Courtney acha mesmo que ela está fazendo aquela cena chocante de rock dos anos 1970?' – como se eu tivesse plantado todo esse sensacionalismo com drogas e cigarros!

"Pergunte ao Kurt", ela continua. "Eu não queria falar com a *Vanity Fair*, porque sabia que seria baseado naquele assunto da Madonna e do nosso casamento. Eles nem mesmo entrevistam gente do rock – eu vendo

60 mil discos, o que diabos eles querem comigo? Mas fui mesmo assim, porque eu estava tão cansada de mulheres da indústria falando coisas terríveis sobre mim.

"Eu pensei que, se eu saísse na *Vanity Fair*, todo mundo calaria a boca e me deixaria em paz", ela lamenta. "Mas esse foi o meu erro, eu simplesmente não deveria ter aceitado. Eu deveria ter aprendido mais sobre a grande imprensa e sobre o modo como eles trabalham.

"Além disso, fizeram parecer que eu competia com a Kat [Bjelland], é como... Eu fui induzida. Eu estava brava com a Kat por um motivo específico e acabei sendo provocada a fazer uma fofoca em off."

De acordo com a *Vanity Fair*, Kat e Courtney entraram em uma discussão amarga sobre quem teria começado a usar os vestidos de "puta do jardim de infância" pelos quais ambas são famosas. Kat foi citada como tendo dito: "Ontem à noite, sonhei que a matei. Eu estava realmente feliz".

"E então ela incitou Kat a dizer coisas sobre mim, contando a ela o que eu disse", continua Courtney. "Se você notar, não existe registro da Kat falando merda nenhuma sobre mim, e eu certamente não queria ser gravada falando merda sobre ela. Não somos mais melhores amigas, mas não nos odiamos. É ridículo que isso tenha virado algo em que as pessoas precisem escolher uma de nós. Somos diferentes. Escrevemos de forma diferente.

"Mas isso torna tudo tão competitivo", acrescenta ela. "É por isso que o foxcore/Riot Grrrl é tão competitivo. É como o rap. Há um lugar vazio, e só há espaço para uma de nós nesse lugar."

A fita acaba. Courtney decide que já disse o suficiente. Kurt concorda com a cabeça. Hora de ver o novo clipe do Nirvana mais uma vez e discutir se vamos sair hoje à noite. A banda de rock irlandesa Therapy? está tocando no Whisky a Go Go.

Courtney decide me acompanhar – é a primeira vez que ela sai em Los Angeles desde o parto.

Kurt prefere ficar em casa e cuidar da bebê.

NOTAS

1 Vocalista do Staple Singers, Mavis tinha um vozeirão contralto gospel cheio de soul. O álbum que Kurt colocou para tocar era o *Mavis Staples* (1969), produzido por Steve Cropper.

2 "Eu realmente não gosto muito de mim e me sinto culpado só por me expressar", disse o vocalista do Pavement, Stephen Malkmus, para mim uma vez. "Essa é a frase clássica que todo mundo usa. Eu me sinto assim e tenho certeza de que os

Kurt Cobains deste mundo também se sentem. Mas o que dizer? *I Hate Myself and I Want to Die* é um ótimo título para um álbum do Nirvana. É uma pena que ele não tenha usado. O que fazer? Ame a si mesmo e comece a viver."

3 A gravadora da Madonna, Maverick, é conhecida por ter assinado com a estrela chorona de pop canadense Alanis Morissette, que vendeu milhões de discos.

CAPÍTULO 24

Fetos e cavalos-marinhos

"KURT é um vampiro", afirma Jennifer Finch.

Um o quê?

"Acho que o Kurt era um grande compositor de melodias", explica a ex-baixista do L7, "mas lhe faltava muita experiência de vida real e capacidade para contar uma história de fato, comunicar com clareza a solidez daquilo em que estava pensando. E isso é bem o que a Courtney domina. Ela é uma excelente compositora, excelente letrista, excelente escritora. Em dado momento, isso se tornou mutuamente vantajoso. Acho que muitas pessoas pensam que o Kurt a elevou como artista ou personalidade. Isso me parece questionável. O que você acha?"

"Isso é interessante", comenta o fotógrafo Charles Peterson, "porque o Kurt tem a emoção, mas a maioria das letras dele não faz sentido. Eu me lembro de dizer ao Jonathan [Poneman] que a Sub Pop deveria pôr as letras do *Bleach* num encarte, porque ninguém entendia o que o Kurt estava falando. Ele retrucou: 'Não. As letras não têm sentido mesmo, então, seria um tiro no pé'".

Eu tenho um songbook para piano do Nirvana e ele é, tipo...

"'*I'm a mosquito/ My libido*'",* ri Jennifer. "Entendo o que você está dizendo."

"Courtney é uma verdadeira contadora de histórias", concorda Charles. "Ela conduz você até um ambiente e cria um imaginário muito sólido, mesclando o que pode ser bem interpretativo e o que não é. Tipo: 'A lâmpada é azul'."

* "Sou um mosquito/ Minha libido." [N. T.]

Ele faz uma pausa. "Você acha que isso se traduzia na vida pessoal de Kurt, no fato de ele ser incapaz de conversar sobre as coisas?"

"Havia momentos em que Kurt era muito específico e comunicativo", responde Jennifer, "e outros em que não conseguia falar nada sobre as próprias necessidades. Ele era um véu de caos, de emoções não específicas. Courtney era mais algo como: 'Preciso que tal coisa aconteça. Preciso de tal coisa para ficar confortável'".

Como você descreveria a Courtney? Finja que eu não a conheço.

"Não existe uma única frase que possa englobar tudo", afirma ela. "O vento sopra, a situação muda e eles se tornam pessoas diferentes. Ainda acho que ela nunca deveria ter saído com o Kurt."

No dia 15 de dezembro, a Geffen lançou *Incesticide* – uma coletânea de sessões da BBC, demos, versões alternativas e canções não lançadas. A gravadora queria um novo álbum, mas Kurt sequer começara a escrever as letras de suas músicas mais recentes. Além disso, o Nirvana queria ver quem eram os "verdadeiros fãs" entre o público, testando sua lealdade ao lançar um material que não era tão imediatamente palatável quanto *Nevermind*. E eles responderam bem. Mesmo com pouca divulgação, o álbum vendeu 500 mil cópias em dois meses, e depois atingiu a marca de 3,2 milhões de cópias vendidas no mundo todo. No entanto, como era de se esperar, a qualidade das músicas variava.

"Caramba", escreveu Kurt no *press release* original sobre "Aero Zeppelin". "Vamos apenas juntar alguns riffs de heavy metal sem nenhuma ordem específica e dar um nome bizarro em homenagem a nossas bandas favoritas de rock chato dos anos 1970."[1] A faixa realmente tem um som pesado, datado, lembrando a época em que Kurt e Krist eram fortemente influenciados por seus colegas mais próximos, sobretudo o Soundgarden. O mesmo vale para "Mexican Seafood" e "Hairspray Queen", também extraídas da demo de Dale – mas aqui o principal assunto é o Scratch Acid.

"A inclusão dessas faixas me incomodou por um tempo, porque eu gostaria de ter tido uma chance de remixá-las", comenta Jack Endino sobre as músicas.[2] "Eles literalmente pegaram a fita do primeiro dia em que as gravei, quando mixamos dez músicas em uma hora, e colocaram no *Incesticide*. Eles não me deram nem uma chance de arrumá-las."

Muito melhores são as faixas extraídas dos singles do Reino Unido, como "Sliver" e "Dive" – a primeira estourando de angústia; a outra, uma das melhores músicas que o Nirvana gravou, com suas metáforas ingênuas de Olympia e linhas de baixo agitadas.[3] "Stain" é um catálogo incansável de perturbações e alienação, digna de uma letra da fase inicial dos Ramones. As próximas canções é pegar ou largar: "Turnaround" não foge da ideia do Devo, e sempre preferi os originais dos Vaselines de "Molly's Lips" e "Son of a Gun" às versões do Nirvana. A acelerada e quase descartável "(New Wave) Polly", tirada das sessões de Mark Goodier, não se compara à versão do *Nevermind*, um experimento de estúdio que provavelmente nem deveria ter sido lançado. "Beeswax" e "Downer" eram OK, mas não precisavam ser revisitadas. "Big Long Now" não entrou no *Bleach* – e por um bom motivo. É um grind melancólico e lento, um sub-Melvins.

A melhor música é a última, "Aneurysm" – também da sessão de Mark Goodier –, com seu início maníaco e apaixonado seguido de uma batida pesada e Kurt gritando seu amor por Tobi Vail. Não é preciso entender as palavras para identificar a emoção. A voz de Kurt se conecta num nível rudimentar, visceral.

A capa traz uma arte de Kurt Cobain: uma pintura perturbadora de uma figura esquelética e uma criatura distorcida semelhante a um bebê com máscara no rosto – a maior delas segura algumas papoulas vermelhas. O clima é sombrio, sugere traição – tanto familiar (daí o título "em tom de brincadeira" do álbum) quanto geral. Há pouquíssima emoção, o sentimento é mais de uma fria rejeição.

A contracapa, por sua vez, exibe um pato amarelo de borracha em *close*.

Nas notas do encarte, Kurt reconta a história de quando foi à loja de discos Rough Trade, na Portobello Road, no oeste de Londres, em busca do primeiro álbum dos Raincoats. Estava fora de estoque, mas a funcionária da loja conhecia a ex-violinista dos Raincoats, Ana de Silva. Ela contou que Ana trabalhava numa loja de antiguidades ali perto e desenhou um mapa para Kurt.

"Pouco depois", escreveu ele, "cheguei a essa loja mágica, que estava repleta de variações de um outro item que eu vinha procurando compulsivamente nos últimos anos – bonecas esculpidas em madeira, muito velhas, detonadas, estilo marionete. Eu tinha fantasias sobre encontrar uma loja com várias dessas. Eles não aceitavam meu cartão de crédito, mas, de qualquer modo, as bonecas eram caras demais. Ana estava lá, então educadamente me apresentei, vermelho feito um pimentão, e expliquei o motivo da minha intrusão. Eu me lembro do chefe dela quase me queimando com o olhar. Ana disse: 'Bem, talvez eu tenha algumas cópias do disco, então, se encontrar uma, mando para você' (bem formal, bem inglesa). Saí de lá me sentindo um idiota, como se eu tivesse violado o espaço dela, pensando que ela devia achar que minha banda era brega".

Algumas semanas depois, Kurt recebeu pelo correio uma cópia em vinil do álbum dos Raincoats, acompanhado de letras, fotos e autógrafos. "Fiquei mais feliz com isso", escreveu ele, "do que tocando na frente de milhares de pessoas a cada noite, com a idolatria dos fãs, com a indústria da música puxando meu saco e os milhões de dólares que ganhei no ano anterior".

Kurt detalhou todos os outros pequenos momentos nos quais sentiu que sua fama era uma bênção – os desenhos que Daniel Johnston[4] lhe enviou; o single dos Stinky Puffs[5] que o enteado de Jad Fair, Simon, lhe mandou pelo correio; ter tocado no mesmo palco que o cantor dos Wipers, Greg Sage, em Los Angeles; ter sido convidado para produzir o novo álbum dos Melvins; ter recebido uma primeira edição autografada de *Almoço nu*, do reverenciado poeta beat junkie William S. Burroughs; ter ganhado um LP do Mazzy Star;[6] ter tocado "The Money Will Roll Right in" com o Mudhoney; ter beijado Krist e Dave no *Saturday Night Live* "só para provocar homofóbicos"; ter conhecido Iggy Pop; ter tocado com bandas como Breeders, Urge Overkill, TV Personalities, o sempre tumultuoso Jesus Lizard, Hole, Dinosaur Jr...

"Mesmo que todas essas coisas sejam especiais", explicou ele, "nenhuma me deu nem a metade da alegria de ter um bebê com uma pessoa que é um exemplo absoluto de dignidade, ética e honestidade. Minha esposa contesta as injustiças – e o motivo de ela ser atacada com tanta hostilidade é que ela não age como o homem branco corporativo gostaria. As regras dele ditam que as mulheres sejam submissas, quietas e não contestadoras. Quando ela não segue suas regras, o homem ameaçado se assusta".

No dia 1º de janeiro de 1993, Kurt fez uma sessão de fotos usando pijama no Four Seasons Hotel, em Seattle, para uma reportagem de capa da *The Advocate*. "Foi legal", lembra Charles Peterson. "Não havia nenhum assessor de imprensa, eu não tinha assistente. Nada de cabelo e maquiagem. Foi no hotel em que eles estavam hospedados no centro, perto do Pike Place Market." Kurt foi visivelmente franco no artigo, lisonjeado por estar sendo entrevistado por uma revista gay:[7] falou à vontade sobre a esposa, a banda, o uso de drogas, o ódio que sentia por Lynn Hirschberg e a respeito de seus negócios.

"Na imprensa, a imagem de Courtney é a da Nancy Reagan da relação", comentou o jornalista Keith Allman. "É doentio", retrucou Kurt. "Meu Deus! Não quero dizer algo como: 'Bem, na real, sou eu quem mando nesta casa'. Temos influência um sobre o outro. É totalmente meio a meio. Courtney insiste nisto: ela tem sua própria conta e, quando pega dinheiro emprestado comigo, tem que pagar de volta [isso não era exatamente verdade]. Ela só me deve 6 mil dólares. Somos milionários, mas ela vai ao Jet Rag [um brechó em Los Angeles] comprar roupas – vestidos de cinco dólares. Grande coisa! Compro vestidos de cinco dólares para ela com todo o prazer."

Kurt revelou que ele e Courtney gastaram 1 milhão de dólares no ano anterior: 80 mil com despesas pessoais, 380 mil em impostos, 300 mil com a casa em Carnation e o restante com médicos e advogados. "Isso inclui aluguel de carro, comida, tudo", afirmou ele. "Não é muita coisa; definitivamente, não é o que o Axl [Rose] gasta por ano."

Krist começou 1993 visitando seu país de origem, Bósnia e Herzegovina – que estava em meio a uma terrível guerra civil, já que a antiga Iugoslávia havia se dividido em várias facções diferentes após o desmembramento da União Soviética. Ele se encontrou com membros do Grupo de Mulheres de Tresnjevka, uma organização voluntária que dava apoio a mulheres refugiadas, e soube das horríveis torturas sofridas por várias delas – bósnias, muçulmanas, croatas –, que foram estupradas por saqueadores do exército sérvio. Ao voltar, ele começou a organizar um show beneficente, que aconteceria em São Francisco em abril de 1993. O baixista também escreveu um artigo para a imprensa musical dos Estados Unidos, destacando esses problemas.

Em Seattle, a moda pós-Nirvana ainda estava a todo vapor: a Gap e a Next colocaram seções "grunge" em suas lojas de roupas; o *LA Times* publicou um artigo ridículo intitulado "Grunge-A-Go-Go"; a pomposa *Vogue* fez ainda pior com um ensaio fotográfico de dez páginas sobre "roupas grunge". A intenção de todos esses artigos parecia ser vender um visual emaciado, anoréxico e infantiloide, padronizado por modelos como Kate Moss, que vestiam camisas de seda de 500 dólares com estampa de flanela e jeans cuidadosamente rasgados, muitas vezes fumando um cigarro. Sem falar nos editoriais pontificando sobre como os jovens da atualidade estavam cansados da "alta" moda e queriam a volta de algo mais orgânico, mais "de rua"...

Ah, e vestir "camadas" estava na moda – estilo inventado por pessoas empobrecidas nos anos 1920 pela pura necessidade de combater o frio. O fato de que essa tendência não era exclusiva de Seattle – e que seus adeptos mais famosos, o Nirvana, sequer eram dessa cidade – parecia passar batido pela maioria dos jornalistas e editores de moda.

Filmes "grunge" foram lançados – alguns excelentes (o lo-fi e lacônico *O balconista*, e *Slacker*, de Richard Linklater), outros, um lixo (*Vida de solteiro*, *Sintonia de amor*). As emissoras de TV se mudaram para Seattle e começaram a produzir séries que se passavam na cidade – a mais famosa era *Frasier*, derivada de outra série, *Cheers*.[8] E o frenesi de contratações da indústria fonográfica continuava – qualquer um que fizesse parte de uma banda de Seattle, qualquer um de cabelos compridos despenteados e com blusa de flanela, qualquer um que compusesse usando a dinâmica som leve/som forte do Nirvana e dos Pixies e cantasse com "alma", qualquer um ligado à Sub Pop de algum modo (bandas plágio como o Stone Temple Pilots, além de Alice in Chains, Spin Doctors, Helmet, Crackerbash, Posies, milhares de grupos medíocres).

E havia todas as bandas defendidas pelo Nirvana – Pavement, Sebadoh, Melvins, Daniel Johnston, Mudhoney, L7, Babes in Toyland, Hole, Tad e outros. Alguns conseguiram manter sua independência. Outros foram totalmente engolidos. Sem critério, todos foram agrupados e lançados como um só – e abandonados no instante em que o "grunge" saiu de moda.

Se aquilo tudo já parecia louco visto de fora, nos bastidores era ainda pior. No meio de janeiro, o Nirvana fez dois shows no festival Hollywood Rock, no Brasil, ao lado do L7, Red Hot Chilli Peppers e Alice in Chains.

"O L7 trouxe um técnico de guitarra chamado Ian", lembra Earnie Bailey, "e nos tornamos amigos. Kurt ficava me perguntando coisas sobre ele, e eu não conseguia entender por quê. Então descobri que era o [vocalista do Fugazi/Minor Threat e fundador da Dischord Records] Ian MacKaye!".

O primeiro show foi no imenso Estádio do Morumbi, em São Paulo, no dia 16 de janeiro. Estimativas sobre o tamanho do público variam de 80 mil a 110 mil pessoas. De qualquer modo, foi o maior show que o Nirvana já fez – em um lugar do qual eles mal tinham ouvido falar, apesar de ser a quinta maior cidade do mundo. Antes do show, alguns membros da banda e da equipe deram uma volta pelas comunidades que cercavam o local. "São Paulo é meio parecida com Pacific Rim", explica Earnie. "Ela não acaba. A linha divisória entre ricos e pobres é muito tênue. Eles tinham mercadinhos de comida em vilas com casas conjugadas feitas de compensado e placas de metal."

Como esperado, a banda teve um pequeno colapso nervoso no palco. De antemão, decidiram tocar um "setlist secreto", com direito a troca de instrumentos e um cover de "Seasons in the Sun", o chororô comovente de Terry Jack, de 1974 – a música que Krist disse a Dan Treacy que era uma das favoritas de Kurt de todos os tempos (observe a letra: é um presságio assustador) –, além de tocarem trechos de outras breguices pop, como "Kids in America", de Kim Wilde, uma breve variação de "We Will Rock You", do Queen, e a horrenda "Rio", do Duran Duran, com Kurt na bateria e Dave nos vocais.

"Esse deve ter sido o pior show que o Nirvana já fez", comenta Earnie. "O setlist secreto foi uma reação à programação medonha de TV que os jovens tinham que engolir, cheia de entretenimento bobo. Eles começaram a tocar diante de 90 mil pessoas... em silêncio. Parecia uma reunião de bêbados, algo que você veria em uma festa no porão. Certamente não em uma apresentação de rock num estádio." Com 40 minutos de show, Krist arremessou seu baixo em Kurt e se mandou... mas o contrato obrigava a banda a tocar 90 minutos, então Alex MacLeod e Earnie foram buscar o baixista fujão.

"Krist voltou ao palco, resgatou do chão o baixo arremessado e não o afinou nem o trocou por outro. Então, peguei um melão e o rolei no palco como uma bola de boliche", ri o técnico. "Kurt agarrou aquilo e começou a esfregá-lo nas cordas, tocando sua guitarra Jaguar com o melão – o suco e as sementes escorreram por todas as cavidades do instrumento."

No mês seguinte, Kurt projetou uma guitarra para a Fender, metade Jaguar, metade Mustang. "Acho que ele literalmente cortou uma foto de uma Jaguar e de uma Mustang pela metade e juntou os dois pedaços. Eles então refinaram um pouco e fabricaram aquilo mesmo", recorda Earnie. "Quando a guitarra chegou, parecia um projeto de marcenaria escolar.

"No show de São Paulo, eles destruíram tudo o que estava à vista", continua ele. "Muitos alto-falantes ficaram detonados. E onde íamos encontrar mais daqueles alto-falantes feitos na Inglaterra? Tivemos que encomendá-los de Los Angeles da noite para o dia, o que nos custou um dinheirão. Eu me lembro de ficar estressado com isso. Krist me puxou de lado e disse: 'Não se preocupe com essas coisas. Podemos bancar. Você deveria relaxar e vir à praia com a gente'."

A tensão no palco era um reflexo da tensão fora dele: o humor de Kurt e Courtney oscilava de modo terrível. Depois de uma briga particularmente violenta com a esposa, Kurt ameaçou pular da janela do quarto do hotel, que ficava num andar alto. Então, os gerentes da turnê – Jeff Mason e Alex MacLeod – saíram por São Paulo atrás de outro hotel para Kurt se hospedar, sem varanda.

"Mas tenho uma lembrança bem divertida daquele hotel", diz Earnie. "Todas as varandas davam para a área interna do prédio – então, se você olhasse para baixo, veria todos os 20 andares, até o bar. Às três horas da manhã acordei com alguém tocando trompete do lado de fora da minha porta. Era o Flea [baixista do Red Hot Chilli Peppers], usando um chapéu estilo *pork pie* e tocando para os últimos clientes no bar. Dei uma espiada para baixo e vi os seguranças do hotel olhando para cima, tentando contar em que andar estávamos. Então alertei o Flea, ele fez uma cara de 'ih, ferrou' e correu para dentro do quarto. Os seguranças nunca o encontraram."

No dia seguinte, o Nirvana e sua comitiva voaram para o Rio de Janeiro. "Estávamos todos no voo – os Chilli Peppers, L7, Nirvana, Ian MacKaye, talvez até o Alice in Chains", recorda Earnie. "Quando estávamos quase pousando, o avião subiu de repente e ficou parado no ar, depois desceu de novo e desviou da direção da pista. O piloto forçou o avião para baixo e, finalmente, pôs as rodas no chão. Foi brutal. Flea estava sentado ao meu lado e entrou em transe após o avião parar. Quando saímos da aeronave, ele fez um buraco na porta da cabine, de tão forte que chutou."

No Rio, a banda se hospedou por uma semana no Hotel Intercontinental, com vista para o Oceano Atlântico. "Descemos até a praia, onde havia uma barraquinha vendendo bebidas caseiras", conta o onipresente técnico de guitarra. "Era forte pra cacete." No dia seguinte, todos foram voar de asa-delta. "Kurt foi o primeiro", continua Earnie. "Você voa para longe, sobre as árvores e a rodovia, depois sobrevoa o hotel, os prédios da cidade, o oceano, aí volta e pousa na areia. Dave disse que foi a melhor experiência da vida dele. Kurt disse o mesmo; declarou que nunca tinha se divertido tanto."

No dia 23 de janeiro, o Nirvana se apresentou para 70 mil pessoas na Praça da Apoteose, no Rio. Flea tocou trompete durante "Teen Spirit", reproduzindo com desenvoltura considerável o solo de guitarra, e a banda tocou uma versão elaborada de 17 minutos de uma música nova, o festival de gritos de "Scentless Apprentice"[9] – ambos deixaram a multidão estupefata. Para o bis, Kurt usou um vestido preto de renda de Courtney – "Acho que ele colocou limões dentro do sutiã", diz Earnie – enquanto Dave exibia um sutiã de Jennifer Finch. Segundo alguns relatos, esse show foi ainda mais decepcionante que o de São Paulo.

"Eles não quebraram sequer uma corda", diz o técnico de guitarra, soando estranhamente ludibriado. "Eu esperava uma aniquilação total, pois no dia seguinte iríamos embora e teríamos todo o tempo do mundo para consertar as coisas quando chegássemos em casa. Eles não foram horríveis. Foram só ruins. Ah, retiro o que disse: Kurt destruiu sua guitarra 'Courtney' no final, uma Telecaster azul. A própria Courtney correu pelo palco para tentar impedi-lo, mas Jennifer Finch o ajudou a derrubar um amplificador Marshall em cima dela. Acho que eles tinham brigado."

No vídeo do show, a banda parece cansada.

"Talvez o problema tenha sido todo mundo ter ficado fora até tarde na noite anterior", sugere Earnie. "O promotor do evento nos levou a um clube onde montou uma seção cercada só para nós, com comida, bebida e um bartender particular. Achamos tudo um exagero, sem contar que não gostamos da música, então perguntamos se poderíamos ir a outro lugar. Eles nos puseram dentro da van e correram conosco pela cidade atrás de outro local. Quando chegamos lá, a estrutura era a mesma. Foi, tipo: 'Argh, eles vão fazer isso a noite toda'. Então decidimos só ficar ali e curtir – havia uma banda de rock alternativo se apresentando, e Krist e Courtney se levantaram e tocaram. Kurt não estava lá.

"No caminho de volta, passamos por algo parecido com uma versão em miniatura do Monumento a Washington. Alguém gritou: 'Encoste', e todos nós saímos para ver o que era. Então houve uma luta livre na grama, que pode ter sido Courtney e eu. Não tenho certeza. Alguém atirou uma bebida e acertou o monumento, e todos começamos a rir histericamente.

"Em instantes, a polícia brasileira chegou e nos cercou. Foi muito tenso – não tínhamos a menor ideia do que eles fariam. Não era como se estivéssemos em Seattle. Nosso motorista nos levou de volta para a van e ficou gritando com os policiais pela janela – não entendíamos uma só palavra –, e aquilo continuou por algum tempo. Ficamos em silêncio total. Por fim, quando voltamos a rodar, notamos que o motorista estava abalado. Ele virou para trás, olhou para nós e disse: 'Nunca mais façam isso de novo. Vocês têm sorte de que o show é amanhã. Se eles prendessem vocês agora, muita grana seria perdida. Mas, se o show já tivesse acontecido, eles não teriam liberado vocês'. Foi assustador."

Nos dias 19 e 22 de janeiro, no meio de sua estadia no Brasil, a banda gravou algumas músicas nos estúdios Ariola, da BMG, com produção de Craig Montgomery. "Fomos a esse estúdio importantíssimo no Rio, que pertencia à divisão brasileira da Geffen", recorda Craig. "A sala A era muito moderna e elegante, mas a B parecia que não era usada desde 1976, mais ou menos. Tinha uma mesa de som antiga da Neve, um lindo gravador de fita Studer e todos esses grandes microfones de tubo da Neumann. Naquela época eu sabia um pouco mais sobre gravação do que em 1991, mas na verdade a banda só queria pôr ideias numa fita para que o Steve Albini pudesse ouvir."

Entre outras músicas gravadas, havia um festival de distorção intitulado "I Hate Myself and I Want to Die", que tinha uma introdução ruidosa e vocais desinteressados e cansados de Kurt. Apareceu na compilação *The Beavis and Butt-Head Experience*, com as bandas favoritas dos dois críticos de rock amadores do desenho animado da MTV,[10] um disco meio sem sentido. Muito melhor foi a gravação de "Milk It" – uma música que também parecia ter sido feita na hora, mas com um som consistente de guitarra, uma inspirada dinâmica som leve/som forte e uma letra depressiva sobre coabitação e os problemas estomacais de Kurt. "*I have my own pet virus*",* cantava ele, amargo. "*Her milk is my shit, my shit is her milk*."** Outra excelente era "MV" (Moist Vagina), um futuro lado B que se refestelava em sua própria angústia e nos gritos inigualáveis de Kurt.

Havia ainda a igualmente envolvente e maliciosa "Gallons of Rubbing Alcohol Flow Through the Strip", uma canção improvisada que devia muito aos momentos mais reflexivos dos Melvins, com Kurt cuspindo frases aparentemente aleatórias de seu diário: "*Even though we haven't had sex for a week*"; "*She is tied up in chains*"; "*I haven't had a date forever*".*** Num clima lúdico, os instrumentos são envolvidos em um jogo de gato e rato, quase desafiando um ao outro a explodir de fúria. Kurt ri com maldade faltando

* "Eu tenho meu próprio vírus de estimação." [N. T.]

** "Seu leite é minha merda, minha merda é seu leite." [N. T.]

*** "Mesmo que estejamos há uma semana sem sexo"; "Ela está acorrentada"; "Faz milênios que não tenho uma namorada". [N. T.]

alguns minutos para o fim, antes de perguntar: "Mais um solo?". A banda respondeu à altura.

"Eles só queriam brincar", explica Craig. "Tocaram uma música que Kurt tinha feito de cabeça e fizeram um cover de 'Seasons in the Sun', além de uma versão integral de 'Heart-Shaped Box' com vocais. Todo o resto só tinha guias de voz. A essa altura, eles não estavam mais se divertindo juntos enquanto pessoas, mas o clima no estúdio era leve."

Isso ficou evidente no clipe de "Seasons in the Sun" que aparece no DVD de *With the Lights Out*. Embora a banda não levasse a música muito a sério – o que fica óbvio pela expressão pateta de Krist enquanto dedilha a guitarra –, ela ainda mantinha um certo envolvimento de Kurt nos vocais trincados e na bateria hesitante. Dava para ver que ele gostava de verdade da música.

"Heart-Shaped Box" (ou "Heart-Shaped Coffin", como era então chamada) foi o destaque, repleta de desespero e guitarras ásperas, além da própria percepção de Kurt em relação à sua vida com Courtney. O título foi inspirado no hábito de Courtney de deixar espalhada sua coleção de caixas de bombons em formato de coração na sala do apartamento do casal em North Spaulding, Los Angeles. Em parte, também era uma canção de amor – embora ficasse claro que frases como "*I am buried in a heart-shaped coffin for weeks*"* indicassem uma tristeza que não aparece na maioria dos relacionamentos. O refrão "*Hey, wait/ I got a new complaint*"** é uma referência óbvia ao fato de que Kurt estava bem ciente de que setores da imprensa o viam como um astro do rock mimado e chorão – e também fazia uma leve homenagem ao famoso "*Hey ho, let's go*", dos Ramones.

Para moderar a atmosfera sombria da música, o casal inventou uma história sobre Courtney ter enviado a Kurt uma caixa em formato de coração quando ela dava em cima dele. Mas é claro que isso fazia parte da mitologia do Nirvana, tanto quanto a ponte em Aberdeen que aparece em "Something in the Way".

"Enquanto estivessem criando música, estavam bem", diz Craig. "Por mais infeliz que Kurt estivesse, ele tinha muito respeito pelos outros caras da banda."

No dia seguinte após o show no Rio, eles voaram de volta para Seattle.

---

* "Estou enterrado em um caixão em formato de coração há semanas." [N. T.]

** "Ei, espere/ Tenho uma nova reclamação." [N. T.]

"[...] então detonamos a casa de Los Angeles, e aí eles [Kurt e Courtney] decidiram se mudar definitivamente para Seattle", recorda Cali DeWitt. "Eles contrataram uma empresa de mudança para empacotar tudo. Era dia 3 ou algo do tipo, e o aluguel estava pago até o fim do mês. Courtney disse: 'Por que você e Rene não ficam na casa? Toda a nossa mobília está aqui e só será levada no fim do mês, então vocês terão um lugar para ficar nas próximas semanas'. Isso porque eu ainda não queria ir com eles e ficar de babá. Pareceu bom para todos nós. Ficamos, tipo: 'Oh, temos um lugar chique para morar por três semanas'."

"Vivíamos praticamente como indigentes em Los Angeles, passando fome, antes da ligação de Kurt e Courtney", diz Rene Navarrette. "Eles nos telefonaram porque estavam desconfiados de algumas pessoas e precisavam sair depressa da cidade. Quando entrei na casa, vi Kurt no chão com a bebê Frances no colo, ouvindo com ela o novo disco do Butthole Surfers. Ele estava muito empolgado. Havia algumas teorias da conspiração bobas rolando. Havia um Chihuahua, uma jornalista da *Vanity Fair* e umas latas de lixo cheias de seringas das quais queriam se livrar – eles me deram uma pistola de ar comprimido e me disseram para atirar em qualquer fotógrafo que eu visse rondando a casa. Cali e eu estávamos muito animados por auxiliá-los com a mudança: dois adolescentes ajudando duas celebridades e um bebê a se mudar para Seattle."

Em que data estamos agora?

"Digamos que janeiro ou fevereiro. [Provavelmente, fevereiro: Courtney estava no tribunal de LA no dia 1º de fevereiro, depondo sobre o incidente envolvendo Victoria Clarke e o copo de cerveja. Mais tarde, o caso foi arquivado.] Depois disso, não morei em LA por muito mais tempo", conta Cali. "Rene e eu ficamos na casa e agimos como se ela fosse nossa. Tivemos bons momentos. Eu me lembro do dia em que o pessoal da mudança chegou. Rene os orientava. Eu não queria acordar, então dormi no sofá, esperando que ele fosse a última coisa a ser retirada da casa. Quando eles tiraram a cama da suíte principal, um dos funcionários se picou com uma agulha enfiada no colchão. Ele surtou. Falou, tipo: 'Vou à polícia e aos jornais. E se eu pegar uma doença, e se eu pegar aids daquela agulha?'. Rene o dissuadiu, dando a ele meu disco do Nirvana de 12 polegadas e dizendo que era muito raro. Eu me lembro de ouvir Rene fazendo um longo discurso sobre como o single de 'Come as You Are' era valiosíssimo [mas não era raro coisa nenhuma]."

No dia 14 de fevereiro, o Nirvana deu entrada no estúdio Pachyerm sob o pseudônimo Simon Ritchie Group,[11] na cidadezinha de Cannon Falls, Minnesota, cerca de 65 quilômetros a sudeste de Minneapolis. Era o início das gravações do seu terceiro álbum, com Steve Albini. O trio passou um total de 14 dias no estúdio, registrando as faixas básicas em seis dias (eles terminaram de gravar no dia do 26º aniversário de Kurt) – a um custo total de 24 mil dólares para o estúdio e uma taxa de 100 mil dólares para Albini. O álbum inteiro foi feito ao vivo.

"Quando entramos no estúdio", disse Kurt à revista holandesa *Oor*, "só metade das composições estava pronta. As outras vieram de brincadeiras no estúdio. Nós nos demos um prazo e um orçamento para a gravação. Gosto de trabalhar assim". Mais tarde, Kurt comentou que queria que o Nirvana soasse como *In Utero* desde o início do grupo: compreensível. *In Utero* é um álbum *maravilhoso*, facilmente o melhor momento do Nirvana em estúdio: a produção combina com a banda, que combina com as canções, que combinam com os sentimentos, que combinam com as melodias, com o barulho e com o momento em que foram feitas. E até hoje soa inovador – muito tempo depois de a produção de *Nevermind* se desvanecer pelo território típico do início dos anos 1990. O Nirvana soa como uma banda em sua melhor forma: alimentados por todas as polêmicas, boatos e agitos, *queimando* de desejo de se libertarem de tudo, de tudo mesmo, exceto da música em si.

Desde o verso de abertura do álbum, "*Teenage angst has paid off well/ Now I'm bored and old*"* ("Serve the Servants"), ficou claro que Kurt havia melhorado como letrista e compositor. Certamente o casamento com Courtney o ajudou. Testemunhe o dístico poderoso e comovente da mesma música: "*I tried hard to have a father/ But instead I had a dad*"** – sentimentos que ecoavam o exorcismo de John Lennon, "*Mother, you had me, but I never had you*"***, no seu primeiro álbum solo pós-Beatles, *John Lennon/Plastic Ono Band*, de 1970.

* "A angústia adolescente compensou/ Agora estou velho e entediado." [N. T.]

** "Tentei muito ter um pai/ Mas em vez disso tive um papai." [N. T.]

*** "Mãe, você me teve, mas eu nunca tive você." [N. T.]

"No início, a música era sobre atingir a maioridade numa época em que você já era velho o bastante para se sustentar sem a ajuda dos pais", escreveu Kurt numa versão inicial das notas do encarte, que não foram usadas. "Sempre senti que ninguém precisa se forçar a amar os pais só por causa do sangue."

"Meu Deus", escreveu ele em outra versão, "a culpa do sucesso. Durante os últimos dois anos, cheguei lentamente à conclusão de que não quero morrer. Não sou hoje mais recluso do que costumava ser. Morei no reino K [circulado por um escudo, como o logo da gravadora] por alguns anos, escondido num apartamentinho. E agora estou no meu quarto sem uma caixa de areia."

Uma das maiores diferenças entre esse álbum e os dois anteriores foi a forma como as partes de bateria foram gravadas. Kurt queria que soasse como um show e sentia que isso só seria possível colocando microfones ao redor do kit de bateria. Albini achava a mesma coisa. Foram usados 30 microfones somente para a bateria.

Albini tinha uma certa *reputação* entre os conhecedores de indie rock – algo que, em parte, o próprio ex-frontman do Big Black encorajava. Ele era conhecido como um homem curto e grosso, possivelmente misantropo – tendendo para a misoginia –, que trabalhava incrivelmente duro, mas que não tolerava as besteiras nem os babacas da indústria musical. A acusação de misoginia era um pouco dúbia: Albini só gostava de provocar as pessoas, sobretudo as que considerava muito imbecis. Daí o nome de sua banda de hardcore pós-Big Black, Rapeman:* nome que trouxe consigo bastante polêmica.

Ele estava em dúvida em relação a trabalhar com a Geffen, mas intrigado com a ideia de gravar o Nirvana e com a garantia de Kurt de que a última coisa que ele estava procurando era outro single de sucesso. Albini, inclusive, afirmou que não era um fã: "Vai soar estúpido dizer isso", mencionou ele, pouco depois, "mas eu sentia pena deles. Pela posição que ocupavam, havia toda uma escória de figurões da indústria musical cujas carreiras dependiam de o Nirvana fazer discos de sucesso. Para mim, parecia óbvio que eles eram basicamente o mesmo tipo de gente que fazia parte das bandas pequenas com que eu lidava".

O complexo do estúdio em si ficava em uma casa grande e moderna, repleta de adereços dos anos 1960. No centro da casa, onde a banda inteira

* "Estuprador", em tradução livre. [N. T.]

se hospedava, havia uma sala de estar ampla e rebaixada: "É tipo Mike Brady [pai e arquiteto ficcional da série de TV *The Brady Bunch*] encontrando Frank Lloyd Wright [famoso arquiteto americano, conhecido pelo uso inovador de luz e espaço]", conforme Krist descreveu para o *Impact*. A sala de gravação ficava a 90 metros de distância, passando pelo bosque: era espaçosa, coberta por painéis de madeira e em condição impecável. O ambiente onde ficava a bateria dava para uma paisagem de cartão-postal do inverno de Minnesota.

Embora a banda quisesse fazer um disco punk rock ao estilo "faça você mesmo", eles tiveram dificuldades para se ajustar: a maior parte dos três primeiros dias foi perdida porque eles não se deram ao luxo de trazer o próprio equipamento, tendo despachado tudo pelo correio. Albini ficou abismado com o desperdício de dinheiro: "Eles mandaram trazer uma caixa de amplificador via FedEx", comentou, enojado, "em vez de comprar uma nova. Queriam que o técnico de guitarra pegasse um avião, só porque Kurt estava com problemas para afinar a guitarra".

"Eles debateram sobre se deveriam ter me levado junto", confirma Earnie. "No primeiro dia deles lá, recebi um telefonema dizendo: 'Faça suas malas, não estamos conseguindo afinar nada'. Então, o Krist ligou, tipo, um dia depois, e me avisou para não me preocupar porque o disco estava finalizado."

Se Kurt e o Nirvana tivessem sido autorizados a lançar a versão original de *In Utero* mixada por Albini – o engenheiro afirmava ter um acordo verbal com a banda de que ninguém tinha permissão para mexer na gravação depois dele –, o rock teria passado por uma revolução. Juro. A intensidade dos gritos primais só era comparável à bateria de Dave Grohl. As melodias se subverteram parcialmente por causa da necessidade de Kurt de liberar a angústia que sentia no papel de porta-voz da Geração X. Todo o seu ódio e sua paranoia movidos a drogas, todo o seu nojo, se derramaram com uma fúria sombria que era enervante de se ouvir. Foda-se o caminho que o *Unplugged* abriria para o Nirvana. *In Utero* era o rei da porra toda, e com ele fizeram sua verdadeira homenagem ao underground.

Ainda consigo me lembrar do telefonema angustiado de Courtney.

"Jerry!", gritava ela. (Courtney usava meu nome verdadeiro com frequência.) "Qual é seu endereço? Preciso enviar a você uma cópia do novo álbum do Kurt. A gravadora, os empresários, todo mundo está falando que não tem nenhuma música nele. Eles querem que ele regrave tudo. Você precisa defendê-lo, ele está numa depressão enorme por causa disso."

Alguns dias depois, recebi a fita: o som era ótimo. E o mais importante: era uma representação mais honesta do Nirvana do que qualquer outra coisa desde "Sliver". Como assim, não tinha nenhuma música? Caralho! E a traumática, quase uma autoflagelação, "Rape Me"? Kurt começou a escrever sua letra corrosiva enquanto a banda ainda mixava o *Nevermind* – a guitarra açucarada só acrescentava pungência à mensagem sombria endereçada a todos os fãs, ao pessoal da indústria fonográfica e à mídia, gente que Kurt considerava querer uma parte dele. "Eu estava tentando compor uma música antiestupro de uma forma bem ousada", disse ele aos Stud Brothers, do *Melody Maker*. "O que eu percebi é que, para que entendam sua intenção, você precisa ser óbvio. É assim que a maioria das pessoas quer que as músicas sejam. Elas precisam que isso seja jogado na cara delas."

Nenhuma música? Caralho! E o primeiro single do álbum, a cancerosa "Heart-Shaped Box"? A canção começa lenta, ameaçadora – a voz de Kurt soando potente como nunca, no controle, uma reminiscência de seu amigo Mark Lanegan que gosta de rasgar as consoantes –, antes de explodir num frenesi de contrição, a guitarra zumbindo lamentosa e suplicante. Isso era o Nirvana em estado puro, primitivo, mais comercial que nunca. Ou, como Kurt escreveu em seus diários: "A teoria de Camille [Paglia, autora feminista] da vagina/flor sangrando e se espalhando no tecido que Leonardo [da Vinci] teria usado para aperfeiçoar sua asa-delta, mas ele morreu antes que pudesse mudar o rumo da história".

"Não pode ser coincidência que *In Utero* esteja cheio de imagens relacionadas a bebês e nascimento, a começar pelo título, certo?", perguntaram os jornalistas do *MM*. "Deve ser um álbum sobre Kurt Cobain se tornando pai."

"Não, é coincidência", respondeu o cantor. "Sempre fui fascinado por reprodução e nascimento. Já faz anos que pinto imagens de feto e faço fetos de barro. A gravidez tem algo de glorioso. Respeito demais as mulheres porque elas engravidam. Para mim, são os seres humanos mais sagrados. Cavalos-marinhos me interessam. As fêmeas carregam primeiro os bebês, depois os transferem para os machos, que são os que dão à luz. Gravidez compartilhada."

Nenhuma música? O álbum não sofreu *tantas* modificações assim.

Ouça a melancólica e suave "Dumb", uma canção cheia de tristes acordes de guitarra. Quando conheci Kurt, ele me revelou que agia conforme as pessoas o tratavam. Então, se elas o consideravam um punk idiota, ele estava mais que disposto a agir feito um punk idiota. "Essa [música] é somente sobre pessoas que se divertem com facilidade", disse ele aos Studs, "pessoas que não só são incapazes de melhorar a própria inteligência, como também ficam totalmente felizes assistindo a dez horas de televisão. Conheci muita gente burra [*dumb*, no original]. Elas têm um trabalho de merda, podem ser totalmente solitárias, não têm namorado ou namorada, não têm muita vida social e, no entanto, por algum motivo, são felizes."

Ouça o tocante pedido de desculpas "All Apologies" e tente negar seu efeito após todos esses anos. "*I wish I was like you*", canta um desanimado Kurt, só querendo que toda aquela merda acabasse. "*Easily amused. Everything is my fault. I'll take all the blame.*"* Deus, ele tentava desesperadamente crer no amor.

Mesmo hoje, quando sento e ouço "Pennyroyal Tea",[12] meus óculos ficam embaçados de lágrimas de novo. É esse o efeito que causa em mim uma música supostamente sem significado? *É isso o que a música significa para você?*

"Às vezes", comentou Kurt, "gostaria de tomar um remédio que me permitisse me divertir com a televisão e aproveitar as coisas simples, em vez de ser tão crítico e esperar algo verdadeiro e de qualidade em vez de merda."

Havia músicas mais pesadas, longas e fortes – "Very Ape" (originalmente conhecida como "Perky or Punky New Wave Number"), "Radio Friendly Unit Shifter" (previamente intitulada "Nine Months Media Blackout", em resposta ao artigo da *Vanity Fair*) – com rajadas de microfonia e guitarras sujas, mas elas foram atenuadas com folga pela tendência de Kurt de enfiar uma melodia dolorosa quando menos se esperava. Além disso, o desejo da banda de aprontar ainda era aparente. Na versão europeia do álbum, "Rubbing Alcohol" repete o mesmo truque de "Endless, Nameless" em *Nevermind*, aparecendo depois de vários minutos de silêncio.

A brilhantemente intitulada "Frances Farmer Will Have Her Revenge on Seattle" – inspirada na famosa história da estrela de cinema dos anos 1930, que foi internada após se rebelar contra o seu estúdio e submetida a tratamento por eletrochoque – ostenta uma linha de baixo na abertura que inconsciente-

* "Eu queria ser como você/ Que se diverte com facilidade. Tudo é falha minha. Assumirei toda a culpa." [N. T.]

mente ecoa o som minimalista e assustado dos Young Marble Giants. É uma canção desconfortável. Kurt viu paralelos entre a maneira como a atriz era demonizada pela imprensa tradicional[13] e o tratamento que a mídia dispensava a Courtney. "Os conspiradores ainda estão vivos e felizes em suas casas seguras e confortáveis", escreveu Kurt em seu diário. "Engasguem nas cinzas dela. Chorem sua dor. Uh, Deus é mulher e ela está de volta ao luto."[14]

"[Frances Farmer] foi internada várias vezes e, na instituição em Washington na qual acabou ficando, os guardas faziam fila pelos corredores, esperando para estuprá-la", disse Kurt aos Stud Brothers, citando a versão popular da história da atriz.[15] "Ela apanhou e foi brutalmente estuprada durante anos, todos os dias. Ela sequer estava vestida na maior parte do tempo.

"[Foi] uma enorme conspiração, envolvendo os ricos e poderosos de Seattle, especialmente o juiz do caso, que ainda mora na cidade até hoje. Ele liderou a cruzada para humilhá-la a ponto de enlouquecê-la. No início, ela foi hospitalizada – totalmente contra sua vontade – e sequer estava louca. Frances Farmer foi pega por dirigir embriagada e foi internada. Era uma época muito assustadora para ser confrontador."

O telefonema que recebi de Courtney em meados de março confirmou uma história que logo apareceria no *Chicago Tribune*. Dois dias antes da masterização do álbum (no dia 21 de abril, no estúdio Gateway, por Bob Ludwig), o jornal publicou uma entrevista com Albini em que ele afirmava: "A Geffen e os empresários da banda odeiam o álbum. Eles consideraram uma extravagância quando o Nirvana pediu para gravar comigo. Não acredito que o disco será lançado". Mais tarde, Dave Grohl relatou que Gary Gersh, do departamento artístico da Geffen, estava "surtando" com a perspectiva de eles gravarem um álbum tão importante (pelo menos, para a Geffen) em um formato tão punk rock. "Foi, tipo, 'Vão em frente, divirtam-se, depois achamos outro produtor para vocês'", disse ele à *Q* em setembro de 1993.

Na época, tanto a banda quanto os empresários negaram fortemente a afirmação de Albini, chegando a ponto de publicar um anúncio de página inteira na *Billboard* no dia 17 de maio para refutar algumas das alegações feitas em outras matérias na própria *Billboard*, na *Newsweek*, na *Rolling Stone* e em outros veículos da imprensa.

"Não houve pressão da gravadora para mudar as faixas que gravamos com Albini", afirmou Kurt num comunicado de imprensa da Geffen – contradizendo o que Courtney havia me dito. "Temos 100% de controle sobre nossa música. Nós – a banda – sentimos que os vocais não estavam altos o bastante em algumas das faixas. Queremos mudar isso." A Geffen também emitiu garantias vagas de que não tinha intenção de se meter com sua galinha dos ovos de ouro.

Mais tarde, Kurt chegou a afirmar que percebeu, tão logo voltou a Seattle, que havia problemas com a mixagem: "Durante toda a primeira semana, eu não estava interessado em ouvir, e geralmente isso não acontece", disse ele à *Circus*. Outra vez, isso contradiz o telefonema de Courtney, no qual ela tentava fazer com que amigos e aliados de Kurt demonstrassem apoio à gravação para pressionar a Geffen, a fim de que eles entendessem que o álbum era ótimo.

Enfim. Parecia mais uma tempestade em copo d'água. Eu não ia negar que, no geral, o álbum era uma audição pesada, mas não era essa justamente a vibração? O disco, na verdade, não foi muito reformulado. O Nirvana acabou retirando várias das faixas mais barulhentas da versão finalizada, os vocais foram um pouco aumentados na mixagem durante a masterização e a gravadora trouxe o produtor do R.E.M., Scott Litt, para "ajeitar" algumas músicas para as rádios americanas. Eles se venderam? Na verdade, não. Se você quiser ver dessa forma, o Nirvana "se vendeu" no dia em que assinou o contrato com a Geffen... e eles não teriam vendido milhões de discos, e você também não estaria lendo este livro.

"Krist estava muito empolgado", recorda Earnie Bailey. "Nós ouvimos o álbum reproduzido numa caixa de som dele logo que chegou. Era legal, mas eu me lembro de ter pensado: 'Vocês vão lançá-lo assim? É que parece uma fita de ensaio'. Estava muito cru, parecia que tinha sido gravado em 45 minutos – e as faixas de vocal do Kurt estavam muito secas. Simplesmente não era tão limpo quanto o *Nevermind.* Mas eles sabiam que era a sequência perfeita. Era um belo de um 'foda-se' a toda a pressão que eles andavam enfrentando. Mas depois ficou estranho de verdade: de repente, eles estavam sendo cobrados [pela gravadora], e ficou estressante, com rumores sobre a saída de Kurt."

"Eu já imaginava que isso ia acontecer", suspira Jack Endino. "Eu disse que Steve seria massacrado, pois ele não iria deixar os vocais altos o bastante ou algo do tipo – e você sabe como é o Steve, ele não dá a mínima para as grandes gravadoras. Eu não queria estar na pele de Steve Albini, com todas aquelas expectativas depositadas nele para fazer o *Nevermind 2* – porque isso era o que o resto do mundo queria. Isto é, todos os fãs, a gravadora, os empresários, os advogados, os executivos – o pessoal que assinava os cheques."

"Kurt queria fazer algo diferente", comenta Carrie Montgomery. "Ele queria compor novos tipos de música, mas acho que nem sabia como fazer isso. Ele só sabia como compor canções do Nirvana. Como se aprende a escrever um tipo novo de música? Ouvindo um disco diferente dos Beatles por um mês e descobrindo um padrão diferente?"

Kurt queria destruir o monstro que havia criado, isso era óbvio. Em algum lugar ao longo do percurso – a atenção constante da imprensa; tendo de lidar com lixos como a MTV, tabloides e jornalistas da *Rolling Stone*; a galera de Olympia e do punk rock virando as costas para ele –, tudo azedou. Quando Kurt montou a banda, ele e Krist eram próximos como irmãos. No final de 1993, ele viajava numa van diferente, longe do restante da banda. Para que tudo isso? Por que estar em um grupo se você nem conversa com seus colegas? Cláusulas contratuais são tão poderosas assim?

Mantive a fita em segurança da única maneira que sabia. Joguei-a sem rótulo em uma pilha de milhares de outras fitas e, depois da morte de Kurt, tentei até esquecer que a banda existiu. Ela continua lá, mas tenho a sensação de que outra pessoa passou a versão original para um contrabandista, imaginando que algo tão incrível não deveria ficar escondido para sempre.

Courtney voou para Pachyderm na segunda semana de gravação. Steve Albini não gostou da sua atitude bélica, chamando-a de "neurótica psicótica". Courtney, em troca, jogou mais lenha na fogueira do suposto rótulo "Albini misógino" ao falar uma ótima frase sobre como "a única maneira de Steve Albini pensar que sou uma namorada perfeita seria se eu fosse da Costa Leste, tocasse violoncelo, tivesse peitões e usasse brincos pequenos de argola, gola rolê preta, todas as malas combinando e entrasse muda e saísse calada".

"Courtney me ligou, contando que eles estavam fazendo *In Utero* a 40 minutos de Minneapolis", recorda Jessica Hopper. "Eu já tinha idade para dirigir, mas ainda não dirigia, então tive que arrumar alguém em quem a turma do Nirvana confiasse para me levar – e foi Pat Whalen, o empresário do Hole.[16] Eles estavam mixando o álbum enquanto jantávamos – a namorada de Steve cozinhava. Durante a refeição, Steve fazia piadas o tempo todo, para desconforto geral, sobre como Dave ia acordar no meio da noite com o pau de Steve na garganta dele. Todo mundo mastigava em silêncio, rindo de nervoso. Pat ficava, tipo: 'Então, como está tal coisa?", tentando puxar conversa. Steve fazia piadas machistas e homofóbicas pra valer – piadas de vestiário masculino. Depois, eles continuaram mixando e tocaram algumas coisas para nós no estúdio, enquanto Courtney, meio sorrateira, fez uma cópia da fita do álbum da P.J. Harvey que Steve tinha acabado de gravar, além de ter copiado alguns mixes crus das faixas do Nirvana."

Steve estava usando seu típico chapéu?[17]

"Não lembro", ri Jessica. "Só lembro que a namorada dele não falava. Só cozinhava. Nem sei se ela chegou a comer conosco. Foi mais como se tivesse nos servido. Steve Albini se parecia exatamente com o que você esperaria dele – contando todas aquelas piadas bizarras e fazendo as pessoas se sentirem vagamente desconfortáveis. [De acordo com Kurt, Steve também tinha mania de derramar álcool isopropílico na bunda e atear fogo – porém, mais uma vez, a veracidade disso é meio suspeita.] Sentamos no sofá e ouvimos 'Heart-Shaped Box', além de uma música que Dave gravara, 'Marigold' [registrada originalmente em Washington, D.C., com Barrett Jones] – para mim, soava como R.E.M."

Enquanto estava no estúdio, a banda matava o tempo assistindo a vídeos de David Attenborough sobre a natureza e passando trotes – Albini ligou para Eddie Vedder, fingindo ser o lendário produtor de David Bowie e Marc Bolan, Tony Visconti, e dizendo que adoraria trabalhar com ele se Eddie largasse a banda. O engenheiro também ligou para o vocalista tonto dos Lemonheads, Evan Dando,[18] fingindo ser o assistente de Madonna – e depois o deixou esperando enquanto Dando vibrava diante da perspectiva de falar com a megaestrela. Dave Grohl telefonou para John Silva, fingido estar em pânico, afirmando que Krist tinha vomitado sangue na noite anterior. As brincadeiras usuais de uma banda de rock num estúdio.

"Todos eram simpáticos, mas talvez um pouco malucos em função do tempo passado no estúdio", comenta Hopper. "Eu me lembro de pensar que 'Heart-Shaped Box' era a melhor música que já tinham feito. Era bem sombria, e uma parte de mim se perguntava se ela seria tão grande quanto 'Teen Spirit'. Parecia conter muito mais profundidade. Era muito, muito bonita.

"Certa noite, o Nirvana quis sair para ver um show", continua Jessica. "Eles foram ver o Blue Up [uma banda local só de mulheres]. Era preciso mostrar o documento de identidade na 7th St. Entry, e eu era menor de idade, mas me deixaram entrar porque estava com o Nirvana. Kurt se sentou no fundo e tentou ficar longe da vista das pessoas. Só ficamos um pouco lá. Outra vez, fomos a uma loja estranha de suprimentos médicos no Mall of America [conhecido como o maior shopping coberto do mundo]. Kurt se ajeitou um pouco para não ser reconhecido – não que alguém o tenha notado.

"Depois que ficaram sabendo que eu tinha ido ao estúdio e acompanhado o Nirvana a um show...", ela ri. "Bem, as pessoas sempre me trataram de um jeito bizarro, mas, depois dessa, passaram a me tratar assim *pra valer.* A banda favorita de todos estava andando com uma garota de 16 anos – era tão cômico."

No mesmo mês em que o Nirvana estava no estúdio, o *split single* Nirvana/Jesus Lizard, "Oh, the Guilt", foi lançado – e *Incesticide* foi disco de ouro (500 mil cópias vendidas) nos Estados Unidos. A banda também recebeu vários prêmios musicais, ou, ao menos, indicação para eles – Grammys, Brits, NARMs etc. –, mas a moçada do punk rock, como Jessica, sabia que esses tapinhas nas costas dados pela indústria eram um monte de merda. Talvez fosse por isso que o casal Kurtney gostava de sair com ela, e não com seus colegas "mais maneiros", mais velhos e colecionadores de discos.

No dia 19 de março, o Hole fez um show secreto no Crocodile Café, onde tocou pela primeira vez músicas de seu futuro álbum *Live Through This.* Foi a estreia da baixista Kristen Pfaff, que, na época, tocava no incansável trio Janitor Joe, do selo Amphetamine Reptile. Kristen era sombria e inteligente, além de ter muita experiência com música independente. Winona Ryder, como aparece em *Uma noite sobre a Terra*, teria sido perfeita para interpretá-la. Muita gente da cena hardcore de Minneapolis, que considerava Courtney o demônio, ficou horrorizada quando Kristen trocou sua cidade natal por Seattle.

"O Hole ainda precisava de um baixista", diz Rene Navarrette. "No ano anterior, eles tinham feito uma experiência com uma menina chamada Leslie Hardy, mas ela não conseguia tocar – chegaram a trazê-la [de LA] para Seattle, e eu tentei ensiná-la, o tempo todo na esperança de que eles me chamassem. Não deu certo com ela. Foi aí que conseguiram a Kristen. Ela era maravilhosa."

"Courtney queria que eu tocasse baixo no Hole, mas é claro que meus pais não deixaram", lamenta Jessica. Na verdade, fui eu quem sugeri Jessica para Courtney: uma garota atrevida de 16 anos com uma fixação incomum por rock underground – quem seria melhor? Jessica também havia aparecido em revistas nacionais nos Estados Unidos como uma típica Riot Grrrl, o que levou Riot Grrrls de Olympia e da capital Washington a se dissociarem dela, já que o movimento era antiassimilação.

Jessica continua: "Ela falou, tipo: 'Você, Kurt e eu temos que nos juntar e gravar uma demo, e a *Flipside* [fanzine punk de Los Angeles] vai cobrir tudo', mas é claro que isso nunca aconteceu. Na época, eram só ela e o Eric. Enquanto meus pais morriam de medo dessa possibilidade, na minha cabeça era algo maravilhoso – embora hoje eu fique feliz por não ter participado. Então Courtney me perguntou quem ela poderia chamar, e contei sobre a Kristen.

"Fui visitar a Courtney em LA", prossegue ela. "Foi quando eles estavam no meio de uma guerra via fax com Albini. A casa estava uma bagunça, havia revistas por toda parte. Fomos fazer compras – a Patti [Schemel, baterista do Hole] estava por lá e acabou nos levando. Courtney foi comprar roupas e tentava me ensinar quais cortes e estilos de vestidos ficariam bem em mim. As coisas estavam bem malucas, mas foi muito legal. Kurt estava retraído. Foi meio caótico. Ela era muito inteligente, engraçada, divertida – a mil por hora.

"Courtney queria que eu a ajudasse a recortar artigos da imprensa sobre ela e Kurt. Eu me lembro dela jogando as revistas para Patti lá de cima, do alto da varanda, até a sala de estar. Fiquei surpresa por elas não terem feito um buraco no chão. No caminho de volta, para me deixar na casa do meu pai, alguém teve que entregar ou pegar drogas. Perguntei a Patti: 'É isso que está acontecendo? Ora, não sou burra. Por que estamos indo para Echo Park à 1 hora da manhã para dar um recado?'. Ela negou. Acho que os amigos que vendiam drogas para o Kurt sempre cobravam a mais. Uma vez, Cali comentou comigo que eles pagavam 600 dólares para drogas que valiam, na verdade, 100 dólares. Isso os fez pensar que estavam usando muito mais do que de fato usavam.

"Sentia que confiavam em mim. Eles me tratavam como se eu fosse adulta, e não uma garota esquisita. Eles me recebiam em casa e me contavam as melhores fofocas. Havia um ar de vida doméstica de verdade sob todo o caos, tipo: 'Jessica chegou'.

"Eu me lembro de pinturas estranhas de caveiras, bebês, pernas e braços: arte que, mais tarde, apareceria em coletâneas. Um vestido pregado na parede, coleções de cabeças de bonequinhas e frascos de perfumes. Eu ficava lá sentada no sofá enquanto eles brincavam com a Frances. Os dois ainda agiam como pais de verdade em meio a toda essa bizarrice. Definitivamente eu sentia que eles estavam tentando levar uma vida normal, de certo modo. Courtney fez o Kurt me dar parte da coleção de singles pirata do Nirvana – coleção que era do Eric – e uma cópia do 'Dive'."

No início de março, pouco depois da visita de Jessica, o casal Kurtney se mudou para sua nova casa, no número 11301 da avenida Lakeside, em Seattle, com vista panorâmica para o lago Washington, o monte Rainier e a cadeia de montanhas Cascade. O aluguel da casa de três andares custava 2 mil dólares por mês.

"Kurt colocou o prêmio *The Astronaut*, da MTV, no banheiro", recorda Earnie Bailey. "Era possível mijar na privada ou no prêmio. Era hilário e apropriado. Ele tinha o violão K quebrado do começo do clipe de 'Come as You Are' na porta da frente. Eu me ofereci para consertá-lo para ele."

Na garagem, havia dois carros: o fiel Valiant de Kurt e um Volvo cinza de 1986.

"Um dos carros dele estava colado com musgo", ri Earnie. "Havia uma exibição de automóveis clássicos na rua Denny, com modelos excêntricos dos anos 1960 – incluindo um Dart azul-calcinha idêntico ao modelo todo detonado de Kurt. Acho que Kurt pagou 4 mil pratas pela versão restaurada, para poder ficar com o par."

A esta altura, Jackie Farry estava de saco cheio de ser babá. Não por ter de cuidar de Frances Bean, a quem ela adorava, mas pela mania de Courtney de tratar todo mundo como serviçal. Com frequência pediam a Jackie para fazer ligações de negócios que Kurt queria evitar – assim como mal teve um dia de folga desde que começara. Cali DeWitt assumiu. Essa mudança coincidiu com o retorno de Frances à casa dos pais, sem supervisão, no dia 25 de março – o que aconteceu sobretudo porque o tribunal de Los Angeles não tinha jurisdição real no estado de Washington.

"Eles falaram, tipo: 'Decidimos ficar com Cali como babá em tempo integral, e você pode nos acompanhar até Seattle com o Eric'", diz Rene. "Então me tornei colega de quarto de Eric em Seattle. Saíamos muito lá – eu, Courtney, Eric e Cali. Era muito divertido. Consegui resolver o lance das drogas rapidinho. Havia uma grande quantidade de médicos que prescreviam quaisquer drogas necessárias para manter nossos hábitos. Na sequência, me mudei com eles para a avenida Lakeside, onde Cali e eu assumimos todas as responsabilidades domésticas. Era difícil dar um nome ao trabalho que eu fazia lá. Todos me confundiam com Cali. Ambos tínhamos cabelos coloridos. Eu ficava andando pela casa, não falávamos muito de mim. E, quando os dois se isolavam do mundo, me usavam como comunicador. Tive várias conversas com Michael Meisel [assistente de John Silva], tentando explicar o que estava acontecendo."

Em abril, Courtney voou para o Reino Unido a fim de promover o novo single do Hole pelo selo City Slang, "Beautiful Son".[19] Era uma música parcialmente inspirada em Kurt: uma foto de infância dele aparecia na capa, e ele tocava baixo usando um dos vestidos de Courtney no clipe (gravado antes de Kristen entrar na banda) – confirmando assim o trecho "*You look good in my dress/ My beautiful son.*"* Ela fez um show acústico na loja da Rough Trade em Londres, onde fumou sem parar. Mais tarde, o Hole apareceu no *The Word.*

"Durante essa ida de Courtney à Inglaterra, foi a primeira vez que eu, Kurt, Dylan e Cali tivemos alguns dias para zoar sem ela por perto", revela Rene. "Nós nos divertimos demais. Fomos à cidade e nos enfiamos na sala de um traficante: Kurt, Dylan, Mark Lanegan e Layne Staley[20] coincidentemente entrando no mesmo porão ao mesmo tempo. Foi incrível. Todos ali sentiam admiração mútua uns pelos outros. Mas, em retrospecto, eram só caras incrivelmente talentosos estragados para sempre por conta do uso de drogas."

Em sua estada na Inglaterra, Courtney passou pela redação do *Melody Maker* para me ajudar a editar a seção de cartas. A expressão de nosso editor Allan Jones quando lhe mostrei as respostas dela sem censura, em 1000 palavras, foi uma alegria de se ver. A descrença na completa falta de gramática dela veio seguida da perplexidade diante da ideia de que deveríamos dar espaço às suas opiniões ridículas, seguida, enfim, de raiva.

"Everett, não vamos publicar esta merda e ponto-final", gritou ele. Allan era um jornalista de música da velha guarda, da época de Nick Kent, Charles Shaar Murray e Lester Bangs. No entanto, em geral, era notavelmente tolerante com as minhas estripulias no *Melody Maker.* Ele adorava o rock que eu defendia, mas não estava tão convencido de minha empolgação com o feminismo Riot Grrrl. Courtney editando uma seção de seu adorado *MM* era a gota d'água.

* "Você fica bonito com o meu vestido/ Meu filho lindo." [N. T.]

Por fim, Jones cedeu. A página de cartas de Courtney e o editorial dela foram publicados no *MM*, com várias interjeições explicativas minhas. Ela usou a chance para falar sobre dois de seus temas favoritos de 1993: Riot Grrrls e feminismo. Recentemente, ela se apaixonara pelo marcante discurso feminista de Susan Faludi, no livro *Backlash: o contra-ataque na guerra não declarada contra as mulheres.*

"Quando o Riot Grrrl surgiu, eu o apoiei muito", escreveu ela. "Parecia que as coisas estavam melhorando [...] dei um fanzine *Bikini Kill* ao Everett, a Kim [Gordon] e Thurston [Moore] e à *Spin*, e teria feito qualquer coisa para ajudá-lo."

Isso não era exatamente verdade. Peguei meu fanzine com Calvin Johnson e, muito provavelmente, fui eu que o passei para Courtney, mas enfim. É verdade que, no início, Courtney teve afinidade com meus colegas de quarto do Huggy Bear e com Tobi Vail, a antiga namorada de Kurt. Ao ouvir falar nos shows só de mulheres que o Huggy Bear organizava na Inglaterra em 1992, ela exigiu que o Hole fizesse um.

Segundo relatos, o show teve pouco público. Courtney, que nunca foi adepta do politicamente correto, chamou uma crítica de "gorda" no palco. Também falou sobre como foi estranho fazer um show em Londres sem eu estar por perto. Na verdade, achou tão estranho que depois pagou 130 libras numa corrida de táxi até minha casa. No entanto, logo cansou-se de seus novos aliados; especialmente quando ficou claro que eles não estavam preparados para cortejar a fama como ela foi treinada a cortejar. Além disso, suas tentativas de se engraçar no mundo desconfiado e fechado de Olympia para buscar aprovação dos antigos colegas do marido falharam miseravelmente.

Essa mudança de opinião ficou clara na sua coluna no *MM*, escrita às pressas.

"Eu me sinto afundada na Idade Média", queixou-se ela. "O Riot Grrrl celebra a anarquia, mas também a falta de jeito e a incompetência de musicistas mulheres. É como dar a elas cargos corporativos de alto nível, ainda que não possam fazer o trabalho corretamente. *Não sou* assimilacionista. Sou populista. Acredito que todos, e não só quem conhece o Fugazi pessoalmente, têm o direito à revolução, mas não vou bancar a idiota a respeito disso. Vou compreender o mecanismo do império que quero ferrar. Vou entrar no meio dos melhores deles."

O erro de Courtney aqui é rudimentar. Ela presume que só existe uma forma de compor músicas, de julgar a "competência" (palavra dela) e de invadir o império. Há poucos paralelos a serem traçados entre mulheres fazendo música exploratória e mulheres em cargos de poder. Talvez o fato de Courtney achar que música é sinônimo de negócios explique sua direção musical no fim dos anos 1990/início do século 21.

"Trabalhei demais, dei duro demais para ser derrubada pela incompetência de alguns elitistas mimados", continuou ela. "A maioria de nós não é rica nem mimada, bebendo café gourmet com leite de soja e sonhando com manifestos diários para uma minoria. A maioria de nós se sente feia e solitária, mas quer ser bonita (ou bonito). Talvez alguns queiram ser bonitos porque isso sempre foi, e sempre será, sinal de poder. Talvez alguns de nós queiram se sentir bem consigo mesmos, interagir com o mundo, ter filhos e até superar o império patriarcal em seu próprio jogo."

Já basta. No parágrafo acima, Courtney está falando de aprovação por seus pares, não beleza. A "bonita" a que ela se refere nunca vai existir, porque esse é um falso valor colocado sobre um indivíduo por uma sociedade inconsistente. O único "bonito" que de fato existe está no interior. Então o "bonito" será sempre poderoso? Sem dúvida, então, o melhor caminho é reeducar, e não reforçar estereótipos. Que tal querer ser informada, inteligente, engraçada, sábia, esperta, atrevida, habilidosa... em outras palavras, Courtney, uma deusa?

Ou pagar para ter outro nariz é tão importante assim?

No dia 9 de abril, o Nirvana fez um show beneficente para vítimas de estupro na Bósnia, no cavernoso Cow Palace, em São Francisco – com abertura de Breeders, L7 e Disposable Heroes of Hiphoprisy.[21] (Nessa época, Krist tinha voltado a usar a grafia original de seu nome.) Eu me lembro de me sentar na parte de cima em meio aos pombos, com Kim Deal e Jo Wiggs, do Breeders, olhando para Kurt enquanto tocava a dolorosamente comovente "All Apologies".

Kurt parecia tão frágil, tão vulnerável, uma centelha de humanidade contra uma geração inteira de curiosos, fãs, cínicos, entediados e um monte de animadoras de torcida – sem tatuagem – de uniformes justinhos. Ao lado da porta, Shelli Novoselic entregava panfletos, tentando fazer as pessoas refletirem sobre o motivo de todos estarem lá. Quanta esperança! A molecada estava lá porque a MTV mandou. Ainda assim, é sempre melhor tentar do que se resignar: talvez uma ou duas pessoas da plateia tenham ido embora pensando na crise da Bósnia porque seus astros favoritos lhe pediram para fazer isso. É possível. Afinal, Clinton não chegou à presidência por causa da campanha Rock the Vote, da MTV?[22]

> "Vamos voltar alguns anos", escrevi em minha resenha. "O rock, como forma de inovação e, portanto, criativa, está morto. Vou contemporizar: o rock criado por homens está morto. Mulheres? Acho que ainda há certo potencial... Não restou lugar algum para onde o rock possa ir, nenhuma barreira nova para cruzar, ele foi excessivamente assimilado, categorizado e absorvido. Durante anos foi interesse de uma minoria, como o jazz, o soul...
>
> "Então vamos aceitar a teoria de que 'Smells Like Teen Spirit', do Nirvana, foi a última gloriosa sentença de morte de uma forma de arte outrora vibrante e encerrar o assunto. (Embora 'In Bloom' seja uma canção muito melhor.) Mas, se o rock acabou, se eles o mataram, por que ainda amo o Nirvana? As bebidas grátis? Os elogios? O acesso ilimitado ao backstage em espetáculos de arena como este? O jabá?
>
> "Não. O Nirvana me toca profundamente demais para dar margem a teorias. Minha única explicação é que eles fazem o tipo de música que adoro desde a infância e que sempre vou adorar. Eu amo o Nirvana por 'Rape Me', a música de abertura desta noite, uma canção tão destruidora e coberta de cicatrizes quanto qualquer perturbador de almas como OV Wright.* Eu os amo por fazerem o show de hoje à noite (apenas o sexto desde o Reading), a humanidade em sua essência. Sim, a humanidade na essência... é um bom motivo para amar uma banda. Acho que isso explicaria o Sebadoh – os Pastels também.
>
> "Eu amo o Nirvana pela habilidade inigualável que Kurt demonstra em fazer melodias pop. Pelo modo como o novo álbum soa como o R.E.M. fazendo uma serenata com violões no MTV Unplugged.[23] Deus me livre comparar essa turma de depressivos retrô sentimentais com pop stars brilhantes como o Nirvana, mas os dois álbuns possuem a mesma aridez, naturalidade e ausência de firulas. Mas não iguale aridez com ausência de sentimentos.
>
> "Por que amá-los? Pelo bis, que é mais longo do que o set costuma ser, por canções como 'Breed', 'Territorial Pissings' e 'Floyd the Barber', que ainda rugem e zunem como antes. Por não tocarem 'In Bloom' e 'Polly',

* Overton Vertis "O.V." Wright (1939-1980) foi um cantor americano de blues e soul. Uma de suas primeiras canções famosas foi a balada "That's How Strong My Love Is", depois gravada pelos Rolling Stones. [N. T.]

> evitando assim as duas canções com mais potencial para horrendas ondinhas e bateção de palmas, mas por ainda tocarem 'Lithium' e 'Teen Spirit', porque não tocar seria uma atitude infantiloide. Por terem mais 20 músicas na fila, que são tão tristes e requintadas quanto as mencionadas acima."

"No final [durante 'Endless, Nameless'], Kurt subiu nos amplificadores", recorda Earnie Bailey. "De repente, ele pulou e arqueou, caindo em cima do Dave, que ficou com uma estranha cor vermelha, como se estivesse sem ar. Kurt caiu na bateria, com todos os suportes de pratos ali, e pensei: 'Como é possível ele não se empalar?' – mas aí ele saiu andando sem nem um arranhão."

Depois do show, acabei indo parar no apartamento alugado de Kurt e Courtney, escrevendo um artigo a quatro mãos com Kurt sobre shows de rock em arenas e sobre ser espancado por seguranças. Ele me ditava um ou dois parágrafos, então eu detalhava como achava que as novas canções do Nirvana eram brilhantes: "Tão tristes e maltratadas quanto qualquer coisa do devastador álbum de estreia de Madder Rose,[24] tão cru e enervante quanto uma gravação ao vivo de Daniel Johnston". Só que, naturalmente, eu não disse isso em voz alta. O mais provável é que nós dois tenhamos bocejado e alongado as pernas e braços enquanto Courtney lia literatura feminista ao lado da lareira. Assim que terminei de redigir na máquina de escrever do casal as 3 mil palavras que prometi, fomos dormir. Estávamos cansados.

"Começaram a espalhar que eu tinha uma cópia do *In Utero*", recorda Earnie Bailey. "Pessoas que eu sequer conhecia – como Eddie Vedder – me ligaram, perguntando se a gente podia se encontrar e ouvir o álbum. Eu disse a Eddie que tinha emprestado para alguém. Essas coisas você não pode vazar.

"Dale Crover apareceu no meu hotel em Phoenix e perguntou se poderia ouvir o álbum", acrescenta o técnico. "Eu tinha uma cópia em fita cassete, então a coloquei. Fiquei nervoso quando 'Milk It' começou, porque era muito parecida com a canção 'It's Shoved', dos Melvins. Quando começou, vi a expressão confusa de Dale, que aos poucos foi mudando quando ele percebeu, por fim, se tratar de uma homenagem.

"Depois do show", continua Earnie, "Krist e eu fomos à livraria City Lights, na região de North Beach. Estávamos refazendo os passos do [Jack] Kerouac, tentando encontrar alguns dos ambientes onde ele costumava ler. Em frente ao hotel, havia uma loja de bebidas que, como chegamos muito tarde, já estava fechada – mas pagamos umas centenas de dólares para o homem que estava passando aspirador em troca de uma garrafa de Wild Turkey, que sustentou nossa busca por mais um tempo.

"Em outra ocasião, Krist, Dave e eu fomos a Vancouver para ver um show do Wool [banda de Washington, D.C., ex-Scream]. Antes, Krist e eu tínhamos ido a um bar de esportes e tivemos uma conversa engraçada sobre dinheiro e como o mundo pode ser um lugar melhor sem ele. Então pegamos todo o dinheiro que tínhamos no bolso, jogamos dentro do cinzeiro e ateamos fogo. Os atletas nos expulsaram porque queimamos nosso dinheiro no cinzeiro."

Adendo: Cali DeWitt

"Eis que o tempo passa, estou dirigindo por LA, usando drogas e querendo largar esse estilo de vida. Courtney continuava me pressionando para trabalhar para eles e morar com eles. Ela disse: 'Faça isso só por alguns meses', emendando com 'Tem um show no Cow Palace, encontramos você lá'.

"Aí eles me levaram a São Francisco de avião para encontrá-los num evento. Foi um ótimo show, me senti muito bem. Estava empolgado. De lá, fomos para Seattle de carro. Oficialmente, de uma hora para outra, virei babá. Só me dei conta do que isso significava quando comecei. Cheguei ao quarto do hotel, e eles colocaram Frances no meu colo para ver como ela reagia. Ela gostou de mim; nós nos demos muito bem. Aí eu passava muito tempo com aquele bebê no colo. A viagem para Seattle demorou um pouco, porque Courtney quis parar para comprar antiguidades. Ambos ainda injetavam Buprenex, o que me deixou desconfortável. Não deveria, porque já vi coisas bem piores, mas ter alguém no carro, do seu lado, injetando o tal Buprenex na perna... não falei nada. Pra quê? Não sou desses. As pessoas sempre dizem: 'Você deveria ter falado alguma coisa', mas, tipo, espere um momento. Em primeiro lugar, o único motivo de eu estar naquela situação é por ser o tipo de pessoa que não comentaria nada.

"Ainda não tinha chegado ao ponto de ver amigos morrendo. Não parecia real. Agora, 10 ou 15 anos depois, vejo pessoas que ainda são viciadas em heroína, que não têm dentes e estão colocando prótese nos quadris com apenas 34 anos. As pessoas morrem, de verdade. Você se destrói completamente. Mas, naquele momento, isso não era uma realidade. Percebi, no primeiro dia, que basicamente tinha dois amigos. Eu me dava superbem com o Kurt e a

Courtney. Podíamos jogar conversa fora sobre música o dia todo, era divertido e me sentia à vontade."

Esse é um ponto importante: não havia muita gente que se dava bem com Kurt e Courtney.

"É, e não sei por que eu me dava..."

Posso adivinhar. Você era jovem e era do punk rock.

"Também era discreto o bastante para deixar isso internalizado. Eu não ficava por aí contando a todo mundo o que estava fazendo. Eles eram meus amigos, mas, como eram mais velhos, eu os respeitava, eu os ouvia. Um dia antes de chegar a Seattle, no meio da viagem, fiz 20 anos. Eu me lembro de pensar, no trajeto: 'Isto é ótimo, mas vai acabar dando errado'. Aquelas pessoas, obviamente, precisavam de cuidados. Só que eu sentia que eu também precisava de cuidados – mas aí me deram um bebê."

Quem estava dirigindo?

"Eu."

Você estava ciente da enorme, quase mítica, estrutura de gestão que os cercava?

"Não, ainda não. Eu só fui entender o nível de manipulação em andamento muito tempo depois."

Presumo que você sequer estava ciente sobre o restante do Nirvana...

"Sim, para o bem ou para o mal. Não que eu tivesse procurado por isso, mas de repente eu estava em um círculo secreto. Eu era um jovem sem dinheiro, que tinha uma mochila, um skate e amigos ótimos que haviam me dado oportunidades incríveis. Em Nova York e LA, eu morava em ocupações feito um moleque punk. Sem dúvida, estava empolgado por morar em Seattle, eu nunca tinha morado lá; estava animado por fazer turnê viajando em uma van; entusiasmado com todas essas coisas.

"Aconteceu uma coisa importante dois dias depois que chegamos em Seattle. Foi na casa grande e nova em folha que eles haviam alugado em Lake Washington. Fiquei com o andar de baixo e achei legal. Dois dias depois, pedi a Courtney que mantivesse as drogas longe de mim. Não é culpa dela, pois eu teria encontrado drogas de qualquer jeito, mas ela tinha uma tendência a se fazer de boba e tentar enganar as pessoas. Ela fazia isso direto, mas não se pode enganar alguém que gosta de drogas; é óbvio demais, simples assim. Ela me apresentou ao amigo deles, Dylan, que apareceu para uma visita. No início, não gostei muito dele, pois era um viciado. Eu tinha essa ideia de que eu não ia fazer isso e era ingênuo o bastante para achar que Kurt e Courtney não fariam porque estavam tomando Buprenex e tudo ficaria bem. Então, eu o vi e me dei conta.

"Ela disse que precisava que eu tirasse dinheiro do banco e saísse com Dylan para pegar algumas coisas para a casa. Saquei logo de cara. Tive dor de estômago e pensei: 'Não posso fazer isso', mas segui adiante. Uma vez no carro com o tal do Dylan, ele me fez estacionar numa vizinhança horrorosa, saiu, voltou e disse: 'Consegui'. Sei que eram drogas, e a obsessão por usar drogas tomou conta de mim, o que era algo que sempre me botava pra baixo. Quando voltamos para casa, gritei com a Courtney: 'Você não pode! Sou viciado. Sou mais novo que você nisso'. Provavelmente um dos motivos por eu conseguir lidar com a Courtney era que, por alguma razão, enquanto as pessoas tinham medo dela, eu gritava com ela o tempo todo. Courtney precisava disso. Então ela ficou meio: 'Desculpe, tá tudo bem. Você pode usar um pouco'. A briga durou o dia todo. Estávamos ambos chapados e tentando esconder isso um do outro e do Eric [Erlandson]. Eu estava com o bebê no colo, e aquilo me assustou. Pensei: 'Não posso fazer isso, não posso ficar nessa situação'. Era dia 15 de abril, só dois dias depois de chegarmos lá."

Qual foi o papel do Eric nisso?

"Com frequência, o Eric aparecia e tentava consertar as coisas. Courtney estava atormentada e aquele era seu último recurso. Eric sempre ficava do lado de Courtney, chegando para cuidar das coisas e limpar a bagunça."

Eric usava drogas?

"Eric era um desses prodígios que conseguem pegar e largar as drogas. Era o tipo de pessoa que não se importava em experimentar, mas não estava de fato interessado. Mas aquele foi um dia ruim, e me lembro de brigar com ela por tempo suficiente a ponto de eu chorar e só dizer: 'Não posso ficar neste ambiente e fazer isso por você'."

Kurt estava em casa?

"Não, não sei onde ele estava. Talvez estivesse passando alguns dias fora com a banda. Quando ele não estava por perto, havia drogas na casa – o mesmo acontecia quando ela não estava lá e Kurt estava. Mas aquilo meio que mudou tudo para mim. Eu tinha ido para lá bem forte... mais cedo ou mais tarde, teria fraquejado. De qualquer forma, eu precisava tentar ser uma babá sóbria – e, nas minhas noites de folga, poderia sair, farrear, usar drogas e ser uma pessoa de 20 anos."

Quais eram suas tarefas como babá?

"Supostamente, eu deveria cuidar da Frances. Mas a Courtney logo tentou tirar vantagem disso, me fazendo enviar faxes, atender ao telefone e coisas do tipo. Eu disse a ela que não faria essas tarefas. E ela rebatia: 'Deus, não grite comigo'. Ela sempre dizia: 'Deus, não grite comigo!"

É estranho, porque foi assim que eu lidei com a Courtney por um bom tempo. Eu me lembro dela dizendo, logo de cara, que um dos motivos por gostar da minha companhia era por eu ser uma das únicas pessoas que conseguiam fazê-la chorar.

"É bom poder vencê-la assim. Ela gosta de dizer às pessoas o que fazer e gosta ainda mais quando elas dizem 'não'. Eu ficava muito tempo com o bebê, às vezes durante uma semana. Eu não me importava. Para minha surpresa, eu gostava muito. Eu adorava a Frances, eu era bom com ela e me divertia com ela."

O que Kurt comia?

"Porcarias. Na maior parte das vezes, comida congelada, pizzas congeladas. Ele tinha uma pizzaria favorita na Pioneer Square, e às vezes eu ia até lá pegar pizzas. Ele e eu amávamos as mesmas porcarias: cookies e os cereais da marca Lucky Charms. Ele descobriu quais eram meus cookies favoritos e me trouxe de surpresa uma caixa deles. Mais ou menos na mesma época, Courtney chegou em casa com duas tigelas. Gastava um dinheirão, que não era dela, com coisas caras. Uma parte dela, talvez aquela que gostava de uma boa briga, não resistiu em contar a ele o valor das tigelas. Para nós, pareciam apenas tigelas estilosas, mas tinham custado 600 dólares cada, eram folheadas a ouro. Ele ficou puto e gritou com ela, dizendo: 'O dinheiro gasto com estas tigelas poderia ter pagado três meses do meu aluguel cinco anos atrás'. Então ele desceu para o meu quarto no porão e ficou vendo TV comigo e com a Frances. Estava furioso com as tigelas, aí perguntou se eu estava com fome e subiu até o andar de cima. Serviu duas porções de [cereal de chocolate] Coco Puffs nas tigelas caras, trouxe-as para o andar de baixo e disse: 'Bem, é o melhor uso que podemos fazer dessas tigelas, não é?'."

Ele tinha uns óculos de raio X lá embaixo, não tinha?

"Sim, colecionava um monte de truques de mágica baratos e partes falsas de corpos. Ele gastava dinheiro com coisas que você vê no encarte do álbum *In Utero*, como bonecas médicas caras. E tem outra coisa: todos esses livros falam sobre como Kurt era amargurado e infeliz. Eu não acho que ele era tão infeliz. Eu o achava bem divertido. Ele era tudo isso que as pessoas diziam sobre ser amargurado e infeliz, mas também acho que vez ou outra ele era bem alegre. Ele me fazia rir, assim como ela também me fazia rir, o tempo todo."

O Kurt falava sobre as ex-namoradas às vezes?

"Não, não para mim."

E a Courtney?

"Sim, ela trazia isso à tona, e ele dava de ombros. Estabeleci uma regra rapidamente entre eles, acho que no primeiro mês que entrei na casa. Eu disse: 'Olhem, isto não é normal. Não quero que vocês me coloquem no meio dessas brigas. Não me perguntem quem está certo; não me chamem aos gritos no meio da discussão' – porque eles faziam isso, e eu não queria me meter."

NOTAS

1 Aerosmith e Led Zeppelin eram considerados inaceitáveis pelos sabichões do punk rock de Olympia, embora alguns hipsters admitissem, de má vontade, que o Led Zeppelin, ao menos, sabia *fazer rock*.

2 No total, havia cinco faixas tiradas da demo de Dale: "Mexican Seafood", conforme originalmente apresentada na compilação da C/Z em EP *Teriyaki Ashtma*, Vol. 1, e "Beeswax" do *kill rock stars*.

3 "Sliver" foi lançada nos EUA como um single para promover *Incesticide*. Um clipe foi gravado na garagem de Kurt, dirigido por Kevin Kerslake. Filmado com uma câmera super-8, granulada, apresentava Frances Bean, entre outros, enquanto a banda tocava ao vivo em frente aos objetos bizarros de Kurt.

4 Os desenhos de caneta hidrocor de Daniel Johnston são repletos de imagens desconcertantes, às vezes misóginas: mulheres decapitadas, caveiras, criaturas de várias cabeças e seu alter ego Gasparzinho, o Fantasminha Camarada. Ex-estudante de artes, Daniel foi inspirado por artistas americanos de HQ dos anos 1960, especialmente pelas representações grandiosas de Jack Kirby, da Marvel Comics.

5 Os Stinky Puffs foram uma banda brilhantemente elementar formada pelo filho do vocalista do Half Japanese – lançaram um álbum pela Shimmydisc, *A Little Tiny Smelly Bit of...*, de 1995, cheio de músicas pop simples e grudentas.

6 Uma geração de jovens indie se apaixonou pela cantora Hope Sandoval, do Mazzy Star: o álbum de estreia da dupla de Los Angeles, *She Hangs Brightly*, de 1990, é uma perfeição cristalina pós-Velvet Underground. Ainda melhor é o projeto psicodélico pré-Mazzy Star do guitarrista David Roback, chamado Opal.

7 Foi uma entrevista que Kurt agendou sozinho, para irritação do departamento de imprensa da Geffen.

8 A Costa Noroeste também tem fortes laços com os *Simpsons*. Na primeira vez que visitei a Sub Pop, havia uma arte original assinada por Matt Groening no escritório de Bruce Pavitt. O criador dos *Simpsons* estudou no Evergreen State College.

9 A inspiração de "Scentless Apprentice" foi o livro *O perfume* (1986), de Patrick Süskind, sobre um perfumista maníaco na França pré-revolucionária que não tinha cheiro, mas cujo olfato apurado o alienava da sociedade.

10 Nada de Pearl Jam – porque o "Pearl Jam, tipo, é uma merda, hehe-hehe", como diz Butthead, o mais inteligente da dupla.

11 "Nas reservas de hotéis", conta Earnie, "Kurt e Courtney eram frequentemente Sr. e Sra. Simon Ritchie, enquanto Dave usava o nome Roy Rogers".

12 O título "Pennyroyal Tea" se refere a uma erva abortiva – "Não funciona, seu riponga", anotou Kurt em seu diário, causticamente.

13 Segundo os apoiadores de Frances Farmer, ela foi demonizada sobretudo porque escreveu um poema intitulado "Deus está morto" quando tinha 17 anos e, depois, porque visitou a União Soviética no auge da Guerra Fria.

14 De volta ao luto [*back in black*]. Provavelmente referência ao álbum do AC/DC.

15 Extraído de sua autobiografia *Will There Really Be a Morning?*, escrita por um ghost writer. Nos últimos anos, lançaram-se dúvidas sobre sua autenticidade.

16 Pat inventou uma ótima história sobre como a banda ateou fogo nas próprias calças para comemorar o fim das gravações do disco – e um jornalista engoliu como verdade. Talvez ele devesse ter se lembrado da velha cantiga de jardim de infância: *"Liar, liar, pants on fire"* ["Mentiroso, mentiroso, calças em chamas"].

17 O engenheiro era conhecido por andar pelas ruas de Chicago com um chapelão de caubói da Stetson.

18 Muita gente amava Evan Dando, sobretudo por seus covers preguiçosos e bonitos de pop/country, mas seu uso excessivo de ácido o deixou muito lesado. Kurt, por outro lado, achava a alegria de Dando extremamente irritante.

19 A foto de Leslie Hardy aparece no EP, mas ela não participou dele.

20 O vocalista do Alice in Chains morreu de overdose de heroína em 2002.

21 O Disposable Heroes of Hiphoprisy era uma excelente banda de hip hop de São Francisco, politicamente motivada e afrontosa, liderada por Michael Franti.

22 É fácil subestimar o poder da mídia. A Anistia Internacional, por exemplo, se beneficia muito quando uma banda como o U2 publica seu endereço nos encartes de seus álbuns.

23 Era moda a MTV convidar bandas de rock para um estúdio amplo e fazê-las se apresentar em formato acústico, supostamente sem amplificação – mas, em geral, era só com menos volume. Com poucas exceções – como Neil Young –, o formato foi um fracasso, servindo apenas como mais um exercício presunçoso da indústria musical.

24 Madder Rose era uma banda pop de Nova York, sonâmbula e regada a drogas, inspirada no Velvet Underground – nenhum de seus álbuns fez jus a seus shows ao vivo, mas o de estreia, *Bring It Down* (1993), é maravilhoso.

CAPÍTULO 25

Olhos bem abertos

> William recita um poema sobre um rapaz, veja bem, por aí nas ruas, veja bem, que se encontra com um traficante, veja bem, em um quarto de hotel, veja bem, há um corpo esquartejado em uma mala, veja bem, ele precisa de um pico, veja bem, ele só tem três dólares, veja bem, é Natal, veja bem, o clima está cinza lá fora, veja bem, o rapaz fica doente, veja bem, as imagens ficam borradas, veja bem...
>
> ... e uma guitarra destrói "Noite Feliz", certo, uiva como se fosse o vento soprando pela rua, certo, se enrola em si mesma como se fosse o próprio rapaz no quarto do hotel, certo, explode aos gritos de microfonia, como se fosse o "padre" brigando com o bastardo, certo...
>
> Esse par funciona incrivelmente bem.
>
> Se você está preparado para ouvir a monotonia quase mortal de Burroughs falando de decadência e distração em meio às reflexões torturadas de guitarra de Kurt Cobain mais de uma vez, aí é com você.
>
> No entanto, esse pensamento é morbidamente fascinante.
>
> (Crítica de "The 'Priest' They Called Him", *Melody Maker*, 11 set. 1993)

NO dia 2 de maio de 1993, o plantão de emergência de King County recebeu uma ligação da avenida Lakeside, 11301. De acordo com o relato da polícia, Kurt Cobain esteve "na casa de um amigo duas horas antes, onde se injetou o equivalente a 30 ou 40 dólares de heroína. Dirigiu então para casa, o local do incidente, e ficou em seu quarto". Depois que Kurt se recusou a abrir a porta, Courtney ligou para Wendy e Kim, que imediatamente saíram de Aberdeen para tentar ajudar. Quando elas chegaram, a condição dele havia piorado. Kurt estava vomitando e em choque.

Não era a primeira vez que isso acontecia – dizem que Kurt teve várias overdoses durante 1993. Courtney tentou jogar água fria no marido e lhe dar remédios variados – Valium, Buprenex, Benadryl, codeína – para combater os efeitos, mas nada funcionou. Por fim, os paramédicos foram chamados quando Kurt começou a ficar azul. Ele foi levado às pressas até o Harborview Hospital, onde alternou entre a consciência e a inconsciência, citando Shakespeare para a irmã vez ou outra.

"Dessa vez, ele teve a febre do algodão", explica Cali DeWitt. "Quando alguém injeta drogas, geralmente enxuga com um algodão. Se um pedaço minúsculo de algodão gruda na agulha e entra na corrente sanguínea, não chega a ser uma overdose, mas seu corpo reage ao algodão. A pessoa fica muito vermelha, trêmula e com calor. Fisicamente, é mais feio que uma overdose."

Mas não tão perigoso...

"Não se compara a uma overdose real", concorda Cali. "Houve outra overdose naquela casa por volta dessa época. Jackie [Farry] estava de visita, e acho que Nils Bernstein [presidente do fã-clube do Nirvana] também estava lá. Carreguei Kurt até o andar de cima, joguei-o na banheira de hidromassagem e liguei a água fria, o que o acordou. Eu só queria fazê-lo andar, mas aí Courtney cozinhou para ele e o alimentou ali. Eu estava começando a perceber como a vida naquela casa seria instável."

No dia 1º de junho, Courtney armou uma pequena sessão de intervenção/reabilitação na casa: chamou Krist, Janet Billig, Nils, Wendy e o padrasto de Kurt, Pat O'Connor. Todos os amigos e parentes expuseram vários motivos para Kurt deixar de usar drogas – entre os essenciais, sua própria saúde e o bem-estar de sua filha. Courtney destacou que havia começado a frequentar o Narcóticos Anônimos e estava tentando parar de fumar cigarros.[1] Ele se recusou a ouvir e subiu as escadas, furioso. Foi depois disso que as pessoas começaram a brigar entre si para descobrir quem era o culpado.

Três dias depois, ligaram mais uma vez para a emergência, e Kurt ficou três horas na cadeia de King County por suposta violência doméstica. Foi paga uma fiança de 950 dólares. Mais tarde, as queixas foram retiradas.

O relatório policial menciona uma briga do casal a respeito da coleção de armas de Kurt. Courtney jogou suco de laranja no rosto de Kurt, ele a empurrou, ela o empurrou de volta, um arranhou o outro... mais tarde, Kurt negou veementemente todas as alegações. Em uma entrevista para a *Spin*, afirmou que tudo o que aconteceu foi que ele e Courtney estavam correndo pela casa, gritando e brincando de lutinha, se divertindo, quando "de repente, alguém bateu na porta e havia cinco tiras lá fora, com armas na mão".

Acrescentou que ambos discutiram sobre quem deveria ir para a cadeia. A lei de violência doméstica no estado de Washington exige que os policiais prendam alguém antes de deixar o local. Os tiras confiscaram as armas de Kurt – todas as três – depois que Courtney revelou onde elas estavam.

"Não acho que ele bateu nela", diz Cali. "Eles estavam brigando feio, e ela o provocou. Numa briga, ele podia ser cruel, mas ela também o provocava até ele explodir."

Você não acha que Courtney tinha uma tendência a aporrinhar as pessoas para ela poder bancar a vítima?

"Sim", ri Cali. "Courtney gosta de drama. Gosta que gritem com ela. Acho que ela quer alguém que a domine."

Ela me disse isso.

"Para mim também", admite. "É um clássico. Pessoas fortes e agressivas gostam que alguém as domine em determinado momento. É como executivos poderosos que vão a inferninhos para serem chicoteados. Conheço outras mulheres que se encaixam nessa descrição em menor grau, que gostam de homens agressivos em suas vidas. Ele não precisa ser um troglodita babaca em público, mas elas curtem briga e bate-boca e, de vez em quando, gostam de levar uns tapas. Desta vez, ele estava comendo macarrão, e, sabe-se lá como, o prato foi parar na cara dele. Acho que Courtney o jogou. Ele ficou feliz com a chegada dos policiais, provavelmente porque aquilo significava o fim da briga. Era quase como dizer: 'Foda-se, os caras vão me prender. O que você vai fazer para me incomodar agora?'. E lá está ele na escada, sentado, com a barba cheia daquele horroroso molho vermelho agridoce grudento."

Provavelmente foi Courtney quem chamou a polícia.

"Tenho certeza de que foi ela", concorda. "É bem possível que tenha começado com um incitando o outro a fazer isso. Um deles dizendo: 'Vou chamar a polícia', e o outro: 'Vá em frente, pode chamar. Só quero jantar. Me mande pra cadeia, porra'."

De que modo você os descreveria como casal?

"Acho que eram voláteis. Acredito que faziam muito mal um para o outro. Esses casais que se amam, que não podem imaginar a vida sem o outro e, ainda assim, acabam se matando. Se fossem pessoas mais estáveis, teriam percebido isso e se separado, ou se afastado. Como casal, eram duas pessoas que tentavam desesperadamente fazer funcionar algo que nunca daria certo. Acho que ele a amava muito e acredito que era bem mais ingênuo que ela."

Você acha que a formação dele em Olympia entrou em choque com ela?

"Provavelmente, mas ele era alguém que gostava de dizer 'foda-se' para todo mundo. Namorar Courtney foi sua maneira de dizer 'foda-se' para Olympia."

Pelo que lembro, os empresários tinham medo deles.

"Não sabiam o que fazer com eles", concorda Cali. "Estavam acostumados a lidar com pessoas que queriam uma direção na carreira. No fundo, Kurt ainda tinha muito da ética do punk rock. Ele queria ser o que era, mas não queria suas músicas usadas em um comercial da Nike. Courtney concordava mais com os empresários quando o assunto era vender música. Muitas brigas vinham daí. Aquela que os policiais presenciaram não foi a única de jeito nenhum."

Você sabia da coleção de armas de Kurt?

"Eu não sabia que eram mais de uma ou duas", responde Cali, "mas consigo imaginar todo mundo que eu conheço comprando armas. Nem sempre é sinal de suicídio".

São os Estados Unidos, pelo amor de Deus.

"Sim, são os Estados Unidos."

Eu me lembro de Kurt me contando sobre as armas, que cada uma tinha o nome de um jornalista.

"Isso é bem conversinha íntima deles", responde o ex-babá. "Com certeza, foi dito. Houve uma noite em que Courtney me perguntou, falando sério, se eu achava que Rene toparia matar o cachorro de Lynn Hirschberg. Porque acho que ela amava mais o cachorro do que qualquer outra coisa. Durante alguns dias, Courtney ficou me dizendo: 'Traga o Rene aqui. Vou mandá-lo a Nova York, vou dar 5 mil dólares a ele. Quero que ele mate aquele cachorro'. Nunca liguei para o Rene porque – e se ele aceitasse? Não acho que ele faria isso, mas não quis envolvê-lo. Alguns dias depois, ela tinha esquecido o assunto."

Eu me lembro muito bem de ter tido uma conversa com Kurt na qual ele disse: "Se um dia eu me matar, primeiro vou matar alguns desses bastardos".

"Sim. Eu o ouvi falar isso, com raiva. Fico contente por ele não ter matado. Isso teria mudado tudo."

O falatório sobre *In Utero* continuou ao longo de abril e maio.

Embora o Nirvana afirmasse que não sofria nenhuma pressão da Geffen e de seus empresários para mexer nas gravações de Albini, o assunto era outro nos bastidores. Em seu diário, Kurt detalhou uma saída inteligente: primeiro, lançar a versão original – "um vinil intransigente, uma fita cassete, um lançamento só com oito faixas" – e, um mês depois, lançar uma versão remixada intitulada *Verse, Chorus, Verse*, com um adesivo na capa onde se lia "Versão Compatível com as Rádios". Uma pena não ter acontecido.

A solução foi simples – alterar a mixagem quando o CD fosse masterizado. A produção de um disco é muito importante, mas poucas bandas percebem, quando entram num estúdio pela primeira vez, que masterizar é tão importante e quase tão maleável quanto produzir. Então alguém simplesmente aumentou o volume dos vocais na mixagem de Albini e acrescentou mais compressão – problema resolvido. Um mês depois, a Geffen trouxe o produtor do R.E.M., Scott Litt, para remixar "Heart-Shaped Box" e "All Apologies" (da qual removeu uma longa faixa de microfonia) no estúdio Bad Animals, em Seattle – Kurt acrescentou um violão acústico e uns vocais de apoio em "Heart-Shaped Box" e todo mundo ficou feliz. Bem, talvez não Steve Albini... nem eu. Mas não somos importantes.

"Você poderia colocar a banda durante um ano em estúdio, e não acredito que eles gravariam um disco melhor", disse Albini a Michael Azerrad, chateado. "Se isso não agrada a gravadora deles, então ela claramente tem problemas maiores do que este disco. Ela tem um problema é com a banda. Quanto mais cedo todos os envolvidos reconhecerem isso, mais fácil será para todo mundo."

Danny Goldberg discorda dessa situação. "O estresse não vinha da banda ou da gravadora, mas de Steve Albini. Kurt queria trabalhar com Steve porque, além de gostar do trabalho dele, queria alguém do mundo independente para mostrar ao seu público antigo que ainda era um deles. As gravações foram rápidas. As mixagens ficaram muito sujas. Gary [Gersh] e eu dissemos que não dava ouvir os vocais – e as letras são parte significativa da música. Kurt concordou. Então pedimos a Scott Litt que fizesse os singles. Mais tarde, Albini disse que a Geffen estava pressionando Kurt – e que apenas ele teria respeitado sua integridade –, mas Kurt tinha 100% de controle sobre o disco. Ele escolheu quem fez o remix e aprovou as versões finais."

Em maio, Kurt decidiu-se pelo título *In Utero* – extraído de algumas poesias de Courtney – e criou o conceito da arte do álbum. A capa – um desenho de corpo inteiro de uma mulher transparente com todos os órgãos internos à mostra, com as mãos em súplica, a cabeça ligeiramente curvada – foi tirada de um modelo clássico escolar intitulado *Brunnhilde: The Transparent Woman*, usado por crianças americanas para estudar a anatomia feminina. Kurt acrescentou um par de asas de anjo. A contracapa era uma perturbadora colagem rosada de bonecas, intestinos, fetos, cordões umbilicais e flores – "Como se fosse uma cena pós-massacre", conforme ele explicou.

"Numa tarde de domingo, Kurt me ligou e disse: 'Tem uma coisa que eu quero que você fotografe para o álbum'", recorda Charles Peterson. "Ele falou: 'Você precisa estar aqui em uma hora; todos vão morrer se você não vier'. Peguei o que eu tinha de rolo de filme e fui. No piso da sala de jantar, ele tinha montado uma colagem de cravos, tulipas e pedaços de corpos de plástico.

"Em uma sala de estar rebaixada, havia uma televisão de tela grande que estava sempre ligada", continua o fotógrafo. "A casa era tipo um fosso, o que combinava com o jeito como Kurt e Courtney levavam a vida. Enquanto eu fotografava aquele troço – foi difícil, pois eu tinha que me inclinar acima daquilo, e fotografar natureza-morta não é meu forte –, Kurt reproduzia as gravações do *In Utero* em uma caixa de som na 'ilha' no meio da cozinha. Era uma mixagem real, sequenciada e tudo o mais. O som era ótimo. E ele perguntou: 'O que acha da mixagem?'. Ele estava muito inseguro. Honestamente, se eu ouvir agora em um bom estéreo, parece uma merda. Você tem que aumentar os graves e os agudos. Mas, na época, ouvindo em uma caixa de som, soava como o velho Nirvana."

A vida seguia sua rotina. Krist continuava a se pronunciar contra a homofobia e leis repressoras. Rumores sobre o rompimento da banda persistiam, com Kurt vez ou outra falando abertamente sobre seu desejo de montar um grupo com Mark Arm ou Mark Lanegan. Dave mantinha distância. Kurt continuava usando drogas, sem fazer muita questão de esconder – quem visitava a casa percebia que os horários precisavam ser combinados com base no fato de Kurt estar chapado ou não, algo que o magoava, pois imaginava ser uma pessoa funcional de qualquer maneira. E Courtney continuava indo às compras, traçando seu próprio plano de dominar o mundo e convidando amigos para visitá-los.

"As pessoas estavam agindo de um jeito estranho comigo em Minneapolis", diz Jessica Hopper. "Courtney e Janet [Billig] então me compraram uma passagem para eu passar uma semana com elas em Seattle, sob o pretexto de ir até lá para visitar faculdades.

"Aquela casa era bizarramente inapropriada para eles", continua ela. "Tinha um carpete bege, parecia um antro suburbano. Bonita, construção recente, aparência normal, mesa de centro e tudo o mais. No andar de cima, um quarto meio detonado com todos os discos e guitarras de Kurt. A cozinha era bem comum, exceto pela tonelada de correspondências e faxes por todos os lugares, além de uma coleção enorme de protótipos médicos de embriões por todo o piso da sala de jantar. Havia coisas escritas com canetinha e batom em todas as paredes: no andar de cima, na frente da sala de artes de Kurt, Courtney tinha pintado algo do tipo: 'I fucking love you' ['Te amo pra caralho'] na parede branca e no tapete. Eles detonaram aquela casa bonita, mas ao mesmo tempo era como se ninguém tivesse se mudado para lá. Não havia nada pendurado nas paredes. Por alguns dias, fiquei na casa, encarcerada. Às vezes, saía com Frances e sua babá.[2] Kurt e Courtney ficavam trancados no quarto: quando eles apareciam, eu dava umas voltas com Courtney. Certa vez, peguei um táxi para Capitol Hill para comprar discos.

"Um dia, eles estavam gravando algumas músicas juntos e me pediram para segurar um microfone. Tocaram 'Pig Meat Papa', do Leadbelly, enquanto eu segurava o microfone e Frances ao mesmo tempo – ela chorou um pouco, e é possível ouvi-la nas gravações. Eles cantavam juntos. Kurt tocava. Tocaram duas músicas do Leadbelly, sendo a outra aquela que apareceu no *MTV Unplugged* ['Where Did You Sleep Last Night?']. Depois, ela tentou fazê-lo tocar outra coisa. Os dois estavam chapados. Tudo o que presenciei durante esse tempo, que foi bem desgastante e cansativo, foi o que me levou a nunca usar drogas – ver essas pessoas de quem eu gostava e a quem respeitava mal conseguindo se comunicar no próprio mundinho que compartilhavam.

"Courtney era a ativa do casal", prossegue Jessica. "Kurt era o retraído, mas sempre foi muito engraçado. Quando estava perto de Frances, ficava energizado: conversava sobre coisas bizarras pelas quais era obcecado, um documentário sobre animais ou crianças de outros países. Parecia interessado por fenômenos. Ele andava assistindo a uma série de 40 episódios sobre [o imperador romano] Calígula,[3] algo que você pegaria na biblioteca. Os dois eram bem intelectuais. E também muito reservados. Um amigo ligou para mim lá na casa, e eles quiseram saber de onde eu o conhecia. Senti que estava violando a privacidade deles.

"Eles não saíam muito de casa. Era como uma grande incubadora. Cali e eu saíamos para buscar coisas para eles."

No dia 1º de julho, quando Jessica chegou, o Hole tocou no Off Ramp, em Seattle – mesmo dia em que o *Seattle Times* publicou uma reportagem sobre a prisão de Kurt. Courtney, como de costume, estava cativante e sarcástica, se metendo em brigas, tocando músicas do *Live Through This* – incluindo "Doll Parts", com violão acústico[4] – e mencionando a matéria do jornal: "É, meu marido bate em mulher. SÓ QUE NÃO!". Kurt e Krist só apareceram depois que o show acabou, pois tinham ido ver a apresentação de Leonard Cohen. "Saímos com Lorca, a filha de Leonard Cohen, no dia seguinte à apresentação dele em Seattle", diz Earnie Bailey. "Ela era um amor."

"Cali me pegou no aeroporto", recorda Jessica. "Comemos, conversamos um pouco, ele me levou para casa e foi cuidar de algumas coisas antes de ir com Kurt à apresentação de Leonard Cohen. A caminho do show, Kurt levou Courtney e eu a Capitol Hill para uma parada na casa de Kat [Bjelland] e Stu [Spasm, vocalista do Lubricated Goat[5]]. Kat não estava – de qualquer forma, ela me odiava –, e Stu, suando em bicas com sua camisa brilhante de caubói, atendeu a porta. Imediatamente fiquei, tipo: 'OK, já entendi essa visita...'. Então me deixaram na sala de estar e disseram que só iria levar alguns minutos.

"Uns 20 minutos depois, eu estava sentada lendo uma revista e percebi que alguma coisa estranha estava rolando na cozinha. Eles me chamaram: Kurt estava agachado, parecia sentado numa cadeira invisível, *bem* chapado. Enquanto isso, o braço de Courtney começou a inchar, parecendo manchado e descolorido – o que quer que aconteça quando tem algodão no seu sangue –, e o caos era geral, com um toque de pânico. Stu transpirava, chapado e assustado ao mesmo tempo. Nenhum deles se achava em condições de sair pra rua, então precisaram de mim para dar conta de algumas tarefas...

"Eu mesma estava em pânico. Me disseram que eu teria que cuidar deles e depois levá-los ao show, embora eu ainda não soubesse dirigir carros com câmbio manual. Kurt falou: 'Eu vou te orientando'. Uma vez na rua, parei em todos os telefones públicos e fiquei ligando para Cali, torcendo para que o encontrasse em casa e ele pudesse me ajudar. Parei num caixa eletrônico. Estranho, Mark Arm estava atrás de mim, na fila [...]

"Na volta, eu estava chorando, surtada. Quando finalmente consegui falar com Cali, ele veio e consertou tudo. Foi meu primeiro dia em Seattle com eles."

"Stu e Kat eram doidos varridos", ri Rene Navarrette. "Eram recém--casados, viviam numa casa em Capitol Hill. Kurt e Courtney passavam bastante tempo com eles. Stu era um cara cheio de histórias. Quando ele saía da sala, era sempre muito divertido observar Kurt o imitando enquanto promovia seu disco *Crunt* – que eu achava ótimo[6] – com seu sotaque australiano. Stu repetia várias vezes as mesmas histórias: quando estava em Berlim e foi esfaqueado, quando levou uma surra de dez homens e depois arrancou os braços deles, fechando com detalhes sobre o assalto em que lhe roubaram dez dólares. Era quase um desenho animado.

"Quando Kurt tentava ser engraçado, ou ninguém entendia ou era a coisa mais divertida do mundo. Era 8 ou 80. Isso porque ele tinha sido o rapaz tranquilo do interior. Na verdade, ainda era bem humilde. Era muito infantil. Ele imitava as pessoas, e isso era hilário. 'Se liga, retardado!' era uma de suas frases favoritas."

Também no dia 1º de julho, a gravadora Tim/Kerr lançou "The 'Priest' They Called Him", um disco de dez polegadas, em edição limitada, com um monólogo de William S. Burroughs combinado com as guitarras de Kurt. Era um single de um lado só, com as assinaturas dos dois artistas desenhadas no lado B. Burroughs era uma espécie de mentor para Kurt, que chegou a oferecer ao poeta uma participação especial no clipe de "Heart-Shaped Box". É discutível até que ponto Burroughs foi um modelo positivo para Kurt: ao fazer parecer tão interessantes o uso de drogas e os seus amigos viciados, ele tornou a heroína uma perspectiva muito mais atraente para o cantor – algo que, infelizmente, também acontece com alguns fãs sempre que se menciona o fato de Kurt usar drogas. O álbum era bom, ainda que estranho. O trecho de guitarra foi extraído das sessões no Laundry Room, de novembro de 1992.

"Ele devia se sentir realmente honrado em fazer alguma coisa com o Burroughs", comenta Earnie. "Era um grande herói para ele."

Três dias depois, Dave Grohl fez um show de reunião com o Scream, o início de uma turnê com dez datas pelos Estados Unidos – e o selo Dischord lançou o catálogo do Scream em CD. Sobre a última noite, o *Los Angeles Times* escreveu: "Dave Grohl sobrecarregou as habituais polcas de punk rock com uma variedade extraordinária de rufadas e batidas quádruplas". Sério.

Levando em conta a tendência do Scream em romper e reformular a banda, conforme os membros iam brigando e se acertando, era tentador considerar essa uma continuação da trajetória do grupo de Washington, D.C. Grohl se sentia afastado da trupe do Nirvana: ele havia brigado feio com Courtney durante a gravação de *In Utero*; a banda tinha tocado ao vivo pouquíssimas vezes no primeiro semestre de 1993; e ele tentava lançar suas gravações do Laundry Room por um selo de Detroit.

"Dave nunca aparecia na casa", diz Cali. "Era nítido que Dave e Krist não gostavam da Courtney, mas Krist adorava o Kurt e tentava manter a amizade, embora a casa fosse uma loucura. Kurt ainda era meio desagradável com Dave, como se ele ainda fosse o novato.

"Se Kurt e eu saíamos", continua o ex-babá, "para um show da P.J. Harvey, por exemplo, era porque Courtney definitivamente não estava na cidade. E, quando ela não estava na cidade, a gente se divertia muito. Eu dava autógrafos em nome de Dave Grohl a noite toda, pois tinha cabelos compridos pretos. Kurt estava nervoso com a apresentação da P.J. Harvey [Under the Rail, Seattle, 9 de julho], porque gostava demais dela".

Todos nós gostávamos. As primeiras gravações de P.J. Harvey (*Dry*, *4 Track Demos*) foram caracterizadas pela vivacidade, crueldade e precisão. A cantora inglesa ia ao cerne da emoção, com uma incisão crua que a distinguia. Ela também é uma incrível guitarrista de blues – suas músicas parecem simples, mas os ritmos são originais e muito complexos. Inicialmente influenciada por vários guitarristas de blues, além de heróis da contracultura, como a poeta nova-iorquina Patti Smith e o contador de histórias australiano Nick Cave (em cujo visual levemente gótico P.J. se inspirou), logo ela se estabeleceu em pé de igualdade com seus colegas.

"Isso foi durante a turnê de *Rid of Me* [terceiro álbum de P.J. Harvey], e o lugar estava só metade cheio", continua Cali. "Ela era ótima. Kurt queria convidá-la a sair em turnê com o Nirvana. Então, depois do show, fomos ao backstage, e sei que exigiu muito dele fazer esse pedido. Ela foi educada, mas recusou. Acho que isso o fez amá-la ainda mais."

"Ouvi dizer que Courtney ficava bastante incomodada com o interesse de Kurt em P.J. Harvey", comenta Earnie.

Courtney se incomodava bastante com qualquer mulher por quem Kurt demonstrasse o mais vago interesse – mas não sem razão, pois, ao menos por fora, P.J. era o estereótipo de Olympia que atraía Kurt: cabelos escuros, sentimental, temperamental, musicista e extremamente inteligente.

Em 17 de julho, após 92 semanas, *Nevermind* saiu do Top 200 da *Billboard*.

Seis semanas depois, o Nirvana fez um show no festival bunda-mole anual New Music Seminar, no Roseland Ballroom, Nova York, com capacidade para 4 mil pessoas. Uma fila serpenteava ao redor do quarteirão com participantes do festival frustrados, exibindo seus crachás e tentando entrar: sem chance. Lá dentro, a banda de abertura Jesus Lizard entregava seu blues de vodu num show tipicamente anárquico: o cantor David Yow pulou do palco antes mesmo de uma única nota ser tocada.

"O lugar era enorme, com uma área VIP cheia de frescura – meu lado punk rock odiou", diz o promotor alemão Christof Ellinghaus. "Achei asqueroso. Estava cheio de atletas, pessoas de quem Kurt tinha medo, os aficionados por esportes."

"Era um show secreto, mas todo mundo fica sabendo de shows secretos", recorda Cali. "Eles iam tentar tocar com mais um guitarrista [o outro técnico de guitarra de Kurt, Big John Duncan] e uma violoncelista [Lori Goldston]."

Big John já tinha sido notado por aparecer no *Top of the Pops* exibindo um ostensivo corte moicano em 1980, enquanto tocava guitarra com os punks de carteirinha do Exploited. Big John – um sujeito adorável, mas enorme, alguém que você não desejaria incomodar – também tinha tocado guitarra na banda escocesa Goodbye Mr. McKenzie, ao lado da futura vocalista do Garbage, Shirley Manson.

Lori era uma violoncelista de formação clássica, um dos pilares da taciturna e jazzística Black Cat Orchestra – o Nirvana ficou sabendo a seu respeito depois que ela participou de uma performance inspirada pelos acontecimentos em Sarajevo. "Eles disseram que estavam procurando uma violoncelista para acompanhá-los na turnê e fazer o *MTV Unplugged*", recorda Goldston. "Kurt queria expandir seus parâmetros. Ele não achava que sua forma de cantar era muito sustentável. Acreditava que sua voz se destruiria. Sua solução foi focar em ficar mais quieto, tocando uma estranha música de câmara. Ele queria um oboé. Kurt era muito sutil. Indicava a próxima música apenas com um movimento. Gostava de conversar de forma abreviada. Eu venho de Long Island, onde tudo é explícito, mas ali era como se todo mundo falasse em código.

"Eu estava tão nervosa no primeiro show que comecei a fumar", continua ela. "Foi um show excelente. Um pouco surreal."

Sem dúvida foi. O Nirvana começou com "Serve the Servants" e "Scentless Apprentice", de *In Utero* – duas músicas que o público não conhecia, mas carregadas de adrenalina –, antes de prosseguir com "Breed" e "Lithium", enlouquecendo o lugar, com o pessoal cantando junto, mas sem desvirtuar o momento pelo excesso de entusiasmo. Kurt usava um par de óculos estilo Devo e seu tradicional blusão com listras vermelhas e pretas. ("Mas eu preciso usar isto, tenho fãs lá fora", suplicou ele quando Courtney tentou dar uma ajeitada no seu visual antes do show.) Krist estava elegante e arrumado, de camisa de colarinho preto e cabelos curtos. Dave tocava furiosamente a bateria, sorrindo feito o gato risonho de *Alice no País das Maravilhas*.

"Rape Me" foi a próxima, polêmica e estranhamente apropriada. De cabelos escuros e barba loira aparada, Big John assumiu o palco para acrescentar potência nas próximas quatro músicas: "Aneurysm", "Territorial Pissings", uma melancólica "Heart-Shaped Box" e a igualmente bela "All Apologies", o violoncelo arrebatador de Goldston acrescentando camadas de textura.

"Estes são os sons que estão tomando de assalto a indústria da música", bradou Krist. "O nome é... rock alternativo!"

Havia um burburinho de expectativa entre o público depois de "All Apologies"; as pessoas estavam ansiosas para começar um *mosh* tumultuado, como tinham visto na MTV. Em vez disso, eis que surge... um Nirvana acústico! Pense em uma confusão. Houve gente rindo, alguns bateram palmas, outros perderam rapidamente o interesse e começaram a falar alto – não pareciam os mesmos fãs irados, loucos para ver o sagrado Kurt Cobain minutos antes. Foi uma pena, porque foi um comovente e corajoso experimento da parte de Kurt em mudar o som de sua banda.

"Foi estranho, porque a primeira parte do show tinha sido tão poderosa", arrisca Earnie. "Krist estava flutuando. O som da cozinha estava sensacional. O fim foi quase um anticlímax, até porque eu podia ouvir as pessoas conversando durante o show acústico. Não dava para dizer se eles estavam distraídos ou boquiabertos. Havia um monte de gente da indústria num espaço ao longo da parede lateral, onde antigamente era o palco no qual bandas de baile costumavam tocar, e parecia que era dali que vinha parte do barulho."[7]

Foi quase o inverso de Bob Dylan passando a usar instrumentos elétricos em 1967: os jovens odiavam a ideia de seus heróis mudarem de rumo. Versões assombrosas de "Polly", "Dumb" e "Where Did You Sleep Last Night" vieram em seguida, mas tudo o que se podia ouvir no meio da plateia eram convidados pedindo bebidas em voz alta. Enquanto isso, alguns fãs fiéis exerciam seu direito ao sarcasmo positivo, pulando freneticamente do palco, dando mergulhos ferozes durante os momentos mais calmos das músicas.

E aí... o Nirvana parou de tocar, recolheu os instrumentos e deixou o palco. Pronto. Ninguém sabia o que fazer. Ninguém bateu palmas ou gritou. Silêncio. Conversas em voz baixa. Por fim, a banda voltou para uma execução superficial de "Smells Like Teen Spirit", com direito a um monte de microfonias, e Kurt caiu de joelhos em frente aos seus pedais de efeitos.

Depois, o clima nos bastidores ficou estranhamente contido. Fiz uma piada com Courtney sobre a nova seção acústica do Nirvana ser parecida com o U2 – eu tinha recentemente assistido a um show no qual a pomposa banda irlandesa havia feito uma apresentação acústica num palco menor. Ela quase me bateu antes de perceber que eu estava só enchendo.

Quando esbarrei em Kurt, comecei a contar a ele sobre uma nova e ótima banda de rock que eu tinha visto na noite anterior, o Guided by Voices, de Dayton, Ohio. "Eles são uma mistura do Sebadoh, Swell Maps,[8] Cheap Trick e Eddie and the Hot Rods",[9] tagarelei. Ele mal fingiu interesse.

O evento foi agitado.

Mais tarde naquela noite, Cali tentou convencer a comitiva do Nirvana a acompanhá-lo ao lendário CBGB, onde uma banda punk desconhecida chamada Rancid estava tocando. Nada feito. Quem se aguentava em pé queria conferir a estreia do novo baterista do Pavement na exibição da gravadora Matador – muito mais descolado.

"Todo mundo riu de mim", suspira Cali.

Na noite seguinte, dividi um táxi com Cali, também em direção ao CBGB, para ver artistas do selo Amphetamine Reptile. Cali perguntou ao motorista: "Posso fumar?". Quando o motorista respondeu que não, ele questionou: "O que essa porra está fazendo aqui, então?", já arrancando o cinzeiro da porta e o jogando pela janela. Ofereci 20 pratas ao motorista e rezei para ele não estar armado.

"Se isso tivesse acontecido hoje, eu teria ficado com vergonha", ri Cali, "mas, na época, ficava empolgado com a simples menção de uma banda ou outra. Na mesma noite, Tom Hazelmyer [chefe da AmRep] me ergueu acima da cabeça dele e me jogou na capota de um carro na frente do CBGB. Ele gostava de fazer isso. [E gostava mesmo. Na mesma semana, ele jogou Thurston Moore em uma lixeira.] Ele disse: 'Fique longe da minha esposa'. E eu respondi: 'Bem, ela não deveria se vestir daquele jeito'. Ficamos amigos desde então. Ele gostava da estupidez da minha cabecinha jovem e arrogante."

Em outra noite, vários membros da comitiva do Nirvana viram uma banda cover de "grunge" tocando ao vivo, para nossa diversão. Todas as canções foram fielmente executadas – Soundgarden, Pearl Jam, Spin Doctors, Red Hot Chili Peppers etc. – até chegar ao Nirvana. As músicas do trio foram cantadas num guincho superagudo, com o vocalista debochando como se fosse uma paródia gay. A óbvia inferência era que o Nirvana não era formado por "homens" de verdade. Não como os demais colegas. Krist e Dave ficaram pasmos quando descobriram.

"Parece tão familiar", ri Earnie.

Nesse mesmo dia, Kurt e Courtney atravessaram a cidade de táxi até Wetlands, no extremo decadente da Hudson Street, para ver um show do TV Personalities. A apresentação era uma mistura usual de humor desconexo e pop agridoce. Chegando ao local, Kurtney encontrou Stephen Malkmus, vocalista do Pavement. Sem irromper em briga, eles ficaram ao lado de Malkmus na parte de trás do clube, num papo que se estendeu a noite toda.

Mais tarde, vi Kurt andando pela rua desgrenhado e distraído, sozinho, depois de discutir com Courtney e ser jogado para fora do táxi.

Eu disse que o clima nos bastidores do Roseland parecia estranhamente contido.

Havia um motivo para isso. Antes do show, Courtney me resgatou da área VIP cada vez mais lotada – onde eu estava lado a lado com o Sonic Youth, Beck, Beastie Boys, Girls Against Boys, Urge Overkill, Babes in Toyland, Melvins... (e eles eram os únicos que ainda falavam comigo) – e me contou que, apenas algumas horas antes, ela tinha descoberto seu marido morto no chão do quarto de hotel.

"Chegamos a Nova York e fomos para os hotéis", diz Cali. "É claro que, como todo mundo era viciado, todo mundo queria heroína. Em Nova York, a heroína é branca, diferente da heroína marrom da Costa Oeste. É alcatrão preto no Oeste, enquanto na Costa Leste é pó branco da China. Na verdade, se você usa alcatrão preto o tempo todo, parece que não está usando drogas quando pega heroína branca. Parece mais inofensiva. Não é aquela coisa grudenta que você tem de cozinhar. Vem em um agradável saquinho plástico.

"Todos os nossos quartos de hotel ficavam no mesmo andar, mas provavelmente uns oito ou nove quartos de distância um do outro. No dia do show, pude ouvir Courtney gritando meu nome lá da outra ponta do andar. Corri pelo corredor, abri a porta e vi Kurt caído no chão, de cueca, com a agulha no braço e os olhos arregalados, sem respirar. Basicamente, morto de olhos abertos. Ele era, como todos sabem, bem pequeno, então puxei a agulha do braço, peguei-o no colo e comecei a lhe dar tapas, além de socar seu peito com força, bem no esterno. No segundo ou terceiro soco, ele soltou todo o ar e começou a respirar novamente. Ele abriu e fechou os olhos, olhando em volta, confuso. A gritaria alarmou muita gente do andar, além de outras pessoas que ficavam descendo e perguntando: 'O que está acontecendo?'. Tudo isso atiçou a segurança. Eu só disse: 'Vamos vesti-lo'. Ele perguntou o que estava acontecendo, e ela: 'Você estava morto, estava morto!'. Passei por todo mundo com ele, saímos, eu arranjei um pouco de comida pra ele e fomos andar pela Times Square. Depois fiquei apavorado. Não tenho nenhum treinamento em reanimação cardíaca, então foi surreal eu tê-lo acertado no ponto certo."

Isso é interessante, porque Anton Brookes disse que ficou chocado ao ver você e Courtney agirem como "paramédicos experientes". Ele teve a impressão de que vocês faziam isso com bastante frequência.

"Se você usa narcóticos o tempo todo, acaba fazendo isso com alguma frequência", explica Cali. "Por 'alguma frequência' quero dizer uma vez por mês. Além do Kurt, posso contar oito ou nove pessoas com quem já estive nessa situação. No que diz respeito a 'paramédicos experientes', sempre comparo isso a uma situação em que um carro cai em cima de alguém e você adquire uma força sobre-humana. Sua adrenalina sobe, não há tempo para o medo. Essas imagens ficam gravadas na sua mente. A cena de um amigo seu de cueca, rosto azul, com uma agulha no braço e os olhos abertos, sem respirar, é como uma marca em sua psique. Kurt fez um show muito bom naquela noite para todas aquelas pessoas, mas me lembro de ficar o tempo todo pensando: 'Quatro horas atrás, ele estava morto, e esta gente não sabe'. Foi horrível. Acho que ele também ficou assustado."

Essa foi a primeira vez?

"Já tinha acontecido antes em Seattle."

Você se lembra de mais alguma coisa do show?

"Foi bom", sorri Cali, "mas Big John não se encaixou no palco com eles."

Algumas semanas após o show no New Music Seminar, o Nirvana fez outra apresentação secreta. Desta vez, foi num evento beneficente para o Fundo de Investigação Mia Zapata, no King Theater, Seattle, no dia 6 de agosto. O Tad e o ex-grupo de Patti Schemel, o Kill Sybil, também tocaram. Mia Zapata era uma figura local popular, uma cantora com uma voz incrivelmente emotiva, que liderava a banda punk The Gits – ela havia sido encontrada no bairro Central District, de Seattle, estuprada e estrangulada, nas primeiras horas do dia 7 de julho.

"O Nirvana entrou no line-up de última hora", recorda Gillian G. Gaar. "Tão de última hora que ninguém tinha certeza se eles tocariam ou não. Abriram com 'Seasons in the Sun', a voz de Kurt arranhada e rouca. Tocaram a canção toda. Foi ótimo."

No backstage, houve uma briga enorme entre Courtney e a esposa do Tad, Barbara Beymer – que, dizem, era tão grandalhona quanto o próprio Tad Doyle. "Ela era uma pessoa com quem Courtney não deveria se meter", comentou Page Hamilton. "Ela a teria esquartejado membro a membro."

"Dá para dizer que muita gente que morava em Seattle há bastante tempo não gostava da Courtney", comenta Cali, com sabedoria.

Acho que não tem segredo nenhum nisso aí, Cali.

"Courtney não gostava de ter o ego ferido", sugere ele. "Acho que Kurt ficou bravo com Tad por causa disso. Mas era mais como a raiva de um marido por causa da esposa ofendida."

Do jeito que ele me contou, tinham combinado com Tad que ele tocaria durante uma parte da turnê de *In Utero*, mas o dispensaram por causa daquele incidente. Eu me lembro dele dizendo: "O que posso fazer? Tad é meu amigo, mas a esposa dele atacou a minha. Eu deveria ignorar isso?".

"Era uma raiva relutante, tipo: 'Preciso apoiar minha esposa', certo?", pergunta Cali. "Mesmo sabendo que ela estava errada, que provavelmente mereceu. Quando você está com alguém a quem todos os seus amigos odeiam, é uma situação muito incômoda. Você quer que seus amigos se comportem como amigos, mas, se eles criticam sua esposa, é preciso fazer algo. Definitivamente, isso contribuiu para a solidão dele."

Adendo: O primeiro aniversário de Frances Bean

"Minha segunda visita a Seattle coincidiu com o aniversário de Frances [18 de agosto]", recorda Jessica Hopper. "Eu e Cali [na época, os dois eram um casal] estávamos ouvindo Bad Brains e pulando no sofá com Frances como numa roda punk. Kurt estava no andar de cima, mexendo em seus discos. Ele comentou: 'Gostaria de ficar empolgado desse jeito com música'. Frances estava sob nossos cuidados: nós lhe fizemos um moicano com Kool Aid e tingimos seus cabelos, aí no dia seguinte fomos repreendidos. Eles nos disseram que um bebê não é um cachorro – 'Vocês, hein? Meu Deus, ela é um bebê' – um bebê com uma jaqueta minúscula com o símbolo azul dos Germs nas costas.

"Conheci Michael Azerrad durante essa visita: ele tinha vindo finalizar o livro [*Come as You Are: a história do Nirvana*, validado pela Gold Mountain numa vã tentativa de frear a mídia negativa sobre a banda]. Todos achavam que Michael era de confiança, pois ele era um jornalista de rock simplório e jovial – um nerd. Ele passou um ou dois dias lá, fazendo entrevistas. O clima era de segredos, e me alertaram: 'Não olhe para os papéis'. Eles estavam espalhados por toda parte."

"Frances passou o primeiro aniversário nessa casa", diz Charles Peterson. "Foi um evento de bom tamanho. Tirei um monte de fotos na Polaroid e as dei ao Kurt no fim do dia. Todos se reuniram na sala de estar rebaixada e deram presentes para a garotinha de um ano. Alguém deu a ela um grande triciclo vermelho, com o símbolo do anarquismo pintado em branco no assento. Havia toneladas de presentes. Eu estava sentado perto de Kurt – e nunca tinha visto ninguém tão triste e sobrecarregado. Supostamente, o primeiro aniversário de sua filha é um momento grandioso e alegre, mas acredito que blocos de construção de madeira teriam sido suficientes. Aquilo me fez lembrar a foto que tirei dele em frente à loja de discos, com a cabeça enterrada nas mãos. Era o mesmo olhar de: 'Meu Deus, que monstro é este?'."

"Minha lembrança da festa é diferente", comenta Jessica. "A estranheza do dia foi receber pessoas na casa – foi como uma família, a coisa mais próxima que eles tinham de uma família: Nils, seus irmãos, Charles, Cali, Patti, talvez dez pessoas. Tenho uma foto atrás da outra de Courtney e Frances sorrindo e brincando, todos rindo. Na melhor das hipóteses, Kurt era recluso, e o casal, quando junto, ficava tão isolado que poderia estar num bloco de gelo. A paranoia ocupava uma parte enorme da rotina. Suspeitavam até das pessoas mais próximas; ninguém ia lá, exceto funcionários ou uma pessoa aqui, outra ali. Eu diria que ele estava sobrecarregado, não por causa de Frances ou da festa de aniversário, mas simplesmente por ficar perto de pessoas."

NOTAS

1 Sem sucesso. A alegação que ela fez, mais tarde, de que gostava de "juicing" (tomar suco espremido na hora todos os dias) pode ser vista com um pingo de suspeita. Ela só descobriu essa moda por volta de 1997.

2 Cali dividia as tarefas com a mãe de Nils Bernstein, Sigrid Solheim.

3 Provavelmente *I, Claudius*, a brilhante série de TV de 13 episódios, estrelando Derek Jacobi e John Hurt, feita no Reino Unido em 1976.

4 Violões eram raridade nas canções do Hole – mas foi assim que Courtney tocou "Doll Parts" para mim, por telefone, às quatro horas da manhã, logo depois de compô-la, bêbada e sozinha numa festa. Eu lhe disse que a canção era linda e que ela não devia mudá-la.

5 Lubricated Goat era uma banda grunge australiana grosseira e corrosiva do fim dos anos 1980.

6 Era muito bom – pesado e *malvado. Crunt* saiu em fevereiro de 1994, com o baterista Russell Simins, do Blues Explosion.

7 Em uma gravação pirata desse show, é possível ouvir Courtney com clareza durante o acústico, falando sobre Dave Grohl e como o marido dela ficaria melhor sem o baterista.

8 Swell Maps foi uma banda inglesa matadora e zoada, que lançou alguns dos primeiros singles independentes pós-punk e foi uma influência marcante para o Sonic Youth e o Pavement, entre outros. O álbum de 1979, pela Rough Trade, *A Trip to Marineville*, é um bom ponto de partida.

9 Eddie and the Hot Rods eram roqueiros pré-punk, mais conhecidos pela combativa "Do Anything You Wanna Do", de 1976.

CAPÍTULO 26

Tivemos alegria, tivemos diversão

EU odeio o rock 'n' roll.

Como não odiar? Veja o que ele fez com o Nirvana. Num momento, eles estão felizes, tentando gravar o álbum mais comercial possível para alcançar o maior número de pessoas. No instante seguinte, com o objetivo atingido, percebem que não há como voltar atrás. Esta é a vida deles, querendo ou não.

Ninguém nunca te avisa sobre o lado negativo do hedonismo: dores de cabeça irritantes, resfriados e sentimentos de paranoia pelo resto dos seus anos.

Em setembro de 1993, "Heart-Shaped Box", acompanhada por "Milk It" e pela composição de Dave Grohl, "Marigold",[1] tornou-se o primeiro single de *In Utero* a ser lançado no Reino Unido – entrou nas paradas no número cinco. Na capa, a foto de uma das caixas de doces em formato de coração de Courtney, emoldurada por flores sobre papel-alumínio. A contracapa trazia outra fotografia de Charles Peterson: uma montagem de Kurt com bonecas que se pareciam com fetos, além de pétalas e todo tipo de detritos, tudo tingido de azul. Nos Estados Unidos, a música foi lançada nas rádios e ganhou um clipe – mas não saiu como single. A Geffen, achando *In Utero* pouco comercial, não permitiu que nenhum single fosse extraído do álbum, por medo de prejudicar as vendas.

O clipe, dirigido pelo renomado fotógrafo holandês Anton Corbijn, foi alvo de uma polêmica após o diretor Kevin Kerslake entrar com um processo em 1994, alegando que ideias de seu roteiro original tinham sido roubadas. O vídeo era repleto de imagens evocativas e sombrias: uma garotinha usando o capuz da Ku Klux Klan, um Jesus crucificado vestido de Papai Noel, ou talvez de Papa, um campo de papoulas, um corvo negro, fetos pendurados em árvores...

"Minhas pinturas sempre foram abstratas", explicou Kurt ao *Melody Maker*. "Eu adoro sonhos que não fazem sentido. Prefiro assistir a filmes sem enredo. Muitas das minhas letras são desconexas porque junto versos de diferentes poemas meus. Só bem depois de estarem prontas é que eu invento um tema para elas, muitas vezes enquanto estou sendo entrevistado."

A situação com Kerslake se arrastou até setembro: o diretor enviou várias versões de seu roteiro antes de ser informado que seus serviços não seriam mais necessários – embora o vídeo lançado pelo Nirvana tivesse semelhanças marcantes com suas ideias. Foi uma decisão estranha, pois Kerslake já havia dirigido quatro clipes do Nirvana ("In Bloom", "Come as You Are", "Sliver" e "Lithium"), além de ter ajudado Kurt a peneirar horas e horas de filmagens ao vivo e filmes super-8 da banda para uso em uma compilação (lançada após a morte de Kurt como *Live! Tonight! Sold Out!!*). A decisão tomada por Kurt de não contratá-lo – e também de não contar a ele – era um comportamento passivo-agressivo clássico de Cobain. (Também é possível detectar a influência de Courtney, uma vez que Anton Corbijn era um fotógrafo de rock de considerável prestígio, tendo trabalhado com David Bowie e U2.) Kerslake foi, inclusive, convidado pelo cantor para acompanhá-lo ao Video Music Awards da MTV em 2 de setembro, pois o clipe de "In Bloom" concorria a um prêmio.

"Eu estava na gravação do videoclipe de 'Heart-Shaped Box'", diz Cali. "E esse foi outro dia interessante no quesito 'discussões'. Estávamos no Four Seasons, em Los Angeles. Eles andavam brigando muito, a *vibe* do Kurt estava meio: 'Eu só queria que a Courtney me deixasse em paz'. Ela estava forçando a barra com ele, bem ao estilo da Gold Mountain. Ficava insistindo: 'Este é um vídeo importante para você, então não estrague tudo. Você tem que parecer bem'. Ele respondia: 'Não enche meu saco. Vou parecer com o que sou. Vou parecer comigo mesmo. Pare de me dizer que isso é importante'.

"A briga foi piorando ao longo das horas", continua ele. "Era sempre assim, ia aumentando aos poucos. Kurt mandou um 'foda-se' típico dele: apagou um cigarro no meio da própria testa. Fez uma grande queimadura, ficou muito feia. Ele disse: 'Pronto, está feliz? Pareço bem o suficiente para você agora?'. Aquilo cortou um pouco a determinação dela. Se você prestar atenção no vídeo, vai notar que há muita maquiagem na testa dele, pois a ferida ficou bem feia, grande e bem no centro. Nos *closes*, uma mecha de cabelo parece que nunca se move do meio da sua testa. Eles tiveram que grudar o cabelo em cima da queimadura."

"In Bloom" ganhou o prêmio de Melhor Vídeo Alternativo no MTV Awards. A banda compareceu. Courtney parecia uma estrela de segundo escalão de Hollywood, com um vestido branco decotado e cabelos perfeitamente desgrenhados, segurando Frances Bean no colo e acenando para a mídia, totalmente diferente do que era quando conheceu Kurt, dois anos antes. Não houve polêmicas, além da van com a banda chegar atrasada e de Krist quase ter atropelado Jeff Ament, do Pearl Jam, na pressa de chegar a tempo.

Seis dias depois, em 8 de setembro, Kurt e Courtney tocaram juntos pela primeira – e última – vez em um palco, no Club Lingerie, em Hollywood. Era o evento beneficente Rock Against Rape, que também teve participação da banda punk feminina 7 Year Bitch e da [vocalista do X] Exene Cervenka. Courtney tocou "Doll Parts" e "Miss World" sozinha antes de chamar seu "marido Yoko". Kurt subiu ao palco, e os dois tocaram juntos "Where Did You Sleep Last Night" e "Pennyroyal Tea" (que costumava ser executada nos shows do Hole).

O Nirvana não era mais a maior banda de rock do mundo – essa honra duvidosa agora pertencia ao Pearl Jam, cujo novo álbum, *Vs*, quebrou todos os recordes quando foi lançado, chegando ao primeiro lugar da *Billboard* e vendendo 950 mil cópias nos Estados Unidos na primeira semana. Comparativamente, *In Utero* vendeu 180 mil em sua primeira semana, quando foi lançado em 21 de setembro[2] – embora também tenha ficado em primeiro lugar. Esses números foram afetados pela recusa de duas das maiores redes de varejo americanas, Walmart e Kmart, em vender o álbum por causa dos fetos na contracapa. Eles também se opuseram ao título de "Rape Me". Mais tarde, a Geffen alterou a arte para que os fãs pudessem comprá-la nessas lojas – excluíram os fetos e alteraram o título de "Rape Me" para "Waif Me".

"Um dos principais motivos que me levaram a assinar com uma grande gravadora", explicou Kurt, "foi fazer com que as pessoas pudessem comprar nossos discos no Kmart. Em algumas cidades, esse é o único lugar onde os jovens conseguem comprar discos".

"O MTV Awards foi a primeira vez que Courtney se vestiu 'tentando ser outra pessoa'", comenta Cali. "Foi na época em que a parte da sua personalidade da qual ela já não gostava mais começou a se transformar no tipo de pessoa que dizia 'você não sabe quem eu sou?' para garçons e aeromoças. Ela me apresentou a Danny Goldberg, e tinha alguma coisa nele que evocava tudo o que eu não gostava no conceito de um executivo da música. Kurt parecia pensar do mesmo jeito que eu, ao contrário de Courtney, que admirava justamente essa aura dele. Courtney gostava do poder que ela acreditava que Danny possuía. Ela não parava de nos dizer que estávamos errados sobre Danny."

Também me lembro de quando Courtney me apresentou ao Danny. Ele apertou minha mão, mas o que se passava em sua cabeça era evidente: "Por que você está desperdiçando meu tempo com esta pessoa?".[3] Um ditado de que eu realmente gosto é: "Você julga uma pessoa não pelo modo como ela trata seus iguais ou superiores, mas pelo modo como trata quem está numa situação menos afortunada do que ela". A maioria das pessoas da indústria fonográfica não entenderia essa frase.

"É um bom ditado", concorda Cali. "Eu não gostava do Danny Goldberg. Eu só tinha 21 anos, mas minha reação imediata foi: 'Este é um dos vilões'. Tive o mesmo sentimento por John Silva. Mas era mais palpável com Danny. Meu amor por Courtney – e eu realmente a amava – começou a titubear na época do 'Danny é ótimo'. Foi nesse período que ela começou a gritar com as garçonetes."

Esse é o meu maior problema com a Courtney. Se eu aplicar a ela o ditado que acabei de dizer, não terei como defendê-la. Sempre julguei as pessoas pela forma como me tratavam. Bem, Courtney fez algumas coisas muito ruins para mim em algumas circunstâncias, mas, no geral, nos dávamos bem. Nós nos divertimos muito. Mas se eu aplicar esse critério...

"Não há muito meio-termo", concorda Cali. "Sobre Danny, eu pensava algo como: 'Olha só, o diabo veio para o chá'. Eu sentia uma certa afinidade com Kurt por sua antipatia pelas pessoas da indústria. Eu encomendava meus discos do Bikini Kill pelo correio, e ele ficava muito animado quando eles chegavam. Ele dizia: 'Eu abri seu pacote porque sabia que seria algum disco independente incrível', e então nós nos sentávamos para falar mal dos engravatados. O gerenciamento de Danny o deixava desconfortável. Além disso, Courtney não parava de dizer que agora ele era um deles: 'Você é um dos grandes agora, e os perdedores que você curte não são nada além disso, perdedores'. Esse era um dos motivos pelos quais eles brigavam."

A visão de Cali sobre o relacionamento de Kurt com seu empresário pode muito bem ter sido influenciada pelo desejo do vocalista de parecer punk na frente de seu amigo mais jovem e descolado. Apesar de se opor às exigências de Danny e chamar Dylan Carlson para cuidar de alguns negócios do Nirvana, Kurt claramente tinha fé em seu empresário. Ele elaborou um testamento afirmando que, se Courtney morresse, Danny e Rosemary Carroll deveriam se tornar os guardiões de Frances Bean.[4]

Ou talvez ele só precisasse de uma figura paterna substituta...

"Éramos pessoas mais velhas, e ele sabia que tínhamos uma família relativamente saudável", diz Goldberg. "Não havia muita gente casada e com filho com quem ele se sentisse confortável. Acho que ele não considerava nenhum membro da sua família apropriado nesse contexto. Nós o amávamos. Era emocionante conviver com alguém que era claramente um gênio."

A formação do Nirvana em Roseland foi um teste para a futura turnê de *In Utero.*

Kurt decidiu que era hora de colocar mais um guitarrista no show ao vivo e que o formato "acústico" no meio, com o violoncelo, era um passo na direção certa. Ele começou a procurar antigos guitarristas de punk rock, mas lamentou – aparentemente sem perceber a ironia – que "muitos deles eram viciados". Então Cali sugeriu que ele ligasse para Pat Smear.

Pat era perfeito. Nascido e criado na região Oeste de Los Angeles, Georg Ruthenberg (seu nome verdadeiro) tinha uma ascendência mestiça – sua mãe era uma cantora de ópera afro-americana/Cherokee, e seu pai, um inventor, imigrante alemão/judeu. Aos 13 anos de idade, ele fugiu para uma comunidade católica. Na adolescência, frequentou a Innovative Program School, em Santa Monica, destinada a alunos que não se enquadravam no currículo regular da educação. Foi onde conheceu o futuro vocalista Darby Crash. A dupla formou os Germs em 1976.[5] Ruthenberg mudou seu nome para Pat Smear depois de aprender sobre exames de Papanicolau (*pap smear*, em inglês) no ensino médio – porque achava que eram muito nojentos.

Como membro dos Germs (e, mais tarde, como artista solo e músico de artistas como a exótica cantora alemã Nina Hagen), Pat tinha credenciais punk impecáveis. O Sonic Youth usou o nome de Pat como refrão de sua música "Screaming Skull", de 1994. O single dos Germs, "Forming"/"Sexboy (ao vivo)", de 1977, é considerado o primeiro disco punk de Los Angeles. Seu álbum de estreia, *GI*, de 1979, foi produzido por Joan Jett e é um ponto alto do hardcore americano do final dos anos 1970.

Pat também havia atuado em filmes (*Blade Runner, Howard – o Super--Herói*), aparecido em programas de TV famosos como um punk atípico e já havia lidado com dramas de usuários de drogas, quando Darby Crash se suicidou aos 22 anos, em 1980. O documentário cult punk de Penelope Spheeris, *Juventude decadente* – com apresentações de Black Flag, X, Germs, Alice Bag Band e Circle Jerks – foi filmado pouco antes da morte de Darby.

Pat tinha uma peculiaridade marcante no palco com o Nirvana: ele tirava os sapatos pouco antes de tocar e ficava de meias. Mas o mais importante é que ele tinha um grande senso de humor.

"Estávamos sempre pintando as unhas e colocando vestidos – não saíamos para comprar discos, nem mesmo saíamos de casa", diz Rene Navarrette. "Quando Pat Smear chegou, nós éramos um grupo muito afeminado. Éramos bem extravagantes. Gostávamos de desenhar. Estávamos vivendo nossa fase glam, na qual Pat se encaixou perfeitamente. Ele era esse ícone do punk que queria fazer o mesmo que nós, se embebedar, se maquiar e fazer piada de tudo isso. Quando descobri que Pat não era gay, me senti mais confortável. Era muito divertido ter um comportamento feminino e brincar com noções de sexualidade, principalmente porque parecia fazer as pessoas de quem não gostávamos se sentirem desconfortáveis. Como um grupo de caras, não éramos promíscuos. Por mais que brincássemos sobre partes do corpo, Kurt não era, nem de longe, um pervertido."

"Pat era pobre e morava com a namorada havia 10 anos", diz Cali. "Bandas grandes, como o Red Hot Chili Peppers, já tinham oferecido a ele a posição de guitarrista [no início de 1993], e ele recusou. Ele disse que o Nirvana era a única banda nova em que tocaria. Pat estava nervoso, animado e foi uma excelente injeção de alegria e bons momentos para o grupo. Kurt o adorava."

"Pat era divertido porque era alguém de fora chegando em um momento estressante", explica Earnie Bailey. "Ele tinha a capacidade de não se afundar na confusão – e não tenho certeza se era apenas sua personalidade ou se ele percebeu que tínhamos uma certa reverência por ele. Eu costumava ir assistir a *Juventude decadente* nas sessões da meia-noite, em Spokane, e uma das minhas sequências favoritas era a parte dos Germs."

Pat tocou pela primeira vez com o Nirvana no *Saturday Night Live*, em 25 de setembro de 1993. Em contraste marcante com janeiro de 1992, o show transcorreu sem incidentes – exceto quando o ator Adam Sandler ameaçou fazer sua imitação de Eddie Vedder, levando Courtney a ter um chilique, pois achou que Kurt seria responsabilizado por aquilo. A banda fez performances boas e emocionantes – "Heart-Shaped Box" e "Rape Me" –, com as duas guitarras temperadas perfeitamente pelo violoncelo arrebatador de Lori Goldston.

"Eles se divertiram demais", comenta Cali. "A energia de Pat no palco era muito diferente de tudo a que eles estavam acostumados. Ele estava nervoso, mas, assim que começou, enlouqueceu mais do que todos os outros juntos. Eles ficavam olhando para ele – 'Olha este cara foda se divertindo muito com a nossa música'. Todos eles admiravam Pat por causa da sua história nos Germs."

"Isso foi quando o Breeders estava tocando no andar de cima com Conan O'Brien, e J. Mascis foi ao backstage?", pergunta Earnie. "Vimos Mike Myers caminhando pelo corredor, vestido pela primeira vez como a senhorinha do quadro do *SNL*, Coffee Talk, e ninguém o reconheceu. Lembro-me de pensar: 'Quem é essa mulher com esse vestido bizarro?'. [A festiva *drag queen* da Costa Leste] RuPaul era ótima, nos demos bem com ela logo de cara. John Silva conseguiu tênis novos para nós com a Converse. Pat, Dave, Kurt e eu ganhamos pares de One Star da Converse, enquanto Krist ganhou os de cano baixo.

"Pat apareceu com uma guitarra Charvel Stratocaster [como a usada pelo roqueiro com cabelo de poodle Eddie Van Halen]", continua o técnico de guitarra do Nirvana. "Tinha um acabamento de madeira natural e ponte móvel com trava – definitivamente não era o estilo do Nirvana em termos de guitarra. Quando ele abriu o estojo, fez-se um grande silêncio. Estávamos todos conhecendo Pat e não sabíamos como dizer que ele não podia usar aquela guitarra. Kurt estava com uma Mosrite azul ali [como a usada por Johnny Ramone – muito mais legal], uma das guitarras danificadas no seu banheiro. Eu a limpei um pouco, coloquei para funcionar novamente e a oferecemos para Pat tocar no lugar da outra."

> O que passou pela sua cabeça quando Kurt te chamou para o Nirvana?
>
> "No começo, eu pensei que era meu amigo Carlos 'Cake' Nunez fazendo uma pegadinha, mas Courtney[6] tinha me telefonado alguns dias antes, avisando que Kurt ia ligar e me convidar – então eu estava bem preparado. Claro que aceitei imediatamente! Eles eram minha banda favorita na época. 'Cake' já estava até tentando conseguir o número do Kurt para mim, porque eu tinha lido numa entrevista que ele queria que o Nirvana virasse um quarteto. E eu sabia que havia um novo álbum e uma turnê chegando. Bom, mais tarde, ouvi dizer que Michael 'Cali' DeWitt havia sugerido meu nome, e tudo saiu como eu esperava."

Como foram as primeiras semanas?

"Foi bem intimidante. Demorei um pouco para superar a sensação de que eu não merecia. Mas Kurt e Courtney me acolheram na casa deles e me trataram como família, e o ensaio soou incrível, então logo fiquei confortável."

Quais são seus guitarristas favoritos e algumas de suas maiores inspirações?

"Eu sabia que queria tocar guitarra desde os 12 anos, quando ganhei o disco *Love It to Death*, do Alice Cooper. Não só por causa do som, mas também por causa daquela foto na contracapa, com uma Gibson SG branca customizada. Logo depois, Bowie lançou *Ziggy Stardust*, que tinha o guitarrista mais legal de todos os tempos, Mick Ronson, que é ótimo tanto na guitarra base quanto no solo. E então saiu o *Fragile*, do Yes, com Steve Howe, que é o melhor guitarrista de todos os tempos. Alguns anos depois, o Queen lançou seu primeiro álbum, com o Brian May, que se tornou na hora – e ainda é – meu guitarrista favorito. Joan Jett, das Runaways; Brian James, do Damned; e Steve Jones, do Sex Pistols, foram os guitarristas que me inspiraram a aprender a tocar bem o suficiente para começar uma banda. Meus pais me obrigaram a fazer aulas de piano, e para mim era muito fácil tocar de ouvido, então fiz a mesma coisa com a guitarra, aprendendo trechos dos meus álbuns favoritos."

Guitarras preferidas?

"Hagstrom! Nunca tive minha própria guitarra nos Germs, mas por alguma razão decidi comprar uma para o nosso show de despedida. Era uma Hagstrom HIIN vermelha que me custou 125 dólares – e eu toquei com ela em todas as bandas em que estive. Minha segunda marca favorita é a Gibson. Também amo cópias japonesas, falsificações dos anos 1970 e modelos sem marca."

Você pode falar mais sobre suas atividades no mundo da música entre o final dos Germs e sua entrada no Nirvana?

"Depois que Darby morreu, eu parei com a música, mas logo voltei. Toquei em muitas bandas locais e provavelmente nunca levei minha carreira realmente a sério, mas mesmo assim tenho uma carreira sem ter precisado me vender. Eu nunca assinei com uma grande gravadora, nunca recebi um adiantamento pelas vendas – então nunca devi nada ao 'Chefe' – e nunca tinha estado em uma turnê completa até entrar para o Nirvana."

(Entrevista para Rasmus Holmen, www.nirvanaclub.com, set. 2002)

Foi nessa época que começou a se firmar a ideia de Kurt fazer uma colaboração com Michael Stipe.[7] A dupla se conheceu em uma festa na casa de Krist e Shelli na rua 54, número 2253, em Greenlake.

"Os caras do Fugazi também estavam lá", lembra Earnie. "Estávamos no porão jogando pinball com Michael quando Kurt e Courtney chegaram. Dava para ouvir Courtney no andar de cima perguntando: 'Onde está Michael Stipe? Eu quero conhecê-lo'. No começo, estávamos nervosos, sendo educados – e então ela caiu pelas escadas porão abaixo! Ainda me lembro da cara do Michael. Foi uma entrada incrível.

"Krist e Shelli moravam numa casa grande, com uma garagem lateral", continua. "Eles tinham várias máquinas de pinball [do Kiss, da Família Addams] e uma jukebox no porão, com compactos de [grupos beat dos anos 1960] Count Five[8] e Zombies,[9] além de *Sex Bomb Baby*, do Flipper. Costumávamos ir de moto até a Second Time Around, uma loja de discos usados no Distrito U, procurando coisas antigas de 45 RPM."

"Foi uma mudança tão grande", comenta Debbi Shane, "entre a época de juntarmos cupons de alimentação [agosto de 1991] até Shelli me ligar e dizer: 'Debbi, acabamos de comprar uma casa e temos um quarto para você!'. Eles tinham um bar na sala de jogos no andar de baixo, com plantas e flores. Eles tinham uma sala de TV, onde ficavam todos os vídeos, discos e aparelhos de som. E eles ainda tinham a antiga cama de Tacoma, até que finalmente encontraram uma em que Krist cabia inteiro".

Na segunda semana de outubro, Kurt voou para o estúdio Triclops, em Atlanta, Geórgia, para dar apoio às sessões de gravação do segundo álbum do Hole, *Live Through This*. Courtney queria que ele fizesse *backing vocal*, mas ele não quis ou não conseguiu – dizem que ele gravou em algumas faixas, mas os vocais foram mixados tão baixos que são inaudíveis. No entanto, Kurt estava procurando expandir seu currículo musical: de vez em quando, tocava com Eric Erlandson em casa. Ele se sentia frustrado por ter que se conformar com o modelo do Nirvana. Não era uma crítica a seus companheiros de banda, e sim às expectativas colocadas sobre os três sempre que se reuniam.

Kurt nunca chegou a colaborar com Stipe – na verdade, Stipe era só mais um na lista de potenciais pretendentes pelos quais Kurt havia demonstrado interesse, algo que era mais devaneio do que realidade. Mais do que tudo, ele queria ter o equivalente às bandas "projetos" de Calvin e Tobi... mas sempre que os amigos sugeriam fazer algo assim, ele ficava desconfiado, imaginando que estavam apenas interessados em tocar com ele para explorar sua fama. Essa pode ter sido uma das razões pelas quais não cantou em *Live Through This*.

"Nunca achei que ele estivesse decepcionado por estar no Nirvana", argumenta Danny Goldberg, "mas, como artista, ele queria tocar com outros músicos. Ele queria manter sua criatividade viva. Ele estava passando por um período de questionamento".

Estranhamente, quase todas as minhas memórias do Nirvana ao vivo em 1993 são alegres.

Muito disso se deve à equipe de turnê da banda, uma turma com ótimas pessoas. Também ajudou o fato de eles terem uma nova coleção de músicas para tocar na turnê, tão logo conseguissem superar seu medo quase mórbido de pirateadores. (Ei! Não há nada de errado com uma ocasional gravação ao vivo. Mantém o dinheiro longe da indústria fonográfica e garante que os fãs fiquem felizes. E não impede ninguém de comprar os lançamentos oficiais.) O fato de a Geffen não conseguir vender tantas cópias de *In Utero* deve ter agradado Kurt. Além disso, Pat Smear havia se juntado à banda – e é quase impossível ficar infeliz com Pat por perto.

Por outro lado, não há como negar que a situação não era ideal durante a última turnê do Nirvana nos Estados Unidos. Havia um óbvio fosso entre Kurtney e todos os outros; e também uma rachadura crescente entre Kurt e Courtney. O relacionamento de Kurt com seu empresário havia se deteriorado a tal ponto que John Silva se referia abertamente a Kurt como "o viciado", assim como não era segredo que Kurt odiava Silva e resolvia a maioria de seus negócios com o assistente Michael Meisel. Sobre o que Kurt não brigou com seus agentes? A gravação de *In Utero*, as logísticas domésticas, os motoristas, os companheiros de banda, os *royalties*, seu consumo de drogas, sua presença em eventos, a imprensa... Ele havia afirmado categoricamente que não queria fazer turnês naquele ano – e ali estava ele, embarcando na mais longa turnê do Nirvana. Isso sem contar que Kurt esculhambava Dave em algumas entrevistas; e sua amizade com Krist certamente já tinha visto dias melhores.

"Houve um incidente em que Kurt pirou", lembra Rene. "Não tínhamos certeza se ele tinha tomado ecstasy, porque eu e ele já havíamos tomado *speed* em segredo. Nos fundos da casa, alguém havia colocado alguns soldadinhos de brinquedo com gravetos amarrados. Ele ficou doido. E eu o confrontei sobre isso – foi na mesma época em que ele escreveu 'Você nunca vai entender minhas verdadeiras intenções' na parede com tinta vermelha – porque parecia que ele estava tentando fazer o papel do 'astro do rock delirante'. Eu sempre o provocava com essas coisas, acho que era por isso que ele gostava da minha companhia. A maioria das pessoas reagia com reverência: 'Ah, ninguém te entende, você é tão complexo'. Ele realmente não era assim – ele era um cara bem simples, meio infantil até. Em retrospecto, você precisa ter uma certa dose de autopiedade para se matar."

O desgosto de Kurt com a vida de celebridade crescia desenfreadamente, agravado pelo amor flagrante de Courtney por aquilo. Os dias em que ele poderia ter gostado da ideia de se tornar uma estrela, ou em que estivera ansioso para subir em uma van com Krist e Chad a caminho de outro clube minúsculo, estavam num passado distante. De fato, para a turnê do *In Utero*, dois ônibus foram contratados – um para Kurt e Pat Smear, o outro para o restante da banda e membros da equipe.[10]

"As coisas haviam mudado, com certeza", diz Rene. "Enquanto Courtney estava encontrando seu lugar naquele nível mais alto da fama, Kurt se sentia pressionado por tudo aquilo. Quando chegamos a Nova York para o *SNL*, Cali e eu reivindicamos nossas férias. Eles queriam que ficássemos no Paramount, mas queríamos ficar no St. Mark's e usar drogas com o G.G. Allin. E foi o que fizemos. Acordamos no chão, cobertos de baratas... com o irmão do G.G., mas mesmo assim foi muito bom. Kurt teve uma overdose enquanto estávamos lá – e todos ficaram bravos porque não conseguiram nos encontrar. Não chegou a ser um problema. Depois até tiramos sarro do Kurt – 'Ah, então você teve uma overdose com saco de defunto?' – essa é a marca de heroína que eles vendem em NY – 'Você achou mesmo uma boa ideia comprar um monte de saco de defunto?'. E ele tinha achado, e aquilo virava uma piada na maior parte das vezes. Com seu sotaque estranho do Noroeste do Pacífico, ele nos dizia que gostava do jeito que as coisas estavam rolando, de ser um rico viciado em heroína. Parecia lhe trazer um pouco de alegria."

"O culto à celebridade é tão repulsivo", comenta Rosemary Carroll. "Kurt odiava. Ter uma visão crítica e, de repente, se tornar aquilo que rejeita, deve ter sido terrível para ele. Courtney reagiu de um jeito diferente. Ela explorou, manipulou e correu na direção daquele circo. Se estivesse por conta própria, Kurt teria evitado isso tudo. Nada disso trazia alegria para ele. Kurt foi convencido a fazer uma turnê por todos que queriam que ele saísse em turnê – sua esposa, seus empresários, sua gravadora, sua banda, seus fãs. Não foi uma conspiração maligna. A demanda para ver o Nirvana era simplesmente tremenda."

"Havia muita tensão, e eu não achava que o Nirvana duraria muito mais", afirma Earnie. "Eu não queria me juntar à turnê do *In Utero*. Estava na cara que ia ser um pesadelo. Era uma montanha de estresse combinada com a crescente negatividade de Kurt em relação a Dave, o que eu achava injusto. Então usei meu restaurante como desculpa para tentar fugir.

"Aí Kurt me colocou em uma situação embaraçosa", continua Earnie. "Ele disse: 'Deixa eu contratar um gerente para o seu restaurante, assim você não precisa mais trabalhar lá'. Eu enrolei, desconversei e finalmente disse que não poderia ir. Foi quando ele percebeu que eu estava deixando o Nirvana – e ninguém nunca tinha saído do Nirvana, todos tinham sido demitidos ou algo parecido. Pat depois me contou que Kurt achou isso incrível – eu poder simplesmente ir embora e dizer 'foda-se', porque ele também já quisera fazer o mesmo tantas vezes. Então eles saíram na turnê do *In Utero*, e, depois de alguns dias, eu recebi uma ligação de Krist. Para minha surpresa, ele disse que tudo estava indo bem. Agora que haviam se afastado das distrações externas, eles estavam se divertindo novamente."

O clima era mais alto-astral do que qualquer um teria esperado. As pessoas mais próximas atribuíam isso ao fato de Courtney quase nunca estar por perto: ela andava ocupada com outros compromissos, gravando *Live Through This* e tocando nos ocasionais shows do Hole. Também havia rumores de que ela estava dormindo com outros homens, principalmente o vocalista dos Lemonheads, Evan Dando, e sua velha paixão, Billy Corgan.

"Quando Courtney estava na turnê, a diversão praticamente acabava", admite Cali. "A tensão era enorme. Quando ela saía, todos voltavam a se animar. Mas, no geral, era divertido. Alex [MacLeod] viajou muito comigo, Pat e Kurt. Ele estava fazendo o melhor que podia para administrar aquele hospício. Os shows eram muito maiores, com um público que nem sempre era o tipo de fã para quem eles gostariam de tocar."

Não fiz anotações durante os dias em que estive presente. A principal condição que Kurt colocou para que eu pudesse viajar em seu ônibus de turnê era que eu não escrevesse sobre o Nirvana para o *Melody Maker*. "Você só faz isso", ele reclamou. "Por que você não pode simplesmente vir como um amigo? Não ligo se você quiser escrever um livro no futuro, mas, por favor, chega de entrevistas e matérias." Eu, claro, atendi aos seus desejos.

A turnê de *In Utero* começou em 18 de outubro.

Para os shows de abertura, Kurt escolheu várias de suas bandas favoritas – especificamente Breeders, Half Japanese e Meat Puppets – e consultou Cali sobre as outras.

Como artista solo e também como integrante do Half Japanese, o surpreendentemente prolífico Jad Fair lançou inúmeros álbuns com músicas ingênuas e encantadoras, divididas em duas categorias: canções de monstros e canções de amor. Eu amo Jad por seu calor humano, seus espetáculos, a maneira como ele corta as firulas e reduz a música ao seu essencial – humanidade, uma boa história e uma linha melódica. Eu o amo por seu entusiasmo ilimitado e por sua genialidade tímida. Talvez seja errado chamar Jad de ingênuo porque ele certamente sabe o que está fazendo, mas ele tem uma pureza que, para mim, é fundamental em praticamente qualquer grande música que mereça ser mencionada.

Jad nunca afina uma guitarra, pois acha que isso é a antítese do elemento primordial do rock 'n' roll: a espontaneidade. Ele nunca comprou uma guitarra na vida – as que outros músicos jogam fora servem. A guitarra que ele tocou durante uma turnê no Reino Unido com os Pastels, em 1991, foi pega em uma loja de sucata de Glasgow por 28 libras, no dia seguinte à sua chegada. Ele canta fora do tom, às vezes de forma irritante, mas sempre de forma expressiva. Geralmente trajado com sua parca com capuz e seus óculos de aros grossos, ele parece um tiozão excêntrico. Já vi Jad tocar com um jornal enrolado e uma cesta de papéis de cabeça para baixo para marcar o ritmo, apenas com sua voz como tom. Eu já ouvi Jad improvisar músicas na hora, músicas de partir o coração de tanto prazer e emoção puros. E eu já vi o Half Japanese tocar em estádios, exatamente da mesma maneira.

"Com meus fones de ouvido, Jad e eu compartilhamos nosso pequeno segredo enquanto andamos por shoppings e aeroportos", Kurt escreveu para mim uma vez, em um bilhete.

"Gosto de ouvir Jad Fair e o Half Japanese no coração da cultura americana", explicou. "Faz eu me sentir como um alienígena, como se eu não estivesse realmente andando, mas flutuando num sonho. Só acho que, se essas pessoas ouvissem essa música agora, elas derreteriam, não saberiam o que fazer, começariam a quicar nas paredes e a hiperventilar. Então eu ouço essa música bem alto e finjo que ela está saindo pelos alto-falantes dos shoppings."

O que posso dizer sobre os Meat Puppets? Existem quatro álbuns de hardcore americanos do início dos anos 1980 que você precisa ter: os primeiros do Flipper, do Minutemen e do Minor Threat e o tenso, enérgico, explosivo e francamente engraçado disco autointitulado de 1982 dos irmãos cabeludos Kirkwood, Curt e Cris. Vocais tão distorcidos e maníacos, guitarras tão limitadas e angulares são raridades. Os fãs de hardcore adoravam os Puppets pela velocidade vertiginosa – mas havia mais no trio de Phoenix, Arizona, do que um intrincado thrash de três acordes. O estilo de guitarra deslocado de Curt oscilava entre caipira, heavy metal, psicodélico e o grupo country/gospel dos anos 1950 Oak Ridge Boys. O som do baixo de seu irmão era docemente falível. Seus dois discos de meados dos anos 1980, *Meat Puppets II* e *Up in the Sun*, influenciaram uma geração inteira de músicos, de J. Mascis e Kurt Cobain a muitos outros.

O Breeders, por sua vez, era a melhor banda de rock 'n' roll de sua época. Kim Deal se vestia como um mecânico e cantava como um anjo sonolento. Sua voz exalava lascívia e *ardia*, e sua tendência hedonista rivalizava até mesmo com Keith Richards. Tudo o que sei é que havia algo na maneira como ela costumava ficar lá no palco, o cigarro pendurado nos lábios enquanto ela se abaixava para trocar outra corda. A ex-Sra. John Murphy compôs as melhores músicas pop de sua geração, nunca se rendeu, fez tudo seguindo suas próprias regras – também sabia fazer música country braba, diga-se de passagem – e entrou em brigas de bar com caminhoneiros de Ohio. E ela nunca pediu desculpas por seu uso de drogas.

"Kurt me deixou indicar algumas bandas de abertura", diz Cali. "Eu escolhi Jawbreaker[11] e Chokebore. Levar o Jawbreaker nessa turnê causou um grande drama no mundo do punk rock. As pessoas diziam: 'Eles se venderam ou não? Ainda posso gostar deles?'. Gostei da liberdade que tive na turnê do *In Utero*. Kurt ria porque eu saía para encontrar punks de verdade e lhes dava passes de acesso total, o que enfurecia Courtney quando ela estava na área. Às vezes, eu ia pra casa, sob a alegação de que Frances não podia ficar o tempo todo na turnê.

"Frances gostava muito de estar ali", continua seu ex-babá. "Ela conhecia as músicas do pai e, assim que ele começava a tocar, ela queria subir no palco. Ela tinha pouco mais de um ano, então não usava fones de ouvido e não podia ficar o show inteiro. Mas ela adorava estar por perto."

A noite de estreia foi no Veterans Memorial Coliseum, com 15 mil lugares, no Arizona State Fairgrounds, em Phoenix. O Mudhoney era a banda de abertura. Já o cenário era visivelmente diferente – ornamentado, inclusive: duas reproduções em tamanho real d'*A mulher transparente* da capa de *In Utero*, asas de anjo intactas, além de algumas árvores falsas e esquisitas.

Poderia ter sido ainda mais extravagante. "Nos ensaios em Los Angeles, eles projetaram *O Inferno de Dante* em uma enorme tela branca atrás da banda", revela Earnie. "Foi muito dramático e poderoso vê-los tocando na frente daquele filme mudo dos anos 1920. Mas alguém calculou que custaria muito contratar uma equipe de projeção e levá-la para a estrada, então eles descartaram a ideia. Todos estavam inseguros com as expectativas de vendas de ingressos."

Foi a primeira grande turnê de arena do Nirvana, e os músicos encontraram dificuldades em se ajustar ao tamanho dos palcos. "Eu me senti o baixista do Aerosmith quando acenderam todos aqueles isqueiros na primeira noite", comentou Krist ao *MTV News*. Na mesma entrevista, Kurt lamentou que não podia mais tocar em clubes pequenos e mergulhar impunemente na plateia; e contou como ele recuou horrorizado dos jovens "que tentavam rasgar minha carne para guardar de lembrança". Em resposta aos fãs beligerantes, a banda às vezes tocava sarcasticamente trechos de músicas de estádio – em Phoenix, a escolhida foi "Dream On", do Aerosmith. Em Albuquerque, Novo México, foi "What's Up", do 4 Non-Blondes,[12] e um medley de riffs do Led Zeppelin.

"Antes éramos somente vagabundos numa van, tocando nossa vida", disse Krist ao *Musician* em outubro de 1993. "Agora temos um gerente de turnê, uma equipe e toda uma produção. Temos horários e tal. Antigamente era uma aventura. Hoje é um circo."

Mesmo assim, a primeira noite correu bem – o clímax foi uma versão tempestuosa de "Smells Like Teen Spirit", antes de o show terminar em um clima ameno, com a textura do violoncelo de "All Apologies".[13] Não que isso tenha ficado claro na crítica que saiu no *USA Today*: "A anarquia criativa se deteriorou em uma performance ruim quando a banda se perdeu em sua tendência ao caos intencional".

"Uau", Pat Smear observou enquanto todos caíam em profunda depressão com a crítica. "Aquele jornalista nos acertou em cheio."

Antes do show de Kansas City, em 21 de outubro, Alex MacLeod levou Kurt até as redondezas de Lawrence para conhecer seu ídolo junkie William S. Burroughs. O disco de dez polegadas que eles haviam feito juntos fora gravado separadamente. "Conhecer Burroughs foi muito importante para Kurt", comentou MacLeod. Os dois conversaram por um tempo, até que Kurt teve de sair para fazer seu show. Mais tarde, Burroughs afirmou que a conversa não se referiu a drogas nenhuma vez. "Há algo de errado com aquele garoto", reparou o gigante literário, enquanto Kurt se afastava. "Ele franze as sobrancelhas sem motivo."

Na noite seguinte, em Davenport, Iowa, a multidão começou a roda punk antes mesmo de o Nirvana subir ao palco. Depois do show, Kurt parou numa lanchonete de tacos, a duas quadras do local, para comer alguma coisa. "O dia do taco era meu dia favorito na escola", disse ele ao representante da Geffen, Jim Merlis, enquanto os clientes paravam e ficavam olhando para ele, obviamente incrédulos.

Em 23 de outubro, na primeira de duas noites no Aragon Ballroom, em Chicago, Illinois, a banda tocou uma música inédita, "You Know You're Right",[14] e Kurt saiu dançando com um dos anjos. O show foi animado em todos os aspectos – certamente muito superior à segunda noite, quando a banda se recusou a tocar "Teen Spirit" e Kurt perdeu a paciência com os fãs, que jogaram camisetas molhadas no palco e acabaram queimando os pedais de efeitos.

"O show desta noite – a segunda da dobradinha do Nirvana no Aragon – foi um desastre", escreveu a *Rolling Stone*. "O som cavernoso do local transformou até mesmo torpedos corrosivos como 'Breed' e 'Territorial Pissings' em pudim, além de Cobain ter sofrido a noite inteira por problemas com sua guitarra e com as caixas de retorno. Houve momentos de um brilhantismo irascível: o uivo áspero de Cobain cortando o eco do Aragon no refrão tenso e explosivo de 'Heart-Shaped Box'; uma curta e impressionante 'Sliver', com palhetadas poderosas do guitarrista convidado, Pat Smear. Mas não tocaram 'Smells Like Teen Spirit' – e, quando as luzes se acenderam, um forte coro de vaias veio junto."

"Chicago foi ruim porque Bobcat [Goldthwait – comediante americano, mais conhecido por aparecer nos filmes *Loucademia de Polícia*] fez aquela piada", lembra Lori. "Uma amiga que estava no backstage comigo, uma atriz realmente ligada na situação, foi quem chamou minha atenção.

A notícia era que o pai de Michael Jordan havia sido assassinado, algo assim. Bobcat abriu o show e fez uma piada grosseira sobre isso. O público queria matá-lo. Nada funcionou depois daquilo. No backstage, o pessoal simplesmente ficou sentado em silêncio por um bom tempo. E o som também estava ruim."

Chicago foi o ponto baixo – não que aquilo parecesse incomodar muito Kurt, que ficava nos bastidores brincando alegremente com Frances. Era quase como se o Nirvana precisasse fazer um show realmente ruim antes que pudesse começar a se divertir. Depois daquela noite o clima melhorou, e a turnê logo se transformou numa rotina confortável: estrada, hotel, passagem de som, hotel, show, hotel, estrada, hotel, passagem de som, hotel, show, estrada... e algumas entrevistas, quando a Gold Mountain convencia a banda de que era necessário.

O Nirvana normalmente tocava de 20 a 25 músicas em 95 minutos, incluindo a parte "acústica" ("Dumb", "All Apologies", "Jesus Doesn't Want Me for a Sunbeam",[15] "Something in the Way" etc., com Goldston no violoncelo), e depois seguia com o bis, que geralmente terminava em uma catarse de barulho/destruição.[16]

"Eu viajei com a banda", diz Lori. "Todo mundo era muito legal, educado e respeitoso – as festas insanas eram surpreendentemente poucas. Mas foi muito chato! Era como uma privação sensorial para mim, todas as viagens, alguém sempre dizendo aonde ir, o mesmo set todas as noites. Eu gostava das músicas e sempre assistia a todas as bandas, mas as circunstâncias não me agradavam: ter o mesmo set, na mesma ordem, ir para casa e assistir à TV. Eu conversava muito com o Krist – ele é, como você sabe, um cara hilário."

Ele já tinha parado de beber?

"Não completamente", responde a violoncelista. "Mas ele não estava tocando bêbado, e isso já era uma grande mudança para ele. Falávamos sobre política e sobre sua situação familiar. A Jennifer [Youngblood, fotógrafa e noiva de Dave Grohl] estava presente. A Shelli também. Elas eram ótimas. Também era muito bom conversar com Earnie."

Em 26 de outubro, o Nirvana tocou no Mecca Auditorium, em Milwaukee, Wisconsin. Foi o último show com abertura do Mudhoney e do Jawbreaker. Na noite seguinte, em Kalamazoo, Michigan, assumiram os Boredoms[17] e os Meat Puppets.

"Aquela turnê com o Nirvana foi horrível", exclama o guitarrista do Mudhoney, Steve Turner. "Foi a menos divertida que já fizemos, era de partir o coração como a produção deles era zoada – e tipo, o Krist estava tentando não beber, então os empresários queriam nos proibir de tomar cerveja no camarim, mas ao mesmo tempo entravam no nosso camarim pedindo cerveja. Gastavam todo aquele dinheiro em hotéis que a banda muitas vezes nem usava, eram milhares e milhares e milhares de dólares, mas se estressavam com coisas pequenas, demitindo pessoas da turnê quase todos os dias, como membros da equipe técnica que diziam algo errado. Kurt estava deprimido e isolado, foi terrivelmente triste...

"Nós iríamos participar de uma turnê com o Pearl Jam dali a alguns meses", continua Steve, "e ficamos naquela antecipação: 'Meu Deus. Imagina como será *essa* turnê?'. E foi ótimo. Todo mundo estava feliz, a equipe estava feliz, todos se abraçando, os empresários eram muito legais, mas isso porque as decisões partiam da banda. Sempre. Aquilo só me fez odiar... o empresário do Nirvana", ele ri. "Muito. Só sinto muito por aquilo tudo e odeio a indústria do rock mais do que nunca."

Seguiu-se um show no Michigan State Fairgrounds Coliseum, em Detroit – Kurt saiu do palco depois de ser atingido na cabeça por um sapato –, antes de duas noites em Ohio. Na primeira delas, em Dayton, Kurt e Krist cismaram que Chad Channing estava na plateia e se recusaram a continuar até que seu antigo baterista subisse ao palco para tocar "School" com eles. O show parou por dez minutos enquanto a dupla executava uma versão de "Down on the Street", dos Stooges, até aceitar que Chad não estava presente.

Na segunda noite, no Halloween da Universidade de Akron, a banda se vestiu para a ocasião: Kurt de Barney, o grande dinossauro roxo, com uma garrafa de Jack Daniel's; Dave de múmia; Pat como Slash, do Guns N' Roses; e Krist com o *blackface* de Ted Danson, da série *Cheers*,[18] com PC (de Politicamente Correto) escrito na testa. O clima de festa continuou mesmo depois que outro sapato foi atirado, atingindo Kurt na cabeça mais uma vez. Em vez de sair do palco, ele abriu o zíper da calça, mijou no sapato e o arremessou de volta.

A turnê cruzou a fronteira para o Canadá. Em Toronto, após o show esgotado no Maple Leaf Gardens, com capacidade para 8,5 mil pessoas, Krist acompanhou os Meat Puppets a uma festa onde os quatro músicos tocaram. Eles improvisaram temas instrumentais, com Krist na guitarra – e é possível que o Nirvana tenha tirado daí a ideia de pedir aos irmãos Kirkwood que tocassem com eles no acústico da MTV.

Em 5 de novembro, o Nirvana fez um show tumultuado na Universidade de Buffalo, em Amherst, Nova York. Kurt parou no meio de "In Bloom" para xingar a equipe de segurança por impedir que seus fãs dançassem no gargarejo. "Vocês de camisa amarela, caiam fora, estão estragando a diversão. Eles não machucaram ninguém, deixem eles ficarem." Kurt então pulou na plateia.

"Havia uma enorme multidão no show de Buffalo", lembra Cali, que estava lá com Courtney e Frances. "Vários homens fortões sem camisa ficavam gritando. No bis, subi ao palco com os Boredoms e os Meat Puppets. Kurt começou a tocar 'Smells Like Teen Spirit', abrindo a baderna: o pessoal dos Boredoms berrava e tocava buzinas, fazendo a maior algazarra [com Yamatsuka Eye, dos Boredoms, nos vocais]. Os caras fortões e sem camisa começaram a atirar coisas em nós e a gritar: 'Vão se foder!'. Kurt adorou aquilo."

Lembro-me de o público ser bastante respeitoso, em geral.

"Tivemos bons e maus exemplos", ele responde. "Havia shows em que a arena inteira mostrava o dedo do meio para os Boredoms, mas, na noite seguinte, todos curtiam o som deles. Foi realmente interessante ver os Boredoms tocarem para tantas pessoas."

Duas noites depois, em Williamsburg, na Virgínia, o Breeders e o Half Japanese se juntaram à turnê. "O Breeders era ótimo", diz Cali. "A Kim [Deal] ficou com a mesma roupa a turnê inteira. Óbvio que estou exagerando, mas na minha memória é a verdade. Ela se vestia como uma frentista, com um conjunto de jeans e camiseta sujos. E sempre tinha um Jim Beam e um baseado. Seus cabelos eram grisalhos – não totalmente, mas ela colocava graxa antes de subir ao palco para que ninguém notasse os fios brancos. Era engraçado ver uma pessoa vaidosa com os cabelos, mas que não trocava de roupas e estava sempre bêbada. Uma noite, a banda subiu ao palco sem ela. Foram buscá-la e disseram: 'Hora de ir para o palco'. Ela respondeu: 'Merda', aí olhou em volta, pegou o presunto da bandeja de frios, passou nos cabelos para engordurar e subiu as escadas. Ficamos sem palavras. Acho que foi Courtney quem disse: 'O nome dela agora é Couro Cru'. Fiquei impressionado."

Passei a acompanhar a turnê de *In Utero* em 9 de novembro, no mesmo dia em que o single de "All Apologies" saiu no Reino Unido. Outra vez, a Geffen se recusou a lançá-lo nos Estados Unidos, temendo que isso afetasse as vendas do disco.[19] O lado B tinha "Rape Me", ainda mais forte e enervante quando ouvida isoladamente, e uma faixa ótima que não estava no álbum, a divertida e pesada "MV".

Eu o coloquei no *Melody Maker* como Single da Semana ao lado da emocionante "Rebel Girl", do Bikini Kill, porque:

> "É o 'foda-se o mundo' mais resignado e cansado que ouvi este ano. 'All Apologies' tem uma melodia linda e dolorosa, um tédio emocionalmente desgastante. Toda vez que ouço Kurt cantar o verso '*Choking on the ashes of her enemy*'* fico à beira das lágrimas, e me espanto com a estupidez das pessoas que veem o Nirvana como um adereço que está na moda."

Naquela noite, ainda me lembro vividamente da estrada assustadora que ia do minúsculo aeroporto de Bethlehem, Pensilvânia, até a Arena Stabler, na Universidade LeHigh. Eram quilômetros intermináveis de bosques escuros como breu – desci do avião e não encontrei nenhum ponto de táxi, nenhum transporte, nada; só um cara que veio até mim e perguntou se eu queria uma carona. Também foi inesquecível meu sentimento de alívio quando o brilho das luzes da arena surgiu através das árvores.

O lugar em si era enorme, frio e hostil. Não tinha ninguém do lado de fora. Não havia motivo para alguém estar do lado de fora. Ficava no meio do nada, e eu estava atrasado e assustado com todo aquele Meio-Oeste americano que me cercava. Parecia muito distante daqueles dias em que eu enfiava minha cabeça num amplificador de baixo nos clubes de Seattle ou pulava do palco do Astoria em frenesi cego, sem pensar em minha segurança pessoal, enquanto os instrumentos trabalhavam nervosos ao meu redor. Parecia a antítese total de tudo que eu amava no rock, amava em Olympia, amava no Nirvana. Onde estava a margem da espontaneidade, da comunicação? Estava no rosto dos cerca de mil seguranças de casaco laranja me guiando através de uma sequência inútil de barricadas? Estava no som cavernoso e ecoante daquele local, na claustrofobia brutal do rock flutuando no ar parado e morno da noite? Estava nos assentos de plástico, nas fileiras e fileiras de fãs do Aerosmith e do Pearl Jam assistindo à banda em um estado de aceitação determinado pela MTV?

---

* "Sufocando nas cinzas do inimigo dela." [N. T.]

Caminhei até a porta e disse aos caipiras antipáticos que me deixassem entrar. Eu sou Everett True! Amigo dos astros. Uma ligação para Alex MacLeod, e eu estava livre para andar por onde quisesse. Encontrei com meu companheiro de viagem Steve Gullick, o fotógrafo do *Melody Maker*, que viera de Nova York com David Baker, o excêntrico cantor do Mercury Rev.[20] Nós nos divertimos vendo Steve arrotar o alfabeto e encenar um filme inteiro de kung fu com efeitos sonoros arrotados. Inclusive, um dos motivos pelos quais Kurt gostou de Gullick com tanta facilidade foi que, numa das primeiras ocasiões em que se encontraram, Kurt arrotou alto na cara de Steve, e, em resposta, o fotógrafo jogou a cabeça para trás e deu, talvez, o arroto mais forte que já ouvi na vida. Kurt ficou bem impressionado, com toda a razão.

"Eu tirei uma foto de Kurt parecendo com Jesus em Bethlehem [Belém, em inglês]", comenta Steve, "foi bem engraçado".

Mais tarde, apresentei David Baker a Kurt – quando ele foi embora, Kurt me levou para um canto e exigiu: "Nunca mais deixe aquele homem chegar perto de mim". Achei estranho, pois Kurt geralmente era tolerante com a esquisitice dos meus amigos, e David era muito simpático. Kurt às vezes era muito intenso e paranoico.

Apesar do ambiente anêmico, também me lembro desse show – e dos que se seguiram – como um raro momento de diversão, o melhor Nirvana desde 1991. Uma quantidade enorme de pessoas na vasta arena de hóquei jogou seus sapatos no palco e voltou para casa descalça, num estranho ritual da Pensilvânia. O clima estava animado, Pat era claramente um bálsamo, Courtney definitivamente não estava por perto e todos adoravam as irmãs Deal (Kim e Kelley, do Breeders). Além disso, foi uma emoção ver o Half Japanese retorcer e lançar suas estranhices numa escala tão grande, e o Nirvana... o Nirvana foi incrível. Logo encontrei um dos meus lugares favoritos para assistir ao show, bem atrás do enorme rack de guitarras que Earnie[21] montou para Kurt, ao lado do tablado da bateria – era isso ou ficar na primeira fila, enlouquecendo enquanto a banda tocava os acordes de abertura de "Lithium" ou "Rape Me", "Blew" ou "In Bloom", ou qualquer outra coisa.

De onde eu estava, observei Lori tecendo sua magia no violoncelo, troquei sorrisos constantes com Pat Smear – Pat e eu ainda não acreditávamos em nossa sorte de poder fazer parte daquilo – e sacudi meu corpo sem medo de irritar demais o sempre estressado MacLeod.

No dia seguinte, Steve e eu viajamos para Springfield, Massachusetts, no ônibus da turnê de Kurt, com Dave, Krist e Alex – a velha turma reunida momentaneamente. Assistimos a um filme do Cheech & Chong. Dave estava vestindo uma camiseta debochando de Michael Jackson, então Steve fez uma piada de mau gosto sobre o Rei do Pop. Kurt sugeriu que ele não deveria fazer gracinhas sobre as pessoas se ele não as conhecesse.

"Estou apenas esperando ir para o inferno agora", comenta Steve, "para poder lhe contar piadas sobre ele mesmo."

No show daquela noite, Kurt estava de pé na lateral do palco, assistindo ao Half Japanese, quando um fã gritou pedindo fogo – então Kurt correu para a multidão com um isqueiro, deixando-o totalmente surtado. O show mais uma vez foi soberbo: "On a Plain" foi particularmente comovente, e a barulheira final com "Scentless Apprentice" e "Blew" foi tão intensa e prolongada que, para tirar Kurt do palco, Pat derramou uma garrafa de água sobre ele, que estava ajoelhado, fazendo a guitarra gritar. Músicas antigas como "About a Girl" e "Sliver" pareciam assumir novas camadas de ressonância a cada apresentação – e se alguém ainda duvidava do feminismo de Kurt, precisava ver sua confusa autocastração em "Heart-Shaped Box" ou "Frances Farmer" nessa turnê.

Outros relatos sugerem que Kurt parecia bastante bêbado nesse show – o que é possível. Lembro que nós dois compartilhamos uma quantidade considerável de uísque antes. Mas aquilo certamente levou a uma performance divertida, e "Territorial Pissings", "Teen Spirit", "Rape Me" e o refrão abrasador da música de abertura "Radio Friendly Unit Shifter", "*What is wrong with me?*",* em particular, foram beneficiados por sua espontaneidade alcoólica.

"Os dois shows foram ótimos", confirma Steve. "Eles eram uma banda de rock de arena profissional. Ambas as apresentações foram basicamente iguais: muito boas e sólidas. Eu gostei muito mais delas do que dos shows da Escandinávia e do Reading de 1992 – *In Utero* é um disco incrível. Tive a impressão de que eles tinham resolvido seus problemas."

Mais tarde, fizemos uma festa temática do Queen no outro ônibus de turnê do Nirvana: Krist, Steve, Kelley Deal, o escritor Michael Azerrad e

* "O que há de errado comigo?" [N. T.]

eu. "A noite terminou soberbamente em algum estacionamento", escreveu Gullick em *Winterlong*, o livro de fotos do Nirvana. "Krist me presenteou com uma bola de boliche e um pedaço da tela da TV em que assistimos aos vídeos do Queen. Acho que foi pelo prêmio de 'melhor imitação de Freddie'. Os vídeos eram de Kurt – ele geralmente conseguia esconder seu amor pelo Queen da imprensa."

O dia seguinte era de folga, e o Nirvana foi assistir à banda punk inglesa Buzzcocks em Boston. Eu também fui, e peguei uma carona de volta com o vocalista do Sebadoh/Folk Implosion,[22] Lou Barlow, e sua futura esposa, Kathleen Billus, para o show no George Wallace Civic Center, em Fitchburg, Massachusetts, em 12 de novembro, onde apresentei Lou a Kurt.

Eu sabia que os dois eram fãs do trabalho um do outro.

Você consegue se lembrar de quando conheceu Kurt?

"Sim, foi a única vez que vi Kurt", responde Lou. "Eles tocaram naquela pista de gelo em Massachusetts. Foi estranho. Éramos fãs mútuos um do outro e tivemos aquela conversa desconfortável que as pessoas que são fãs da música uma da outra geralmente têm quando se conhecem. Ele estava em turnê, e as pessoas ficavam orbitando ao seu redor. A primeira coisa que ele me disse foi que se sentia frustrado, pois o Nirvana não podia mais fazer improvisos no palco. Ele achava o Sebadoh mais solto, como se fôssemos livres. Estava constrangido, porque o Nirvana vivia preso naquela rotina de rock e grandes ônibus de turnê."

Do que você gostava no Nirvana?

"Eles eram como os Melvins, mas cativantes", diz o cantor. "Eu me senti mal por Kurt por ele querer que a banda fosse experimental e radical, diferente do que se tornou, com músicas famosas e grudentas. Aquela era sua voz. Black Sabbath misturado com Bay City Rollers, ou o que quer que ele tenha dito, era assim que funcionava. Não os confundiria com um grupo experimental, indie e lo-fi."

Você acha que o Nirvana abriu muitas portas?

"Não naquele momento", Lou suspira. "Eu apenas achava que eles eram uma banda com um som acessível. Escreveram ótimas músicas, bem pesadas, e produziram seus discos de um jeito que atingia um público maior. Mas era incrível ter uma banda de metal sem guitarra solo e com um excelente vocalista gritão, que não cantava sobre pegar garotas e usar drogas. Ele cantava letras impressionistas. É uma combinação interessante. Eles são provavelmente minha banda de metal favorita, fora o Black Sabbath. Eles traziam os melhores aspectos possíveis de letras simples e robustas, além de terem um ótimo vocalista. Esse era o Nirvana. Sei que Kurt era um grande fã de indie rock e que se sentia um pouco em desacordo com o que produzia – em comparação ao que outras pessoas estavam produzindo. O que ele pôde fazer, porém, fez muito bem. E provavelmente conseguiu fazer sem muito esforço. Acho que isso o deixava bem confuso."

Na noite seguinte, em Washington, D.C., eu estava na lateral do palco assistindo ao bis do Nirvana e bebendo furtivamente meu uísque, escondido do olhar furioso de Alex MacLeod. Eu não podia beber enquanto viajava com o Nirvana, ordens da gerência, que temia que eu fosse má influência. Alex, porém, às vezes se aproximava, conferia minha caneca de café preto e derramava ali o líquido de uma garrafa escondida dentro de sua jaqueta, quando tinha certeza de que eu tinha sido um bom menino. Naquele dia, de repente, percebi que ele estava gritando meu nome. "Ah, cacete", pensei comigo mesmo. "O que eu fiz de errado agora?" Fiquei com medo de que ele tivesse descoberto que eu tinha ajudado Pat Smear a entupir a privada do quarto dele com duas toalhas.[23] Levantei os olhos e percebi que ele estava correndo na minha direção.

"Kurt quer que você cante o bis. Vá para o palco AGORA!", berrou, acima do barulho do PA. Na gravação ao vivo do show, dá para ouvir Kurt dizendo: "Por favor, parem de jogar sapatos", antes de gritar "Everett" no microfone várias vezes. É assombroso ouvir seu próprio nome ser gritado com tanta paixão.

Antes do show, eu tinha dito a Kurt, brincando, que ele deveria me colocar no palco, porque a última vez que eu havia tocado ao vivo com o Nirvana tinha sido no 9:30 Club na mesma cidade, dois anos antes. Eu não esperava que ele me levasse a sério. Então eu corri, puxando a minha parca por cima da cabeça, e Kurt fez o gesto de sempre, pendurando a alça da guitarra em mim em meio à confusão – como ele era canhoto, a guitarra ficava invertida, e tudo bem porque eu não sabia tocar guitarra de qualquer maneira. "Não se preocupe com isso", ele riu. "Fica melhor com você segurando ela. Você pode arrebentá-la no chão depois."

O que eu cantei e toquei? Não faço ideia: algo a ver com donuts. Continuei cantando em uma vaga simulação da batida e da guitarra distorcida que a banda tocava atrás de mim. Eles continuaram, e eu também segui. A plateia parecia... enganada não é a palavra certa. *Traída.*

Se eu quebrei a guitarra de Kurt nesse show? Será? "Se a sensação é boa, faça", como o próprio Kurt disse alguns anos antes. E é muito bom quebrar uma guitarra. Mas são muito mais difíceis de quebrar do que você imagina.

"Eu acho que você não quebrou aquela guitarra", diz Earnie Bailey, que se lembraria de uma coisa dessas. Hum. Provavelmente foi porque vi Alex passando o dedo na própria garganta, como se ele fosse me matar se eu fizesse tal coisa. "Sim", ele ri. "Mesmo assim, eu me lembraria." Kurt pegou a guitarra de volta e começou a arremessá-la em um globo de luz que estava pendurado a alguns metros de distância – e que ele não conseguiu acertar. Por fim, Krist teve que voltar ao palco e carregá-lo, pendurado debaixo do braço.

Naquela noite, deitei em um beliche no ônibus de Kurt, ao lado de Pat, para a viagem de volta a Nova York. Nós assistimos a vídeos de marionetes fazendo sexo, criados pela banda mais insana do Meio-Oeste, os Frogs, durante boa parte do caminho. Foi uma longa viagem, e ninguém estava muito falante.

Quando chegamos a Nova York, às seis horas da manhã, descobri que não tinha dinheiro, e, além disso, a reserva do meu quarto de hotel só entrava em vigor ao meio-dia. Kurt me ofereceu seu chão para dormir e subiu as escadas para verificar a situação. Confuso, perambulei pelas ruas com minha mochila e me vi em meio aos preparativos para a Maratona de Nova York, que aconteceria do outro lado do quarteirão, no Central Park. Kurt desceu de volta, surpreso por eu ter desaparecido. "Aonde você foi, cara?", ele perguntou mais tarde naquele dia, enquanto estávamos sentados junto à tenda de bufê no Javits Center Coliseum, e eu tentava restaurar minha voz devastada com grandes quantidades de mel, chá de ervas e limão quente. "Fiquei um tempão te procurando."

Não consegui responder. Eu estava completamente sem voz.

Aquele show no Coliseum – prestigiado, pois era o primeiro evento anunciado do Nirvana em Manhattan desde o Marquee Club, em setembro de 1991 – foi ainda mais surreal. Lembro-me de estar na área superVIP perto do palco, onde havia apenas mais outra pessoa, a supermodelo Naomi Campbell.[24] Oi? O tempo todo, eu fiquei pensando: "Vou ter que subir em breve", mas eu só conseguia sussurrar após tantos gritos arranhados na noite anterior. Eu estava com os nervos à flor da pele, sobretudo porque sabia que Kurt ia me chamar para cantar de novo. Por alguma razão, eu tinha desistido do álcool momentaneamente, talvez por não conseguir falar. O som estava terrível: ecoando pelo local cavernoso e circular como um hangar abandonado. Na verdade, eu não consegui cantar, e Kurt fez par comigo, nós dois em um dueto maluco. "Kurt nem estava cantando", disse Jim Merlis a Carrie Borzillo-Vrenna (não é bem verdade, como provam as fitas piratas). "Foi o Everett, sozinho. Foi realmente terrível. Kurt o levou ao palco, e ele só gritou no microfone."

Na manhã seguinte, os empresários do Nirvana receberam telefonemas de jornalistas de Nova York querendo saber quem era o misterioso "astro do rock" que havia subido ao palco com o Nirvana.

"Aposto que você ficou feliz com aquilo", comenta Earnie.

Eu acho engraçado pra caralho. O fato de pessoas como Jim Merlis me odiarem foi a razão pela qual Kurt me pediu para subir ao palco, para início de conversa. Era óbvio que ele queria irritar a plateia.

"Não foi nesse show que Alex expulsou Kate Moss?", pergunta Earnie. "Ela foi ao backstage com uma amiga, e ouvi dizer que rolou algo bizarro. Elas teriam abordado o segurança, que as deixou entrar mesmo sem estarem na lista de convidados. Então Alex simplesmente as expulsou."

Outro grande show foi o do Roseland Ballroom, em 15 de novembro, mas eu não ligava mais, pois já tinha detonado meu corpo ao extremo. Foi outro evento supostamente intimista da indústria, embora eu nunca tenha entendido como um local com 5 mil pessoas pode ser "intimista". Intimista não significa você, a mãe do Kurt e mais ninguém? Ou talvez uma das antigas festas na casa de alguém onde o Nirvana tocava em Olympia quando estava começando.

"Aquele show foi incrível", comenta Rosemary Carroll. "A intensidade com que eles tocavam era uma das coisas que os fazia tão bons: a expressão de raiva e frustração reprimidas, o senso de solidariedade com o público, que estava boquiaberto, sem adular a banda [...] Kurt tinha uma capacidade única se conectar com a plateia, como poucas pessoas têm."

Um monte de gente subiu ao palco para o bis, uma versão estendida de "I Wanna Be Your Dog", dos Stooges.[25] Kurt tocou bateria; Dave ficou vagando com um baixo; eu grasnava o ocasional verso de que conseguia me lembrar; Jad gritava no megafone; Krist batia um surdo; e vários membros do Half Japanese detonavam seus instrumentos. No clímax da música, Pat Smear entregou uma das guitarras de Kurt ao jovem enteado de Jad Fair, Simon, e acenou com a cabeça, encorajando-o a quebrá-la – o que levou mais ou menos uma dúzia de tentativas. Quando ele terminou, todo o grupo estava em volta, celebrando.

"No começo, ficava horrorizado com a frequência com que Kurt quebrava instrumentos", disse Pat Smear a Rasmus Holmen, do nirvanaclub.com. "Mas era o *showbiz* [...] e claro que não era tão horrível quanto Darby Crash quebrando garrafas na própria cabeça e cortando o peito em todos os shows. Depois conheci Earnie Bailey, que era um gênio em juntar as peças novamente, deixando-as inclusive ainda mais legais do que antes. Destruir guitarras é muito contagiante, na verdade – eu mesmo quebrei algumas. A Fender nos enviava guitarras novas durante a turnê. De repente, você tinha três guitarras novas, idênticas. Eu quase cheguei a fazer arranhões nelas para saber qual era qual. Ainda acho a destruição de guitarras tão incrível e chocante quanto da primeira vez que vi isso – quando Marc Bolan destruiu seu instrumento num show do T. Rex em 1973.[26] Quem liga? É só um pedaço de madeira. Pode quebrar!"

"Em 1992 e 1993, eu levava uma coleção de guitarras diferentes", lembra Earnie. "Ninguém nunca sabia o que ia acontecer – e cada vez acontecia por diferentes motivos. Na época do *In Utero*, pegávamos Stratocasters e Mustangs japonesas mais descartáveis, e eu pensava: 'As Mustangs serão as primeiras a ser detonadas', pois elas eram terríveis. Eu fiz algumas modificações básicas nelas para que ficassem pelo menos toleráveis durante a única música que Kurt tocaria antes de esmagá-las, mas, no fim, elas foram as mais usadas.

"Era estranho porque, no começo, se Kurt tivesse apenas uma guitarra e sentisse que era hora de quebrar, ele a quebraria. Não importava o quanto ele gostasse da guitarra. Eu achava que essa coisa da quebradeira não iria mais rolar durante a turnê de *In Utero*. De certa forma, eu gostava, pois era imprevisível – e também era parte do meu propósito de estar lá. E eles não estavam quebrando guitarras raras de quatro décadas atrás, e sim as mais novas, saídas há pouco da loja."

Não fui à gravação do *Unplugged MTV* no dia 18 de novembro. Não me lembro do motivo. Eu estava em Nova York e tenho certeza de que teria sido fácil ir. Provavelmente tinha a ver com o fato de eu não querer mais participar daquela merda corporativa em torno do Nirvana. Ouça aqueles idiotas aplaudindo cada nota da introdução de cada música no CD,[27] como se fosse um show de jazz. Veja todos aqueles lírios, candelabros e velas pretas, as câmeras e capturas de tela cuidadosamente emolduradas no encarte do disco. Quem pode dizer que eu estava errado em ficar longe disso? O que o *Unplugged MTV* tem a ver com Krist ou Dave, ou mesmo com o Pat?

Não se esqueça de que o Nirvana era uma banda.

Por que os críticos de música americanos acham que os grupos de rock viram adultos quando gravam um acústico? Não seria porque, para começar, eles nunca gostaram daquelas bandas de rock?

O *Unplugged MTV* não significa Kurt Cobain compartilhando um momento íntimo com o mundo; momentos íntimos existem na privacidade do seu próprio banheiro. Momentos íntimos não estão na frente de fileiras de câmeras e técnicos de vídeo sugando almas. Não estou negando que quando Kurt fez um cover daquela música dos Vaselines ("Jesus Doesn't Want Me for a Sunbeam"), ou de "The Man Who Sold the World", de David Bowie, com sua melodia de guitarra insistente, algo me tocou profundamente e emocionou centenas de milhares de fãs. E o cover do Leadbelly ("Where Did You Sleep Last Night?") vale ouro, a voz de Kurt soa tão terrivelmente traída e cansada do mundo, e quando ele grita... quando ele grita, meu Deus, é igual a mil anos de sede de sangue, decepção e rejeição, tudo encapsulado em uns poucos instantes que arrepiam até os ossos. (É bem óbvio para quem a música foi direcionada – sobretudo quando nos lembramos de que Courtney não estava presente.) E sim, foi bom ouvir Kurt fazendo experimentos com suas músicas, dando-lhes espaço para respirar e florescer.

É que... Puta merda! É a *MTV*, o inimigo definitivo, pelo amor de Deus.

Quão condescendente foi todo o conceito de convidar o Nirvana para uma apresentação como aquela? O Kurt de antigamente teria desprezado a ideia, sabendo que era uma fachada frívola.[28] Mas, naquele ponto, o cantor já estava envolvido demais para poder recusar. Eu e Gullick atravessamos a cidade para encontrar nossos velhos amigos de Chicago, o Urge Overkill, sentados em uma lanchonete, sonhando em ser estrelas do rock em pé de igualdade com Neil Diamond... ou pelo menos com o Nirvana.

O *Unplugged MTV* estava recheado de merda, desde o começo.

A MTV era a mesma corporação arrogante e imbecil de sempre, achando que sabia como julgar o material de uma banda melhor do que a própria banda – eles queriam que o Nirvana tocasse os hits, nada de músicas desconhecidas. Kurt discordou e anunciou que queria os Meat Puppets como convidados, para desgosto da MTV, que esperava, no mínimo, Eddie Vedder.

Originalmente, a ideia era que o Nirvana tocasse três músicas dos Meat Puppets – "Plateau", "Oh Me" e "Lake of Fire", todas de seu segundo álbum –, mas, como Pat Smear explicou, "o estilo de tocar de Curt Kirkwood é tão único que nunca conseguiríamos reproduzir direito. Krist ou Kurt, um dos dois sugeriu que nós simplesmente deveríamos convidá-los para tocar".

Também não era como se o formato em si fosse algo particularmente bem-sucedido: os plagiadores do Stone Temple Pilots haviam gravado um *Unplugged* algumas semanas antes, levando várias horas para gravar um set de 45 minutos, ostensivamente "ao vivo".

E nem era "acústico", já que a maioria das bandas – incluindo o Nirvana – tocava com seus instrumentos ligados em amplificadores. Tratava-se apenas de uma apresentação um pouco mais comportada e silenciosa.

"Ensaiamos em Nova Jersey", diz Earnie. "Naquele dia, trabalhei em duas Mustangs de Kurt e também na Jagstang. Eu mal conseguia olhar para o palco. As músicas soavam ásperas e desajeitadas, como uma banda se reunindo pela primeira vez. Eu não podia acreditar que eles fariam aquilo no dia seguinte. Parecia o primeiro desastre da carreira deles. Cometeram um erro gritante durante a execução de "Pennyroyal Tea". No vídeo, é visível – mas eles consertaram no CD, e eu quase preferia que não tivessem feito isso. "The Man Who Sold the World" ficou inacreditável, de arrepiar, mas eu não via sentido em lançar o álbum. Gostei mais das músicas dos Meat Puppets do que das músicas do Nirvana, mas não gostei da sonoridade das guitarras no disco."

Outros discordam de Earnie e de mim, no entanto.

"Vi Kurt pela última vez no *Unplugged*", diz o fotógrafo de Nova York Michael Lavine. "Ele reservou assentos na primeira fila para nós, veio e deu muitos abraços em mim e no [videomaker] Steve Brown. No palco, foi perfeito. Depois fomos aos bastidores, onde ele estava perturbado, mal-humorado e distante. Ele tinha ganhado um daqueles Converse verdes com estrelas brancas – os mesmos tênis que estava usando quando se matou."

"Foi um show incrível", comenta Janet Billig. "Kurt estava muito focado e presente, o que foi uma surpresa, pois ele não estava emocionalmente bem naquela época. Ele estava irritado no dia, muito chato e mal-humorado com todos,[29] mas quando subiu ao palco foi incrível. Ele se *entregou* em todas as músicas. Estava muito animado, pois as canções foram levadas a sério, foram trabalhadas em todos os detalhes. Mais tarde, eu disse a ele que foi um momento de consolidação da sua carreira e que ele tinha tocado guitarra lindamente – e ele respondeu que tinha tocado muito mal, que tinha sido uma merda. Podemos dizer que ele não aceitava um elogio tão facilmente. Mas ele estava nesse caminho, de compor coisas reais e honestas."

"Kurt estava extremamente empolgado", comenta Danny Goldberg.[30] "Ele estava muito orgulhoso e achava que aquele disco levaria a banda a um público totalmente novo. Ter sido lançado retrospectivamente não significa que tenha sido ideia de outra pessoa."

"Aquele foi um dos meus únicos arrependimentos", diz Cali. "Vou contar exatamente o que aconteceu: foi por causa de drogas. Courtney e eu estávamos usando drogas em Seattle no fim de semana e não queríamos ir para Nova York. Fomos ao aeroporto, entramos no avião, mas, enquanto esperávamos a decolagem, conversamos e nos convencemos de que Kurt faria um show melhor se não estivéssemos lá – o que até pode ser bem verdade. Mas, honestamente, não fomos porque queríamos voltar para casa e pegar mais drogas. E foi o que fizemos. Então eu não vi o *Unplugged.* Em vez disso, passei um tempo com a escória de Capitol Hill.

"É assim que se perde um show incrível", Cali ri. "Mas não fiquei pensando nisso até algumas semanas depois, quando então ouvi uma fita. Era incrível. Fiquei chocado quando ouvi a versão deles de 'The Man Who Sold the World' pela primeira vez."

Alguns dias antes da gravação do acústico, um incidente engraçado aconteceu do lado de fora do Regis, o hotel da banda em Nova York.

"Tem um tipo de jovem de Nova York que é louco por pessoas famosas – são todos um pouco velhos demais para isso, com cerca de 20 a 21 anos, uns caras meio de grupo de teatro", explica Lori Goldston. "Três deles estavam esperando do lado de fora do hotel, segurando CDs. Saímos, e eles correram. 'Kurt, Kurt!' Ele estava de mau humor. Eles começaram a gritar: 'Kurt, nós te amamos!' – e ele saiu da van, ficou de pé no degrau da porta e cuspiu na direção dos jovens na calçada. Eles ficaram chocados. Completamente atordoados, cabisbaixos, devastados, e foi muito, muito engraçado. Não me considero uma pessoa má, mas foi hilário. Ele sabia cuspir muito bem, e aquela foi a única vez que vi Kurt fazendo essas coisas de celebridade do rock."

Adendo 1: Steve Turner

Por que o Nirvana virou um gigante, e não o Mudhoney?

"É bem óbvio!", exclama o guitarrista do Mudhoney. "Esse disco [*Nevermind*] tem um hino atrás do outro. É uma música muito profunda. Nós também fazíamos músicas sérias, mas o Nirvana soava totalmente legítimo e real, tinha um desespero que corta lá no fundo."

Eu sempre achei que Kurt fosse um letrista podre.

"E era, mas ele tinha uma daquelas vozes que podiam cantar a lista telefônica e fazê-la soar real e convincente. O Nirvana me frustrou muito quando ficou famoso. Como aquela banda conseguiu cometer tantos erros? Logo que fizeram algum sucesso, foi como: 'Meu Deus, vocês estão fazendo tudo errado!'. Eu nunca gostei da produção do *Nevermind*, ficou parecendo rock dos anos 1980. Eu gostava mais das demos – ótimas melodias, ótimas canções, ótima voz. E eu não gosto nem um pouco da bateria do Dave Grohl. Ele tem a mão muito pesada, martela a bateria. Eu gosto de mais *finesse*. Gostava da bateria do Chad para o Nirvana, um pouco mais desleixada e solta. Tinha mais ritmo."

Você acha que Olympia foi uma grande influência para eles?

"Claro. O Krist sempre foi o cara que andava com os Melvins desde o começo. Acho que a influência de Olympia foi mais negativa no final – quando Kurt continuou tentando provar que ele era real e 'punk rock', ao contrário do Pearl Jam. Um dos erros mais tristes que eles cometeram foi a incapacidade de reconhecer o que eles fizeram com *Nevermind*, que gravaram um disco totalmente Los Angeles – e dane-se, isso não é ruim. Eles fizeram um disco profissional e caro, remixado para tocar no rádio, entraram totalmente no jogo e funcionou.

"Houve muita culpa e tentativas de voltar atrás, provar que eles ainda eram punk rock. Mas eles já tinham dado muito controle aos empresários, advogados e outras pessoas. Era quase como se eles dissessem: 'Se não ligamos para o que estamos fazendo, é porque somos mais punk rock do que você'. O quê???", Steve balança a cabeça, perplexo. "O Nirvana acabou se transformando num fantoche, muito mais do que – para usar o exemplo oposto – o Pearl Jam. O Pearl Jam controlava seu próprio destino. Já o Nirvana virou um gigante, e ficou uma sensação meio: 'OK, agora seus agentes sedentos por dinheiro tomam todas as decisões por vocês'. Ótimo! Isso sim é punk rock!"

Voltando à influência de Olympia...

"Olympia é meio que um mistério para mim. Eles fizeram seu primeiro show em Olympia. No início, tudo o que eles faziam parecia orgânico e muito menor, como se o objetivo fosse modesto: não queriam sucesso, mas estar com pessoas legais, pessoas descoladas, enfim. O Nirvana não era exatamente de Seattle. Eram mais parecidos com Olympia. Geograficamente, inclusive, estavam mais alinhados com a cena e o estilo de vida de Olympia, tanto dos universitários quanto dos caipiras ultrapassados. Quando conheci alguns dos amigos dos Melvins e do Matt [Lukin] em Aberdeen, eu me assustei. Fiquei, tipo: 'Que negócio *bizaaarro*'. Aquele definitivamente não era meu mundo."

Muitas das ideias de Kurt sobre o punk rock...

"Vieram diretamente de Olympia e do Calvin. Sim. Muitas outras também vieram da capital Washington, a parte política."

Trata-se de estabelecer seu próprio estilo de vida alternativo para além da sociedade...

"O que é ótimo! Sou completamente a favor!"

Mas foi aí que o Nirvana se ferrou, pois, de repente, eles decidiram que eram uma banda punk – e o punk tradicionalmente abraçou o mainstream...

"Sim, eles estavam num cabo de guerra e sequer podiam admitir algumas de suas influências..."

Acho que parte do problema é que Olympia é uma cidade muito elitista.

"As pessoas se mudam para lá e viram uns esnobes. É estranho. Eles nunca gostaram do Mudhoney por lá."

Toda aquela atitude elitista não aceitava a fama. Não dá para ter os dois. É impossível ser ultraelitista e fazer um disco como o *Nevermind*.

"Sim, se eles apenas admitissem a ambição deles, se dessem um jeito de conciliar aquela dicotomia – e não é pedir demais, não são coisas importantes no quadro geral. É uma guerrinha interna e provinciana que não faz mais sentido."

Para mim, o mistério dessa equação é o Krist.

"Krist é muito punk rock, mas quer que todos se amem.[31] É um grande..."

... velho hippie.

"Sim. Totalmente. Um grande hippie. Ele era meio que o cara que topava todas. Ele tinha suas próprias coisas, mas se esforçava para que as visões do Kurt se materializassem."

Ele tomou uma rasteira chamada Courtney.

"Pois é", Steve ri. "Aquilo meio que... estragou tudo."

Você acha?

"É estranho, porque eles desperdiçaram tudo. Para mim, essa é a tragédia da coisa toda. Eles não conseguiam ver que haviam superado todas as suas aspirações anteriores. Tudo o que afetava a tomada de decisões era irrelevante. Se eles tivessem apenas sentado e conversado com o Pearl Jam, juro por Deus, teria ajudado *muito*. Eles tinham o poder e entregaram tudo para pessoas como aquele empresário [John Silva]. Desgraçado! O que me deixa perplexo é que ele também foi empresário do Sonic Youth. Eu nunca consegui entender, tipo, mesmo antes do Nirvana, eu pensava: 'Por que este cara é seu empresário? Ele é um babaca!'. Eu nunca entendi como eles conseguiam lidar com ele."

Adendo 2: Bruce Pavitt

Você sabe que The Legend! subiu ao palco com o Nirvana várias vezes na última turnê pelos Estados Unidos. Foram cinco ou seis shows. Fizemos o bis juntos, comigo cantando.

"Eu não sabia!", exclama Bruce.

Sim, a versão da história sancionada pela Courtney (*Mais pesado que o céu*) não menciona isso.

"Parece que Kurt e a banda conseguiram manter alguns laços criativos, embora Courtney aparentemente tenha feito o possível para romper muitos desses laços. Na maioria das vezes, parecia que advogados e empresários cercavam Kurt em seus últimos dias, enquanto muitos de seus amigos criativos de longa data – como eu, Calvin e muitos outros – foram renegados. Courtney queria distância dessas pessoas."

Mark Arm e Steve Turner dizem a mesma coisa sobre isso. Eles não conseguem entender como o Nirvana escolheu se abster de todo o poder e se entregar a uma das maiores agências do ramo.

"Era a mesma agência que trabalhava com o Sonic Youth e os Beastie Boys."

Mas o Sonic Youth assumiu o controle da própria vida.

"Bem, eu não estava familiarizado com a dinâmica interna daquele relacionamento, mas todos os grandes artistas progressistas estavam trabalhando com essa agência. Não me surpreende em nada."

Mark, Steve e Dan, do Mudhoney, citam a turnê do *In Utero*, dizendo que foi uma merda sob diversos aspectos. E todos eles traçam um paralelo com a turnê do Pearl Jam, da qual participaram logo depois.

"Também ouvi essas histórias, e, na época, não era visto como algo vindo da agência. Tinha tudo a ver com Courtney Love. Era, tipo: 'Nós saímos em turnê com o Nirvana, e Kurt e Courtney viajavam em outro ônibus, separados do resto da banda'. O empresário deles não teve nada a ver com essa decisão. Era Courtney separando Kurt de seus próprios parceiros de banda! Lembro-me de eles me contarem a mesma coisa: 'Então saímos em turnê com o Pearl Jam, e, apesar de eles serem uma banda corporativa, a energia, as conexões e a cultura cultivadas com o grupo eram inclusivas, eram humanas'. Esse foi um paradoxo interessante. A banda alternativa estava se comportando de uma maneira mais grosseiramente corporativa do que eles poderiam ter imaginado. Não tinha nada a ver com John Silva."

Pat Smear viajou com Kurt.

"Pat Smear viajou com Kurt", repete o ex-dono da Sub Pop. "Veja que coisa interessante. Por que ele, e não Krist?"

Pat era de Los Angeles, por isso a Courtney aprovava sua presença. Além disso, a esposa de Krist tinha uma grande antipatia por Courtney – e a Shelli não é do tipo que disfarça.

"Não, mesmo. A Shelli é demais."

NOTAS

1 Descontraída e harmoniosa, baseada em um riff acústico e com vocal suave do próprio Grohl, "Marigold" foi um vislumbre incisivo da futura carreira de Dave como líder da banda radiofônica Foo Fighters.

2 Uma semana antes, *In Utero* foi lançado nos Estados Unidos numa edição limitada de 25 mil cópias em vinil transparente. A data de lançamento no Reino Unido (vinil e CD) também foi 14 de setembro.

3 Dito isso, devo acrescentar que Danny Goldberg foi muito prestativo e solidário durante a escrita deste livro – e reavaliei consideravelmente minha opinião sobre ele.

4 A lista incluía: Danny e Rosemary, Kim Cobain, Janet Billig, Eric Erlandson, Jackie Farry, Nikki McClure… e só no final sua própria mãe, Wendy. Aparentemente, o testamento nunca chegou a ser assinado.

5 Uma das bateristas dos Germs foi Dottie Danger, também conhecida como Belinda Carlisle, que mais tarde formaria a banda feminina The Go-Go's, famosa por seu saltitante sucesso "We Got the Beat".

6 Pat Smear e Courtney Love ficaram amigos depois de se conhecerem no set do filme *Breakin'*, de Joel Silberg, em 1984.

7 Você se lembra da lista "Como ficar famoso", feita por Courtney em Portland? Número cinco: faça amizade com Michael Stipe...

8 Tenho quase certeza de que se trata do sucesso de 1966 que entrou no Top 10: a frenética "Psychotic Reaction".

9 Provavelmente era o hit de 1964 que entrou no Top 10: a doce e melódica "She's Not There".

10 Craig Montgomery não estava mais em turnê com o Nirvana. Ele saiu após um desentendimento sobre o som no *Saturday Night Live*.

11 O Jawbreaker foi uma banda da segunda geração do hardcore de Santa Monica. Seu terceiro álbum, *24 Hour Revenge Therapy*, de 1992, foi beneficiado pela quase obrigatória produção de Steve Albini. Eles assinaram contrato com a Geffen no final de 1994, apadrinhados pelo Nirvana. Algo que não deveriam ter feito.

12 Ironicamente, Courtney Love contou com a colaboração da líder do 4 Non Blondes, Linda Perry, na produção de seu álbum solo realmente horrendo, *America's Sweetheart*, de 2004.

13 O setlist incluiu: "Radio Friendly Unit Shifter", "Drain You", "Breed", "Serve the Servants", "About a Girl", "Heart-Shaped Box", "Sliver", "Dumb", "In Bloom", "Come as You Are", "Lithium", "Pennyroyal Tea", "School", "Polly", "Milk It", "Rape Me", "Territorial Pissings", "Smells Like Teen Spirit", "All Apologies", "Blew", "Endless, Nameless".

14 Courtney inicialmente reivindicou "You Know You're Right", tocando-a com o Hole no *Unplugged MTV* [nos créditos do CD, a canção aparece com outro título, "You've Got no Right"]. Mais tarde, a música ressurgiu numa coletânea de hits do Nirvana, lançada pela Geffen em 2002.

15 Ao contrário dos relatos em *Mais pesado que o céu*, o Nirvana nunca tocou uma música gospel intitulada "Jesus Wants Me for a Sunbeam".

16 Por exemplo, no final do show em Kansas City, quando "Endless, Nameless" explodiu numa verdadeira orgia de cordas de guitarra, Kurt informou à plateia que iria deixar sua guitarra ligada (encostada num amplificador, retroalimentando) até que todos fossem para casa.

17 De Osaka, Japão, os Boredoms são uma explosão de cor, luz, arrotos comunitários, microfonia e cornetas estridentes: brilhante, bizarro, hilário.

18 O ator Ted Danson já havia sido ridicularizado algumas semanas antes por ter aparecido de *blackface* com sua namorada Whoopi Goldberg.

19 Ainda naquele mês, *In Utero* foi disco de platina nos EUA (1 milhão de cópias vendidas), então tudo indicava que talvez a Geffen finalmente poderia relaxar um pouco com as vendas. *Nevermind*, entretanto, tinha acabado de ultrapassar a marca de 5 milhões de cópias vendidas.

20 Escrevi o seguinte sobre o segundo álbum dos nova-iorquinos do Mercury Rev, *Boces*, de 1993: "Guitarras se fundem num gigantesco monstro de várias cabeças. Flautas inspiram e expiram suavemente, como o vento na Interstate 5. Tambores ecoam cavernosamente e saltam, explorando múltiplas direções ao mesmo tempo. Ouvir Mercury Rev é como escorregar rumo a um shopping de aberrações e cabeleireiros, apenas para ser confrontado pelo deserto."

21 Naquela altura, Earnie já havia sido convencido a participar da turnê.

22 O Folk Implosion era um projeto peculiar de Lou – basicamente um Sebadoh mais afiado e limpo – e ficou conhecido pelo hit de 1995, "Natural One", incluído na trilha sonora do filme *Kids*.

23 Earnie Bailey: "MacLeod nos cobrava por qualquer coisa naquela época. Apenas há um ano, Pat disse que recebeu seu primeiro cheque do Nirvana, dizendo que ele não devia nada".

24 O tenista John McEnroe foi visto depois, definitivamente deslocado, no camarim do Nirvana.

25 O Mudhoney também curtia convidar as pessoas para subir ao palco enquanto tocava a mesma música no bis.

26 Pat pode estar confundindo os grupos de Marc Bolan. Em 1973, Marc estava na sua fase de *pop star* galã. Na verdade, ele quebrava guitarras com seu primeiro grupo, o John's Children, que tocava aquele pop psicodélico dos anos 1960. Eles foram expulsos da turnê alemã de 1967 do The Who por tentar ofuscá-los nos momentos de destruição.

27 O *Unplugged MTV* foi exibido depois da morte de Kurt, com o som limpo. As brincadeiras entre as músicas e as jams ocasionais foram todas removidas. Dinheiro? É claro.

28 Só após a morte de Kurt é que a MTV decidiu que aquele era um programa histórico. Até então, não haviam tido pressa de sequer exibi-lo.

29 Kurt estava em fase de desintoxicação – e incrivelmente nervoso em tocar em formato acústico.

30 Krist, por outro lado, se referiu ao disco como "Nirvana lite" no comunicado de imprensa do álbum.

31 É quase um pré-requisito para ser baixista: tentar impedir a briga dos outros músicos.

CAPÍTULO 27
Anjos caídos

MINHA última conversa com Kurt aconteceu no dia de Natal de 1993, quando ele e Courtney ligaram para minha casa em Brighton, na Inglaterra.

"De todos os nossos amigos, você é a única pessoa que achamos que estaria em casa hoje", explicou Kurt, recordando um discurso contra o Natal que eu tinha feito a ele e Kim Deal duas semanas antes, em Seattle. "Não falamos com ninguém o dia todo, exceto com o carteiro. Como você está? Ainda deprimido? Feliz Natal, caralho."

Conto essa anedota agora, mas acho que a última vez que realmente falei com Kurt pode ter sido quando Courtney ligou e disse: "Kurt quer te perguntar uma coisa". Achei estranho, porque ele não costumava me telefonar. Depois de meio minuto de discussão acalorada ao fundo, Kurt pegou o aparelho e murmurou que queria que eu visitasse seu "médico" em uma cidade próxima, pegasse alguns suprimentos e os levasse até Seattle.

Eu disse a ele – muito educadamente, tenho certeza – para ir se foder.

> "O que você vai fazer na véspera de Ano-Novo, Kurt?", pergunta Kim Deal.
>
> "Ficar bêbado e brincar com fogos", responde o vocalista do Nirvana. "Vamos tocar em São Francisco e teremos fogos de artifício no show. Não é legal?"
>
> Você vai ficar bêbado? Você nunca fica bêbado antes de tocar.
>
> "Tá bom", ele admite. "Depois do show."
>
> E você, Kim? O que você costuma fazer na véspera de Ano-Novo?
>
> "Bater panelas e frigideiras", ela ri, chapada. "Sair para as ruas. Isso!"
>
> Kurt quer saber se eu fumo maconha. Eu balanço a cabeça.
>
> "Não?", ele continua, pasmo. "Você nunca fumou maconha?"
>
> Sinto uma sensação clara de déjà-vu. Talvez o gravador esteja preso em um loop. Ou talvez a falta de sono esteja finalmente me afetando.

Sim, claro que já.

Kurt ainda não está satisfeito.

"Você não teve uma fase de maconheiro na sua vida?", ele insiste.

Não. Mas já morei em uma ocupação. Você sabe o que é uma ocupação?

"Você morou num lugar abandonado, sem eletricidade?"

Tipo isso. Um cara teve uma overdose no quarto ao lado do meu.

"Mas ninguém tem overdose de maconha", ele ri.

Nós dois olhamos para Kim, que está sentada entre nós na cama, perdida, flutuando em seu próprio devaneio.

É verdade, tem razão.

Você só vira... mais um insone em Seattle.*

Quando chego à cidade, uma das primeiras coisas que faço é ligar para Kurt Cobain em casa – ele está esperando sua esposa voltar de Atlanta, onde ela está em meio ao processo de remixagem do novo álbum do Hole com Scott Litt, produtor do R.E.M. Sobre o que você conversa com alguém que não vê há seis semanas ou mais e cujo estilo de vida é tão diferente do seu?

Discutimos a insegurança que surge quando você não consegue dormir por causa do jetlag e/ou álcool, quão cansados estamos e como odiamos Jeff Ament, do Pearl Jam. Aquele seu jeitinho provinciano de atleta! Kurt tinha acabado de voltar de outra etapa exaustiva da turnê de *In Utero*. E eu tinha voado 13 horas seguidas para fazer esta matéria de capa para a edição de Natal do *Melody Maker*.

"Você ainda quer tentar aquele lance com a Kim?", o cantor pergunta em algum momento, enquanto eu luto para manter os olhos abertos.

Claro.

Claro que quero.

"Só me diga quando, então. Eu preciso ir dormir agora."

O sentimento é recíproco.

O especial de Ano-Novo da MTV, *Live and Loud*, com o Nirvana, a banda de stoner rap Cypress Hill, o Pearl Jam e o The Breeders, está sendo pré-gravado no Pier 48 de Seattle, um terminal de balsa cavernoso e gelado. Os jovens ficaram na fila por até oito horas, sob chuva torrencial, para testemunhar o que parece ser uma reconciliação lendária entre os dois supostos principais expoentes do "grunge" da cidade – de fato, as duas bandas definiram o gênero, pelo menos na MTV.

* Referência ao filme *Sintonia de amor* (1993), que originalmente se chama *Sleepless in Seattle* (*Insone em Seattle*, numa tradução mais literal). [N. T.]

A rixa entre o Nirvana e o Pearl Jam foi bem documentada. Resumidamente, começou há muito tempo, quando Ament e Stone Gossard tocavam no malfadado Temple of the Dog e, antes disso, no Green River. Mais adiante, o atrito entre as bandas foi inflamado por seus respectivos sucessos e pela forma como elas foram inevitavelmente polarizadas pela imprensa mundial.

Isso aconteceu apesar das claras diferenças entre as duas bandas. O Pearl Jam sempre tocou o típico rock americano de rádio FM. O Nirvana é algo mais extremo e totalmente inovador. As coisas pioraram quando o sucesso do Pearl Jam foi atrelado ao do Nirvana – e quando as vendas do novo álbum do Pearl Jam, *Vs*, superaram muito as de *In Utero*.

Cobain deixou claro à imprensa, várias vezes, o quanto ele despreza o Pearl Jam. Já o Pearl Jam tentou minimizar qualquer história de rixa, talvez consciente de sua pouca credibilidade, talvez porque a vida seja muito curta.

Há rumores recentes de uma reconciliação entre Eddie e Kurt. Independentemente disso, para a MTV – apesar de toda a sua imensa força corporativa – juntar as duas bandas no mesmo evento é uma grande conquista.

O único problema é: onde diabos está Eddie Vedder?

A presença de Eddie Vedder (ou a falta dela) é uma nuvem cinza sobre a situação. Há muitos boatos sobre os motivos de sua ausência. Talvez seja apenas uma retomada da velha rivalidade com o Nirvana, embora o fato de Stone Gossard e Jeff Ament estarem no palco com o Cypress Hill pareça desmentir isso.

Gossard comenta com o fotógrafo Steve Gullick, do *Melody Maker*, que Eddie está "muito doente" e que sua voz soa "terrível". Até aí, nenhuma novidade. De qualquer forma, não dá para ignorar que a bem divulgada briga na qual Vedder se meteu recentemente em Nova Orleans e o fato de que ele vem bebendo cada vez mais podem ser pistas de algo mais grave.

Mesmo assim, todos estão se esforçando ao máximo para não deixar que a ausência de Eddie derrube os ânimos. Sem dúvida, o pessoal da MTV está furioso, mas os fãs não parecem tão incomodados. E por que deveriam? Eles entraram de graça e acabaram de assistir a um dos melhores shows do Nirvana de todos os tempos. Os integrantes da fraternidade alcoólica de Seattle, enchendo a cara nos bastidores, também não parecem muito chateados.

De um lado estão Matt Lukin e Steve Turner, do Mudhoney, além do empresário Bob Whittaker – o homem que certa vez me deu carona em seu Cadillac, dirigindo em plena calçada após uma festa particularmente boa.[1] Os irmãos do Screaming Trees estão conversando com Kim Thayil, do Soundgarden. Krist Novoselic circula usando uma tipoia, depois de ter machucado o braço durante o bis apocalíptico do Nirvana. Seu irmão também está por lá – tão alto quanto ele e praticamente idêntico. A irmã dele, idem. Há o amigo de Kurt, Dylan, do Earth; a comitiva da Sub Pop; Scott Litt; alguém do R.E.M.; os Chili Peppers, em trajes femininos ou fantasiados de rabinos e, como sempre, se comportando como verdadeiros babacas. Eric, do Hole, corre de um lado para o outro, tentando filmar pessoas em situações comprometedoras. Kurt canta a música "Jeremy", do Pearl Jam, com uma máscara de Eddie Vedder na cara.

Nada disso diz respeito a este repórter, no entanto, que sofre de uma terrível dor de cabeça logística, tentando reunir Kurt e Kim. Ele está envolvido com uma esposa e uma bebê que não vê juntas há muito tempo, enquanto ela está relaxando com o Cypress Hill – outra banda conhecida por seu amor pela maconha. Eu não sabia que, apesar da admiração mútua, Kurt e Kim mal se conhecem.

O que você achou do Kurt quando o conheceu, Kim? (O primeiro encontro aconteceu em Nova York, durante a mixagem do EP *Safari*, do Breeders, na época em que *Nevermind* estava decolando. O Nirvana tinha um show no centro da cidade, e, sabendo que Kurt era um grande fã do Breeders, eu o levei até o estúdio.)

"Pois é!", ela ri. "Eu não sabia que ele era quem ele era, na verdade."

"Você não sabia que eu era da minha banda?", Kurt pergunta, incrédulo.

"Eu sabia que você devia ser do Nirvana", ela explica. "E talvez mais alguém que estivesse lá. Mas talvez você não fosse. Eu não conhecia ninguém – só sabia que você [ela aponta para mim] estava trazendo alguns caras do Nirvana."

O que você achou de Kim, Kurt? Você estava admirado com ela na época, certo?

"Bem, eu amava tanto o seu disco *Pod* que fiquei com medo de te conhecer", ele revela a Kim. "Quando cheguei lá, você foi muito arrogante. Ao mesmo tempo, foi realmente generosa. Eu estava a ponto de pirar por ser um astro do rock, achava que todo mundo estava tirando sarro de mim."

"É que foi, tipo: 'estou gravando'", explica Kim. "'São as minhas gravações. Vocês estão ouvindo as merdas que eu faço. Estão entrando no meu mundo e sabendo o que eu penso. Que porra vocês estão fazendo aqui?'"

"Eu entendo", suspira Kurt. "Também senti que estava sendo meio intrometido, como se o "rock star" quisesse um gostinho do novo álbum. Tive a impressão de que você sabia exatamente quem eu era."

Kim pergunta, murmurando, se conseguimos ouvir quando ela estala suas gengivas, como se fosse uma velha – ela está muito chapada e muito cansada. Tínhamos esperado por cerca de três horas até que Kurt terminasse uma entrevista gigante para a MTV, que cobria toda a história do Nirvana. Kurt está exausto. O dia está sendo bem longo.

Desde que se conheceram melhor, suas percepções de cada um mudaram?

"Mas não nos conhecemos", exclama Kurt. "Esta é uma boa maneira de nos conhecermos. Oi, Kim!"

"Oi, Kurt!"

"Eu quase nunca chego a tempo de assistir ao show delas, porque sou muito preguiçoso", explica ele. "Eu só as vi umas seis vezes nesta turnê. Eu me sinto um idiota por isso."

"Eu vi o Nirvana todas as noites", Kim me diz. "Nosso ônibus geralmente sai à meia-noite, então é perfeito. É tão bom! O Nirvana faz as melhores músicas bobas do mundo! Eles são burros no bom sentido, como os Ramones."

Mais cedo, Kim tinha dito que suas músicas favoritas do Nirvana eram "About a Girl", "Scentless Apprentice" e "No Recess",[2] e que ela gostava de assisti-los com um baseado na mão, escondida atrás de um pilar. Kurt retribuiu o elogio dizendo que o Breeders está cada vez melhor – o que faz sentido, "pois ainda estão aprendendo a tocar seus instrumentos. O que é ótimo.[3] Já nós temos que ser absolutamente fenomenais só para fazer um bom show, afinal já conhecemos nosso papel muito bem".

Vocês percebem semelhanças entre suas personalidades?

"Não", responde Kurt. "Kim é muito mais positiva, feliz e amigável. Eu sou o chato malvado. Nós somos opostos."

Claro. Mas vocês dois têm essa coisa que Courtney destacou para mim: sabem que o que fazem é bom de verdade e não precisam se provar além disso.

"Sim, isso soa legal, não é mesmo?", Kim exclama, rindo. "É exatamente o que nós pensamos. Courtney está coberta de razão, caramba!"

"Você não tem nenhuma questão sobre o Natal?", Kurt me pergunta enquanto levanta-se para cuspir pela janela do seu quarto no Four Seasons.

Claro que sim. Lá vai uma.

Você odeia o Natal?

"Não", responde Kurt. "Tenho boas lembranças. Sempre tive Natais muito bons com minha família – tenho uma família muito grande. Todo mundo sempre se reunia e fazia uma grande celebração, pelo menos até meu avô morrer. Ele geralmente era o destaque das cerimônias. Ele ficava muito bêbado, colocava chapéus engraçados e cantava para todos."

Kim quer saber quantos irmãos e irmãs Kurt tem.

"Eu só tenho uma irmã de verdade [Kim Cobain] e uma meia-irmã [Brianne O'Connor]", ele conta a ela.[4] "O restante do pessoal vinha da família da minha mãe. Ela tem sete irmãos e irmãs, e todos eles têm filhos."

Você acha o Natal deprimente, Kim?

"Não!", ela responde, alegremente. "Everett, você pode se abrir conosco. Você acha deprimente, não acha?"

Sim, eu acho.

Kurt pergunta por quê.

Memórias ruins. Mas vocês não querem me entrevistar.

"Queremos, sim", ele ri. "É o combinado, certo? Uma questão para cada um!"

OK. Eu odeio o Natal porque ele exacerba todas as emoções. Se você se sente sempre sozinho – como a maioria das pessoas –, mas consegue ir levando, o Natal vem e esfrega a solidão na sua cara. Ninguém precisa disso. Não é por acaso que a taxa de suicídio aumenta durante a época de festas.

"Isso é verdade", concorda Kim, séria.

"É uma pena que nem todas as pessoas solitárias possam ser alvo de uma boa ação nesta data, embora isso provavelmente soe meio paternalista", pondera Kurt. "Mas sempre há alguém que fica de fora – alguém que não ganha uma refeição grátis, um presente ou ouve um 'Feliz Natal'. Todo mundo é tão autocentrado."

Além disso, o Natal reforça os valores tradicionais sobre os quais a civilização ocidental foi construída. Não gosto desses valores. Acho que são hipócritas. Não vejo nada de bom na estrutura familiar.

"Eu vejo", Kurt discorda, "se for uma boa família".

"Você não acha mesmo isso, Everett!", Kim ri, incrédula.

Claro que eu acho. Tudo bem, se for uma boa família. Mas andem nas ruas qualquer dia e verão que a maioria das famílias não são exatamente boas famílias – mães batendo nos filhos porque estão cansadas demais para lidar com eles, pais sendo machões. A maioria é uma merda. A maioria das pessoas no mundo não deveria estar viva hoje. Pessoas estúpidas não deveriam se reproduzir.

Segue-se um silêncio estupefato.

"Meu Deus!", exclama Kurt, "não fui eu que te disse isso uma vez?".

"E eu achando que minha visão das coisas era ruim!", exclama Kim. "Cara, me sinto a [atriz americana] Sally Field ao seu lado! Nossa! Everett!"

Bem, isso me irrita às vezes.

"Não vejo nenhuma razão para alguém fingir que gosta da própria família", contesta Kurt. "Você não deve passar o Natal com seus pais se não gosta deles."

Mas é isso que o Natal faz com você. Força certas situações.

"Eu sei", ele responde, sombrio. "Faz isso com muita gente."

Mais um grave silêncio.

"Feliz Natal a todos!", Kurt grita, de repente.

"Tenho uma pergunta muito interessante", anuncia Kim.

Diga.

"Kurt, você fuma cigarros mentolados?"

"Fumo", ele responde. "Os mentolados deluxe ultra-light Benson & Hedge."

"Meu Deus! Eu não acredito que você faz isso. Que engraçado!"

"O gosto é bom", ele argumenta. "E me induz a pensar que estou fumando menos, ou tomando mais vitaminas, algo assim. E meu hálito fica cheiroso."

Kim, tem alguma coisa que você realmente gostaria de saber sobre Kurt?

"Você vai terminar sua carne?", ela pergunta a ele, olhando incisivamente para seu prato, inacabado e frio ao lado da cama.

"Sim!", ele exclama.

"O que é?", ela quer saber. "Um bife? Malpassado, médio, bem passado? Parece bom. Dá pra perceber."

Vocês têm pessoas favoritas em comum? Citem suas pessoas favoritas.

"OK", começa Kurt. "Deixa eu ver... Eu gosto do Shabba-Doo, aquele dançarino de break."

"Katrina Weiss", Kim afirma, com firmeza. "A patinadora de gelo da União Soviética. Esse é o nome dela, certo?"

Sim. Você falou dela antes. Disse que ela era a mulher ideal, e nós rebatemos que era porque você não queria ficar peluda e velha, além de você ter uma fixação pela infância.

"Ei, espera aí", ela me interrompe. "Não deveríamos fazer as perguntas? Por que você se sente tão deprimido na época do Natal, Everett?"

Porque intensifica as emoções – ei, eu já respondi isso.

Kurt boceja. Fecha os olhos. Acorda novamente.

"Ei, irmão", ele brinca. "Você não pode só se lembrar dos bons momentos?"

Há algo que você realmente gostaria de saber sobre Kim?

"Sim", ele responde, "mas não quero perguntar numa entrevista".

Desligamos o gravador.

Do outro lado da sala, Courtney discute seu álbum com seu empresário e alguém da Geffen. Deste lado, tanto Kim quanto Kurt parecem exauridos. Não me lembro de estar tão cansado em anos. Deve ser hora de ir.

OK. Finalmente. Querem deixar uma mensagem de Natal para os leitores?

"Te odeio!", Kim exclama, rindo.

Quem, eu, pessoalmente – ou os leitores?

"Tanto faz", ela responde, confusa.

"Ela odeia alguma coisa!", Kurt comemora, baixinho.

"Alguma vez eu disse que não?", ela pergunta, surpresa. "Ah, sério? Bem, você [aponta para mim] seria a resposta correta, não seria?"

OK, Kim. O que você daria para o Kurt no Natal?

"Não sei." Ela faz uma pausa. "Algo artesanal. Talvez um guardanapo – um guardanapo de crochê."

E você, Kurt?

"Um cartão-presente de um salão de beleza, para que ela possa fazer um permanente", ele brinca.

"Eu só quero um bom Natal", continua ele. "Um Natal agradável, tranquilo e casual com Frances e Courtney."

"O que eu quero de Natal?", Kim se pergunta. "Sabe aquelas renas de pendurar no chuveiro, com rádio para ouvir no banho? É o que eu quero de Natal."

(*Melody Maker*, 25 dez. 1993)

A turnê de *In Utero* continuou ao longo de novembro e dezembro; quatro shows na Flórida,[5] Geórgia, Alabama, Nova Orleans, dois shows no Texas...

Em 23 de novembro, enquanto a banda se recuperava do *Unplugged*, foi lançada a compilação *The Beavis and Butt-Head Experience*, com a música "I Hate Myself and I Want to Die", do Nirvana – Kurt era fã do programa, que considerava mais fiel à vida do que qualquer caricatura tinha o direito de ser.

"Eu não estava por dentro do lado comercial do Nirvana", diz Cali. "Às vezes, Kurt me fazia perguntas – 'Ofereceram 60 mil dólares para nós colocarmos uma música no filme do *Beavis and Butt-Head*. A ideia me deixou desconfortável, mas por que será que me sinto assim? Você acha que eu deveria aceitar?'. Discussões como essa rolavam quando ele estava dividido entre seu idealismo punk e a realidade.

"Nós adorávamos *Beavis and Butt-Head*", continua Cali. "Era divertido. Assistíamos mais do que a qualquer outra coisa. Quando fomos a Athens, Georgia [29 de novembro], e saímos com Michael Stipe, o melhor da noite foi encontrarmos bonecos do Beavis e do Butt-Head. Um mês depois, eles estavam por toda a parte."

Kurt era fã dos mesmos programas de TV que todos curtiam naquela época – *Beavis and Butt-Head, Ren & Stimpy, Um amor de família, Mr. Rogers, Roseanne, Wayne's World* (que deu origem ao filme *Quanto mais idiota melhor*), *Os Simpsons*...

"Estávamos assistindo à estreia de um especial de *Wayne's World*, com seus vídeos favoritos, então tocaram 'Heart-Shaped Box'", lembra Cali. "Deram um zoom na parte em que Kurt diz: *'Hey, wait'*. O vídeo pausa, e Wayne diz: 'Ele acabou de dizer "Hey, Wayne"?'. Kurt simplesmente caiu do sofá de tanto rir. Depois Wayne completa: 'Kurt, amigo, você não precisa escrever uma música, só me ligue. Falo com você a qualquer momento'."

Come, um grupo de Boston, entrou na turnê no dia 26 de novembro, em Jacksonville, Flórida, substituindo o Half Japanese como segunda banda de abertura. Muito mais sapatos foram jogados no palco naquela noite.

Assim como o Screaming Trees, o Come bebia de uma fonte profunda de espírito americano. Em meio àquela britadeira crua e agitada, era possível ouvir traços do blues ribeirinho – e talvez da pungência implacável de Patti Smith. Como os primeiros singles do Hole, como Babes in Toyland, como as músicas traumáticas pós-Beatles que John Lennon criou a partir da terapia do grito primal, era possível perceber que a vocalista Thalia Zedek dava tudo de si. A arte torna-se a vida.

Era sobretudo a voz. O jeito como era arrastada por camadas de desesperança, como atingia os céus apenas para cair novamente na escuridão, gritando "*I don't remember being born*",* em "Fast Piss Blues", te fazendo morrer de medo. Era a rouquidão dentro da voz, seu despojamento, o jeito como ecoava

* "Eu não me lembro de ter nascido." [N. T.]

momentos juvenis, quando a vida girava loucamente em sua cabeça e você corria selvagem e livre, até algum babaca atingir seu companheiro no rosto. Me matava o jeito de Thalia cantar frases como "*Just relax/ Just relax/ Just relax*"* (de "Submerge", faixa de abertura do álbum de estreia, *Eleven: Eleven*, de 1992) com tanta urgência, sabendo que era a única coisa que ela nunca seria capaz de fazer, a menos que estivesse mergulhada em uma névoa narcótica.

Kurt e Cali ficaram alguns dias na casa de Michael Stipe, em Athens, depois que o Nirvana tocou em Atlanta, Geórgia. "Levamos Frances", lembra Cali. "Foi uma boa viagem. Kurt era mais fã do R.E.M. do que se imagina. Ele gostava de Michael Stipe e se dava bem com ele. Ficamos na sua casa e passeamos por Athens, que é uma cidade ótima – ou era. Eu acho que eles construíram uma autoestrada ligando-a com Atlanta, então deve estar um pouco mais acessível.

"Kurt gostava de um músico de Athens chamado Vic Chestnutt,[6] aclamado pela crítica, mas não muito famoso", continua o ex-babá. "Michael é quem veio com a ideia: 'Vamos fazer uma visita surpresa ao Vic'. Vic Chestnutt é cadeirante. Quando abriu a porta, lá estavam Michael Stipe e Kurt Cobain. Ele apenas disse: 'Uhu, festa, festa', e começou a girar a cadeira de rodas. Athens tinha um clima agradável de cidade pequena. Kurt chegou a comentar: 'Seria bom morar aqui'. Nós dormimos no chão da outra casa de Michael, que era uma cabana legal, sem mobília. Conseguimos relaxar. Michael tirou muitas fotos naqueles dois dias. Ele enviou algumas para Courtney, mas elas se perderam em uma pilha de porcarias ao lado da cama dela e devem ter sido queimadas."

O Shonen Knife substituiu o Come em Nova Orleans, em 3 de dezembro. O entusiasmo que havia marcado várias das datas anteriores da turnê era agora só uma lembrança – àquela altura, o Nirvana não interagia mais entre si, nem com o público. "O máximo", escreveu um crítico, "que Cobain fazia era dar uma rápida olhada para seus companheiros de banda para ver se eles estavam prontos, antes de pular de uma música para outra".

Dois dias depois, em Dallas, o pop star tosco do início dos anos 1990 Vanilla Ice foi expulso do show. "Todo mundo ficou: 'Mas que merda! Tragam ele pra cá!'", ri Lori Goldston, "mas ele já tinha ido embora".

---

* "Apenas relaxe/ Apenas relaxe/ Apenas relaxe." [N. T.]

E as apresentações seguiam: Oklahoma, Nebraska, Minnesota... Kurt às vezes perguntava ao público o que eles tinham achado do novo álbum do Pearl Jam, ou enfiava um cabo de guitarra na boca e fingia que tinha sido eletrocutado; Krist pulava tanto que às vezes chegava a desplugar seu próprio cabo no meio da música; problemas ocorriam com o acordeão de Krist em "Jesus Doesn't Want Me for a Sunbeam"; Kurt chamava algum moleque ao palco para quebrar sua guitarra, ou repreendia outro no meio de uma música por apalpar os seios de uma garota... mas era difícil distinguir um show do outro. Era entretenimento corporativo, uma máquina de turnê bem lubrificada cujo único propósito era ajudar a gravadora a distribuir produtos – o Nirvana claramente não fazia mais esses shows por prazer.

Como a tia de Kurt, Mari, sabiamente disse a Gillian G. Gaar: "Quando Kurt ficou famoso, a música deixou de ser uma fuga para ele. Era um pesadelo de 'criatividade' agendada e performances atormentadas. Era quase como se ele tivesse virado uma caricatura de si mesmo. O sucesso de Kurt só reforçou minhas suspeitas sobre como o negócio da música funciona. Quer dizer, o artista se torna uma mercadoria, uma lata de feijão, apenas um produto à venda? O que pode drenar mais o espírito humano do que isso?".

Talvez abraçar a MTV mais uma vez?

A gravação do *Live and Loud*, em 13 de dezembro, foi a última vez que eu vi o Nirvana tocar ao vivo. Não foi a melhor das noites, embora a performance surpreendente da banda tenha desmentido o denso clima de apreensão.

"Fui ver aquela bizarrice no Pier 48", lembra Charles Peterson, "e meu nome estava na lista, mas não na lista dos fotógrafos. Fiquei muito chateado por ter que voltar até o carro para guardar meus equipamentos. Saí um pouco depois da metade do show. Eu pensava: 'Isto não é o Nirvana'. Parecia até que teria uma pausa no show para enfiarem um comercial de TV no meio do set. Eu odiava aqueles bonecos de anjo estranhos no palco".

Um amigo próximo do Nirvana roubou as carteiras de Krist e Shelli no camarim e as vendeu para comprar heroína. Eu me sentei e esperei por uma eternidade, novamente sem álcool, enquanto uma garota por quem fui apaixonado por anos, de repente, deu a entender que poderia estar interessada em mim. Nunca tive a chance de descobrir. Mas o Nirvana foi excelente: Kurt se recusou a me deixar entrar correndo no palco com uma máscara do Eddie Vedder, mas a banda parecia absolutamente determinada. Um dos anjos foi decapitado durante o bis final de "Endless, Nameless" – Kurt também chamou ao palco um grupo de fãs frenéticos, e a banda destruiu completamente seu equipamento. Completamente mesmo: caixas de retorno, amplificadores, guitarras, pedestais de microfone, partes do palco, transmissores, tudo. Kurt uivou de fúria em "Serve the Servants" e "Rape Me" e parecia quase sobrenatural no cover do Bowie. "Radio Friendly Unit Shifter" nunca foi tão apropriada. Quem sabe que discussões ele teve com Courtney quando ela voltou, no início daquele mesmo dia (a essa altura, Kurt estava convencido de que a esposa andava dormindo com Billy Corgan, principalmente quando Billy se ofereceu para levar Courtney para passar as férias com ele), quem sabe quais drogas ele havia consumido e quais pensamentos sombrios o assombravam, mas, pela primeira vez, tudo isso se transmutou em algo parecido com sua velha energia vívida e brutal, com seu antigo fogo. Uma pena que tenha sido em um programa da MTV...

"Foi o último show que realmente curti", diz Rob Kader. "Não foi como nos velhos tempos, mas foi melhor do que nas arenas. Se você analisar a última turnê, eles tocaram o mesmo setlist em todas as noites. No início da banda, Kurt dava cada grama de sua energia. Já na época do *In Utero*, essa energia tinha sumido. Não era mais o Nirvana. Não ficaria surpreso se a banda se separasse."

"O *Live and Loud* foi ruim", comenta Cali. "Foi um grande show, mas Kurt estava realmente fodido. Courtney estava realmente fodida. Eu estava realmente fodido. Eu não sei o que eles andavam usando, mas já fazia três dias que eu vinha usando *speed* e heroína. Cheguei lá com um grupo que parecia um bando de zumbis. O show foi bom, mas eu sentia toda essa tensão crescendo na minha vida, na minha casa e com eles. Nos últimos quatro, cinco, seis meses, era como estar dentro de uma colmeia – a energia era muito intensa, assim como as brigas deles. Naquela época, ele tinha grandes suspeitas de que ela o estava traindo. A tensão estava muito forte naquela noite. Foi um show de muita força, mas parecia uma força sombria. O jeito dele bater palmas [sarcasticamente] para a plateia no final. As coisas começaram a ficar bem mais esquisitas. Eles passavam muito tempo separados. Ele não queria que ela acompanhasse a turnê o tempo todo, mas também tinha um sentimento desesperado, meio 'eu te amo tanto que vou morrer sem você'. Foi uma noite escura e tensa. Toda essa negatividade tinha Courtney como fonte e como destino – e vinha de toda a banda. Quando ela estava lá, tudo ficava péssimo. Quando ela não estava, as coisas eram bem mais leves."

"Foi o melhor show que vi, além do Marquee, em Nova York", afirma Steve Gullick. "Foi um set curto, e esses são os melhores. Eles estavam em chamas. Kurt parecia ter encontrado sua energia em algum lugar – a mesma energia que ele havia perdido no final de 1991."

Para a sessão de fotos de capa do *Melody Maker*, Gullick montou uma gruta do Papai Noel ao lado do ônibus da banda e pendurou um boá de plumas de Courtney em volta de Kim e Kurt, enquanto a dupla fazia contagem regressiva das 24 fotos programadas. Kim ficou entediada e foi embora depois das quatro primeiras. "Essas fotos circularam muito por aí", comenta Charles Peterson. "Eu também não curti aquele lance com o boá e os óculos de sol. Cheirava a tristeza. Hoje fico até feliz por meu passe de fotógrafo ter sido rejeitado."

Esperei 15 horas seguidas por aquela entrevista; Kim tentou ir embora várias vezes, e Courtney sempre a convencia a ficar. Até que a entrevista finalmente aconteceu, nós três esparramados na cama de Kurt durante 20 ou 25 minutos – e estávamos nos divertindo. Só então percebi que não tinha ligado o gravador. Merda. Merda duas vezes. Kim e Kurt acharam hilário. "Ah, isso é a cara do Everett, vamos começar de novo." E recomeçamos. Tive sorte por conseguir.

"Você se lembra?", pergunta Gullick. "Estávamos bebendo com o pessoal do Breeders depois do show, cantando músicas dos Bee Gees, e você deu um beijo de língua em Alex [MacLeod]. A banda não estava por perto, eles precisaram assistir às filmagens. Foi a primeira vez que vi uma daquelas bolas de brinquedo vibratórias para crianças, tipo uma mina marinha. A Frances tinha uma."

No dia seguinte ao *Live and Loud,* os Melvins entraram como segunda banda de abertura, no prosseguimento da turnê.

Salem, Oregon. Boise, Idaho – a cidade natal do Tad. Ogden, Utah. ("Utah foi lamentável", comenta Lori. "Caipiras conservadores medonhos. O local cheirava a merda, parecia um rodeio.") Denver, Colorado. Sacramento, Califórnia – onde o Breeders deixou a turnê e toda a equipe fez uma curta pausa de Natal. Na retomada, em 29 de dezembro, em San Diego, os texanos chapados do Butthole Surfers assumiram como principal banda de abertura, precedidos pelo grupo do selo AmRep, Chokebore.[7] As duas bandas tocaram pelo restante da turnê.

Na noite seguinte, em Inglewood, Califórnia, o guitarrista punheteiro Eddie Van Halen apareceu embriagado antes do show e ficou de joelhos, tentando convencer Krist e Kurt a deixarem ele tocar com o Nirvana no bis. "Não, não dá", disse Kurt categoricamente. "Não temos guitarras sobrando."

"Bom, neste caso", Eddie gritou, apontando para Pat Smear, "posso tocar com a guitarra do mexicano. O que ele é, um mexicano? É um negro? Um preto?". Foi triste e profundamente ofensivo: Eddie estava provocando a pessoa errada. Kurt provavelmente achava que a mera presença dele no camarim do Nirvana era abominável, mas Eddie, na verdade, era uma das influências musicais de Pat. Kurt ficou indignado. "Quer saber", disse ele, "você pode subir ao palco depois do nosso bis e tocar sozinho." Enquanto isso, Courtney estava na sala ao lado, reclamando com John Silva que seu marido estava tratando Eddie Van Halen – *Eddie Van Halen*, pelo amor de Deus – de forma maldosa.

"O backstage não foi uma grande festa", comenta o cineasta Dave Markey. "Tudo estava muito disperso antes do show. Eddie estava sozinho, sua única companhia eram várias garrafas de vinho. Conforme a bebedeira aumentava, ele ia ficando cada vez mais grosseiro. Eu estava com minha câmera, mas aquilo era tão patético que eu nem quis filmar. Então ele começou a fazer comentários racistas sobre Pat e tudo ficou muito desagradável. Todo mundo conhece essa experiência, o cara muito bêbado na festa, zoando seus amigos, até que vira uma briga – mas era o *Eddie Van Halen*. Ele também fingiu que estava dando em cima do Krist."

Durante a destruição no final do show, Kurt usou um dos braços dos bonecos para "tocar" guitarra. Depois pegou uma broca e começou a fazer furos em seu instrumento antes de girá-lo acima da cabeça. Enquanto isso, Krist cantava "You Really Got Me", dos Kinks.

"Eu estive em todas as datas da Califórnia da turnê do *In Utero*", diz Jessica Hopper. "Foi um pouco estranho, porque Cali não estava trabalhando, então ele e Rene ficavam totalmente chapados. Aquilo foi me enlouquecendo. Cali e eu fomos com Pat em uma limusine até San Diego. O Chokebore era incrível. Eu me lembro do Kurt dizendo que ouviu o disco deles e que era o tipo de som que queria para o próximo álbum do Nirvana: na época, o Chokebore era uma banda de melodias dramáticas e voláteis com músicas cheias de gritos e sussurros. Os vocais de Troy [Von Balthazar] eram quase como um gato rosnando. Muito abrasivo.

"Toda a turnê foi negação, negação, negação", continua ela. "Havia muitas facções, separadas principalmente pelo fator 'drogas'. Dava pra perceber que Kurt estava definitivamente mais recluso. Havia uma divisão entre as pessoas da banda. Mesmo durante o verão anterior, tinha mais camaradagem. Kurt passava muito tempo com Frances.

"Kurt, Jackie Farry, Rene, Cali, Frances, Pat e eu estávamos todos num ônibus", esclarece Jessica. "Patti [Schemel] ficava conosco às vezes também, se Courtney estivesse junto. Naquele ônibus, ninguém falava sobre nada, era um misto de silêncio pesado e conversas leves e esporádicas – Frances era o foco da atenção de todos, enquanto fingiam não ver a nuvem cinzenta que pairava sobre Kurt, a banda e a turnê. Muita coisa ruim estava acontecendo, e isso nunca era abordado; os empresários e o resto da banda eram vistos como inimigos, havia castas no círculo interno. Quando voltei para casa, minha mãe me disse: 'Você não pode mais sair nessas turnês. Você fica muito mal'."

Na véspera de Ano-Novo, o Nirvana tocou no Oakland Coliseum Arena, em Oakland, Califórnia, com Bobcat Goldthwait no papel de mestre de cerimônias da noite. Era uma espécie de festival de punk rock.

"Na época, East Bay era o centro do punk nos Estados Unidos", explica Jessica. "[O fanzine] *Maximumrocknroll* tinha uma loja chamada Epicentre, onde Matt Wobensmith[8] trabalhava. Cali e eu fomos até lá e compramos um monte de zines e discos – foi quando Cali disse a Matt que ele poderia incluir quem ele quisesse na lista daquela noite, com passes para o backstage. Aí apareceu toda aquela galera [de bandas punk de São Francisco/Oakland], como o Green Day, Spitboy, J. Church e o Monsula. O Green Day tinha acabado de assinar seu primeiro contrato e estava realmente impressionado, tipo: 'Nossa, estamos no backstage do Coliseum'. Havia provavelmente uns 30 desses músicos punk, sentados naquelas mesas ridículas nos bastidores assistindo ao Nirvana. Então, à meia-noite, Bobcat desceu do teto usando uma fralda, vestido como o Bebê Ano-Novo, seguido por um monte de balões e porcarias estranhas que começaram a cair.

"Deve ter sido o melhor show do Nirvana que eu vi", Jessica completa. "Eles foram insanamente bons. Todos os jovens punks daquela cena de nariz empinado estavam visivelmente empolgados por estar lá. Kurt ou Cali, alguém comentou sobre o golpe que foi ver todos esses punks cheios de ideologia dizendo como o show tinha sido incrível, os mesmos punks que antes os chamavam de vendidos. Era a última coisa que essas pessoas esperavam – que passariam o Ano-Novo bebendo cerveja grátis no backstage do Nirvana."

A etapa final da turnê americana de *In Utero* passou por Medford, Oregon, Vancouver[9] e Spokane, antes de terminar com duas noites no Seattle Center Arena, nos dias 7 e 8 de janeiro. "Os shows de Seattle foram bem legais", comenta Lori, que se separou da banda após a segunda noite, "mas todos já estavam exaustos".

Os shows em casa foram animados. Kurt anunciou "Teen Spirit" no primeiro show, dizendo: "Esta música fez de Seattle a cidade mais habitável dos Estados Unidos".

"O clima no backstage estava divertido, parecia uma festa de reencontro da escola", lembra Earnie Bailey (que tinha deixado a turnê novamente depois do *Unplugged*). "Mais cedo, estávamos na casa do Krist, esperando para ir ao local do show, quando um grupo de parentes do Kurt veio conversar, querendo levá-lo de carro. Ele não queria entrar em conversas sobre os velhos tempos, havia um certo constrangimento, pois parecia que muita coisa tinha mudado desde a última vez que ele os vira. Então, quando Krist e eu estávamos saindo, ele correu e perguntou se poderia se sentar entre nós na velha caminhonete de Krist e ir conosco."

A segunda noite no Center Arena foi o último show do Nirvana nos Estados Unidos.

Adendo 1: Pearl Jam

Muitos músicos locais acham que a imprensa foi injusta com o Pearl Jam entre 1992 e 1994 no que se refere ao relacionamento deles com as demais bandas de Seattle. Talvez seja porque pessoas como eu não entendiam as origens do Pearl Jam – o metal suburbano.

"Pelo menos dois integrantes do Pearl Jam vieram do punk rock", Mark Arm me corrige. "Bem, Jeff [Ament] veio. E Stoney [Stone Gossard] era um cara do metal, mas tocava em shows de punk rock. Acho que o público local – puristas do punk rock ou sei lá o que – viu uma diferença na intenção do Pearl Jam desde o início. O Mother Love Bone queria um contrato com uma grande gravadora desde o fim do Green River. Mas foda-se, quase todas as bandas originais da Sub Pop acabaram em grandes gravadoras. Que coisa mais idiota."

É estranho: por que o Pearl Jam, e não o Soundgarden? Eles também estavam começando e assinaram contrato com uma grande gravadora.

"Sim", concorda Mark. "Assinaram contrato com a A&M, mas decidiram fazer um álbum com a SST – numa jogada comercial mais tosca do que simplesmente ir para uma grande gravadora, o que demonstra que eles já estavam pensando em uma redução de danos antes que virasse um problema. Eu sei que havia essa grande controvérsia entre Kurt e o Pearl Jam, mas as pessoas não batiam no Alice in Chains! O Alice in Chains é considerado irrelevante em diversos aspectos."

Acho que foi porque tentaram vender o Pearl Jam como uma banda hipster. E eles não são.

"Mas o Pearl Jam deve ter feito tanto por bandas desconhecidas quanto o Nirvana", argumenta Mark. "E muito mais do que o Alice in Chains ou o Soundgarden. Nós participamos das primeiras semanas da turnê do *In Utero* nos Estados Unidos. Nessa época, o Nirvana era uma grande máquina, havia um roadie para cada membro da banda, uma equipe de iluminação e uma equipe de som – um ônibus inteiro só para as pessoas que viajavam com eles. Mas foi uma turnê triste pra caralho. Foi uma das piores experiências da minha vida em um ambiente de música. Toda aquela *vibe* que estava rolando, com eles cercados de empresários escrotos. Um grupo ridículo de gente doentia e nojenta com as quais eu prefiro nunca me associar em qualquer tipo de relacionamento. E é uma banda que surgiu na Sub Pop, das raízes do punk rock! Tomar algum cuidado com o que se faz e com quem se lida pode fazer muita diferença...

"Para mim, uma das coisas mais incríveis sobre o Pearl Jam", Mark finaliza, "é que em algum momento eles perceberam: 'Nós estamos nessa correria que a gravadora nos colocou pelo tempo que quisermos'. Ninguém precisa estourar os próprios miolos para sair disso. Você pode simplesmente parar de dar entrevistas, de produzir vídeos... de fazer o que não quer. O Pearl Jam formou um time unido, e seus membros se ajudaram em um momento estranho e difícil."

Adendo 2: Ben Shepherd

"Vi o Nirvana pela última vez na orla de Seattle."

Sim, eu estava lá; foi um dia ruim para mim. Eu odiei aquela merda da MTV.

"Gostei de conhecer o Cypress Hill. Você se acostuma com aquele mundo estranho da MTV onde as estrelas são tratadas de uma forma, enquanto amigos e familiares são tratados de outra. Era estranho que nossa cidade de repente tivesse virado... aquilo. Foi como: 'Por que toda essa merda está aqui?'."

Lembro-me de ter ficado chocado no Pier 48 quando entrei num bar que estava fora da área superVIP dos bastidores e vi todos os caras que eu conhecia lá. Eu pensei: "Por que estão todos aqui e o Nirvana está lá? Que coisa mais imbecil".

"Não era mais o mesmo espírito."

Achei aquilo tudo muito estranho. Também foi a última vez que os vi.

"Consegui vê-los tocando com o Pat Smear, que eu sempre tive vontade de ver porque amo os Germs e ele é um dos meus guitarristas favoritos de todos os tempos. Eu amo o jeito dele de tocar, solto e fluido."

Você falou com Kurt naquele dia?

"Na última vez que vi Kurt, ele estava num carro, com Frances no banco de trás. Foi na época em que estávamos mixando o disco do Hater [projeto paralelo garageiro de Ben]. Eu estava andando com Kim [Thayil, do Soundgarden] e outra pessoa em direção ao estúdio House of Leisure, então vi Kurt no carro, corri e disse 'oi' para ele. Ele respondeu: 'Ei, entra aí', pois não queria falar com os outros caras. Demos a volta no quarteirão, conversamos rapidamente e ficamos de entrar em contato de novo muito em breve. Eu ouvia rumores de que ele queria tocar comigo, Buzz [Osborne] e mais uma pessoa. Eu ficava, tipo: 'Sim, vamos tocar'. Nós tentamos combinar, mas foi a última vez que o vi. Ao menos conheci Frances. Agarrei seu dedo mindinho, e ela segurou meu dedo em sua mãozinha."

NOTAS

1 Um representante da gravadora estava encolhido no banco de trás. A certa altura, ficou claro que não conseguiríamos passar pelo espaço entre uma cerca viva e um poste de luz. Então comecei a esmurrar Bob, que ainda estava dirigindo. Era a única opção. Ele arrancou metade da cerca viva. Desnecessário dizer que o Mudhoney não assinou com a tal gravadora.

2 Por alguma razão, eu sempre me referi a "School" com este nome: talvez tenha sido um antigo título provisório de Kurt.

3 Kurt claramente diz que a espontaneidade está no coração de toda grande música de rock.

4 Kurt também tinha um meio-irmão, Chad Cobain, filho de seu pai Don com a madrasta, Jenny Westby.

5 O Sonic Youth apareceu no show de Miami, quando Kurt tocou um trecho de "Heartbreaker", do Led Zeppelin – uma música que o Nirvana havia regravado muitos anos antes.

6 Vic Chesnutt é um músico folk tetraplégico. Suas músicas diretas, confessionais e depressivas às vezes lembram Daniel Johnston.

7 Chokebore era uma banda de hardcore bem masculina do Havaí, com ritmos perturbadores e uma tendência ainda mais perturbadora em se transformar numa versão menos comercial do Chili Peppers.

8 Matt Wobensmith era o responsável pelo zine de punk rock queer *Outpunk*, que virou uma gravadora. Em 1992, a Outpunk lançou dois ótimos EPs de compilação, *There's a Faggot in the Pit* e *There's a Dyke in the Pit*, este com o Bikini Kill e o 7 Year Bitch.

9 Duas noites: na primeira, alguém pediu "tourette's" aos gritos. Kurt finalmente respondeu: "O que eu sou, uma porra de uma jukebox?".

CAPÍTULO 28

Doente de amor

"NÃO sei quanto tempo depois do *Live and Loud* [o Nirvana] foi à Europa, mas acho que fomos a Los Angeles logo em seguida", diz Cali DeWitt. "Eu era jovem o bastante para me deslumbrar com estadias em hotéis caros e voos de primeira classe. Minha passagem era de primeira classe, e, quando estava de saída, Courtney me deu algumas pílulas. Ela falou, tipo: 'Tenha um bom voo, não tome todas de uma vez, eu sei que você sempre toma'. Depois de tomar umas sete ou oito, só me lembro de um monte de comissárias me acordando no aeroporto e dizendo: 'O avião está à sua espera, o senhor precisa embarcar', e de ser carregado até meu assento."

Você era bem remunerado?

"Eu era bem remunerado", ri Cali. "Além de ser bem remunerado, eu ainda podia pegar dinheiro por fora, que usava para comprar drogas e discos. Se eu tivesse 100 dólares no bolso, me sentia rico. Era meio triste eu ser o funcionário de confiança e, ao mesmo tempo, um viciado em drogas – embora ambos aceitassem esse fato. Mas eu não usava drogas com os dois ao mesmo tempo, porque eles sempre tentavam esconder seu uso um do outro. Se um saía, o outro me ligava, perguntando se eu queria usar. Era bem disfuncional."

No dia 19 de janeiro de 1994, Kurtney comprou uma casa nova: um imóvel de 1902, no valor de 1,1 milhão de dólares, com três andares e cinco quartos. Ficava no Lake Washington Boulevard Leste, número 171, em Madrona, bairro elegante de Seattle. Tinha vistas estonteantes do lago e era bem isolada, exceto por um pequeno estacionamento ao lado. O jardim era imenso – mais de 3 mil metros quadrados – e repleto de plantas maravilhosas, como magnólias, malvas e rododendros. No último andar, havia um sótão grande e frio, além de alguns depósitos sem aquecimento; no andar do meio ficavam os quartos, incluindo uma suíte master com banheiro próprio; e no andar mais baixo havia uma espaçosa sala de estar, uma cozinha moderna e um tipo de sala de arte que acabou virando um quarto para Cali. No meio da sala de estar, tinha uma escadaria branca. Fora da casa, estava a estufa e uma garagem, que abrigava o Valiant de Kurt.

A maioria dos vizinhos de Kurt e Courtney se dividia entre velhos ricos ou representantes da nova onda de Seattle[1] – gente como Peter Buck, do R.E.M., e Howard Schultz, o CEO da Starbucks.

"A casa era incrível", diz Cali. "Meio grande demais para ele. Havia um clima, tipo: 'Porra, compramos uma mansão. Mas será que precisamos disso?'. Foi ela quem o convenceu. Era mais beleza do que qualquer um de nós estava habituado a ver, mas também tinha algo de assustador. Havia um grande porão de pedra, um sótão enorme e muito espaço. A casa foi comprada, nos mudamos e então chegou a hora de sair [em turnê] de novo."

Eles chegaram a desencaixotar a mudança?

"Mais ou menos", ri ele. "As coisas do quarto. Não sei se chegaram a desempacotar tudo em qualquer uma das casas onde moraram."

E você ainda fazia a maioria das compras de mercado?

"Ah, sim", responde Cali. "Amo ir ao mercado. Comprava refrigerante, toneladas de cereal, e também *junk food*, comida congelada, sorvete, biscoito salgado."

Nessa fase, as responsabilidades de Cali se pareciam mais com as de um colega de quarto de Kurt. Embora ele ainda cuidasse de Frances de vez em quando, seu consumo de drogas havia aumentado durante a turnê *In Utero*, e, portanto, outras babás foram contratadas – algumas de agências, que duravam no máximo uma ou duas semanas, e algumas amigas de confiança, como Sigrid Solheim e Jackie Farry (que às vezes aparecia na casa para ajudar).

"Cali, na verdade, era o caseiro", esclarece Jessica Hopper. "Ele era a ponte entre Courtney e Kurt. E estava se drogando muito mais do que eu sabia. Kurt havia lhe dado um cartão de crédito com limite de 50 mil dólares, uma loucura. Ainda não estávamos separados, mas até que ponto você consegue manter contato com alguém que é viciado e está a quilômetros de distância? Eu não conversava mais com Courtney com tanta frequência – quando comecei a namorar Cali, ficava mais no mundo dele que no do casal. Quando eu falava com ele, ficava sabendo de muito drama: o Nirvana estava sob enorme pressão para tocar no Lollapalooza, mas Kurt não queria. Preferiria acabar com a banda a ter que fazer isso."

A questão do Lollapalooza causou um atrito considerável entre Kurt e Courtney, Kurt e a banda, Kurt e a Gold Mountain, Kurt e a Geffen, Kurt e... todo mundo, na verdade. Chegou a ser divulgado que o Nirvana receberia algo em torno de 7 milhões de dólares para ser a atração principal do festival de rock itinerante, mas Kurt não tinha nenhum interesse em tocar com bandas mais comerciais. Certamente não no meio de uma turnê imensa: o Nirvana já tinha 38 shows agendados em 16 países durante os dois meses da parte europeia da turnê de *In Utero*. Kurt não entendia por que tinha de se submeter a esses cronogramas extenuantes. O rock era para ser uma diversão – uma libertação?

No entanto, mesmo com as violentas objeções de Kurt a tocar no Lollapalooza, o Nirvana foi contratado para o festival.

"Parecia que as coisas estavam bem ruins entre ele e Courtney", continua Jessica, "e também para ambos em termos individuais. Eu me lembro de Courtney me dizendo que Kurt estava usando heroína e cocaína, o que o deixava muito paranoico".

Era necessário ter Cali por perto: em casa, Kurt se tornou ainda mais recluso – vendo apenas Cali, Rene, Dylan Carlson, Eric Erlandson e, vez ou outra, amigos como Pat Smear. Durante o mês de folga, entre a turnê americana e a europeia, Kurt passou a maior parte do tempo usando drogas com Dylan.

"Ao que parece, eles estavam sempre procurando um amigo adequado para Kurt", diz Rene Navarrette. "Uma pessoa inspiradora, que fosse todas as coisas que Courtney queria para ele, alguém que não se aproveitasse de Kurt. Mas tudo o que ele queria era se divertir. Era por isso que andava com Dylan: nada de muita conversa intelectual, só uma amizade leve."

De vez em quando, Courtney bancava a hipócrita em relação ao uso de drogas de Kurt, convenientemente se esquecendo de que ela própria tomava um monte de pílulas – então Kurt pedia aos amigos que escondessem as drogas nos arbustos do jardim...

"Ambos faziam isso", comenta Cali, secamente. "Aquela parte da história em que Courtney afirma que tentou impedir visitas de traficantes – não tenho certeza se isso é totalmente verdade."

"Essas três semanas no início de 1994", explica Rene, "foram sombrias. Não ficava muito na casa por conta da situação com Cali. [Cali havia dormido com a namorada de Rene, Jennifer Adamson, a irmã Culkin 'perdida',[2] mais conhecida por ter posado nua para o encarte de um disco do Mono

Men.] Kurt e eu fazíamos piada disso. Ele achava engraçado que eu jurasse vingança contra Cali e nunca fizesse nada. Ele chegava na nossa cara e dizia: 'Quando você vai dar uma surra no Cali?'.

"Cali e eu tomávamos conta de tudo na casa", continua ele. "Dois adolescentes viciados cuidando de um bebê e das compras era nada menos que uma bela zona. Eu ficava na casa de Caitlin. [Caitlin Moore, uma das fornecedoras de drogas de Kurtney.] Na época, nós estávamos namorando. Nesse meio-tempo, veio uma babá que era muito tensa. Não durou muito. Eu e Cali estávamos tão indiferentes a tudo que estava acontecendo que, se ela reclamasse sobre encontrar uma seringa no banheiro, dizíamos algo como: 'Não é um banheiro de bebê. Você não levaria um bebê para um filme adulto, levaria? Então não leve um bebê para um banheiro de adulto'. Frances dormia na mesma cama que eu e Cali, então não tínhamos nenhum apetrecho de drogas no quarto. Havia muitas áreas da casa bloqueadas, porque era uma casa de viciados – e o bebê não podia estar em nenhuma dessas áreas.

"Pouco antes de sairmos da casa na Lakeside, houve o terremoto de Northridge em Los Angeles [na madrugada do dia 17 de janeiro de 1994]", acrescenta Rene. "Cali, eu e Frances estávamos dormindo no nosso quarto no andar de baixo. Kurt e Courtney desceram, me acordaram, me levaram para o andar de cima e disseram: 'Olha, cara, só queremos dizer que te amamos e que tudo vai ficar bem, mas todos que você conhece em LA estão mortos' – aí eles ligaram a TV, mostrando incêndios e inundações na cidade inteira, como o Armageddon. Eles desceram comigo para chamar Cali. Comecei a sacudi-lo, e ele ficou, tipo: 'Olhe, tem um bebê aqui, e se este bebê acordar o Armageddon será aqui e agora. Se há pessoas mortas, ainda estarão mortas de manhã. Agora apague a luz e volte a dormir'. Foi um gesto carinhoso, porque eles disseram que nós poderíamos viver com eles para sempre. Era como se fôssemos as crianças de quem eles cuidariam."

No meio de toda essa turbulência, o Nirvana voltou ao estúdio para aquela que seria sua última sessão de gravações – em North Seattle, com Robert Lang, de 28 a 30 de janeiro.

"Participei da sessão com Bob Lang", diz Earnie Bailey. "Krist, Dave e eu aparecemos [...] Dave trouxe a bateria – acho que, na época, ele dirigia uma van preta –, Krist trouxe seu baixo e um amplificador Marshall. Montamos tudo e começamos a esperar..."

Kurt não deu as caras naquele dia, nem no seguinte. No domingo, ele apareceu e começou a brincar com algumas ideias – era a primeira gravação formal do Nirvana em quase um ano, desde *In Utero*. Foram gravadas as bases de 11 músicas em dez horas, mas apenas uma foi finalizada, a estonteante "You Know You're Right". Era um resumo extremamente sarcástico e surpreendente da situação de Kurt; a letra passivo-agressiva atirava com precisão em Courtney, enquanto a guitarra soava como um sino e a bateria e a microfonia giravam num redemoinho enlouquecedor de emoção e frustração. Seguia a dinâmica som leve/som forte do Nirvana, mas de um jeito bizarro: um meio-termo entre *In Utero* e algo ainda mais perturbador.

"*Nothing really bothers her/ She just wants to love herself*", entoa Kurt, angustiado, antes de irromper em um último rugido sarcástico: "*Things have never been so well/ I have never felt so well*".*

"No primeiro dia, fizemos um longo tour pelo estúdio", continua Earnie. "No segundo, mais espera, mas depois decidimos gravar um pouco do material do Dave. No terceiro, Kurt finalmente deu as caras ao anoitecer, vestindo sua jaqueta de veludo, e ele nem se deu ao trabalho de trazer uma guitarra ou um amplificador. Ele presumiu que traríamos para ele, e nós pensamos que ele traria, já que não telefonou nem nos contatou dizendo o que iria usar. Krist e Dave estavam irritados por Kurt não ter aparecido nos últimos dias, e agora ele estava chateado com os colegas por não terem trazido sua guitarra e o amplificador! A situação não era boa. Kurt estava bem pra baixo quando apareceu.

"Ele acabou usando minha pedaleira, uma guitarra Univox recentemente modificada que estava no meu carro e um amplificador que pertencia ao estúdio. Depois de ajeitarmos as coisas, todos saímos para comer pizza. Estávamos rindo e relaxados; nos divertimos. Mas quando voltamos ao estúdio, de uma hora para outra, Kurt se fechou de novo, deixando o clima tenso. Eles gravaram rapidamente as faixas instrumentais, e aí chegou a hora dos vocais [...]

"Eu saí e entrei no meu carro. Estava prestes a girar a chave quando tive uma sensação assustadora de que era o fim. Foi terrível. Pensei: 'Tenho que evitar isso'. Voltei para dentro e comecei a pegar cabos ou algo do tipo. Não

* "Nada a incomoda de verdade/ Ela só quer amar a si mesma/ As coisas nunca foram tão bem/ Nunca me senti tão bem." [N. T.]

disse nada ao Kurt porque não queria incomodá-lo, mas olhei para ele tocando guitarra, virado de costas, e pensei: 'Não, isto é ridículo, não é nada'. Saí, entrei no carro e fui embora. Ponto-final. Foi a última vez que o vi."

No dia 2 de fevereiro, o Nirvana voou para a Europa.

Melora Creager, do trio gótico de violoncelos Rasputina, de Nova York, foi com eles, recomendada por Michael Lavine como substituta de Lori Goldston. A banda de Creager gostava de tocar seus instrumentos usando espartilhos e calçolas da época vitoriana. Outra mudança importante era que Pat Smear faria os vocais de apoio, e não mais Dave Grohl.

Na primeira apresentação – três canções em um programa de variedades na TV, em Paris – a banda inteira usou coletes pretos abertos por cima de camisas brancas, em homenagem à banda pop The Knack,[3] do fim dos anos 1970. O efeito foi meio confuso: enquanto os outros três músicos tinham cabelos curtos, retos e bem cortados, os de Kurt eram um esfregão loiro bagunçado – ficou parecendo uma versão ruim do figurino estiloso do clipe de "In Bloom". Durante "Pennyroyal Tea", Kurt parecia extremamente desinteressado, em contraponto aos esforços meio exagerados de Krist. Na metade da última música, "Drain You", Kurt jogou a guitarra no chão e, agarrando o pedestal do microfone, ficou lá, gritando, parecendo uma versão em miniatura de Mark Arm.

As companheiras de Dave e Krist estavam na turnê. Courtney, não – ao longo de toda a temporada europeia, parecia que ela estava sempre prestes a chegar, mas nunca aconteceu. Não houve nenhuma chance de retomada da camaradagem da turnê americana de alguns meses antes: Kurt estava em depressão profunda, ressentido por ter sido arrastado para longe da sua casa, das drogas e da esposa. Agora, mais uma vez, estava em abstinência – e usando morfina. "Ele parecia tão esgotado", disse Shelli Novoselic. "Era triste demais."

A turnê abriu em Cascais, Portugal, no dia 6 de fevereiro, com o Buzzcocks como abertura.[4] Eles eram uma banda genial de art-punk de Manchester, que misturava letras sobre amor e rancor com riffs de guitarra irregulares e melodias pop desenfreadamente incestuosas enquanto estouravam nas paradas britânicas durante o fim dos anos 1970. Separaram-se depois de três álbuns maravilhosos e, em seguida – após o vocalista Pete Shelley tentar uma fracassada carreira solo –, retornaram em 1989, mas já eram uma casca oca sem a antiga energia. Kurt era apaixonado pelo punk rock dos anos 1970, propagado por publicações como *Creem* e *NME* – e, para ele, isso justificava a presença de seus antigos heróis tocando no mesmo show. O Buzzcocks continuou na turnê até 18 de fevereiro.

Kurt sentia muito a falta de Courtney e se mordia de ciúmes ao pensar que ela poderia estar dormindo com outra pessoa. Ele telefonou chorando para ela depois do segundo show do Nirvana, em Madri, dizendo que odiava tudo e todos, com vontade de cancelar as datas restantes. Mais tarde, Courtney afirmou à *Rolling Stone* que Kurt havia lhe contado que caminhara pelo meio da plateia e que seus fãs fumavam heroína em papel-alumínio, gritando: 'Kurt! Heroína!', erguendo o polegar – como se Kurt fosse o ídolo *junkie* deles. É bem possível que alguém esteja exagerando aqui, mas tenho quase certeza de que – como sempre – a conversa descambou para uma briga violenta. Posteriormente, ela afirmou que a discussão foi causada pelas preocupações dela sobre o uso de drogas de Kurt. Mas é muito, muito mais provável que a briga tenha sido causada pelas dúvidas dele a respeito da fidelidade de Courtney e pelo fato de ela pressioná-lo a dançar conforme a música da Gold Mountain e fazer o que eles "sugerissem".

"Acho que ele suspeitava que ela o traía com Evan Dando e Billy Corgan", suspira Cali. "Ela traía? Acho que sim. Quero dizer, defina traição. Se eles ficaram loucos e deram uns amassos numa noite? Isso conta muito para um marido com dúvidas. Foi um caso de verdade? Não, provavelmente não. O único momento intenso, me adiantando aqui, foi quando ele me ligou da Itália e eu estava em Londres com Courtney. Estávamos atrasados para vê-lo. Três semanas atrasados. Ele estava muito sério e calmo, tipo: 'Eu sei que você não se mete nos nossos assuntos e que não toma partido, mas posso te perguntar uma coisa como amigo?'. Eu só respondi: 'Sim'. E ele: 'Ela está me traindo?'. Foi sério, não era besteira. Lembro-me de pensar: 'Acho que sim', mas não falei nada. Eu disse: 'Acho que não, mas, se estiver, não estou sabendo'. Eu não tinha certeza. Se eu tivesse dito: 'Pode ser, talvez?', não creio que eu o teria salvado de porcaria nenhuma.

"Estávamos adiando a ida para a Europa", continua ele. "Fomos para Los Angeles por alguns dias porque Courtney tinha alguma coisa para resolver. Ela imediatamente reservou dois bangalôs no Chateau [Marmont, um hotel superpretensioso em Hollywood] – eu fiquei em um com a Frances, ela ficou no outro. No segundo dia, ela alugou um carro para mim e tudo o mais. Depois de algumas semanas, parei de perguntar constantemente quando iríamos embora. Ela continuava adiando, e eu falava, tipo: 'Bem, quando quiser ir, me avise'. Não sei exatamente quanto tempo ficamos lá, mas me lembro de ele telefonar perguntando: 'Vocês vêm ou não?'. E eu dizia: 'Ei, eu vou. Quando Courtney estiver pronta, nós vamos'. Não lembro quanto tempo ficamos lá, o que sei é que vi a conta do hotel quando saímos: 37 mil dólares."

Só para constar, acho que Billy, sim, Evan, não.

"Acho que Evan sempre foi amigo dela, mas um caso? Provavelmente não", concorda Cali. "Billy, sim. Mas eu não sabia o que ela andava fazendo. Eu só me hospedei no hotel e me diverti muito. Rene me fez bastante companhia nessa época. Éramos eu, Rene e Frances. Quando finalmente chegamos lá [na Europa], o Nirvana estava de folga da turnê, e Kurt em Roma, esperando por nós. Ele me perguntou se ela estava tendo um caso, e eu neguei."

Kurt tentou cancelar a turnê, perguntando ao produtor Jeff Mason quais seriam as consequências disso. A resposta foi que o Nirvana seria responsabilizado por todos os custos, centenas de milhares de dólares. Logo, a turnê continuou firme, mesmo com Kurt mal conversando com Krist e Dave – perdido em uma névoa de mau humor e derrota.

Quando a banda estava em Paris, no dia 13 de fevereiro, Kurt posou para um ensaio com um fotógrafo francês, brincando com um revólver esportivo – em uma das fotos, Kurt, completamente chapado, posou com um rifle, o cano dentro da sua boca, apontado para cima. Se era para ser uma piada, foi de extremo mau gosto. Nessa época, Kurt começou a perder a voz: anos de gritaria e abuso de álcool e de drogas estavam cobrando seu preço. Compraram spray para garganta, mas só aliviou temporariamente o problema, e, portanto, Alex MacLeod passou a levar Kurt para consultas médicas em qualquer cidade onde o Nirvana estivesse tocando – Barcelona (9 de fevereiro); Toulouse e Toulon, na França (10 e 12 de fevereiro); Paris (14 e 15 de fevereiro); Rennes e Grenoble, na França (16 e 18 de fevereiro). Também não adiantou. Os médicos apenas aconselhavam Kurt a ficar sem cantar durante dois meses e aprender a cantar "do jeito certo". A resposta de Kurt, tipicamente punk rock: "Foda-se".

No dia 19 de fevereiro, o Nirvana tocou em Neuchâtel, na Suíça, onde a plateia jogou rolos de papel higiênico no palco. A abertura era de um grupo de hardcore francês da Sub Pop, Les Thugs (que, por coincidência, tinha um som imensamente influenciado pelo Buzzcocks). Antes do show, Krist, Dave e suas respectivas parceiras, ao lado de Melora e alguns membros da equipe, foram patinar numa pista de gelo anexa ao local. "Kurt não foi", Melora comentou com a jornalista Carrie Borzillo-Vrenna, "porque estava, sabe, meio deprimido". O dia seguinte era o aniversário de 27 anos de Kurt. Seu empresário, John Silva, lhe presenteou com um maço de cigarros.

E a turnê seguiu. No dia 21 de fevereiro, em Modena, Itália, os Melvins entraram como banda de abertura. Alguém jogou uma caricatura de Kurt no palco durante "In Bloom", e ele fingiu usá-la como máscara. Mas seu espírito já não estava mais lá. Era claro para todo mundo que seu coração não estava ali, que ele só se deixava levar pela rotina – mesmo assim, ninguém parecia disposto ou capaz de fazer alguma coisa a respeito. "As pessoas agiam como se nada estivesse acontecendo", disse Melora a Borzillo-Vrenna. "Era bizarro. Eles conversavam ao redor dele, ou através dele. Não sei dos detalhes, mas minha sensação era: 'Dá licença, esse cara está infeliz'. A banda não conversava muito. Eu sentia que Krist se preocupava muito com Kurt, mas alguma coisa tinha acontecido nos últimos anos, algo de que eu não estava a par... ele só parecia triste com o estado de Kurt."

Durante a apresentação do Nirvana no programa de TV italiano *The Tunnel*, em Roma, no dia 23 de fevereiro, Kurt estava deplorável – a pele cheia de crateras e marcas, com um tom pálido medonho, os olhos mal se abrindo. Só tocaram duas músicas, "Serve the Servants" e "Dumb", mas ficou claro que sua voz quase não aguentava. A primeira música foi cantada em um estranho subtom barroco, parecida com a infame aparição no *Top of the Pops*.

O dia seguinte era o segundo aniversário de casamento de Kurt e Courtney. O casal comemorou separado: Courtney em LA com Cali (não em Londres, como ela afirmaria depois), ainda prometendo que pegaria um voo a qualquer momento, e Kurt sozinho, em Milão, apenas ele e milhares de fãs ávidos, cantando juntos cada triste palavra. Mais tarde, todos foram para uma festinha no camarim dos Melvins... todos, exceto Kurt, que ficou deitado no sofá sem dizer nada.

Na segunda noite em Milão, Kurt tocou o riff do megasucesso "My Best Friend's Girl", da banda new wave The Cars, no meio da introdução de "Radio Friendly Unit Shifter" – a música até pode parecer alegre, mas sua inspiração é bem sombria e depressiva, falando sobre uma garota por quem o narrador está apaixonado, mas que foi vista andando pela cidade com o amigo dele. Kurt falou com Krist depois do set, lhe dizendo que queria cancelar a turnê naquele exato instante, não havia por que continuar – mas o show seguinte, em 27 de fevereiro, seria em Ljubljana, Eslovênia, e muitos parentes de Krist estariam lá. Então Kurt concordou em fazer mais alguns shows.

"Ele segurou as pontas por mim", disse Krist a Charles Cross. "Mas acho que sua decisão já estava tomada." Kurt passou os três dias inteiros na Eslovênia enfiado no quarto, enquanto o restante da banda saía para conhecer a região.

O último show do Nirvana foi em Munique, na Alemanha, no dia 1º de março, no Terminal Einz, um pequeno hangar de aeroporto (com capacidade para cerca de 3 mil pessoas). Havia uma profunda sensação de mau agouro pairando no ar naquele dia. Nenhum integrante da banda gostou da acústica do clube – muito eco –, e a depressão de Kurt tinha piorado. Ele desapareceu depois da passagem de som e pegou um adiantamento em dinheiro com Jeff Mason. Ao voltar, telefonou para Courtney, eles entraram numa briga e imediatamente depois ele ligou para Rosemary Carroll, sua advogada, lhe dizendo que queria se divorciar.

"Se ele chegou a me dizer isso?", pergunta Rosemary. "Sim, chegou, mas não sei até que ponto era sério. Ele a amava muito. Era apaixonado por ela, mas aquilo era um contexto muito difícil para ele. Em qualquer relacionamento, há um período de lua de mel, empolgação, admiração e alegria. Depois vem a fase em que as duas pessoas precisam descobrir se são compatíveis e podem coexistir – e talvez Kurt estivesse descobrindo que Courtney não era compatível. O momento definidor da vida de Kurt foi o divórcio de seus pais, e ele teria feito qualquer coisa para evitar que Frances passasse pela mesma situação. E, ao mesmo tempo que ele achava o divórcio inevitável, a dor disso tudo era intolerável."

"Ele estava doente de amor e de loucura e não conseguia lidar com todas aquelas emoções", diz Cali. "Eu não sabia de nada sobre um divórcio iminente. Só sabia que ele tinha desistido de brigar e que acreditava que ela o traía. Ele não queria dar ouvidos a essas coisas, mas elas o consumiam."

Como se não bastasse isso, Kurt estava extremamente doente, no sentido físico. Um dia depois, o médico o diagnosticou com laringite e bronquite severas.

"Kurt estava doente", disse Melora a Borzillo-Vrenna. "Ele não queria tocar. Eles então ficavam procurando ervas medicinais e médicos. Fora isso, também não estavam se entendendo com os empresários."

O show começou com uma versão na íntegra e profundamente sarcástica de "My Best Friend's Girl", e em seguida veio "Radio Friendly Unit Shifter", com Kurt soando absolutamente atormentado enquanto gritava o refrão "*What is wrong with me?*". O set terminou com "Heart-Shaped Box", a canção de amor que Kurt havia escrito para Courtney antes de se desiludir completamente com todas as suas ideias de romance.

No dia seguinte, o Nirvana cancelou o restante do primeiro trecho da turnê europeia (mais dois shows na Alemanha). Dave ficou na Alemanha para trabalhar na trilha sonora de *Backbeat*, o filme dos Beatles com foco na história de Stuart Sutcliffe. Krist e Shelli voltaram para Seattle. E Kurt e Pat Smear foram para Roma, onde se hospedaram no suntuoso Excelsior Hotel enquanto aguardavam a chegada de Courtney, Frances e Cali.

"Então fomos passar alguns dias em Londres", diz Cali. "Íamos descer no aeroporto em Londres, vindos de Los Angeles, e pegar outro voo direto para Roma, mas Courtney teve que sair e fazer compras – e talvez um pouco de divulgação na imprensa [para o segundo álbum do Hole, *Live Through This*, que sairia no início de abril] –, e isso se transformou num lance de dois dias."

É, vocês me visitaram. Vocês foram à redação do *Melody Maker*, e Courtney me ajudou a resenhar os singles. Entre os discos, estava um da Sub Pop: o solo de sete polegadas de Lou Barlow, a marcante "I'm Not Mocking You". "Ele é o tipo de cara com quem você transaria e, no dia seguinte, ele estaria enforcado numa árvore do seu quintal", comentou Courtney. "Lou Barlow e Stephen Malkmus [vocalista do Pavement]... qual é o mais gostoso? Com qual você se casaria e com qual transaria escondido?"

Ela vomitou nas lixeiras enquanto você trocava a fralda de Frances Bean na mesa do nosso diretor de arte. O bebê fez xixi no projeto das páginas.

Cali ri. "Na noite anterior, eu tinha ido sozinho ao show do Pavement. Você era a única pessoa que eu conhecia que poderia estar lá, mas não estava. Então, no dia seguinte, fomos para Roma. Estávamos mal-acostumados. A gente se hospedava nos melhores hotéis dos Estados Unidos, mas esse hotel em Roma, o Excelsior, era a coisa mais palacial que qualquer um de nós já tinha visto. Estávamos lá, e Kurt chegou... não estava com raiva nem nada, ele realmente tentou criar um clima romântico para Courtney. O quarto deles [o 541] estava todo arrumado, havia flores [rosas vermelhas] por todos os lados e aqueles castiçais gigantes de 500 dólares. [Kurt também comprou brincos de diamante de três quilates.] Pediram champanhe para eles. [Kurt não tomou nada.] Ele estava num clima de: 'Estou morrendo de saudades', mas ela só tomou alguns comprimidos e foi dormir. Ele ficou visivelmente infeliz e desanimado."

Kurt queria fazer as pazes e transar. Isso era óbvio até para o mais insensível dos observadores – mas não para Courtney. Mais tarde, ela admitiu ao jornalista da *Rolling Stone,* David Fricke: "Mesmo não estando a fim, eu deveria ter dado um jeito por ele. Tudo o que ele precisava era dar uma".

"Algumas horas depois, acordei com ela gritando – era algo frequente", diz Cali, com uma careta. "Nossos quartos estavam conectados, corri até lá, e ele estava no chão, vestido, olhos abertos, com sangue saindo pelo nariz. Ela falou: 'Kurt tomou todos esses Rohypnol[5] e bebeu champanhe'."

Courtney tinha acordado entre as 4 e 6 horas da manhã e percebido que o marido não estava mais ao seu lado na cama. Ele estava totalmente vestido, com mil dólares no bolso e uma carta de três páginas na mão. "A mensagem estava escrita no papel timbrado do hotel", disse ela à *Spin* em 1995, "e dizia que eu não o amava mais e que não ele ia aguentar outro divórcio [uma referência aos pais dele]".

A mensagem citava Shakespeare: "O dr. Baker [médico de Kurt na primeira tentativa de desintoxicação] disse, *à la* Hamlet, que eu devo escolher entre vida e morte", escreveu Kurt. "Estou escolhendo a morte." O texto também mencionava os nomes das pessoas com quem ele achava que Courtney o traía.

Uma ambulância apareceu por volta das 6h30, levando Courtney e o ainda inconsciente Kurt ao Hospital Policlínico Umberto 1, no centro da cidade, onde ele foi colocado em um respirador. Uma lavagem estomacal foi realizada – revelando 60 pílulas de Rohypnol, de acordo com alguns relatos, que ele teria retirado uma por uma das cartelas de plástico –, mas Kurt permaneceu inconsciente. Ao meio-dia, começaram a circular histórias em Londres sobre uma suspeita de overdose, enquanto a CNN já afirmava que Kurt havia morrido.

A Gold Mountain respondeu com uma declaração de que "Kurt havia tido uma overdose acidental de remédios e álcool, em meio a um quadro de gripe séria e fadiga".

"Ele estava... foi assustador", diz Cali. "Pat Smear também estava lá e correu para o quarto. A ambulância chegou e os levou embora, ele estava em coma. E eu não conseguia acreditar na rapidez da imprensa. Não conseguia acreditar que já estavam batendo na minha porta. Estavam ligando para o meu quarto e já sabiam meu nome, gente de tudo quanto é lugar. Acho que Kurt tinha um monte de dinheiro no bolso e havia escrito um bilhete, uma mensagem que falava sobre ir embora. O conteúdo fazia menção a ele estar indo embora, aí certas pessoas chegaram a dizer que era uma nota de suicídio. Até onde sei, era só uma mensagem sobre 'dar o fora'. Também era estranho que ele tivesse bebido; ele nunca bebia álcool. O que ele tomou foi um monte de Rohypnol.

"Foi uma daquelas situações do tipo 'foi suicídio ou não?'", continua Cali. "Você pode confundir o consumo massivo de drogas típico de um momento depressivo com uma tentativa de suicídio. Eu me pergunto por que ele estava totalmente vestido e por que tinha todo aquele dinheiro. Talvez só tivesse todo aquele dinheiro... você pode especular sobre essas coisas dia e noite. É difícil dizer, embora, se não me falha a memória, ela tenha escondido aquela carta."

Ela queimou a carta...

"Até onde lembro, ela só a queimou depois que ele morreu."

Ela me disse que aconteceu uma coisa bizarra quando o papel queimou.

"Quando ela jogou a carta na lareira, o papel explodiu", confirma Cali. "Foi isso que as pessoas que estavam lá me contaram, alguma coisa rolou – se você acredita em lances assim. Eu, de certa forma, acredito. No meu aniversário de 21 anos, quando a parte real dessa jornada começou [quando Kurt morreu], todos tinham caído no sono e eu estava dirigindo. A maior coruja que eu já vi na vida voou na direção do carro e abriu as asas. Ela veio direto para o para-brisa, gritando. Eu me lembro de ter pensado: 'Com certeza, isto é um mau presságio'."

De acordo com a versão de Courtney, Kurt acordou no dia seguinte – no dia 5 de março –, depois de 20 horas inconsciente, e escreveu um bilhete: "Tire essas porras de tubos do meu nariz". Quando ficou bom o bastante para falar, pediu um milkshake de morango.

"Na verdade, ele disse: 'Tire essa porra de cateter'", Cali me corrige. "Não era o nariz. Era um cateter. Cheguei lá logo depois, e foi isso que me disseram que ele tinha falado. Foi uma loucura. Pat e eu estávamos presos no quarto do hotel, mas decidimos sair de qualquer jeito. Colocamos casacos pesados, metemos a Frances num deles e fomos passear pela Itália. Kurt estava em coma, mas isso já não era tão incomum. Nós nos divertimos. Pat tingiu meu cabelo de rosa. Quando chegamos ao hospital, Kurt apenas sorriu, parecia feliz, e disse: 'Punk rock!'. Era como uma volta à normalidade. Então, retornamos a Seattle."

Consegue se lembrar da reação de Courtney?

"Ela falava sobre isso como se tivesse sido um acidente."

Janet Billig me ligou naquele fim de semana para me dizer que não tinha sido uma tentativa de suicídio, só um acidente. "Kurt está bem, está sentado na cama, conversando e fazendo piadas." Talvez, naquele ponto, ele estivesse.

"Estava", sorri Cali. "Ele ficou feliz em ver Pat, Frances e eu. A volta para casa de avião foi divertida. Pat Smear e eu contraímos hepatite A naquela época e ficamos amarelos, talvez no voo de volta. Ficamos doentes."

Kurt saiu do hospital no dia 8 de março, voltando para casa quatro dias depois – no avião, era possível ouvi-lo discutindo em voz alta com Courtney para que ela lhe desse um Rohypnol. Ela disse que os havia jogado na privada. Quando chegou ao aeroporto Sea-Tac, ele foi levado de cadeira de rodas.

Mesmo depois de tudo isso, parecia que certas pessoas da Gold Mountain estavam vivendo em um mundo de sonhos – Melora Creager relata ter sido enviada a Praga no dia 11 de março para o início do segundo trecho da turnê europeia do Nirvana e instruída a esperar lá. "Mesmo quando voltei a Nova York, eles ainda não queriam cancelar nada", disse ela a Borzillo-Vrenna. "Finalmente admitiram que a Europa não aconteceria, mas que era para estarmos prontos para o Lollapalooza, porque isso ainda estava nos planos."

"Cali me ligou quando Kurt teve a overdose em Roma", diz Jessica Hopper. "Era madrugada, e ele estava chorando, muito triste. Falou que Kurt estava morto, que tinha tentado se matar. Isso foi por volta de duas ou três horas da manhã. Quando o dia já estava claro, ele voltou a ligar e disse que Kurt não estava morto, que ficaria bem. Depois de Roma, a nuvem de fumaça se intensificou, o clima pesou pra valer. Havia um monte de coisas sobre as quais as pessoas simplesmente não falavam. Ninguém era capaz de fazer uma intervenção de verdade – a situação já estava ferrada. Todos sentiam que algo ruim aconteceria, que alguém ia morrer. Havia muitas regras tácitas, não escritas. Tudo girava ao redor dos humores de Kurt, todos pisavam em ovos, e agora muito mais do que antes."

Dizem que você comentou que o último show em Munique foi "totalmente incrível". Do que você se lembra do show?

"Kurt e eu estávamos com bronquite", responde Pat Smear, "e a voz dele ia ficando claramente mais detonada a cada música. Quando cantávamos juntos, soávamos como gatos brigando. A voz dele já tinha ido embora havia muuuuuito tempo, mas, em vez de tentar preservá-la, ele parecia gostar de forçá-la ao limite do 'vou ficar vários dias sem poder cantar'. Após um tempo, aquilo foi um pouco além da conta".

Houve muito falatório sobre as sessões na casa dos Cobain em 25 de março de 1994, com você, Kurt e Eric Erlandson. O que pode nos contar sobre isso?

"Fizemos algumas jams e outras coisas em quatro canais. Kurt tocou bateria e cantou, Eric tocou baixo, e eu, guitarra."

Quais músicas foram gravadas além de "Do, Re, Mi"?[6]

"Que eu me lembre, nenhuma."

Você sabe se Kurt planejava fazer outro álbum do Nirvana? Se sim, já tinha algumas canções em mente?

"Naquele momento, o assunto se resumia basicamente às turnês. Comparado ao que ainda viria pela frente, mal tínhamos começado... havia mais datas na Europa, no Japão, no Extremo Oriente, na América do Sul, Lollapalooza etc. A única coisa que eu sabia sobre o próximo disco era que Kurt estava compondo e que tinha mencionado algumas ideias a respeito de seu direcionamento. Vez ou outra, ele me pedia para ajudá-lo a compor enquanto estávamos em turnê pela Europa, mas era muito intimidante para mim, além de ser impossível usarmos violões acústicos nos nossos quartos [de hotel]. Eu disse a ele que as fitas de Dave eram bem boas e que talvez fosse uma ideia interessante eles comporem juntos, mas não sei se ele teve a chance de lhe perguntar."

Durante os últimos meses de vida de Kurt, como estava o clima geral na banda? Críticos afirmam que Kurt odiava os colegas e que, basicamente, o Nirvana havia rompido.

"Toda banda passa pela mesma merda. Já vi isso inúmeras vezes e tento não levar tão a sério. Achei que estávamos apenas em uma pausa temporária, que terminaríamos as datas na Europa e seguiríamos para o Lollapalooza. Mesmo quando ouvi que tinha sido tudo cancelado, não acreditei."

Qual sua lembrança favorita, ou mais querida, de Kurt?

"Ele me matava de rir."

(Entrevista por Rasmus Holmen, nirvanaclub.com, set. 2002)

"Enquanto Kurt estava na Europa, a gente se falava toda noite", diz Rene. "Conversamos antes de Roma. Eu lembro que ele estava esperando Courtney chegar de Londres – e ele me perguntava o que estava rolando com ela. Eu não sabia. Eu estava sozinho na casa. Falei com Cali logo após ele encontrar o corpo e soube da loucura que estava acontecendo. Cali não sabia o que fazer, ele estava com o bebê, e o bebê chorava. Cali achou o bilhete de suicídio de Roma.

"Senti instintivamente que Kurt talvez tivesse descoberto a traição de Courtney", continua Rene. "Conhecendo-a, e sabendo bem como ela agia, quem pode dizer o que rolou? Eu sei que eles se amavam e tinham um relacionamento louco. Minha maior preocupação era que ele encontrasse um pouco de paz. Quando eles voltaram de Roma, soube que ele era um suicida só pelo jeito como usava drogas. Eu sentia a escuridão, a morte ao redor dele. Se você é viciado, consegue prever que algo acontecerá a certos usuários. Aquilo fervilhava. Acho que, embora ele não se importasse, não necessariamente tinha intenção de se matar. Enquanto ele se drogava, eu sabia que ele estaria OK, mas também sabia que chega um certo momento em que a droga para de fazer efeito."

Depois que Kurt voltou para casa, Rene ligou para a mãe do vocalista, Wendy O'Connor, pedindo que ela viesse passar uns dias. Kurt precisava de comida caseira para voltar a sentir aconchego. Wendy fez o prato favorito dele em alguns jantares: peixe empanado.

"Não falei muito sobre a tentativa de suicídio", diz Rene. "Cali e eu conversamos a respeito, mas tentamos acalmar as outras pessoas. Tentamos deixar claro que tudo estava bem. Quando o clima pesava, Kurt fugia para o quarto. E os únicos que podiam entrar lá eram Cali, eu ou Eric [Erlandson] – pelo nosso comportamento, as pessoas tinham noção do que estava acontecendo. Não se passou muito tempo entre isso e o momento em que Kurt fugiu comigo – dois dias. Mas não lembro com clareza."

"Quando chegamos em casa, as brigas recomeçaram – e eram feias", diz Cali. "Nada específico, só muita hostilidade. A Gold Mountain o pressionava até não poder mais para que ele não cancelasse o show no Lollapalooza. [Kurt finalmente confirmou que eles não participariam do Lollapalooza na segunda semana de março. "A banda havia rompido", afirmou Krist para

Charles Cross, sem rodeios.] No meio desse tumulto, Courtney gritava com ele sobre dinheiro, tipo: 'Todo esse dinheiro que você está perdendo! Como pode fazer isso com a sua filha', argumento que ela sempre tirava da manga. Ele só tinha 27 anos e andava por aí como se o mundo lhe pesasse sobre as costas. Se você é sensível e um monte de gente o acusa aos gritos: 'Por que está arruinando nossa vida?', isso acaba com você. Ele se sentia encurralado."

O pai dele ligou algumas vezes. Você se lembra de atender às ligações?

"Eu atendia e dizia que ele não estava, tenho certeza", responde Cali. (Conta-se que o pai de Kurt realmente conseguiu falar com ele uma vez, e eles tiveram uma conversa "curta, mas agradável".) "Na casa anterior à de Lake Washington, eu me lembro do pai dele chegando sem avisar. Kurt estava bem ali, dizendo: 'Aqui não'. Eu me senti encurralado. Só fiquei olhando fixo para o pai dele, explicando: 'Ele não está, você não pode entrar'. Não o conhecia, mas sei que estava no meio de uma coisa em que não deveria estar.

"Na época, porém, a maior briga era sobre armas", continua ele. "Kurt se trancava no quarto com as armas, ameaçando se matar, dizendo: 'Fica longe de mim, me deixe em paz'. Mas mesmo àquela altura eu não imaginava que ele ia fazer algo que realmente o machucasse. Achei que eram apenas blefes e conversa fiada."

Era 18 de março, apenas duas semanas depois de Roma. Courtney voltou a ligar para a emergência, e a polícia chegou em minutos. Ela disse aos policiais que Kurt estava com ideias suicidas. Ele, por sua vez, rebateu que não tinha intenção de se matar, apenas havia se trancado no quarto para ficar longe de Courtney. Mesmo assim, a polícia confiscou quatro armas de Kurt – uma Beretta .380, um rifle semiautomático Colt AR-15 e duas Taurus – além de 25 caixas de munição e um frasco de "remédios sortidos, não identificados". Sob interrogatório, Courtney admitiu à polícia que não tinha visto Kurt segurar uma arma, mas que estava preocupada com sua segurança, sabendo que ele tinha acesso a elas.

(Essa versão contradiz uma história mais histriônica que Courtney contou ao jornalista Craig Marks, da *Spin*, em 1995: que, depois que ela destrancou a porta, viu armas espalhadas ao redor de Kurt. "Peguei o revólver, apontei-o para a minha cabeça e disse: 'Vou puxar o gatilho neste exato instante. Não posso ver você morrer de novo'. Ele agarrou minha mão. Estava gritando: 'Não é seguro. Você não entende. Não é seguro. Vai disparar. Vai disparar'.")

A polícia levou Kurt à cadeia do centro, mas não o prendeu.

"Ele sempre ficava feliz quando os policiais apareciam", afirma Cali. "Ele começava a fazer piadas. Provavelmente os policiais também entravam no clima."

Há lacunas em alguns dias das últimas semanas de vida de Kurt. Um desses períodos ocorreu pouco depois de o casal voltar de Roma, algum momento entre 12 de março (quando a polícia recebeu um telefonema anônimo da casa de Lake Washington, posteriormente invalidado) e 18 de março. Courtney havia proibido o uso de drogas dentro da casa. Além de estar apavorada com a aparente indiferença de Kurt sobre o próprio destino, ela sabia muito bem que o incidente em Roma tinha sido uma tentativa malsucedida de suicídio (ainda que tal fato tenha ficado em segredo até depois da morte de Kurt). Ela chegou a impedir Dylan de visitá-los, pois estava preocupada por ele ser o elo principal de drogas de Kurt. Ironicamente, Dylan também era o fornecedor dela.

A hipocrisia da esposa foi a gota d'água para Kurt – como ela ousava repreendê-lo em relação a drogas? O casal teve uma briga violenta, e, acompanhado por Rene, Kurt saiu de casa. Courtney não o veria por vários dias. Os parceiros de drogas fugiram de todos os deveres familiares, se hospedando em vários hotéis baratos pela avenida Aurora – Marco Polo, Crest, Seattle Inn.

"Estávamos andando pela rua Denny", conta Rene. "Era como se Kurt quisesse dar seu último passeio pela cidade. Foi nossa pequena aventura. Tinha anoitecido e ele não conhecia mais nada por ali. Acabamos no Linda's Tavern [um bar da moda em Capitol Hill], que ainda era bem recente, e todo mundo olhou para ele. Seattle é um lugar muito pequeno. Vimos então Nils Bernstein e fomos nos sentar na mesa dele, mas Kurt não se sentia parte daquilo. Ele se sentia afastado.

"Estávamos totalmente sem dinheiro e todos os cartões de crédito de Kurt tinham sido cancelados. Só tínhamos um cheque do Western Union, da minha mãe, no valor de 100 dólares. Eu não tinha nenhum documento, então tivemos que usar o do Kurt. Fomos a um desses lugares que 'aceita todos os cheques' – e parecia que estávamos naqueles programas de TV onde alguém famoso surge do nada. Um cara chapado ficou elogiando Kurt, mas de um jeito engraçado, de um jeito que ele gostava. De repente parecia que ele estava de novo em contato com a cidade, mas durou pouco.

"Estávamos num hotel na avenida Aurora, o Marco Polo. Fomos parados algumas vezes na Broadway. Uma molecada corria ao nosso redor. Kurt sempre dizia como queria manter contato com os jovens, mas, quando a interação era real, ele se sentia pouco à vontade. Fomos à Urban Outfitters, onde Kurt comprou uns óculos engraçados, um chapéu e um casaco legal – era o nosso disfarce.

"Saímos porque ele e Courtney tinham brigado. Cali tinha acabado de sair com Jennifer [Adamson], e eu era a única pessoa na casa. Quando Courtney chegou, comecei a ouvir a confusão. Foi a única vez que a vi bater no Kurt. Eles estavam discutindo alguma coisa sobre remédios – alguém tinha escondido o Rohypnol do outro. Entrei e vi os dois aos tapas e, antes que a situação piorasse, peguei-o, coloquei-o no ombro e fui embora. Continuei andando até sair pela porta da frente. Quando chegamos na calçada, corri de volta e peguei a jaqueta dele, aí seguimos adiante. Saímos da casa em direção à cidade. Ficamos cinco noites fora. Na primeira, ainda tínhamos cartões de crédito. O incidente no Linda's aconteceu na terceira ou quarta noite. Foi um momento frustrante para Kurt. Em geral, ele nunca queria ficar longe de casa.

"Fomos ao apartamento da nossa amiga Caitlin [no cruzamento da 11th com a Denny], nossa parada habitual para comprar drogas. Íamos até lá, surrupiávamos um pouco de comida e pegávamos um táxi para qualquer hotel em que estivéssemos hospedados. Ficamos em três hotéis diferentes ao todo – hotéis de estrada. Ficávamos andando por aí, como adolescentes fugitivos. Era muito divertido. Depois da primeira noite, fiquei preocupado com a chance de nos metermos em encrencas. Telefonei para a casa e falei com Eric, tentando saber como estava o clima, mas ele só disse: 'Não me envolva nisso'. Encontramos o Dylan por acaso na casa de Jennifer Adamson, em Capitol Hill – ela não estava namorando ninguém naquele momento. Dylan, Cali e eu costumávamos ficar no apartamento dela, ouvindo discos. Nós nos divertíamos muito por lá. De vez em quando, aparecia um visitante diferente, mas, no geral, era um lugar bem privado.

"Mantive Kurt afastado naquela semana, pois ele estava reagindo bem. Ao que parece, foi saudável para nós ficar longe da casa, espairecer. Todos estávamos tentando fazê-lo acordar um pouco depois que ele voltou de Roma."

"Jennifer Adamson era minha namorada", diz Cali. "Eu ficava com Jessica Hopper e Jennifer Adamson. Jessica era a boazinha, enquanto Jennifer não era necessariamente a má, mas era a garota das drogas, e agora está morta.

Ela morreu quatro ou cinco anos depois [em 2000] por overdose. Mesmo quando eu morava na casa e Jessica estava por lá, eu dava um jeito de sair para usar drogas com Jennifer. Eu me lembro de uma noite bem curiosa no apartamento dela. Eu estava lá e então Kurt apareceu, tocando a campainha. Dei uma espiada no olho mágico, pois não deixava a maioria das pessoas entrar, e falei: 'O que você está fazendo aqui?'. E ele: 'Tive que sair da casa. Rolou uma briga. Posso entrar e ouvir uns discos com vocês?'. Ele estava curtindo muito o Elastica,[7] e eu tinha acabado de comprar o primeiro single da banda."

Vários amigos de Kurt – como Krist e Dylan – estavam começando a se perguntar se o coma duradouro de Kurt em Roma não havia causado efeitos colaterais. Eles estavam preocupados que ele estivesse com danos cerebrais. "Ele nem parecia vivo", disse Dylan a Charles Cross. "Após Roma, ele parecia monocromático."

"Kurt parecia um pouco mais ele mesmo quando estávamos fora", continua Rene. "Tivemos uma chance de um momento entre amigos. Eu brincava que ele nunca havia dormido com nenhuma de suas garotas favoritas e como provavelmente ainda poderia fazê-lo – e como Courtney até pudesse gostar disso.

"Era estranho. Eu nunca o tinha visto caminhar muito antes, nem se movimentar com mais ênfase, exceto quando estava no palco. Às vezes, ele ficava abatido por ter gastado tanto dinheiro com besteira, ou zombava da Courtney por fazer isso, como se de alguma forma eles fossem acabar falidos. Na verdade, ele nunca se deu conta de como era rico. Tentávamos não ser sérios demais – e houve muitas vezes que conseguimos. As regras de Courtney proibiam drogas na casa – nada de cocaína ou *speed*, nada de drogas brancas –, e eu dizia: 'E as suas pílulas?'. Aí tentamos encontrar crack, porque nunca tínhamos usado. Mas, em vez disso, fumamos um pouco de *speed* num bong e achamos engraçado, irreverente.

"Eu não imaginava que os cartões de crédito seriam cancelados. Aquela era a forma de Courtney de acabar com a brincadeira. Ela era boa nisso. Sabia que precisávamos de dinheiro e que eu não tinha como ajudar nesse sentido. E queria que Kurt voltasse, pois tinha ouvido dizer que ele estava se divertindo – e isso a magoava. A forma como Courtney lidava com suas mágoas era descarregando um tornado de frustrações em você. Eu me lembro de ter ficado chocado por ela cancelar os cartões, mas não exatamente surpreso. Kurt e eu dissemos um ao outro: 'O dinheiro é seu', mas a ideia de ir a um banco para lidar sozinhos com isso nos assustava. Não queríamos criar confusão. Como eu tinha menos de 20 anos, me sentia ilegítimo. Apesar de mais velho, Kurt sentia o mesmo.

"Na manhã em que Courtney bloqueou os cartões, ele tinha lido uma matéria no jornal a respeito de o Nirvana cancelar algo sobre o qual ele sequer sabia. Ele deu um telefonema; não estava chocado, estava furioso. Durante o tempo em que estivemos fora, ele dava telefonemas o tempo todo, sobretudo para Courtney. Eu não entendia por que ele fazia isso, pois reclamava dela para mim, dizendo que não se importava com o que ela pensava, mas aí ligava para ela e falava mansinho.

"Kurt teve uma overdose feia no Marco Polo. De vez em quando, acontecia. Um dos motivos pelo qual me mantinham por perto era o fato de eu ser bom em ressuscitar pessoas. Minha descrição de cargo era 'assistente pessoal', mas, na verdade, era mais para garantir que ele não morresse, que alguém não o roubasse ou que ele não tivesse uma overdose. Naquele dia, levei uns 20 minutos para acordá-lo e botá-lo de pé. Foi a primeira vez em muito tempo que eu senti medo de verdade. Não contei a ninguém, mas a coisa foi braba.

"O dia seguinte foi quando Kurt viu o jornal e ficou chateado. Mais tarde, ele ligou para Rosemary Carroll para fazer algumas alterações específicas no seu testamento. Aquilo me apavorou, pois sempre trazia à tona o medo subjacente de que ele tentaria se matar. Mas brincávamos com a ideia de ele tirar todo o dinheiro da Courtney, deixar tudo para Frances e um pouco para mim e Cali.

"Eu o fiz ligar para o Krist, e Krist apareceu por lá. Queria levar Kurt a algum tipo de cabana que ele tinha, de modo que o vocalista pudesse relaxar – sua van estava cheia de sacos de dormir e instrumentos. Mas, quando estávamos a caminho, Kurt começou a mudar de ideia, falando que talvez devesse voltar para casa. Mais tarde, descobri que Krist deveria levar Kurt para uma intervenção, mas estava tentando bancar o agente duplo – teria sido muito divertido se tivéssemos realmente ido para a tal cabana. Talvez tivesse mudado tudo. Mas estávamos bem cansados depois de ter passado todos aqueles dias fora."

Esse último parágrafo não bate totalmente com as outras versões dos acontecimentos. Uma história diz que Krist teria encontrado Kurt no Marco

Polo em 21 de março – três dias depois do incidente com as armas –, então Kurt e Rene não estariam fora naquele momento. Tirando isso, as narrativas são bem parecidas. Havia uma intervenção de "amor bruto" planejada para o dia 21 de março, mas foi cancelada após Krist ter avisado Kurt. Krist sentia que, longe de ajudar Kurt, uma atitude daquelas só aumentaria sua paranoia e seu senso de alienação.

Krist afirmou que Kurt estava delirando no Marco Polo, dizendo que queria comprar uma moto. Ele não entendeu sobre o que Kurt estava falando e sugeriu que os dois passassem um tempo juntos (presumivelmente sem Rene). Antes disso, porém, Kurt disse que estava fome – Krist queria levá-lo a um restaurante chique, mas Kurt sugeriu o Jack in the Box. Foi só quando o carro estava a meio caminho de Capitol Hill que Krist entendeu as intenções de Kurt. O flat de seu traficante ficava ao lado da hamburgueria. Os dois amigos então gritaram um com o outro, e Kurt foi embora.

NOTAS

1 A Amazon, a Microsoft e a Starbucks têm sede em Seattle ou nos arredores. A Starbucks original fica no Pike Place Market, a algumas quadras da Sub Pop.

2 Como o astro de *Esqueceram de mim*, Macaulay Culkin.

3 Naquela noite, o riff do início da música de abertura, "Rape Me", soou um pouco com a guitarra gaguejante de "My Sharona", do The Knack.

4 O setlist do Nirvana foi: "Radio Friendly Unit Shifter", "Drain You", "Breed", "Serve the Servants", "Come as You Are", "Smells Like Teen Spirit", "Sliver", "Dumb", "In Bloom", "About a Girl", "Lithium", "Pennyroyal Tea", "School", "Polly", "Very Ape", "Sappy", "Rape Me", "Territorial Pissings", "Jesus Doesn't Want Me for a Sunbeam", "The Man Who Sold the World", "All Apologies", "On a Plain", "Scentless Apprentice", "Heart-Shaped Box", "Blew".

5 Rohypnol é um medicamento usado para tratar insônia grave, além de minimizar os sintomas de abstinência de heroína. Courtney costumava se referir a ele como um "sedativo para bebês". Tomei uns dois certa vez, num voo para o Japão, e eles me apagaram durante todas as 27 horas.

6 Uma demo acústica de "Do, Re, Mi" apareceu no box de 2004, *With the Lights Out.* Estranhamente, parece uma música de Paul McCartney – ou talvez alguma coisa que Kurt cantou na rádio KAOS em Olympia – a voz falhando e subindo a níveis estratosféricos. É bem pop e comovente.

7 O Elastica era uma banda pop britânica de meados dos anos 1990. Liderada por mulheres, tinha fortes influências da velha escola dos art-punks do Wire.

CAPÍTULO 29

Chuva de primavera

"AS pessoas estavam sempre comentando à boca pequena sobre o fato de Kurt usar heroína", diz Rosemary Carroll. "Acho que eu ouvia esses rumores desde o dia em que o conheci. Não sei. Perto do fim, isso afetou sua relação com todos. O fato de ele ser um viciado deu às pessoas um motivo para descarregar sua própria raiva, frustração e inabilidade de lidar com um gênio. Isso foi o que me deixou com mais raiva [em relação à morte dele]: Kurt tinha muito mais para fazer, dizer e criar – embora estivesse sob uma enorme pressão. E muito pior do que pode ter feito com ele em termos fisiológicos, a heroína acabou sendo a desculpa que todo mundo dava para deslegitimá-lo. Suas queixas genuínas eram tratadas como delírios de um viciado.

"Houve aquela grande intervenção", continua a ex-advogada de Kurt. "Eu não participei. Durante suas últimas semanas de vida, ele me ligou duas ou três vezes. Tentei lhe dizer que ele tinha opções – havia formas de aliviar as pressões que ele considerava insuportáveis. Todos os caminhos tenebrosos que ele via à frente podiam ser evitados. Ele poderia mudar a própria vida. Não precisava ficar no Nirvana. Não precisava manter nenhum relacionamento que lhe causasse dor. Mas eu lhe avisei que, para se desvencilhar dessas situações, era importante estar sóbrio – porque, enquanto ele fosse um viciado, estaria dando um álibi a todos os que o controlavam.

"Eu só conseguia falar com Kurt quando ele me ligava, pois era impossível contatá-lo. Certa vez, ele conversou com a minha filha, de quem gostava muito, e ela o convidou para vir nos visitar. Eu queria ficar frente a frente com ele e dizer que ele poderia ser protegido. Tudo parecia demasiado insuportável e imenso para ele. Gostaria que todos nós tivéssemos nos saído melhor em nosso trabalho de protegê-lo."

Havia, então, uma intervenção planejada para o dia 21 de março, mas Kurt foi avisado...

"... e se mandou", acrescenta Cali.

Krist Novoselic foi quem contou para ele, pois achava a ideia estúpida.

"Krist foi sensato durante toda a situação, fez o seu melhor", afirma Cali. "Kurt disse coisas cruéis para ele, embora não tivesse a intenção. Estava apenas cheio de tristeza e queria que todos se afastassem. Você não quer pessoas que realmente o amam ali, tentando ajudá-lo. Ou gente como o pessoal que participou da intervenção real [sexta-feira, dia 25 de março] – poucos amigos e muitas pessoas da indústria."

Reunidos na casa de Lake Washington naquele dia para uma sessão de "amor bruto" estavam Courtney; Danny Goldberg, John Silva e Janet Billig, da Gold Mountain; Pat Smear; Cali; Dylan Carlson; Mark Kates e Gary Gersh, da Geffen; e David Burr, o psicólogo que presidiu o encontro. Wendy não participou, pois estava cuidando de Frances em Aberdeen.

O objetivo das chamadas sessões de "amor bruto" é fazer com que o usuário de drogas acorde para a realidade que o cerca. Dessa forma, cada participante foi orientado a confrontar Kurt com as consequências que o aguardariam se ele não parasse de usar heroína. A Geffen quebraria o contrato com o Nirvana; o grupo se separaria; Courtney se divorciaria de Kurt; a Gold Mountain não trabalharia mais com a banda. Kurt devia saber que a maioria dos discursos era conversa fiada. Quase nenhum dos presentes tinha autoridade para confrontar a pessoa que era, em grande parte, seu provedor. "Naquele dia, ele estava com uma aura imensa", comenta Goldberg, "que nos fazia pisar em ovos."

"Quando cheguei e vi Dylan por lá", lembra Rene Navarrette, "percebi que alguma coisa estranha estava rolando, pois Courtney recentemente o havia expulsado da casa. Àquela altura, porém, Kurt não me ouvia. Eu dizia que precisávamos sair de lá, mas Dylan já o tinha deixado chapado, acabando com as chances de realmente conversar com ele. Eu estava preocupado com o estado mental de Kurt. Via com clareza que aquilo ia ser uma zona – até porque Courtney estava recorrendo a drogas para mantê-lo ali. Eu sabia que Kurt não ligava se morresse. Qualquer mudança que fosse acontecer, não aconteceria se ele fosse forçado.

"Dylan tinha drogas, então todo mundo ficou chapado", continua Rene, "mas eu sabia que algo ia acontecer. Assim que vi Eric, eu lhe disse: 'Preciso sair daqui' – então ele me emprestou dinheiro para comprar uma passagem de avião para Los Angeles. Antes de sair, fui até Kurt para dizer que estava indo embora e que logo seria meu aniversário – se ele fosse à reabilitação, poderia estar de volta para o meu aniversário em 30 de março. Naquela noite, liguei para a casa. Pat Smear me contou tudo em detalhes: a intervenção havia sido ridícula".

Courtney foi a única que abriu a boca com ênfase, suplicando que Kurt fizesse um tratamento na Exodus Recovery, um centro de reabilitação em Marina del Rey, na Califórnia. Ela então lançou a única ameaça que sabia que o afetaria de verdade: se eles se divorciassem, ele não veria Frances com muita frequência.

Em silêncio, Kurt ouviu todos. Depois, com palavras venenosas, apontou a hipocrisia e as falhas de muitos dos presentes.

"Segundo a minha memória, parecia que havia umas 20 pessoas da indústria lá", diz Cali. "Mas devia ser pelo menos umas oito. Tinha Danny Goldberg e mais gente da Gold Mountain – um pessoal que não tinha nada a ver com o que estava acontecendo e nem tinha amizade com Kurt. O que estavam fazendo ali? Ele estava muito, muito detonado. Detonado demais para ficar em pé. Aquilo não tinha a ver diretamente comigo, mas eu estava muito incomodado. Ficava perturbado com aquela atenção bizarra que todo mundo lhe dispensava. Courtney, ou outra pessoa, ficava falando: 'Cali, ande com ele por aí'. Fiquei andando com ele pelo quintal quando percebi como aquilo era ridículo. Nós estávamos no gramado, e eu falei: 'Amigo, você não precisa que eu leve você para andar'. Eu o soltei, e ele caiu no chão. Ele só sorriu e olhou para cima, como se dissesse: 'Você entende que não preciso de você para andar. Eu posso andar'. Foi quase como se ele me agradecesse com o olhar por tê-lo soltado."

Alguém publicou que Dylan se recusou a participar...

"Dylan estava lá", retruca Cali. "Ele tentou fazer um apelo a Kurt como amigo. E Kurt novamente foi cruel com uma pessoa de quem ele gostava: começou a gritar com Dylan, que estava frágil demais para lidar com aquilo. Kurt falou algo como: 'Que porra você está fazendo aqui? Você é tão ruim quanto estas outras pessoas!'. Ele jogou em Dylan uma daquelas latas de lixo reciclável, cheia de coisas de vidro, que se espatifaram. Dylan começou a chorar e saiu. Àquela altura, Courtney tinha pego tanto no pé de Kurt que ele se sentia encurralado. E agora ela basicamente estava trazendo para casa quase tudo o que ele considerava o inimigo, para lhe dizer o que estava fazendo de errado.

"A única razão para se fazer uma intervenção é mostrar para uma pessoa que ela está magoando aqueles com quem se importa, e não esse negócio de 'amor bruto'", explica Cali. "Meu pai e alguns de meus amigos mais próximos fizeram uma intervenção comigo, que surtiu efeito – isso porque todas elas eram pessoas que eu respeitava. Ninguém gritou comigo. Uma intervenção que talvez tivesse dado certo seria trazer, por exemplo, Tracy, Tobi e Ian Dickson, pessoas que Kurt conhecia havia anos e que não tinham interesse velado por seu sucesso. Se não me falha a memória, alguém na intervenção chegou a dizer algo como: 'Você precisa ficar limpo e ir ao Lollapalooza'. Isso era um total desvio da questão. Deveria ter sido: 'Por que não fica um ano sem sair em turnê, nunca mais grava nada, pega sua filha e deixa tudo isso para trás?'."

Courtney tentou convencer Kurt a acompanhá-la até Los Angeles – onde ficaria no Peninsula Hotel, a 500 dólares por noite, para se desintoxicar –, mas ele não topou. Ficou folheando as páginas amarelas, tentando encontrar um psiquiatra "adequado", enquanto ela deixava a casa num carro com Janet Billig. Foi a última vez que ela viu o marido vivo. Um a um, os outros foram saindo...

"Sim, foi bem isso. Do nada, todos foram embora", diz Cali. "Ficamos na casa, tipo: 'Que porra foi essa? O que acabou de acontecer?'."

Kurt se refugiou no porão e ficou brincando com algumas ideias na guitarra com Pat e Eric. No dia seguinte, Jackie Farry veio e levou Frances a Los Angeles para ficar perto de Courtney.

"Àquela altura, Jackie teve que levar Frances", diz Cali. "Pedi a ela que viesse buscar Frances porque meu uso de drogas havia desandado diante da atual loucura na casa'. Courtney ficava me dizendo: 'Você agora precisa grudar no Kurt que nem cola. Não o deixe fazer nada'. Ela queria que eu virasse a sombra dele, que ligasse para ela e contasse o que ele andava fazendo. Eu estava no olho do furacão."

Tendo recusado a intervenção, Kurt não tinha ninguém para controlá-lo – e o inevitável aconteceu de novo. Ele teve uma overdose, sozinho no banco de trás de seu Valiant, onde havia sido colocado por outros usuários, apavorados com os problemas que poderiam ter com a polícia se um astro do rock fosse encontrado morto em suas casas.

Mas ele não morreu. Acordou no dia seguinte, todo dolorido. Voltou para casa, ignorou as mensagens telefônicas de Courtney e ligou para Rosemary, que o convenceu a tentar mais um tratamento. Foi comprada então uma passagem para Los Angeles – o voo sairia no dia 29 de março, uma terça-feira. Krist foi convocado a levá-lo ao aeroporto Sea-Tac, mas, no meio do caminho, Kurt mudou de ideia mais uma vez. Primeiro, ele tentou pular do carro enquanto Krist dirigia pela Interstate 5. Depois, já no terminal, deu um soco no rosto do amigo. Os dois começaram a brigar, até que Kurt se desvencilhou e fugiu saguão afora.

Foi a última vez que Krist o viu.

Na quarta-feira, dia 30 de março, Kurt mudou de ideia outra vez. Finalmente, ele faria o tratamento.

Antes de partir, Kurt colocou as malas no carro e seguiu até o condomínio de Dylan Carlson, onde pediu ao velho amigo que lhe fizesse um favor. Ele queria que Dylan lhe comprasse um rifle: "Para proteção e por causa dos ladrões" – a polícia havia levado todas as outras armas dele. Eles então dirigiram até a Stan Baker Sports, na estrada Lake City, e compraram uma espingarda Remington M-11 calibre 20 de seis libras e uma caixa de munição por 308,37 dólares, em dinheiro. "Kurt parecia normal", comentou Dylan. "Além disso, eu já tinha emprestado armas para ele antes. Se ele era um suicida, escondeu de mim direitinho." Dylan se ofereceu para ficar com a arma, já que Kurt estava a caminho do Exodus, mas ele insistiu em ficar com ela.

Quando chegou ao aeroporto LAX, em Los Angeles, Kurt foi recebido por Pat Smear e o assistente de John Silva, Michael Meisel, que o levou ao centro. Inscrito em um programa de 28 dias, Kurt ficou no quarto 206. Ao longo dos dias seguintes, conversou com vários psicólogos – e nenhum deles aventou a hipótese de ele ser um suicida. Ele confidenciou suas preocupações sobre o processo iminente de Kevin Kerslake (a respeito do clipe de "Heart-Shaped Box"), temendo que isso o levasse à falência, e quando Jackie Farry veio visitá-lo com Frances, contou a ela sobre as brigas que vinha tendo com Courtney em relação ao Lollapalooza. Mas, de modo geral, ele parecia bem. Na manhã seguinte, quando Jackie e Frances voltaram, Kurt estava com um ótimo humor, enchendo Jackie de elogios e brincando animadamente com a filha, jogando-a para cima e pegando-a no ar.

Era 1º de abril – a mesma data em que a segunda parte da turnê europeia do Nirvana, prevista para recomeçar em Birmingham, na Inglaterra, no dia 12 de abril, foi oficialmente adiada.

Naquele mesmo dia, Kurt estava sentado na área dos fumantes, jogando conversa fora com o vocalista dos Butthole Surfers, Gibby Haynes, a respeito de um amigo de Gibby que tinha escapado do Exodus pulando o muro de dois metros de altura dos fundos. A atitude era desnecessária, uma vez que os portões da frente sempre ficavam destrancados, mas havia uma certa romantização nisso. "Que trouxa", riam os dois músicos. (Gibby também estava fazendo uma reabilitação no Exodus. O lugar era desse tipo.) Mais tarde, Pat Smear apareceu com um amigo, Joe 'Mama' Nitzburg. Os três foram ao pátio dos fundos, sentaram-se e conversaram com Gibby durante uma hora.

Em algum momento da tarde, Courtney conseguiu falar rapidamente com Kurt por telefone, após ter tentado ligar várias vezes. "Não importa o que aconteça", ela afirmou que ele teria dito, "quero que você saiba que fez um álbum realmente bom [o segundo disco do Hole, *Live Through This*]". Ela perguntou o que ele estava querendo dizer com aquilo.

"Apenas se lembre: não importa o que aconteça, eu te amo."

Às 19h25, Kurt saiu pela porta dos fundos do Exodus e pulou o muro. Algumas horas depois, embarcou no voo 788 da Delta para Seattle – chegando no Sea-Tac por volta da 1 hora da manhã. Ele era agora oficialmente um desaparecido. Tão logo ouviu as notícias de que ele deixara o Exodus, Courtney começou a percorrer Los Angeles de cima a baixo atrás dele, telefonando para traficantes e amigos, convencida de que ele teria uma overdose.

"E lá estava eu onde não deveria estar", diz Cali. "Eu deveria ter ido para LA atrás dele. Enquanto os dois estavam em LA, eu simplesmente decidi ficar em Seattle [na casa de Lake Washington]. Eu era um viciado, então acabei ficando em Seattle – o que eu iria fazer em LA? E estava contente por eles não estarem em casa. Jessica [Hopper] ficou na casa comigo [a namorada 'certinha' de Cali tinha pegado um voo para ficar com ele nas férias de primavera alguns dias antes], e eu saía para buscar drogas, comida ou o que quer que eu fizesse todos os dias. Aí ele fugiu do Exodus, ninguém sabia onde estava. Todos os dias, quando eu entrava no meu quarto, no andar de baixo, meu telefone tocava. No que eu atendia, desligavam. Em retrospecto, só podia ser ele na casa, ligando para verificar se era eu que andava por ali. [Courtney tinha proibido Cali e Jessica de entrar na maioria dos outros cômodos quando eles estivessem sozinhos na casa.] Eu tinha uma coleção de bonequinhos de metal nas minhas prateleiras e, um dia, voltei para casa e todos estavam voltados para a direção errada. Falei, tipo: 'Fui eu quem fiz isso?'. Mas acho que era ele zoando comigo."

Na manhã de 2 de abril, Kurt fez uma corrida num dos táxis da Graytop pela 145th e a Aurora. Estava atrás de mais drogas e munição após ter consumido o primeiro lote – naquele dia, ele comprou mais alguns cartuchos de espingarda calibre 20 no Seattle Guns. Outra vez, Courtney cancelou todos os cartões de crédito de Kurt. No dia seguinte, absolutamente desesperada, ela contratou um detetive particular das páginas amarelas. Kurt desaparecera do mapa. Havia relatos de que ele tinha passado a noite com um amigo não identificado na outra residência dos Cobain – a casa em Carnation –, onde a polícia encontrou mais tarde um saco de dormir azul e um cinzeiro cheio, com bitucas de duas marcas de cigarro. Mas, apesar de várias pistas dispersas de Kurt andando pelo parque perto da casa e em Capitol Hill, ninguém realmente sabia onde ele estava.

Wendy O'Connor registrou um boletim de ocorrência de pessoa desaparecida no Departamento de Polícia de Seattle no dia 4 de abril, afirmando que Kurt havia "comprado uma espingarda e talvez cometesse suicídio". No boletim, o endereço de Caitlin Moore foi citado como possível local de estadia.

O domingo passou, e a segunda-feira chegou...

"Ele de fato me viu quando chegou em casa, por um minuto", diz Cali. "Ele chutou a porta do meu quarto e me viu lá. Falou, tipo: 'O que está fazendo aqui, porra? Deveria ter ido ontem para LA'. Respondi: 'Eu não quis. O que você está fazendo aqui? Todo mundo está te procurando. Courtney acha que você já está morto numa sarjeta'. Ele falou: 'Tá bom, vou ligar para ela'. Eu realmente não tinha motivo algum para achar que ele estava foragido e se escondendo. Mas foi a última vez que o vi."

Em algum momento da terça-feira, dia 5 de abril, ou da quarta, dia 6, Kurt Cobain se matou. Ele foi até a estufa acima da garagem, trancou as portas, encostou uma banqueta nas portas francesas, escreveu de caneta vermelha uma carta de suicídio de uma página a seu amigo imaginário de infância, Boddah, e deu um tiro na cabeça com a espingarda, uma única bala, morrendo na hora. Uma caixa de charutos estava a seu lado, cheia de drogas e apetrechos. Havia uma carteira aberta no chão. Kurt tinha tomado 1,52 miligramas de heroína – mais que o suficiente para matar a maioria dos usuários da droga. Seu corpo ficou dois ou três dias ali, enquanto seus amigos continuavam procurando por ele.

Courtney enviou Eric à casa de Lake Washington para ajudar a procurar por Kurt. Parecendo furioso com Cali, Eric instruiu ele e Jessica a darem uma boa olhada em todos os lugares, com foco na busca de um compartimento secreto no armário do quarto principal. Mas eles não procuraram do lado de fora da casa.

"Courtney havia contratado um detetive particular – o brilhante Tom Grant – para ficar de olho na residência", recorda Cali. "Eu estava ficando na casa de Jennifer Adamson e já tinha procurado Kurt por toda parte, assim como a tal da arma sobre a qual Courtney havia me falado. Não encontrei nenhum deles. Fiquei bem paranoico quando ela me disse que havia um detetive me vigiando, pois eu usava drogas o tempo todo. [Courtney ainda estava em Los Angeles nessa época.] Por fim, eu falei: 'Estou indo para LA ver você'."

No dia 6 de abril, o organizador do Lollapalooza, Ted Gardner, divulgou uma nota na imprensa confirmando oficialmente que o Nirvana não seria mais a atração principal do festival – "Devido a problemas de saúde de Kurt Cobain". Com amarga ironia, a vaga foi passada para o Smashing Pumpkins.

No dia 7 de abril, a gerência do Peninsula Hotel fez uma ligação para a polícia. Quando os policiais chegaram, Courtney foi levada para o Century City Hospital por suspeita de overdose de heroína – ela foi autuada e acusada de posse de heroína e recebimento de propriedade roubada. Pagou uma multa de 10 mil dólares e, mais tarde, foi inocentada de todas as acusações.

No mesmo dia, Cali e Jennifer Adamson fizeram outra busca pela casa às 2h15 da madrugada – Jessica havia voltado a Minneapolis dois dias antes. Os dois encontraram a cama do quarto principal desarrumada, mas fria – com a TV ligada na MTV, sem som. Eles voltaram no final da tarde, com mais amigos. Cali estava realmente assustado, não queria mais entrar na casa.

Depois de olhar cada cômodo, Cali deixou um bilhete para Kurt na escada principal – "Kurt, não acredito que você conseguiu ficar nesta casa sem que eu notasse. Você é um baita de um cuzão por não ter ligado para Courtney, nem ao menos para avisá-la que está bem. Ela está sofrendo muito, Kurt. Hoje de manhã houve outro acidente, e agora ela está no hospital de novo. Ela é sua esposa e te ama, vocês têm uma filha. Tente ao menos dizer a ela que você está bem, senão ela vai morrer. Não é justo, cara. Faça alguma coisa agora".

"Você se lembra da boneca, a velha de cera que tínhamos?", pergunta Cali. "Era uma réplica em tamanho real de Lizzy Borden.[1] Eu a colocava nas janelas com o rosto virado para fora, de modo a assustar as pessoas, ou então em frente ao banheiro dos hóspedes para surpreendê-los quando abrissem a porta. Sempre tive medo daquela coisa. Naquele dia, Bonnie [Dillard, amiga de Jennifer Adamson], eu e algumas outras pessoas fomos até a casa para pegar comida, dinheiro ou algo do tipo. A caminho da calçada, Bonnie se virou e disse ter visto alguém olhando pela janela do sótão. Quando eu me virei, ninguém estava lá. Em retrospecto, só podia ser Kurt nos observando sair. Na hora, imaginei que ela tinha visto a velha de cera, mas provavelmente era ele. Depois conversei com a mãe de Kurt. Ela falou, tipo: 'Ele conseguia ficar bem quieto se quisesse. Poderia simplesmente estar sentado lá'. A casa era imensa. Eu estava chapado e não acreditava que ele ainda estivesse por lá. Se eu tivesse ouvido algum rangido nas tábuas do assoalho aqui e ali, aí teria certeza de que ele esteve lá a maior parte do tempo. Ele havia ido para a casa de Caitlin? Talvez. Ele tinha carro. Há muitas especulações doidas."

Gravações da polícia mostram um táxi saindo da residência dos Cobain levando um jovem que correspondia à descrição de Cali às 16 horas naquele dia.

No início da noite, Cali pegou um voo para Los Angeles.

"Quando cheguei a LA, estava muito paranoico", continua Cali. "Fui a casa de uma garota, uma ex-namorada do ensino médio. Eu falava, tipo: 'Tem alguém vigiando a gente'. Rene também estava por lá. Eu me lembro com muita clareza daquela noite. Eu estava bem doido e morrendo de medo. Alguns anos depois, descobri que o pai da minha amiga tinha contratado um detetive particular para vigiá-la sobre uma questão que não tinha nada a ver com aquela. Ela era viciada, dominatrix e uma garota judia rica de uma família realmente abastada. Então eu estava sendo observado em ambas as cidades."

Na manhã seguinte – por volta das 8h40 do dia 8 de abril, sexta-feira – o eletricista Gary Smith encontrou o corpo de Kurt Cobain enquanto executava serviços de rotina no sistema de alarme da casa. Ele ligou para a emergência, mas antes falou com seu chefe na Veca Electronics, que prontamente telefonou para a rádio KXRX de Seattle com a "manchete do século".

O relatório oficial da polícia afirmava: "Smith chegou ao número 171 da Lake Washington Boulevard Leste para realizar alguns trabalhos como eletricista. Smith caminhou até o deque da garagem, voltado para o oeste, e observou a vítima através da vidraça da porta francesa. Ela jazia no chão com uma espingarda ao lado do corpo e um ferimento visível na cabeça".

A KXRX divulgou a notícia às 9h40.

"Pela manhã, a mãe de Rene nos telefonou para contar o que havia acontecido", diz Cali. "Eles tinham encontrado o corpo naquela mesma manhã. Só dei meia-volta e segui para o aeroporto, retornando para Seattle. Nunca mais dormi naquela casa. Foi surreal. Seu amigo está morto, e isso é manchete de primeira página de todos os jornais. Levou anos para eu digerir aquilo tudo. Foi muito pesado. O funeral aconteceu no dia do meu 21º aniversário. Era coisa demais para lidar. Só me lembro do telefone tocando sem parar."

Parte um: Jessica Hopper

"Não acho que tenha percebido como a coisa estava de fato ruim até chegar a Seattle para as férias de primavera", afirma Jessica Hopper. "Cali estava um trapo; Courtney estava num hotel em LA; e Kurt fazia reabilitação no sul da Califórnia. Cali gastava de 400 a 500 dólares por dia em qualquer droga que conseguisse comprar. Ele dizia coisas como: 'Não atenda o telefone, Courtney fica ligando de hora em hora'. Ele só falava com ela de vez em quando, pois ela realmente telefonava o tempo todo. O drama até era real, mas a situação era manipulada. Foi durante o desaparecimento do Kurt. Acho que estive lá por dois dias – o lugar estava vazio, ninguém mais além de mim e Cali. Foi a primeira vez que estive na casa nova. Havia alguns móveis muito bonitos, mas era parecido demais com a outra casa, como se eles nunca tivessem se mudado. Era bem maior, com muitos discos, cacarecos e aparelhos de som em cada cômodo. Já o quarto do Cali era um nojo por ele ficar lá fumando cigarros, se chapando e fazendo mixtapes todo dia.

"A certa altura, acabei atendendo o telefone, pois estava esperando uma ligação. Era Courtney. Ela queria saber se eu tinha visto Kurt e o que Cali andava fazendo. E me pediu: 'Fale para o Kurt me ligar'. Cali ficou furioso comigo por ter atendido a ligação. O clima geral estava horrível. O tempo todo, a sensação era de que alguém iria morrer. Eu não queria ir embora, porque sentia que Cali iria morrer. Já tinha visto pessoas usando drogas, mas nunca daquele jeito.

"Na noite anterior à minha partida, Cali saiu por umas duas horas para comprar drogas e dar uma volta com a namorada [Jennifer Adamson] ou qualquer outra coisa. Foi quando ouvi algo na casa e pensei ter visto alguém passar pela sala. Achei que era o Kurt. Eu disse: 'Olá? Quem diabos está aí?'. Eu fiquei parada na porta e, mais tarde, escutei alguma coisa rangendo no andar de cima. Depois disso, Cali escreveu o bilhete. Eu falei para ele que achava que Kurt estava lá. Foi perto do fim da minha estadia.

"Ah, em determinado momento, o Eric apareceu por ali antes de seguir para o Cavern, a outra casa que eles tinham na floresta. Ele estava procurando por Kurt e por uma arma que o amigo tinha. Eric também estava atrás de uma chave para destrancar o cadeado, um cadeado bem grande, da porta de um cômodo que ficava ao lado do quarto de Kurt e Courtney. Ele andava pela casa toda, com um ar de urgência, perguntando se tínhamos visto o Kurt. Naquele dia, Cali precisou pegar algo no porão e me fez acompanhá-lo até lá – ele estava surtado, porque tínhamos ouvido alguém na casa, e ele achou que Kurt poderia estar lá embaixo. Àquela altura, parecia uma casa assombrada. Não me lembro muito bem da cronologia, apenas que o lugar estava muito frio e não tinha nada para comer. Havia um ar do tipo 'você nem deveria estar aqui'. Eu deveria apenas ter ficado no quarto de Cali, simples assim. Todo mundo estava chapado, e Kurt seguia desaparecido – ou, segundo eles, desaparecido e talvez armado. Lembro-me vagamente de Cali pensando que Kurt talvez pudesse aparecer na casa do traficante deles. Ele queria muito encontrar o Kurt.

"Foi nesse momento que Courtney cancelou todos os cartões de crédito de Kurt, o que incluía os cartões de Cali. Ele então não conseguia mais arrumar drogas e começou a pirar. Ele também tinha ficado de me comprar a passagem de avião de volta para casa e, de repente, não podia mais – e eu entrei em pânico. Tive que ligar para o meu pai e dizer: 'Não posso dar detalhes, mas estou numa situação complicada. Preciso de uma passagem de avião de 600 dólares para amanhã'.

"Na minha última manhã na casa [terça-feira, dia 5 de abril, embora pudesse ter sido segunda-feira], por volta de umas 6h30, 7 horas, acordei com Kurt de pé ao lado da cama. Ele disse um 'oi' totalmente normal. Conversamos por alguns instantes, e ele fez uma piada sobre a minha cabeça, que estava raspada na época – a piada tinha alguma coisa a ver com aquela música do Unrest, 'Skinhead Girl'. Quando Cali acordou, nós dois dissemos a Kurt: 'Você precisa ligar para a Courtney, ela está pirando, ligue para ela'. Pegamos o número em uma pequena agenda de telefone e demos a ele; ele se sentou na beira da cama e tentou ligar, mas não transferiram a ligação para o quarto dela. [Kurt tinha esquecido qual pseudônimo ela estava usando naquele período.] Ele tentou mais algumas vezes, e eu voltei a dormir. Acordei cerca de uma hora depois, e ele ainda estava lá, na borda da cama, folheando uma edição da *Puncture*. Eu perguntei: 'Conseguiu falar com a Courtney?'. Ele disse que não.

"A TV estava ligada na MTV. Estava passando um clipe dos Meat Puppets. Acho que ele não comentou nada a respeito, estava só assistindo. Não me lembro de ele estar vestido como quem estivesse vindo da rua – embora estivesse ameno o bastante para sair usando apenas um suéter –, mas tive a impressão de que ele apenas já estava por ali, como se tivesse acabado de entrar no quarto. Ele estava normal, não parecia mais chapado que o de costume. Parecia normal, e estava até de bom humor comigo. Eu não o via desde o Ano-Novo. Então voltei a dormir, e ele foi embora.

"Finalmente acordei, e algumas horas depois, acho que em torno de umas 11 horas, Cali chamou um serviço de limusine para me levar ao aeroporto. Levantei. Eu estava há dias à base de Coca-Cola diet e bananas, fiquei doente durante minha passagem por lá. E eu lembro que, quando estava indo embora, fiquei tão nervosa por deixar Cali ali, como se ele fosse morrer, que vomitei na calçada antes de entrar na limusine. Era ansiedade, a sensação nítida de que algo muito ruim estava para acontecer. Havia um suporte para TV perto da cama com uma seringa de Narcan[2] pré-pronta, enrolada em fita crepe. A morte estava na casa, à espera.

"Cali estava muito zoado. Ele apagou enquanto carregava um pedaço de lenha em chamas para a lareira, deixando-o cair no tapete. Alguns amigos meus estavam lá, as garotas da minha banda, e isso aconteceu quando eles estavam de saída [...] Cali tentava fingir que estava tudo normal, de pijama às três horas da tarde, derrubando lenhas quentes no tapete. Eles me pediram para ir com eles, mas falei que não tinha como.

"Então fui embora e voltei para casa, em Minneapolis. Era o meio da semana. Quando cheguei, fiquei dois dias doente, estava toda zoada – tinha passado a semana anterior vendo Cali injetar drogas bem na minha frente. Acho que voltei para a escola na quinta-feira. Aí na sexta, quando estava saindo de lá, alguém me disse ter ouvido uma notícia de que uma pessoa de cabelos loiros havia sido encontrada morta na casa. Achei que fosse Cali, porque ele tinha dito a semana inteira que ia pintar o cabelo. Desmaiei em pleno estacionamento. Depois entrei na escola e liguei para os pais de Cali, que me contaram que era Kurt, não Cali. E foi isso. Também me lembro de conversar um ou dois minutos com a Courtney.

"Jackie Farry me telefonou para que eu contasse o que havia acontecido, pois aparentemente eu fui a última pessoa a encontrar Kurt vivo. Todos queriam saber o que eu tinha visto e ouvido. Cali não ajudou nada. Achava que a aparição do Kurt tinha sido um sonho e duvidava que eu realmente o tinha visto. A única outra coisa da qual me lembro sobre a conversa com Jackie foi que ela disse que o fantasma de Kurt estava na casa e todos conseguiam senti-lo."

Parte dois: Rene Navarrette

"No dia do meu aniversário [30 de março], recebi uma ligação de Kurt de um telefone público. Ele não disse nada, apenas 'Oi...'. Kurt estava desaparecido, acredito eu. Cheguei em casa e ouvi as mensagens: havia a do Kurt e outras várias de Courtney, ensandecida. Ela gritava: 'Sei que ele está aí' – e isso se repetiu nos dias seguintes. Muita gente achava que ele estava comigo. Não estava. Eu me lembro de ligar para o Cali, que estava na casa com a Jessica. Ele me contou que tinha sonhado que Kurt aparecia segurando uma grande bolsa branca [como uma bolsa esportiva]. Eu respondi que aquilo parecia assustador, que ele deveria cair fora de lá. Ele então foi para casa [LA] naquela noite. Estávamos atrás de Kurt. A Courtney tinha feito a gente ligar para todos os lugares, ameaçar, usar a força contra pessoas que ela pensava que poderiam estar escondendo Kurt – eu até queria fazer isso, era uma forma de eu limpar meu próprio nome. As pessoas estavam achando que era eu.

"Cali descobriu que Kurt tinha voltado para Seattle, deixou um bilhete para ele e partiu para LA. Minha mãe e eu fomos buscá-lo no aeroporto; depois, eu e ele iríamos para a casa da minha amiga Candice. No aeroporto, alguém seguiu o carro da minha mãe. Tivemos de fazer algumas manobras rápidas para despistá-lo. Achamos que era um detetive particular. Mais tarde, minha mãe ligou para a casa da Candice e nos avisou que alguém tinha morrido – e que era para o Cali telefonar para os pais, porque todo mundo estava achando que era ele. Foi surreal.

"Naquele ponto, eu estava há semanas sem falar com a Courtney como amigo, ela andava louca demais. Outra pessoa ligou para nós na casa da Candice, alguém da Gold Mountain, que nos arrumou um voo de LA para Seattle. O avião que pegamos estava lotado de gente indo para lá pelo mesmo motivo, tudo arranjado pela Gold Mountain. Assim que saímos do avião, vimos várias pessoas tirando fotos. Quando chegamos na casa, foi muito estranho. Alguém da MTV estava fazendo uma reportagem na frente da residência, enquanto outra pessoa colocava plásticos pretos sobre as árvores para impedir o pessoal de entrar. Havia muita gente na casa. Fomos logo procurar a Frances.

"Cali e eu entramos num cômodo onde havia várias pessoas. De vez em quando ouvíamos um grito; era Courtney. Aquilo tudo era esquisito demais. Ninguém sabia como agir. Só queríamos ter certeza de que Frances estava bem. Estávamos num clima de 'temos que dar o fora daqui' – lembro-me de ter tido um apagão, ido ao funeral e conversado com [a baixista do Hole] Kristen Pfaff. Mal sabíamos, mas Cali e eu estávamos muito doentes, tínhamos contraído hepatite. Depois do funeral, voltamos ao hotel Roosevelt no centro da cidade, ainda muito drogados – e o gerente veio e nos avisou que nossos cartões de crédito tinham sido cancelados. A Gold Mountain então nos levou de volta a Los Angeles. Todo mundo dizia: 'Vocês precisam largar as drogas'. Minha mãe nos levou a El Paso, no Texas, para tentar nos limpar. Foi lá que notamos que estávamos amarelos por conta da hepatite. Voltamos e fomos hospitalizados. Depois disso, boa parte é um borrão.

"Um cara, que me achou por meio do meu irmão, veio até mim com uma teoria da conspiração – a de que Kurt tinha sido assassinado. Que ridículo. O próprio Kurt me disse várias vezes que, se um dia fosse se matar, faria exatamente do jeito que acabou acontecendo. Nós até fazíamos piada sobre isso. Fazíamos piada sobre o fato de darmos tanta importância às drogas que seríamos capazes de apontar uma arma para nossa cabeça, e foi justamente o que ocorreu. Esse é o tipo de humor que nos faz lembrar dele – o jeito meio infantil de tirar sarro das pessoas ou das coisas.

Parte três: Earnie Bailey

"No início de 1994, Kurt comprou uma segunda guitarra Telecaster, um modelo Sunburst, que modifiquei acrescentando dois captadores humbuckers e vários apetrechos mais modernos. Eu a reformei para ele, pensando que a Tele poderia ser a próxima etapa para ele em termos de guitarra. Krist até chegou a comentar: 'Deus, ele simplesmente ama esta guitarra'.

"Naquele dia, quando Krist apareceu para levá-lo ao aeroporto, Kurt pegou seu casaco, a guitarra sem o estojo e saiu. As coisas então azedaram no aeroporto – eles brigaram, Kurt jogou a guitarra nele e deixou claro que a banda havia acabado. Krist veio à minha casa depois e disse: 'Foda-se ele, estou de saco cheio desse cara'. Ele explicou o que tinha acontecido e acrescentou: 'A gente deveria trabalhar em algumas canções'. Eu respondi: 'Claro'. Imaginei que ficaríamos ocupados só até eles fazerem as pazes, mas parecia que ele estava aliviado e que o rompimento era definitivo [...]

"Krist e eu fomos a um show na noite em que Kurt morreu, mas saímos no meio. Estávamos muito inquietos e ansiosos. A MTV tinha vazado que a banda havia rompido, alimentando os rumores sobre o fim do Nirvana, o que nos deixava desconfortáveis em qualquer lugar onde fôssemos. Descemos a rua até o Crocodile e passamos um tempo lá, mas não ficamos até muito tarde. Krist se mandou para a fazenda [ele e Shelli haviam comprado outro imóvel naquela época] para arejar a cabeça. Ela ficou na casa em Seattle.

"Pela manhã, eu estava trabalhando no restaurante quando o telefone tocou. Era Krist. Ele disse: 'Ei, adivinha? Kurt está morto. Você pode ir à minha casa e ficar com a Shelli até eu chegar?'. Presumi que ele havia sofrido uma overdose. Eu disse 'OK', então Brenda [esposa de Earnie] e eu trancamos o local e fomos até lá. Estávamos com a Shelli assistindo à CNN e à MTV, que começaram a divulgar que Kurt havia sido encontrado em sua casa – e, mais ou menos uma hora depois, passaram a afirmar que foi suicídio. Era inacreditável, não dava nem para imaginar uma coisa daquelas. Não conseguia processar.

"Depois disso, foi bem difícil. Para o funeral, Krist pediu que eu colocasse uma fita para tocar depois da cerimônia. Fiz então uma lista de músicas que achei que Kurt gostaria. Havia uma canção dos Vaselines. E acho que 'In My Life', dos Beatles, era a primeira da fita.

"Krist, Dave, nossas mulheres e eu fomos à cerimônia no Toyota de Krist. A pior parte foi a entrada – nos bancos da igreja, havia uma foto de Kurt de quando era criança, com as datas de nascimento e morte. Foi quase como ter um apagão naquele instante. Eu via meus sapatos e nada mais. Nós nos dirigimos aos nossos lugares e nos sentamos. Mark Lanegan estava atrás de mim, de cabeça baixa. Comecei a soluçar e acho que só parei quando tudo acabou. Eu estava quieto, quase congelado, mas não conseguia parar. Olhei para o outro lado do corredor e havia um homem na mesma posição, curvado e chorando. Era o pai de Kurt.

"No dia seguinte, ou sei lá quando, o *Seattle Times* publicou na primeira página uma foto de Kurt caído no chão na estufa. Foi horrível. E se fosse o filho do editor ali no chão, como ele se sentiria? Comprei vários exemplares e joguei tudo no lixo."

Adendo: Everett True

No dia 8 de abril de 1994, eu estava em Cincinnatti, Ohio, com Steve Gullick, quando ouvi rumores de que Kurt Cobain tinha se matado.

Estávamos na cidade para entrevistar Beck, na época um dos astros em ascensão da Gold Mountain com seu hino "Loser". Eu havia chegado na noite anterior, a tempo de ver o Seaweed, grupo skate-grunge de Tacoma, Washington, numa boate local que também funcionava como lavanderia. Apesar de dois integrantes estarem meio zoados de gripe, a apresentação dos ex-Sub Pop detonou, me fazendo lembrar de toda a energia e das melodias poderosas que haviam me atraído para o som de Seattle. Steve chegou num voo na manhã seguinte, e estávamos esperando seu quarto ficar pronto. Era um daqueles dias com os quais você às vezes tem de lidar quando viaja: cinza, maçante e interminável. Mas estávamos ansiosos para assistir naquela semana aos entusiastas do Cheap Trick, o Guided by Voices, na cidade vizinha de Dayton.

Já tínhamos sido informados de que Beck também estava gripado e talvez precisasse cancelar tanto o show daquela noite (na boate/lavanderia, com abertura do That Dog, banda pop feminina de Los Angeles) quanto a nossa entrevista. Ficamos então no meu quarto de hotel, relaxando, assistindo à MTV e à CNN, folheando revistas. O álbum *Live Through This*, do Hole, estava prestes a sair, e Steve, meio puritano, estava chocado com algumas fotografias de Courtney. "O que será que Kurt vai achar disso?", ele me perguntou várias vezes. Apesar do tempo nublado, estávamos felizes; conversávamos sobre as novidades das últimas semanas agitadas, até que o telefone tocou. Era por volta das 11 da manhã.

Steve atendeu. Era Paul Lester, meu editor de pautas no *Melody Maker* – nem sempre o mais sensível dos sujeitos. "Então, que história é essa do Kurt estar morto?"

"Não sei do que você está falando", disse Steve. "Melhor você ver com o Everett."

Olhei para Steve. Pelo jeito dele, obviamente havia algo errado.

"É o Lester", disse. "Ele está falando que há rumores de que Kurt se matou."

Conversei com Paul, dizendo a ele que nenhum de nós sabia de nada a respeito, mas que eu iria fazer umas ligações, descobrir e ligar de volta assim que pudesse. Ele pediu uma certa pressa, pois havia um monte de jornalistas do *Melody Maker* esperando na redação no caso de a história ser verdadeira. Steve e eu nos entreolhamos; e foi aí que nos demos conta... não me pergunte como... mas nós dois simplesmente sabíamos que era verdade. Kurt havia se matado.

Não sei o que nos fez ter tanta certeza. Até aquele momento, nenhum de nós tinha percebido que Kurt era um suicida. Nós dois achávamos que o acontecimento em Roma tinha sido de fato um acidente. Era o que eu pensava, apesar de Courtney ter me ligado pouco depois, perguntando se seria uma boa ideia fazer uma sessão de "amor bruto" com Kurt para ajudá-lo a largar o vício em heroína. Eu não tinha noção do que esse tipo de sessão implicava, mas imaginava que valia a pena tentar qualquer coisa que ajudasse Kurt a dar um jeito na vida. A empresária pessoal de Courtney, Janet Billig, da Gold Mountain, também tinha me telefonado depois do incidente de Roma para me garantir que não havia nada mentalmente errado com Kurt.

Os 30 minutos seguintes se passaram embolados numa névoa pesada de incerteza à medida que eu ligava para todos os números em que conseguia pensar – Gold Mountain, Bad Moon (os assessores de imprensa do Nirvana no Reino Unido), meus contatos na Geffen, a casa de Kurtney – tudo em vão. Por fim, fui forçado a telefonar para o biógrafo do Nirvana, Michael Azerrad, em Nova York. Eu não queria. Não gostava do cara. Achava que ele tinha sido escolhido pelos empresários de Kurt para fazer o livro apenas por ser alguém "de confiança".

"Sim, é verdade", ele me disse. "Estamos a caminho de Seattle. Eu o aconselharia a fazer o mesmo."

Aquela me pareceu uma afirmação estranha. Ainda parece. O que de bom eu faria indo a Seattle? Talvez Michael estivesse fazendo referência à descrição que eu fizera aos gritos sobre mim mesmo naquele trem Brighton--Londres anos atrás, e que eu havia negado com veemência: "Você é só uma porra de um jornalista musical!". Era só isso após anos de paixão: eu tinha um trabalho a cumprir?

Contei a notícia para Steve.

Joguei os restos da minha garrafa de Maker's Mark na pia, imaginando que a pior coisa que eu poderia fazer naquele momento seria me detonar. Steve me pediu para informar ao *Melody Maker* que ele não queria nenhuma de suas fotos usadas no tributo inevitável que se seguiria [...] acho que, quando liguei de volta, falei com meu editor, Allan Jones. Ele me disse que eu deveria ir e fazer tudo o que precisasse. "Passagens de avião e o que mais for necessário, não importa, cobriremos os custos, e você não precisa escrever nada se não quiser." Foi uma conversa da qual sempre vou me lembrar com gratidão.

Não consigo lembrar com precisão o que aconteceu depois. Não era real. Ficamos sentados lá, atordoados. Eu não sabia o que fazer nem para onde ir. Não queria voar para Seattle e confrontar um futuro que eu sabia que ia despencar sobre mim assim que eu chegasse. Nos últimos cinco anos da minha vida, tinha conseguido deixar o passado para trás, evitando lidar com o lado ruim das coisas. Queria estar em qualquer lugar que não fosse os Estados Unidos, Seattle, Ohio... comecei a pensar em todas as vezes que me recusara a ligar para Kurt ou Courtney, acreditando que gente famosa não precisava de amigos, não quando há tantos empresários ao seu redor. Eu sabia que, se Kurt apenas tivesse saído comigo e com Steve, visto algumas vezes uma banda como o Guided by Voices, ou ficado chapado com a Kim Deal, ele nunca teria chegado a esse ponto...

Aham, tá bom.

O telefone voltou a tocar. Era meu amigo Eric Erlandson, ligando de um aeroporto. "Courtney quer que você venha a Seattle." E foi assim que me peguei andando pelos corredores enfadonhos e desbotados do aeroporto de Cincinatti com Steve, segurando uma sacola cheia de vinis que eu havia comprado no dia anterior. Não sabíamos o que dizer um ao outro. Dei a Steve os discos, para que ele os levasse de volta à Inglaterra.

Foi assim que voei para Seattle na tarde em que o corpo de Kurt Cobain foi descoberto. Lágrimas escorriam pelo meu rosto, enquanto o refrão de uma canção do Hole se repetia numa louca espiral dentro da minha cabeça: *"Live through this with me"*, cantava Courtney. *"And I swear that I will die for you."**

Eric me avisou que, quando eu chegasse a Seattle, deveria ligar para a casa e solicitar uma limusine para me buscar no aeroporto. Era necessário. Quando o carro chegou aos portões da residência dos Cobain em Lake Washington,

* "Sobreviva a isso comigo/ E juro que morrerei por você." [N. T.]

estava uma loucura no lado de fora. Várias fitas de isolamento da polícia mantinham afastados os pequenos grupos de repórteres e os curiosos. Ninguém estava autorizado a entrar, exceto quem fosse expressamente convidado. Não pude deixar de sentir que estava adentrando o grande sonho de um jornalista de rock: fazer parte de uma lista de convidados invejável. Desculpe o humor sombrio, mas você *sabe* que é disso que nós gostamos.

Dentro da casa, um silêncio inusitado. Mark Lanegan estava de pé num canto, sem falar com ninguém. Ele parecia sozinho, eu me sentia sozinho, nós dois apartados de todos os demais não só pela situação, mas pela nossa natureza. Parecia natural que conversássemos.

Não havia quase ninguém lá até Krist e Dave aparecerem com alguns amigos e familiares, ficando no outro lado da sala. O pessoal de Courtney e Eric veio pouco depois... ou talvez tivesse sido antes. O que eu me lembro bem é de alguns caras da gravadora dando um chilique diante da minha presença ali – eu era jornalista – e de eu ter pensado: "Seus idiotas, estúpidos. Não sou eu quem estou sendo pago para fingir que sou um amigo, porra".

A certa altura, Krist se aproximou e perguntou se eu queria ir a uma vigília feita para o Kurt naquela noite por alguns de seus velhos amigos de Seattle. Recusei, pois... bem... eu estava na turma da Courtney aquele dia e não havia como contornar isso. Minha lealdade havia sido definida tempos antes. Mesmo que eu quisesse conversar com Krist, não poderia devido à política em torno do Nirvana, que não cessou um só segundo com o suicídio de Kurt, só piorou.

Mark e eu ficamos na casa após quase todo mundo ter ido embora. Houve umas discussões feias entre Courtney, Eric e Cali, mas isso não era algo incomum. Algumas pessoas queriam usar drogas para mascarar a dor terrível e repentina, enquanto outras, com a mesma veemência, não queriam que elas fossem reintroduzidas na casa. Courtney nos apresentou à mãe de Kurt, Wendy, usando meu nome verdadeiro – "Este é Mark, amigo de Kurt, e este é meu amigo Jerry". O bilhete de suicídio foi mostrado a nós – e o lemos.

E isso é quase tudo o que tenho para contar sobre aquele fim de semana terrivelmente triste. Mark e eu ficamos o tempo todo no apartamento dele, próximo ao início do monotrilho, no centro da cidade. Não saíamos, a não ser para tomar um café na esquina. Mal falávamos. Eu estava preocupado em garantir que Mark ficasse bem – e tenho certeza de que ele estava na mesma pegada. Ligamos uma vez a televisão: um falatório sobre o Nirvana e a vigília dos fãs. Desligamos imediatamente. Alguns hipsters da Sub Pop estavam dando sua festa anual, que se transformou numa espécie de velório no clube Crocodile. Parecia justo, embora Kurt não estivesse se dando bem com os antigos colegas nos últimos anos. Colocamos alguns discos para tocar, andamos pela casa e tentamos fingir um para o outro que não estávamos chorando. Na maioria das vezes, porém, só ficávamos ali esperando Courtney ligar, caso precisasse de nós.

Quando chegou o dia do funeral, percebemos que eu não tinha roupas adequadas para usar. Minha única calça jeans tinha furos nos dois joelhos. Sabíamos que Kurt não daria a mínima, mas ainda assim eu não queria parecer desrespeitoso. Então peguei emprestada uma calça justa preta do Mark e fui à cerimônia com os três botões de cima abertos.

O dia estava gloriosamente ensolarado quando saímos do apartamento de Mark para irmos à igreja – o tipo de dia no qual Seattle se torna a cidade mais linda do mundo, sem exceção, com o monte Rainier e as montanhas Olímpicas em detalhes nítidos cintilantes por trás dos arranha-céus e da Space Needle. Tinha chovido durante toda a semana anterior, como é habitual no Noroeste do Pacífico.

"Juro que Kurt não teria se matado se o clima estivesse bom assim na semana passada", comentou Mark, pensativo.

No início, senti que o suicídio de Kurt tinha sido uma traição, sentimento que rapidamente desapareceu ao longo dos meses seguintes. As pessoas dizem que o suicídio é o maior ato de covardia, mas quer saber? É muito mais covarde deixar sua vida minguar em incontáveis anos de bebedeira e drogas, desperdiçando seus dias com depressão saciada por TV só porque é medroso demais para fazer mudanças. Claro que culpei os empresários por imporem demandas excessivas enquanto ele estava muito fragilizado. Mas logo superei isso. Eles não queriam matá-lo! Estavam apenas buscando o melhor para atender a todo mundo, fazer o que Courtney, Kurt, Krist e Dave desejavam.

A morte de Kurt foi uma pena, uma pena. Em dado momento, realmente parecia que poderíamos mudar as coisas, mas aquele suicídio provou para mim, de modo irrevogável, que isso é o que acontece quando você tenta foder com o sistema. Lá estava, com todas as letras: o sistema te mata.

Conheço outros mortos pelo sistema: pessoas com vozes únicas, frágeis, que foram dominadas pelo canto grosseiro das massas cinzentas – amigos, conhecidos e outros mais íntimos. Elas também não conseguiram lidar com as demandas que lhes eram impostas na vida cotidiana. Talvez alguém a quem amavam as deixou, talvez nunca tenham conseguido se adaptar à normalidade de todos os outros. Quem sabe? Não é difícil imaginar o nada quando você está mergulhado em depressão profunda. Qualquer coisa é preferível à solidão: sobretudo a morte. Acontece que Kurt foi o amigo mais famoso que se matou. E lidar com a morte dele foi também o mais difícil. Para quem eu ligaria? Com quem conversaria sobre essa perda? Qualquer conhecido com quem pudesse me relacionar estava a milhares de quilômetros de distância e tinha suas próprias tristezas. Eu já me sentia mal o suficiente com as contradições da minha posição como parte da imprensa voyeurista do rock. Será que, de algum modo, eu havia contribuído para a morte de Kurt? Talvez a única razão por sairmos juntos era que a glória dele se refletia em mim e me dava a ilusão de glamour pela qual procurei a vida toda.

Havíamos conversado sobre mudar as coisas com o Nirvana. Mas a velha ordem seria substituída pelo quê? Queríamos algo *melhor*. O que isso significava? Queríamos algo menos masculino, mais voltado às mulheres, mais sensível e espontâneo, divertido e estimulante: Jad Fair, Courtney Love e Kim Deal, Kathleen Hanna, Daniel Johnston e Dan Treacy. Queríamos nossos amigos, colegas, sonhos e heróis em posição de autoridade. Isso é crime? Queríamos um lugar no qual valentões e arrogantes não tivessem o domínio das coisas. Queríamos um lugar onde as mulheres não fossem automaticamente cidadãs de segunda classe, porque elas – nós – já são parte do todo. Um lugar onde as rádios comerciais valessem nada.

O que queríamos? Não muito: só o Nirvana.

Voltei à Inglaterra depois de alguns dias.

Danny Goldberg tinha feito um discurso na cerimônia fúnebre de Kurt que me fizera perceber de uma vez por todas por que o cantor finalmente entregara os pontos. O discurso não tinha nenhum fundamento na vida real, nenhuma relação com qualquer homem que eu tivesse conhecido. Nele, Kurt foi chamado de "um anjo que veio à terra em forma humana", como alguém "bom demais para esta vida" e que, por isso, "esteve aqui por um tempo tão curto". Que baboseira do caralho! Kurt era tão chato, temperamental, agressivo, malicioso, engraçado e bobalhão quanto todos nós, a única diferença é que ele era sensível demais para a situação em que se encontrou. Após a cerimônia, saí da igreja e comecei a caminhar – para qualquer lugar, qualquer lugar onde aqueles pedantes hipócritas não se regalassem na própria fama e importância.

Mas me forcei a voltar quando me lembrei de pessoas como Lanegan, Calvin Johnson, Jon e Bruce, da Sub Pop, o pessoal do Breeders... gente que eu amava muito. Em todos os dias que se seguiram, porém, só encontrei uma pessoa que também ficou enojada com aquele discurso: Kristen Pfaff, baixista do Hole na época e ex-baixista do incrível trio hardcore de Minneapolis, o Janitor Joe. (Sem dúvida, havia outros, mas naquele período eu não falava com muita gente.)

Naquele verão, eu e Kristen conversamos sobre o Nirvana, enquanto ela voltava à sua antiga banda para uma turnê pela Europa Oriental ao lado dos caras do Hammerhead, seus colegas no selo Amphetamine Reptile. Havia nove ou dez de nós espremidos numa velha van suja, falando de amor, sorrisos, a vida e os pequenos, mas significativos, detalhes no meio disso tudo. Tudo parecia de volta aos eixos: o punk rock que eu sempre amei, praticado por duas bandas que o tinham como patrimônio natural. Os lugares eram minúsculos, abafados, lotados de rostos empolgados e acordes poderosos. À noite, dormíamos juntos num quarto comunitário, animados por qualquer bebida alcoólica barata em que pudéssemos pôr as mãos. Era como renascer: Kristen estava tão viva e cheia de otimismo em relação ao futuro, à música e à vida.

"O ritmo que você ouve é a batida de nossos corações", já disse um poeta.

Algumas semanas depois, Kristen foi encontrada morta na banheira de seu apartamento em Seattle. Curiosamente, aquela noite foi a primeira vez que falei com Courtney desde que eu saíra de Seattle. Ela achou que eu estava ligando porque tinha ouvido as notícias. Não foi isso. Foi porque eu tivera outra premonição sobre a morte, semelhante àquela vez em que um Anjo da Morte me visitou enquanto eu dirigia na autoestrada entre Boston e Nova York após ter passado a noite bebendo com o baterista do Unsane, Charlie Ondras – e ele morreu no exato instante em que vi o tal anjo.

A loucura não parou por aí.

Eu ainda viajava pelos Estados Unidos, pela Austrália e pela Europa, bebendo cada vez mais. O que eu poderia fazer? Não era real, era? Eu tinha certeza de que em algum momento receberia uma ligação de Anton ou Janet me dizendo que tudo tinha sido uma piada horrorosa ao estilo Dwarves. (A banda de rock Dwarves, da Sub Pop, certa vez divulgou um comunicado à imprensa afirmando que seu baixista tinha sido assassinado num beco escuro na América Central. A indignação foi considerável quando se descobriu que a história tinha sido inventada.) Essa era uma sensação absurda, até porque Courtney tinha me levado à garagem onde o corpo de Kurt havia sido encontrado e onde ela acendia velas em homenagem a ele – a questão é que, às vezes, os grandes acontecimentos são os mais duros de se aceitar. Segui então bebendo mais que as bandas, os assessores de imprensa, todo mundo, na vã tentativa de recuperar a vontade de viver. Fiquei ainda mais desesperado em minha escrita, na busca de bandas substitutas.

Foi só depois de furtarem meu passaporte do meu quarto de hotel em Chicago, enquanto eu jazia inconsciente no chão ao lado da cama, com vômito pingando da minha boca, que finalmente parei de viajar para os Estados Unidos. Em vez disso, continuei me martirizando do outro lado do Atlântico, voltando à sensação sombria de estar num pub, matando o tempo toda noite da semana, sem me preocupar em assistir a shows.

A música havia me decepcionado.

NOTAS

1 Lizzy Borden foi uma mulher da Nova Inglaterra, julgada e absolvida pelo brutal assassinato a machadadas de seu pai e da madrasta no fim do século 19. Seu julgamento inspirou uma cantiga infantil de pular corda: *"Lizzie Borden took an axe/ And gave her mother 40 whacks/ When she saw what she had done/ She gave her father 41"*. ["Lizzie Borden pegou um machado/ E deu 40 golpes na sua mãe/ Quando viu o que tinha feito/ Deu 41 no pai."]

2 Narcan é uma droga usada por paramédicos para neutralizar os efeitos da overdose de heroína. "É como uma injeção de adrenalina; muito desconfortável, mas com potencial para salvar vidas", comenta Cali. "Aquela injeção em particular foi roubada de uma ambulância estacionada."

CAPÍTULO 30

O desfecho

"A ÚLTIMA vez que vi Courtney pessoalmente foi quando ela esteve aqui na conferência de música Rockrgrl, em 2000", afirma Gillian G. Gaar. "Ela estava com as irmãs de Kurt, Brianne e Kim. Era espantoso como Kim se parecia com Kurt. O que realmente me chamou atenção foi que ela fumava igual a ele. Era como observar sua cópia. E tinha o mesmo jeito tranquilo de falar. Subimos para um quarto de hotel e pegamos algumas cervejas no frigobar. Kim abriu a dela, deu um gole e só murmurou, meio que para si mesma: 'Ahhhh... isso me traz recordações do ensino médio'."

Quais são seus sentimentos em relação ao Nirvana hoje?

"Foi uma coisa bem legal que aconteceu", responde Chad Channing. "É bacana dizer que eu ajudei a levar esse tipo de música ao público. Foi definitivamente divertido poder tocar com Krist e Kurt, tivemos uma relação muito boa."

Você acha todo esse mito uma...?

"Babaquice?", interrompe o baterista. "Sim, acho. É babaquice. Por que ficam insistindo em colocar pessoas em pedestais, como deuses? Que piada. Está errado. Por que diabos você colocaria alguém num lugar tão elevado? Kurt era um cara comum que compunha músicas, boas músicas, e estava no lugar certo na hora certa. Se tivéssemos feito isso cinco anos antes, não teria acontecido.

Janeiro de 2005

"Sinto que, se ele tivesse conseguido viver mais dois meses, ainda estaria vivo", diz Cali DeWitt. "Hoje em dia, penso no Kurt como alguém que estava nos estágios iniciais de um vício em drogas pesadas. Conheci várias pessoas nos primeiros dois ou três anos de vício que se entregaram e cometeram suicídio. E também conheço muita gente que superou. É uma dessas coisas bestas e trágicas. Foi um vício precoce em drogas aliado a uma paixonite desenfreada. Ele era esperto demais para ter morrido desse jeito.

"Kurt foi transformado num cara infeliz nos livros biográficos – e ele não era", continua o ex-babá. "De forma doentia, uma das primeiras coisas que pensei quando descobri como ele se matou foi: 'Você passou o seu recado. Não há maneira mais forte de dizer "foda-se" do que como você disse'. Uma pena que ele tenha feito isso, mas fiquei orgulhoso por ele ter conseguido fazer o que desejava. Foi uma sensação muito confusa. Meu amigo, que sempre foi meu herói, havia se matado, e agora toda a imprensa... eu não sabia como digerir."

O que você fez?

"Voltei a Los Angeles, e meus pais estavam morrendo de medo", responde Cali. "Eles disseram: 'Olhe, estivemos em negação, mas é óbvio que você está usando drogas'. Meus pais me apoiavam muito. Foi provavelmente isso que salvou minha vida. Parei de usar drogas por um tempo, mas não durou. Voltei ao vício e fiquei rondando por aí. Eu não tinha mais acesso ao dinheiro como na época em que morei com Kurt e Courtney. Era outra história – de volta aos corres em Los Angeles. Comecei a sair com uma mulher por quem eu era obcecado quando adolescente. Eu tinha 21 anos, e ela, 35, e era casada [com um famoso astro do rock]. Eu via em seus olhos uma pessoa linda e autodestrutiva. Ela tinha 50 mil dólares, que gastamos em seis semanas. Nós dois estávamos dando o nosso melhor para morrer. Acabei numa reabilitação cientologista em Oklahoma. Se isso não me matou, o resto foi moleza. Cinco ou seis anos depois, houve um momento em que acordei e me dei conta: 'Estou começando a digerir o que aconteceu quando eu tinha 20 anos'. Fiquei sóbrio antes de fazer 28 anos – em março, completam-se quatro anos.

"Acompanhei as notícias pela imprensa", continua Cali. "Era um assunto sério. Havia muitas perguntas não respondidas. Tudo o que consegui absorver é que ele carregava muita mágoa e era bem novato nas drogas e não sabia como lidar com aquele tipo de depressão. Aquela parte dele que quis dizer 'foda-se' para o mundo foi bem-sucedida. Mas não acredito que aquilo era a essência dele. A maioria das pessoas com quem eu saía naquela época estão mortas.

"Quanto a Courtney, fui parando aos poucos de ligar para ela. Como usuário de drogas, eu era acomodado, e em algum momento me afastei da ideia de que ela cuidaria de mim, tipo: 'Se você ficar comigo como meu amigo empregado, estará bem'. Eu só precisava olhar para o futuro: quando eu tiver 30 anos, vou querer ser amigo da Courtney? Viver com alguém que grita com garçonetes o tempo todo? Não dá. Ela acha que eu a abandonei, e, de certo modo, foi o que fiz. Eu gosto dela, quero que fique bem. Mas eu não conseguiria viver com aquela bizarrice de 'vou ser atriz de Hollywood'. Sinto que ela desviou do seu caminho, ou talvez ela nunca fosse trilhar o caminho que eu imaginei para ela."

Eu também sinto isso.

"Já não penso tanto nisso. Gostaria de ter ficado mais perto de Frances nos últimos dez anos, mas eu teria sido inútil na maior parte das vezes. Com o passar do tempo, foi ficando mais difícil telefonar. Quando eu ligava, qualquer nova assistente dizia: 'Tá, eu aviso a Frances que você ligou'. Mas eu a vi no seu aniversário, mais ou menos um ano atrás. Foi ótimo, fiquei o dia todo com ela, não a encontrava havia um bom tempo, e ela mantinha fotos minhas no mural. Gostaria de ter sido um pouco mais a pessoa que eu sou agora no início dos meus 20 anos, para ter ficado com ela o tempo todo."

Estava pensando em começar o livro com uma cópia do fax enviado um dia depois do memorial de Kurt, que satiriza o discurso de Danny Goldberg, pois acho que é algo que traça um limite. Estou tentando reivindicar o Nirvana para a galera do punk rock, longe da indústria.

"O que é bom", concorda Candice Pedersen. "É um caminho interessante e relevante para seguir, mas não foi um acidente o Kurt ter estado com as pessoas com quem esteve. Kurt as escolheu porque era muito ambicioso, e essas pessoas não fizeram nada com ele contra sua vontade. Ele fez escolhas adultas. O que eu afirmo é que ele reconheceu estar numa situação da qual não conseguia sair."

Ainda não vi o fax. E me pergunto: se eu tivesse visto, isso teria amenizado um pouco a minha solidão?

"Só li o fax na época", diz Rich Jensen, "mas ele me impactou. Referia-se ao fato de Danny Goldberg – sendo o profissional que era – saber melhor dos interesses de Kurt do que o próprio Kurt. O melhor exemplo, e isso vem do fax, foi o momento em que Kurt não entendeu como era importante para sua carreira comparecer ao MTV Music Awards [setembro de 1992]. Ele achava que deveria permanecer no hospital. Em vez disso, foi convencido a assinar uma liberação da clínica para comparecer à premiação. Foi apenas com o tipo de conselho profissional dado por Danny Goldberg que Kurt pôde ver onde estavam seus próprios interesses. O fax era muito crítico, raivoso e cortante, mas preciso. Era bem impressionante. Tínhamos conversado antes sobre a complicação que era o fato de o Nirvana ser, ao mesmo tempo, protagonista e antagonista dos negócios de uma grande gravadora, o que acabou tornando a banda interessante e socialmente atraente. Aquele fax foi um caso em que uma voz pareceu adentrar nessa complicação e abri-la em termos emocionais de um jeito surpreendente.

"O fax foi parar em vários lugares diferentes", continua Rich. "Um deles foi o aparelho de fax da Sub Pop, anonimamente. [Até hoje, nunca ficou claro quem o enviou – mas as suspeitas apontam para um dos antigos amigos de Kurt de Olympia que estavam no funeral.] Causou reboliço, todos nós tivemos acesso. As pessoas telefonavam umas às outras o dia todo para descobrir quem o tinha escrito. Mas, dando um desconto a Danny Goldberg, é difícil ser executivo do ramo musical. Por exemplo, quando Kurt morreu, eu tinha um cargo de certa responsabilidade na Sub Pop. Naquele dia, eu estava fora da cidade, peguei o ônibus do aeroporto e estava levando minha bagagem para o trabalho. Mais ou menos a uma quadra do escritório, ouvi a notícia. Tínhamos uma pequena loja – a Sub Pop Mega Mart, na 2nd Avenue – e telefonei, dizendo: 'Fechem a loja'. Eu sabia que era um lugar que chamaria as câmeras. Aquilo era uma atitude de responsabilidade, não era só pra quem recebia oito dólares por hora.

"Então o que aconteceu é que tudo o que Kurt Cobain tinha tocado ficou dez vezes mais valioso. Todos os discos começaram a vender como água – e as empresas que os lançavam tornaram-se *commodities* poderosas. Você se flagra, de forma doentia, apegado à destruição da possibilidade do processo criativo que o atraiu até ali. É o sucesso mais maligno e irônico possível. Então apresento isso em defesa de Danny Goldberg. Kurt não foi o único. Danny Goldberg é um cara inteligente e articulado, com boas intenções e que se saiu bem. Não só em termos pessoais – ganhou muito dinheiro –, mas fez boas ações para muita gente. É complicado estar nessa situação.

"Então, quando estamos falando sobre esse fax… provavelmente eu teria reagido exatamente do mesmo jeito que a pessoa que o preparou reagiu ao discurso do Danny, mas é preciso ter tudo isso em mente."

"Eu estava sempre com a sensação de que voltaria a conversar com ele – e por que não?", pergunta Carrie Montgomery. "Mas decidi esperar. Dois anos depois, senti que já tinha esperado o bastante, então liguei para a casa dele... no dia anterior ao descobrimento do corpo. Foi bizarro, porque liguei para o Dylan do nada, tipo: 'Estava pensando hoje no Kurt', e ele: 'Por quê? Você sabe onde ele está?'. Então comecei a ligar para a casa e deixei dois ou três recados. No dia seguinte, descobri que ele estava lá, morto, enquanto o telefone tocava.

"Depois que ele morreu", continua ela, "a sensação era de ter perdido *meu* marido. Ele era tão teimoso que não queria ser famoso para sempre, não queria ficar às vistas do público, então eu falava: 'Compre um castelo na Escócia, pinte, escreva um livro, quer dizer, porra, você não precisa trabalhar pra ganhar a vida'. Mas ele sempre teve um medo insano de ficar pobre."

"Achei que Kurt abriria sua própria gravadora, ou se dedicaria a mais um monte de coisas criativas", afirma Debbi Shane. "Mas não. Ele se casou e teve um bebê. Eu me lembro daquele garoto despreocupado. Ele era um rapaz muito engraçado, meio pateta, que gostava de macarrão com queijo, refresco, queijo processado e manteiga de amendoim."

Você acha que o Nirvana era melhor que dez mil outras bandas?

"Não sei", diz Tobi Vail. "Billy Childish afirma: 'Música é som e performance, assim como boas canções. Se não fosse assim, sempre que alguém tocasse "You Really Got Me", dos Kinks, soaria bem'.

"O Nirvana não só tinha as canções, como também o som e a performance. Desde o início – tocando em dormitórios de universidades ou salões improvisados, com amplificadores horríveis –, eles davam um jeito no som e se entregavam 100%, mesmo que só houvesse dez pessoas lá. Em termos sonoros, costumavam ser a melhor banda de qualquer show que fizessem, e a maioria das plateias para quem eles tocavam percebia isso na hora. Quando eles abriram para o Sonic Youth, com Dale na bateria, ficou claro para todos que os viram que eles tinham potencial para serem gigantes. Foi quando as composições começaram a combinar com o nível do som e da performance. Há bandas que eu pessoalmente curto mais, mas o Nirvana era, de modo objetivo, um bom grupo em todas as frentes."

Tem uma coisa que me deixa confuso. As pessoas dizem que o Nirvana mudou tudo; mas *o quê*, exatamente, o Nirvana mudou? Por causa deles, ficou mais fácil para o Smashing Pumpkins, o Bush, o Pearl Jam, o Silverchair e mais um monte de bandas ruins venderem toneladas de discos. E enriqueceram Courtney Love.

"É sempre assim", concorda Slim Moon. "Observe todas essas bandas emo que surgiram por causa do Rites of Spring; e todas as bandas *straight edge* que surgiram por causa do Minor Threat; ou ainda as bandas horrendas de indie rock cuja existência é culpa do Pavement. O principal legado de grandes bandas é um monte de bandas de merda. O motivo por que as pessoas falam sobre o Nirvana com um brilho insano no olhar, diferente de outros grupos, é que não há nenhuma falha no Nirvana que faça as pessoas sentirem que vivenciaram algo irreal. Ainda existe uma fantasia de que uma ótima banda de rock 'n' roll consegue se ajeitar ali mesmo no canto da sua sala e te fazer pirar. A maioria das pessoas sabe que, em certo nível, o Nine Inch Nails, por exemplo, não consegue fazer isso. E quando as pessoas pensam na forma de expressão de Kurt – suas composições e entrevistas –, elas o veem como totalmente honesto, sem falsidade. Mesmo em relação a nossos astros do rock favoritos, recai a suspeita de que haja uma certa dose de artificialidade."

Tem um motivo óbvio para isso. As pessoas ficam surpresas por eu nunca ter gostado dos Smiths. A questão é que, se o Morrissey realmente estivesse falando sério sobre o que cantava no início dos anos 1980, ele nunca teria estado num palco. Já Kurt não deixou nenhuma dúvida; afinal, ele se matou, porra.

"Não há dias póstumos ou discos bregas", concorda Slim.

A validação, porém, não exige necessariamente suicídio. Eu apontaria Neil Young como um músico que sempre se apresentou como alguém fiel a si mesmo.

"Talvez daqui a 30 anos o Neil Young ainda seja visto como um dos grandes artistas influentes na história do rock, tanto quanto o Nirvana, mas neste exato instante a presença do Nirvana é tão..."

As pessoas dizem que eles são uma grande influência, mas não vejo dessa forma. Mostre-me alguma influência.

"Certas pessoas passaram a mudar de voz para cantar como ele, foram pesquisar a fundo suas próprias músicas. Em particular, o Stone Temple Pilots e o Bush..."

Não estou falando do óbvio sentido musical.

"Se o que havia de especial neles era a autenticidade, é realmente notável como não vemos autenticidade hoje", concorda Slim. "E isso não é considerado influência. Hoje em dia, você não vê legiões de bandas tentando ser 100% reais. Parece que agora falta mais autenticidade do que antes."

Por que você acha que o Nirvana repercute tanto agora? Quero dizer, entre os adolescentes.

"Essa é fácil", responde Bruce Pavitt. "Porque eles são bons. É música atemporal. Do mesmo jeito que Neil Young ainda é ótimo. Eu diria que a música do Nirvana tem integridade emocional, assim como estilo."

Você acha que, em parte, é porque Kurt nunca passou do estágio de se sentir incrivelmente confuso com a vida?

"É uma boa teoria, sim", concorda Bruce. "Ele realmente expressa muita angústia e confusão, bem típico da adolescência. Concordo. Tenho sobrinhos e sobrinhas que ouvem Nirvana e se identificam totalmente com a banda."

Por que as pessoas ainda falam sobre *Nevermind* hoje?

"Porque tudo o que apareceu desde então é quase tão bom e totalmente proveniente de *Nevermind*", retruca Steve Fisk.

Em que sentido?

"A forma", explica o produtor de Seattle. "As letras. O som forte/som leve/som forte. A voz rouca. É realmente vergonhoso, mas não houve novas ideias desde o Nirvana. Puddle of Mud, 'She Hates Me' – toque-a perto de 'Rape Me'. São as mesmas batidas por minuto, os mesmos acordes, a mesma fonética."

"Tenho três coisas a dizer", fala o ex-guitarrista do Thrown-Ups, Leighton Beezer. "Primeiro, aposto que tivemos a mesma impressão; segundo, aposto que não tivemos a mesma impressão. Você viu a edição da revista *Time* [5 de outubro de 1993] com Eddie Vedder na capa? Lá diz: 'Grunge: toda a raiva'. Quando vi aquilo, fiquei... MEU DEUS!!! Alguém perdeu totalmente a noção!'. O grunge era ironia pura. Quer dizer, *talveeeez* Eddie tivesse problemas para falar com as massas, mas... as pessoas não eram 'raivosas' em Seattle. Não havia nenhuma violência, raiva ou angústia no grunge."

Foi aí que o Nirvana perdeu a mão. Eles ficaram sérios demais...

"Tá, mas essa é a minha... ah, espera, OK, então estou certo, você não vai concordar com minha segunda afirmação", ri Leighton. "Minha segunda afirmação é de que o suicídio de Kurt foi o golpe final. Do tipo: 'Haha, você entrou nessa!'. É! Ele decidiu que tinha de se superar, nos seus termos, e ele já tinha ido o mais longe possível antes de recorrer àquilo. Já havia ido tão longe quanto podia. Então foi, tipo: 'Você quer seguir em frente e levar isso à conclusão lógica ou não?'."

Seguindo essa lógica, Courtney Love é o ícone definitivo do grunge.

"Ah, sim. Bem, casar com ela foi provavelmente a coisa mais desagradável que ele fez antes... daquilo. Acho que ele realmente estava apaixonado por ela, o que é algo que faz minha cabeça explodir... com o perdão da expressão..."

Sem problemas.

"Sou do ramo dos softwares", diz o ex-guitarrista do Thrown-Ups. "Então conheço pessoas dessa área que são muito, muito ricas. Uma delas comprou a antiga casa do Kurt e, antes de reformar o local, deu uma festa para que pudéssemos ver como era. E não era nada de mais, exceto pelo quartinho da bebê, onde Kurt tinha pintado pequenos querubins e anjos no topo das paredes, lembrando a Capela Sistina, só que com o rosto da Courtney neles! [Na verdade, o trabalho é da cantora/quadrinista Dame Darcy, feito em 1995, a pedido de Courtney.] A compradora disse que ia tirar tudo, e implorei que não o fizesse. Tenho certeza de que Kurt foi feliz ali por certo tempo."

Adendo: Sleater-Kinney

(O Sleater-Kinney foi incluído aqui como exemplo moderno do tipo de banda que já foi sinônimo de Olympia: rock articulado, apaixonado e liderado por mulheres.)

"Eu me lembro de ir a festas na casa de Tobi Vail", diz a cantora Corin Tucker. "Era o Bratmobile e o Nirvana, nessa ordem. Eles eram uma banda de Olympia, caras que estavam só curtindo. Não havia uma hierarquia de: 'Ah, esta pessoa é famosa, ou esta é uma artista melhor que aquela'. Tinha mais a ver com gente querendo ouvir o que outras pessoas estavam fazendo, e rolava o maior respeito. Era muito libertador para uma jovem como eu, que queria ser artista."

Por que Olympia?

"Tem muito a ver com a convergência de várias coisas", responde Corin. "[O estilo de vida em Olympia] dava às pessoas que não tinham muita grana, e ao pessoal do Oregon e de Washington, a capacidade de ser da classe trabalhadora e ainda conseguir ter aspirações de ir à faculdade e de fazer atividades mais intelectuais, não somente trabalhar num supermercado a vida toda. Em Olympia, havia gente de diversos cenários econômicos e uma intensa ideologia acadêmica. Era muito intelectual e utópica, porque não tinha a ver só com tocar música para enriquecer. Tinha mais a ver com explorar o que se queria para a própria vida."

Além disso, Olympia está muito associada a artistas mulheres. E esse me parece um dos principais motivos por que o Nirvana era tão diferente – e mais interessante – que as bandas de rock anteriores. Kurt era claramente influenciado por suas colegas do sexo feminino.

"Existem muitas referências nas letras deles", concorda a vocalista Carrie Brownstein. "Em 'Been a Son', é como se ele dissesse: 'Se um dia eu conhecer um sábio, será uma mulher'. Era, tipo, uau, você está usando a mesma retórica do Bikini Killl ou do Heavens to Betsy, mas com uma perspectiva diferente. Eles eram de uma cidade de estivadores, governadores, hippies universitários, tudo isso. Todas as bandas de Olympia se inspiraram nessas influências, porém, em certos aspectos, o Nirvana se saiu como a melhor delas. Eles fizeram isso de uma forma que transcendeu Olympia. Há vários grupos incríveis saídos de lá, mas foi o Nirvana que chegou a milhões de pessoas. Se você os compara com outras bandas, eles são similares. Claro, as Riot Grrrls eram um pouco mais óbvias no que faziam, mas havia um monte de bandas de homens que também estavam fazendo o mesmo que o Nirvana, mas eles não tinham aquele... *mojo*. Não era tanta gente que ouvia Some Velvet Sidewalk, Beat Happening ou Unwound."

"Calvin [Johnson] é um cara superesclarecido sobre feminismo, e é totalmente feminista", explica Corin, "mas Kurt conseguia escrever sobre mulheres de um jeito que você refletia a respeito das experiências delas. Era emocional".

"Kurt parecia absorver bem isso, era quase uma osmose", acrescenta Carrie. "Em Olympia, ninguém dá nenhuma importância a premiações. Qualquer banda fazendo o show mais obscuro em Olympia vira a favorita da semana. É muito intenso fazer música em uma cidade em que, quanto menor você é, mais reverenciado é. É uma pegada contrária."

Shows pequenos são divertidos.

"Sim, shows pequenos *são demais*", concorda Carrie. "Acho que todo mundo tenta manter essa pureza lá, aquele momento em que pensamos: 'Só eu e mais dez pessoas viram isso, nunca vai estar na internet, ninguém tirou fotos, é só uma lembrança nossa'. É um modo antiquado de pensar sobre arte e experiência. Todo mundo sai de Olympia com a sensação de que talvez a melhor coisa que já tenha feito tenha sido ir a esse show que apenas dez pessoas viram. Independentemente de você continuar ou não sendo validado por cada vez mais gente, é difícil esquecer que algumas das pessoas de quem você realmente gostava o apreciavam mais quando só dez gatos-pingados o viam."

DISCOGRAFIA

(Compilada por Enrico Vincenzi, www.sliver.it)*

Singles

Love Buzz / Big Cheese

1988 – EUA, Sub Pop (sete polegadas, SP23)

1.200 cópias, vinil preto, capa dupla em papel. 1.000 cópias numeradas à mão em tinta vermelha na contracapa, as 200 restantes tinham uma barra vermelha no lugar do número. Existem várias falsificações em vinil preto e colorido.

Sliver / Dive / About a Girl

1990 – EUA, Sub Pop (sete polegadas, SP72)

Primeiro lançamento: 3.000 cópias em vinil preto, azul marmorizado e rosa transparente. Capa tripla em papel, incluindo a carteirinha da Sub Pop Singles Club. Selos centrais amarelos. Algumas sobras de cópias rosa transparente foram depois distribuídas em capa dupla, sem a carteirinha.

Segundo lançamento: prensado em várias cores de vinil (preto, transparente, rosa transparente, azul marmorizado transparente, amarelo-claro transparente, rosa opaco marmorizado, cor de pêssego opaco marmorizado). Uma quantidade bem limitada foi prensada em vinil branco, apenas para as bandas, funcionários da fábrica de prensagem Erika e funcionários da Sub Pop.

Embalado em capa simples de cartonagem, o nome da fábrica (Erika) é mencionado na contracapa ou nos selos amarelos da gravadora.

Existem falsificações em vinil preto.

Terceiro lançamento: vinil preto, selos centrais pretos. Capa dupla ou simples.

---

* Vale lembrar que esta discografia foi compilada até 2006, ano de lançamento da primeira edição desta obra no Reino Unido. [N. E.]

Sliver / Dive / About a Girl – ao vivo (apenas em CD e 12 polegadas) / **Spank Thru** – ao vivo (apenas em CD)
1991 – Reino Unido, Tupelo (sete polegadas, TUP25; 12 polegadas, TUPEP25; CD, TUPCD25). A versão de sete polegadas teve 2.000 cópias prensadas; vinil verde limão, capa *gatefold*).
A versão de 12 polegadas foi prensada em vinil azul marmorizado e preto.

Molly's Lips – ao vivo
1991 – EUA, Sub Pop (sete polegadas, SP97)
4.000 cópias em vinil verde marmorizado e 3.500 em vinil preto. Capa tripla em papel, incluindo a carteirinha da Sub Pop Singles Club. É um *split single*, com a faixa do Nirvana no lado B. No lado A, está "Candy", do Fluid. Existem falsificações em vinil preto.

Here She Comes Now
1991 – EUA, Communion (sete polegadas, COMM23)
O número de cópias prensadas ainda é desconhecido, mas presume-se que seja um total de 1.000, em diferentes cores de vinil: preto, azul, roxo, rosa, verde, cinza, amarelo e vermelho. Com exceção da versão em preto, todas as cópias em vinil têm aparência marmorizada e há variações para algumas das outras cores (azul-claro e azul-escuro, três ou mais tons de roxo etc.). Outras cores foram usadas apenas em algumas cópias (laranja, mostarda, branco "sujo"). Parece que o fabricante usou todos os vinis que estavam sobrando...
Capa tripla em papel. É um *split single*, com a faixa do Nirvana no lado A. No lado B, está "Venus in Furs", dos Melvins. As duas faixas são covers do Velvet Underground.
Existem falsificações em vinil preto, vermelho, verde e roxo.

Smells Like Teen Spirit / Even in His Youth / Aneurysm (somente em CD)
1991 – EUA, DGC (sete polegadas, DGCS7-19050; CD, DGCDS-21673; Cassete, DGCCS-1905)
As versões em sete polegadas foram feitas para uso em jukebox e têm capa azul ou cinza com logo da DGC.
Há duas cópias promocionais diferentes de 12 polegadas: a primeira (PRO-A-4314) inclui "Aneurysm", em vinil amarelo transparente e com uma foto na capa.
A segunda (PRO-A-4365) traz apenas a faixa título nos dois lados, em vinil preto com capa branca simples e um adesivo com o título.

O CD promo (PRO-CD-4308) tem capa cartonada e inclui somente a faixa-título (disco e versão de rádio). Alguns CDs simples foram usados também para divulgação, com a palavra "PROMOCIONAL" impressa em vermelho nos discos. Há ainda dois cassetes promocionais (sem código), somente com a faixa-título.
Smells Like Teen Spirit / Drain You / Even in His Youth (somente em 12 polegadas e CD) / **Aneurysm** (somente CD)
1991 – Reino Unido, Geffen (sete polegadas, DGCS 5; 12 polegadas, DGCT 5; 12 polegadas com foto, DGCTP 5; CD, DGCTD 5)
O CD foi lançado primeiramente com as datas da turnê britânica na contracapa, depois relançado sem as datas e incluindo uma borda azul na parte da frente. A versão de sete polegadas tem selos centrais pintados de prata. As cópias sem o selo prata e com um furo maior eram destinadas a uso em jukeboxes. O cassete promocional (sem código) traz a versão de rádio da faixa-título.

Come as You Are / School – ao vivo (somente em CD) / **Drain You** – ao vivo
1992 – EUA, DGC (sete polegadas, DGCS7-19120; CD, DGCDS-21707; Cassete, DGCCS-19120)
As versões em sete polegadas foram feitas para uso em jukebox e têm capas em azul ou cinza com logo da DGC.
A versão 12 polegadas promocional (PRO-A-4416) traz a faixa-título dos dois lados, em vinil preto, capa branca simples e adesivo com o título.
O CD promocional (PRO-CD-4375), com capa *gatefold* cartonada, inclui apenas a faixa-título. Alguns CDs simples foram usados também para divulgação, com a palavra "PROMOCIONAL" impressa em vermelho nos discos.
Come as You Are / Endless, Nameless / School – ao vivo (somente em CD) / **Drain You** – ao vivo (somente em 12 polegadas e CD)
1992 – Reino Unido, Geffen (sete polegadas, DGCS 7; 12 polegadas, DGCT 7; 12 polegadas em *picture disc*, DGCTP 7; CD, DGCTD 7)
A versão em sete polegadas tem selos centrais pretos ou pintados de prata. As cópias com selos não pintados e com furo maior eram destinadas às jukeboxes.

Lithium / Been a Son – ao vivo / **Curmudgeon** (somente em CD)
1992 – EUA, DGC (CD, DGCDM-21815; Cassete, DGCCS-19134)
O CD promocional (PRO-CD-4429), em capa simples cartonada, inclui apenas a faixa-título. Alguns CDs simples foram usados também para divulgação, com a palavra "PROMOCIONAL" impressa em vermelho nos discos.
Lithium / Been a Son – ao vivo / **Curmudgeon** (somente em 12 polegadas e CD) / **D-7** (somente em CD)

1992 – Reino Unido, Geffen (sete polegadas, DGCS 9; 12 polegadas em *picture disc*, DGCTP 9; CD, DGCTD 9; Cassete, DGCSC 9)
A versão em sete polegadas tem selos centrais pintados de prata. As cópias com selos não pintados e com furo maior eram destinadas às jukeboxes.
O CD promocional (WDGCT 9) inclui apenas a faixa-título, sem arte. O cassete promocional (DGCDM 21742) inclui todas as quatro faixas.

In Bloom
1992 – EUA
Sem lançamentos comerciais. CD promocional (DGC, PRO-CD-4463) em capa simples cartonada.
In Bloom / Sliver – ao vivo (somente em CD) / **Polly** – ao vivo
1992 – Reino Unido, Geffen (sete polegadas, GFS 34; 12 polegadas em *picture disc*, GFSTP 34; CD, GFSTD 34; Cassete, GFSC 34)
A versão em sete polegadas tem selos pintados de prata. As cópias com selos não pintados e com furo maior eram destinadas às jukeboxes.
O cassete promocional (sem código) inclui todas as três faixas.

Oh, the Guilt
É um *split single*. A faixa do Nirvana está no lado B. "Puss", do Jesus Lizard, está no lado A.
Foi lançado um total de 100.000 cópias no mundo todo.
1993 – EUA, Touch and Go (sete polegadas, TG83; CD, TG83CD; Cassete, TG83C)
1993 – Reino Unido, Touch and Go (sete polegadas, TG83; CD, TG83CD)
Algumas cópias do vinil azul de sete polegadas incluem pôster.
Foram lançadas duas versões em CD: em capa cartonada ou acrílica.
1993 – Austrália, Insipid Vinyl (sete polegadas em *picture disc*, IV-23)
Sete polegadas em *picture disc* com capa plástica transparente e adesivo vermelho ou preto. Limitado a 1.500 cópias.

Heart-Shaped Box
1993 – EUA
Sem lançamentos comerciais. Versão em 12 polegadas promocional (DGC, PRO-A-4558) com foto na capa, incluindo a faixa-título e "Gallons of Rubbing Alcohol Flow Through the Strip", música que estava disponível somente como faixa-bônus nas edições em CD do álbum *In Utero* fora dos EUA.
O CD promocional (DGC, PRO-CD-4545) e o cassete promocional (DGC, sem código) incluem apenas a faixa-título.

Heart-Shaped Box / Milk It (somente em 12 polegadas e CD) / **Marigold**
1993 – Reino Unido, Geffen (sete polegadas, GFS 54; 12 polegadas, GFST 54; CD, GFSTD 54; Cassete, GFSC 54)
A versão em sete polegadas tem selos pintados de prata. As cópias com selos não pintados e com furo maior eram destinadas às *jukeboxes.*
O cassete promocional (sem código) inclui apenas a faixa-título.
1993 – Reino Unido/França, Geffen (sete polegadas, GES19191)
Vinil vermelho, produzido no Reino Unido para o mercado francês. Tiragem de 5.000 cópias, numeradas na capa.
1993 – Alemanha, Geffen (sete polegadas, GES19191)
Edição limitada em vinil vermelho.

All Apologies / Rape Me
1993 – EUA
Sem lançamentos comerciais. Foram feitos dois CDs promocionais: o primeiro (DGC, PRO-CD-4581) traz apenas a faixa-título; o segundo (DGC, PRO-CD-4582) também inclui "Rape Me".
All Apologies / Rape Me / MV (Moist Vagina)
1993 – Reino Unido, Geffen (sete polegadas, GFS 66; 12 polegadas, GFST 66; CD, GFSTD 66; Cassete, GFSC 66)
A versão em sete polegadas tem selos pintados de prata. As cópias com selos não pintados e com furo maior eram destinadas às jukeboxes.
A versão em 12 polegadas tem duas impressões da arte de capa com diferentes cores ao fundo.
O CD promocional (NIRVA1) inclui apenas "Rape Me" e "All Apologies", sem arte de capa.
Cassete promocional (sem código).

Pennyroyal Tea – Scott Litt remix / **I Hate Myself and I Want to Die / Where Did You Sleep Last Night (In the Pines)** – *Unplugged*
1994 – Reino Unido
Sete polegadas, CD e cassete foram programados, mas nunca lançados. Algumas cópias do CD promocional (NIRPRO) foram distribuídas, trazendo apenas a faixa--título, sem arte de capa.
1994 – Alemanha, Geffen (CD, GED21907)
Foi feito um *recall* dos CDs, e eles foram destruídos imediatamente após o lançamento. Algumas centenas de cópias apareceram mais tarde nos mercados europeus e coreanos, seguidas por falsificações quase perfeitas.

About a Girl – *Unplugged*
1994 – EUA
Sem lançamentos comerciais. CD promocional (DGC, PRO-CD-4688)
About a Girl – *Unplugged* / **Something in the Way** – *Unplugged*
1994 – França, Geffen (CD, GED21958)
Em capa cartonada; foram lançadas duas versões, com o tempo das faixas ligeiramente diferente.
1994 – Austrália, Geffen (CD, GEFDS21958)
Tiragem de 5.000 cópias com capa cartonada numerada. 200 cópias não numeradas foram usadas para promoção.

EPs

BLEW
Blew / Love Buzz / Been a Son / Stain
1989 – Reino Unido, Tupelo (12 polegadas, TUPEP 8; CD, TUPCD 8)
As versões em 12 polegadas foram prensadas apenas em vinil preto. Existem falsificações em vinil preto, colorido e *picture disc*.
O CD também teve um alto índice de falsificações.

HORMOANING
Turnaround / Aneurysm / D-7 / Son of a Gun / Even in His Youth / Molly's Lips
1991 – Austrália, Geffen (12 polegadas, GEF21711; CD, GEFD21711; Cassete, GEFC21711)
"EP exclusivo da turnê australiana em 1992"
A versão em 12 polegadas é feita de um vinil que mistura vermelho e azul em espiral. Teve tiragem de 4.000 cópias. Diversas falsificações também foram feitas: em preto, branco e outras cores de vinil.
Existem duas versões em CD, com as mesmas inscrições em alto-relevo que diferem somente no disco. A primeira prensagem (letras pretas em fundo prata, com o código DGCDS21711 impresso no disco) foi feita nos EUA e enviada para a Austrália. Uma segunda prensagem (letras vermelhas e brancas em fundo azul) foi feita localmente mais tarde. A versão azul foi falsificada.
Foram lançadas mil cópias em cassete.
1991 – Japão, DGC (CD, MVCG 17002)
A arte gráfica é diferente do lançamento australiano. É um dos itens do Nirvana que mais foram falsificados.

Álbuns

BLEACH

Blew / Floyd the Barber / About a Girl / School / Love Buzz (não consta em todos os lançamentos) / Paper Cuts / Negative Creep / Scoff / Swap Meet / Mr. Moustache / Sifting / Big Cheese (não consta em todos os lançamentos) / Downer (não consta em todos os lançamentos)

1989 – EUA, Sub Pop (12 polegadas, SP34; CD, SP34b; Cassete, SP34a)

"Big Cheese" e "Downer" não foram incluídas em todos os lançamentos em vinil.

Primeiro lançamento de 12 polegadas: 1.000 cópias em vinil branco. Algumas delas incluem um pôster preto e branco.

Segundo lançamento de 12 polegadas: 2.000 cópias em vinil preto. Algumas vinham com uma carteirinha da Sub Pop Singles Club; algumas traziam um pôster preto e branco.

Terceiro lançamento de 12 polegadas: vinil colorido (vermelho transparente, rosa transparente, rosa marmorizado, azul marmorizado, roxo marmorizado, verde marmorizado e vermelho e branco misturados em espiral). Um conjunto de 500 cópias prensadas com o espiral vermelho e branco foi vendido num pacote numerado que incluía um vinil azul do single em sete polegadas de "Sliver".

12 polegadas inédito: um pequeno número de cópias foi prensado em vinil marmorizado branco esverdeado. Nunca foi lançado, por medo de que pudesse ser confundido com o primeiro lançamento limitado, em branco. A maioria das cópias acabou nas coleções da própria banda ou de funcionários da Sub Pop.

Quarto lançamento de 12 polegadas: reeditado em 2000 somente em vinil preto, reconhecível pela presença de um código de barras na contracapa.

O CD foi lançado primeiramente por volta de 1990. Uma versão remasterizada serviu de base para todos os relançamentos. Algumas cópias foram embaladas em caixas de cartonagem alongada.

"Big Cheese", que não constava no primeiro lançamento em cassete, foi incluída nas versões remasterizadas.

1989 – Reino Unido, Tupelo (12 polegadas, TUPLP6; CD, TUPCD6; Cassete, TUPMC6)

"Love Buzz" e "Downer" ficaram de fora dos lançamentos em vinil, do primeiro CD lançado e do cassete.

Primeiro lançamento de 12 polegadas: 300 cópias, vinil branco. Segundo lançamento: 2.000 cópias, vinil verde limão. Terceiro lançamento: vinil preto.

O primeiro lançamento do CD tinha só 11 faixas. Foi reeditado com 13 faixas.

1992 – Reino Unido, Geffen (CD, GFLD 1929; Cassete, GFLC 19121)
Versão remasterizada.
2002 – Reino Unido, Warner Music (12 polegadas, 9878400341)
Vinil branco; encarte interno com foto e um adesivo "Back to vinyl" na capa.
Primeiro lançamento: limitado a 2.500 cópias, com 13 faixas. Segundo lançamento: apenas 11 faixas ("Big Cheese" e "Downer" não incluídas).
1989 – Austrália, Waterfront (12 polegadas, DAMP 114)
"Big Cheese" e "Downer" não incluídas.
Oito cores diferentes de vinil dentro de capas combinando. Aparentemente foram feitas 500 cópias de cada versão, mas algumas aparecem com menos frequência que outras, então esse número pode não estar correto.
Vinil preto, fundo preto com títulos em prata na capa.
Vinil amarelo, fundo preto com títulos em amarelo na capa.
Vinil roxo, fundo roxo com títulos em prata na capa.
Vinil vermelho, fundo vermelho alaranjado com títulos em prata na capa.
Vinil vermelho alaranjado, fundo preto com títulos em prata na capa.
Vinil azul-claro, fundo azul com títulos em prata na capa.
Vinil azul, fundo preto com títulos em azul, ou fundo preto com títulos em prata na capa.
Vinil verde, fundo verde com títulos em prata na capa. É "uma edição da turnê australiana de 1992, limitada a 500 cópias", conforme diz a sobrecapa.
Inclui um pôster com o design do encarte e um encarte externo em tecido de algodão branco, serigrafado em verde e vermelho com as informações e datas da turnê.

NEVERMIND

Smells Like Teen Spirit / In Bloom / Come as You Are / Breed / Lithium / Polly / Territorial Pissings / Drain You / Lounge Act / Stay Away / On a Plain / Something in the Way / Endless, Nameless (somente em alguns CDs e cassetes)
1991 – EUA, DGC (12 polegadas, DGC24425; CD, DGCD24425; Cassete, DGCC24425; DCC, DGCX24425)
As cópias promocionais de 12 polegadas possuem um selo dourado na contracapa: "Somente para Divulgação".
As primeiras cópias do CD vinham em um box de cartonagem alongada, sem constar a última faixa, "Endless, Nameless". Mais tarde, a música foi incluída nos relançamentos e, então, excluída de novo, sendo novamente adicionada mais adiante... O mesmo ocorreu nas versões em cassete.
Foram lançados três diferentes cassetes promocionais (sem código).

1995 – EUA, Mobile Fidelity Sound Lab (12 polegadas, MFSL1-258; CD, UDCD666)
Relançamento em 12 polegadas a partir das fitas master originais (5.000 cópias numeradas na contracapa, vinil de alta definição e capa *gatefold*) e em CD (CD dourado Ultradisc II).
1991 – Reino Unido
Os lançamentos alemães (Geffen, 12 polegadas, GEF24425; CD, GED24425; Cassete, GEC24425) foram distribuídos no Reino Unido. Apenas cassetes promocionais (DGC, sem código) foram produzidos localmente. Existem duas versões: uma inclui o álbum completo; a outra tem apenas quatro faixas.
1998 – Reino Unido, Simply Vinyl (12 polegadas, SVLP 0038)
Lançamento em vinil de 180 g para os amantes da alta fidelidade. Houve duas prensagens, com adesivos prata ou dourado no plástico transparente que reveste a capa.
1992 – República Tcheca, Globus (12 polegadas, 2101101311; 12 polegadas em *picture disc*, 0235)
Vinil verde. Algumas cópias promocionais foram prensadas em vinil preto. Esta primeira prensagem (oficial) traz selos centrais pretos com títulos em prata e as capas envernizadas. Em 1999, reedições (não oficiais?) foram feitas em preto, verde, azul, transparente com pontos multicoloridos e verde com pontos multicoloridos. Essas reedições têm selos centrais prata com títulos pretos.
Com uma borda azul, o *picture disc* teve uma primeira e uma segunda prensagem, distinguíveis apenas por alguns números extras na matriz.

INCESTICIDE
Dive / Sliver / Stain / Been a Son / Turnaround / Molly's Lips / Son of a Gun / (New Wave) Polly / Beeswax / Downer / Mexican Seafood / Hairspray Queen / Aero Zeppelin / Big Long Now / Aneurysm
Compilação de faixas raras e inéditas
1992 – EUA, DGC (12 polegadas, DGC24504; CD, DGCD24504; Cassete, DGCC24504)
Vinil azul marmorizado de 12 polegadas, 15.000 cópias.
As primeiras cópias do CD vinham em um box de cartonagem alongada e incluíam páginas extras no livreto do encarte, com texto de Cobain. Elas foram removidas e então readicionadas nas reedições. Algumas cópias foram usadas para divulgação com a palavra "PROMOCIONAL" impressa no disco.
Foram feitos três diferentes cassetes promocionais (sem código).
1992 – Reino Unido
Lançamentos holandeses (Geffen, 12 polegadas, GEF245040) e alemães (Geffen, CD

GED24504, MC GEC24504) foram distribuídos no Reino Unido. Apenas o cassete promocional (DGC, sem código) foi produzido localmente.

IN UTERO

Serve the Servants / Scentless Apprentice / Heart-Shaped Box / Rape Me / Frances Farmer Will Have Her Revenge on Seattle / Dumb / Very Ape / Milk It / Pennyroyal Tea / Radio Friendly Unit Shifter / tourette's / All Apologies / Gallons of Rubbing Alcohol Flow Through the Strip (somente em CD, não em lançamentos americanos)

1993 – EUA, DGC (12 polegadas, DGC24607; CD, DGCD24607; Cassete, DGCC24607)

Vinil transparente verde-claro de 12 polegadas, 15.000 cópias. As edições promocionais de 12 polegadas possuem um selo dourado na contracapa: "Somente para Divulgação".

Algumas cópias do CD foram usadas para divulgação com a palavra "PROMOCIONAL" em branco impressa no disco.

Foram feitos três diferentes cassetes promocionais (sem código).

1993 – EUA, DGC (CD, DGCD24705; Cassete, DGCC24705)

Versão censurada, feita para ser comercializada em lojas do Walmart e do Kmart: "Rape Me" está com o título trocado para "Waif Me", e a imagem da contracapa foi modificada. O remix de Scott Litt foi usado em "Pennyroyal Tea".

1997 – EUA, Mobile Fidelity Sound Lab (CD, UDCD690)

Reedição em CD dourado Ultradisc II a partir das fitas master originais.

1993 – Reino Unido

Lançamentos holandeses (Geffen, 12 polegadas, GEF24536) e alemães (Geffen, CD, GED24536; Cassete, GEC24536) foram distribuídos no Reino Unido. Só o cassete promocional (Geffen, sem código) foi feito localmente, incluindo a faixa extra.

1998 – Reino Unido, Simply Vinyl (12 polegadas, SVLP 0048)

Lançamento em vinil de 180 g para os amantes da alta fidelidade. Houve duas prensagens, com adesivos prata ou dourado no plástico transparente que reveste a capa.

2001 – Alemanha, Geffen/Universal (12 polegadas, 424 536-1)

Para esta reedição, as mixagens originais de Steve Albini foram usadas no lugar das versões remixadas de todos os outros lançamentos.

UNPLUGGED IN NEW YORK

About a Girl / Come as You Are / Jesus Doesn't Want Me for a Sunbeam / The Man Who Sold the World / Pennyroyal Tea / Dumb / Polly / On a Plain /

Something in the Way / Plateau / Oh Me / Lake of Fire / All Apologies / Where Did You Sleep Last Night

Gravado ao vivo para o formato acústico da MTV nos estúdios Sony, em Nova York, em 18 de novembro de 1993.

1994 – EUA, DGC (12 polegadas, DGC24727; CD, DGCD24727; Cassete, DGCC24727)

A versão de 12 polegadas foi prensada em vinil nas cores branca e preta.

Algumas cópias do CD foram usadas para divulgação com a palavra "PROMOCIONAL" impressa em preto no disco.

Foi feito um cassete promocional numerado (sem código).

1994 – Reino Unido

Lançamentos alemães (Geffen, 12 polegadas, GEF24727; CD, GED24727; Cassete, GEC24727) foram distribuídos no Reino Unido. Apenas o cassete promocional (Geffen, sem código) foi produzido localmente.

1998 – Reino Unido, Simply Vinyl (12 polegadas, SVLP 0053)

Lançamento em vinil de 180 g para os amantes da alta fidelidade. Houve duas prensagens, com adesivos prata ou dourado no plástico transparente que reveste a capa.

FROM THE MUDDY BANKS OF THE WISHKAH

Intro / School / Drain You / Aneurysm / Smells Like Teen Spirit / Been a Son / Lithium / Sliver / Spank Thru / Scentless Apprentice / Heart-Shaped Box / Milk It / Negative Creep / Polly / Breed / tourette's / Blew

Compilação de faixas ao vivo, retiradas de diferentes shows.

1996 – EUA, DGC (12 polegadas, x2 DGC2-25105; CD, DGCD25105; Cassete, DGCC25105)

No lado quatro do lançamento em vinil, há uma compilação de zombarias no palco, não disponível nas versões em CD e cassete.

Algumas cópias do CD foram usadas para divulgação com a palavra "PROMOCIONAL" impressa em vermelho no disco.

Foram lançados dois cassetes promocionais: o primeiro (sem código), de 57 minutos, era destinado à divulgação do álbum nas rádios; o segundo (DGCC-A-25105) contém todas as faixas do álbum.

1996 – Reino Unido

Lançamentos holandeses (Geffen, 12 polegadas, GEF251052) e alemães (Geffen, CD, GED25105) foram distribuídos no Reino Unido. Apenas o cassete promocional (Geffen, sem código) foi produzido localmente.

NIRVANA

You Know You're Right / About a Girl / Been a Son / Sliver / Smells Like Teen Spirit / Come as You Are / Lithium / In Bloom / Heart-Shaped Box / Pennyroyal Tea – remix de Scott Litt / **Rape Me / Dumb / All Apologies** – *Unplugged* / **The Man Who Sold the World** – *Unplugged* / **Something in the Way** – *Unplugged* (somente em 12 polegadas) / **Where Did You Sleep Last Night** – *Unplugged* (não consta no CD americano)

Compilação do tipo "Best of", incluindo a faixa inédita: "You Know You're Right".

2002 – EUA, DGC (CD, 0694935072)

2002 – Europa, Geffen (12 polegadas, x2 439 523-1; CD, 439 523-2; Cassete, 439 523-4)

SLIVER – THE BEST OF THE BOX

Spank Thru (*) – da demo Fecal Matter; 1985 / **Heartbreaker** – ao vivo / **Mrs. Butterworth** – demo de ensaio / **Floyd the Barber** – ao vivo / **Clean up Before She Comes** – demo caseira / **About a Girl** – demo caseira / **Blandest** – demo de estúdio / **Ain't It a Shame** – demo de estúdio / **Sappy (*)** – demo de estúdio de 1990 / **Opinion** – acústico solo de participação em rádio / **Lithium** – acústico solo de participação em rádio / **Sliver** – demo caseira / **Smells Like Teen Spirit** – versão boom box / **Come as You Are (*)** – versão boom box / **Old Age** – sobra de *Nevermind* / **Oh, the Guilt** / **Rape Me** – demo caseira / **Rape Me** – demo da banda / **Heart-Shaped Box** – demo da banda / **Do Re Mi** – demo caseira / **You Know You're Right** – demo caseira / **All Apologies** – demo caseira

Compilação de faixas do box *With the Lights Out*, mais três faixas não lançadas (*).

2005 – EUA, UMe (CD, B0005617-02)

CDrs promocionais antecipados (sem código), com numeração individual e marca-d'água para evitar uso não autorizado. Inscrição em alto-relevo personalizada.

2005 – Reino Unido

CDs produzidos na Europa (Geffen, CD, 602498867181) distribuídos no Reino Unido. Somente uma versão em CDr promocional (sem código) foi produzida localmente, com numeração individual e marca-d'água para evitar uso não autorizado. Inscrição em alto-relevo personalizada.

Box sets

SINGLES

1995 – Alemanha, Geffen (CD x6 GED24901)

Novas prensagens de todos os seis singles em CD dos álbuns *Nevermind* e *In Utero*, contidos em um box cartonado com foto:
"Smells Like Teen Spirit" / "Come as You Are" / "Lithium" / "In Bloom" / "All Apologies" / "Heart-Shaped Box"

WITH THE LIGHTS OUT
Faixas de áudio:
Heartbreaker – ao vivo / **Anorexorcist** – performance em rádio / **White Lace and Strange** – performance em rádio / **Help Me I'm Hungry** – performance em rádio / **Mrs. Butterworth** – gravação de ensaio / **If You Must** – demo / **Pen Cap Chew** – demo / **Downer** – ao vivo / **Floyd the Barber** – ao vivo / **Raunchola** / **Moby Dick** – ao vivo / **Beans** – solo acústico / **Don't Want It All** – solo acústico / **Clean up Before She Comes** – solo acústico / **Polly** – solo acústico / **About a Girl** – solo acústico / **Blandest** – demo / **Dive** – demo / **They Hung Him on a Cross** – demo / **Grey Goose** – demo / **Ain't It a Shame** – demo / **Token Eastern Song** – demo / **Even in His Youth** – demo / **Polly** – demo / **Opinion** – solo acústico / **Lithium** – solo acústico / **Been a Son** – solo acústico / **Sliver** – solo acústico / **Where Did You Sleep Last Night** – solo acústico / **Pay to Play** – demo / **Here She Comes Now** / **Drain You** – demo / **Aneurysm** / **Smells Like Teen Spirit** – demo / **Breed** – rough mix / **Verse Chorus Verse** – sobra de estúdio / **Old Age** – sobra de estúdio / **Endless, Nameless** – aparição em rádio / **Dumb** – aparição em rádio / **D-7** / **Oh, The Guilt** / **Curmudgeon** / **Return of the Rat** / **Smells Like Teen Spirit** – mixagem de Butch Vig / **Rape Me** – solo acústico / **Rape Me** – demo / **Scentless Apprentice** – demo de ensaio / **Heart-Shaped Box** – demo / **I Hate Myself and I Want to Die** – demo / **Milk It** – demo / **Moist Vagina** – demo / **Gallons of Running Alcohol Flow Through the Strip** / **The Other Improv** – demo / **Serve the Servants** – solo acústico / **Very Ape** – solo acústico / **Pennyroyal Tea** – solo acústico / **Marigold** / **Sappy** / **Jesus Doesn't Want Me for a Sunbeam** – demo de ensaio / **Do Re Mi** – solo acústico / **You Know You're Right** – solo acústico / **All Apologies** – solo acústico.
Faixas de vídeo:
Love Buzz – **Scoff** – **About a Girl** – **Big Long Now** – **Immigrant Song** – **Spank Thru** – **Hairspray Queen** – **School** – **Mr. Moustache** – dez. 1988, casa da mãe de Krist, Aberdeen, Washington / **Big Cheese** – jun. 1989, Rhino Records, Los Angeles, Califórnia / **Sappy** – fev. 1990, Bogarts, Long Beach, Califórnia / **In Bloom** – vídeo da Sub Pop / **School** – set. 1990, Motor Sports International Garage, Seattle, Washington / **Love Buzz** – out. 1990, Olympia, Washington / **Pennyroyal Tea** – **Smells Like Teen Spirit** – **Territorial Pissings** – abr. 1991, OK Hotel, Seattle,

Washington / **Jesus Doesn't Want Me for a Sunbeam** – out. 1991, Paramount Theatre, Seattle, Washington / **Talk to Me** – out. 1993, Crocodile Café, Seattle, Washington / **Seasons in the Sun** – jan. 1993, estúdio da BMG Ariola, Rio de Janeiro, Brasil.
Compilação de faixas raras e não lançadas. Três CDs de áudio e um DVD de vídeo em embalagem tripla, com uma placa de metal impressa na frente. Um livreto de 60 páginas com notas extensas num bolso interno. As superfícies "escuras" do box são impressas com tinta sensível ao calor, que revela imagens ocultas quando levemente aquecidas.
2004 – EUA, UMe (BOX B0003727-00)
2004 – Europa, Geffen (BOX 0602498648384)

Outros lançamentos promocionais diversos

NEVERMIND IT'S AN INTERVIEW
1992 – EUA, DGC (CD, PRO-CD-4382)
CD promocional destinado às rádios. Contém uma entrevista exclusiva conduzida por Kurt St. Thomas, com faixas ao vivo completas do show de 31 de outubro de 1991 no Paramount Theatre, em Seattle ("About a Girl", "Aneurysm", "Drain You", "On a Plain", "School"), clipes de estúdio e faixas ao vivo ao fundo.
Este item foi falsificado.

On a Plain
1991 – EUA, DGC (CD, PRO-CD-4354)
I Hate Myself and I Want to Die
1993 – Reino Unido, Geffen (Cassete, sem código)
All Apologies – *Unplugged* / **All Apologies** – versão LP
1994 – EUA, DGC (CD, PRO-CD-4618)
The Man Who Sold the World – *Unplugged*
1994 – EUA, DGC (CD, PRO-CD-4704)
Where Did You Sleep Last Night – *Unplugged*
1994 – Reino Unido, Geffen (CD, NIRVPRO 1)
Lake of Fire – *Unplugged* / **Where Did You Sleep Last Night** – *Unplugged*
1994 – Austrália, Geffen (CD, PROCD-4265)
Aneurysm – ao vivo
1996 – EUA, DGC (CD, PRO-CD-1033)

1996 – Reino Unido, Geffen (CD, PRO CD 1033)

Drain You – ao vivo

1996 – EUA, DGC (CD, PRO-CD-1070)

Smells Like Teen Spirit – ao vivo

1996 – França, Geffen (CD, MCA F0010) – capa cartonada

You Know You're Right

2002 – EUA, DGC (CDR INTR-10853-2) – CDr com impresso personalizado

2002 – Reino Unido, DGC (CD, INTR-10853-2)

SELECTIONS FROM WITH THE LIGHTS OUT

White Lace and Strange – performance em rádio / **Blandest** – demo / **Polly** – demo (somente no CD americano) / **Lithium** – solo acústico / **In Bloom** – versão da Sub Pop (somente no CD americano) / **Heart-Shaped Box** – demo / **You Know You're Right** – solo acústico

Seleção de faixas do box *With the Lights Out*

2004 – EUA, UMe (CDR sem código) – sete faixas, CDr impresso personalizado

2004 – Europa, Geffen (CD, NIRVBOXCDP1) – Cinco faixas, capa cartonada

NIGHTLY NIRVANA

SEMANA 1

Smells Like Teen Spirit / *Cobain: inspiração do nome "Smells Like Teen Spirit"* / **Even in His Youth**

Serve the Servants / *Albini: ética de trabalho* / **Rape Me** – ao vivo no *SNL*

Sliver / *Novoselic: expondo o underground* / **Oh Me** – *Unplugged*

On a Plain / *Vig: ouvindo a primeira gravação do Nirvana* / **About a Girl**

Heart-Shaped Box / *Banda completa: o absurdo de bandas como Extreme* / **Spank Thru**

SEMANA 2

Lithium – acústico / *Cross: Kurt era um letrista genial* / **Aneurysm**

Dumb / *Cobain: como escrevo as letras das músicas* / **You Know You're Right**

In Bloom / *Vig: se unindo à Sub Pop... e então Nirvana* / **Immodium (Breed)** – estúdio Smart, abr. 1990 (*)

Verse Chorus Verse / *Cobain: à venda* / **Polly** – ao vivo, Roma, 22 fev. 1994 (*)

Stay Away / *Albini: pessoas se agarrando a Kurt* / **Pennyroyal Tea**

SEMANA 3

Drain You / *Vig, a importância de Krist e Dave* / **Marigold**

Come as You Are / *Cobain: álbum certo, momento certo* / **Verse Chorus Verse** – sobra de estúdio

Love Buzz / *Cross: Cobain queria fama* / **I Hate Myself and I Want to Die**

Jesus Doesn't Want Me for a Sunbeam – ao vivo, trilha do DVD / *Cobain: "All Apologies"* Unplugged / **All Apologies** – *Unplugged*
Something in the Way / *Poneman: Conheci dois Kurt Cobains diferentes* /
Seasons in the Sun – trilha do DVD
SEMANA 4
Negative Creep / *Cobain: escrevendo as letras de* Bleach / **Downer**
Ain't it a Shame / *Endino: a explicação ao júri* / **Where Did You Sleep Last Night** – *Unplugged*
Lounge Act / *Vig: as alterações de humor de Kurt* / **Old Age**
Lithium – ao vivo / *Krist: arremessando o baixo no VMA* / **Territorial Pissings**
Breed / *Endino: Dave Grohl era muito barulhento* / **Milk It**
SEMANA 5
School / *Endino: Frances Bean em "Rape Me"* / **Rape Me** – demo
Dive / *Cross: o status de ícone de Kurt* / **The Man Who Sold the World** – *Unplugged*
Been a Son – ao vivo / *Cobain: stagediving* / **Aneurysm** – ao vivo
Pay to Play – demo / *Vig:* Nevermind *tocou no nervo* / **Come as You Are** – *Unplugged*
Opinion / *Endino: as fitas de última hora no box set* / **Token Eastern Song**
SEMANA 6
All Apologies / *Albini: opinião sobre o Nirvana durante as gravações* / **Frances Farmer Will Have Her Revenge on Seattle**
Heart-Shaped Box – demo / *Jerry Cantrell sobre Kurt Cobain* / **Something in the Way** – *Unplugged*
Aero Zeppelin / *Krist: nós pensamos que "Teen Spirit" fosse uma cópia dos Pixies* /
Smells Like Teen Spirit – mixagem de Butch Vig
Turnaround / *Grohl: "Você sabe que está certo"* / **You Know You're Right** – demo
Pennyroyal Tea – solo acústico / *Endino: mais música do Nirvana por aí* /
Curmudgeon
SEMANA 7
Dumb – aparição em rádio / *Endino: sem hits no box set* / **Return of the Rat**
Oh, the Guilt / *Cobain: escolhendo o diretor do vídeo de "Heart-Shaped Box"* /
Heart-Shaped Box – live
Molly's Lips / *Cross: Kurt era um cara problemático* / **tourette's**
Lake of Fire – *Unplugged* / *Endino em "Do Re Mi"* / **Do Re Mi**
Breed – ao vivo / *Vig: o legado de* Nevermind / **D-7**
SEMANA 8
Plateau – *Unplugged* / *Cross: Kurt era um cara problemático* / **Jesus Doesn't Want Me For A Sunbeam** – demo de ensaio

Mexican Seafood / *Endino: primeira sessão de gravação do Nirvana* / **If You Must** / **About A Girl** – *Unplugged* / *Vig: música favorita de* Nevermind / **Smells Like Teen Spirit** – ao vivo

Come as You Are / *Cobain:* Nevermind *foi gravado perfeitamente* / **Lithium** – ao vivo no Reading Festival (*)

Here She Comes Now / *Endino: "Penduraram-no numa cruz"* / **They Hung Him on a Cross**

SEMANA 9

On a Plain / *Novoselic:* Nevermind *é um disco de rito de passagem* / **Polly** – ao vivo

Sappy / *Endino: making of de um box set* / **Where Did You Sleep Last Night** – solo acústico

Son of a Gun / *Rollins: sobre Nirvana e Kurt* / **Radio Friendly Unit Shifter**

Old Age / *Vig: as primeiras gravações de* Nevermind / **Dive**

Sliver / *Cobain: onde ele conseguiu o conteúdo de algumas letras?* / **MV**

SEMANA 10

Hairspray Queen / *Vig: as alterações de humor de Kurt* / **Scentless Apprentice**

Serve the Servants / *Cobain: os velhos dinossauros precisam ser eliminados* / **The Man Who Sold The World** – *Unplugged*

Even in His Youth / *Cross: o azarão vencedor* / **Been a Son**

Very Ape / *Poneman: o som de Seattle no seu tempo* / **Negative Creep**

All Apologies – solo acústico / *Endino: tudo que não está no box set* / **Endless, Nameless**

2004/2005 – EUA, UMe (CDRs sem código)

Promos de rádio semanais do box *With the Lights Out.* Com início no final de novembro de 2004, quando o box foi lançado, a série durou por dez semanas, chegando ao fim em janeiro de 2005.

Cada CD contém um programa de rádio completo, com entrevistas e uma seleção de faixas, algumas não disponíveis em nenhum outro lugar (*). CDrs com impressão personalizada com folhas de acompanhamento.

SLIVER – THE RADIO SPECIAL

Smells Like Teen Spirit – versão boom box / *Cobain: de onde veio o título de "Teen Spirit"* / **Old Age** – sobra de estúdio / **Lithium** – solo acústico / *Jack Endino: Frances Bean em "Rape Me"* / **Rape Me** – demo da banda / **Sliver** – demo caseira / *Butch Vig: "About a Girl" [...] música favorita de* Bleach / **About a Girl** – demo caseira / **You Know You're Right** – demo caseira / *Grohl: gravação da versão de* *estúdio de "You Know You're Right"* / **Ain't It a Shame** – demo de estúdio / *Steve Albini: pessoas que se apegam a Kurt* / **Heart-Shaped Box** – demo da banda / **All Apologies** – demo caseira / *Jack Endino: "Do Re Mi"* / **Do Re Mi** – demo caseira

2005 – EUA, UMe (CDR, sem código)

Promo de rádio do álbum *Sliver: The Best of the Box*. O CD contém um programa de rádio completo, com entrevistas e uma seleção de faixas. CDrs com impressão personalizada e folhas de acompanhamento.

Faixas em compilações

SUB POP 200

Spank Thru

1988 – EUA, Sub Pop (12 polegadas ×3, SP25)

Três discos de 12 polegadas contidos em um box cartonado preto, além de um livreto de 20 páginas com fotos e informações sobre as bandas. 5.000 cópias.

1989 – Reino Unido, Tupelo (CD, TUPCD4)

1991 – EUA, Sub Pop (CD, SP25b)

1995 – EUA, Sub Pop (CD, SP25-2)

Reedição, com box cartonado preto e livreto de 20 páginas, como uma réplica do box em vinil.

SUB POP ROCK CITY

Spank Thru

1989 – Alemanha, Glitterhouse (12 polegadas, GR0052)

Lançamento alemão da compilação *Sub Pop 200*, sem algumas faixas. Capa *gatefold*.

TERIYAKI ASTHMA, vol. I

Mexican Seafood

1989 – EUA, C/Z (sete polegadas, C/Z009)

Capa dupla em papel serigrafado. 1.000 cópias.

TERIYAKI ASTHMA, vols. I-V

Mexican Seafood

1991 – EUA, C/Z (CD, CZ037; Cassete, CZ037)

1991 – Holanda, C/Z (12 polegadas ×2, CZ037)

Capa *gatefold*.

HARD TO BELIEVE
Compilação de covers do Kiss
Do You Love Me?
1990 – EUA, C/Z (12 polegadas, CZ024; CD, CZ024; Cassete, CZ024)
Inicialmente, a capa exibia uma imagem distorcida do rosto dos membros do Kiss, mas, temendo ações legais da banda, o CD e o cassete foram relançados em seguida com uma imagem diferente na capa.
Diferentes músicas foram usadas em vários lançamentos – mas a do Nirvana aparece em todos.
A versão de 12 polegadas foi lançada primeiramente em vinil vermelho arroxeado e capa *gatefold*. Depois saiu em vinil preto, tanto em capa *gatefold* como em capa simples.
1990 – Reino Unido, Waterfront / Southern Studios (12 polegadas, DAMP 121; CD, DAMP 121CD)
A versão de 12 polegadas foi lançada em capa *gatefold*.
1990 – Reino Unido, Waterfront (12 polegadas ×2, DAMP 121)
Lançamento duplo em 12 polegadas, prensado em vinis vermelho e preto. Capa *gatefold*.

HEAVEN AND HELL, vol. 1
Compilação de covers do Velvet Underground
Here She Comes Now
1990 – Reino Unido, Imaginary (12 polegadas, ILLUSION 016; CD, ILL CD 016; Cassete, ILL CASS 016)
1991 – EUA, Communion (12 polegadas, 20; CD, 20CD; Cassete, 20)

HEAVEN AND HELL, vols. 1-3
Compilação de covers do Velvet Underground
Here She Comes Now
1992 – Reino Unido, Imaginary (CD ×3, ILL CD 016 / ILL CD 017 / ILL CD 022)
Coleção de três volumes em um box cartonado e numerado.

KILL ROCK STARS
Beeswax
1991 – EUA, kill rock stars (12 polegadas, KRS-201; CD, KRS-201)
Primeiro lançamento de 12 polegadas: 1.000 cópias com capas serigrafadas, numeradas e assinadas à mão pelo designer de capa. Contracapa em branco.
Segundo lançamento de 12 polegadas: capa normal, sem serigrafia ou numeração. Lista de faixas e imagens das bandas na contracapa.

THE GRUNGE YEARS

Dive

1991 – EUA, Sub Pop (CD, SP112b; Cassete, SP112a)

Na inscrição em alto-relevo na frente do CD está escrito ironicamente: "Edição limitada de 500.000".

EIGHT SONGS FOR GREG SAGE AND THE WIPERS

Compilação de covers dos Wipers

Return of the Rat

1993 – EUA, Tim Kerr (sete polegadas, ×4 TK 917010 TRIB2)

Box cartonado contendo quatro discos de vinil de sete polegadas em capas individuais, além de uma folha de informações em papel texturizado.

10.000 caixas completas. 4.000 caixas com discos de vinil preto. As outras 6.000 com discos de vinil colorido.

Cada single foi prensado em várias cores diferentes e depois colocado de forma aleatória dentro das caixas. Não se sabe quantas cores foram usadas para cada um dos discos nem quantas cópias de cada cor foram prensadas. Provavelmente a fábrica de prensagem usou todas as sobras de vinil colorido que foram encontradas... O single do Nirvana foi impresso em transparente, cinza, vermelho transparente, azul transparente, verde marmorizado (diferentes tons), azul esverdeado marmorizado (aqua). Outras cores também usadas (não para o single do Nirvana) foram: rosa marmorizado, vermelho marmorizado, pêssego avermelhado marmorizado, branco, amarelo transparente (dourado), verde transparente, laranja transparente, azul-claro marmorizado, azul-escuro marmorizado, roxo-claro marmorizado, roxo-escuro transparente.

FOURTEEN SONGS FOR GREG SAGE AND THE WIPERS

Compilação de covers dos Wipers

Return of the Rat

1993 – EUA, Tim Kerr (CD TK 91CD10 TRIB2)

NO ALTERNATIVE

Sappy

Duas capas diferentes, com a foto de um garoto e de uma garota. A faixa do Nirvana está "escondida" e o título não é mencionado em lugar nenhum. Por essa razão, até o lançamento do box *With the Lights Out*, que definiu seu nome oficial, também era chamada de "Verse Chorus Verse" ou "Another Rule".

1993 – EUA, Arista (CD, 07822-18737-2; Cassete, 07822-18737-4)

1991 – Reino Unido, Arista (CD, 07822-18737-2)

THE BEAVIS AND BUTT-HEAD EXPERIENCE

I Hate Myself and I Want to Die

1993 – EUA, DGC (CD, GEFD-24613; Cassete, GEFC-24613)

Algumas cópias do CD foram usadas para divulgação com a palavra "PROMOCIONAL" impressa em vermelho no disco.

1991 – Reino Unido, Geffen (12 polegadas em *picture disc*, GEF24613; CD, GED24613)

Disco de 12 polegadas em *picture disc* com capa plástica transparente.

DGC RARITIES, vol. 1

Pay to Play (primeira versão demo de "Stay Away")

1994 – EUA, DGC (CD, DGCD-24704; Cassete, DGCC-24704)

CD promocional antecipado (DGCD-A-24704) com inscrição em alto-relevo personalizada na contracapa e "CD ANTECIPADO" impresso em vermelho no CD. Algumas cópias do CD simples foram usadas para divulgação com a palavra "PROMOCIONAL" em branco impressa no disco.

GEFFEN RARITIES, vol. 1

Pay to Play (primeira versão demo de "Stay Away")

1994 – Reino Unido, Geffen (12 polegadas, GFL-19247; CD, GFLD-19247; Cassete, GFLC 19247)

FIFTEEN MINUTES

Compilação de covers do Velvet Underground

Here She Comes Now

1994 – Reino Unido, Imaginary (CD, ILLCD 047P)

FENDER: 50th ANNIVERSARY GUITAR LEGENDS

Come as You Are

1996 – EUA, Pointblank / Virgin (CD, 7243 8 42088 2 0)

Um número limitado de cópias contém uma palheta de guitarra comemorativa.

HOME ALIVE – THE ART OF SELF DEFENCE

Radio Friendly Unit Shifter – ao vivo

1996 – EUA, Epic (CD ×2, E2K67486; Cassete ×2 E2T 67486 ET 67487)

HYPE!
Negative Creep
Os lançamentos em CD contêm uma versão curta de sintetizador de "Smells Like Teen Spirit" como faixa escondida.
1996 – EUA, Sub Pop (sete polegadas ×4, SP378; CD, SPCD371)
O lançamento em vinil foi feito em um box cartonado contendo quatro singles de sete polegadas em vinis de diferentes cores (o do Nirvana é verde marmorizado), em capas individuais, além de um pôster preto e branco.
1996 – Reino Unido, Sub Pop (CD SPCD371)

SNL 25 – SATURDAY NIGHT LIVE The Musical Performances, vol. 2
Rape Me – ao vivo
1996 – EUA, Dreamworks (CD 0044-50206-2)
Na inscrição em alto-relevo da contracapa há apenas os nomes das bandas. Um adesivo com a lista de faixas foi anexado na caixa ou no invólucro, mas o nome da música do Nirvana foi removido (censurado).
CDr promocional com impressão personalizada (sem código)

Projetos paralelos de Kurt Cobain

FECAL MATTER – Spank Thru / ...
1985
A formação desta banda pré-Nirvana era: Kurt Cobain (guitarra, vocais, percussão), Dale Crover (vocais, baixo, bateria) e Greg Hokanson (bateria).
Em dezembro de 1985, Cobain e Crover gravaram uma fita demo em um gravador de quatro canais, na casa da tia de Cobain. Ele então a editou e fez cópias em cassetes, que distribuiu aos amigos. Das 15 ou mais faixas gravadas, apenas "Spank Thru" foi lançada oficialmente, no box *With the Lights Out*, do Nirvana, de 2004.

THE JURY – Where Did You Sleep Last Night / They Hung Him on a Cross / Grey Goose / Ain't It a Shame
1989
A formação da banda era: Kurt Cobain (guitarra, vocais), Mark Lanegan (guitarra, vocais), Krist Novoselic (baixo) e Mark Pickerel (bateria).
Em agosto de 1989, os quatro músicos gravaram quatro faixas de blues no Reciprocal, estúdio de Jack Endino. "Where Did You Sleep Last Night" foi depois incluída no álbum de Lanegan, *The Winding Sheet*, de 1990. As outras três aparecem no box *With the Lights Out*, do Nirvana, de 2004.

MARK LANEGAN – THE WINDING SHEET

Cobain faz backing vocals em "Down in the Dark" e toca guitarra em "Where Did You Sleep Last Night". Novoselic toca baixo em "Where Did You Sleep Last Night".

1990 – EUA, Sub Pop (12 polegadas, SP61; CD, SP61B; Cassete, SP61A)

O primeiro lançamento de 12 polegadas foi de 1.000 cópias em vinil vermelho. Foi depois reeditado em vinil preto.

MARK LANEGAN – Down in the Dark / I Love You Little Girl

Cobain faz backing vocals em "Down in the Dark".

1990 – Alemanha, Glitterhouse (sete polegadas, GR0101)

Capa dupla em papel em duas versões, com os créditos posicionados diferentemente na contracapa.

THE GO TEAM – Scratch It Out / Bikini Twilight

O Go Team era um projeto de Calvin Johnson, dono da K Records. Neste single, a formação era Calvin Johnson (guitarra), Kurt Cobain (guitarra), Tobi Vail (bateria). Cobain toca em "Bikini Twilight".

1989 – EUA, K (sete polegadas, GTJL 89)

O sete polegadas saiu em vinil preto, embalado em capa de papel branco. De acordo com Calvin Johnson, foram feitas cerca de 700 cópias. O nome da banda e os créditos da faixa estão impressos em tinta vermelha com um selo emborrachado em um lado da capa. Algumas cópias foram impressas nos dois lados. Ambas as faixas estão no lado A. No lado B, há somente o logo da banda em serigrafia azul. Algumas cópias não têm o logotipo, exibindo um selo branco no lugar. Poucas delas têm logotipos pequenos impressos no selo branco e no vinil.

EARTH – EXTRA-CAPSULAR EXTRACTION

A formação da banda é Dave Harwell, Dylan Carlson e Joe Preston. Kurt Cobain e Kelly Canary são creditados como "especialistas".

Cobain aparece nos vocais da faixa "A Bureaucratic Desire for Revenge".

1991 – EUA, Sub Pop (CD, SP123B)

Capa cartonada, podendo incluir um cartão com a arte de capa, além de um adesivo com a inscrição "Earth featuring Dylan" ("Earth estrelando Dylan") na frente.

2002 – EUA, Sub Pop (12 polegadas, SP 123; CD, SPCD 123)

Reedição de 1.000 cópias do 12 polegadas e 3.000 cópias do CD, em capa de acrílico simples.

EARTH - SUNN AMPS AND SMASHED GUITARS LIVE
Originalmente lançado pelo selo Blast First em 1995, foi reeditado com faixas extras. Uma delas, "Divine and Bright", traz Cobain nos vocais.
2001 - EUA, No Quarter (CD, nqr001)

EARTH - Divine and Bright - demo / **Divine and Bright** - ao vivo
A versão demo apresenta Cobain nos vocais.
2003 - EUA, Autofact (sete polegadas, FACT 01)
Primeiro lançamento: 1.000 cópias em capas plásticas transparentes. De acordo com o proprietário do selo, 700 cópias foram prensadas em vinil preto, 276 em vinil branco (podendo ter suaves manchas pretas) e 24 em vinil verde transparente. Algumas cópias extras foram prensadas enquanto a máquina mudava a cor do vinil, resultando num preto e branco marmorizados. As fotos para a capa não estavam prontas, então os discos foram distribuídos em capas de plástico transparentes. Segundo lançamento: 500 cópias, em capas com fotos, feitas em 2004. Prensado em literalmente dezenas de cores diferentes de vinil, tudo mais ou menos marmorizado/com as cores em espiral. Preto, branco e verde transparente estão entre as cores usadas, mas as cópias da segunda prensagem podem ser distinguidas por estarem ligeiramente "turvas", enquanto as cores da primeira prensagem são nítidas e brilhantes. As fotos de capa já estavam prontas e puderam ser usadas. Dizem que essa reedição, embora feita com as mesmas placas de prensagem da primeira, não foi autorizada pelo proprietário do selo.

WILLIAM S. BURROUGHS - KURT COBAIN - THE 'PRIEST' THEY CALLED HIM
Burroughs lê um de seus romances sombrios acompanhado de uma microfonia de guitarra feita por Cobain. Novoselic posou para a foto da capa.
1993 - EUA, Tim Kerr (dez polegadas, 9210044; dez polegadas em *picture disc*, 9210044; CD, 92CD044)
Nos registros de dez polegadas, a faixa é gravada no lado A. O lado B está em branco, com gravuras das assinaturas dos artistas.
Primeira prensagem: vinil preto.
Segunda prensagem: *picture disc* com o lado B em preto. 5.000 cópias, numeradas de 1 a 5.000 no lado A.
Terceira prensagem: *picture disc* com lado B em amarelo. 5.000 cópias, numeradas de 5.001 a 10.000 no lado A.

Quarta prensagem: *picture disc* com fotos de Burroughs e Cobain no lado B. 5.000 cópias, não numeradas.

MELVINS – HOUDINI

Hooch / Night Goat / Lizzy / Going Blind / Honey Bucket / Hag Me / Set Me Straight / Sky Pup / Joan of Arc / Teet / Copache / Pearl Bomb / Spread Eagle Beagle (somente no CD) / **Rocket Reducer #62 (Rama Lama Fa Fa Fa)** (somente no 12 polegadas)

Cobain ajudou a produzir e mixar algumas das faixas, além de tocar guitarra em "Sky Pup" e percussão extra em "Spread Eagle Beagle"

1993 – EUA, Amphetamine Reptile (12 polegadas, 532-1)

Capa *gatefold*, 5.000 cópias. Algumas incluem um adesivo com o nome da banda escrito no mesmo estilo do logotipo do Kiss.

A faixa "Spread Eagle Beagle" era muito longa para inclusão, então foi substituída por "Rocket Reducer #62"

1993 – EUA, Atlantic (CD, 7 82532-2; Cassete, 82532-4)

A impressão no CD pode variar em número e combinações de cores usadas.

O cassete promocional (7567-82532-4 CA 491) trazia inscrição em alto-relevo personalizada.

MELVINS – Hooch / Sky Pup

Cobain ajudou a produzir ambas as faixas, além de tocar guitarra em "Sky Pup"

1993 – EUA, Rise (sete polegadas em *picture disc*, RR76)

Picture disc com design de Kozik. 1.000 cópias. Capa múltipla, com serigrafia em cinco cores. É uma "embalagem difícil de abrir" (como escrito no encarte), então quando (se) você conseguir abri-la sem estragar, é melhor não fechá-la mais...

HOLE – LIVE THROUGH THIS

Kurt faz backing vocals de forma quase inaudível em "Asking for It" e é também coautor da sobra de estúdio "Old Age", lançado no single "Beautiful Son" (City Slang, 1993) e no álbum com compilação de faixas raras do Hole, *My Body the Hand Grenade* (City Slang, 1997). Uma versão de "Old Age", em gravação solo de Cobain, foi incluída no box *With the Lights Out*, do Nirvana, de 2004.

1994 – EUA, DGC

AGRADECIMENTOS

Nirvana. Kurt. Krist. Dave. Chad. Obrigado por existirem.

Grandes trechos desta narrativa foram retirados do meu livro "grunge" anterior, *Live Through This: American Rock Music in The Nineties* (Virgin, 2001). Peço desculpas a quem comprou os dois e percebeu as semelhanças. Apenas senti que a história merecia um público mais amplo.

A maioria de meus artigos citados apareceu pela primeira vez no *Melody Maker*, e também em *The Stranger*, *Uncut*, *NME*, *Hit It or Quit It*, *Plan B* e outras publicações. Alguns deles são transcrições originais de fitas que ficaram adormecidas por mais de uma década. Sou grato à IPC Magazines por me conceder autorização para citar irrestritamente os artigos sobre o Nirvana e Kurt Cobain que escrevi para o *Melody Maker* entre 1989 e 1994. E gostaria de agradecer aos meus editores – sobretudo a Allan Jones – por terem me dado a oportunidade de viajar tanto durante o início dos anos 1990.

As pessoas mencionadas a seguir foram muito gentis ao aceitar ser entrevistadas para este livro: Dawn Anderson, Julianne Anderson, Mark Arm, Cheryl Arnold, Earnie Bailey, Lou Barlow, Leighton Beezer, Ruud Berends, Danny Bland, Kurt Bloch, Anton Brookes, Carrie Brownstein, James Burdyshaw, Kelly Canary, Rosemary Carroll, Chad Channing, Peter Davis, Mikey Dees, Cali DeWitt, Ian Dickson, Christof Ellinghaus, Jack Endino, Eric Erlandson, Jennifer Finch, Steve Fisk, Gillian G. Gaar, Danny Goldberg, Lori Goldston, John Goodmanson, Kim Gordon, Steve Gullick, Tom Hazelmyer, Jessica Hopper, Megan Jasper, Rich Jensen, Barrett Jones, Rob Kader, Wally Kempton, Al Larsen, Michael Lavine, Mary Lou Lord, Dave Markey, Nikki McClure, Jim Merlis, Carrie Montgomery, Craig Montgomery, Slim Moon, Thurston Moore, Rene Navarrette, Joe Newton, Bruce Pavitt, Candice Pedersen, Dan Peters, Charles Peterson, Jonathan Poneman, Lee Ranaldo, Janet Billig Rich, John Robb, Debbi Shane, Ben Shepherd, Aaron Stauffer, Stephen Sweet, Corin Tucker, Steve Turner, Tobi Vail, Carlos van Hijfte, Kim Warnick, Rusty Willoughby. Obrigado.

Gostaria de agradecer especialmente a Gillian G. Gaar por permitir que eu citasse amplamente seus numerosos artigos sobre o Nirvana. Além disso, quero reconhecer publicamente o apoio e a amizade que me foram oferecidos ao escrever este livro, sobretudo de Tobi, Craig, Jack, Earnie, Eric, Jessica e Cali. Significou muito para mim. Obrigado.

As citações de Dave Grohl no Capítulo 12 foram extraídas de uma entrevista conduzida pelo jornalista da *Mojo*, Stevie Chick, em 2005. Foram utilizadas com as devidas autorizações.

As citações de Pat Smear nos capítulos 26 e 28 foram retiradas de uma entrevista feita por Rasmus Holmen, do site www.nirvanaclub.com, em 2002. Foram igualmente utilizadas com as devidas autorizações.

As pessoas a seguir ofereceram apoio, embora nenhuma entrevista tenha ocorrido: Ryan Aigner, Nils Bernstein, Calvin Johnson, Courtney Love, Krist Novoselic, Joe Preston, John Silva, Kim Thayil, Bob Whittaker. Obrigado.

Também quero agradecer a: Frances May Morgan, editora da *Plan B*, por sua revisão incisiva e completa, sem a qual boa parte deste livro seria uma porcaria, francamente; Natalie Walker, minha principal estagiária de Seattle, pela transcrição muito além de sua incumbência, pela quantidade de pesquisa, verificação de citações e, não menos importante, por conseguir a versão original do diário de viagem de Aberdeen que aparece no Capítulo 1 – valeu; Chris Charlesworth, meu editor da Omnibus, por seu apoio paciente e bem-humorado; Johnny Rogan, pelo índice e pelos excelentes comentários; Emily Graham, Laura Wright e Victoria Hogg, em Brighton, e Beth Capper e Melissa Bradshaw, em Chicago e Londres, pelas tarefas extras de revisão, transcrição e, em geral, por me darem umas sacudidas; meus outros estagiários de Seattle, William "Bill" Bullock, Katie Shaw, Ari Spool e Abby Waysdorf, pelo entusiasmo e altruísmo ao transcrever fitas e participar de entrevistas; Alex Roberts, do www.livenirvana.com, pelas sugestões, listas de contatos e pela fonte inesgotável de DVDs do Nirvana ao vivo; Carol Clerk e Andrew Mueller, por me fazerem rir; Ben Myers, Rasmus Holmen e Mike Zeigler, pela pesquisa; Lance Bangs; Enrico Vincenzi, do www.sliver.it, por sua discografia incrível; Craig e Eve, por me garantirem um lugar para ficar em Seattle; meus colegas de trabalho da revista *Plan B* – em especial, Chris, Andrew e Frances –, por me aguentarem por tanto tempo; minha mãe, Margaret Thackray, por cuidar de seu neto Isaac durante os cruciais últimos meses.

Por fim, sou grato à minha paciente, solidária e bela esposa Charlotte Thackray, por continuar a me aturar e me encorajar, mesmo quando o livro se arrastava para seu 16º mês de atraso. Eu te amo. E eu prometo nunca mais te fazer passar por isso.

www.planbmag.com
everett_true@hotmail.com

O NIRVANA DUROU POUCO – MAS O SUFICIENTE PARA MUDAR A HISTÓRIA DO ROCK

Este livro foi composto em Linux Libertine e impresso em papel pólen soft 70g pela gráfica Corprint para a coleção Rock Legends, da editora Belas Letras, em fevereiro de 2023.